金色俄罗斯

主编 ◎ 汪剑钊

群魔（上）

Бесы

［俄］陀思妥耶夫斯基 ◎ 著
冯昭玙 ◎ 译

四川人民出版社

图书在版编目（CIP）数据

群魔/（俄罗斯）陀思妥耶夫斯基著；冯昭玙译.
—2 版. —成都：四川人民出版社，2023.8
ISBN 978-7-220-13247-6

Ⅰ.①群… Ⅱ.①陀… ②冯… Ⅲ.①长篇小说—俄罗斯—近代 Ⅳ.①I512.44

中国国家版本馆 CIP 数据核字（2023）第 095187 号

QUN MO
群 魔（上、下）
［俄］陀思妥耶夫斯基 著 冯昭玙 译

责任编辑	张 丹
责任校对	舒晓利
装帧设计	宋祥瑜
责任印制	祝 健 张 浩
出版发行	四川人民出版社（成都市锦江区三色路 238 号）
网 址	http://www.scpph.com
E-mail	scrmcbs@sina.com
新浪微博	@四川人民出版社
微信公众号	四川人民出版社
发行部业务电话	（028）86361653 86361656
防盗版举报电话	（028）86361653
照 排	四川胜翔数码印务设计有限公司
印 刷	北京盛通印刷股份有限公司
成品尺寸	140mm×203mm
印 张	28.25
字 数	705 千
版 次	2023 年 8 月第 2 版
印 次	2023 年 8 月第 1 次印刷
书 号	ISBN 978-7-220-13247-6
定 价	128.00 元

金色的“林中空地”（总序）

汪剑钊

2014年2月7日至23日，第二十二届冬奥会在俄罗斯的索契落下帷幕，但其中一些场景却不断在我的脑海回旋。我不是一个体育迷，也无意对其中的各项赛事评头论足。不过，这次冬奥会的开幕式与闭幕式上出色的文艺表演给我留下了深刻的印象，迄今仍然为之感叹不已。它们印证了一个民族对自身文化由衷的热爱和自觉的传承。前后两场典仪上所蕴含的丰厚的人文精髓是不能不让所有观者为之瞩目的。它们再次证明，俄罗斯人之所以能在世界上赢得足够的尊重，并不是凭借自己的快马与军刀，也不是凭借强大的海军或空军，更不是凭借所谓的先进核武器和航母，而是凭借他们在文化和科技上的卓越贡献。正是这些劳动成果擦亮了世界人民的眼睛，引燃了人们眸子里的惊奇。我们知道，武力带给人们的只有恐惧，而文化却值得给予永远的珍爱与敬重。

众所周知，《战争与和平》是俄罗斯文学的巨擘托尔斯泰所著的一部史诗性小说。小说的开篇便是沙皇的宫廷女官安娜·帕夫洛夫娜家的舞会，这是介绍叙事艺术时经常被提到的一个经典性例子。借助这段描写，托尔斯泰以他的天才之笔将小说中的重要人物一一拈出，为以后的宏大叙事嵌入了一根强劲的楔子。2014年2月7日晚，该届冬奥会开幕式的表演以芭蕾舞的形式再现了这一场景，令我们重温了“战争”前夜的“和平”魅力(我觉得，就一定程度上说，体育竞技堪称是一种和平方式的模拟性战争)。有意思的是，在各国健儿经过十数天的激烈争夺以后，2月23日，闭幕式让体育与文化有了再一次的亲密拥抱。总导演康斯坦丁·恩斯特希望“挑选一些对于世界有影响力的俄罗斯文化，那也是世界文化遗产的一部分”。于是，他请出了在俄罗斯文学史上引以为傲的一部分重量级人物：伴随拉赫玛尼诺夫第二钢琴协奏曲的演奏，普希金、果戈理、屠格涅夫、托尔斯泰、陀思妥耶夫斯基、契诃夫、马雅可夫斯基、阿赫玛托娃、茨维塔耶娃、布尔加科夫、索尔仁尼琴、布罗茨基等经典作家和诗人在冰层上一一复活，与现代人进行了一场超越时空的精神对话。他们留下的文化遗产像雪片似的飘入了每个人的内心，滋润着后来者的灵魂。

美裔英国诗人T. S. 艾略特在《诗的作用和批评的作用》一文中说：“一个不再关心其文学传承的民族就会变得野蛮；一个民族如果停止了生产文学，它的思想和感受力就会止步不前。一个民族的诗歌代表了它的意识的最高点，代表了它最强大的力量，也代表了它最为纤细敏锐的感受力。”在世界各民族中，俄罗斯堪称最为关心自己“文学传承”的一个民族，而它辽阔的地理特征则为自己的文学生态提供了一大片培植经典的金色的“林中空地”。迄今，在这片土地上生根发芽并长成参天大树的作家与作品已不计其数。除上述提及的文学巨匠以外，19 世纪的茹科夫斯基、巴拉廷斯基、莱蒙托夫、丘特切夫、别林斯基、赫尔岑、费特等，20 世纪的高尔基、勃洛克、安德列耶夫、什克洛夫斯基、普宁、索洛古勃、吉皮乌斯、苔菲、阿尔志跋绥夫、列米佐夫、什梅廖夫、波普拉夫斯基、哈尔姆斯等，均以自己的创造性劳动进入了经典的行列，向世界展示了俄罗斯奇异的美与力量。

中国与俄罗斯是两个巨人式的邻国，相似的文化传统、相似的历史沿革、相似的地理特征、相似的社会结构和民族特性，为它们的交往搭建了一个开阔的平台。早在 1932 年，鲁迅先生就为这种友谊写下一篇“贺词”——《祝中俄文字之交》，指出中国新文学所受的“启发”，将其看作自己的“导师”和“朋友”。20 世纪 50 年代，由于意识形态的接近，中国与俄国在文化交流上曾出现过一个“蜜月期”，在那个特定的时代，俄罗斯文学几乎就是外国文学的一个代名词。俄罗斯文学史上的一些名著，如《叶甫盖尼·奥涅金》《死魂灵》《贵族之家》《猎人笔记》《战争与和平》《复活》《罪与罚》《第六病室》《丽人吟》《日瓦戈医生》《安魂曲》《没有主人公的叙事诗》《静静的顿河》《带星星的火车票》《林中水滴》《金蔷薇》和《钢铁是怎样炼成的》等，都曾经是坊间耳熟能详的书名，有不少读者甚至能大段大段背诵其中精彩的章节。在一定程度上，我们可以说，翻译成中文的俄罗斯文学作品已构成了中国新文学的一个重要组成部分，成为现代汉语中的经典文本，就像已广为流传的歌曲《莫斯科郊外的晚上》《三套车》《喀秋莎》《山楂树》等一样，后者似乎已理所当然地成为中国的民歌。迄今，它们仍在闪烁金子般的光芒。

不过，作为一座富矿，俄罗斯文学在中文中所显露的仅是冰山一角，大量的宝藏仍在我们有限的视域之外。其中，赫尔岑的人性，丘特切夫的智慧，费特的唯美，洛赫维茨卡娅的激情，索洛古勃与阿尔志跋绥夫在绝望中的希望，苔菲与阿维尔琴科的幽默，什克洛夫斯基的精致，波普拉夫斯基的超现实，哈尔姆斯的怪诞，等等，大多还停留在文学史上的地图式导游。为此，作为某种传承，也是出自传播和介绍的责任，我们编选和翻译了这套“金色俄罗斯丛书”，其目的是进一步挖掘那些依然静卧在俄罗斯文化沃土中的金锭。可以说，被选入本丛书的均是经过了淘洗和淬炼的经典文本，它们都配得上“金色”的荣誉。

行文至此，我们有必要就“经典”的概念略做一点说明。在汉语中，“经典”一词最早出现于《汉书·孙宝传》：“周公上圣，召公大贤。尚犹有不相说，著于经典，两不相损。”汉朝是华夏民族展示凝聚力的重要朝代，当时的统治者不仅实现了政治上的统一，而且也希望在文化上设立标杆与范型，亟盼对前代思想交流上的混乱与文化积累上的泥沙俱下状态进行一番清理与厘定。客观地说，它取得了一定的成效，虽说也因此带来了“罢黜百家”的重大弊端。就文学而言，此前通称的“诗三百”也恰恰在那时完成了经典化的过程，被确定为后世一直崇奉的《诗经》。关于“经典”的含义，唐代的刘知幾在《史通·叙事》中有过一个初步的解释：“自圣贤述作，是曰经典。”这里，他将圣人与前贤的文字著述纳入经典的范畴，实际是一种互证的做法。因为，历史上那些圣人贤达恰恰是因为他们杰出的言说才获得自己的荣名的。

那么，从现代的角度来看，什么是经典呢？商务印书馆出版的《现代汉语词典》给出了这样的释义：1. 指传统的具有权威性的著作：博览经典。2. 泛指各宗教宣扬教义的根本性著作。不同于词典的抽象与枯涩，意大利著名作家卡尔维诺归纳出了十四条非常感性的定义，其中最为人称道的是其中两条：其一，一部经典作品是一本每次重读都像初读那样带来发现的书；一部经典作品是一本即使我们初读也好像是在重温的书。其二，经典作品是一些产生某种特殊影响的书，它们要么自己以遗忘的方式给我们的想象力打下印记，要么乔装成个人或集体的无意识隐藏在深层记忆中。参照上述定义，我们觉得，经典就是经受住了历史与时间的考验而得以流传的文化结晶，表现为文字或其他传媒方式，在某个领域或范围具有一定的权威性和典范性，可以成为某个民族、甚或整个人类的精神生产的象征与标识。换一个说法，每一部经典都是对时间之流逝的一次成功阻击。经典的诞生与存在可以让时间静止下来，打开又一扇大门，带你进入崭新的世界，为虚幻的人生提供另一种真实。

或许，我们所面临的时代确实如卡尔维诺所说："读经典作品似乎与我们的生活步调不一致，我们的生活步调无法忍受把大段大段的时间或空间让给人本主义者的悠闲；也与我们文化中的精英主义不一致，这种精英主义永远也制定不出一份经典作品的目录来配合我们的时代。"那么，正如沙漠对水的渴望一样，在漠视经典的时代，我们还是要高举经典的大纛，并且以卡尔维诺的另一段话镌刻其上："现在可以做的，就是让我们每个人都发明我们理想的经典藏书室；而我想说，其中一半应该包括我们读过并对我们有所裨益的书，另一些应该是我们打算读并假设对我们有所裨益的书。我们还应该把一部分空间让给意外之书和偶然发现之书。”

愿“金色俄罗斯”能走进你的藏书室，走进你的精神生活，走进你的内心！

[主要人物和常见人物表]

◇斯捷潘·特罗菲莫维奇·韦尔霍文斯基

——19世纪40年代俄国的自由主义者。瓦尔瓦拉·彼得罗芙娜·斯塔夫罗金娜的家庭教师，后来成了她的友人和食客

◇彼得·斯捷潘诺维奇·韦尔霍文斯基

——斯捷潘·特罗菲莫维奇的独子，无政府主义的阴谋家、野心家，“五人小组”的组织和操纵者

◇瓦尔瓦拉·彼得罗芙娜·斯塔夫罗金娜

——斯塔夫罗金中将的遗孀，女地主

◇尼古拉·弗谢沃洛多维奇·斯塔夫罗金

——瓦尔瓦拉·彼得罗芙娜·斯塔夫罗金娜的独子

◇莉扎韦塔·尼古拉耶芙娜·图申娜（小名莉扎）

——瓦尔瓦拉·彼得罗芙娜·斯塔夫罗金娜童年时女友德罗兹多娃将军夫人的独生女，始终钟情于尼古拉·弗谢沃洛多维奇·斯塔夫罗金

◇基里洛夫（阿列克谢·尼雷奇）

——建筑工程师，彼得·斯捷潘诺维奇·韦尔霍文斯基的朋友

◇沙托夫

——瓦尔瓦拉·彼得罗芙娜·斯塔夫罗金娜贴身男仆的儿子，大学时曾因参加学生运动被学校开除，一度追随彼得·斯捷潘诺维奇·韦尔霍文斯基

◇**玛丽亚·伊格纳季耶芙娜·沙托娃**

——沙托夫之妻，即“女旅客”

◇**达莎（达丽娅·帕夫洛芙娜）**

——沙托夫的妹妹，瓦尔瓦拉·彼得罗芙娜·斯塔夫罗金娜的养女

◇**利普京（谢尔盖·瓦西利耶奇）**

——小官员，无政府主义阴谋集团“五人小组”成员

◇**利亚姆申**

——犹太人，邮政局的小官员，“五人小组”成员

◇**维尔金斯基**

——小官员，“五人小组”成员

◇**阿里娜·普罗霍罗芙娜·维尔金斯卡娅**

——维尔金斯基之妻，接生婆

◇**希加廖夫**

——维尔金斯基的小舅子，“五人小组”的理论家

◇**列比亚德金**

——一个自称退役大尉的可疑人物，酒鬼，维尔金斯卡娅的情夫

◇**玛丽娅·季莫费耶芙娜·列比亚德金娜**

——列比亚德金之妹，即“瘸腿女人”，尼古拉·斯塔夫罗金之妻

◇**托尔卡琴科**

——“五人小组”成员，号称“农民问题专家”

◇**埃尔克利**

——准尉，彼得·韦尔霍文斯基的狂热崇拜者

◇**费季卡**

——从西伯利亚逃亡的苦役犯

◇安德烈·安东诺维奇·冯·伦布克

——省长，加入俄国籍的德国人

◇尤莉娅·米哈伊洛芙娜

——省长伦布克之妻

◇卡尔马济诺夫（谢苗·叶戈罗维奇）

——著名作家（实指伊·谢·屠格涅夫）

◇马夫里基·尼古拉耶维奇·德罗兹多夫

——炮兵大尉，莉扎的男伴和追求者

◇加加诺夫（阿尔捷米·帕夫洛维奇）

——退役近卫军大尉，曾与尼古拉·斯塔夫罗金决斗

◇索菲娅·马特韦耶芙娜·乌利季娜

——女书商

哪怕杀了我，路也看不见。

我们迷路了，那可怎么办？

看来是魔鬼牵着我们

在荒野里团团打转。

…………

这么多的鬼怪！他们赶往何方？

他们的歌声为什么如此凄怆？

他们是在给家神出殡，

还是把女妖嫁往他乡？①

亚·普希金

那里有一大群猪在山上吃食。鬼央求耶稣，准他们进入猪里去；耶稣准了他们。鬼就从那人出来，进入猪里去。于是那群猪闯下山崖，投在湖里，淹死了。放猪的看见这事就逃跑了，去告诉城里和乡下的人。众人出来要看是什么事；到了耶稣那里，看见鬼所离开的那人，坐在耶稣脚前，穿着衣服，心里明白过来，他们就害怕。看见这事的，便将被鬼附着的人怎样得救，告诉他们。

《路加福音》第 8 章第 32～36 节②

---

① 引自普希金的诗《魔鬼》(1830)。

② 本书中凡出自《圣经》的引文均采用旧约全书、新约全书（和合本）的译文。和合本是国际圣经公会于 1973 起出版的《新约全书》英文新国际版的中文和合版，译文比较接近时代，易懂。

目录
Contents

第三部

附录

第一部

第一章

代序：深受尊敬的斯捷潘·特罗菲莫维奇·韦尔霍文斯基[1]生平事迹若干片段

一

我们这座城市平平常常，一向没有引人注意的地方，不久前却发生了几起很奇特的事情。由于我笔钝才拙，在叙述这些事情之前，不得不从远一点儿说起，先讲讲才智出众、深受尊敬的斯捷潘·特罗菲莫维奇·韦尔霍文斯基生平事迹的若干片段。这些事迹只能作为这部记事录的序言，而我打算描述的故事本身，留待下文再说。

我想直截了当地说：斯捷潘·特罗菲莫维奇在我们中间经常扮演一种特殊的、可以说是爱国爱民的志士仁人的角色，而且他喜爱这个角色，嗜之成癖，——甚至使我觉得非此他就活不下去。这不是说，我把他比作舞台上的演员，不，我绝无此意，何况我本人十分尊敬他。这里可能是习惯问题，或者说得更确切些，是一种一贯的高尚爱好，从童年

---

① 陀思妥耶夫斯基笔下的斯捷潘·特罗菲莫维奇·韦尔霍文斯基是19世纪40年代俄国“纯正的自由派”的典型。这个人物的主要原型是历史学家、社会活动家、莫斯科西欧派、自由主义者的领袖人物季·尼·格拉诺夫斯基（1813—1855）。他于1839年起任莫斯科大学教授，是专制和农奴制度的反对者，在俄国文化发展和年青一代人中起过重大影响。此外，斯捷潘·韦尔霍文斯基还带有别林斯基和彼得拉舍夫斯基的身影。

开始就沉浸在愉快的梦想之中，希望能具有志士仁人的美好风范。比如说，他十分喜爱他那“受迫害者”，也可以说“被流放者”的地位。这两个小小的字眼有一种古典的光彩，彻底把他给迷住了，以后这在他自己心目中的地位越来越高，经年累月，最后俨然觉得自己高踞在碑座之上，扬扬得意。在上世纪的一部英国讽刺小说[①]里，有一个叫格列佛的人从小人国回来。小人国里的人身高不及六英寸，身居他们中间，他习惯于把自己看作巨人，所以走在伦敦街头，他情不自禁地向过往的行人和车马大声叱呵，要他们在他面前闪避，当心他在无意之间把他们踩得粉身碎骨，因为他仍把他自己看成巨人，而他们是小人。人们为此而嘲笑他，责骂他，一些粗鲁的车夫甚至用鞭子抽打这位巨人。但是这样做公正吗？由于习惯使然，什么样的事情不会发生呢？习惯使斯捷潘·特罗菲莫维奇几乎也做出这样的事来，不过更为天真而且无害罢了（如果可以这样说的话），因为他是一个非常非常好的人。

我甚至认为，他最终应该被所有人遗忘了；不过绝不能说，从前完全没有人知道他。毫无疑问，他一度曾跻身于我们上一代的某些著名人士之列，是璀璨群星中的一颗星星，有一段时间（不过只是极其短暂的一刹那），许多人仓促地把他的名字几乎同恰达也夫[②]、别林斯基、格拉诺夫斯基和当时刚在国外崭露头角的赫尔岑的名字相提并论。但是斯捷潘·特罗菲莫维奇的活动几乎在他开始的那一刻就结束了。——其原因可以说由于“局势的风云突变”。但是究竟是怎么回事呢？后来发现，不仅没有什么“突变”，连“风云”也没有出现过，至少在这件事情上

---

① 指英国作家斯威夫特（1667—1745）的小说《格列佛游记》（1724）。

② 彼·雅·恰达也夫（1794—1856），俄国哲学家，曾参加1812年的卫国战争，1821年加入十二月党人的团体北社。他的著作《哲学书简》对俄国历史持批判态度，包括它的东正教、专制制度和农奴制度，主张吸收西欧文明、天主教和西欧文化传统。但他的观点比较复杂，常有自相矛盾之处。

是如此。我现在，在几天之前才知道一件事，使我十分惊讶，但却是千真万确的，原来斯捷潘·特罗菲莫维奇到我们省里来住在我们中间，并不是像我们过去所想的那样是流放来的，他甚至从来没有受到过监视。你瞧，一个人的想象力可能达到什么程度！他本人一辈子都真诚地相信，在某些范围内人们一直提防着他，他的一举一动不断受到注意和监视，在我省最近二十年内更迭的三任省长，上任之时对他都抱着一种特殊的深感麻烦的想法，这种思想是上级、主要是前任省长在交接时提示的。假如当时有人以确凿的证据向最正直的斯捷潘·特罗菲莫维奇说明他根本没有什么可担忧的，他一定会感到委屈。不过话说回来，这是一位十分聪明、十分有才华的人，甚至可以说是一位学者，虽然在学术上……唉，怎么说呢？总之，在学术上他的成就并不大，似乎是一事无成。[①] 不过我们俄国的学者，这种情况比比皆是。

他从国外回来后，曾在一所大学的讲坛上授课，显露过他的才华，那已是40年代末的事了。他一共只讲了几次课，似乎是讲阿拉伯人的[②]；还对他那篇精彩的学位论文进行了答辩；这篇论文论述1413年

---

① 莫斯科大学东方学保守的教授B.B.格里戈里耶夫（1816—1881）曾对格拉诺夫斯基做过类似的评价。这种意见引起同时代人的愤慨。车尔尼雪夫斯基在《格拉诺夫斯基的著作》（1856）一文中说，格拉诺夫斯基“就其禀赋和学识来说，堪为伟大的学者”，“是祖国真正的儿子，为祖国的需要而不是为自己工作”。——俄编注

* 《群魔》是一部内容十分复杂的小说。不了解当时的历史背景、思想潮流，不了解陀思妥耶夫斯基在创作时所依据的人和事，不了解他讥诮、挖苦、隐判、影射、挞伐的对象，是很难理解这部作品的。因此，除了对这部小说整体上的构思和创作过程、思想内容、发表后俄国国内外的反应及其影响应做详尽的阐释外，还应对小说文本做大量注释。限于篇幅，译者只能择要而加，以帮助读者理解和思考。

② 格拉诺夫斯基在讲课中没有谈阿拉伯人。陀思妥耶夫斯基这么说，很可能是为了讥讽斯捷潘·特罗菲莫维奇·韦尔霍文斯基的讲课。

和 1428 年之间德意志小城哈瑙一度可能具有城市和汉萨同盟[①]的作用以及这种作用最终没有实现的种种特殊的莫名的原因。这篇论文巧妙地刺痛了当时的斯拉夫派[②]，使他在斯拉夫派中间一下子树立了许多势不两立的仇敌。后来——不过那是在他失去教席之后——他（可能是为了报复并指出他们失去的是何等样人）在一本登载狄更斯作品译文并宣扬乔治·桑思想的进步月刊[③]上发表了一篇极为深刻的研究文章的开头部分，文章讲的好像是某一时代某些骑士具有非凡高尚的道德品质的原因，或者诸如此类的内容。[④] 至少包含的是一种令人景仰的、非凡高尚的思想。后来有人说，这篇文章的续篇骤然遭到禁止，甚至那本进步杂志也因为发表了它的开头部分而遭了殃。这很可能，因为在那个时代什么样的怪事没有发生过？但是在这件事情上，更有可能的是什么事情也没有发生过，而是因为作者自己懒于把它完成罢了。至于他中止讲授关于阿拉伯人的课程，那是因为有一次有人（显然是他的反动敌人）截获了他写给某人的一封信，信中讲到一些“情况”，因此有人要求做做出

① 汉萨同盟是中世纪北欧城市结成的商业和政治同盟，以德意志北部诸城市为主。哈瑙是德国美因河畔一座古老的城市。格拉诺夫斯基 1845 年在莫斯科大学答辩的学位论文《沃林、约姆斯堡和维涅塔》讲的就是中世纪几个德国城市的历史。许多人认为，论文的结尾部分隐刺俄国斯拉夫派美化斯拉夫民族历史的各种倾向。因此，论文遭到斯拉夫主义者莫斯科大学教授舍维廖夫和博江斯基的抨击，对此格拉诺夫斯基写道：“人们在论文里读出我没有想过要写的东西，我以前的所有敌人都对我群起而攻之。”——俄编注

② 斯拉夫派是 19 世纪中叶俄国的一个社会思想派别，与西欧派相对立，主张俄国由于自己的独特情况（宗法制度、守旧思想、东正教）应该走与西欧截然不同的发展道路。实际上，斯拉夫派代表贵族阶级利益，反对西欧的资本主义社会，反对政治上的改革，反对西欧的资产阶级革命。固然，他们中也有人批评农奴制，以及当时官吏腐败，贵族知识分子脱离人民等现象。

③ 指《祖国纪事》，19 世纪 40 年代该杂志发表了多部狄更斯和乔治·桑作品的俄译文。

④ 讽刺性地暗指格拉诺夫斯基一篇关于法国中世纪骑士的文章，叫作《骑士巴亚尔》，登载在《教育丛刊》上。后来俄国文学评论家、文学史家亚·瓦·尼基坚科（1804—1877）因此戏称格拉诺夫斯基本人为“思想界的巴亚尔，大勇大义的骑士”。——俄编注

某种说明。[1] 我不知道，事情是否果真如此，但是人们还说，就在那个时候在彼得堡查获了一个庞大的违反人性、反对政府的团体[2]，大约有十三人之多，几乎震撼了整个大厦。据说，他们好像准备翻译傅立叶本人的作品。正好在这个时候，斯捷潘·特罗菲莫维奇的一首长诗[3]，鬼使神差地在莫斯科被搜获。这首诗还是六年以前，当他还年少气盛的时候在柏林写的，它以手抄本的形式在两个诗歌爱好者和一个大学生之间流传。我的抽屉里现在也放着这首长诗，是斯捷潘·特罗菲莫维奇去年才赠送给我的，诗由他本人于不久前亲手抄写，上面有他的题词，用极讲究的红色山羊皮做封面。不过，诗写得不无诗意，甚至可以说不无才气；它很古怪，但是当时（说得确切点，就是在30年代），这类诗常常是这样写的。要叙述它的情节，我感到为难，因为说实话，它的内容我一点儿也不懂。它有点儿像寓言，采取抒情剧的形式，使人想起《浮士德》的第二部。场景以女声合唱开始，然后是男声合唱，然后是一些精灵的合唱，最后是幽魂的合唱。这些幽魂还没有经历过人世，但十分想

---

① 在1846年2月4日的一封信中，格拉诺夫斯基曾写道："去年我被人告密三次，说我是一个对国家和宗教有害的人。"在彼得拉舍夫斯基小组案件的侦查过程中查获的材料表明，格拉诺夫斯基对大学生和彼得拉舍夫斯基小组成员观点的形成有很大的影响，因此当局把他看作"不可靠分子"而加以秘密监视。同时有人控告他在历史课上从来不提左右历史事件和各民族命运的上帝的意志和作用，因此莫斯科都主教菲拉列特要他对此做出解释。

② 指彼得拉舍夫斯基小组（1846—1849），陀思妥耶夫斯基也是小组成员之一。小组的政治纲领明言要动摇农奴制国家的基础。在1848年的一次集会上有人曾提出把法国空想社会主义者傅立叶（1772—1837）的著作译成俄文。

③ 陀思妥耶夫斯基为了讽刺描述斯捷潘·特罗菲莫维奇的这首长诗，利用俄国诗人、思想家弗·谢·佩切林（1807—1885）一首长诗中的形式和部分情节作为素材。佩切林的长诗是三部曲，其中一部题为《死神的胜利》（1834），诗中有许多合唱：风的合唱，火炬的合唱，星辰的合唱等。有一个场景中死神以《新约全书·启示录》中骑白马者的形象出现，苍天、大地和各族人民都伴随着死神，唱着赞颂的歌。佩切林在30年代是莫斯科大学的教师，思想进步，其同时代人认为，这首诗反映了十二月党人被镇压后爱好自由的青年的沉重心情。此诗被收入《北极星》（1861），后转载于尼·普·奥加辽夫主编的文集《19世纪俄国秘密文学》（1862）。——俄编注

经历一番。所有这些合唱的内容十分含混不清，大部分是有关一个什么人的诅咒，但具有极深刻的幽默色彩。然而场景突然变化，“生之节日”到来，在这个节日里甚至连昆虫也尽情欢唱，一只乌龟也上场念了一段拉丁文的圣礼颂词，如果我没有记错的话，连一种矿石，就是说，没有灵性的天生物，也唱了一支什么歌。总之，大家不住地唱，如果说起话来，那就是含混不清的对骂，不过也具有含义极深的色彩。最后，场景又变换了，出现了一片荒野。在巉崖峭壁之间一个文明的年轻人在徘徊，他采撷野草，吮吸着。仙女问他：干吗吮吸这些野草？他回答说，因为他感到体内生命力过剩，需要昏睡，发现这些野草的液汁能使他昏昏睡去；但是他的主要愿望是尽早失去理智（这个愿望也许是多余的）。然后突然出来一个俊美无比的少年，他骑着一匹黑色骏马，后面跟着一大群各个民族的人。少年代表死亡，各民族的人则渴求死亡。最后，在结束的那一场里，忽然出现了巴别塔[①]，许多大力士唱着新希望之歌终于快把它建成了。当他们快建成塔顶的时候，主人，就说他是奥林匹斯山[②]的主人吧，滑稽可笑地狼狈逃跑了，人类意识到自己的胜利，取代了他的地位，立即以对事物的新认识开始了新生活。请看，就是这样一首长诗当时被看作洪水猛兽。去年，我建议斯捷潘·特罗菲莫维奇把它刊印出来，因为在我们的时代它已是完全无害的了，但是他拒不采纳，显然对我很不满意。他不喜欢完全无害的看法，我甚至认为，在以后的整整两个月内，他对我的态度有点儿冷淡，原因就在这里。后来怎样呢？突然，就当建议他在这里发表的时候，——我们的长诗却在那里，也就是在国外出版了，收在一本革命文集里，斯捷潘·特罗菲莫维奇事

---

① 典出《旧约全书·创世记》，第 11 章。挪亚之子孙拟建一座通天高塔，名巴别塔，上帝使建造者语言混乱，塔未建成。

② 希腊神话中诸神聚居的地方。

先一无所知。他起初很害怕，赶忙去谒见省长，并写过一份极其光明正大的申辩书给彼得堡，他把申辩书念给我听，念了两遍，却没有发出，因为他不知道该寄给谁。总之，他激动了整整一个月，但是我相信，他在心灵深处感到无比荣耀。有人设法给他搞来一本文集，他几乎抱着文集睡觉，白天则把它藏在枕头底下，甚至不让女佣整理床铺。而且虽然他每天都等待有什么电报来，但却仍神气昂然。什么电报都没有来。这时他才同我言归于好，这证明他那温和的不念旧恶的心灵是多么善良。

二

我绝不是说，他一点儿都没有受到伤害；只不过现在我充分相信，当时只要他做一些必要的解释，就完全可以继续讲授关于阿拉伯人的课程，一直教下去。但是他那时过于自负，做出了非常匆忙的安排，断然使自己相信，由于“风云突变”，他的事业这辈子已经破灭。但是说穿了，他的事业的转变却另有真正的原因，那就是瓦尔瓦拉·彼得罗芙娜·斯塔夫罗金娜先后两次殷切邀请他去教育她的独生儿子并促使他在智力上充分发展。瓦尔瓦拉·彼得罗芙娜是一位中将的夫人，大富豪，她把他作为最崇敬的导师和朋友来邀请他，更不用说优渥的待遇了。她第一次邀请他还是在柏林，当他第一次断弦的时候。他的第一位夫人是我们省里的一位轻佻女子，他同她结婚时年岁尚轻，鲁莽轻率，与这位楚楚动人的尤物相处，似乎经受了许多痛苦，因为他资财不足，无法供养她，此外还有一些别的颇为微妙的原因。她在巴黎过世，最后的三年他们就已分居；她给他留下一个五岁的儿子——“最初的、欢乐的、尚无忧虑的爱情的结晶”，有一次斯捷潘·特罗菲莫维奇在忧伤之中突然脱口说道，那时我就在他身边。孩子从一开始就被送往俄国。一直由几位住在穷乡僻壤的远房姨妈抚养。那时斯捷潘·特罗菲莫维奇谢绝了瓦尔瓦拉·彼得罗芙娜的聘请，很快就续弦再娶，同一位居住柏林的沉默寡言的德国女人结了婚。距第一个妻子去世还不到一年，而主要是没有任何特别的理由需要这样做。但是除了这个原因之外，那时还有其他一些原因使他谢绝了家庭教师的职位；当时一位令人难忘的教授正煊赫一时[①]，声誉正隆，使得本来就准备当教授的他也动了心，于是他也飞向讲坛，以便试一试他那双雄鹰的翅膀。但现在他的翅膀已遭火燎，他自然而然地想起了从前就曾使他的决心动摇过的邀请。此时，和他相处不到一年的第二位夫人也猝然谢世，使一切最终决定了下来。我要坦白地说：决定一切的是瓦尔瓦拉·彼得罗芙娜对他的热情关切和宝贵的可说是古典的友谊（如果我们可以用这样的词语来形容友谊的话）。他投入了这一友谊的怀抱，这种关系固定下来，一直延续了二十余年。我使用了“投入了怀抱”这样的词语，但千万可别想入非非；怀抱只应该从最高尚的意义上来理解。一种最细腻最微妙的关系把两位如此卓越的人物永远联系起来了。

家庭教师的职位之所以被接受，还因为斯捷潘·特罗菲莫维奇的第一位夫人留下的小庄园——非常之小——正好同斯塔夫罗金全家在我们省城近郊的一座宏大庄园斯克沃列什尼基相毗邻。此外，还可以经常在幽静的书斋中献身于学术研究，以最深邃的研究成果丰富祖国的语文科学，而不用为大学的繁重课业分心。后来，研究成果并没有出现；但却使另一件事情成为可能，那就是以他一生的余年，二十多年来他一直可

① 当时保守的莫斯科大学教授 B. B. 格里戈里耶夫曾认为，彼得堡大学最负盛名的教授是奥·伊·先科夫斯基（1800—1858，讲授阿拉伯和土耳其语言文学），但这里所谓“令人难忘的教授”多半是指斯捷潘·特罗菲莫维奇的原型格拉诺夫斯基。

说是“谴责的化身”，站在祖国的面前，正如人民诗人[1]所说的：

你是谴责的化身

…………

站在祖国的面前，

理想主义的自由派呀。[2]

但是，人民诗人笔下的人物，只要他愿意，也许有权利一生都摆出这种姿态，虽然这未免有点儿无聊。可是我们的斯捷潘·特罗菲莫维奇与这些人物相比，实际上只不过是一个仿效者，而且他已经站累了，只想懒洋洋地侧身躺下来休息。不过，平心而论，即使他无所事事，侧身而卧他仍然是“谴责的化身”，[3] 何况对外省来说，这也已绰绰有余了。你只要看看他在我们俱乐部里坐下来打牌时的情景就知道了。他的全身似乎都在说：“玩牌！我坐下来跟你们玩叶拉拉什[4]牌戏！难道这相称吗？谁应对此负责？谁使我的事业归于毁灭而变成一场叶拉拉什？唉，让俄国完蛋吧！”——于是他气派十足地打出一张红桃五牌。

实际上他十分喜爱打纸牌，为此，特别是在最近，他常常与瓦尔瓦

① 指俄国诗人涅克拉索夫，他在生前就被人（包括陀思妥耶夫斯基）称为“人民诗人”，下面几行诗引自他的诗作《猎熊猫》(1866)。

② 尼·尼·斯特拉霍夫与赫尔岑都谈到“纯正西方派”格拉诺夫斯基同涅克拉索夫的长诗《猎熊猫》和《萨沙》的主人公相近似。

③ 果戈理的《与友人书信选》中有这么一段话：“注意点，别让人这样说你：‘喂，糟老头！你一生都侧身而卧，无所事事，如今却来指责别人，问别人为什么要那样生活。”这里当是用来讽刺斯捷潘。

④ 叶拉拉什（ералаш）是旧时的一种纸牌戏，这个俄文词的另一意义是“乱七八糟”。

拉·彼得罗芙娜发生不愉快的口角，尤其因为他经常输钱。[①] 不过此事留待以后再说。我只想指出，他甚至是一个有良心的人（就是说有时候），因此常常独自忧伤。在与瓦尔瓦拉·彼得罗芙娜友好相处的二十余年当中，他每年总有两三次陷入我们称之为“爱国忧思”[②] 的心绪之中，说得简单点，就是陷入忧郁的心情之中，但是深受尊敬的瓦尔瓦拉·彼得罗芙娜喜欢这个词语。后来，除了爱国忧思之外，他又沉浸在香槟酒中，但是体贴入微的瓦尔瓦拉·彼得罗芙娜一生都守护着他，使他不沾染上庸俗的习气。而他也需要有一个保姆照顾，因为他有时候变得十分奇怪：在最崇高的忧思之中他会突然纵声大笑，其姿态完全像一个平民百姓。有时候甚至会以幽默的口吻谈论他自己。而瓦尔瓦拉·彼得罗芙娜最害怕的莫过于幽默。这是一位古典派女人，学术和文艺的女庇护人，完全以高尚的思想来规范自己的行动。这位高尚的女人二十年来对他可怜的朋友的影响是十分巨大的，关于她应做专门的叙述，现在我就来谈谈。

三

世上有些人之间的友谊是很奇怪的：朋友间彼此都恨不得把对方吃掉，一辈子都过着这样的日子，但却不能分离，甚至绝对不可以分离：一旦真闹翻的话，那位挑起争端、与另一位断绝交往的朋友，自己首先会郁悒成疾，甚至因此死去。我确实知道，斯捷潘·特罗菲莫维奇有几

① 格拉诺夫斯基的同时代人说他在“反动势力猖獗”的年代里，“因自由主义而受当时政府的怀疑，随时等待惩罚”，他“为了消愁而赌博成瘾；但是赌博使他家业衰落，债台高筑，不仅不能消愁，反而使他增加了道德上痛苦的屈辱感，更为忧郁”。

② “爱国忧思”是19世纪60年代俄国报刊上常常提到的一个词语，是指知识分子深感农奴制专制制度的重压而又意识到自己无力加以改变的那种心绪。

次，有时甚至是在与瓦尔瓦拉·彼得罗芙娜面对面地、推心置腹地互诉衷情之后，当她一走，他突然从沙发上跳了起来，攥紧两个拳头，一个劲地猛击墙壁。

这是千真万确的事，没有一点儿虚构的成分，有一次甚至把墙上的灰泥都敲了下来。也许有人会问：我怎么会知道这些微妙的细节？但是，要是这是我目睹的呢？要是斯捷潘·特罗菲莫维奇不止一次地伏在我的肩头上号啕大哭，绘声绘色地向我描述全部内情呢？（在这种情况下他什么话不说！）然而在号啕大哭之后，几乎总是发生这样的事：第二天，他已经因为自己的忘恩负义而准备把自己钉死在十字架上；急急忙忙地把我叫到他那里去，或者亲自跑到我这里来，其唯一的目的是告诉我，瓦尔瓦拉·彼得罗芙娜是“贞洁与温和的天使，而他自己正好是她的反面”。他不仅跑到我这里来，而且不止一次地在写给她本人的洋洋洒洒的长信中描述这一切，并且签上全名，向她坦白自己的卑劣行径。比如说，就在昨天他告诉一个不相干的人，说她聘请他是出于虚荣，她妒忌他的学问和才能；她憎恨他而又害怕明显地流露出她的憎恨，唯恐他离她而去，从而有损她在文学界的名声；因此他鄙视自己，决心自戕而死，只等她最后一句话决定一切，等等，都是诸如此类的话。了解了这些情况之后，不难想象，有些人虽然年过半百，却还是一个孩子，而我们这一位最最天真的老孩子，在他神经发作的时候，可能达到怎样歇斯底里的程度！我亲眼看过这些信中的一封。那是在他们之间的一次争吵之后，争吵的原因很琐屑，使用的语言却极狠毒。我吓坏了，求他别把信送出去。

“不行……这样更诚实一些……这是我的责任……如果我不向她承认一切的一切，我就活不下去！”他回答说，那神情几乎像发烧似的，他终于把信送了出去。

这就是他们俩之间的差别，瓦尔瓦拉·彼得罗芙娜是绝对不会把这样的信发出去的。的确，他喜欢写信，可以说入了迷，即使与她同住在一座房子里，他仍写信给她，在歇斯底里发作的时候，一天还写两封哩。① 我确确实实知道，她总是全神贯注地看这些信，哪怕是一天两封；而在看完之后，标上号，分好类，放入一只专门的小箱子里；此外，还把它们记在自己的心里。然后，她让她的朋友等候她的回信等上一整天，接着神情泰然地和他相见，好像上一天什么事也没有发生似的。渐渐地，她把他管教得规规矩矩，他自己也不敢提昨天的事，只悄悄地看一会儿她的眼睛，窥测她的心情。然而她什么也没有忘记，而他有时却忘记得太快了一点儿。他受她泰然自若的神情的鼓舞，往往当天就开怀大笑，如果有朋友来访，还会以香槟酒款待，像小学生似的嬉闹。这时刻她瞧着他的眼睛里一定充满了怨毒，而他却浑然不觉！只是在一星期之后，一个月之后，甚至半年之后，在某一个特殊的时刻，他会在无意中想起这样的信中的一个词语，然后是全信以及当时的全部情景，他会突然羞愧得无地自容。他如此痛苦，常常引起一阵阵轻度霍乱的发作。这种他所特有的阵发性疾病，类似轻霍乱，在某种情况下往往是他的神经受刺激的结果，也是他身体结构的一种有趣的奇特之处。

的确，瓦尔瓦拉·彼得罗芙娜有时候确实很恨他；但是他自始至终没有注意到她的一件事，那就是对她来说，他已经成了她的儿子，她的创造，甚至可以说她的发明，成了她的骨肉。她留着他，供养他，完全不只因为她“妒忌他的才能”。这种想法一定会使她感到委屈！在不断的憎恨、妒忌和蔑视之中，她心头蕴藏着无可抑制的对他的爱。二十二

---

① 有关格拉诺夫斯基的一部传记中写道：“1841 年 6 月 1 日，格拉诺夫斯基告别未婚妻，分别六周（……），在这几周里他每天给她写信，有时一天两封。”“有时候他离家几小时也要给她写信……”——俄编注

年来她守护着他，使他不受一粒尘埃的污染，哄着他，如果涉及他的诗人、学者、志士仁人的名誉的话，她会因担忧而彻夜不眠。他是她创造出来的，而她第一个对自己的创造物确信不疑。他好像是她的一个梦想……但是，因此她对他的要求的确很高，有时甚至要求他奴颜婢膝地服从。她爱记仇到了极点。说到这里，我想顺便讲两件趣事。

四

有一次，还在关于解放农奴的消息刚传出来，俄罗斯举国上下一片欢腾准备迎接复兴的时候[①]，一位彼得堡的男爵途经我省，拜访了瓦尔瓦拉·彼得罗芙娜。男爵在最高层社会里交游极广，而且很了解改革的内情。瓦尔瓦拉·彼得罗芙娜十分重视这类访问，因为自从她丈夫去世之后，她与上层社会的关系越来越疏远，最后完全断绝了。男爵在她那里坐了一小时，用了茶。座上没有其他任何人，但是瓦尔瓦拉·彼得罗芙娜请了斯捷潘·特罗菲莫维奇，把他郑重介绍给客人。男爵甚至曾经听说过他，或者装作听说过他，但是在喝茶的时候很少跟他攀谈。当然，斯捷潘·特罗菲莫维奇不会丢脸，他的仪态举止十分优雅。虽然他似乎不是出身名门，但是机缘凑巧，从孩提时开始，他就在莫斯科的一户贵族人家中接受教育，[②] 因此教养良好；法语说得同巴黎人一样。这样，男爵一眼就应该看出，瓦尔瓦拉·彼得罗芙娜虽然幽居外省，但她周围是些什么人。然而事情的结果却不是这样。当男爵证实当时开始流

---

① 关于政府意图解放农奴的最初传闻多次出现于 19 世纪 40 年代。

② 格拉诺夫斯基十三岁时被送往莫斯科一所寄宿学校学习了两年。这所学校是莫斯科大学德国语言文学讲师、法学博士 Ф. И. 基斯特尔（1772—1849）开设的，除主人外还有莫斯科大学的其他一些教授和学者在校中授课。——俄编注

传的关于伟大改革的消息完全属实时，斯捷潘·特罗菲莫维奇突然情不自禁地喊了一声乌拉，甚至做了一个手势来表达自己的欣喜。他喊的声音并不高，甚至还很优雅；他的欣喜也是预先经过考虑的，他的手势是在喝茶前半小时在镜子前有意练习过的；但是一定是在什么地方出了纰漏，所以男爵不禁微微一笑，虽然他立即异常客气地插入一句，说到全体俄国人目睹即将实现的伟大改革，心中必然深受感动。然后他很快就告辞了，离开时没有忘记向斯捷潘·特罗菲莫维奇伸出两根手指。回到客厅后，瓦尔瓦拉·彼得罗芙娜先沉默了三分钟，似乎是在桌上寻找什么东西；但突然转向斯捷潘·特罗菲莫维奇，脸色煞白，目光炯炯，压低嗓门慢吞吞地说道：

“我绝不会忘记您的德行！”

第二天，她若无其事地和她的朋友相见，从来不提发生过的事。但是十三年以后，在一个悲剧性的时刻，她提起这件事，责备他，她的脸色煞白，完全像十三年前第一次责备他时一样。她一生中只有两次对他说过这句话：“我绝不会忘记您的德行！”男爵的那一次是第二次；但是第一次也十分典型，似乎在斯捷潘·特罗菲莫维奇的命运中也具有重大的意义，因此我决定提一提。

事情发生在1855年春天，在5月间，亦即在斯克沃列什尼基接到斯塔夫罗金中将逝世的噩耗以后。将军是一位浮躁轻率的老人，在受命去作战部队奔赴克里米亚的途中因肠胃失调去世。瓦尔瓦拉·彼得罗芙娜成了遗孀，穿上了一身丧服。的确，她不会过多地悲伤。因为最近四年她和丈夫因性格不合完全分居，她定期给他津贴。（将军本人除了门第和人情关系之外，一共只有一百五十名农奴和俸禄，而所有财产和斯克沃列什尼基庄园都属于瓦尔瓦拉·彼得罗芙娜，她是一位极其富有的包税人的独生女儿。）虽然如此，这一突如其来的噩耗还是使她震惊，于是她摈绝社交，幽居庄园。当然，斯捷潘·特罗菲莫维奇在她身边，寸步不离。

5月春光明媚；黄昏的景色尤其迷人。稠李开花了。朋友俩每晚在花园里相会，在亭子里坐到深夜，彼此倾诉着自己的情愫和思绪。这样的时刻往往充满诗意。瓦尔瓦拉·彼得罗芙娜在自己的命运转变的影响下，说话比平常多一些。她好像是依偎着她朋友的心灵。这种情况持续了几个晚上。斯捷潘·特罗菲莫维奇突然产生了一个怪念头："这位悲痛欲绝的孤孀是否寄希望于他，是否在等待他在她服丧一年期满之后向她求婚呢?"这个想法是卑鄙的，但是高尚的气质有时也会促成卑鄙的思想倾向。他开始琢磨，发现事情的确有点相像。他考虑了起来："财产巨大，这是真的，但是……"的确，瓦尔瓦拉·彼得罗芙娜不完全像个美人：她是个高个子、黄皮肤、瘦骨嶙峋的女人，脸长得过分的长，有点儿像马脸。斯捷潘·特罗菲莫维奇越来越动摇了，因为顾虑重重而痛苦，甚至因为犹豫不决而哭了两次（他常常哭泣）。每天晚上，就是说在亭子里，他的脸上不由自主地出现了一种任性而又带嘲讽的、卖俏而同时又傲慢的表情。这种表情的出现是无意的，不由自主的：一个人越高贵，这种表情就越明显。天知道该怎么评说呢，但是很可能，瓦尔瓦拉·彼得罗芙娜心中并没有产生足以证实斯捷潘·特罗菲莫维奇所猜想的那种念头。而且她也不愿把自己的姓斯塔夫罗金娜改换成他的姓，尽管他的姓也非常响亮。也许，在她那方面一切只不过是一种女性的游戏，一种无意识的女性需要的表现，在许多特殊的属于女性的场合这是很自然的。不过我不敢担保；直至今天女人的心都是深不可测的！且听我往下说。

想必是她心中很快就猜透了她朋友脸上的奇怪表情；她非常敏感，善于察言观色，而他有时却太天真了。但是黄昏的会面仍照常进行，谈话也同样富有诗意和情趣。终于有一次，在夜晚降临时，在十分活跃兴奋的富有诗情的长谈之后，他们在斯捷潘·特罗菲莫维奇居住的厢房门廊旁热烈握手，亲切告别。每年夏天他都从斯克沃列什尼基宏大的主楼搬到这几乎处在花园里的厢房里来。他刚刚走进自己的房间，在烦恼的沉思中拿起一支雪茄烟，还没有点着就停住了，一脸的疲倦之色，一动不动地站在敞开的窗户前，仰观羽绒般轻柔的白云在月亮旁飘过。突然一阵轻轻的窸窣声使他全身一震，他转过头去。四分钟前刚离开他的瓦尔瓦拉·彼得罗芙娜又站在他面前。焦黄的脸几乎变成了紫色，嘴唇紧闭着，嘴角不住地抽动。整整十秒钟她一声不响地以坚定的无情的目光直视他的眼睛，忽然轻声急语道：

"我绝不会忘记您的德行！"

当斯捷潘·特罗菲莫维奇在十年之后关起门悄悄地告诉我这段哀伤的往事时，他向我发誓，他当时惊得发呆了，竟没有听见也没有看见瓦尔瓦拉·彼得罗芙娜是怎么消失的。由于她以后一次也没有向他提起过这件事，而且一切都若无其事地照常进行，他一生都倾向于认为，这一切只不过是他患病前的幻觉，尤其是当天晚上他果真生病了，一病整整两个星期，亭子里的相会因此也终止了。

然而，虽然他希望这只是幻觉，他每天，一辈子，似乎都在等待这一事件的继续和可说是这件事的结局。他不相信，这件事就这样结束了！如果是这样，那么他有时瞧着他的朋友，就一定会感到奇怪了。

五

她甚至亲自为他设计服装，他后来就穿着这种服装度过一生。服装典雅而富有特性：长下摆的黑色常礼服，前面一排纽扣几乎扣到下巴，但十分合身漂亮；宽边的软呢帽（夏天是单帽）；白色的亚麻布领带打成一个肥大的领结，两端下垂；带银把手的手杖，还有那长长的头发披到肩上。他的头发呈褐色，最近才开始微微发白。他不留胡须。据说，年轻的时候他长得非常英俊。但是据我看，即使在老年他依然给人十分深刻的印象。何况他才五十三岁，哪里能算老呢？然而，由于他总是要摆出志士仁人的姿态，他不仅不把自己打扮得年轻些，而且似乎在炫耀他的年长。他穿着他那身衣服，高高的个儿，瘦削的身材，长发及肩，很像是一位高龄的族长，或者更确切点说，很像30年代出版的诗人库科利尼克一本文集中的石印作者像[①]，尤其当他夏天坐在花园的长条凳上，在一丛盛开的丁香花下，两手支着手杖，身旁放着一本打开的书，面对落日的余晖，满怀诗情地陷入深思之中的时候。说到书，我想指出，不知什么缘故他到后来不看书了，不过这是在他一生的最后那段时间。瓦尔瓦拉·彼得罗芙娜大量订阅的报章杂志他是经常看的。对俄国文学的成就他也经常关心，不过丝毫不失去自己的尊严。有一段时间他对当代我国的内政外交最高政策的研究深感兴趣，但是不久就放弃了这项研究。还常常有这样的事：他手拿一本托克维尔[②]的著作去花园，口袋里却藏着保罗·德·科克[③]的书。但这不过是区区小事。

我想就库科利尼克的肖像附带再说几句话：瓦尔瓦拉·彼得罗芙娜第一次看到这张像时，她还是一个孩子，在莫斯科的一所贵族女子寄宿学校里读书。她立即就爱上了这张肖像。寄宿学校里的女孩子通常都是

---

① 俄国作家涅·瓦·库科利尼克（1809—1868）的肖像，由画家K. П. 勃留洛夫用钢板镌刻（1836）。

② 托克维尔（1805—1859），法国资产阶级自由派历史学家和政治活动家，著有《民主在美国》（1835—1840）、《旧制度和革命》（1856）等书，其著作对改革后的俄国也具有现实意义。

③ 保罗·德·科克（1793—1871），法国写日常生活的小说家，他的作品于19世纪40年代在俄国非常流行。

这样的。她们遇到什么就爱上什么，又一起爱上自己的教师，主要是书法和图画教师。但是有趣的不是女孩子的特性，而是瓦尔瓦拉·彼得罗芙娜在年已半百的时候还保存着这幅像，把它和她最心爱的珍宝秘藏在一起，也许正因为这个缘故，她给斯捷潘·特罗菲莫维奇设计了跟画上画的有点相似的衣服。不过这当然也是小事一桩。

最初几年，或者说得确切点，在瓦尔瓦拉·彼得罗芙娜那里居住的前一半岁月，斯捷潘·特罗菲莫维奇一直在考虑写一部什么著作，每天正儿八经地准备写。但是到了后一半岁月，他大概是把早先熟读的书也忘得一干二净了。他越来越频繁地对我们说："我好像已经做好了写的准备，材料都已收集，可就是没有心绪工作！毫无办法！"于是他懊丧地垂下头。毫无疑问，这番话必然会使他这位学术上的受难者在我们的心目中更显得伟大；但是他本人追求的却是另一回事。"把我给忘掉了，谁也不需要我了！"——他不止一次脱口说道。这种严重的忧郁症在50年代末期特别困扰着他。瓦尔瓦拉·彼得罗芙娜终于明白了事情的严重性，而且她也无法忍受她朋友被遗忘遭冷落的思想。为了替他解闷，同时也为了恢复昔日的名声，她把他带往莫斯科，在那里的文学界和学术界她有几位熟人；但是莫斯科竟也不能令人满意。

当时是一个特殊的时代；出现了某种新的气氛，与以前的平静大不相同，某种十分奇怪的、但到处都可感觉到的东西，甚至在斯克沃列什尼基也能感觉到。各种流言纷至沓来。对于那些事实大家或多或少都知道，但是很明显，除了事实之外还出现各种伴随而来的思想，而主要是这些思想非常之多。[①] 正是这一点使人困惑；人们怎么也不能适应，不

① 19世纪50年代末适值改革前夕，各种激进思想广为传播。《现代人》杂志1859年刊登的发行广告中，有一条声称："……把各门社会科学中已经研究过的和西欧各民族当代生活中已经养成的思想观念应用于我们的生活。"

能确切地搞清楚，这些思想究竟是什么意思。瓦尔瓦拉·彼得罗芙娜由于妇女的天性，一定想探明其中的奥秘。她开始自己读报章杂志、国外的禁书，甚至是当时已开始散发的传单[①]（这一切她都能搞到）；但是她读后只感到头昏脑涨。她开始写信，但很少有人给她复信；而且愈往后，她愈感到费解。斯捷潘·特罗菲莫维奇被郑重其事地请来给她彻底解释清楚“所有这些思想”；但他的解释完全不能使她满意。斯捷潘·特罗菲莫维奇对全国运动的看法极为傲慢；在他的头脑中一切都归结为一点，那就是他被遗忘了，没有人需要他了。最后，人们也记起了他，首先是在国外的出版物上，把他说成被流放的受难者，紧接着在彼得堡的刊物上把他说成过去某一著名星座中的一颗明星；甚至不知何故把他同拉季舍夫相比。然后又有人发表文章，说他已死了，并预告要登载他的行状。[②] 斯捷潘·特罗菲莫维奇一下子就复活了，而且摆起了大架子。他对同时代人的傲慢看法烟消云散了，他的心中燃起了希望之火：参加运动，显示自己的力量。瓦尔瓦拉·彼得罗芙娜顷刻间重新对一切充满了信心，并且开始忙得不亦乐乎。她决定立刻去彼得堡，去实地了解一切，亲自琢磨一番，如果可能，全身心地投入新的活动。同时她宣布要创办一份自由的杂志，从此以后把一切都贡献给它。斯捷潘·特罗菲莫维奇看到事情发展到这一地步，变得更高傲了，途中他开始以庇护者的姿态对待瓦尔瓦拉·彼得罗芙娜——她立即把这一切都记在心里。不过她此行还有另外一个十分重要的原因，那就是恢复在上层社会的关系。应当尽可能地在上流社会中露面，至少应当做一番尝试。此行公开

---

① 指伦敦的自由俄国印刷所刊印的一系列革命出版物（传单和书籍），该所由赫尔岑于 1853 年建立。

② 作者在这里指的可能是 A. Д. 加拉霍夫遇到的一件事情，面对关于自己已经去世的传闻，他于 1849 年被迫在报上发表声明，说自己还活着。——俄编注

宣布的原因是去看望她的独生儿子，他在彼得堡的一所贵族高等学校里学习，快要毕业了。

六

他们去了彼得堡，几乎整个冬季都住在那里。然而到了大斋节，一切都像五色缤纷的肥皂泡那样破灭了。梦想烟消灰灭，而那杂乱无章的一团疑云不仅没有廓清，反而变得更令人生厌了。首先，恢复上层社会的关系几乎完全没有成功，除了最微不足道的一点点关系之外，而且这点关系的恢复也十分勉强，使人感到屈辱。受了伤害的瓦尔瓦拉·彼得罗芙娜想整个身心投入“新思潮”之中，于是开始在寓所举办晚会。她邀请一些文学家来参加，立刻就有人给她带来了一大批。以后他们就不邀自来了，一个带着另一个。她从来没有见过这样的文学家。他们虚荣到极点，但毫不掩饰，似乎这是他们的义务。有的（虽然远不是所有人）到来时已经醉态毕露，但却觉得其中有一种特殊的昨天才发现的美。他们人人骄傲得出奇。所有人的脸上都流露出一种表情，似乎他们刚才发现了一项极端重要的秘密。他们相互谩骂，却以此为荣。很难了解他们究竟写了些什么作品；但这里有评论家、小说家、剧作家、讽刺作家、揭露家。斯捷潘·特罗菲莫维奇甚至打入他们的最高层，也就是领导运动的圈子。领导者高高在上，令人不敢仰望，但他们亲切地会见他，虽然他们对他当然一无所知，一无所闻，只听说他“代表一种思想”。他在他们身边随机应变，有两次竟然把他们请到瓦尔瓦拉·彼得罗芙娜的沙龙，尽管他们是奥林匹斯山上的神祇。这些人十分严肃，礼貌周全，文质彬彬；其他人看来都害怕他们；但是显然他们没有闲工夫。到沙龙来的还有两三位往日的文学名流，他们当时正好在彼得堡，瓦尔瓦拉·彼得罗芙娜早已和他们保持着最高雅的关系。但是使她惊诧的是，这些不容置疑的真正的名流竟比水还安静，比草还卑顺，他们中有的人简直依附于这群新恶棍，可耻地巴结他们。[①] 起初，斯捷潘·特罗菲莫维奇很走运，人们抓住他，让他在公开的文学朗诵会[②]上露面。当他在一次公开的文学朗诵会上作为朗诵者第一次登上舞台时，爆发了狂热的掌声，持续了五六分钟。九年之后，他噙着眼泪回忆这段往事——不过，与其说是出于感激，不如说是由于他的艺术天性。“我向您发誓，我与您打赌，”他自己对我说（但只对我一个人，而且要我保守秘密），“在所有听众当中没有一个人对我有一丁点儿的了解！”他的表白太妙了：这么说来，他有敏锐的智慧，因为他当时在舞台上能如此清楚地认识自己的处境，虽然他陶醉在掌声之中；也可以说，他缺乏敏锐的智慧，因为甚至在九年之后，他在回忆当年情景时也并没有受辱的感受。人们强迫他在两三份集体抗议书上签名[③]（抗议什么他自己也不知道）；他签了名。人们也强迫瓦尔瓦拉·彼得罗芙娜在什么《卑鄙的行径》[④] 上签名，她也签了名。顺便说说，大多数新人虽然上瓦尔瓦拉·彼得罗芙娜这里来，但不知何故，却认为他们必须蔑视她，公开嘲笑她。后来，斯捷潘·特罗菲莫维奇在伤心的时刻常暗示我，她从那以后就妒忌他。她当然懂得，她不能同这些人交往，但她仍以女人的歇斯

① 小说从此处起开始了一系列对屠格涅夫的讥讽和隐刺。众所周知，在 60 年代，特别是由于《父与子》问世，众口纷说屠格涅夫已经“过时”。屠格涅夫自己写信给阿·阿·费特说：“……就所谓的年轻批评家们的评论看来，我也该从文坛退休了……有什么办法呢，老兄？是该给年轻人让路了。”

② 1859 年末“接济贫寒作家学者基金会”（文学基金）成立，开始举行公开的文学朗诵会。自 1860 年起陀思妥耶夫斯基成为朗诵会的最积极参加者之一。

③ 文学家集体签名抗议报刊的“卑鄙”行径，是 60 年代社会舆论高涨的典型征象之一。

④ 隐指 1861 年魏因贝格在《世纪》周刊上发表的一篇讽刺小品《俄国的怪现象》引起的风波。——俄编注

底里的焦急心情，贪婪地接待他们，而主要是，总是期待着什么。在晚上她很少说话，虽然她能够说；但是她较多地倾听他们。客人们谈论取消书刊检查制度啦，[①] 废除硬音字母啦，谈论以拉丁字母代替俄文字母啦，[②] 谈论昨天某人被流放啦，还有游廊商场上的那次吵闹啦，[③] 谈论俄罗斯按民族分立、自由组成联邦的好处啦，取消陆军和海军啦，以第聂伯为界重建波兰啦，农奴制改革和传单啦，取消遗产、家庭、子女和神职人员啦，妇女的权利啦，[④] 克拉耶夫斯基的大楼啦，[⑤] 以及谁也绝不会原谅克拉耶夫斯基拥有房产啦，等等。很清楚，这群新派人物中有许多骗子，但无疑也有许多正派的甚至有魅力的人，尽管他们仍带有令人惊奇的色彩。正派的人比不正派的和粗暴的人要更难理解得多，但是也弄不清楚是谁在支配谁。当瓦尔瓦拉·彼得罗芙娜宣布她打算创办一份杂志的想法时，涌来了更多的人，但是立即就纷纷指责她是资本家，剥削别人的劳动。指责的粗暴无礼与指责的突如其来正好相当。年事已

---

① 关于取消书刊检查制度，《现代人》（1863 年，第 1～2 期）写道："报纸和刊物一致认为，书刊检查制度没有达到目的，因此开始设想各种能够更切实地达到检查制度预定目的的方法……甚至讲到出版自由，即书刊免除检查，而由法院监督……"——俄编注

② 1862 年彼得堡举行了一系列会议，讨论俄语缀词法的改革方案，在各报刊上引起广泛的反响。在陀思妥耶夫斯基的《时代》杂志上曾以讽刺的笔调报道了这些会议，称之为"当地的读书人与俄语缀词法打官司"。在会议上曾谈到取消词末的硬音符号问题，有人还建议以拉丁文字母替代俄文字母。

③ 彼得堡的游廊商场里，除商店外还有一个大厅，供演讲和举办音乐会之用。1859 年在这里举行了一次公开仲裁会。因听众起哄，仲裁会未能进行到结束。"俄国人是否已经成熟到可以进行公开辩论的程度?"一时成了公众的话题。——俄编注

④ 从上文"谈论俄罗斯按民族分立……"开始到此为止，陀思妥耶夫斯基毫不掩饰地引用扎伊奇涅夫斯基的传单《年轻的俄罗斯》中的主要论点。——俄编注。按：П. Г. 扎伊奇涅夫斯基（1842—1896），俄国革命家，俄国雅各宾主义的创始人。1861 年莫斯科大学的学生小组和学生运动的组织者。1862 年在羁押中写了传单《年轻的俄罗斯》，因"二十七人事件"被判处服苦役，在狱中和流放地度过二十多年，1874 年又组织"奥摩尔青年"小组。

⑤ 《祖国纪事》杂志的出版者安·亚·克拉耶夫斯基（1810—1889）在铸造大街上拥有一幢大楼，《祖国纪事》和《呼声报》的编辑部均设于此。

高的伊万·伊万诺维奇·德罗兹多夫将军——已故的斯塔夫罗金将军的生前好友和同僚，是一位非常值得尊敬的人（当然只是就某些方面而言），在我们这里大家都认识他。他性情执拗而暴躁，吃得很多，也十分害怕无神论。在瓦尔瓦拉·彼得罗芙娜家的一次晚会上，他同一位年轻的名流争论起来。那人对他说的第一句话是："听您这么说，您可算是一位将军。"他的意思是，他找不到比"将军"这个词更厉害的骂人话了。伊万·伊万诺维奇大发雷霆："对，先生，我是一位将军，而且是一位中将，曾经为我的皇上效力；而你，先生，是黄口小儿，目无上帝!"于是，引起了一场不能容忍的吵闹。第二天，这件事在报上披露，同时开始征集签名，对瓦尔瓦拉·彼得罗芙娜的"丑恶行径"提出抗议，因为她不愿意立即驱逐将军。在一本画报上出现了一幅漫画，画上刻薄地描摹了三个反动的朋友——瓦尔瓦拉·彼得罗芙娜、将军和斯捷潘·特罗菲莫维奇；漫画配上了人民诗人专门为这一事件写的诗。① 我想顺便说说我的看法：许多有将军头衔的人物往往有一个可笑的习惯，他们总是说"我曾经为我的皇上效力……"似乎他们的皇上不是我们这些普通臣民的皇上，而是另外一个特殊的、仅仅属于他们的皇上。

要在彼得堡再待下去当然是不可能了，尤其因为斯捷潘·特罗菲莫维奇遭到了最终的 fiasco②。他忍耐不住，开始向人阐发艺术的权利，于是受到更厉害的嘲笑。在最后一次朗诵会上，他企图以志士仁人的辞令去打动听众的心，指望人们会因他的"被放逐"而肃然起敬。他不加争辩就同意"祖国"这个词的无益和可笑，也同意宗教有害的想法，③

① 指《火星》画报，暗示涅克拉索夫参与该杂志的工作。

② 意大利文：失败。

③ 斯捷潘·特罗菲莫维奇的这几句话是对巴枯宁分子纲领的响应。——俄编注

但却大声疾呼地坚决声称，靴子不如普希金重要，而且远远比不上普希金。[①] 人们无情地嘘他，以致他在众目睽睽之下，不等走下舞台，当场就哭开了。瓦尔瓦拉·彼得罗芙娜把奄奄一息的他送回家。“On m'a traité comme un vieux bonnet de coton!”[②] ——他神色惘然地喃喃说。她通宵照顾他，给他服用桂樱叶滴剂，一直到天明，一面不住地对他说：“您还是有用的；您还有出头之日；会理解您的……在别的地方。”

第二天一清早，五个文学家来到瓦尔瓦拉·彼得罗芙娜的寓所，其中三人她完全不认识，从来没有见过面。他们神气凛然地宣布：他们已经审议了她的杂志问题，带来了就此问题做出的决定。瓦尔瓦拉·彼得罗芙娜从来没有在任何时候委托过任何人就她的杂志问题进行审议，做出什么决定。他们的决定为：在杂志创办之后，她应立即将杂志及资金一起交给他们，以自由联合为原则；她本人则去斯克沃列什尼基，而且不要忘记把斯捷潘·特罗菲莫维奇带走，因为“他已过时”。他们出于礼貌，同意承认她有所有权，每年将给她寄去六分之一的纯利润。最令人感动的是，这五个人当中，有四人确实不抱任何贪财的目的，他们完全为“共同事业”而奔忙。

“我们昏头昏脑地离开，”斯捷潘·特罗菲莫维奇讲道，“我什么都搞不清楚，只记得在火车车轮的咯噔声中不住地喃喃自语：

---

① 陀思妥耶夫斯基不止一次著文反对《俄国言论》在评价艺术问题上的功利主义，特别抨击瓦·亚·扎伊采夫和德·伊·皮萨列夫在论战中否定普希金的意义。例如写于1864年的《谢德林先生，或虚无主义者的分裂》，在文中他用反语讥刺说“由此你们应奉为金科玉律：靴子无论如何要比普希金强，因为没有普希金还能凑合，没有靴子却怎么也不成，因此普希金是奢侈品，毫无意义”。按：瓦·亚·扎伊采夫（1842—1882），德·伊·皮萨列夫（1840—1868），均为俄国政论家和批评家，《俄国言论》撰稿人。他们与《现代人》及谢德林等作家都是民主主义者，但他们在当时都否定普希金的意义，因此与《现代人》和谢德林等相左，与之论战。因为当时民主派被保守势力称为虚无主义者，因此这次民主派内部的论战被称为“虚无主义者的分裂”。

② 法文：对待我就像对待一顶破旧的布睡帽一样！

维克和维克，列夫·卡姆别克，

列夫·卡姆别克，维克和维克……①

鬼知道还哼了些什么，一直到莫斯科才转过神来，——可是在莫斯科难道就能找到什么别的东西吗？啊，我的朋友们！”——他有时灵感勃发，对我们高喊道，“你们不能想象，当一个你一向虔诚崇拜的伟大思想被一些无能之辈夺了过去，拖到大街上，送给像他们自己那样的笨蛋，你忽然在旧货市场上发现它，可你已经认不得它了，它沾满污泥，歪歪斜斜地胡乱放着，失去了原有的匀称和和谐，好像是蠢孩子的玩具，你心里是多么悲痛和气愤呀！不！在我们那个时代并不是这样的，这不是我们那时追求的目标。不，不，这不是我们所追求的。我什么也认不得了……我们的时代还会重新到来，重新使当前一切摇晃不定的东西稳定下来。否则那还得了？……”

七

从彼得堡一回来，瓦尔瓦拉·彼得罗芙娜就把她的朋友送往国外去“休养”，而且他们也需要暂时分别，她感觉到有这个必要。斯捷潘·特罗菲莫维奇兴高采烈地走了。“我会在那里获得新生！”他欢呼道，“在那里我终于可以从事学术研究了！”但从寄自柏林的最初几封信开始，

① 这两行诗是陀思妥耶夫斯基为嘲笑60年代初彼得堡讽刺杂志的流行题材而作的讽刺性模仿诗的开头部分。“维克”是俄文词“世纪”的读音，这里指1861—1862年出版的一份彼得堡杂志《世纪》，它因为发表了讽刺小品《俄国的怪现象》而成了报刊上长期论争的话题。卡姆别克是《家庭》和《圣彼得堡通报》的出版人。——俄编注

他又唱起了老调。“我的心已破碎，”他写信给瓦尔瓦拉·彼得罗芙娜道，“我什么都不能忘却！这里，在柏林，一切都使我想起旧情往事，最初的欢乐和最初的痛苦。她在哪里？她们俩现在都在哪里！你们两位我永远配不上的天使在哪里？我的儿子，我的心爱的儿子在哪里？最后，我，我自己，从前的我，像钢铁那样刚强坚韧、像岩石那样不可动摇的我又在哪里？而现在一个微不足道的 Andrejeff，un[①] 留长须的正教徒小丑，peut briser mon exis-tence en deux。[②]”等等。至于斯捷潘·特罗菲莫维奇的儿子，他一生中只见过两次，第一次是在儿子出生时，第二次是不久前在彼得堡，年轻人在那里准备上大学。上面已经说过，孩子一直寄养在 O 省的姨妈那里（由瓦尔瓦拉·彼得罗芙娜给抚养费），离斯克沃列什尼基七百多俄里[③]。至于 Andrejeff，也就是安德烈耶夫，这只不过是我们这里的一个商人，小店主，大怪人，自学成才的考古学家，十分热衷于搜集俄国的古董，有时同斯捷潘·特罗菲莫维奇在学术问题上进行争论，主要是在思想倾向上，两人针锋相对，互不相让。这位可敬的商人留着一把白胡子，戴一副银框大眼镜，在斯捷潘·特罗菲莫维奇的小庄园（紧挨斯克沃列什尼基庄园）里买了几十亩树林以供砍伐，还欠斯捷潘·特罗菲莫维奇四百卢布。虽然瓦尔瓦拉·彼得罗芙娜在送她的朋友去柏林时给了他慷慨的资助，但是斯捷潘·特罗菲莫维奇在动身之前特别希望得到这四百卢布，大概是要作秘密开支之用，因此当 Andrejeff 请求他延期一个月的时候，他几乎哭了出来，而安德烈耶夫完全有权提出延期的要求，因为前几笔钱，由于斯捷潘·特罗菲莫维奇当时的特殊需要，几乎提前半年就预付给了他。瓦尔瓦拉·

---

① 法文：安德烈耶夫，一个……

② 法文：竟能摧毁我的一生。

③ 一俄里等于一点零六千米。

彼得罗芙娜如饥似渴地读完这第一封信，在感叹句“她们俩现在都在哪里!”下面用铅笔画了线，标上日期，锁在小箱子里。当然，他在回忆他的两位去世的妻子。在第二封柏林来信中调子变了：“我一天工作十二个小时，（‘哪怕十一个小时也好了。’瓦尔瓦拉·彼得罗芙娜嘟囔说。）在图书馆里查阅、核对、摘抄资料，四处奔走，访问教授。同杰出的敦达索夫一家重新交往，纳杰日达·尼古拉耶芙娜至今仍楚楚动人！她向您问好。她年轻的丈夫和三个侄儿在柏林。每晚我同青年们谈谈说说，直到天亮，几乎可以说是雅典的晚会[1]；不过只是就温文典雅而言，一切都格调高雅：音乐之声不绝，西班牙的曲调，全人类复兴的梦想，永恒的美的观念，西斯廷圣母像，光明与黑暗的交替，但是即使在太阳上也有黑子嘛！啊，我的朋友，高尚的忠诚的朋友，我的心和您在一起，我是您的，en tout pays[2]，永远只和您一人在一起，即使 dans le pays de Makar et de ses veaux[3]。记得吗，在离开彼得堡之前，我们常常谈论这个地方，心头突突跳。想起当时的情景，不禁失笑。越过国界，我感到自己安全，一种奇怪的新感觉，也许多年来是第一次……”等等。

“唉，全是废话!”瓦尔瓦拉·彼得罗芙娜得出结论说，一面把这封信也收藏起来，“如果雅典的晚会一直继续到天明，怎么还能每天看书十二个小时呢。是喝醉后写的吧？这个敦达索夫怎么敢向我问好？不过，还是让他散散心吧……”

---

① 斯捷潘·特罗菲莫维奇把“雅典的晚会”这个词语用于它初始的意义，即“夜晚高雅的谈话”。——俄编注

② 法文：在任何地方。

③ 法文：在马卡尔和他的小牛群的地方。这句话由俄语俗语“马卡尔不去放牧他的小牛群的地方”，即“遥远荒凉的地方”改头换面，译成法语，用以表示官府和警察的镇压。这句话在萨尔蒂科夫—谢德林的讽刺作品中经常出现。——俄编注

“Dans le pays de Makar et de ses veaux”这句话的意思是：“马卡尔不去放牧小牛群的地方。”斯捷潘·特罗菲莫维奇有时故意用愚蠢至极的方法将俄罗斯的谚语和地道的俗语译成法语，虽然他无疑既能理解，也能译得好一些，但他这样做出于一种特殊的气派，认为这很俏皮风趣。

但是他游历的时间并不长，挨不到四个月就匆匆返回斯克沃列什尼基。他的最后几封信完全是对他的睽违数月的朋友的感人情愫的倾诉，真正是满纸别泪。世界上有些人天性依恋家庭，像巴儿狗一样。两位朋友别后重逢，欣喜万分。两天之后一切又同过去一样，甚至比过去更无聊。“我的朋友，”两星期之后，斯捷潘·特罗菲莫维奇告诉我说，但要我严守秘密，“我的朋友，我新近发现了一个对我来说极为可怕的事实：je suis un[①] 寄人篱下的食客，et rien de plus！Mais r-r-rien deplus！[②]”

八

然后一切归于平静，最近几年我们几乎都过着这种平静的生活。歇斯底里的发作和伏在我肩头上的痛哭仍然一如既往，但丝毫不妨碍我们的幸福生活。我奇怪，为什么斯捷潘·特罗菲莫维奇这期间没有发福。只有他的鼻子开始微微发红，心肠也更慈软了。渐渐地他的周围集结了一帮朋友，不过这个圈子一直都很小。虽然瓦尔瓦拉·彼得罗芙娜很少与这个圈子接触，但我们大家都承认她是我们的靠山。在彼得堡的教训之后，她终于在我们城里定居下来：冬天住在她城里的邸宅，夏天住在

---

① 法文：我是一个……

② 法文：仅此而已！而且仅、仅、仅此而已！

郊外的庄园。她从来没有像最近七年那样在我省社会上拥有如此巨大的影响和势力，也就是说一直到我们的现任省长受命以前。我们的前省长，令人难忘的温厚的伊万·奥西波维奇是她的远亲，曾经受过她的恩惠。他的夫人一想到可能会使瓦尔瓦拉·彼得罗芙娜不高兴，就心惊胆战，而省内公众对瓦尔瓦拉·彼得罗芙娜的奉承，几乎达到偶像崇拜的地步。因此，斯捷潘·特罗菲莫维奇的日子也过得很好。他是俱乐部的会员，气派十足地输钱，受人尊敬，虽然许多人只把他看作“学者”。后来瓦尔瓦拉·彼得罗芙娜允许他住在另一座房子里，那以后我们就更自由了。我们一星期两次在他那里聚会；很快乐，特别是当他不惜以香槟酒款待的时候。酒就在那位安德烈耶夫的店里赊购。瓦尔瓦拉·彼得罗芙娜每半年一次付清赊账，而付账之日几乎总是他轻霍乱发作之时。

小圈子里资格最老的成员是利普京，他是省政府里的官吏，年纪已经不轻，是激烈的自由主义分子，城里有名的无神论者。他第二次结婚娶了一位年轻漂亮的女子，得到一份嫁妆，此外还有三个半大的女儿。他把全家管得服服帖帖，闭门不出；他十分吝啬，靠薪俸购置了一幢小房子，积累了一点资本。他是个不安生的人，而且官职不高；在城里不受人尊敬，不为上层社会所接纳。此外，他好搬弄是非，不止一次遭到惩罚，狠狠的惩罚，一次是遭一位军官的惩罚，另一次是遭一位地主——可敬的一家之主的惩罚。但我们喜欢他的机智、他的求知欲和他那特有的刻薄的快活性格。瓦尔瓦拉·彼得罗芙娜不喜欢他，但他总是有办法博得她的欢心。

她也不喜欢沙托夫。沙托夫最近一年才成为小圈子的成员，他曾经是大学生，在一次学潮之后被开除出大学，他幼年时曾是斯捷潘·特罗菲莫维奇的学生，出生时是瓦尔瓦拉·彼得罗芙娜的农奴，是她已故的侍仆帕维尔·费奥多罗维奇的儿子，受过她的恩惠。她不喜欢他，因为他骄傲，忘恩负义，在他被开除出大学以后，他没有立刻去她那里，相反，他甚至没有回复她当时特地写给他的信，宁肯低三下四地受雇去给一个有文化的商人教孩子，对此她怎么也不能原谅他。他同这个商人一家去了国外，与其说是作为他们的家庭教师，不如说是作为他们的男仆；但当时他急切希望去国外。孩子身边还有一位女家庭教师——一位伶牙俐齿的俄国小姐。她也在出国前夕来到这户人家。主人接受她，主要是因为薪金低廉。大约两个月后商人把她赶走了，因为她“思想自由”。沙托夫也跟着她走了，很快就和她在日内瓦结了婚。他们在一起大约过了三个星期，然后就分手各奔东西，因为他们是自由的、不受任何约束的人；当然，也因为贫困。然后他单独在欧洲漂泊了很久，天知道他靠什么为生；据说，他曾在街上替人擦皮鞋，在一个港口当过搬运工。最后，约莫一年以前回到了老家，同年迈的姑妈住在一起，一个月后姑妈死了。他妹妹达莎也是瓦尔瓦拉·彼得罗芙娜抚养长大的，是她的宠儿，在她那里过着最体面的生活。沙托夫同妹妹关系十分疏远，很少往来。他在我们中间经常阴郁寡言，但当谈话偶尔触及他的信念时，他病态地激动起来，就急不择言了。“你得把沙托夫先捆绑起来，然后再同他辩论。”——斯捷潘·特罗菲莫维奇有时开玩笑说；但他爱他。在国外，沙托夫彻底改变了他从前的某些社会主义信念，走到了另一个极端。他属于这样一种理想主义的俄国人，他们会为一个强有力的思想所制服，一下子受其支配，有时甚至给支配一辈子。他们永远没有能力驾驭它，但却狂热地信仰它，于是他们一生仿佛就在这块落在他们身上把他们压成两半的巨石之下做垂死挣扎。沙托夫的外表也与他的信念相一致：他举止笨拙，长着一头乱蓬蓬的浅褐色头发，矮个子，宽肩膀，厚嘴唇，浅褐色眉毛浓密而下垂，眉头紧蹙，冷漠的目光固执地低垂着、似乎羞于见到什么东西。他的头上总是有一绺头发怎么也弄不平服，于是就这么翘着。他约莫二十七八岁年纪。“我现在已不感到奇怪，为什么他妻子离开他跑了。”——有一次，瓦尔瓦拉·彼得罗芙娜盯着他细看了一会儿，评论说。虽然他十分穷，仍竭力穿得整整洁洁。他还未曾向瓦尔瓦拉·彼得罗芙娜请求过帮助，而是勉勉强强过着苦日子；甚至受雇于商人。有一阵子他在替人管小铺，后来准备作为掌柜的助手乘轮船去押送货物，但在快出发的时候病倒了。难以想象，什么样的贫困他不能忍受，他甚至完全不考虑它。瓦尔瓦拉·彼得罗芙娜在他病后秘密地匿名送给他一百卢布。但是他探听出秘密，考虑了一下，接受了这笔钱，而且来到瓦尔瓦拉·彼得罗芙娜家向她道谢。她热情地接待他，但这一次他又可耻地辜负了她的期望：他总共只坐了五分钟，不作一声，两眼直愣愣盯着地面，痴呆呆地微笑着，在她谈到最有趣的地方，他也不待她把话说完，霍地站了起来，侧着身子笨拙地鞠了一躬，羞得慌了手脚，不巧正好碰着她那张贵重的拼木小工作台，把它撞倒在地，摔得粉碎；他走了出来，羞愧得无地自容。利普京后来严厉责备他，因为他当时没有夷然不屑地拒绝接受他过去的暴戾主子施舍的一百卢布，不仅接受了，而且还巴巴儿地去道谢。他孤零零地一个人住在城市边缘，不喜欢别人去看他，即使我们也不例外。他经常来参加斯捷潘·特罗菲莫维奇的晚会，从他那里借报纸和书籍去阅读。

来参加晚会的还有一个年轻人，叫维尔金斯基，当地的官员，与沙托夫有点相像，虽说他们俩从表面上看来在各方面都截然相反；但他也是一个“眷恋家室的人”。这是一个不起眼的、十分安静的年轻人，不过也已经三十岁了，受过良好的教育，但更多地依靠自学。他贫穷，结了婚，在政府中供职，供养他妻子的姑母和姐姐。他妻子，以及其他几位女士，都具有最新的思想信念，但这一切在她们的口中都显得有些粗俗——正如斯捷潘·特罗菲莫维奇讲到另一件事时说的，这是“流落街头的思想”。她们的思想都来自小册子。只要从我们首都的进步角落里传来的什么风声，她们都深信不疑，如果有人建议她们把东西扔出去，她们就会心甘情愿地把一切都扔往窗外。Madame[①]维尔金斯卡娅在我们城里的职业是接生；在出嫁前她长期住在彼得堡。维尔金斯基本人是一个心地十分纯洁的人，我很少遇见比他更为正直热情的人了。“我永远不会放弃这些光辉的希望。”——他常常对我说，两眼晶莹明亮。他在说到“光辉的希望”时，声音总是很低，很愉快，轻声细语，似乎是在告诉我一个秘密。他身材相当高，但很瘦，肩膀很窄，头发异常稀疏，带一点儿红褐色。斯捷潘·特罗菲莫维奇对他的某些见解的轻慢嘲笑，他总是温顺地接受，有时他也进行反驳，态度十分严肃，往往使对方张口结舌，不知所对。斯捷潘·特罗菲莫维奇对待他十分亲切，不过他对我们大家都像父亲那样慈祥。

“你们都是‘没有孵到时候的蛋’，”他对维尔金斯基开玩笑说，“所有与您类似的人，虽然在您身上，维尔金斯基，我没有发现我在彼得堡chez ces séminaristes[②]见到的那种浅、薄、狭、隘，不过您还是‘没有孵到时候’。沙托夫很希望破壳而出，但他也没有孵到时候。”

“那我呢？”利普京问。

“您不过是持中庸之道的人，哪里都能凑合……按您自己的方式。”

利普京很生气。

关于维尔金斯基，人们传说（很遗憾这是确凿可信的），他妻子与他合法婚居还不到一年，突然向他宣布，她不要他了，她更喜欢列比亚

---

① 法文：太太。

② 法文：这些神学校的学生身上。陀思妥耶夫斯基在60年代的一本工作笔记中表达了他对神学校学生的看法：“神学校学生把一种特殊的否定态度带入我们的文学，这种否定太全面，太敌对，太尖刻，因此也太狭隘。”在他的书信和笔记中经常有这种敌对性的攻击。——俄编注。按：当时的民主派，如车尔尼雪夫斯基等都是在神学校念过书的。

德金。这个列比亚德金是外来人，后来发现他是一个可疑的人物，完全不是他所自诩的什么退役大尉。他只会捻胡子，喝酒，胡扯一些极其不堪入耳、荒诞不经的事情。这个人毫不客气地搬到他们家里来了，因为能白吃他人的面包而喜不自胜；他在他们家吃喝睡觉，最后根本就不把主人放在眼里了。人们绘声绘色地说，维尔金斯基在他妻子宣布不要他了时，对她说："我的朋友，在此以前我只爱你，现在我敬重你。"但是他是否当真说过这样一句古罗马的名言[①]，恐怕未必；恰恰相反，据说他号啕大哭了一场。有一次，在他被遗弃后大约两星期，他们全"家"出城去郊游，在树林里同几位熟人一起喝茶。维尔金斯基不知怎的异常兴奋快活，参加了跳舞；突然，在没有事先口角的情况下，他无缘无故地抓住人高马大的列比亚德金。列比亚德金正在跳康康舞[②]独舞，维尔金斯基两手揪住他的头发，使劲往下拉，拖着他走，一面又哭又号，泪流满面。大个子吓坏了，他甚至没有自卫，在维尔金斯基拖着他走的时候，几乎一直默不作声；但拖过以后，他以一个高贵者的全部火气生起气来。这天夜里，维尔金斯基通宵跪着恳求他妻子原谅；但没有得到她的原谅，因为他最终没有同意去向列比亚德金道歉；此外他因缺乏信念和愚蠢而遭到谴责，说他愚蠢，是因为他对女人解释时居然双膝跪地。不久大尉就消失了，直到最近才再度在我们城里出现。他带来他的妹妹和新的打算，但他的事我们留待以后再讲。毫不奇怪，可怜的"眷恋家室的人"到我们这里来排愁解闷，他需要我们这一伙人。不过，关于他的家事他从来不在我们这里谈起。只有一次，与我一起离开斯捷潘·特

① 这句话不是古罗马的名言，而出自车尔尼雪夫斯基的《怎么办?》。陀思妥耶夫斯基讽刺模仿《怎么办?》中男女主人公彼此惯用的称呼（我的朋友）和该书第三部中的情节（此处的爱情关系和下文的出城郊游）。

② 19世纪巴黎流行的一种下流舞蹈。

罗菲莫维奇回家的时候，他隐隐约约地谈起他的景况，但立刻抓住我的手，满腔热情地说：

“这不要紧；这不过是私人的事；这一点点都不会妨碍‘共同事业’!”

到我们这个圈子里来的还有一些偶然的客人；犹太佬利亚姆申来过，上尉卡尔图佐夫来过。有一个时期一个好学的小老头常常来，但不久就过世了。利普京曾带来流放的波兰天主教教士斯洛尼采夫斯基①，有一段时间我们出于原则接待他，但是后来就不再接待了。

九

在我们城里一度风传关于我们的流言，说我们这个小圈子是自由思想、伤风败俗和不信上帝的根源，而且这种流言还久传不衰。实际上我们所做的只不过是最无害的、愉快的、完全是俄罗斯式的轻松的自由主义空谈而已。“高级的自由主义”和“高级的自由主义者”，即没有任何目标的自由主义者，只有在俄国才可能出现。斯捷潘·特罗菲莫维奇同任何妙语连珠的人一样，需要有人听他，此外还必须使他能意识到，他正在履行传播思想的崇高天职。最后，还必须有人同他一起喝香槟，在喝名酒时候交换关于俄罗斯和“俄罗斯精神”、一般地关于上帝和特殊地关于“俄罗斯上帝”的种种快活有趣的思想；② 千百次重复人尽皆知的、人人都在谈论的俄国丑闻。我们也不反对议论城里的种种流言蜚

---

① 他是因 1863 年波兰起义失败后而流亡的。

② 这句话中以讽刺的语调列举了 60 年代自由派人士当中典型的谈话题目。《俄罗斯上帝》（1828）是俄国诗人、评论家彼·安·维亚泽姆斯基（1792—1878）的有名诗篇，1856 年首次发表于赫尔岑的《北极星》上，诗中嘲讽了尼古拉时代俄国的贫困落后、精神空虚。——俄编注

语，并且有时做出严厉的、高度道德的评判。有时还议论全人类的问题，以严正的态度讨论欧洲和人类的未来；以不容置疑的权威预言，法国在君主专制制度结束以后将立即沦为二等国，而且相信，这很快也很容易地就会发生。我们早已预言，教皇在统一后的意大利只会起都主教[①]的作用，而且完全相信，这个千年来悬而未决的问题，在我们人道的、工业的和铁路的时代，不过是一桩轻而易举的小事。“高级的俄罗斯自由主义”只能用这样的态度来看待问题。斯捷潘·特罗菲莫维奇有时谈论艺术，见解高超，但有点抽象。有时他回忆起青年时代的朋友们——都是在我国发展史上提到的人物——以真挚的感情和崇敬的心情回忆他们，但也不无妒忌。如果大家感到太无聊了，出色的钢琴手犹太佬利亚姆申（邮政局的小官吏）就为大家演奏，而在两曲之间表演猪叫声、雷雨声、产妇分娩时的呻吟干号声和婴儿呱呱坠地时的啼叫声，等等；他是为此而被邀请来的。如果喝得太多了，——这也是时有发生的事，虽然不经常，——那么大家就十分兴奋，有一次甚至在利亚姆申的伴奏下合唱了《马赛曲》，不过我不知道唱得好不好。伟大的日子 2 月 19 日[②]，我们在这一天到来之前很久，就欢欣鼓舞地迎接它，频频为它干杯了。[③] 这还是很久很久以前的事，那时还没有沙托夫，也没有维尔金斯基，斯捷潘·特罗菲莫维奇还和瓦尔瓦拉·彼得罗芙娜住在同一座房子里。在伟大的日子到来前不久，斯捷潘·特罗菲莫维奇惯于低哼一

---

① 都主教是一些基督教教会中所设的高级教职，大的主教辖区的首脑，隶属于宗主教。按：以上这一观点，在 1876 年的《作家日记》中，陀思妥耶夫斯基又进一步加以发挥。

② 1861 年 2 月 19 日是沙皇颁旨废除农奴制的日子。

③ 这句话大概是指类似 1859 年 12 月 28 日莫斯科的文学家们举行的那种宴会。那次宴会是因为亚历山大二世向维尔诺一科夫诺一格罗德诺总督纳济莫夫下达敕令而举行的，这一敕令是政府关于准备 1861 年农奴制改革的第一个正式文件。

首有名的、虽然有点儿不自然的诗，这诗大概是一位从前的自由派地主写的：

农夫们扛着斧头走来，

可怕的事情将要发生。[①]

好像是类似这样的诗，确切记不起来了。有一次被瓦尔瓦拉·彼得罗芙娜听到了，她对他嚷道："胡说八道！胡说八道！"说罢怒气冲冲地走了出去。利普京当时在场，尖酸地对斯捷潘·特罗菲莫维奇说：

"如果地主老爷们过去的农奴高兴起来，真的给他们带来一些麻烦，那可遗憾了。"

他拿食指绕着脖子画了一圈。

"Cher ami[②]，"斯捷潘·特罗菲莫维奇心平气和地对他说，"相信我，这玩意儿（他也拿食指比画了一下）不会给我们的地主、也不会给我们大家带来一点点好处。虽然我们的脑袋最妨碍我们理解，可没有脑袋就什么也干不了了。"

在此我要指出，我们当中许多人曾认为，在宣言颁布的那一天会发生类似利普京所预言的那种异常事件，所谓的农民问题和国家问题专家都是这样想的。斯捷潘·特罗菲莫维奇好像也有这种想法，而且如此强烈，以致在伟大日子到来的前夕，突然恳求瓦尔瓦拉·彼得罗芙娜让他

---

① 此两行诗引自发表于《北极星》（1861）的匿名作家的《幻想》一诗。——俄编注

② 法文：亲爱的朋友。

到国外去；[1] 一句话，他开始坐立不安。但是伟大的日子过去了，又过去了若干时日，傲慢的微笑重又出现在斯捷潘·特罗菲莫维奇的嘴角边。他在我们面前讲了一些关于一般俄罗斯人的性格、特别是俄罗斯农夫的性格的精辟思想。[2]

“我们是一些性急的人，在对待我们农夫的问题上操之过急了，”他在发表了一系列精辟的思想之后说，“我们使他们成为时髦的题目，文学中的整整一个部门接连几年翻来覆去写的都是农民，就好像是最新发现的奇珍异宝似的。[3] 我们把桂冠戴在长满虱子的头上。俄罗斯农村一千年来给予我们的只不过是喀马林舞[4]罢了。一位杰出的、不无风趣的俄国诗人，第一次在舞台上看到伟大的拉歇尔[5]的时候，欣喜若狂地高呼：‘我不会拿拉歇尔去换农夫！’[6] 我愿意更进一步：我甚至会拿所有俄国农夫去换一个拉歇尔。是清醒看待事物的时候了，不要把我们祖国粗劣的松焦油同 bouquet de l'Impératrice[7] 混在一起。”

利普京立即表示赞同，但指出，当时为了政治，昧着良心称颂农夫还是必要的；甚至上流社会的太太们读《苦命人安东》[8] 时，也泪流满

---

① 这一节是对屠格涅夫的攻讦。陀思妥耶夫斯基 1875—1876 年笔记本上的一段草稿上，在“农夫们走来……”后面，接着就有一句直接针对屠格涅夫说的话：“当您一想到会发生什么可怕的事情，您就卖掉了庄园，逃往了国外。”——俄编注

② 屠格涅夫曾写过《关于俄国经济和俄国农民的几点意见》（1842），此文虽未发表，但陀思妥耶夫斯基可能通过他们的共同熟人知道。

③ 这里斯捷潘·特罗菲莫维奇作为“纯艺术”美学的拥护者，与别林斯基相论争。别林斯基在《1847 年俄国文学一瞥》一文中号召作家去写“生活困苦的”农民。50—60 年代许多优秀作家写了一系列以人民和他们的困苦为题材的作品。——俄编注

④ 一种俄罗斯民间歌舞。

⑤ 艾莉莎·拉歇尔（1821—1858），法国著名悲剧演员，19 世纪 50 年代初曾到俄国巡回演出。

⑥ 这里针对的是涅克拉索夫的《芭蕾舞》（1866）一诗。——俄编注

⑦ 法文：女皇香。法国名牌香水。

⑧ 俄国作家德·瓦·格里戈罗维奇（1822—1899）的小说（1847），描述遭受惨重剥削的农奴安东苦难的一生。

面，有的甚至从巴黎写信到俄国给她们的管家，要他们从今以后对待农奴要尽量人道一些。

这时，好像故意似的，在关于安东·彼得罗夫[①]的流言传开以后，在我们省离斯克沃列什尼基仅十五俄里的地方也发生了一场误会。当局一急之下派了一队兵来。这一次斯捷潘·特罗菲莫维奇如此激动，把我们大家都吓坏了。他在俱乐部里大嚷，应该多派点军队来，应当发电报从邻县去调；他急急忙忙地去谒见省长，向他表白，这事与他无关，他请求当局，不要因为过去的事随便把他牵连到案件中去，建议把他的声明立即报告彼得堡的有关上司。幸好，一切很快就过去了，事件得到解决，什么事情也没有；不过我当时对斯捷潘·特罗菲莫维奇的表现感到奇怪。

大约三年以后，大家知道，社会上开始议论民族性，出现了"社会舆论"。[②] 斯捷潘·特罗菲莫维奇觉得很可笑。

"我的朋友们，"他教导我们道，"如果我们的民族性像他们现在在报纸上所说的那样真的已经'诞生'，那么它还在中学里学习，不知在哪一所德国人的圣彼得中学[③]里，捧着德国教科书，记诵着亘古不变的德文作业，而德国教师在必要时还罚它下跪。向德国人求教我赞赏；但是最大的可能是什么也没有发生，归根到底什么也没有诞生，一切都像

---

① 安东·彼得罗夫，即安东·彼得罗维奇·西多罗夫（1824？—1861），喀山省斯帕斯县别兹德纳村农民，1861年农奴制废除之后，彼得罗夫领导农民拒绝为地主服徭役，拒不缴纳代役租，要求分地主的全部土地，结果遭到沙皇政府的残酷镇压，彼得罗夫被枪决。

② 1863年《现代人》杂志以嘲讽的笔调对诸如此类的议论总结道："今天，民族性成了时髦的话题。（……）可嘉，可嘉，因为这些人在议论民族性问题时，就以此昭告天下，使他们的心激动的不是什么破坏性的爱好，譬如像所谓的自由，而是崇高的政治志趣。"（《现代人》，1863年，第1～2期，《当代评论》，第193页）——俄编注

③ 18世纪在圣彼得堡建立的德国中学。

从前一样进行，也就是说，在上帝的庇护下。依我看，对俄罗斯来说，pour notre Sainte Russie，[①] 这也就足够了。而且所有这些斯拉夫精神，民族性——所有这一切都太陈旧了，不可能有新意。不管你们怎样认为，我们的民族性从来没有出现过，有的只是俱乐部老爷们的花招，而且还只是莫斯科的俱乐部老爷们的花招。当然我讲的不是伊戈尔大公[②]时代。最后我要说，一切都来自闲散无聊。我们的一切，无论是好事还是坏事，都来自闲散无聊。一切都来自我们老爷式的、舒适的、有文化的、新招迭出的闲散无聊！这话我已反复说了三万年了。我们不会靠自己的劳动生活。现在他们在那里大谈什么我们‘已经诞生的，社会舆论——难道是无缘无故地从天上掉下来的？难道他们就不懂得，要想获得一种见解，首先需要劳动，自己的劳动，自己的创业精神，自己的实践！不花劳动是永远得不到任何东西的。如果我们劳动，我们就会有自己的见解。但由于我们永远不会劳动，因此那些在此以前一直替代我们工作的人也替我们有了见解。这些人仍然是欧洲人，仍然是德国人——我们两百年来的教师。而且俄罗斯这个疑团太大了，单靠我们自己，没有德国人，没有劳动是解不开的。已经二十年了，我不住地敲警钟，号召大家劳动！我把一生都用在大声疾呼上，我是个疯子，曾经相信会成功！现在我不再相信了，但我仍在敲警钟，而且将敲到生命的尽头，敲到进入坟墓；我将不住地敲，一直到别人敲起我的丧钟！”

唉！我们只有点头称是的份儿。我们为我们的老师鼓掌，而且十分热烈！可是，诸位先生，难道现在不是有时还经常能听到这种“亲切的”“聪明的”“自由主义的”、古老陈旧的俄罗斯废话吗？

---

① 法文：对我们神圣的俄罗斯来说。

② 伊戈尔（？—945），基辅大公。

我们的老师信仰上帝。“我不理解，为什么这里的人都说我不信神?”他有时候说，“我相信上帝，mais distinguons，[①] 我信神，因为他只存在于我的内心，我不能像纳斯塔西娅（女佣）那样相信神，或者像哪一位老爷一样，信神只是为了‘以备万一’，——或者像我们可亲的沙托夫——不过，不，沙托夫不能算数。沙托夫信神是出于不得已，像莫斯科的斯拉夫派一样。[②] 至于基督教嘛，尽管我衷心尊重它，我并不是基督教徒。我更像古代的多神教徒，像伟大的歌德或者古希腊人一样。不说别的，基督教没有理解妇女——这一点乔治·桑在她的一本天才的小说里做了充分的发挥。[③] 至于顶礼膜拜、斋戒，等等，我不理解这些同我有什么相干？不管我们这里的那些告密者如何操心，我也不愿成为耶稣会徒[④]。1847 年别林斯基在国外写给果戈理那封有名的信，信中激烈地责备他，说他相信‘什么上帝’。[⑤] Entre nous soit dit，[⑥] 当果戈理（那时的果戈理）读到这几个词和……读完全信的时候——我想不出有比那个时刻更加可笑的场面了！但是，如果除去可笑的成分，因为我毕竟同意事情的实质，我想说，我想指出，那是些怎么样的人啊！他

---

① 法文：但需要加以区别。

② 关于陀思妥耶夫斯基对莫斯科斯拉夫派的态度，可参见其《冬天记的夏天印象》和《晚近的一些文学现象（日报）》等文。

③ 指乔治·桑的长篇小说《莱莉亚》（1833 年，第 1 版），该书序言把小说的女主人公称为“爱情的普罗米修斯”。

④ 耶稣会是天主教会的僧侣团体，1534 年成立于巴黎，是反对宗教改革的工具。僧团的基本组织原则是：严格的集中制，下级服从上级，僧团首领具有绝对权威，僧团内相互进行秘密监视。耶稣会徒后来成了狡诈之徒的代名词。

⑤ 指 1847 年 7 月 15 日（新历）别林斯基从萨尔茨堡写给果戈理的那封有名的信，别林斯基因果戈理发表《与友人书信选》而严词责备他转向反动，同时愤怒谴责俄罗斯地主专制国家和教会。关于“什么上帝”的话出自别林斯基的另一篇文章：“随着文明的昌盛，迷信逐渐消失，但是宗教情绪却常常与文明并存：法国就是一个鲜明的例子，在那里时至今日在有文化教养的人们中间也有许多虔诚的狂热的天主教徒，仍然顽固地崇信‘什么上帝’。”（《别林斯基全集》，俄文版，第 10 卷，第 215 页）。

⑥ 法文：在我们之间说说。

们能爱自己的人民，能为人民而忍受苦难，能为人民而牺牲一切，能在需要的时候，不投其所好，在某些观念上不纵容姑息。别林斯基总不能当真在素油或者胡萝卜加豌豆当中去寻找救世的方法！……”

但这时沙托夫插了进来。

“您的这些人从来就不爱人民，没有为人民受过苦难，没有为人民做过任何牺牲，不管他们怎么用想象来安慰自己!”他阴沉沉地说，两眼低垂，不耐烦地别转身去。

“能说他们不爱人民吗!”斯捷潘·特罗菲莫维奇大叫起来，“哦，他们多爱俄国!”

“既不爱俄国，也不爱人民!”沙托夫也嚷道，两眼炯炯发光，“你不能爱你不了解的东西，而他们对俄国人民一点儿也不了解！他们所有人，您也和他们一起，大大咧咧地忽略了俄国人民，特别是别林斯基；这从他给果戈理的那封信里就可以看到。别林斯基就像克雷洛夫寓言中那个好奇的人，在博物馆里看不到大象，全副注意力都集中在法国社会主义的小甲虫上；[①] 一生就此告终。而他还比你们大家都要聪明！你们不仅忽视了人民，——你们以令人极为反感的轻蔑态度对待人民，就因为你们想象中的人民只有法国人民，而且只有巴黎人，你们因为俄国人民与他们不同而感到羞愧。这是明摆着的事实！而谁没有人民，谁就没有上帝！您一定要知道，凡是不再理解人民、与人民失去联系的人，立即就会相应地失去世代相传的信仰，或者成为无神论者，或者成为麻木不仁的人。我说的一点儿不假！这一事实一定会得到证实。这就是为什么你们大家和我们大家现在或者是可鄙的无神论者，或者是麻木不仁、

---

① 这里讲的是克雷洛夫的寓言《好奇的人》(1814)。沙托夫口中的“法国社会主义的小甲虫”指的是傅立叶的学生们和卡贝、勒鲁和其他法国空想社会主义的代表人物。

荒诞无耻的坏蛋的原因，仅此而已！而您，斯捷潘·特罗菲莫维奇，我也没有把您排除在外，我甚至是针对您说的，请您明白这一点！”

通常在类似的独白（而这在他是常有的事）之后，沙托夫抓起帽子，奔向门口，他完全相信，现在一切都完蛋了，他同斯捷潘·特罗菲莫维奇的关系已经彻底地永远破裂了。但是斯捷潘·特罗菲莫维奇总能及时制止他。

“话已经说完了，咱们和解吧，沙托夫?”他没有从圈椅上站起来，心平气和地向他伸出手去。

举止笨拙而又腼腆的沙托夫不喜欢温情的表露。他外表粗鲁，内心却似乎十分温厚。虽然他常常失去分寸，但他自己首先感到难过。对斯捷潘·特罗菲莫维奇的呼唤他嘟囔了一阵，像一头熊似的在原地踏步，突然出人意料地嘿嘿一笑，放下帽子，在原先的凳子上坐下，两眼盯着地。于是送来了酒，斯捷潘·特罗菲莫维奇找一个适当的借口举杯祝酒，比如说，为了纪念过去的某一位名人。

第二章
亨利亲王。说亲

一

在世界上还有一个人，瓦尔瓦拉·彼得罗芙娜对他的眷恋并不亚于对斯捷潘·特罗菲莫维奇，这就是她唯一的儿子尼古拉·弗谢沃洛多维奇·斯塔夫罗金。正是为了他才聘请斯捷潘·特罗菲莫维奇来做家庭教师的。当时孩子才七八岁，而轻浮的斯塔夫罗金将军、他的父亲，已经和他的妈妈分居，因此孩子只在她的照管下成长。应当替斯捷潘·特罗菲莫维奇说句公道话，他竟然能使他的学生依恋于他。秘密全在于他自己也是一个孩子。我当时还不在，而他经常需要有一个真正的朋友。当孩子稍微长大一点儿时，他毫不犹豫地把这样一个小孩儿当成自己的朋友。不知怎的，他们俩如此自然地情投意合，在他们之间没有任何的隔阂。他不止一次地在夜深人静时把他十一二岁的朋友推醒，只是为了向他声泪俱下地倾诉他受伤害的感情，或者把家庭秘密告诉他，他毫不觉察，这样做是绝对不容许的。他们相互拥抱，哭泣着。孩子知道，他母亲很爱他，但他自己并不太爱她。她很少和他讲话，很少在哪一方面约束他，但是他痛苦地感觉到她的目光一刻不移地注视着他。不过在学习和品德培养方面她完全信赖斯捷潘·特罗菲莫维奇。那时她还完全信任他。应当认为，老师使学生的神经变得有点儿不正常。当他满十四岁被送入法政学校的时候，他又瘦弱、又苍白，出奇地沉默寡言。（后来他却以非凡的体力引人瞩目。）还应当认为，朋友俩夜里彼此拥抱着哭泣，并不都是谈论一些家庭琐事，斯捷潘·特罗菲莫维奇善于触动他朋友心灵最深处的弦丝，引起他最初的还模糊不清的感觉——那种永恒的神圣的忧郁。有些卓越的心灵一旦尝到它的滋味，以后就永远不会拿它去换取低廉的满足了。（甚至有这样一些爱好者，他们珍视这种忧郁，甚于最强烈的满足，即使这种满足是可能的话。）但是不管怎么说，学生和老师终于分开了，这是一件好事，虽然为时晚了一点儿。

在法政学校学习的最初两年，年轻人还回家来过假期。瓦尔瓦拉·彼得罗芙娜和斯捷潘·特罗菲莫维奇去彼得堡的时候，他有时去参加妈妈举办的文学晚会，倾听着，观察着。他说话很少，仍像过去一样的沉静而腼腆。对斯捷潘·特罗菲莫维奇仍像过去一样的亲切，但是不知怎的比过去要含蓄一些，显然避免和他谈论重大的问题，避免回忆过去。毕业后他根据妈妈的意愿入军队服务，很快就被编入一个最著名的近卫军骑兵团。他没有穿着军服去见妈妈，也很少从彼得堡写信回家。瓦尔瓦拉·彼得罗芙娜寄钱给他，从不吝惜，虽然从改革以后她的收入锐减，最初几乎不到她以前收入的一半。不过由于她长期节约，积蓄了一笔不小的钱财。她十分关心她儿子在彼得堡上流社会中的名声。她自己所没有做到的，富有而前程似锦的年轻军官做到了。他恢复了和一些熟人的交往，这是她连想都不敢想的，到处受到热情的接待。但是很快瓦尔瓦拉·彼得罗芙娜听到一些奇怪的流言蜚语：年轻人似乎发了疯，突然纵情玩乐起来。不能说他豪赌或者酗酒；人们只谈论他疯狂的放荡不羁，谈论他的骏马踩伤了行人，谈论他对一位上流社会女士的野蛮行径。他与那位女士本来有暧昧关系，后来却当众凌辱了她。在这件事情上甚至有一种过分露骨的下流态度。除此之外，人们还说他是一个好寻衅滋事的人，他与人亲近又凌辱人，为的是得到凌辱别人的快感。瓦尔瓦拉·彼得罗芙娜又焦急又忧虑。斯捷潘·特罗菲莫维奇劝她说，这只是体质过分强壮的最初的猛烈迸发，汹涌的大海会平静下来，这一切就与亨利亲王的青年时代相似，亲王年轻时与福斯塔夫、波因斯和快嘴桂嫂的放荡生活，莎士比亚对此曾描写过。[①] 瓦尔瓦拉·彼得罗芙娜最近惯常向斯捷潘·特罗菲莫维奇嚷嚷："胡说，胡说！"这一次可没有嚷嚷。相反，她倾听着，要他做更详细的解释，还自己拿起莎士比亚，全神贯注地读完了这部不朽的历史剧。但是历史剧并没有使她安心，而且她没有发现有多少相似之处。她接连写出几封信，焦急地等待着回复。复信不久就来了，她很快得到不幸的消息："亨利亲王"几乎同时进行了两场决斗，两次的肇事者都是他，他当场击毙一个对手，把另一个对手打成残废。因为这些案件被交付法庭审判，结果他被贬为士兵，剥夺各种权利，送到一个步兵营去服役，那还是对他特别开恩。

到了 1863 年，他不知怎的立了功；赏给他一个十字奖章，提升为军士，[②] 然后又不知什么缘故很快提升为军官。这段时间里瓦尔瓦拉·彼得罗芙娜可能写了上百封请托和恳求的信发往首都。在这种特殊情况下她也只得低首下心，降低自己的身份了。提升之后，年轻人又突然退役。他又没有到斯克沃列什尼基来，而且再也不给母亲写信。最后通过其他途径打听到，他又到了彼得堡，但是在他以前的社交圈里见不到他的踪影；他不知躲藏到什么地方去了。后来终于发现，他生活在一批稀奇古怪的伙伴中间，同彼得堡居民中的一些败类混在一起，同一些不穿

① 指莎士比亚的历史剧《亨利四世》中的王子亨利亲王。亲王年轻时生活放荡，后来继承王位，成了雄才大略的英国国王亨利五世。

② 大概指斯塔夫罗金参加了 1863 年俄国对波兰起义的镇压。

靴子的小官吏、体面地乞讨过活的退役军人和酒鬼纠缠在一起，到他们肮脏的家里去，日日夜夜在阴暗的贫民窟里、在鬼才知道的陋巷里度过。他堕落了，衣衫破烂，大概这是他喜欢的。他没有向母亲要钱；他自已有一个小小的庄园——斯塔夫罗金将军过去的村落，这产业多少给他一点儿收入，据传他租给了一个萨克森德国人。最后母亲恳求他回来，于是“亨利亲王”在我们城里出现了。这时我才第一次见到他，在此以前我从未和他谋面。

这是一个很漂亮的年轻人，大约二十五岁，我承认，他使我不胜惊奇。我原以为我将看到一个肮脏不堪、衣衫褴褛的人，因为腐化堕落而形容憔悴，满身散发出酒臭。恰恰相反，这是一个我所见到过的最最风姿俊逸的绅士，衣着十分讲究，举止大方，只有习惯于最典雅礼仪的彬彬君子才能如此。不止我一个人对此感到惊奇：全城人都惊诧不已。他们当然知道斯塔夫罗金先生的全部历史，而且如此详尽，使人难以想象这些消息是从哪里来的；更使人惊奇的是，这些详情的一半证明是确实的。我们所有的女士们因新近的来客而神魂颠倒。她们分成截然对立的两方——一方崇拜他，另一方对他恨之入骨；但两方好像都发了疯。一方特别感兴趣的是，在他的心灵里也许有什么不幸的秘密；另一方尤其喜欢他是个杀人犯。还发现他受过相当良好的教育，甚至颇有知识。当然，要使我们的人惊奇并不需要太多的知识；但是他能够评论当前最迫切、最使人感兴趣的问题，最为可贵的是，他非常通情达理。我想提醒一件奇怪的事：我们大家几乎从第一天开始就发现他是一个十分通情达理的人。他不太爱讲话，举止优雅而不矫揉造作，出奇地谦虚而又大胆自信，比我们哪一个都强。我们的一些花花公子瞧着他满心妒忌，在他面前黯然失色。他的脸也使我惊讶不已：他的黑发有点儿太黑，浅色的眼睛有点儿太平静清澈，脸庞的颜色有点儿太娇嫩白皙，两颊的红晕有点儿太鲜艳纯净，牙齿好像珍珠，嘴唇好像珊瑚，——似乎是一个画中的美男子，而同时又似乎令人厌恶。有人说，他的脸好像是一个面具；不过要顺便说说，人们对他的体力也谈得很多。他身材近乎高大。瓦尔瓦拉·彼得罗芙娜瞧着他，心里感到骄傲，又经常感到不安。他在我们这里住了将近半年，——萎靡不振，无声无息，相当郁悒；在社交场合严格遵守我们省的礼节。省长是他父亲方面的亲戚，在家里把他作为近亲接待。但是过了几个月，这头野兽突然露出了自己的爪子。

我想插几句话，我们的前省长，温和可亲的伊万·奥西波维奇，有点像妇道人家，但是他出身名门，亲戚故旧关系极多，——这就是为什么他一直百事推脱而仍能在我们这里居官这么多年的原因。就他慷慨好客的性格而言，他应该在过去的太平盛世里当贵族长，而不是在我们这个忧患的时代当省长。城里经常议论，治理这个省的不是他，而是瓦尔瓦拉·彼得罗芙娜。当然，这话说得很刻薄，不过——绝对不正确。在这方面为了说俏皮话而花的心力难道还少吗？瓦尔瓦拉·彼得罗芙娜恰恰相反，最近几年特别有意识地推却各种高级职务，虽然全社会都十分尊敬她。她自愿局限在她自己规定的严格范围之内。她不接受高级职务，却忽然开始经营自己的产业，在两三年之内把她庄园的权益几乎提高到过去的水平。她不再放任诗情的冲动（去彼得堡，试图创办杂志，等等），却开始积攒钱财，锱铢必较。她甚至让斯捷潘·特罗菲莫维奇离开她，允许他在别人的房子里赁屋居住（这也是他自己早已在各种借口下喋喋不休地向她提出的要求）。渐渐地，斯捷潘·特罗菲莫维奇开始称她为讲求实际的女人，或者更诙谐地称她为“我的讲求实际的朋友”。当然，只有以十分尊敬的态度而且经过长期考虑选好适合的时机之后，才允许自己开这样的玩笑。

我们这些亲近的人都了解，——而斯捷潘·特罗菲莫维奇比我们大家更敏感，——现在儿子出现在她面前，好像成了她新的希望，甚至是新的梦想。从他在彼得堡社交界受到青睐之后，她对他就有了强烈的感情，而在她得到他被贬为士兵的消息之后，这种感情更强烈了。同时，她显然害怕他，在他面前她好像是一名奴隶。可以看得出来，她害怕一种模糊不清的、神秘的东西，究竟是什么，她自己也说不出来，有许多次她偷偷地、目不转睛地打量着 Nicolas[①]，思考着，揣测着……突然——野兽伸出了它的爪子。

二

我们的“亲王”突然无缘无故地对几个不同的人接连做了两三件令人难以忍受的粗鲁举动，主要是，这些粗鲁的举动是闻所未闻的、极不像话的、非同寻常的，是坏透了的、孩子气的，鬼知道他的目的是什么，完全没有任何理由。我们俱乐部里最受尊敬的理事之一帕维尔·帕夫洛维奇·加加诺夫是一位上了年纪的、甚至颇有功绩的长者，他有一个无可非议的习惯，每说一句话都要激动地加上他的口头禅：“不，先生，我不会让别人牵着鼻子走!”那有什么关系呢，就随他去说吧。可是，有一天在俱乐部里，当他对一群聚集在他周围的俱乐部成员（都不是无足轻重的人）就一个热门话题发表议论说出这句口头禅时，独个儿站在一边、没有谁跟他说话的尼古拉·弗谢沃洛多维奇突然走近帕维尔·帕夫洛维奇，出人意料地用两根手指紧紧夹住他的鼻子，还拽着他在大厅里走了两三步。[②] 他对加加诺夫先生不可能有任何怨仇。可以认

---

① 法文：尼古拉。

② 列夫·托尔斯泰的小说《少年》（1854）的主人公也曾有过这样的冲动，见该书第 14 章。

为，这纯然是淘气行为，不用说，是最不能原谅的淘气行为；但是后来人们说，他在做这件事的瞬间，几乎带着若有所思的神情，“似乎是发了疯”；但这是在很久以后才记起、才想到的。当时在激动之下大家只记住了第二个瞬间——当他真正明白过来的时候，他不仅不感到羞愧，反而恶意地、开心地笑了一笑，“毫无悔恨之意”。大家大叫大嚷起来，围住了他。尼古拉·弗谢沃洛多维奇左顾右盼，瞧着四周的人，对谁也不搭理，却以好奇的目光仔细观察一张张叫嚷着的脸。最后忽然好像又陷入了沉思——至少人们是这样传说的——皱起眉头，断然走到受了侮辱的帕维尔·帕夫洛维奇身边，急急忙忙地，显然出于无奈，吞吞吐吐地说：

“您当然会原谅……我真的不知道，我怎么会突然想到要……蠢事……”

满不在乎的道歉方式等于是又一次侮辱。人们叫嚷得更厉害了。尼古拉·弗谢沃洛多维奇耸耸肩膀，走了出去。

这一切真太愚蠢了，且不说它有多恶劣。初看之下，就令人觉得是一种有目的有意图的恶劣行径，因此也是对我们整个社交界有意地极端猖狂的侮辱。于是我们采取的第一个行动是立即一致同意将斯塔夫罗金先生开除出俱乐部；然后决定以全俱乐部的名义去见省长，请求他立即（不等法庭正式审理此案）制止这一危害社会的无赖，来自京师的“泼皮”，“请求他运用授予他的行政权力，以保障我市全体正派人士的安宁，使之不受有害的侵犯”。这里有人绵里藏针地加上了一句：“也许，对待斯塔夫罗金先生也能找到一条法律。”这句话是针对省长的，为的是因他与瓦尔瓦拉·彼得罗芙娜的关系刺他一下。人们兴致勃勃地你一言我一语，不断地添油加醋。可是事有不巧，省长仿佛故意似的，当时不在城里；他到不远的一个地方去，为一位新丧偶的漂亮寡妇的婴儿施洗礼去了，这位寡妇在丧夫之时正有喜在身；不过大家知道，他很快就会回来。在等待他回城之际，人们热烈欢迎可敬的受辱的帕维尔·帕夫洛维奇：拥抱他，吻他，全城的人都去看望他。甚至还计划签名筹款，为他举办一次宴会，只是由于他竭力推辞才放弃了这个主张——也许人们终于明白了，他毕竟被人牵着鼻子走过，因此没有什么值得庆贺的东西。

但是，这事是怎么发生的呢？又怎么可能发生呢？值得注意的正在于我们全城人当中没有一个人把这个野蛮的举动看作是精神失常的结果。就是说，人们认为，像尼古拉·弗谢沃洛多维奇这样的聪明人也有可能做出这样的举动。就我来说，我至今还不知道如何解释，虽然不久以后发生的一件事似乎把一切都解释清楚了，显然也使大家气消了。我还要再加一点说明，四年之后，当我小心翼翼地询问他这件发生在俱乐部里的事情时，他皱着眉头回答道："对，我当时身体不很好。"不过这是后来的事情，我没有必要提前来讲。

使我感到奇怪的是，大家的仇恨一下子爆发了出来，我们大家当时怀着这种仇恨攻击那个"无赖和来自京师的泼皮"，一定要把这件事看作蓄意的猖狂挑衅，有意一举而侮辱整个社交界。说实在的，这人不讨人喜爱，相反，却引起大家的恶感，——但是是什么引起大家的恶感呢？在最近这件事发生以前，他没有同任何人争吵过一次，没有得罪过任何人，而且彬彬有礼，就同现代画上的绅士一模一样，如果画中人也会说话的话。我想，人们仇视他，是因为他骄傲。甚至我们的女士们，开始时对他崇拜，现在也大声疾呼反对他，比男士们还厉害。

瓦尔瓦拉·彼得罗芙娜十分震惊。她后来向斯捷潘·特罗菲莫维奇承认，这一切她早已预料到了，这半年以来她每天都觉得会出事，而且就是"这一类事"，——对亲生母亲来说，这一承认是不同寻常的。"开始了!”——她心惊胆战地想。俱乐部那个不祥晚上后的第二天早上，她谨慎地但断然地同儿子谈话，不过，虽然她决心很大，这位可怜的母亲还是止不住浑身战栗。她一夜没有合眼，一大早就到斯捷潘·特罗菲莫维奇那里去商量，在他那里她哭了起来，而她在人前是从来没有哭过的。她希望 Nicolas 至少要跟她说些什么，至少要给她一个面子向她做出说明。Nicolas 对母亲一向彬彬有礼，十分尊敬，这一次皱着眉头听她说了一会儿，但神情十分严肃；突然他站起身来，一言不发，吻了吻她的手，走了出去。就在那一天晚上，好像故意似的，又发生了另一起丑闻。这起丑闻虽然比第一起要轻微一些，平常得多，但由于群情愤慨，仍如火上加油，使城中的舆论哗然。

这次给我们的朋友利普京赶上了。在尼古拉·弗谢沃洛多维奇同妈妈谈话之后，利普京就来到他那里，恳切邀请他光临他家，参加为他妻子生日举行的小型晚会。瓦尔瓦拉·彼得罗芙娜早已因为尼古拉·弗谢沃洛多维奇结识地位低下的朋友而忐忑不安，但是不敢在这方面向他提出任何意见。除利普京之外，他在我们社会的这个三等阶层里已经结交了几个朋友，甚至还有更低下的——可这是他的癖好。此前他虽然和利普京见过几次面，但没有到他家去过。他猜测到，利普京邀请他是因为昨天俱乐部内惹起公愤的丑事，利普京作为当地的自由主义分子，因为这件丑事而欣喜若狂，他真心认为，对待俱乐部里的那些理事就应该这样，这非常好。尼古拉·弗谢沃洛多维奇哈哈大笑起来，他答应去。

客人到得很多，都是些其貌不扬但却十分活跃的人。爱面子、好胜喜强的利普京一年只宴请客人两次，但宴请时却绝不吝啬。最尊敬的客人是斯捷潘·特罗菲莫维奇，但他因病没有来。主人请客人们喝茶，桌上摆满了丰盛的小吃和伏特加酒；摆了三桌牌局，青年人趁晚餐以前的时刻在钢琴伴奏下翩翩起舞。尼古拉·弗谢沃洛多维奇邀请利普京太太共舞。她娇小玲珑，非常漂亮，在他面前显得十分羞怯。他和她跳了两圈，在她身边坐下，和她谈话，逗她笑。最后发现她笑的时候十分娇美，他突然当着这许多客人的面搂住她的腰，吻她的嘴唇，接连吻了三次，尽情地吻。可怜的吓坏了的女人晕了过去。[①] 尼古拉·弗谢沃洛多维奇拿起帽子，走到在十分惊慌不知所措的丈夫身边，瞧着他不禁自己也发了窘，匆匆地向他嘟囔了一声"您别生气!"就走了出去。利普京跟在他后头跑到前厅，亲手递给他大衣，打躬作揖地送他到楼梯口。第二天，在这件相对地说没有什么恶意的事情之后，又添上了一幕——这一幕甚至使利普京从此得到某种好名声，他还充分利用它来得到好处。

大约在早晨十点钟，利普京的女佣阿加菲娅来到斯塔夫罗金娜太太府邸。这是一个脸色绯红、举止随便、伶牙俐齿的女人，约莫三十岁，利普京差她到尼古拉·弗谢沃洛多维奇那里，一定要"见老爷他本人"。他头痛得很厉害，但还是出来了。在阿加菲娅传达口信的时候，瓦尔瓦拉·彼得罗芙娜也在场。

"谢尔盖·瓦西利耶奇（就是利普京），"阿加菲娅像爆豆子似的说，"首先要我问您大人请安，问您大人身体可好？在昨天的事情之后身体可好？现在身体又怎样？在昨天的事情之后……"

尼古拉·弗谢沃洛多维奇嘿嘿一笑。

"代我向你家老爷致意，谢谢他，阿加菲娅，替我告诉你家老爷，说他是全城最聪明的人。"

"我家老爷要我回答您大人，"阿加菲娅更加利索地回答说，"这话您不说他也知道，愿您也是这样。"

---

① 俄苏文艺学家洛特曼曾在《1800—1810年间俄国散文发展道路》一文中指出，斯塔夫罗金的这些举止（包括下文的咬省长的耳朵）与卡拉姆津的《我的忏悔》一书中的某些情节相吻合。

"有这等事！他怎么知道我会对你说什么话？"

"这我可不明白，他怎么会知道的。我离开家快走出胡同的时候，听到老爷他从后面追上来，连帽子也没有戴，说：'你，阿加菲尤什卡，如果你传了话之后，大人他心情不好，吩咐你："告诉你家老爷，说他比全城什么人都聪明"，你可别忘记立刻回答："他自己知道得很清楚，愿您也一样……"'"

三

最后，与省长也做了解释。我们和蔼可亲的伊万·奥西波维奇刚刚回来，刚刚听完俱乐部成员的激烈控诉。毫无疑问，应当采取一些措施，但他犹豫了。我们慷慨好客的老人似乎也有点儿害怕他年轻的亲戚。但他决定说服他向全俱乐部、向被侮辱的人赔礼道歉，而且要令人满意，如有必要，还要用书面的形式；然后婉转地说服他离开我们，譬如说去意大利求学，或者到国外随便什么地方去。这一次他在客厅里接见尼古拉·弗谢沃洛多维奇（以往他作为亲戚可以在整座宅邸里自由走动）。当他进入客厅时，很有教养的阿廖沙·捷利亚特尼科夫坐在厅堂一角的桌子旁拆启一袋袋的公文，他是省政府的官员，同时又是省长的家里人；在隔壁的房间里，在最靠近客厅的窗户旁，坐着一位外来的肥胖健壮的上校，他是伊万·奥西波维奇的朋友和过去的同事，正在看《呼声报》[1]，当然毫不注意厅堂内发生的事，他甚至背朝厅堂坐着。伊万·奥西波维奇从很遥远的事情谈起，几乎是悄声说话，不过有点儿颠

① 阿·亚·克拉耶夫斯基（1810—1889）创办的一份报纸，于1863—1883年间在彼得堡出版。

三倒四。Nicolas 的目光很不友好，完全不像对待亲戚，他脸色苍白，低头垂目，双眉紧蹙，似乎是在强忍剧烈的疼痛。

“您的心是善良的，Nicolas，是高尚的，”老人在谈话中顺便插入说，“您是最有教养的人，经常与上流社会交往，在我们这里也一向文质彬彬，堪称典范，因此使我们大家敬爱的您的母亲的心得到安慰……现在一切又蒙上了一层如此神秘的、使大家都感到危险的色彩。我作为您家的朋友，真正爱您的长辈和亲人跟您谈话，想必您不会对我生气……告诉我，是什么促使您做出如此放肆的举动，越出所有公认的准则和规范？这种好像在谵妄中干出来的乖违行为是什么意思？”

Nicolas 听着，一脸懊丧和不耐烦的神情。突然在他的目光中闪过一种狡狯和讥嘲的神色。

“好吧，我可以告诉您，是什么促使我这样做的，”他郁郁地说，向四周瞧了一瞧，俯身向伊万·奥西波维奇的耳边。很有教养的阿廖沙·捷利亚特尼科夫又向窗边走了三步，离得远一些，上校在《呼声报》后面咳了一声。可怜的伊万·奥西波维奇不假思索急忙把耳朵凑过去；他非常好奇。就在这个时候发生了一件不可思议的、同时又是明明白白的事情。老人突然感觉到，Nicolas 并没有悄悄告诉他什么有趣的秘密，却出其不意地用牙齿咬住他的耳朵，而且相当结实地钳住他耳朵的上半部分。他浑身战栗，气都透不过来了。

“Nicolas，开什么玩笑！”他不由自主地呻吟着说，声音都变了。

阿廖沙和上校还没有明白过来，而且他们也看不到发生的事情，他们一直觉得这一老一少在说悄悄话，同时老人脸上的绝望表情又使他们惊惶不安。他们瞪着眼，你瞧我，我瞧你，不知道要像事先约定似的奔过去解救呢，还是再等一会儿。Nicolas 可能注意到了这种情况，于是把耳朵咬得更重一些。

“Nicolas，Nicolas!”受害者又呻吟着说，“好了……玩笑开过了，够了……”

再过一会儿，可怜的老人当然会吓得死过去，幸而恶棍发了善心，放开了他的耳朵。这种要命的恐惧持续了快一分钟，这以后老人的一种什么疾病发作了。半小时之后 Nicolas 被逮捕，暂时关押在拘留所，关在一间单独的牢房里，有专门的哨兵在门边站岗，措施非常严厉。我们温厚的首长这一次如此愤怒，决心承担一切责任，甚至在瓦尔瓦拉·彼得罗芙娜面前。使大家惊讶的是，当这位夫人愤愤地匆忙赶来见省长要求立即做出解释时，她竟被拒之门外；于是她没有走出马车就回家去了，简直连自己都不相信。

最后终于真相大白了！半夜两点钟，一直出奇地安静、甚至已经熟睡了的在押罪犯，忽然大叫大闹起来，疯狂地用拳头捶打牢门，以非凡的力量把门上小窗的铁栏拉掉，打碎玻璃，两手都割破了。当值班军官带着一队人拿着钥匙赶来，命令打开牢门，冲进去把发狂的犯人捆绑起来的时候，发现他患着严重的震颤性谵妄症；于是派车把他送回家给他妈妈。一切都清楚了。我们的三位医生一致断定，在此前三天，病人已经可能处于谵妄状态之中，虽然看来他神志清醒，而且工于心计，但是已经没有健全的理性和意志了，这正是事实所证明了的。由此看来，利普京最早猜想到了事情的真相。伊万·奥西波维奇为人温厚，最重感情，感到十分尴尬；但是奇怪的是，这么说来，他也认为尼古拉·弗谢沃洛多维奇在神志完全清醒的情况下也能做出任何精神不正常的举动来。在俱乐部里人们也感到羞愧和困惑，他们大家怎么会见不到最显眼的事实，错过了这一切怪事的唯一解释呢。当然，也出现了一些怀疑派，但没有支持多久。

Nicolas 卧床两个多月。从莫斯科请来一位著名的医生会诊；全城的人都来探望瓦尔瓦拉·彼得罗芙娜。她原谅了他们。到了春天，Nicolas 完全康复，没有提出任何反对意见就同意妈妈的建议到意大利去，这时她又要求他去向我们大家一家家登门告别，在需要的地方尽可能地表示歉意。尼古拉欣然同意。俱乐部的人都知道，他在帕维尔·帕夫洛维奇·加加诺夫家同他做了最有礼貌的道歉，对此后者十分满意。尼古拉到一家家去登门告别时，他表情十分严肃，甚至有点儿郁悒。大家显然都很同情他，但不知什么缘故，都感到尴尬，对他去意大利感到高兴。伊万·奥西波维奇甚至流了眼泪，但不知为什么，甚至在最后分手时也不敢拥抱他。不错，有几个人始终相信，这个无赖只不过把我们大家玩弄了一下，而病是没有什么的。他也到利普京家去道别。

“您说说，”他问他道，“您怎么能预先猜到我对您的智慧会说些什么话，而且替阿加菲娅准备好回答?”

“是这样的，”利普京笑了起来，“我认为您也是聪明人，所以才能预先知道您的回答。”

“不过，这的确是极妙的巧合。但是请问：这么说来，您在差遣阿加菲娅前来时，认为我是聪明人，不是疯子?”

“最聪明最有理性的人，不过我做出样子，似乎相信您精神失常了……再说，您自己当时就立即猜到我的想法，而且通过阿加菲娅，给我发了幽默证书。”

“是吗？不过在这一点上您错了；我当时确实有病……”尼古拉·弗谢沃洛多维奇皱起眉头，喃喃说。“哦!”他叫道，“难道您真的认为，我在神志清醒的时候也会扑过去咬人？那是为了什么?”

利普京拱肩缩背，答不上来。Nicolas 脸色有点儿发白，或者这只不过是利普京觉得如此而已。

“至少您的思想方式非常有趣，”Nicolas 接着说，“至于阿加菲娅，我当然明白，您是派她来骂我的。”

“难道该向您挑起决斗？”

“啊，对了！我听说过，您不喜欢决斗……”

“干吗要把法国的那一套搬过来！”利普京又一次蜷缩成一团。

“您坚持民族性？”

利普京蜷缩得更厉害了。

“啊，啊，这是什么！”Nicolas高声叫道，他突然在最显眼的地方，在桌上看到一卷孔西德朗[1]的书，“您不是傅立叶派吧？恐怕是吧！这难道不也是从法国搬过来，从法语翻译过来的吗？”他用手指敲着书，笑了起来。

“不，这不是从法语翻译过来的！”利普京甚至带着一点儿怒气跳了起来，“这是从全世界全人类的语言翻译过来的，不光是从法语！从全世界全人类社会共和与和谐的语言翻译过来的，就是这样，先生！不光是从法语……”

“呸，见鬼，这样的语言根本就不存在！”Nicolas继续笑着说。

有时候，甚至一件小事也会吸引你的全部注意，使你久久不能忘怀。关于斯塔夫罗金先生的事留待以后再讲；但是在这里为了好玩我想指出，他在我们城里度过的一段时间内，在所有的印象当中最最深刻的、使他难以忘却的，莫过于这个省城小官吏猥琐的近乎卑鄙的形象。他量小好妒，是家庭中的暴君，高利贷者，把残羹剩饭、蜡烛蒂头都要加锁收藏的吝啬鬼，而同时又是“社会和谐”的狂热信徒，夜夜陶醉于未来法郎吉[2]的幻想图景之中，狂喜不已，相信它很快就会在俄国、在

---

① 孔西德朗（1808—1893），法国社会主义者，他的三卷本著作《社会的命运》（1834—1844）一问世后就吸引了40年代俄国社会主义者的注意。

② 法郎吉是傅立叶空想社会主义中的未来社会基层组织。

我们省实现，就像相信他自己的存在一样。而正是在这里，他积攒钱财为自己建造了一座“小屋”；在这里，他第二次结婚，得到妻子的一份嫁妆；在这里，也许在周围百里之内，从他自己开始，再也没有一个哪怕在外表上有点儿像“全世界全人类社会共和与和谐”的未来成员。

“天晓得这些人是哪里冒出来的！”Nicolas 有时想起这位出乎他意外的傅立叶分子，总感到迷惑不解。

四

我们的“亲王”游历了三年多，因此城里的人几乎把他忘却了。只有我们，通过斯捷潘·特罗菲莫维奇知道他游遍了整个欧洲，甚至到过埃及，顺道去过耶路撒冷；然后在某个地方混入某个去冰岛的学术考察团，而且真的到过冰岛。还传说有一个冬天他在一所德国大学里听课。他很少写信给母亲——半年一次，甚至更少；但瓦尔瓦拉·彼得罗芙娜既不生气，也不感到委屈。她接受与儿子的既定关系，顺从命运，毫无怨言，但是这三年中她当然无日不为她的 Nicolas 牵肠挂肚，思念他，希望见到他。但是，无论是想念还是埋怨，她都不告诉任何人。甚至对斯捷潘·特罗菲莫维奇好像也有点儿疏远了。她独自在拟订什么计划，而且看起来比从前更吝啬，更热衷于攒钱，对于斯捷潘·特罗菲莫维奇赌牌输钱的事更为生气了。

最后，在今年 4 月，她接到一封来自巴黎的信。信是她童年时代的朋友普拉斯科维娅·伊万诺芙娜·德罗兹多娃将军夫人写来的，瓦尔瓦拉·彼得罗芙娜已经快八年没有同她见面和通信了。普拉斯科维娅·伊万诺芙娜在信中告诉她，尼古拉·弗谢沃洛多维奇同她们一家人往来亲密，同莉扎（她的独生女）成了好朋友，打算夏天陪同她们去瑞士的

Vernex-Montreux,[①] 现在也在巴黎的 K 伯爵（彼得堡很有影响的人物）一家待他就同亲生儿子一般，因此他几乎常住在伯爵家里。信很简短，但用意很明白，虽然除了上面提到的事实之外没有做出任何结论。瓦尔瓦拉·彼得罗芙娜没有多加考虑，立即做出决定，收拾好行装，带着她的养女达莎（沙托夫的妹妹）于 4 月中旬去巴黎，然后又去瑞士。7 月她一个人回来，把达莎留在德罗兹多娃家，而德罗兹多娃母女俩，根据她带回来的消息，将于 8 月底到我们这里来。

德罗兹多夫一家也是我们省的地主，但是伊万·伊万诺维奇将军（瓦尔瓦拉·彼得罗芙娜过去的朋友，也是她丈夫的同事）戎马倥偬，使得他们无暇到他们豪华的庄园小住。去年将军过世后，悲痛欲绝的普拉斯科维娅·伊万诺芙娜带女儿去国外，同时也想试一试葡萄治疗法，这种疗法她准备在夏季后半期在 Vernex-Montreux 进行。回国以后她打算在我们省定居。她在城里有一座宏大的邸宅，已经多年无人居住，窗户都钉死了。他们很富有。普拉斯科维娅·伊万诺芙娜第一次结婚嫁给图申。同她寄宿学校的同学瓦尔瓦拉·彼得罗芙娜一样，她也是一位过去的包税人的女儿，出嫁时带着一大笔嫁妆。退役骑兵上尉图申本人也富有资财，又颇具才能。他临终时留给他七岁的独生女儿一大笔遗产。现在莉扎韦塔·尼古拉耶芙娜已经快二十二岁，光是她自己的钱不会少于二十万卢布，且不说将来她母亲过世后必然会留给她的财产，因为她母亲第二次结婚后没有子女。瓦尔瓦拉·彼得罗芙娜看来对这次旅行非常满意。据她的看法，她已同普拉斯科维娅·伊万诺芙娜谈妥，感到心满意足，回来后立即把一切告诉了斯捷潘·特罗菲莫维奇；甚至对他也可说无话不谈，这在她是很久没有的事了。

---

① 即韦尔纳-蒙特勒，瑞士疗养地，在日内瓦湖东北岸。

“乌拉!”斯捷潘·特罗菲莫维奇高呼，用手指打了个榧子。

他感到由衷的高兴，尤其因为在与他朋友离别的这段时间里他心情极度抑郁。她在离开的时候，甚至没有同他好好告别，没有把她计划中的任何事情告诉“这个娘们儿”，唯恐他会泄露秘密。当时她因为突然发现他玩牌输了一大笔钱而生他的气。但是还是在瑞士的时候，她的心就感到，回去以后要报偿她那被遗弃的朋友，尤其因为这一向对待他太严厉了。突如其来的神秘离别挫伤了、撕裂了斯捷潘·特罗菲莫维奇那颗羞怯的心，而且好像故意似的一下子又发生了另外几起使他尴尬的事。一笔相当大的为时已久的债务使他痛苦，没有瓦尔瓦拉·彼得罗芙娜是无论如何也无法偿还的。此外，今年 5 月我们善良温厚的伊万·奥西波维奇的任期终于结束了，他被撤换，甚至发生了一些不愉快的事。然后，在瓦尔瓦拉·彼得罗芙娜不在的时候，我们的新首长安德烈·安东诺维奇·冯·伦布克到职视事，同时几乎整个省城的人对瓦尔瓦拉·彼得罗芙娜的态度，因此也是对斯捷潘·特罗菲莫维奇的态度，立即发生了明显的变化。至少他已经观察到一些不愉快的、虽然是很宝贵的情况，而没有瓦尔瓦拉·彼得罗芙娜，他一个人似乎感到胆怯。他怀疑已经有人报告新省长，说他是危险人物，因而心里忐忑不安。他确切知道，我们省城中有几位太太决意不再拜访瓦尔瓦拉·彼得罗芙娜。关于未来的省长夫人（她要到秋天才来），人们反复说，虽然听说她骄傲自大，可她是真正的贵族，不像“我们那可怜的瓦尔瓦拉·彼得罗芙娜”。不知从什么地方大家得到确实、详尽的消息，新省长夫人同瓦尔瓦拉·彼得罗芙娜曾经在上流社会里见过面，分别时成了冤家对头，因此一提到冯·伦布克夫人，似乎就会给瓦尔瓦拉·彼得罗芙娜极不愉快的印象。但是瓦尔瓦拉·彼得罗芙娜昂扬的胜利神态以及听到我们女士们的意见和城中激动的情况时的轻蔑冷淡，使胆怯的斯捷潘·特罗菲莫维奇的沮丧情绪一扫而空，顷刻之间使他快活起来。他以一种特殊的、快乐而阿谀奉承的幽默口吻开始向她描述新省长上任时的情况。

“您，excellente amie,① 无疑知道，”他卖弄风雅，把每个词拉得长长的，“什么是，一般地说，俄国的行政官员，什么又是俄国的新任行政官员，就是说，新焙烤出来的，新提拔起来的……ces interminables mots Russes!②... 但是您在实际生活中未必会知道，什么是掌权之乐，这究竟是个什么东西？”

“掌权之乐？不知道这是什么意思。”

“那就是……Vous savez，chez nous... En un mot,③ 如果您把一个最卑贱的小人派到铁路售票处去卖什么乱七八糟的票子，这个小人立刻就会认为，当你去买票时，他有权像天神般地瞧着你，pour vous montrer son pouvoir,④ ‘让你瞧瞧我的权力……’于是他们心里就得到了掌权之乐……En un mot，我在书上看到，我们在国外的一座教堂里的一名小执事——c'est très curieux⑤——逐走了，确确实实从教堂里逐走了一家体面的英国人，les dames charmantes,⑥ 就在大斋节祈祷仪式之前——vous savez ces chants et le livre de Job⑦... ——唯一的理由是‘外国人在俄罗斯教堂里闲逛，不合教规，必须按指定的时间前来……’结果闹得人家晕过去……这个小执事在掌权之乐的大发作中，et il a

---

① 法文：最善良的朋友。

② 法文：这些特长的俄文词！

③ 法文：您知道，我们这里……一句话。

④ 法文：为了向你显示他的权力。

⑤ 法文：这太有趣了。

⑥ 法文：几位可爱的女士。

⑦ 法文：您知道这些圣诗和《约伯记》。（在俄国教堂里在大斋节的最后一周要朗诵《旧约全书·约伯记》第1、2、38、42章中的圣诗。）

montré son pouvoir[1]...”

“请您说简短点，斯捷潘·特罗菲莫维奇。”

“现在冯·伦布克大人到全省各地去巡视了。En un mot，这位安德烈·安东诺维奇虽说是信正教的俄籍德国人，而且——我甘拜下风……承认他是一个非常美的男子，在四十岁的男子当中……”

“您怎么会认为他是美男子呢？他长着一双公羊眼。”

“像极了。我这是对女士们的意见让步……”

“换一个话题吧，斯捷潘·特罗菲莫维奇，求求您了！顺便问一句，您系着红领带，很久了吗？”

“这个，我……我今天才……”

“您做您的运动吗？有没有按照医生的嘱咐每天散步六俄里？”

“不……不常散步。”

“我早知道您不会！我在瑞士的时候就有预感！”她愤愤地高声说，“现在您必须每天散步，不是六俄里，而是十俄里！您变得太邋遢了，太、太邋遢了！您不但老了，而且臃肿了……我刚才看到您，大吃一惊，尽管您打着红领带……quelle idée rouge![2] 继续谈冯·伦布克吧，如果您真有什么可谈的，而且请快点结束，我累了。”

“En un mot，我刚才就想说，他是四十岁才开始做官的人之一，在四十岁之前他庸庸碌碌，默默无闻，忽然因为意外得到的妻子，或者用其他同样冒险的方法，他出人头地了……也就是说，他现在到外地去了……也就是说，我想说的是，他的两只耳朵边立刻就有人悄悄地说我的坏话，说我是青年的腐蚀者，省里无神论的根源……他立刻开始调

---

① 法文：于是他显示了他的权力。

② 法文：多么古怪的想法！

查我。”

“真是这样吗？”

“我甚至采取了措施。当有人‘报——告’，说您‘操纵全省’，vous savez，[①] 他竟说，‘这样的事以后不会有了’。”

“他是这么说的？”

“‘这样的事以后不会有了’，avec cette morgue[②]... 他太太、尤莉娅·米哈伊洛芙娜，我们 8 月底会在这里看到她，直接从彼得堡来。”

“从国外来。我们在那里见过面。”

“Vraiment？[③]”

“在巴黎和瑞士。她是德罗兹多娃的亲戚。”

“亲戚？太巧啦！听说她很虚荣，而且……好像有许多有势力的人情关系？”

“胡说，一些小小的人情关系。四十五岁以前一直没有出嫁，一个钱也没有，现在嫁给了她的冯·伦布克，当然她的全部目的就在于把他扶起来。两个都是会搞阴谋的。”

“听说，比他大两岁？”

“大五岁。她母亲在莫斯科的时候把我家的门槛都踏穿了；弗谢沃洛德·尼古拉耶维奇在世的时候，总是死乞白赖地请求让她来参加我家的舞会。而这一位，额头上戴着一只绿玉的小蝴蝶，整个晚上坐在角落里，没有一个人请她跳舞，凌晨两点以后，我出于怜悯，给她打发去一个舞伴。那时她已经二十五岁了，还像小姑娘似的让她穿一件短短的连衣裙出来，让她参加舞会太不体面了。”

---

① 法文：您知道吗？
② 法文：而且如此傲慢。
③ 法文：当真？

“这只绿玉小蝴蝶好像就在我眼前。”

“我告诉您，我一到就碰上了阴谋。您刚看过德罗兹多娃的信，似乎再清楚不过了。可我看到的是什么呢？德罗兹多娃这个傻瓜——她一向就是傻瓜——自己忽然用疑问的眼光瞧着我：‘你是干什么来的？’您能想象，我多么惊奇！我一看，这个伦布克的女人在捣鬼，她身边还有个表亲，德罗兹多夫老头的侄儿——一切都明白了！当然，我一下子就把事情全翻了过来，普拉斯科维娅又站在我这一边了。可这是阴谋，阴谋！”

“但您把阴谋粉碎了。啊，您真是俾斯麦[①]！”

“虽然不是俾斯麦，可我能看透虚伪和愚蠢，不管在什么地方。伦布克的女人是虚伪，普拉斯科维娅是愚蠢。我很少碰到比她更萎靡不振的女人，而且两条腿也肿了，但是心地善良。世界上难道还有比愚蠢的好心人更愚蠢的吗？”

“凶恶的笨蛋，ma bonne amie，[②] 凶恶的笨蛋更为愚蠢。”斯捷潘·特罗菲莫维奇勇敢地反驳道。

“您也许是对的，您一定记得莉扎吧？”

“Charmante enfant！[③]”

“不过现在已经不是 enfant，而是女人了，而且是有个性的女人。高尚而又热情，我喜欢她，因为她不放任她母亲这个轻信的傻瓜。因为这个表亲我们几乎闹起来了。”

“哦，实际上他同莉扎韦塔·尼古拉耶芙娜并不是什么亲戚……看中她了，是吗？”

---

① 俾斯麦（1815—1898），统一德国的普鲁士首相，以处事果断强硬著名。

② 法文：我的好朋友。

③ 法文：可爱的孩子！

“知道吗，这是一位年轻军官，很少说话，甚至很谦虚。我为人一向希望公正。我觉得他自己也反对这个阴谋，没有任何奢望，只有伦布克的女人在捣鬼。他尊重 Nicolas。您懂吗，一切都取决于莉扎，但是我离开的时候，她同 Nicolas 的关系很好。他自己答应我 11 月份一定回来。所以说，捣鬼的只有伦布克的女人。普拉斯科维娅只不过是瞎了眼的女人。她忽然对我说，我的所有怀疑都是幻觉，我当面告诉她，她是傻瓜。在最后审判时我在上帝面前也准备这样说。如果不是 Nicolas 请求我暂且离开，我不揭穿这个虚伪的女人是不会离开那里的。她通过 Nicolas 巴结 K 伯爵，她想离间我们母子。不过莉扎站在我们一边，同普拉斯科维娅我都谈妥了。您知道吗，卡尔马济诺夫①是她亲戚?”

“怎么？冯·伦布克太太的亲戚。”

“是呀，是她的亲戚。远亲。”

“卡尔马济诺夫，小说家?”

“是呀，是作家，有什么好大惊小怪的？当然，他自以为很伟大。自高自大的家伙！她同他一起来，现在在那里捧着他当宝贝。她想在这里举办一些文学集会这样的活动。他打算在这里住一个月，把他的最后一点儿地产卖掉。我差一点儿在瑞士碰上他，可我很不愿意。不过我希望他会来看我。过去他给我写过信，来我家做过客。我希望您穿得好一些，斯捷潘·特罗菲莫维奇；您一天比一天邋遢了……啊，您让我多痛苦！您现在看些什么书?”

“我……我……”

“我明白。还像从前一样同一帮朋友混在一起，还像从前一样酗酒，

① 卡尔马济诺夫的原型是伊凡·屠格涅夫。陀思妥耶夫斯基因他是西欧派、自由主义者，因此在《群魔》中多处讽刺、攻击这个“卡尔马济诺夫”。屠格涅夫对此非常气愤。

上俱乐部，赌钱，还有无神论者的名声。我可不喜欢您这个名声，斯捷潘·特罗菲莫维奇。我不希望人家叫您无神论者，特别是现在我不希望。我以前也不希望，因为所有这一切只不过是空谈。现在应该告诉您了。”

“Mais，ma chère...①”

“听我说，斯捷潘·特罗菲莫维奇，在学术上我在您面前当然是无知之辈，但是，我一路上考虑过很多您的事。我得出了一个信念。”

“什么信念？”

“那就是，不只是您我比世界上所有人都聪明，有些人比我们还聪明。”

“又风趣，又中肯。既然有人比我们更聪明，那就是说，有人比我们更正确，因此我们也可以犯错误，是这样吗？Mais，ma bonne amie，② 即使我错了，可我有我的全人类的、永恒的、至高无上的信仰自由的权利，不是吗？我有权不做伪君子，不做宗教狂，如果我希望这样做，因此我自然会受到各种各样先生老爷们的憎恨，直至永远。Et puis，comme on trouve toujours plus de moines que de raison，③ 而且由于我完全同意这一点……”

“怎么，您说什么？”

“我说：on trouve toujours plus de moines que de raison，而且由于我对此……”

“这一定不是您的话，您一定是从什么地方引来的，是吗？”

---

① 法文：可是，我亲爱的。

② 法文：但是，我的好朋友。

③ 法文：再则，你遇到的僧侣总比健全的头脑多。

“这是帕斯卡[①]说的。”

“我就是这样想的……不是您！为什么您自己从来都不这么说，不这么简短中肯，而总是那么拖泥带水、啰啰唆唆呢？这比刚才讲掌权之乐的那番话要好多了……”

“Ma foi，chère[②]... 为什么？第一，大概我毕竟不是帕斯卡，et puis[③]... 第二，我们俄罗斯人用自己的语言什么也说不出来……至少直至现在还什么也没有说出来过……”

“嗯！这也许不是事实。至少您可以把这样的话记下来，记住它，知道吗，在谈话的时候……唉，斯捷潘·特罗菲莫维奇，我是来跟您谈谈的，认认真真地谈谈的！”

“Chère，chère amie！[④]”

“现在，所有这些伦布克们，卡尔马济诺夫们……唉，天哪，您堕落得多厉害！唉，您折磨得我好苦！……我希望这些人能尊敬您，因为他们还抵不上您的一个指头，一个小指头，可您的行为呢？他们会看到什么呢？我给他们看什么呢？您不以您的行为做高尚品德的明证，他人仿效的榜样，却在您的周围聚集了一批卑鄙小人，您养成了许多糟糕透顶的习惯，您衰老了，您没有酒没有牌就活不下去，您只读保罗·德·科克，一个字也不写，您的时间全都浪费在空谈上了。您同您那形影不离的利普京这样的败类做朋友，难道可以这样吗？难道这能容许吗？”

“为什么他是‘我的和形影不离的’？”斯捷潘·特罗菲莫维奇怯生

---

① 帕斯卡（1623—1662），法国数学家、物理学家、哲学家。他的这句话“你遇到的僧侣（即虚伪、伪善）总比健全的头脑多”出自他的《给一个外省人的信》（1656—1657）一书。——俄编注

② 法文：说得对，亲爱的。

③ 法文：再则。

④ 法文：亲爱的、亲爱的朋友。

生地抗议。

“他现在在哪里？”瓦尔瓦拉·彼得罗芙娜继续严厉而生硬地说。

“他……他无限尊敬您，去C——k接受他母亲死后的遗产了。”

“他好像除接受钱之外什么也不干。沙托夫怎么样？还是老样子？”

“Irascible，mais bon.[①]”

“我受不了您那个沙托夫；火气又大，又自以为了不起。”

“达丽娅·帕夫洛芙娜身体可好？”

“您说的是达莎？您怎么想起问她来了？”瓦尔瓦拉·彼得罗芙娜好奇地瞧着他，“身体好，我把她留在德罗兹多娃家了……我在瑞士听人说起您儿子的事情，是坏事，不是好事。”

“Oh，c'est une histoire bien bête！Je vous attendais，ma bonne amie，pour vous raconter[②]...”

“好了，斯捷潘·特罗菲莫维奇，让我安静一下，我累坏了。我们有时间谈个够的，特别是坏事。您现在一笑就唾沫横飞，这说明您已经衰老了！您现在笑起来的模样多古怪！……天哪，您养成了那么多坏习惯！卡尔马济诺夫不会去看您的！而这里的人没有这件事就已经在幸灾乐祸了……您现在已经原形毕露。唉，够了，够了，我累了！总该饶恕我了吧！”

斯捷潘·特罗菲莫维奇“饶了她”，但离开的时候心神黯然。

五

我们的朋友养成的坏习惯还真不少，特别是最近一段时间。他明显

① 法文：性情暴躁，但心地善良。

② 法文：唉，这是一件愚蠢的事！我善良的朋友，我等您来想向您讲。

地、迅速地堕落了，而且真的开始不修边幅、衣衫不洁。他喝得更多，更爱流泪，神经更脆弱了，对美的事物过分敏感。他的脸获得一种奇怪的特性，能够以极快的速度改变，比如说，从最庄严的表情变成最可笑甚至最愚蠢的表情。他忍受不了寂寞，不住地渴望很快有人来替他排愁解闷。一定需要有人来给他讲讲城里的什么流言蜚语，趣闻逸事，而且每天要新鲜的。如果很久没有人来，他会闷闷不乐，在几个房间里走来走去，时而走近窗口，在沉思中咬嘴唇，长吁短叹，最后几乎失声啜泣。他总是预感到会有什么祸事降临，害怕什么突如其来的无法避免的事情发生；他变得胆小了，开始十分注意夜里做的梦。

这一天白天和晚上他都过得十分忧伤，他派人把我叫去。他非常激动，讲了很久，说了很多事情，但颠三倒四，语无伦次。瓦尔瓦拉·彼得罗芙娜早已知道他对我无话不谈。我最后觉得，有一件什么连他自己也无法想象的特殊事情使他忧心忡忡。以前，当我们俩走在一起他开始向我诉苦的时候，通常过不久就叫人送一瓶酒来，那气氛就轻松多了。这一次没有酒。而且看得出来，他不止一次抑制住叫酒的愿望。

“为什么她不住地发脾气!”他像孩子一样反复怨诉说，“Tous les hommes de génie et de progrès en Russie étaient，sont，et seront toujours 赌徒和酒鬼，qui boivent en zapoï[①]... 而我还不是这样的赌徒，这样的酒鬼……她责备我，为什么一点儿不写？奇怪的思想……为什么我老躺着？她说，您应该站着做‘典范和责备的化身’[②]。Mais，entre nous soit dit，[③] 一个应该作为‘责备的化身’的人，除了躺着以外还能

---

① 法文：俄国所有天才的先进的人物过去是而且永远都是一些赌徒和酒鬼，狂饮酗酒。

② 参阅本书第一部第一章第二节。

③ 法文：可是，在我们之间说说。

做什么呢，——她知道这个吗？”

最后我才明白，这一次使他无法摆脱的主要的特殊的烦恼是什么。这天晚上他多次走近镜子，久久站在镜子前。最后转身向我，用一种奇怪的绝望声调说：

“Mon cher，je suis un[①]堕落的人！”

的确不错，在此以前，在那一天之前，无论瓦尔瓦拉·彼得罗芙娜有什么“新观点”和“思想转变”，他有一件事是深信不疑的，那就是，他对她的女人的心来说仍具有魅力，也就是说，不仅因为他是个被放逐者，或者因为他是个优秀的学者，而且因为他是个俊美的男子。二十多年来，这个使他得意使他安心的信念根植于他的头脑之中，也许在他的所有信念当中他最不愿意放弃的就是这个信念。他是否在那天晚上预感到，在不久的将来他将经受一次巨大的考验呢？

六

现在我想来叙述一件多少有点儿可笑的事，我的记事录实际上是从这件事真正开始的。

8 月底，德罗兹多娃母女终于回来了。她们比全城久已企盼的她们的亲戚，我们的新省长夫人，要早一些时日到达。她们的到来，一般来说，给社会人士留下了极好的印象。但是关于这些有趣的事件留待以后再讲；现在我只谈谈普拉斯科维娅·伊万诺芙娜给焦急地等待着她的瓦尔瓦拉·彼得罗芙娜带来的烦人谜语：Nicolas 还在 7 月就与她们分别，在莱茵河上遇到 K 伯爵，同他和他的一家人去了彼得堡（请注意，伯

---

① 法文：我亲爱的，我是一个……

爵的三个女儿都是待嫁的姑娘）。

“莉扎韦塔骄傲而任性，从她那里我什么也打听不到，”普拉斯科维娅·伊万诺芙娜最后说，“但是我亲眼看到，在她和尼古拉·弗谢沃洛多维奇之间发生了什么事。我不知道其中的原因，您，我的朋友瓦尔瓦拉·彼得罗芙娜，看来得问问您的达丽娅·帕夫洛芙娜。据我看，莉扎受了很大的委屈。我非常非常高兴，终于把您的宠儿带了回来，亲手交还给您：我的责任交卸了。”

说这番刻薄话的时候，她显然很激动。看得出来，这位“萎靡不振的女人”事先做了准备，对这些话可能产生的效果感到一种快意。但是感伤的效果和悬念可难不倒瓦尔瓦拉·彼得罗芙娜。她声色俱厉地要求做出最确切、最令人满意的解释。普拉斯科维娅·伊万诺芙娜立即降低了调门，到后来甚至大哭起来，开始推心置腹地倾诉。这位容易动气但又多愁善感的太太，也像斯捷潘·特罗菲莫维奇一样，不断地需要真诚的友谊，因此她对她女儿莉扎韦塔·尼古拉耶芙娜的最大不满，就是“女儿不是她的朋友”。

但是，从她的解释和倾诉中只有一点是明确的，那就是：在莉扎和Nicolas之间的确发生了不和，但究竟是什么性质的不和，这一点普拉斯科维娅·伊万诺芙娜显然不能得出明确的概念。对达丽娅·帕夫洛芙娜的指责，她到后来不仅加以否认，而且特别要求不要把她刚才说的话放在心上，因为她是“在气头上”说的。一句话，一切都模模糊糊，甚至让人生疑。据她所说，不和是由莉扎“任性执拗、好嘲笑人”的性格引起的；“骄傲的尼古拉·弗谢沃洛多维奇虽然深深爱着她，但忍受不了讽刺嘲笑，于是自己也开始挖苦嘲笑”。

“很快我们认识了一位年轻人，好像是您那位‘教授’的侄儿，姓也相同……”

“是儿子，不是侄儿。”瓦尔瓦拉·彼得罗芙娜纠正说。普拉斯科维娅·伊万诺芙娜以前也老是记不住斯捷潘·特罗菲莫维奇的姓，一直叫他“教授”。

“儿子就儿子吧，那更好，对我来说完全无所谓。一个平平常常的年轻人，很活跃，很随便，但没有什么了不起。唉，这里是莉扎自己不好，她让这个年轻人接近她，为的是激起尼古拉·弗谢沃洛多维奇的妒忌心。我并不认为她有什么大的不是：这是姑娘们常用的办法，甚至很讨人喜欢。只是尼古拉·弗谢沃洛多维奇不但没有一点儿妒意，相反，自己同那个年轻人交上了朋友，好像他没有看见，或者什么都不在乎似的。这可把莉扎气疯了。年轻人很快就离开了（他好像急于到什么地方去），而莉扎开始和尼古拉·弗谢沃洛多维奇过不去，一有机会就找他的碴儿。她注意到他有时和达莎说话，就大发脾气。天哪，我可没有安宁的日子过了。医生告诫我不要激动；他们那个被人捧上天的湖让我厌烦透了，只害得我牙齿疼，得了严重的风湿病。书上甚至说，日内瓦湖会让人牙疼，因为它的特性就是这样。① 这时尼古拉·弗谢沃洛多维奇突然接到伯爵夫人的信，马上离开我们走了，一天之内就收拾好行装。他们分别的时候态度很友好，而且莉扎在送他的时候显得很开心，很轻松，不住地哈哈大笑。不过这都是装出来的。他一走——她就变得郁郁寡欢，若有所思，而且再也不提到他。我劝您，亲爱的瓦尔瓦拉·彼得罗芙娜，现在也不要同莉扎提起这件事，否则只会坏事。如果您保持沉默，她自己会先跟您谈；那时您可能多知道一些。依我看，只要尼古拉·弗谢沃洛多维奇不耽搁，按说定的时间到来，他们还会和好的。”

---

① 据陀思妥耶夫斯基夫人回忆，陀思妥耶夫斯基在1867—1868年间经常牙疼，并认为牙疼的原因就是离日内瓦湖太近了。

“我马上写信给他。如果的确是这样，那是一场无关紧要的争吵，不值一提；我对达丽娅也太了解了；没有的事。”

“关于达申卡[①]，我很后悔，不该说那些话。只不过是一般的谈话，而且大家都听得见。但是当时，亲爱的，这些事都使我心烦意乱。而后来，我看到莉扎自己也已跟她和好如初了……”

瓦尔瓦拉·彼得罗芙娜当天就给 Nicolas 写了一封信，恳切地要他提前回来，至少比预定期提前一个月。但是仍有一些事情她觉得不清楚。她整整想了一个晚上，一个通宵。她觉得普拉斯科维娅的意见太天真、太感伤。“普拉斯科维娅一辈子都是感情用事，从寄宿学校开始就是这样，”她想，“Nicolas 不是这样的人，不会因为一个小姑娘的讽刺挖苦就逃跑。如果确实发生过争吵，这里一定另有原因。但是，这个军官在这里，她们把他带来了，作为亲戚住在她们家里。而且关于达丽娅的事普拉斯科维娅也道歉得太快了一点儿；一定是有事情瞒着我，她不想说……”

到了早上，瓦尔瓦拉·彼得罗芙娜的一个方案成熟了，至少可以彻底解决一个疑虑的问题——这个方案是出其不意的，就这一点来说真是妙极了。在她制订好这个方案的时候，她的心里在想些什么？——很难断定，我也不想预先说明这个方案包含的所有矛盾。作为记述人，我只想确切地描写事件，如实反映，如果读者觉得难以置信，那也不是我的过错。然而我必须再次做证，到了早晨，她对达莎已经没有一丝一毫的怀疑了，说实在的，她也从来没有怀疑过，因为她太相信她了。而且她也绝不认为，她的 Nicolas 会钟情于她的……“达丽娅”。早晨，当达丽娅·帕夫洛芙娜在茶桌边斟茶的时候，瓦尔瓦拉·彼得罗芙娜久久注视

① 达丽娅的小名。

着她，从昨天以来这也许是第二十次了，她以充分的信心对自己说：

“没有的事！”

她只注意到，达莎面容有点儿疲倦，比以前更静默、更消沉了。早茶以后，根据一成不变的习惯，两人坐下来做针线活。瓦尔瓦拉·彼得罗芙娜要她向她详细谈谈对国外的印象，主要是自然景色、居民、城市、风俗习惯、他们的艺术、工业——有关她所看到的一切。她没有提一个有关德罗兹多娃一家以及与她们一家生活状况有关的问题。达莎和她并排坐在工作台前，帮助她刺绣，一面用她那平静、单调而有点儿衰弱的声音讲着，她已经讲了快半小时了。

“达丽娅，”瓦尔瓦拉·彼得罗芙娜突然打断她说，“你有没有什么特殊的事情想要告诉我？”

“没有，什么也没有。”达莎稍稍考虑了一下，用她清澈的双眼瞧了瞧瓦尔瓦拉·彼得罗芙娜。

“内心的、心灵上的、良心上的事，都没有？”

“什么也没有。”达莎轻轻地、有点儿阴郁但却坚定地重复说。

“我早就知道你没有！达丽娅，相信我，我永远不会怀疑你。现在你坐好，听我说。坐到这张凳子上来，面对着我，我希望看到你的全身。对了，就是这样。听我说——你想出嫁吗？”

达莎以询问的目光久久瞧着她作为回答，不过并不过分惊奇。

“你等一等，且别说。首先年龄上有差距，非常之大；不过你比谁都清楚，这无关紧要。你通情达理，在你的一生中不应该做错事。话说回来，他仍是一个美男子……一句话，你一向尊敬的斯捷潘·特罗菲莫维奇，怎么样？”

达莎瞧了她一眼，目光中有更多的疑问，这一次她不仅惊奇，脸也明显地红了。

“你等一等，且别说，别忙！虽然根据我的遗嘱，你有一点儿钱，但是假如我死了，你即使有钱又怎么办呢？别人会欺骗你，把钱骗走，你就完了。而如果你嫁给他，你就是有名人物的妻子。现在再从另一方面看：如果我现在就死了，即使我会使他的生活有保障，他怎么办呢？我可以把希望寄托在你身上。且慢，我还没有说完：他为人轻浮，萎靡不振，残酷，自私。有一些坏习惯，但是你要珍视他，首先因为有人比他要坏得多。我可不是想把你摆脱掉，嫁给什么坏蛋，你也许有过什么想法吧？而主要是因为我求你，因此你应该珍视。”她激动地突然止住，“听到了吗？你干吗盯着我？”

达莎依旧不作声，她听着。

“你且别说，再等一会儿。他是娘儿们——但这对你更好。话说回来，他是个可怜的娘们儿；完全不值得女人去爱他。但是因为他无依无靠，也值得爱他，你就因为他无依无靠爱他吧。你明白我的意思吧？明白吗？”

达莎肯定地点点头。

“我早知道你一定会答应的。他会爱你的，因为他应该、应该；他应该崇拜你！”瓦尔瓦拉·彼得罗芙娜不知为什么突然尖声叫道，“不过他不要多久就会爱上你的，我对他可清楚了。而且还有我在呢。别担心，我一直会在这里。他会埋怨你，他会诽谤你；随便遇到什么人，他都会跟他悄悄地说你的坏话；他会发牢骚，永远发牢骚；他会给你写信，从一个房间送到另一个房间，一天写两封；但是没有你他可活不下去，而这是主要的。要强迫他听你的，如果你不会强迫，那你就是个笨蛋。他会想上吊，会拿这个威胁你，——你别相信；没有的事！你别相信，可也得当心，说不定真会去上吊的；像他这样的人往往如此；他们上吊不是因为坚强，而是因为软弱；因此永远不要把事情做绝——在夫妻生活中这是第一条。你还要记住，他是诗人。听着，达丽娅：没有比牺牲自己更大的幸福了。此外，你这会给我极大的快乐，这是主要的。你不要以为我刚才说的话是因为愚蠢而胡说八道；我知道我说的什么。我是个利己主义者，你也要做个利己主义者。我并不强迫你，一切由你自己决定，你怎么说，就怎么办。说呀，怎么老呆坐着，你说几句话吧！”

“我无所谓，瓦尔瓦拉·彼得罗芙娜，如果非出嫁不可的话。”达莎肯定地说。

“非出嫁不可？你这是什么意思？”瓦尔瓦拉·彼得罗芙娜严厉地逼视着她。

达莎不作声，只顾用针在绣花绷子上刺绣。

“你虽然聪明，但你这是胡说。虽然这是事实，我一定想在现在把你嫁出去，但这不是有什么必要，而只是因为我有了这个念头，而且只是为了斯捷潘·特罗菲莫维奇。要不是斯捷潘·特罗菲莫维奇，我不会考虑现在把你出嫁，虽然你已经二十岁了……怎么样？”

“我随您的便，瓦尔瓦拉·彼得罗芙娜。”

“就是说，同意了！你且别说，忙什么，我还没有说完哩：根据遗嘱你应该从我这里得到一万五千卢布。我现在就把这笔钱给你，在你结婚之后。其中八千你给他，确切地说，不是给他，而是给我。他欠了八千卢布的债；我替他偿还，但应该让他知道，是用你的钱偿还的。你手上还留下七千卢布，一个卢布都不要给他，绝对不要给。绝对不要偿还他的债务。你还了一次，以后就没个完啦。不过我会永远待在这里。你们将每年从我这里得到一千两百卢布生活费，外加一千五百卢布做额外开支，房租和伙食费除外，这两项也由我出，就同现在他享有的一样。不过用人要由你们自己雇。年金我一次付给你，交到你手中。不过你也要好心一点儿：到时候给他一点钱，允许他的朋友来走动，一星期一次；如果还来的话，就把他们赶走。不过我自己也会待在这里的。如果我死了，你们的年金不会停发，一直到他死，听见吗，只到他死，因为这是他的年金，不是你的。至于你，现在的七千，如果你自己不糊涂，仍在你手中原封不动，此外我在遗嘱中再留给你八千。其他你不会从我这里得到什么了；应该让你知道。好吧，同意了吗？你最后要说些什么？”

“我已经说了，瓦尔瓦拉·彼得罗芙娜。”

“记住，你有完全的自由，你想怎么办，就怎么办。”

“不过，瓦尔瓦拉·彼得罗芙娜，请问，斯捷潘·特罗菲莫维奇难道已经跟您说过了吗？”

“不，他什么也没有说过，他还不知道，不过……他马上会说的！”

她蓦地站起身来，披上她的披肩。达莎的脸又微微红了，她用疑问的眼神目送她。瓦尔瓦拉·彼得罗芙娜突然转过身来，一张脸因愤怒而涨得通红。

“你这个傻瓜！”她像鹰似的扑向她，“不识抬举的傻瓜！你脑子里想些什么？难道你以为我会做什么事让你丢脸？哪怕一丁点儿都不会！而且他自己会趴在你面前向你求婚，他应当幸福得要死，这就是我给你的安排！你不会不知道，我绝不会让你受委屈。你难道以为他会为了这八千卢布而娶你，而我现在急急忙忙地去把你出卖？傻瓜，傻瓜，你们这些不识好歹的傻瓜！把伞给我！”

于是她踩着砖砌的和木铺的潮湿人行道，急步往斯捷潘·特罗菲莫维奇的住处走去。

七

这是真的，她绝不会让“达丽娅”受到委屈，相反，现在她认为自己是她的恩人。当她披上披肩时，她觉察到她养女以困惑的、怀疑的目光瞧着她，于是最高尚的无可指摘的怒火从她心头燃起。从她小时候起，她就爱着她。普拉斯科维娅·伊万诺芙娜把达丽娅·帕夫洛芙娜称作她的宠儿，是公正的。瓦尔瓦拉·彼得罗芙娜早已看准了，“达丽娅的性格不像她哥哥”（即不像她哥哥伊万·沙托夫的性格），她文静柔顺，能够做出巨大的牺牲，特别忠诚，非常谦虚，难得的通情达理，而主要是知恩感德。直到现在，达莎看来没有辜负她的所有期望。“她这一生不会犯错误，”——当女孩子还只有十二岁的时候，瓦尔瓦拉·彼得罗芙娜便这样说。而由于她的个性，每一个使她入迷的梦想，她的每一项新计划，她的每一个使她觉得光辉灿烂的思想，她都会执着地热烈地去实现，因此她当即决定像亲生女儿一样来培养达莎。她立即给她储存起一笔钱，请来一位家庭教师克丽格斯小姐。克丽格斯小姐在她家一直待到学生十六岁那年，不知什么缘故突然被辞退了。几位中学教师来她家授课，其中有一位真正的法国人，是他教会了达莎法语。这一位也被突然辞退，好像被撵走似的。一位外地来的穷太太，贵族的寡妇，教她弹钢琴。但是主要的教师毕竟是斯捷潘·特罗菲莫维奇。实在地说，是他第一个发现达莎的：在瓦尔瓦拉·彼得罗芙娜还没有想到她的时候，他已经开始教这个文静的孩子识字读书了。我重复一遍，真奇怪，所有孩子都依恋他！莉扎韦塔·尼古拉耶芙娜·图申娜从八岁到十一岁在他那里学习（当然，斯捷潘·特罗菲莫维奇教她学习是不要报酬的，无论如何他不会收受德罗兹多娃家的报酬）。但是他自己爱上了这位非常可爱的孩子，给她讲一些关于宇宙和地球的构造、关于人类历史的神奇故事。关于原始民族和原始人的讲述比天方夜谭更引人入胜。莉扎听这些故事听得出了神，在家里模仿斯捷潘·特罗菲莫维奇的模样，惟妙惟肖，十分好笑。他知道这事后，有一次出其不意地悄悄看她的表演。羞愧万分的莉扎投入他的怀抱，哭了起来。斯捷潘·特罗菲莫维奇也哭了，那是因为他欢喜。但是莉扎很快离开了，只留下一个达莎。当几位中学教师给达莎上课的时候，斯捷潘·特罗菲莫维奇不再给她教课，渐渐地不再注意她了。这样继续了很长一段时间。有一次，当她已经十七岁的时候，他突然为她的秀丽所惊倒。这发生在在瓦尔瓦拉·彼得罗芙娜那里吃饭的时候。他同年轻的姑娘谈了起来，对她的应答非常满意，最后他提出给她讲授认真翔实的俄罗斯文学史课程。瓦尔瓦拉·彼得罗芙娜称赞他的这个极好的主意，并感谢他，达莎可高兴了。斯捷潘·特罗菲莫维奇开始进行特别细致的准备，最后讲课开始了。他从古代讲起，第一堂课十分引人入胜，瓦尔瓦拉·彼得罗芙娜也在场。斯捷潘·特罗菲莫维奇讲完课，在离开时向学生宣布下一次他将分析《伊戈尔远征记》，这时瓦尔瓦拉·彼得罗芙娜突然站了起来，声言以后不再上课了。斯捷潘·特罗菲莫维奇浑身抽搐，但不作声，达莎则满面通红；但这件事就这样结束了。这发生在瓦尔瓦拉·彼得罗芙娜现在突发奇想之前整整三年。

可怜的斯捷潘·特罗菲莫维奇孤单单地坐在家中，一点儿也没有预感到会发生什么事。在忧郁的沉思中他早已在张望窗外，看会不会有熟人来，但是谁也不想来。外面下着蒙蒙细雨，天气转冷了；应当把炉子生起来；他叹了一口气。突然他的眼前出现了一个可怕的幻象：瓦尔瓦拉·彼得罗芙娜在这种恶劣的天气，在这个不适宜的时刻来看他了。而且是步行！他如此震惊，甚至忘了换衣服，穿着他惯常穿的粉红色棉袄出来迎接她。

“Ma bonne amie!...”[①] 他用微弱的声音喊了一声，迎上前去。

“您一个人在家，我很高兴：我可受不了您那帮朋友。您总是要抽烟；天哪，多坏的空气！您连茶都没有喝完，已经快十二点了！您的幸福就是杂乱，您的快乐就是垃圾。地上怎么有这么多碎纸片？纳斯塔西娅，纳斯塔西娅！您那纳斯塔西娅是干什么的？我的妈呀，打开窗户，气窗，门，全都打开。我们到客厅去；我来找您有事。您一辈子哪怕扫一回地也好哇，我的妈呀！”

“老爷乱扔呀，太太！”纳斯塔西娅又气恼又抱怨地尖声说。

“那你就扫，一天打扫它十五次！您的客厅太糟了，”当他们走进客厅的时候，她说，“把门关紧实点，她会偷听的。一定得换墙纸。我不是差裱糊匠拿样纸给您看了吗，您为什么不选一种？坐下来听我说。您坐呀，我求您了。您去哪里？您去哪里？”

“我……马上来，”斯捷潘·特罗菲莫维奇从另一个房间喊道，“瞧，我不是来了！”

“啊，您换了衣服！”她上下打量他（他把常礼服套在棉袄外面），“这样的确更适合……我们的谈话。现在可以坐下来了吧，我求您啦。”

她开门见山把一切都解释清楚了，直截了当而有说服力。她暗示他极其需要的八千卢布。详细讲了嫁妆。斯捷潘·特罗菲莫维奇睁大眼睛，不住地哆嗦。他什么都听到了，但什么都弄不明白。他想说，但语不成声。只知道一切只能像她所说的那样去做，反对和不同意都是无济于事的，他要结婚，这事已无可挽回了。

---

① 法文：我亲爱的朋友。

“Mais，ma bonne amie，[①] 在我这年龄第三次结婚……而且同这样一个孩子，”他终于说，“Mais c'est une enfant![②]”

“孩子？二十岁的孩子，感谢上帝！请您不要转动眼珠，我求您啦，您不是在舞台上。您很聪明，很有学问，但是生活上的事情您却一窍不通，需要有一个保姆经常照顾您。我死以后，您怎么办？而她可以做您的好保姆；这个姑娘谦虚，坚定，通情达理；而且我自己也在这里，我还不会马上就死。她是个不爱出门的姑娘，她是温顺的天使。这个好主意我在瑞士时就有了。您明白吗，这是我亲口对您说，她是温顺的天使!”她突然狂叫起来，“您这里满地垃圾，她会收拾得干干净净，井井有条，一尘不染……唉，难道我给您这样一件宝，您还想让我向您磕头跪拜，数说所有好处，央人做媒！是您应当跪拜……啊，不中用的、不中用的胆小鬼!”

“可是……我已经老了!”

“您那五十三岁年纪算得了什么?！五十岁不是生命的终点，而是中点。您是个美男子，您自己也知道这一点。您还知道，她多么尊敬您。要是我死了，她会怎么样呢？嫁给了您，她就安心了，我也安心了。您有地位，有名望，有一颗爱心；您有年金，我认为我有义务向您提供年金。您也许是救了她，救了她！至少给了她荣誉。您会造就她，使她适应生活，您会启迪她的心灵，引导她的思想。眼下有多少人毁灭了，就因为思想的方向不正！到那时您的著作已经完成，您一下子就会成名。”

“我正想，”他喃喃地说，瓦尔瓦拉·彼得罗芙娜高明的恭维话使他得意，“我正想现在坐下来写我的《西班牙历史故事》[③] ……”

---

① 法文：但是，我亲爱的朋友。

② 法文：可这是个孩子!

③ 格拉诺夫斯基写有一系列关于西班牙历史的著作。

“是呀，您瞧，正好合在一起。”

“可是……她呢？您跟她说了吗？”

“她的事您用不着操心，您也用不着急于知道。当然您应当亲自向她求婚，恳求她给您荣幸，懂吗？不过不用担心，有我在呢。而且您爱她……”

斯捷潘·特罗菲莫维奇头脑开始发昏，四壁都在旋转。这里有一个可怕的念头，他怎么也无法克制。

“Excellente amie!”他的声音忽然开始颤抖，“我……我从来没有想到，您会决定把我嫁给……嫁给另外一个……女人!”

“您不是闺女，斯捷潘·特罗菲莫维奇；只有闺女才出嫁，而您是娶亲。”瓦尔瓦拉·彼得罗芙娜恶狠狠地压低嗓音说。

“Oui，j'ai pris un mot pour un autre. Mais c'est égal.[①]”——他惘然盯着她。

“我知道，c'est égal，”她轻蔑地透过齿缝说，“天哪！他晕过去了！纳斯塔西娅，纳斯塔西娅！拿水来!”

但是，水还用不到。他醒过来了。瓦尔瓦拉·彼得罗芙娜拿起伞。

“我看到，现在同您没有什么可谈的……”

“Oui，oui，je suis incapable.[②]”

“但在明天以前您好好休息一下，好好想一想。待在家里，如果发生什么事情，通知我，哪怕在夜里。不要写信，我不会看的。明天这时候我自己来，一个人来，听您的最后答复，我希望是令人满意的答复。您要想办法不让旁人来，而且不要有垃圾。这像什么话？纳斯塔西娅，

---

① 法文：对，是我口误了。可是……这还不是一样。

② 法文：对，对，我现在不能。

纳斯塔西娅！”

当然，第二天他同意了；他不能不同意。这里有一个特殊的情况。

八

我们这里所谓的斯捷潘·特罗菲莫维奇庄园（按老算法有五十名农奴，与斯克沃列什尼基庄园相毗邻），其实根本不是他的，而属于他的第一位妻子，因此现在属于他的儿子彼得·斯捷潘诺维奇·韦尔霍文斯基。斯捷潘·特罗菲莫维奇只不过监护而已，因此当儿子羽毛已丰的时候，他根据儿子的正式委托书管理庄园。协议对儿子有利：他每年从父亲那里得到一千卢布作为庄园的收益，而在新制度下庄园的收益不到五百（也许比这更少）。天知道这种协议是怎么订立的。不过，这一千卢布全部由瓦尔瓦拉·彼得罗芙娜寄出，斯捷潘·特罗菲莫维奇没有付过一个卢布。相反，土地的全部收入都落入他的口袋，而且最后他把土地租给一个企业家，还瞒着瓦尔瓦拉·彼得罗芙娜把土地上的主要财富树林出卖给别人砍伐，这样把土地全毁了。这片树林他早已在分段出卖。整座树林至少值八千卢布，而他只卖了五千。但他有时候在俱乐部里输钱过多，而又害怕向瓦尔瓦拉·彼得罗芙娜伸手要钱。当她终于了解了事情的全部真相时，她气得咬牙切齿。而现在儿子突然通知他，他将亲自前来，无论如何要把产业卖掉，请父亲立即关心一下出售的事。很明显，以斯捷潘·特罗菲莫维奇高尚的品德，他对 ce cher enfant[①] 感到内疚（他最后一次见到他是在九年前，在彼得堡，那时他还是一个大学生）。最初，整座庄园可能值一万三千或者一万四千卢布，现在未必有

① 法文：这位亲爱的孩子。

人愿出五千。毫无疑问，斯捷潘·特罗菲莫维奇完全有权根据正式委托书的内容，出售树林，把这许多年来按时寄出而实际上超过收入的每年一千卢布算在账内，以此在清算时免遭麻烦。但是斯捷潘·特罗菲莫维奇为人高尚，气度不凡，他的头脑中闪现一个出奇地美好的思想：当彼得鲁沙[①]到来时，突然大方地在桌上放出最高的价格，就是说，甚至放出一万五千卢布，而一点儿不提在此以前寄去的一笔笔钱款，然后紧紧地紧紧地，噙着热泪，拥抱 ce cher fils[②]，这样就清账了。他隐隐约约地、小心翼翼地在瓦尔瓦拉·彼得罗芙娜面前展开这一图景。他暗示，这甚至会给予他们的友好关系……他们的“思想”一种特殊的高尚的色彩。这会以如此慷慨无私的形象显现过去的父辈和所有过去的人，与今天轻浮的信奉社会学说的青年形成对照。他还说了许多话，但是瓦尔瓦拉·彼得罗芙娜默不作声。最后冷冰冰地对他说，她同意购买他们的土地，付给最高价，即六七千卢布（四千卢布就可以买到了）。关于同树林一起飞走的八千卢布，她没有说一句话。

这事情发生在说亲以前一个月。斯捷潘·特罗菲莫维奇十分震惊，他开始沉思。以前还可能存有一线希望，儿子也许根本就不来了——当然，这是从旁人看来，是外人的看法，至于斯捷潘·特罗菲莫维奇作为父亲会愤慨地否认心存类似的希望。不管怎么说，在这以前传到我们这里的有关彼得鲁沙的消息，却都是一些奇怪的流言。最初，六年前大学毕业后，他在彼得堡游荡，无所事事。突然我们听说，他因为参加撰写什么暗中散发的传单而卷入某个案件。后来他又忽然到了国外，在瑞士，在日内瓦——也许是逃亡到那里去的。

① 彼得的昵称。
② 法文：亲爱的儿子。

“我觉得这很奇怪，”斯捷潘·特罗菲莫维奇当时十分尴尬，他对我们感慨万分地说，“彼得鲁沙 c'est une si pauvre tête[①]！他善良，高尚，富有感情，我当时在彼得堡把他同现代青年相比，感到多么高兴，但是 c'est un pauvre sire tout de même[②]，也是因为他‘没有孵到时候’，感情用事！他们所醉心的不是现实主义，而是社会主义的情感方面和理想方面，可以说是社会主义的宗教色彩及其诗意……当然，这都是人云亦云。但是我呢，我的处境可就难了！我在这里有许多敌人，在那里更多，他们会把这一切都归咎于父亲的影响……天哪！……彼得鲁沙成了煽动者！我们生活在怎样的时代啊！”

不过彼得鲁沙很快就从瑞士寄来他的确切地址，为的是让家里按惯例把钱寄给他，由此可见，他并不完全是流亡分子。现在，在国外旅居四年之后，突然又在自己的祖国出现，而且告知即将来到，由此可见，他并没有因犯有罪行而受到控诉。不仅如此，似乎还有一个什么人同情他，而且还在庇护他。他现在从俄国南方来信，他去那里是受人委托办理一件私人的但却是重要的事情，正在那里为什么事而奔走。这一切都非常好，但是哪里去弄其余的七八千卢布，以便凑成体面的庄园最高价呢？如果他吵闹起来，不但不会出现庄严的情景，反而不得不对簿公堂，那可怎么办呢？有些事情告诉斯捷潘·特罗菲莫维奇，富于情感的彼得鲁沙是不会放弃自己的利益的。“为什么会这样呢，”有一次斯捷潘·特罗菲莫维奇悄悄地对我说，“我注意到，为什么所有这些激烈的社会主义分子，共产主义分子，同时也是些难以置信的吝啬鬼，贪得无厌之徒，私有者，甚至还有这种情况：越是激烈的社会主义者，他走得

---

① 法文：多么不聪明。

② 法文：他毕竟是一个可怜的人。

越远，就越是厉害的私有者……为什么会这样呢？难道也是因为富于感情？”我不知道，斯捷潘·特罗菲莫维奇的这点看法是否有道理；我只知道，关于卖树林和其他一些事情彼得鲁沙略有所知，而斯捷潘·特罗菲莫维奇也知道他略有所知。我还有机会看到彼得鲁沙写给他父亲的几封信；他极少写信，一年一封，甚至更少。只有最近他寄来两封信，几乎是一封接着一封，告诉他父亲他即将回来。他的这些信都是短短的，干巴巴的，内容几乎只有一些吩咐办理的事；由于父子俩从彼得堡相见以来，按照时髦的规矩相互称你，彼得鲁沙的这些信看起来同过去的地主从京都向他们任命为管家的家奴下达的命令一模一样。如今，这可以解决问题的八千卢布忽然从瓦尔瓦拉·彼得罗芙娜的建议中飞了出来，而且她让他清清楚楚地感觉到，除此以外再也不会从别的地方飞出这笔钱来了。不消说，斯捷潘·特罗菲莫维奇同意了。

她走了以后，他立刻派人来叫我，锁起门来跟我单独谈了一天，不让任何人进来。当然，他哭了一会儿，说得很多又很好，又有很多地方极其自相矛盾，偶尔说出一句双关语，就感到非常得意，然后又是轻霍乱，——总之，一切都依次发生。然后他拿出他那二十年前去世的德国妻子的遗像，悲悲切切地开始呼唤：“您能原谅我吗？”总之，他有一点儿糊里糊涂了。由于悲痛，我们稍稍喝了一点儿。不过他很快就美美地睡着了。第二天一早他熟练地打好领带，一丝不苟地穿好衣服，一次次走过去照镜子。他在手帕上洒了香水，不过只洒了一点点；他从窗口一看到瓦尔瓦拉·彼得罗芙娜，赶紧拿了另外一块手帕，把洒过香水的那块塞到枕头底下。

“好极了！”瓦尔瓦拉·彼得罗芙娜听到他表示同意，称赞说，“首先是您高尚的决心；其次，您听从了理智的呼声，虽然平时在您个人的私事中您是很少听从的。不过，您用不着忙，”她又说，打量他用白领带打的领结，“暂时您别说出去，我也不说。您的生日快到了；我和她一起到您这里来；您准备晚茶，不用备酒和小吃；不过，一切我会安排的。邀请您的朋友——不过，让我们一起来挑选。如果有需要，早一天您跟她谈一下；在您的晚会上我们不是宣布或者订立婚约，而只是暗示或者让大家知道有这么回事，不用什么庄严的仪式。然后再过两个星期就结婚，尽可能不要张扬……甚至你们两人可以离开一段时间，结婚仪式之后立刻走，譬如说，到莫斯科去。我也许同你们一起去……主要是，在那以前您不要声张。”

斯捷潘·特罗菲莫维奇大为惊奇。他期期艾艾地想说，他不能这么办，应该跟新娘谈一谈，但是瓦尔瓦拉·彼得罗芙娜气愤地冲着他道：

“这是干什么？首先，还可能什么事也办不成……”

“怎么会办不成呢！”未来的新郎喃喃地说，他完全惊呆了。

“没什么，我还要看看……不过，还是会成的，像我所说的那样，您别担心，我亲自去找她谈。您完全没有必要。一切需要做的事都会说妥做好的。您不必到那里去。去干什么？扮演什么角色？您自己不要去，信也不要写。一声不要响，我求您啦。我也不说。”

她就是不愿意说明原委，离开的时候显然情绪不佳。看来，斯捷潘·特罗菲莫维奇过分的情愿伤害了她。唉，他完全不了解自己的处境，还没有从别的一些角度来看清问题。相反，出现了一种新的声调，一种得意扬扬的飘飘然的神态。他拿起架子来了。

“哪有这样的道理！”他站在我的面前摊开双手叫道，“您听到了吗？她希望把事情弄到那种地步，使得我最后也不想干了。因为我也可能失去耐性，于是……也不想干了。‘坐在家里等，您用不着到那里去。’但是我为什么非结婚不可呢？就因为她的头脑中出现了一种可笑的幻想？但我是一个严肃的人，我不想顺从一个喜怒无常的女人的种种无聊幻想！我对我儿子有义务，还有……对我自己！我在做出牺牲，——她懂吗？我同意，也许因为生活使我烦透了，我对一切都无所谓了。但是她可能激怒我，那时我就不是对一切都无所谓了；我会感到委屈，因此我会拒绝。Enfin，le ridicule[①]… 俱乐部里会说些什么？利普京……会怎么说？'还可能什么事也办不成。'——这是什么话！这真是到了极点了。这真是……成什么话？——Je suis un forçat，un Badinguet，un[②]被逼得走投无路的人！……"

而同时有一种变化无常的自得，一种轻佻的淘气的神情透过这些悲切的叫喊流露出来。晚上我们又喝了酒。

---

① 法文：这毕竟太好笑了。

② 法文：我是一个囚犯，一个巴顿盖，一个……按：巴顿盖是一名泥水匠。1846 年 5 月 25 日，路易·波拿巴，未来的法国皇帝拿破仑三世，在逃离囚禁他的要塞时，穿了巴顿盖的衣服，冒用了他的名字。后来拿破仑三世的敌人把他叫作巴顿盖来羞辱他。

第三章

别人的罪孽

一

过了将近一个星期，事情开始有了一点儿进展。

我想顺便说一下，在这个倒霉的一周里我经受了许多烦恼，作为他最亲近的知心人，我几乎寸步不离地守着我那可怜的说了亲的朋友。最使他苦恼的是羞耻，虽说这一周里我们单独在一起，没有见过任何人；但是他甚至见到我都感到害臊，而且达到这样的地步：他自己越对我推心置腹地倾诉衷情，就越是因为这个而生我的气。因为多疑，他猜想他的事情所有人都知道了，因此他不敢在俱乐部里露面，甚至不敢在小圈子里露面，甚至为了运动而出去散步，也只在夜幕已经降临、天色已经昏黑的时候。

过了一个星期，他还是不知道他究竟是不是即将娶妻的新郎，而且不管他如何设法打听，他怎么也无法得到确切的消息。他还没有同未婚妻见过面，而且不知道，她究竟是不是他的未婚妻；他甚至不知道，这一件事情自始至终是否认真！不知什么缘故，瓦尔瓦拉·彼得罗芙娜坚决不想接见他。对最初他写给她的信中的一封（而他写了许多信给她），她直截了当地回答，请他暂时避免她与他的任何往来，因为她很忙，而由于她自己也有许多极重要的事要告诉他，为此她有意等待一个比现在闲暇一点儿的时刻，至于什么时候可以到她那里去，到时候她自己会通知他的。她还说以后要把他的信原封不动地退还，因为这“只是胡闹”。这封信我亲眼看过，是他自己给我看的。

然而，所有这些无礼的对待、暧昧的态度，与他的主要忧虑相比只不过是小事而已。这一忧虑日夜煎熬着他，他因此而消瘦憔悴，神情沮丧。这件事情他最感到羞耻了，甚至同我也绝不想提起；相反，有时候还对我说谎，支支吾吾，像孩子一样；同时他自己又每天打发人来叫我，没有我，两小时都活不下去，他需要我，就像需要水和空气一样。

这样的态度有点儿损害我的自尊心。毋庸讳言，我心中早已猜到了他的这个主要秘密，把事情看得一清二楚。我当时深信不疑，揭穿斯捷潘·特罗菲莫维奇的这个秘密、这个主要忧虑，会有损于他的名誉，因此，由于我年纪尚轻，对他的一些粗俗的感情，他的某些不体面的猜疑，颇感愤慨。我少年气盛，而且，我承认，我对做他的亲信感到十分厌倦，——因此，也许我对他的指摘过于苛刻。我狠下心，竭力想使他在我面前承认一切，虽然我也认为，要承认某些东西是困难的。他也看透了我，就是说，清楚地看到，我看透了他，甚至生他的气，因此他也生我的气，因为我生他的气，而且看透了他。可能，我的气愤太浅薄、太愚蠢；但是两个人整天厮守在一起，有时很会伤害真正的友谊。从一定的观点来看，他对自己处境的某些方面是有正确了解的；在他认为无须加以隐瞒的一些问题上甚至还能精确地判断自己的处境。

“唉，她那时哪里是这个样子！”他有时同我谈起瓦尔瓦拉·彼得罗芙娜，“早先在我和她谈话的时候，她哪里是这个样子……您知道吗，那时她还会谈话。您能相信吗，她那时还有思想，自己的思想。现在一切都变了。她现在说，所有这一切都不过是老生常谈罢了！她轻视从前的……现在她好像是一个掌柜、管家，一个硬心肠的人，而且不住地生气……”

“她现在还有什么好生气的呢，您不是满足她的要求了吗?”我反驳道。

他微妙地瞥了我一眼。

“Cher ami,[①] 如果我不同意，她会大发脾气，大——发——脾——气！不过还是比现在我同意的情况要好一些。”

他对自己的这句话非常得意，于是那天晚上我们又喝了一小瓶酒。但这只不过是瞬间的事；第二天他的心情比任何时候都更加糟糕，更加阴郁。

但是最使我对他恼怒的是，他甚至不敢到刚回来的德罗兹多娃家去做必要的拜访，以恢复友好的交往，听说，这也是她们所希望的，因为她们已经问起他的情况，而这又是他每日牵挂的。他谈到莉扎韦塔·尼古拉耶芙娜的时候，总是带着一种我所不理解的喜悦。毫无疑问，他回忆起他所心爱的那个孩子；但是，除此之外，不知什么缘故，他想象，只要在她身边，他目前的所有痛苦都能得到缓解，甚至能解决他的一些重要的疑虑。他设想，莉扎韦塔·尼古拉耶芙娜已是一个非凡的人物，但是他没有去看她，虽然他每天都准备去。问题主要在于我自己那时十分希望有人给我引见，把我介绍给她，而在这件事情上我只能指望斯捷潘·特罗菲莫维奇。那时我常与她相遇（当然是在街上），每次都给我十分强烈的印象：她骑马出来溜达，穿着骑手的服装，跨着一匹骏马，由她所谓的亲戚——一位英俊的军官、已故的德罗兹多夫将军的侄儿——陪伴着。她使我目眩神迷，但这种状态只持续了片刻，我自己很

---

① 法文：亲爱的朋友。

快就意识到我的梦想是不能实现的，——然而尽管只有片刻，它却实际存在过，因此可以想象，我有时因为我那可怜的朋友闭门不出而对他十分恼怒。

我们小圈子里的人从一开始就接到正式通知，斯捷潘·特罗菲莫维奇有一段时间不能接待客人，请大家绝对不要去打扰他。他坚持要这样通知大家，尽管我曾劝他不要这样做。我应他的请求，逐家走访，告诉他们，瓦尔瓦拉·彼得罗芙娜委托我们的“老头儿”（在我们之间大家都这样称呼斯捷潘·特罗菲莫维奇）一件紧急的工作，整理几年来的一批往来信函，因此他闭门不出，由我帮助他，等等。只有利普京那里我还没有去，而且一再推延时间——确切地说，我害怕去。我预先知道，他对我的话一个字都不会相信，他一定会思忖，这里有一个秘密，只想瞒住他一个人；只要我一走出他家大门，他就会跑遍全城，到处去打听消息，散布流言。当我还在犹豫的时候，有一次我竟偶然与他在街上相遇。原来，他已从我刚通知过的圈子中人那里获悉了一切。但是很奇怪，他不仅没有显现出好奇心，没有询问斯捷潘·特罗菲莫维奇的事，相反，当我想向他道歉，说我没有早去找他的时候，他竟然自己打断了我，立即转到另一个话题上去了。原来，他自己也有许多话要对我说；他情绪十分激动，而且由于抓住了我这样一个可以听他讲话的人而十分高兴。他开始告诉我城里的消息，关于省长夫人的到来和她带来的许多“新话题”，关于俱乐部已经形成一个反对派，所有人都在吵吵嚷嚷，谈论各种新思想，使得大家都腻烦了，等等。他讲了大约一刻钟，讲得这样有趣，使我简直不想走开了。虽然我很不喜欢他，但我得承认，他有吸引人非听他说话不可的本领，特别是当他因为一件事而十分气愤的时候。这个人，据我看是一个真正的天生的密探。他在任何时刻都知道我们城中的一切最新消息和底细，大部分是一些卑鄙龌龊的丑事，而且使人惊奇的是，他有时对一些与他毫无关系的事情也十分关切。我总觉得，他的性格的主要特点是妒忌。当我那天晚上把早晨与利普京相遇和我们的谈话告诉斯捷潘·特罗菲莫维奇的时候，他使我大为惊奇，他居然十分激动，而且向我提了一个古怪的问题："利普京知道了没有?"我向他证明利普京不可能这么快就打听到，而且也无从打听，然而斯捷潘·特罗菲莫维奇仍旧坚持己见。

"等着瞧吧，不管您相信不相信，"他最后突然说，"我可确信，他不仅知道了有关我们的处境的一切详情，而且他还知道除此之外的一些事情，这些事情无论是您还是我都不知道，而且也许永远不会知道，或许等我们知道时，已经晚了，已经无法挽回了……"

我没有作声，但这些话暗指着许多事情。这以后我们整整五天一句话也没有提到利普京；我很清楚，斯捷潘·特罗菲莫维奇非常后悔，他在我面前暴露了这样的猜疑，而且无意中说了出来。

二

一天上午——就是斯捷潘·特罗菲莫维奇同意当新郎以后的第七天或第八天，——大约十一点钟光景，我像往常一样急急忙忙地去看我那悲伤的朋友，半路上发生了一件意外的事。

我遇见了被利普京誉为"伟大作家"的卡尔马济诺夫。我从童年时代起就看卡尔马济诺夫的作品。他的中短篇小说在上一辈读者、甚至在我们这一辈中是尽人皆知的，它们使我陶醉，是我少年时代和青年时代欢乐的源泉。后来我对他的作品有点儿冷淡起来；他近来一直在写的问题小说，已经不怎么使我喜欢了，因为它们已不像他早期的、最早期的作品那样洋溢着质朴的诗意；而他最近的几部作品我甚至一点儿都不喜欢。

一般说来（如果允许在这个微妙的领域里冒昧发表我的看法的话），在我们这里，所有这些中不溜儿的才子先生们，虽然在他们生前一般几乎都被誉为天才，但他们一死之后几乎就销声匿迹，不知怎的突然从人们的记忆中消失了。不仅如此，常常还在他们生前，只要新的一代读者成长起来替代了老一代的读者，也就是他们过去的读者，他们就以不可理解的速度被遗忘被忽视了。不知怎地，这一过程在我们这里发生得如此之快，就好像舞台上换布景一样，令人感慨系之。这同普希金、果戈理、莫里哀、伏尔泰这类作家的情况，以及所有那些来到世界上有所创新的人的情况，多么不一样啊！还有一点，这些中不溜儿的才子先生们，在垂暮之年，通常光景凄凉，文思枯竭，但他们自己却毫不觉察。往往有这样的事：一位长期以来被大家认为思想深刻的作家，一位大家期望他对社会运动产生非凡影响的作家，到头来却显露出他的基本思想如此浅薄，如此渺小；因此对于他如此迅速地文思枯竭，谁也不感到惋惜。但是这些白发苍苍的小老头们自己却没有看到这一点，因而他们总是生气。正是在他们的事业行将告终的时候，他们的虚荣心有时膨胀到令人惊奇的程度。天知道他们开始把自己看作什么——至少是神明吧！关于卡尔马济诺夫，人们说，他看重他与权贵的关系、与上流社会的关系，几乎甚于他自己的灵魂。人们说：他遇到你，会关心你，奉承你，以他的纯朴迷住你，如果他因为什么原因需要你，如果你事先由人推荐给他的话，尤其如此。但是只要遇到一位公爵，一位伯爵夫人，一位他所畏惧的人物，他会认为，他的最神圣的天职就是以最大的轻慢态度在你走出他的家门之前立即把你忘掉，就像对待一块碎木片、一只苍蝇一样。他认真地认为这是最高尚最优雅的风度。虽然他有极大的自制力，也完全懂得礼仪，但据说他如此爱好面子，简直达到了歇斯底里的程度，甚至在对文学不感兴趣的社会圈子里也不能克制他那容易动怒的作家脾气。如果有人偶然以自己的冷淡态度使他难堪，他就会病态地生起气来，刻骨铭心，力图报复。

大约一年以前，我在杂志上读到他的一篇文章。文章故意卖弄，自以为他的笔下既有真纯的诗意，又有深刻的心理分析。他描写一艘轮船在英国海岸边沉没的情景，作者本人是目击者，亲眼看到如何拯救落水者，如何打捞溺死者的景况。整篇文章相当拖沓冗长，写作的唯一目的是突出作者自己。字里行间我们仿佛读到这样的话："欣赏我吧，瞧，我在这时刻是怎样的。这大海、暴风雨、巉岩、船只的碎片，于你们有什么意思呢？我不是已经用我那如椽之笔给你们做了足够的描写了吗？你们为什么要瞧这个淹死的妇女和她死死地抱在怀中的死孩子呢？最好还是瞧我吧，瞧我怎样目睹这一惨象，心中不忍，转过了身子。瞧，我背朝着她，瞧，我在极度恐怖之中，不敢回头张望；我眯起眼睛——这不是很有趣吗？"① 我把我对卡尔马济诺夫文章的意见告诉斯捷潘·特罗菲莫维奇，他同意我的看法。

当我们这里不久前开始流传卡尔马济诺夫即将到来的消息时，我当然十分希望见到他，如果可能，还希望同他结识。我知道，我可以通过斯捷潘·特罗菲莫维奇做到这一点；他们曾经是朋友。不料现在我在十字路口突然遇到他，我立即就认出他来了；三天之前，当他同省长夫人乘着马车经过的时候，已经有人指给我看过了。

这是一个个子不很高的古板的小老头子，不过年龄大约不会超过五十五岁，一张小脸庞相当红润，浓密的花白的小小发卷从圆筒帽下露出

---

① 据陀思妥耶夫斯基研究者阿·谢·多里宁等人指出，这段描写文字与屠格涅夫的特写《特罗普曼的处决》（1870）有许多相似之处。而且与屠格涅夫的《海上火灾》（1883）中的描写更为相似。

来，绕着他那对干干净净的红扑扑的小耳朵。他那张干干净净的小脸一点儿不美，薄薄的长长的嘴唇狡黠地合在一起，鼻子有点儿肥大，一对小眼睛犀利聪明。他的衣着有点儿陈旧，披着一件在这个季节可能在瑞士或意大利北部什么地方披的斗篷。但是至少他衣服上的小东西：小领扣、小领子、小纽扣、细细的黑缘带上的玳瑁带柄眼镜、嵌宝石的小戒指——一定与风度翩翩、十分讲究衣着的人所用的一样。我相信，夏天他一定穿彩色缎纹面软鞋，鞋子一边有一挑螺钿小扣。在我们碰见时，他在一条街的拐角上停了下来，向四周张望，看到我好奇地瞅着他，他用甜蜜的虽然有点儿尖锐刺耳的声音问我：

"请问，我去贝科夫街怎么走近一点儿？"

"贝科夫街？就在附近，很快就到，"我十分激动，高声说道，"您顺着这条街一直往前走，第二个路口往左拐。"

"多谢。"

这倒霉的时刻：我好像胆怯了，卑躬屈节地瞅着他！他立即就全都注意到了，当然也立即就全都知道了，就是说，知道了我已经知道他是谁，我读过他的作品，从小就崇拜他，我现在胆怯了，卑躬屈节地瞅着他。他笑了一笑，又一次向我点点头，顺着我给他指出的路一直走去。我不知道我为什么转过身来，跟在他后边走；我不知道为什么我在他身边跑了十步。他忽然又停了下来。

"您能告诉我吗，最近的马车停车点在哪里？"他又对我喊道。

讨厌的喊声，讨厌的声音！

"马车吗？从这里去最近的停车点……在大教堂附近，那里总有车。"我说着，几乎转身就要跑去叫车。我怀疑，他期待于我的正是这个。当然，我立即醒悟过来，站住不动了，但是我的动作他看得很清楚，他始终带着那讨厌的笑容瞅着我。这时发生了一件事，是我永远不会忘记的。

突然，他左手拿着的一只小口袋掉了下来。其实，这不是口袋，而是一只小匣子，或者确切点说，是一只小公文包，或者更确切点说，是一只小手提包，类似古时妇女用的手提包，我实在不知道这是什么，我只知道，我好像奔过去想把它捡起来。

我确信，我没有把它捡起来，但是我所做的第一个动作是毫无疑问的；我已经无法掩饰了，我羞得面红耳赤，像傻瓜一样。这个狡猾的人立即从这种情况中得出他需要得出的结论。

“您别费心，我自己来吧。”当他完全看出我不会替他捡手提包时，迷人地说，而且仿佛抢在我前头，把包捡了起来；他把我愚弄了一番之后，又一次向我点点头走了。我感到就好像我自己替他捡了一样。我愣了大约五分钟，认为我自己受到永生难以洗雪的耻辱；但是当我走近斯捷潘·特罗菲莫维奇寓所的时候，我突然哈哈大笑起来。我觉得这次相遇太有趣了，我立即决定讲给斯捷潘·特罗菲莫维奇听，甚至扮演当时的全部情景，让他也大笑一场。

三

但是，这一次使我惊奇的是，我发现他有了极大的变化。的确，我一进去，他就迫不及待地迎了上来，而且听我讲话，但他那心不在焉的样子表明他在开始时显然没有听懂我的话。但当我一提到卡尔马济诺夫的名字时，他勃然大怒。

“别对我说，别提他！”他几乎在狂怒中大叫，“您瞧，您看看！看看！”

他拉开抽屉，把三张小纸片扔到桌上，纸片上用铅笔潦潦草草地写着一些字，都是瓦尔瓦拉·彼得罗芙娜送来的。第一张字条是前天送来的，第二张是昨天送来的，最后一张是今天，一小时前才送来的；字条的内容空洞，都讲的是卡尔马济诺夫，暴露了瓦尔瓦拉·彼得罗芙娜虚荣好名、忐忑不安的激动心情，因为她唯恐卡尔马济诺夫会忘记拜访她。下面是前天送来的第一张字条（看来，三天前已经送来过一张，可能四天前也已送来过）。

如果今天他终于光临您处，请您一句话也不要提到我。不要做任何暗示。不要由您先讲，也不要提醒他讲。

瓦·斯·

昨天的字条：

如果他终于决定今天早晨来拜访您，我认为最高尚的做法是，根本不要接见他。我是这样想的，不知您怎样想。

瓦·斯·

今天的，也就是最后的一张：

我相信，您那里一定垃圾堆积如山，烟雾弥漫。我派玛丽娅和福穆什卡到您那里去；他们在半小时内就可以替您收拾干净。您不要妨碍他们。在他们收拾的时候，在厨房里坐一会儿。给您送去一块布哈拉地毯和两个中国花瓶，我早就想送您了；此外送上我的一幅丹尼斯[①]的画（供您暂时使用）。花瓶可以放在窗台上，丹尼斯的画可以挂在歌德画像的右上方，那里比较显眼，早晨总是有阳光。如果他终于来了，您接待他要礼貌周全，但竭力讲些无关紧要的事，讲些学术上的事，做出好像昨天才同他分手的样子。关于我，一句话也不要说。说不定我傍晚来看一看。

瓦·斯·

又及：如果他今天再不来，那他就根本不会来了。

我读完后不禁大为惊奇，他竟会因这些小事而如此激动。我以疑问的目光看了他一眼，我突然发现，在我看信的时候，他已经把日常系的白领带换成了红的。帽子和手杖放在桌子上。他脸色苍白，他的手甚至在发抖。

"我才不理会她的激动哩!"他以狂叫回答我的充满疑问的目光，"Je m'en fiche![②] 她有精神为卡尔马济诺夫激动，却不回复我的信！瞧，瞧，我的信没有拆，她昨天退还给我的，就在桌子上，在一本书底下，在 *L'homme qui rit*[③] 底下。她为尼、科、连、卡[④]操心劳神，关我什么事！Je m'en fiche et je proclame ma liberté. Au diable le Karmazi-

① 大卫·丹尼斯（1610—1690），法兰德斯画家，以描写美化了的、牧歌式的农民生活画著名，其成熟期作品是真实表现法兰德斯大自然的风景画。在19世纪上半叶的文艺批评中被看作表现"平民"和"下层生活"的代表。

② 法文：我才不管哩！

③ 法文：《笑面人》。按：法国作家雨果的小说。

④ 尼古拉的昵称。

noff! Au diable la Lembke![①] 我把花瓶藏在前厅里了，我把丹尼斯的画藏在衣柜里了，我要求她立刻接见我。您听见吗：我要求！我给她送去的也是这么一张字条，用铅笔写的，不加封，叫纳斯塔西娅送去，我等着她的回答。我希望达丽娅·帕夫洛芙娜亲口告诉我，对着苍天，至少要当着您的面。Vous me seconderez，n'est-ce pas，comme ami et témoin.[②] 我不想脸红，不想撒谎，我不想有什么秘密，我绝不允许在这件事情上有什么秘密！让她们把全部真相告诉我，坦率地，老实地，高尚地，那时……那时我也许会让一代人为我的宽宏大量而惊诧！……我是坏蛋还是不是，亲爱的先生？"他突然住口，咄咄逼人地瞧着我，好像是我把他看作坏蛋似的。

我让他喝一点儿水；我还从来没有见过他这个模样。他一边说着，一边在房间里快步从一个角落走到另一个角落，但是突然以不平常的姿势在我面前停了下来。

"难道您认为，"他又以病态的倨傲开始说道，一面上上下下地打量着我，"难道您能够想象，如果荣誉和伟大的独立原则需要的话，我斯捷潘·特罗菲莫维奇就不能在内心找到足够的精神力量去拿起我的小箱子，——我那破烂的小箱子！——把它扛在孱弱的肩膀上，走出大门，永远从这里消失吗？斯捷潘·特罗菲莫维奇不是第一次以宽宏去击败专横，哪怕是一个疯女人的专横，即世界上可能出现的最伤人最残酷的专横，尽管您刚才似乎在笑我说的话，我亲爱的先生！啊，您不相信我能够在自己的内心找到如此宽大的精神力量，使我能够在一个商人那里做家庭教师了此一生，或者倒在别人的篱笆下饿死！回答呀，快回答我：

---

① 法文：我才不管哩，我声明我有自由。让卡尔马济诺夫见鬼去吧！让伦布克那个婆娘见鬼去吧！

② 法文：您不会拒绝帮助我，作为朋友和证人，是吗？

您究竟相信还是不相信?”

但是我故意保持沉默。我甚至装出样子，似乎我不敢以否定的回答惹他生气，也不能做肯定的回答。在这一场激动当中有某种因素显然使我感到委屈，但不是对我个人，啊，不是！……不过……我以后再做解释。

他脸都变得煞白了。

“也许您跟我在一起感到厌烦了，格——夫（这是我的姓），因此您希望……不再到我这里来?”他用苍白的平静声调说，这种声调通常预示着一场异常的大爆发。我吓得跳了起来；这时纳斯塔西娅走了进来，默默地递给斯捷潘·特罗菲莫维奇一张字条，字条上有用铅笔写的几个词。他看了一眼就扔给我。纸上是瓦尔瓦拉·彼得罗芙娜的笔迹，一共只写了一句话：“待在家里。”

斯捷潘·特罗菲莫维奇默默拿起帽子和手杖，快步走出房间；我机械地跟在他后面。突然走廊里响起几个人的声音和脚步声。他像天雷轰顶似的停了下来。

“这是利普京，我完蛋了!”他抓住我的手，悄声说。

这时利普京走进了房间。

四

为什么利普京会使他完蛋，我不知道，而且我并不重视话语；我认为一切都决定于神经。但是他的恐惧神态的确是不同寻常的，因此我决定仔细观察。

利普京进来时的表情好像在说，尽管主人三令五申拒不见客，这一次他却有点儿进这个房间的特殊权力。他带来了一位不认识的先生，此人一定是从外地来的。他遇到呆若木鸡的斯捷潘·特罗菲莫维奇的茫然目光，立即就大声说道：

“我给您带客人来啦，而且是非同一般的客人！冒昧打扰您的幽居生活。这位是基里洛夫先生，出色的建筑工程师。主要是，他认识您的儿子，尊敬的彼得·斯捷潘诺维奇；是非常亲密的朋友，先生；有他托办的事。他刚刚到达此地。”

“托办的事是您加上去的，”客人毫不客气地说，“没有托办的事，的确，我认识韦尔霍文斯基。我们在×省分的手，十天以前。”

斯捷潘·特罗菲莫维奇机械地伸出手去与他握手，请他坐下；他瞧了瞧我，瞧了瞧利普京，突然好像醒悟过来似的，赶快自己坐下，手里仍拿着帽子和手杖，也没有注意到。

“啊，您自己也要出去！人家告诉我，您因为工作劳累病倒了。”

“对，我病了，现在才想出去散步，我……”斯捷潘·特罗菲莫维奇停住不说了，把帽子和手杖往沙发上一撂，——脸红了。

这时我匆匆打量客人。这人还年轻，约莫二十七八岁年纪，穿着相当考究，身材瘦削而匀称，黑头发，脸色苍白，略带一点儿土色，一双黑眼睛没有光泽。他看起来沉静，心不在焉，说话不连贯，不知怎的常常不合语法，如果需要选一个比较长的句子，他会奇怪地颠倒词序，意义不清。利普京清楚地看到斯捷潘·特罗菲莫维奇的恐惧，显然很满意。他坐在一张藤椅上，把椅子几乎拉到房间中央，在两张长沙发上对面而坐的主人和客人之间，保持与两人相等的距离。他的尖利的目光好奇地扫射各个角落。

“我……已经很久没有见到彼得鲁沙……你们是在国外遇到的吗？”斯捷潘·特罗菲莫维奇勉强地嘟囔着对客人说。

“在国内和国外都遇到过。”

“阿列克谢·尼雷奇自己刚从国外回来，在那里待了四年，”利普京接过话茬儿说，“他去国外是为了在专业上进一步深造；到我们这里来是因为有希望在我们铁路桥梁建设处得到一份工作，现在正在等待答复。通过彼得·斯捷潘诺维奇，阿列克谢·尼雷奇同德罗兹多夫老爷和太太、同莉扎韦塔·尼古拉耶芙娜都认识。”

工程师无精打采地坐着，不自在不耐烦地注意听着。我觉得，他似乎在为什么事情而生气。

“阿列克谢·尼雷奇还认识尼古拉·弗谢沃洛多维奇。”

“您还认识尼古拉·弗谢沃洛多维奇?”

“这一位也认识。”

“我……我已经很久没有见到彼得鲁沙了……因此我觉得我几乎没有权利被称作他的父亲……c'est le mot[①]；我……您同他分别时的情况怎样?”

“没有什么……他自己就要来了。”基里洛夫先生又急忙敷衍说。毫无疑问，他在生气。

“就要来了！终于我……知道吗，我没有见到彼得鲁沙已经太久了!”斯捷潘·特罗菲莫维奇说到这里哽住了，“现在我在等待我可怜的孩子，在他面前……唉，在他面前我感到多么歉疚！就是说，我其实想说，当时我把他留在彼得堡，我……总之，我没有把他当一回事，quelque chose dans ce genre。[②] 您知道吗，这孩子神经质，非常敏感，而且……胆子小。晚上睡觉前他都要深深地鞠几个躬，在枕头上画十字，唯恐夜里死去……Je m'en souviens. Enfin，[③] 对任何高雅的感情，

---

① 法文：的确如此。

② 法文：或者类似这样的态度。

③ 法文：这我记得。总之……

也就是对高尚的、基本的、未来思想的任何萌芽……c'é tait comme un petit idiot.① 不过，我自己好像说糊涂了，请原谅。我……您来的时候我正好……"

"您说他在枕头上画十字，真是这样吗?"工程师突然以一种不寻常的好奇心问道。

"是啊，他画十字……"

"没有什么，我随便问问，请您讲下去。"

斯捷潘·特罗菲莫维奇以怀疑的眼光瞧瞧利普京。

"我非常感谢您的来访，但是说真的，我现在……不能……请问您现在安顿在哪里?"

"在显圣街，菲利波夫的那座房子里。"

"啊，就是沙托夫住的地方。"我情不自禁地说道。

"不错，就在那座房子里。"利普京高声说道，"不过沙托夫住在楼上，在顶楼，阿列克谢·尼雷奇住在楼下，在列比亚德金大尉家。阿列克谢·尼雷奇既认识沙托夫，也认识沙托夫的妻子，在国外还同她挺接近的。"

"Comment!② 难道您对我们 de ce pauvre ami③ 这段婚姻和这个女人知道点什么吗?"斯捷潘·特罗菲莫维奇突然感情冲动，高声说道，"您是我遇到的第一个认识她的人；如果……"

"简直是胡说八道!"工程师打断他说，脸涨得通红，"您，利普京，怎么总是添油加醋！我根本没有见过沙托夫的妻子：只有一次远远地看到过，完全没有什么接近……沙托夫我的确认识。可您为什么总要加上

① 法文：他像是个小傻瓜。
② 法文：怎么！
③ 法文：这位可怜的朋友。

些不相干的东西呢?”

他在沙发上急剧转过身去，拿起帽子，然后又把它放下，又像先前那样坐好，用他那双乌黑的发怒的眼睛带着一种挑衅的神色注视着斯捷潘·特罗菲莫维奇。我怎么也不能理解这种奇怪的火爆性子。

“请原谅我，”斯捷潘·特罗菲莫维奇严肃地说，“我理解，这件事情可能非常微妙……”

“根本没有什么非常微妙的事情，这简直可耻；我说‘胡说八道’，不是针对您的，而是针对利普京的，他为什么要添油加醋。请您原谅，如果您以为是针对您的。我认识沙托夫，但根本不认识他的妻子……根本不认识!”

“我懂了，我懂了，如果我刚才坚持，那只是因为我非常爱我们那位可怜的朋友，notre irascible ami,① 总是关心……就我看，这个人过于急剧地改变了他过去的思想，这些思想可能太幼稚，但毕竟是正确的。现在他大声疾呼地说了许多关于 notre Saint Russie② 的话，因此我早已认为这一身心上的转变——我不想用别的词来称谓这种变化——其原因在于某种剧烈的家庭动荡，也就是他失败的婚姻。我研究我可怜的俄国，对它了如指掌，我把我的一生献给了俄国人民，我可以确切地告诉你们，他不了解俄国人民，而且……”③

“我也完全不了解俄国人民，并且……根本没有时间研究!”工程师又一次打断他说，又一次在沙发上急剧地转过身去。斯捷潘·特罗菲莫维奇话说到一半就停住了。

---

① 法文：我们那位容易冲动的朋友。

② 法文：我们神圣的俄罗斯。

③ 这几句话暗含着对果戈理的《与友人书信选》中一段话的讽刺，果戈理写道：“你们希望我能对俄罗斯了如指掌；可我对俄罗斯却一无所知。”

"阿列克谢·尼雷奇在研究，在研究，"利普京接过去说，"已经开始研究，而且正在写一篇十分有趣的论文，关于俄国自杀事件增多的原因，[①] 以及关于社会中导致自杀事件增多或者得到抑制的一般原因。他取得了惊人的成果。"

工程师大为激动。

"您根本没有权力，"他愤怒地嘟囔着说，"我根本不是写论文，我不会做这种蠢事。我特别信任您才询问您的，完全是无意的。这根本不是论文；我没有发表，而您没有权力……"

利普京显然很得意。

"对不起，先生，也许是我错了，把您的文学作品叫作了论文。阿列克谢·尼雷奇只不过在收集观察到的现象，还完全没有触及问题的实质，或者可以说还完全没有触及问题的道德方面，他甚至完全否定道德，而赞成最新的原则——为了最终的美好目的而摧毁一切。[②] 为了在欧洲确立健全的理性，他要求砍掉一亿个以上的人头，比最近这次和平大会上要求的还要多得多。[③] 在这个方面阿列克谢·尼雷奇比谁都激进。"

工程师面带轻蔑的淡淡的笑容倾听着。将近一分钟大家默不作声。

"这一切都是胡扯，利普京，"基里洛夫终于语气庄重地说道，"如

---

① 陀思妥耶夫斯基本人在70年代对这个问题进行过认真的研究，见于他的笔记和《作家日记》里，他分析各种自杀事件，指出其原因是改革以后俄国社会的普遍紊乱和它所经历的过渡时期。

② "为了最终的美好目的而摧毁一切"这一理论，可能不仅反映了谢·根·涅恰耶夫的《革命者问答》的号召，也反映了法国政论家、布朗基主义者雅克拉尔（1843—1903）1868年在日内瓦"和平与自由同盟"代表大会上发言的结束语。他声称，只有在资本主义社会和国家的"颓垣废墟之上"，"我们才能建立社会共和国"。

③ 此语可能源自赫尔岑的《往事与随想》，第5卷，第37章。赫尔岑在这里写到德国小资产阶级共和派政论家海因岑（1809—1880）时说："他后来写道，只要在地球上杀掉两百万人，革命事业就能顺利进行。"——俄编注

果我无意中告诉您几点想法而您就抓住不放的话，那也随您的便。但是您没有权力，因为我从来不对任何人说。我轻视空谈……如果有信念，那我很清楚……而您做得很无聊。我不会就一些已经完全明白的问题进行议论。我最不喜欢议论。我从来不想议论……”

“也许您做得很对，”斯捷潘·特罗菲莫维奇忍不住说道。

“我向您道歉，但我在这里不生谁的气，”客人继续激动地快速说，“我四年间很少见到人，四年里，我竭力为了我的目标不同不相干的人见面。利普京发现了这件事，他笑我。我理解他，所以不在乎。我不是气量小的人，不过对他的随便感到气恼。如果我不同你们谈我的思想，”他最后突然说，一面用坚定的目光扫视我们，“那完全不是因为我害怕你们向政府告密；不是这么回事；请你们不要在这方面随便想……”

听到这些话后谁也没有回答，只相互交换了一下眼色。甚至利普京自己也不再嘻嘻窃笑了。

“先生们，我很抱歉，”斯捷潘·特罗菲莫维奇毅然从沙发上站了起来，“但是我感到身体不适，情绪不好，对不起。”

“啊，这是要我们走，”基里洛夫先生恍然大悟，拿起帽子，“您说出来，那很好，否则我会忘掉的。”

他站了起来，憨厚地伸出手走向斯捷潘·特罗菲莫维奇。

“抱歉，您身体不适，我却来了。”

“祝您在我们这里诸事顺利，”斯捷潘·特罗菲莫维奇回答说，善意地从容地握他的手，“我理解，如果如您所说，您在国外住了那么长时间，为了自己的目标避免与人往来，因此——忘记了俄国，那当然会不自觉地以惊奇的目光看待我们这些地道的俄国佬，而我们也以同样的目光看待您。Mais cela passera.[①] 只是有一点我觉得不好办：您希望建造我们的桥，同时又宣布赞成摧毁一切的原则。他们不会让您去建造我们的桥的。”

“怎么？您说什么……啊，见鬼！”基里洛夫惊叫了一声，忽然又放声大笑起来，笑声快活而爽朗。刹那间他的脸上出现了最天真的表情，我觉得，这与他非常相配。利普京因为斯捷潘·特罗菲莫维奇那精辟的警句而欣喜得不住搓手。我心里却仍在纳闷：为什么斯捷潘·特罗菲莫维奇这样害怕利普京？为什么一听到他的声音就高叫“我完蛋了”呢？

五

我们大家都站在门口，在门槛上，往往在这个时刻，主人和客人匆匆交换几句最后的也是最亲切的客气话，然后欣然分手。

“阿列克谢·尼雷奇今天这样不高兴，都因为，”利普京已经走出房间，可以说完全是顺便地插言道，“都因为方才同列比亚德金大尉为了他的妹妹发生了争吵。列比亚德金大尉每天早上和晚上都要用马鞭、地道的哥萨克马鞭抽打他善良的精神错乱的妹妹，这样，阿列克谢·尼雷奇为了不介入，甚至另租了那座房子的厢房。就这么回事，再见。”

“妹妹？有病的妹妹，用马鞭抽打？”斯捷潘·特罗菲莫维奇高声呼叫，似乎是他自己突然挨了一马鞭，“哪一个妹妹？哪一个列比亚德金？”

方才的恐惧顷刻间又回来了。

“列比亚德金？噢，这是一个退役大尉；以前他只自称是上尉……”

---

① 法文：但这会过去的。

“唉，军阶与我有什么相干！什么妹妹？天哪……您说列比亚德金？我们这里来过一个列比亚德金……”

“就是他，我们的列比亚德金，您不记得吗，在维尔金斯基那里？”

“可那人不是因为伪造钞票给抓走了吗？”

“他居然回来了，已经快三个星期了，而且在最特殊的情况下。”

“但他是个无赖！”

“难道我们这里就没有无赖？”利普京突然咧嘴一笑，用他的贼溜溜的眼睛打量着斯捷潘·特罗菲莫维奇。

“哎哟，天哪，我完全不是那个意思……虽然，话说回来，关于无赖我完全同意您的意见，正是您的意见。但是后来呢，后来呢？您这是想说什么？……您提这件事一定是有话想说的！”

“不过是些鸡毛蒜皮的小事……就是说，从一切情况看来，这位大尉当时离开我们并不是为了伪造钞票，而只是为了去寻找这位妹妹，而他妹妹在一个他不知道的地方躲着他，现在他把她带来了。全部事情就是这样。您好像吓慌了，斯捷潘·特罗菲莫维奇，这是为什么？其实，我说的都是他的酒后胡话，清醒的时候他自己也对这件事守口如瓶。他脾气暴躁，可以说是军人作风，不过品位不高。他的这位妹妹不仅是疯婆，而且还是个瘸子，好像是受什么人的诱骗，失了身，因为这个，列比亚德金多年来每年都要拿取一笔礼金，作为高尚人格受辱的补偿，至少从他的胡扯中可以得出这样的结论，——不过依我看，只是他酒后的胡言乱语。全是吹牛。而且为了这种事花的钱通常要便宜得多。至于他有钱，这件事完全确实；十天以前他还光着脚走路，现在我亲眼看到他手头有好几百卢布。他妹妹不知患的什么病，每天要发作，尖声高叫，他就用马鞭‘整’她。他说，要让女人有敬畏之心。我真不懂，沙托夫怎么还能在他们楼上住得安稳？阿列克谢·尼雷奇只和他们合住了三天，他们还是在彼得堡相识的，现在就搬到厢房住，免得麻烦。”

“这都是真的？”斯捷潘·特罗菲莫维奇问工程师。

“您说得太多了，利普京。”工程师愤愤地嘟囔说。

“隐私，秘密！我们这里忽然间哪来这么多隐私和秘密！”斯捷潘·特罗菲莫维奇忍不住叫道。

工程师皱起眉头，涨红了脸，耸耸肩膀，想走出房间。

“阿列克谢·尼雷奇甚至夺下马鞭，一折两段，扔到窗子外面，吵得可厉害哩。”利普京又说。

“您为什么说个不休，利普京，这多蠢，干什么？”阿列克谢·尼雷奇蓦地又转过身来。

“为什么为了谦虚就要隐瞒心灵的最高尚活动呢？当然是您的心灵，我不是讲我的心灵。”

“这多蠢！……而且完全不必要……列比亚德金既愚蠢，又无聊——对于事业不仅无益，……而且绝对有害。为什么您唠叨那么多事情？我要走了。”

“啊，多可惜！”利普京带着泰然的笑容高声说，“要不然我可以告诉您，斯捷潘·特罗菲莫维奇，再告诉您一桩有趣的事儿，让您笑笑。其实我到这里来就是想来告诉您这件事的，虽然您一定已经听到过了。好吧，下次再说，阿列克谢·尼雷奇等不及了……再见。瓦尔瓦拉·彼得罗芙娜出了一桩有趣的事，前天她让我笑了一阵，专门差人来叫我，笑死人了，再见吧。”

但是这时斯捷潘·特罗菲莫维奇一把抓住了他，猛地把他扭转身来，推回房间，按在凳子上。利普京简直吓坏了。

“怎么回事？”他自己开始说，小心翼翼地从凳子上抬头望着斯捷潘·特罗菲莫维奇，“忽然把我叫去，‘秘密地’问我，我自己是怎么想的：尼古拉·弗谢沃洛多维奇是精神错乱了呢还是神志正常？这不奇怪吗？”

“您发疯啦！”斯捷潘·特罗菲莫维奇喃喃地说，突然他好像发起火来，“利普京，您太清楚了，您到这里来就是为了告诉我这类讨厌的事……也许还有更坏的事呢！”

我立即想起了他的推测：利普京对我们的事不仅知道得比我们多，而且还知道另一些事情，这些事情我们是永远不会知道的。

“哪能呢，斯捷潘·特罗菲莫维奇！”利普京仿佛吓破了胆，喃喃说着，“哪能呢……”

“别啰唆，您就开始吧！我请求您，基里洛夫先生，也回来听听，求您啦！请坐。您，利普京，直截了当地说吧……不要有一点儿支支吾吾！”

“要是我知道，这事会使您这样震惊，我就闭口不说了……我还以为，您从瓦尔瓦拉·彼得罗芙娜那里已经都知道了呢！”

“您根本不是这么想的！快说，快说呀，听到没有！”

“不过请您自己也坐下，要不然我坐着，而您这样激动，在我面前……跑来跑去，那可不好。”

斯捷潘·特罗菲莫维奇克制住自己，威严地在圈椅里坐下。工程师郁郁地盯着地面。利普京欣喜若狂，瞅着他们。

“从哪里说起呢……您搞得我这样难堪……”

六

“前天，瓦尔瓦拉·彼得罗芙娜突然差仆人去我那里，告诉我说：‘夫人请您明天十二点钟去一趟。’您能想象得到吗？我丢下工作，昨天正午就去拉她家的门铃。仆人把我直接带到客厅里；等了大约一分钟——瓦尔瓦拉·彼得罗芙娜出来了，她老人家让我坐，自己也在我对面坐下。我坐在那里，简直不敢相信这是真的；你们知道，她一向瞧不起我！跟平常一样，她开门见山直截了当地说：'您可记得，四年以前尼古拉·弗谢沃洛多维奇因为生病，做了几个奇怪的举动，使得全城的人莫名其妙，到最后事情才得到澄清。其中一个举动涉及您本人。尼古拉·弗谢沃洛多维奇病愈以后，听我的劝导，曾经去看过您。我还知道，在这以前他几次同您谈话。请您坦率地老实地告诉我，您……（这里她犹豫了一下）——您当时认为尼古拉·弗谢沃洛多维奇的情况怎样……您总的对他是怎么看的……您对他当时有什么意见……现在呢？……'

"说到这里她完全说不下去了，因此甚至停顿了整整一分钟，忽然她脸涨得通红。我吓坏了。她又开始说话，她的声调不能说令人感动（这与她不相称），却令人敬畏。

"我希望，她说，您能很好地、正确无误地理解我。我现在请您来，因为我认为您是个敏锐机智的人，能够做正确的观察（多大的恭维！）。您，她说，当然会理解，跟您说话的是一个母亲……尼古拉·弗谢沃洛多维奇一生中经历了一些不幸和许多挫折。所有这些，她说，可能影响他的智力状况。当然，她说，我不是说神经错乱，这是绝对不可能的！（她说得很坚决、自豪。）但是可能会有一些奇怪的特殊的东西，某种思想动向，对某种特殊观点的倾向。（这都是她的原话，我感到惊奇，斯捷潘·特罗菲莫维奇，瓦尔瓦拉·彼得罗芙娜能如此确切地解释问题。真是一位智力高超的夫人。）至少，她说，我自己注意到他身上某种经常的不安，对某些特殊的思想倾向的向往。但我是母亲，而您是局外人，因此您以您的聪明，能够做出更为不偏不倚的判断。最后我恳求您

（她就是这么说的：恳求），把全部真相告诉我，不要敷衍搪塞，如果您还能答应我，永远不忘记我告诉您的话是要保密的，那么您可以指望，我今后在任何场合将永远乐于报答您。您看，先生，怎么样？”

“您……您使我如此震惊……”斯捷潘·特罗菲莫维奇含混不清地说，“使我不能相信您……”

“不，请注意，请注意，”利普京继续说，仿佛没有听到斯捷潘·特罗菲莫维奇的话，“怎么样的激动和不安才会使一个地位如此高的人向像我这样的人提出这样的问题，而且还屈尊要我保守秘密。这究竟是怎么回事？也许是得到了关于尼古拉·弗谢沃洛多维奇的什么意外的消息吧？”

“我不知道……没有任何消息……我有几天没有见到……但是……但是我要向您指出……”斯捷潘·特罗菲莫维奇嘟嘟囔囔地说，显然他未能把握自己的思想，“但是我要向您指出，利普京，如果告诉您要保密，而您现在当着大家……”

“完全保密！让天雷劈死我，如果我……如果这里……那有什么呀？难道我们，即使把阿列克谢·尼雷奇也算在内，难道我们是外人吗？”

“我不同意这种看法；毫无疑问，我们这里三个人会保守秘密，但是我却怕您这第四个人不会保密，我根本不相信您。”

“您这是怎么啦，先生？我比谁都有利害关系，不是答应要永远感谢我吗？在这件事情上我正想指出一个非常奇怪的情况，可以说不光是奇怪，而更具有心理性质。昨天晚上在同瓦尔瓦拉·彼得罗芙娜谈话的影响下（你们自己可以想象，这次谈话给我的印象多么强烈），我向阿列克谢·尼雷奇提出一个间接的问题：您，我说，还在以前，在国外和在彼得堡，就认识尼古拉·弗谢沃洛多维奇了；您，我说，认为他的智力和才能怎么样？阿列克谢·尼雷奇按照他的方式，简洁地回答说，思想敏锐，见解正确。您没有注意到吗，我说，在这些年里，某种，我说类似于思想偏差的现象，某种特殊的思想方式，或者某种类似于可以说精神错乱的现象？总之，我重复了瓦尔瓦拉·彼得罗芙娜自己的问题。请你们想象一下：阿列克谢·尼雷奇立即沉思起来，皱起了眉头，就像现在这样：'对，'他说，'我有时候觉得有一些奇怪。'请注意，如果阿列克谢·尼雷奇也觉得有些奇怪，那么实际上可能是什么呢，呃？”

“真的吗？”斯捷潘·特罗菲莫维奇问阿列克谢·尼雷奇。

“我希望不要谈这件事，”阿列克谢·尼雷奇回答说，他突然抬起头，两眼闪闪发光。“我想对您的权利提出异议，利普京。您没有任何权利在这件事情上谈到我。我绝对没有谈过我的全部意见。我虽然在彼得堡与他相识，但那是很久以前的事，现在我虽然遇到了他，但对他，尼古拉·斯塔夫罗金，很不了解。请您把我排除在外，而且，这一切很像是搬弄是非。”

利普京摊开双手，做出无辜受委屈的样子。

“搬弄是非！也许还是奸细吧？您，阿列克谢·尼雷奇，在所有事情上都把自己排除在外，当然容易批评别人喽。可您，斯捷潘·特罗菲莫维奇，是不会相信的。就说列比亚德金大尉吧，似乎是够愚蠢的了，愚蠢得好像……愚蠢得叫人不好意思说出口；俄语里有一个表示愚蠢程度的比方；但连他也认为受到尼古拉·弗谢沃洛多维奇的欺负，虽然他对他的才智崇拜得五体投地，但他说：'这个人，叫我吃惊，他是聪明绝顶的蛇魔。'（这是他的原话。）我对他说（也是在昨天谈话的影响下，而且在同阿列克谢·尼雷奇谈话之后）：大尉，我说，就您看来，您那蛇妖有没有精神失常？这一来，您相信吗，就好像我出其不意地突然从他背后抽了他一鞭子似的，他从座位上猛然欠身起来：'对，他说……对，他说，不过这个，他说，不可能影响……'影响什么，他没有说下去；这以后他满心悲伤地陷入沉思……是那么深深沉思，连醉意都消失了。我们那时坐在菲利波夫的小酒馆里。大约过了半个小时，他突然用拳头猛击桌子：‘对，他说，也许是精神错乱了，但这不可能影响……’——他又没有说下去，究竟影响什么。我对你们说的当然只是谈话的要点，但意思是清楚的；不论问谁，大家都是一个想法，虽然这个想法以前谁也没有过：‘对，大家说，精神错乱；很聪明，但也许是精神错乱。’”

斯捷潘·特罗菲莫维奇坐着，一声不响，苦苦地思索着。

“可列比亚德金为什么会知道呢?”

“关于这一点请您还是问阿列克谢·尼雷奇，他刚才骂我奸细。我是奸细，可——不知道，阿列克谢·尼雷奇知道得一清二楚，却不作声。”

“我什么都不知道，或者知道得很少，”工程师仍然怒气冲冲地回答，“您把列比亚德金灌醉，然后向他打听。您把我带到这里来，也是为了打听，要我说出来。因此您是奸细!”

“我还没有灌过他酒，先生，而且他也不值得我花这个钱去灌他，尽管他知道这些秘密，这就是我对他的秘密的看法，我不知道你们是怎么看的。相反，是他大把大把地花钱，十二天以前他到我家来讨十五个戈比，是他用香槟酒灌我，不是我灌他。不过您倒给了我一个很好的主意，如果需要和可能，我会把他灌醉，为了详细打听，而且也许能打听到，先生……您的所有小秘密，先生。”利普京狠狠地反咬一口。

斯捷潘·特罗菲莫维奇大惑不解地望着两个争吵的人。两个人都暴露了自己，而且重要的是，都毫不客气。我想，利普京把这位阿列克谢·尼雷奇带来的目的，就在于通过第三者把他拉入必要的谈话中，这是他惯用的伎俩。

“阿列克谢·尼雷奇对尼古拉·弗谢沃洛多维奇太了解啦，”他继续愤怒地说，“但是隐瞒着，先生。至于您问到列比亚德金大尉的情况，那么他认识他比我们大家都早，在彼得堡，大约五六年前，在尼古拉·弗谢沃洛多维奇一生中很少有人知道的那个时期，如果可以这样说的话，那时他还没有想到要光临我们这个地方哩。我们的‘亲王’，应该说，当时在彼得堡挑选了相当奇怪的一帮人围在自己的身边。他同阿列克谢·尼雷奇好像就在那时认识的。”

“您当心，利普京，我警告您，尼古拉·弗谢沃洛多维奇本人很快就要到这里来了，他可不会让人欺负他自己。”

“干吗要警告我，先生？我第一个大喊大叫，说他是一位思想最敏锐、最高雅的人，昨天我还让瓦尔瓦拉·彼得罗芙娜在这方面完全放了心。‘可对他的性格，’我对她说，‘我不能保证。’列比亚德金昨天说的也一样：‘吃了他性格的亏。’唉，斯捷潘·特罗菲莫维奇，您喊起来容易，什么搬弄是非呀，奸细呀，可是请注意，您自己从我这里把什么都追问出来了，而且还带着这么大的好奇心。瓦尔瓦拉·彼得罗芙娜，她昨天一句话说到了点子上：‘您，’她说，‘同这件事有利害关系，所以我才来问您。’难道不正是这样吗！我在全社会面前忍气吞声，把他对我个人的侮辱咽了下去，我可能有什么目的吗！看来我倒是有理由不是为了搬弄是非而关心这件事情的。他今天握你的手，明天只要他高兴，可以无缘无故地在全体可敬的公众面前打你的耳光，来报答你的慷慨款待。饱暖思淫欲嘛！对他们来说最重要的是女人，这些雄蛾和勇敢的小公鸡！地主老爷们长着翅膀，像古时候的爱神，都是些毕巧林①那样的勾引女人的好手！您倒容易，斯捷潘·特罗菲莫维奇，单身汉一个，您

① 莱蒙托夫小说《当代英雄》（1840）中的主人公。

可以说风凉话，可以为了他大人而说我搬弄是非。如果您结了婚（因为您现在看来还是那么英俊），娶了一位漂亮的年轻太太，那时您可能为了防备我们的‘亲王’，会在自己的门上加锁，在房子里筑起街垒来！这有什么奇怪的：要是这位 Mademoiselle[①] 列比亚德金娜，虽然她现在挨鞭子打，要是她不疯不瘸，说真的，我会认为她是我们将军的情欲的牺牲品，正是他才使列比亚德金大尉的‘家庭荣誉’受到损害（这是他自己说的）。只是她不合他们高雅的口味，不过对他们来说这也不要紧。样样浆果都会有人吃，只要对上他们的情绪就好。您说我搬弄是非，难道我在大肆宣扬这些事情吗？现在全城都沸沸扬扬，我只不过听听，附和附和：附和附和总不禁止吧，先生。”

“全城都在叫嚷，叫嚷些什么？”

“那是说，列比亚德金喝醉了酒嚷得全城都听到了，这等于整个广场上的人都在叫嚷，对吗？我有什么错？我只在朋友当中的时候才关心一下，因为我在这里终究认为自己是在朋友中间，”他以真挚无邪的目光扫视我们，“这里还出了一件事情，先生。请你们想象一下：原来他还是在瑞士的时候，似乎托一位我有幸认识的最高贵的女郎，也可说是一位谦恭的孤儿，带三百卢布交给列比亚德金大尉。列比亚德金不久之后得到最确切的消息，从谁那里得到的消息我就不说了，不过也是一位极高贵的人士，因此也是最可靠的，说托带的不是三百卢布，而是一千卢布！……因此列比亚德金叫嚷说，这位女郎拿走了他的七百卢布，差一点儿想通过警察局去要回来，至少他是这样威胁的，他对全城嚷嚷……”

“您这也太卑鄙了，太卑鄙了！”工程师猛地从凳子上跳起来。

---

① 法文：小姐。

“可您本人就是这位高贵的人士，您以尼古拉·弗谢沃洛多维奇的名义向列比亚德金证实，托带的不是三百卢布，而是一千卢布，要知道是大尉本人在酒后告诉我的。”

“这……这是不幸的误解。不知是谁搞错了，结果……这是胡说八道，而您卑鄙！……”

“我也愿意相信，这是胡说八道，我听人家这么说，感到惋惜，因为不管怎么说，这位最高贵的姑娘牵连进两件事，第一是七百卢布的事，其次是与尼古拉·弗谢沃洛多维奇显然有亲密关系。他大人要玷污一个最高贵的姑娘的名誉，或者败坏别人妻子的名声，算不了一回事，就像去年我的那件事情，是吗，先生？他们只要碰上一个心胸宽大的人，就可以强迫他以他自己清白的名声来掩盖别人的罪孽。我也是这样忍受过来的，先生。我说的是我自己，先生……”

“您当心点，利普京！”斯捷潘·特罗菲莫维奇从椅子里抬起身来，脸色煞白。

“您别相信，别相信！一定是什么人搞错了，列比亚德金喝醉了酒……”工程师激动万分地高声说，“一切都会搞清的，我再也不……我认为这是下流……够了，够了！”

他从房间里跑了出去。

“您怎么啦？我跟您一起走！”利普京慌乱起来，他一跃而起，随着阿列克谢·尼雷奇跑走了。

七

斯捷潘·特罗菲莫维奇思虑重重地站了将近一分钟，以一种视而不见的目光瞧瞧我，拿起自己的帽子和手杖，慢慢走出房间。我同刚才一样，又跟在他后面。走出大门，他发现我伴随着他，说：

“啊，对了，您可以做证人，证明…… de l'accident. Vous m'accompagnerez，n'est-ce pas?①”

“斯捷潘·特罗菲莫维奇，难道您又要去那里？考虑一下吧，会有什么后果？”

他带着凄苦的惘然若失的笑容，——羞耻和完全绝望的笑容，同时又是某种奇怪的喜悦的笑容，他不时停住脚步，悄悄对我说：

“我总不能同‘别人的罪孽’结婚！”

我等的就是这句话。这句深藏在他心里隐瞒着我的话，经过整整一个星期的支吾搪塞扭捏作态之后，终于说了出来。我真的光火了。

“这样肮脏的，这样……卑鄙的思想，居然会在您斯捷潘·特罗菲莫维奇清醒的头脑中、在您善良的心灵中出现，而且……在利普京告诉您之前！”

他望了望我，没有回答，仍顺着那条路走去。我不想落在后面，我要在瓦尔瓦拉·彼得罗芙娜面前证实。如果只是因为他像娘儿们似的意志薄弱，相信了利普京的话，我可能原谅了他，但是现在已经清楚，在利普京告诉他之前，他自己早就臆想出这一切，而利普京只不过现在证实了他的怀疑，在火上加油而已。从第一天起，他还没有任何根据，甚至没有利普京提供的证据，就毫不犹豫地怀疑一个女孩子。他心中估量，瓦尔瓦拉·彼得罗芙娜专横行为的原因是她急切希望用跟一个可敬的人结婚的办法来掩盖她的宝贝儿子 Nicolas 的贵族罪孽！我一定要让他为此而受到惩罚。

---

① 法文：……这一事件。您陪我去，对吗？

“啊！Dieu qui est si grand et si bon![①] 啊，谁能安慰我呢！”他又走了百来步，突然停了下来，高声叫道。

“我们回家吧，我把一切向您解释清楚。”我大声说，逼着他扭转身子，走回家去。

“这是他！斯捷潘·特罗菲莫维奇，是您吗？是您？”突然在我们身边响起一个清脆、欢快、年轻、像音乐一样的声音。

我们什么也没有看见，在我们身边蓦地出现了一个骑马的女士，莉扎韦塔·尼古拉耶芙娜和与她形影不离的陪伴人。她勒住了马。

“来，快过来！”她快乐地高声呼唤，“我十二年没有见到他，还认得他，可他……您难道不认识我了吗？”

斯捷潘·特罗菲莫维奇抓住她向他伸出的手，恭恭敬敬地吻了一下。他好像祈祷似的望着，一句话也说不出来。

“认出来了，而且很高兴！马夫里基·尼古拉耶维奇，他见到我可高兴哩！您为什么这两星期都不来？姨妈说您病了，不能打扰您；可我知道，姨妈说谎。我气恼得直跺脚，骂您，但我一定一定要您自己先来，所以没有差人去请您。天哪，他一点儿都没有变！”她从马鞍上俯下身来，端详着他，“他一丁点儿都没有变！啊，不对，有皱纹了，眼角和两颊有许多皱纹，白头发也有了，但眼睛还是从前的！我呢，变了吗？变了吗？您为什么不说话呀！”

我这时想起了别人告诉我的一件事：当她十一岁的时候，她被带往彼得堡，临行时她几乎是生着病；但据说病中她哭喊着要斯捷潘·特罗菲莫维奇。

“您……我……”他现在因高兴而断断续续地嗫嚅着，“我刚才在呼

---

① 法文：伟大仁慈的上帝！

唤：‘谁能安慰我！’——这时传来了您的声音……我认为这是奇迹，et je commence *à* croire。[①]”

“En Dieu？En Dieu，qui est l*à*-haut et qui est si grand et si bon？[②]瞧，您当年的讲课我到现在还都能背诵。马夫里基·尼古拉耶维奇，他那时教我相信 en Dieu，qui est si grand et si bon，真虔诚呢！您还记得您讲的哥伦布发现美洲的故事吗，船上的人一齐叫了起来：‘陆地，陆地！’保姆阿廖娜·弗罗洛芙娜说，那以后我夜里说胡话，在梦中总是高叫：‘陆地，陆地！’您记得您怎么给我讲哈姆雷特王子的故事吗？您还记得吗，您曾经绘声绘色地给我讲可怜的欧洲移民是怎样被运往美洲的。这都不是真的，我以后全知道了，移民是怎样运往美洲的，但那时他编造得多么好呀，马夫里基·尼古拉耶维奇，几乎比真的都好！您干吗这样瞅着马夫里基·尼古拉耶维奇？这是地球上最好的最忠诚的人，您一定要像爱我一样爱他！Il fait tout ce que je veux.[③] 但是亲爱的斯捷潘·特罗菲莫维奇，如果您在大街上高呼谁来安慰您，看来您又有什么不幸的事，是吗？您很不幸，是这样吧？是吗？”

“现在我很幸福……”

“姨妈欺侮您？”她没有听他的，继续说下去，“还是那个凶狠的、不公正的、但永远是我们大家最珍爱的姨妈！您还记得吗，您在花园里投入我的怀抱，我一面安慰您，一面哭，——您不要害怕马夫里基·尼古拉耶维奇；关于您的事他什么都知道，早就全知道了，您可以伏在他肩头上要哭多久就哭多久，他会一直挺立着……把帽子往上抬一抬，干脆把它摘下来一分钟吧，把头伸过来，踮起脚，我要吻吻您的额头，像

---

① 法文：我开始相信了。

② 法文：相信上帝？相信至高无上、伟大而仁慈的上帝？

③ 法文：我想要的，他全做。

我们告别时我最后吻您的那次一样。看见吗，那位小姐在窗口欣赏我们呢……过来，靠近一点儿，靠近一点儿。天哪，他头发白得多厉害呀！”

于是，她从马鞍上俯下身来，吻他的额头。

“好啦，现在到您家去！我知道您住在哪里。我现在马上就到您那里去。您固执，我先去拜访您，然后把您拖到我家去待一整天。您走吧，准备迎接我！”

她和她的同伴纵马跑开了。我们回到家里。斯捷潘·特罗菲莫维奇在长沙发上坐下，他哭了。

“Dieu！Dieu！”他呼叫着，“enfin une minute de bonheur.”①

过了十分钟，她果然如约到来了，仍由她的马夫里基·尼古拉耶维奇陪伴着。

“Vous et le bonheur，vous arrivez en même temps！②”斯捷潘·特罗菲莫维奇站起身来，迎上前去。

“这是送给您的鲜花，我刚才到舍瓦利叶太太那里去了，她那里整个冬天都有鲜花出售，可以送给过命名日的人。我给您介绍一下：这位是马夫里基·尼古拉耶维奇。我本想送蛋糕不送鲜花，可马夫里基·尼古拉耶维奇说，这不合俄罗斯风俗。”

这位马夫里基·尼古拉耶维奇是炮兵大尉，年约三十三岁。这位先生魁梧英俊，衣着整齐，外貌无可挑剔；他的面容端庄，乍看之下甚至觉得严峻，虽然他出奇地温和善良，任何人在与他相识的最初时刻，就会对他的善良有深刻的印象。不过他很少说话，看起来十分冷淡，不强求别人的友谊。后来我们这里许多人说他不很聪明；这种论调不完全

---

① 法文：上帝！上帝！终于有了一分钟的幸福。

② 法文：您与幸福相偕同来！

公正。

我不想描写莉扎韦塔·尼古拉耶芙娜的美丽。全城人对她的美丽赞不绝口，虽然有几位太太和小姐愤愤不平，不同意赞誉者的意见。其中有的人已经在憎恨莉扎韦塔·尼古拉耶芙娜，首先是因为她骄傲——德罗兹多娃母女到来之后，几乎还没有去拜访过别人，这就得罪了不少的人，虽然耽搁的原因确实是普拉斯科维娅·伊万诺芙娜的病情。其次，人们仇视她，因为她是省长夫人的亲戚；其三，因为她每天骑马外出兜风。我们这里在此以前从来没有过骑马的妇女；很自然，尚未拜访过乡邻的莉扎韦塔·尼古拉耶芙娜每天骑马外出，她的出现必然使公众感到受了侮辱。不过，大家已经知道，她骑马外出是遵照医生的嘱咐，于是人们又尖酸地谈论起她的病情来。她确实有病。在她身上一眼就可以看到的，是她的病态的、神经质的、无休止的焦躁不安。唉，可怜的姑娘十分痛苦，后来一切都明白了。现在，在我回忆往事时，我已经不会说她是一位美人了，虽然当时我觉得她是。也许，她甚至一点儿也不好看。她身材很高，瘦瘦的，但灵活而结实；她甚至因脸部轮廓不端正而使人惊奇。她的一双眼睛有点儿像卡尔梅克人，斜向两边；她脸色苍白，颧骨很高，皮肤黝黑，面容瘦削；然而这张脸上有一种震慑人心的、吸引人的东西！她那双黑眼睛的炽热目光中显露出一种强大的威力；她来到人们中间，“是一个征服者，也只是为了征服人”。她看起来很骄傲，有时甚至狂妄；我不知道她是否有显得和善的时刻；但是我知道她十分想使自己变得和善一些，并因此而感到苦恼。在她的天性中当然有许多美好的向往，许多最正义的追求；但是她身上的一切似乎永远在寻求自己的水准，但没有找到，因此一切都在混沌状态之中，起伏激荡，躁动不安。也许她对自己的要求太严格了，在自己身上永远找不到满足这些要求的力量。

她在长沙发上坐下，环顾四周。

“为什么我在这种时刻总感到忧郁，请您解答，学者先生？我一直都在想，当我看到您的时候，我会有多高兴，会把什么都回忆起来。但是我现在好像一点儿也不高兴，虽然我爱您……啊，天哪，他挂着我的画像！拿过来，拿过来，我记得这张像，记得！”

这张莉扎十二岁时画的肖像，是一张微型水彩画像，极为精致，还是九年以前德罗兹多夫一家从彼得堡送来给斯捷潘·特罗菲莫维奇的。从那时起它一直挂在他的墙上。

“难道我曾经是一个这么漂亮的小孩儿吗？难道这是我的脸吗？”

她站了起来，拿着画像到镜子前去端详。

“快拿去！”她交还画像，叫道，“现在别挂，等我走了以后再挂，我连看都不想看它。”她又在沙发上坐下，“一个生命过去了，开始了另一个生命，然后另一个生命过去了，又开始了第三个生命，这样永无休止。所有生命的结尾都像用剪刀截去似的。瞧，我说的都是老生常谈，可这话不是说得很好吗！”

她嘿嘿一笑，瞥了我一眼；她已经几次瞧我了，但是斯捷潘·特罗菲莫维奇在激动之中忘了他曾经答应给我介绍。

“为什么我的画像挂在刀剑下面？为什么您有这么多短剑和马刀？”

我不知道为什么，他真的在墙上交叉着挂了两把土耳其弯刀，弯刀的上方是一把真正的切尔克斯马刀。她一面问，一面直视着我，我忍不住想回答她，但止住了。斯捷潘·特罗菲莫维奇终于想了起来，把我介绍给她。

“我知道，知道，”她说，“我很高兴。妈妈也常听人说起您。让我也把马夫里基·尼古拉耶维奇向您介绍一下吧，这是个很好的人。我对您已经有了一个好笑的概念：您是斯捷潘·特罗菲莫维奇的亲信吧？”

我脸红了。

“啊呀，请您原谅，我用的词不对；不是好笑的，而是……（她脸红了，感到不好意思。）不过，说您是个很好的人，这有什么好难为情的呢？好吧，马夫里基·尼古拉耶维奇，我们该走了！斯捷潘·特罗菲莫维奇，半小时后到我们家去。天哪，我们有多少话要讲！现在让我做您的亲信，把一切的一切都告诉我，您明白吗？”

斯捷潘·特罗菲莫维奇立即吓坏了。

“噢，马夫里基·尼古拉耶维奇什么都知道，您不要在他面前感到不好意思。”

“他知道什么？”

“您干什么呀！”她惊奇得喊叫起来，“哦，他们真是在隐瞒！我还不想相信呢。把达莎也隐藏起来了。姨妈今天不让我去看达莎，说她头疼。”

“但是……但是您是怎么知道的呢？”

“啊，天哪，同大家一样。这有什么难的！”

“难道大家都……”

“那还用说？妈妈先是通过阿廖娜·弗罗洛芙娜，我的保姆，知道的；我保姆是您的纳斯塔西娅跑来告诉她的。您不是告诉过纳斯塔西娅吗？她说是您亲口告诉她的。”

“我……我说过一次……”斯捷潘·特罗菲莫维奇喃喃地说，脸涨得通红。“但是……我只不过暗示了一下……j'é tais si nerveux et malade et puis...[①]”

她哈哈大笑起来。

① 法文：我当时多么激动，我有病，而且还……

“而当时亲信不在身边，纳斯塔西娅恰好在——那就够了！那位纳斯塔西娅全城人都是她亲戚！算了，别说了，那还不是一样；就让大家知道吧，那样更好。您快点来，我们吃饭早……对，我忘了一件事，”她又坐了下来，“告诉我，沙托夫怎么样？”

“沙托夫？他是达丽娅·帕夫洛芙娜的哥哥……”

“我当然知道是她哥哥，您真是的！”她不耐烦地打断他，“我想知道他怎么样，是怎么样的人？”

“C'est un pense-creux d'ici. C'est le meilleur et le plus irascible homme du monde...”①

“我也听说，他是个怪人。不过，不谈这个。我听说，他懂三种语言，其中有英语，能做文字工作。这样我有很多工作要他做：我需要一个助手，越快越好。他愿不愿意做这个工作？有人向我推荐他……”

“哦，一定愿意，et vous ferez un bienfait...②”

“我不是为了 bienfait，我自己需要一名助手。”

“我同沙托夫很熟，”我说，“如果您委托我转告他，我立刻就去。”

“请您转告他，要他明天上午十二点钟来。太好啦！谢谢您。马夫里基·尼古拉耶维奇，可以走了吗？”

他们走了，我当然立刻就跑去找沙托夫。

“Mon ami!”斯捷潘·特罗菲莫维奇在台阶上赶上我，“您一定到我这里来，在我回来以后，十点钟或者十一点钟。唉，我太、太对不起您了……对不起所有人，所有人……”

---

① 法文：他是当地的幻想家，是世界上最好的也是性情最暴躁的人……
② 法文：您做了一件好事……

八

沙托夫不在家；两小时以后我又去找他——他还是不在。最后，七点多钟了，我再次到他家去，如果还找不到他，就给他留一张字条；我还是没有找到他。他的房间锁着，而他是一个人单独居住的，没有任何用人。我考虑了一下，要不要下楼去找列比亚德金，问问沙托夫到哪里去了；但是这里门也锁着，里面既无声音，也无灯光，就好像是空屋似的。我在刚才听到的故事的影响下，带着好奇心走过列比亚德金家的门口。最后我决定第二天早一点儿来。说实话，我对留字条也不寄予太大的希望，沙托夫可能不予理睬，他这人太固执、太腼腆了。我诅咒运气不好，快走出大门时，突然碰上基里洛夫先生；他正好走进门来，首先认出了我。由于他自己首先发问，我把事情约略地告诉了他，并说我要留一张字条。

"来吧，"他说，"我给您办好。"

我想了起来，据利普京说，他今天早晨租下了院子里的木结构厢房。这座厢房对他来说过于宽大，除他之外还住着一位年迈耳聋的女人，正好服侍他。房子的主人在另一条街上另有一座新房子，他住在那里，开了一个小酒馆，这个老妇人好像是他的亲戚，留下来照看整座旧房子。厢房里的几个房间相当干净，但墙纸肮脏。在我们进去的那间屋子里，家具是七拼八凑、不配套的，完全是废品。两张铺绿呢面的牌桌，一口赤杨木的五斗柜，一张不知从哪个农舍或者厨房里搬来的大木板桌，还有几张椅子和一张长沙发，靠背是柳条编的，带几个硬皮靠垫。角落里供着一尊古老的圣像，老妇人在我们进来之前已经点起了圣像前的长明灯，墙上挂着两幅褪了色的大幅油画人像：一幅是已故皇帝尼古拉一世，看来还是在本世纪 20 年代画的；另一幅画的是一位高级僧正。

基里洛夫先生进屋以后，点起了蜡烛，从放在屋角尚未整理的箱子里拿出一只信封、一块火漆和一枚水晶印章。

“请您封好您的字条，写好信封。”

我表示不必如此费事，但是他执意不从。写好信封后，我拿起了帽子。

“我还以为您会愿意喝点茶的，”他说，“我买了茶叶，要喝点吗？”

我没有拒绝。老妇人很快把茶拿来了，那是一大壶开水，一小壶泡得酽酽的茶，两只粗劣的彩绘大陶杯，一个白面包和一只很深的盘子，里面装满了敲成碎块的糖。

“我喜欢喝茶，”他说，“老在夜里喝，喝得很多，一面走来走去，一面喝；一直喝到天亮。[①] 在国外夜里喝茶不方便。”

“您到天亮才睡？”

“总是这样；已经很久了。我吃得少；总是喝茶。利普京很狡猾，但是没有耐性。”

我觉得很奇怪，他居然愿意谈话；我决定利用这一时机。

“刚才发生了不愉快的误会。”我说。

他紧皱起眉头。

“这太无聊；一些很不重要的小事。这都是些小事，因为列比亚德金喝醉了。我没有告诉过利普京，只不过把一些小事解释了一下；因为他搞错了。利普京的想象太多，把小事说成了大山。我昨天还信任利

① 据陀思妥耶夫斯基夫人回忆，陀思妥耶夫斯基本人就喜欢喝浓茶，尤其喜欢在夜间写作的时候喝浓茶。

普京。”

“而今天信任我了?”我笑了起来。

“您刚才不是什么都知道了吗？利普京要么是软弱，要么是没有耐性，要么是不怀好意，要么是……妒忌。”

最后一个词使我震惊。

“不过您用了这么多词，自然总有一个能对上号的。”

“也许所有词都能对上号。”

“对，这也对。利普京是一个难解的谜，太复杂了。他刚才说您想写一部作品，他是撒谎，是吗?”

“为什么是撒谎?”他又皱起双眉，两眼盯着地面。

我向他道歉，再三说明我不是追问他。他脸红了。

“他说的是事实；我是在写文章。不过这反正一样。”

我们沉默了一分钟；他突然笑了笑，还是白天那种孩子般的笑容。

“关于人头的话是他自己造出来的，是他在书上读到的，他自己先告诉我，他不懂，我只不过在寻找原因，为什么人们不敢自杀；就是这些。不过反正一样。”

“怎么不敢？难道自杀的事件还少吗?”

“很少。”

“难道您是这样看的吗?”

他没有回答，站起身来，在沉思中开始踱来踱去。

“就您看，是什么阻止人们自杀呢?”我问道。

他心不在焉地看着我，似乎在回忆刚才我们谈的是什么。

“我……我还很不清楚……两个偏见阻止人们，两件事；只有两件：一件很小，一件很大。不过小的也很大。”

“小的是什么呢?”

"疼痛。"

"疼痛。在这种情况下……难道它就这么重要?"

"最重要了。有两类人：有的人自杀或者由于悲伤，或者因为恼怒，或者是疯子，或者反正都一样……这些人自杀是突然的，这些人很少考虑疼痛，而是突然的；有的人是出于理性——这些人考虑得很多。"

"难道还有人出于理性而自杀的吗?"

"很多。要是没有偏见，还会更多；很多，全体。"

"甚至全体?"

他沉默了一会儿。

"难道没有无痛楚死亡的办法?"

"想象一下，"他在我面前站住，"想象一下，一块像一座大房子那样大的石头；石头悬在空中而您在它下面；如果它掉下来，掉在您头上——您会感到疼痛吗?"

"像房子那样大的石头？当然，很可怕。"

"我不是讲惧怕；会感到疼痛吗?"

"像山那样大的石头，一百万普特[①]？当然一点儿不会感到疼痛了。"

"如果您真的站到那里去，在石头还悬着的时候，您会很害怕，害怕会痛。任何一个一流的科学家，一流的医生，所有人，所有人都会很害怕。任何人都知道不会痛，但任何人都非常害怕会痛。"

"那么，第二个原因，大的那个原因呢?"

"冥界。"

"您是说冥罚?"

---

① 俄国质量单位，一普特等于十六点三八千克。

“反正一样。冥界：只有冥界。”

“难道就没有不相信冥界的无神论者吗?”

他又沉默了一会儿。

“您也许是以您自己的想法来判断的吧?”

“任何人只能以自己的想法来判断，”他脸红了，“只有当活和不活都无所谓的时候，才有全部自由。这就是一切事情的目的。”

“目的？到了那时候也许没有一个人想活了。”

“没有一个人。”他断然说。

“人怕死，就是因为爱活着，这是我的理解，”我说，“这也是天性使然。”

“这很下流，这里全是骗局!”他的双眼炯炯发光，“活着是痛苦，活着是恐惧，因此人是不幸的。现在一切都是痛苦和恐惧。现在人爱活着，因为他爱痛苦和恐惧。人正是这样做的。现在是为了痛苦和恐惧而活着，这就是全部骗局的所在。现在人还不是未来的人。将出现新的人，幸福而自豪的新人。对他来说，活和不活全一样，那将是新人。谁能克服痛苦和恐惧，他自己就是神。另外那个神就不会有了。”

“因此，据您看那个神现在还是有的?”

“他没有，但他在。石头里没有痛苦，但对石头的恐惧中有痛苦。神是对死的恐惧中产生的痛苦。谁能克服痛苦和恐惧，谁自己就成为神。那时就有新的生活，那时就有新的人，一切都是新的……那时将把历史分为两部分：从大猩猩到神的消灭和从神的消灭到……”

“到大猩猩?”

“……到大地和人在形体上的变化。人成了神之后，形体上就会变化。世界也会变化，各种事情、思想，各种感情也会变化。您认为那时人在形体上会变化吗?”

“如果活和不活都一样，那么大家都会杀死自己，也许变化就在这里。”

“这全一样。人们会拆穿骗局。谁想要最大的自由，谁就应该敢于杀死自己。谁敢于杀死自己，谁就知道了骗局的秘密。此外没有自由；一切都在这里，此外就一无所有。谁敢于杀死自己，谁就是神。现在任何人都可能做到没有神也没有一切。但任何人一次也没有做到过。”

“自杀的人有过千百万。”

“但都不是为了这个，都是心怀恐惧，而不是为了这个。谁杀死自己只是为了消灭恐惧，谁就立即成为神。”

“也许达不到。”我说。

“这全一样。”他轻声回答，神情安详而高傲，几乎带点轻蔑。“我感到遗憾，您似乎在笑。”过了半分钟他又说。

“我觉得奇怪，您在不久前如此容易动怒，现在却如此平静，虽然您谈得很热烈。”

“不久以前，不久以前很可笑，”他微笑着说道，“我不喜欢骂人，也从来不笑。”他又忧伤地说。

“是啊，您喝着茶度过您的长夜，并不快乐。”我站起身来，拿起帽子。

“您以为是这样？”他微微一笑，显得有点儿惊奇。“为什么呢？不，我……我不知道，”他突然慌乱起来，“我不知道别人怎样，可我深深感到，我不能像大家一样。任何人能够起初想着一件事，然后立即又去想别的事。我可不能去想别的事。我一辈子只想一件事。神把我折磨了一辈子。”他最后突然以惊人的坦率说。

“请您告诉我，如果您不介意的话，为什么您说俄语不怎么正确？难道在国外住了五年就忘了吗？”

“难道我说得不正确？不知道。不，不是因为在国外。我一生都是这么说的……我觉得全一样。”

“还有一个更微妙的问题：我完全相信，您不愿同别人交往，也很少同人说话。为什么您现在同我畅谈呢？”

“同您？您白天坐在那里很安静，而且您……不过……全都一样……您同我的哥哥很相像，很多地方都像，非常像，”他脸红了，“他死了七年了，比我年纪大，很多很多地方都像。”①

“他一定对您的思想方式有很大影响。”

“不，他说得很少；他什么也不说。您的字条我会转交的。”

他提着灯送我到大门口，以便我走之后把门锁上。“不消说，他是个疯子。”我心里想。在大门口我又遇到了人。

九

我一只脚刚跨出便门的高门槛，突然一只有力的手抓住我的前胸。

“此人是谁？”一个声音狂叫道，“是朋友还是敌人？老实招来！”

“这是自己人，自己人！”身旁响起利普京尖细的声音，“这是格——夫先生，受过古典教育，一个同最上层社会有交情的年轻人。”

“我喜欢，如果同上层社会……古、典……就是说，最、有、学问的……退役大尉伊格纳特·列比亚德金，愿为世界和朋友们效劳……如果他们是忠诚的，如果是忠诚的，可这些下流东西！”

站在我面前的列比亚德金身高约两俄尺十俄寸②，肥胖多肉，一头

---

① 据俄罗斯学者考证，这几句话中也含有某种自传色彩，在陀思妥耶夫斯基写作《群魔》的时候，他的哥哥刚好去世七年。——俄编注

② 约合一点八五米。

鬈发，满面通红，醉醺醺的，几乎站立不住，勉强吐出几个词来。不过在这之前我已远远地见到过他。

“啊，还有这一个！”他看到基里洛夫又狂叫起来。基里洛夫手提着灯还没有走开；列比亚德金举起拳头，但马上放下了。

“算你有学问，饶了你！伊格纳特·列比亚德金——一个最、有、学问的人……

炽热的爱情的榴弹，
爆炸在伊格纳特的心间，
独臂人怀念塞瓦斯托波尔，
不禁又痛哭失声泪潸潸。

“虽说我没有去过塞瓦斯托波尔[①]，也没有缺掉一只胳膊，但多好的格律。”他把他那张醉脸凑到我面前来。

“格——夫先生没有工夫，没有工夫，要回家去，”利普京劝说道，“明天他会告诉莉扎韦塔·尼古拉耶芙娜的。”

“告诉莉扎韦塔！……”他又吼叫起来，“站住，别走！还有一段：

一位明星骑着骏马飞驰
在一群女骑手当中，
这位贵族世家的闺秀
在马上向我秋波频送。

① 指1854—1855年塞瓦斯托波尔保卫战。

这叫《致亚马孙[1]明星》。”

“这是颂诗呀！这是颂诗，你应该懂，除非你是蠢驴！只有懒汉才不懂！站住！”他抓住我的大衣不放，虽然我使尽全力想冲出便门，“告诉她，我是忠诚的骑士，而达什卡[2]……达什卡我只要用两根手指就可以把她……女农奴，她不敢……”

这时他跌倒了，因为我使劲从他手中挣脱出来。我顺街向前跑去。利普京紧跟追上。

“阿列克谢·尼雷奇会把他扶起来的。您知道吗，我刚才从他那里打听到了什么？”他一面喘气，一面唠叨不休，“您听到他的歪诗没有？就是这首《致亚马孙明星》，他已封进了信封，明天送去给莉扎韦塔·尼古拉耶芙娜，下面签着他的全名。怎么样！”

“我可以打赌，是您怂恿他这么干的。”

“您输定了！”利普京哈哈大笑起来，“他爱上了她，像猫一样爱上了她，您知道吗，这是从恨开始的。他起初对莉扎韦塔·尼古拉耶芙娜恨得要命，因为她骑马，恨得几乎要当街大骂。而且的确骂过。就在前天她骑马经过的时候，他骂了一句，——幸好她没有听到，而今天忽然写起诗来了！您知道吗，他想冒险去求婚。真的！真的！”

“我对您真感到奇怪，利普京，哪里发生乌七八糟的事情，哪里就有您，到处都是您在操纵！”我愤怒地说道。

“哎呀，您太言过其实了，格——夫先生；是不是您害怕情敌，您的心被刺痛了吧，——啊？”

“什——么？”我停住脚步，大喝一声。

---

① 亚马孙人，古希腊神话中居住在黑海一带的女人部落，能骑善战，以后泛指女骑手。

② 达丽娅的卑称。

"为了惩罚您，我什么也不说了！可您多么想听，是吗？就说一件事吧：这个笨蛋已经不仅是大尉了，他已是我们省的地主，而且还是相当大的地主，因为尼古拉·弗谢沃洛多维奇前几天已经把自己的地产和过去的两百名农奴全卖给了他，一点儿不假，我不说谎！刚才打听到，不过得自最可靠的来源。好吧，现在您自己去寻根究底吧；什么都不再说了；再见，先生！"

十

斯捷潘·特罗菲莫维奇等着我，他焦急万分，简直到了歇斯底里的地步。他回来已经快一个小时了。我见到他的时候，他好像喝醉了酒似的，至少最初五分钟我以为他喝醉了。唉，对德罗兹多娃一家的访问把他完全弄糊涂了。

"Mon ami，我的思路完全乱了……Lise[①]... 我仍像过去一样爱这个天使，敬重她；完全同过去一样；但我觉得，她们母女俩等候我，只是为了探听什么事情，就是说，只是为了逼我说出来，然后再见，请便吧……就是这样。"

"您怎么不害臊！"我忍不住喊了起来。

"我的朋友，我现在完全孤独了。Enfin，c'est ridicule.[②] 您想象一下，在那里一切也充满了秘密。我一去，她们立即就提出一大串问题，什么鼻子呀，耳朵呀，还有什么彼得堡的秘密呀，要知道，她们俩这是第一次听到四年前 Nicolas 在这里闹的一些事情。'您当时在这里，您是

---

① 法文：莉丝，即俄文中的莉扎。

② 法文：说到底，这很可笑。

亲眼见到的，真的吗，他是疯子？’这个想法是从哪里来的，我不知道。为什么普拉斯科维娅一定希望 Nicolas 是疯子？这个女人希望这样，她希望！Ce Maurice,[①] 或者（他叫什么来着？）马夫里基·尼古拉耶维奇，brave homme tout de même,[②] 难道是为了他吗？而这是她自己首先从巴黎写信来给我 cette pauvre amie[③] 的……Enfin，这个普拉斯科维娅，像 cette chère amie[④] 所说的，是一个典型，是不朽的果戈理笔下的柯罗博奇卡[⑤]，不过是恶毒的柯罗博奇卡，惹是生非的柯罗博奇卡，而且是无限扩大了的柯罗博奇卡。”

“如果扩大的话，那不成了大箱子吗？”

“是吗？那就说缩小了的吧，反正一样，只是不要打断我，因为我已经晕头转向了。她们那里吵翻了；Lise 除外；她还是‘姨妈姨妈’地叫个不停，但是 Lise 狡猾，这里还有点儿什么事情。秘密。但同老太婆闹翻了。不错，cette pauvre[⑥] 姨妈对什么人都专横……可这里又有省长夫人，又有上流社会对她的不尊敬，又有卡尔马济诺夫对她的不尊敬；突然又冒出这个精神错乱的思想，ce Lipoutine，ce que je ne comprends pas,[⑦] 还有，据说她头上搽满了醋剂。这里还有我和您，我们的怨诉和我们的信……啊，我使她多么痛苦，而且在这个时候！Je suis un ingrat![⑧] 您想，我回来后就看到她的信；您读一读，读一读。嗬，

---

① 法文：这个莫里斯。按：莫里斯即马夫里基。
② 法文：不失为一个好人。
③ 法文：这个可怜的朋友。
④ 法文：总之，……这个亲爱的朋友。
⑤ 果戈理（1809—1852）的《死魂灵》中的人物，愚昧贪财的女地主。“柯罗博奇卡”这个词的原意为“小匣子”，因此下文中说，扩大的柯罗博奇卡成了大箱子。
⑥ 法文：这个可怜的。
⑦ 法文：这个利普京和我不理解的一切。
⑧ 法文：我是一个忘恩负义的人！

我多么卑鄙!”

他递给我刚收到的瓦尔瓦拉·彼得罗芙娜给他的信。她似乎对早晨那个“待在家里”的字条后悔了。这封信很客气，但仍很坚决，简短。她请斯捷潘·特罗菲莫维奇后天即星期天十二时整去她家，建议他带一位朋友去（在括号里写着我的名字）。从她的方面她答应请沙托夫，因为他是达丽娅·帕夫洛芙娜的哥哥。“您可以得到她的最后答复，您是否满意？您所要求的是否是这样的正式手续?”

“注意最后那句关于正式手续的气愤话。可怜的、可怜的我的终身朋友！说真的，这个出乎意外的命运的决定好像把我压垮了……老实说，我仍旧抱着希望，而现在 tout est dit①，我已经知道，什么都完了；c'est terrible. ② 啊，如果没有这个星期天而一切如旧的话，那该多好：您还到我这里来，我也还待在这里……”

“今天利普京那些卑鄙的搬弄是非的话把您给弄糊涂了。”

“我的朋友，刚才您友好的手指触及了我的另一个痛处。这些友好的手指都是无情的，有时甚至是不明事理的，pardon③，但是您相信吗，我几乎已经忘记了这一切，忘记了那些卑鄙的话，确切地说，我没有忘记，但是我由于愚蠢，在 Lise 那里的时候一直装作幸福，使自己相信，我是幸福的。但是现在……现在我想起这位宽宏大量的、仁慈的、能忍受我那些可恶缺点的女人，——确切地说，虽然她也不是很能忍受，可我自己和我这轻浮的、坏透的性格又是怎样呢！我可是一个任性的小孩儿，有小孩儿的所有自私心，但没有他的天真。她照顾我二十年，像保姆一样，cette pauvre 姨妈，像 Lise 优雅地称她的……突然，

---

① 法文：一切都决定了。

② 法文：这太可怕了。

③ 法文：对不起。

在二十年之后小孩儿想娶亲了，要求娶呀娶的，一封信接着一封信，而她的脑袋浸透了醋剂，终于……终于达到了目的，星期天就将是结了婚的人，这可是非同小可的事情……为什么我自己要坚持，为什么我要写信？对了，我忘记告诉您，Lise 十分推崇达丽娅·帕夫洛芙娜，至少是这么说的；说她：‘c'est un ange,[①] 不过有点儿不够坦率’。她俩都劝我，甚至普拉斯科维娅……不过普拉斯科维娅没有劝我结婚。嗬，柯罗博奇卡这只匣子里藏着多少毒汁呀！而且 Lise，说实在的，也劝我别结婚：‘您干吗要结婚；您有您的学术乐趣也就够了。’她哈哈笑着。我原谅她的笑，因为她自己心里也不安宁。她们对我说，不过您没有女人是不行的。您年老体弱的日子快到来了，她会照顾您，或者怎么说呢……Ma foi,[②] 我自己和您待在一起，心里一直在想，是上苍在我动荡不安的一生的暮年，把她赐给了我，她会照顾我，或者还有……enfin[③]，家务需要。瞧，我这里满地是凌乱不堪的东西，瞧，到处都是，方才还嘱咐收拾呢，地板上还有一本书。La pauvre amie 总是因为我这里到处凌乱不堪而生气……咳，现在再不会听到她的声音了！Vingt ans![④] 听说他们那里有几封匿名信，您信不信，Nicolas 似乎把庄园卖给了列比亚德金。C'est un monstre；et enfin,[⑤] 列比亚德金究竟是什么人？Lise 听着，听着，喔，她听得多么注意！我原谅她的大笑，我看到她听时的那张脸，还有 ce Maurice... 我可不希望担任他现在的角色，brave homme tout de même，但有点腼腆；不过愿上帝保佑他……”

他沉默了；他已疲倦，神色迷惘，耷拉着脑袋坐着，疲倦的眼睛木

① 法文：这是一个天使。
② 法文：的确。
③ 法文：总之。
④ 法文：二十年！
⑤ 法文：这是个怪物；而且到底……

然望着地板。我利用这个空隙向他讲了我访问菲利波夫宅子的经过，同时毫不客气、冷冰冰地表达了我的意见：列比亚德金的妹妹（我没有见到）的确可能曾经遭到 Nicolas 的侵害，如利普京所说，在尼古拉一生的神秘时期内；非常可能，列比亚德金因为某种原因时常接受 Nicolas 的钱；我所知道的就是这些。有关达丽娅·帕夫洛芙娜的流言，都是无稽之谈，都是利普京这个浑蛋捕风捉影编造出来的，至少阿列克谢·尼雷奇肯定地证实，而他的话没有理由不相信。斯捷潘·特罗菲莫维奇心不在焉地听完我的说明，似乎这事与他毫不相干似的。我顺便也提到我与基里洛夫的谈话，附带说，基里洛夫可能是个疯子。

"他不是疯子，但是那种没有头脑的人，"他有气没力地、似乎很不愿意地喃喃说，"Ces gens-là supposent la nature et la sociéét humaine autres que Dieu ne les a faites et qu'elles ne sont réellement.[①] 人们讨好他们，但至少斯捷潘·韦尔霍文斯基没有。我当年在彼得堡见到过他们，avec cette chère amie[②]（唉，我当时多么伤她的心），我不仅不怕他们的咒骂，也不怕他们的赞赏。现在也不怕，mais parlons d' autre chose[③]... 我好像做了很多糟糕的事；请想，我昨天给达丽娅·帕夫洛芙娜送去一封信……我为这件事狠狠咒骂自己！"

"您写了些什么？"

"唉，我的朋友，相信我这一切都是如此高尚。我告诉她，大约五天以前我写信给 Nicolas，用意也是高尚的。"

"我现在明白了，"我激动地喊道，"您有什么权利把他们放在

① 法文：这些人对自然和人类社会的看法，与上帝所创造的和实际上存在的自然和人类社会不同。

② 法文：同这位亲爱的朋友。

③ 法文：但是让我们谈别的事情吧。

一起？”

“但是，mon cher，别向我施加压力，把我压死，别对我嚷嚷；我现在已经被压扁了，像……像蟑螂一样，而且我想，这一切毕竟是高尚的。请设想一下，在那里真的有过什么事……en Suisse[①]... 或者开始有。我应该预先问问他们的心，不要……enfin，不要干扰他们的心灵，不要像石柱似的挡他们的路……我完全出于高尚的动机。”

“啊，天哪，您做得多蠢！”我不禁脱口而出。

“蠢，蠢！”他甚至迫不及待地接口说，“您从来没有说过比这更聪明的话了；c'était bête，mais que faire，tout est dit.[②] 反正一样，我要结婚了，哪怕是同‘别人的罪孽’结婚，所以写信有什么用呢？是吗？”

“您还是那一套！”

“哦，现在您再叫嚷也吓不倒我了，在您面前的已经不是那个斯捷潘·韦尔霍文斯基；那人已经埋葬了；enfin，tout est dit.[③] 而且您干吗叫嚷？唯一的原因是，不是您自己结婚，您也不会在头上戴上众所周知的装饰品[④]。您又感到讨厌？我可怜的朋友，您不了解妇女，我这一辈子专门研究妇女。‘如果你想战胜全世界，首先要战胜你自己，’——这是沙托夫，我妻子的兄弟说过的唯一一句精辟的话，他同您一样是个浪漫主义者。我很乐意借用他的这一警句。瞧，我准备战胜我自己，我要结婚，但是我征服的不是全世界，而征服的却是什么呢？哦，我的朋友，婚姻是任何一个骄傲的心灵在精神上的死亡，是任何独立自主性的死亡。婚后生活会使我蜕化，在献身事业的奋斗中丧失精力和勇气，以

---

① 法文：在瑞士。
② 法文：这很愚蠢，但有什么办法，一切都已决定。
③ 法文：总之，一切都已决定。
④ 俄罗斯人说妻子有外遇的丈夫“头上长角”，犹如汉语中的“戴绿帽子”。

后有了孩子，可能不是我的孩子，确切地说，当然不会是我的孩子；智者是不怕面对真理的……利普京刚才建议我筑街垒来防范 Nicolas；他愚蠢，利普京。女人骗得过上帝的慧眼。Le bon Dieu[①] 在创造女人的时候，当然知道他冒的是什么风险，但是我相信，一定是她自己干扰他，迫使他把自己创造成这个样子，并且……具有这样一些特性；要不然谁愿意白白为自己制造这些麻烦?[②] 纳斯塔西娅，我知道，可能因为我的自由思想而生气，但是……enfin，tout est dit.”

如果他不说一句平庸的双关语来表达在他那个时代曾经流行一时的自由思想，那就不是他了。至少现在，他说了一句庸俗的双关语就得到了安慰，可是没维持多久。

“啊，为什么不可以根本没有这个后天，这个星期天!”他突然高声说道，他已完全在绝望之中，“为什么不能使这个星期没有星期天呢——si le miracle existe[③]? 从日历中划掉一个星期天，这对上帝来说算得了什么呢，哪怕是为了向无神论者证明自己的威力，也应该这样做，et que tout soit dit![④] 啊，我多爱她！二十年，整整二十年，她一直没有了解我!”

“您说的是谁呀；我也不了解您了!”

“Vingt ans！居然没有一次了解我，这太残忍了！难道她以为我结婚是因为害怕，因为需要钱? 啊，可耻！姨妈，姨妈，我是为你的呀！……啊，让她这位姨妈，知道，她是我二十年来崇拜的唯一女人！她应该知道这一点，非如此不可，不然的话，只能把我强行拖去举行

---

① 法文：仁慈的上帝。

② 这是双关语。“麻烦”指的是创造过程中的麻烦，也可指创造的成果（女人）带来的麻烦。

③ 法文：既然存在奇迹的话。

④ 法文：让一切都结束吧！

ce qu'on appelle le[①] 婚礼！"

我第一次听到他的表白，而且还是说得如此坚决的表白。我不想隐瞒，我当时很想笑。然而我错了。

"我现在只有他一个人，一个人了，我的唯一的希望！"他突然一拍手，仿佛一个新思想出乎意外地向他袭来，"现在只有他，我的可怜的孩子才能拯救我，可是——为什么他还不来呢！啊，我的儿子，我的彼得鲁沙……虽然我不配称父亲，却更像一头老虎，但是……laissez-moi，mon ami，[②] 我要稍稍躺一会儿，集中一下思想。我太累了，太累了，您，我想，也该睡了，voyez-vous，[③] 已经十二点啦……"

---

① 法文：所谓的。
② 法文：离开我吧，我的朋友。
③ 法文：看到吗。

第四章

瘸腿女人

一

沙托夫没有执拗不肯，他照我字条上约定的时间，中午到了莉扎韦塔·尼古拉耶芙娜那里。我们几乎同时进门，我也来到她家，这是我的第一次拜访。他们大家，即莉扎、她妈妈和马夫里基·尼古拉耶维奇，坐在大客厅里，他们在争论。妈妈要求莉扎在钢琴上弹奏一支华尔兹舞曲，但当她开始弹奏时，妈妈却说不是这一支舞曲。马夫里基·尼古拉耶维奇，由于秉性质朴，替莉扎辩护，说就是这一支舞曲；老太太气恼得大哭起来。她身体有病，行走也很困难。她两腿浮肿，所以已经有几天一直脾气变化无常，事事挑剔，虽说她向来有点儿惧怕莉扎。我们的到来使大家都很高兴。莉扎因快乐而脸泛红晕，她对我说了声 merci①，当然那是因为我给她带来了沙托夫，她向他走去，好奇地打量他。

沙托夫笨拙地在门口停住。她对他的到来表示感谢之后，带他走到妈妈身边。

“这位是沙托夫先生，我跟您谈起过他，这一位是格——夫先生，我和斯捷潘·特罗菲莫维奇的朋友。马夫里基·尼古拉耶维奇昨天已经

---

① 法文：谢谢。

和他认识了。”

“哪一位是教授?”

“根本没有教授，妈妈。”

“不，有的，你自己说过，有一位教授要来，大概是这位吧。”她嫌恶地指指沙托夫。

“我从来没有跟您说过有一位教授要来。格——夫先生在政府部门做事，沙托夫先生过去是大学生。”

“大学生，教授，一样都是大学里来的。你就喜欢犟嘴。瑞士的那位是留胡须的。”

“妈妈总是把斯捷潘·特罗菲莫维奇的儿子称作教授。”莉扎说，她把沙托夫带到厅堂另一头的一张长沙发上坐下。

“在她两腿浮肿的时候，她总是这样的，您知道吗，她有病。”她轻轻地告诉沙托夫，一面继续以极大的好奇心打量着他，特别是他头上的那绺竖立的头发。

“您是军人吗?”老太太问我，莉扎冷酷地把我摔在她那儿。

“不，太太，我在政府部门任职……”

“格——夫先生是斯捷潘·特罗菲莫维奇的好朋友。”莉扎立即应声说。

“在斯捷潘·特罗菲莫维奇那里做事?他不也是教授吗?”

“哎哟，妈妈，您大概夜里也梦见教授了。”莉扎懊丧地高声说。

“白天也见得太多了。您总是同妈妈作对。四年前尼古拉·弗谢沃洛多维奇来这里的时候，您也在这里吗?”

我回答说，我在这里。

“是不是有个英国人同你们一起在这里?”

“没有呀。”

莉扎笑了起来。

“你看，根本就没有什么英国人来过，所以都是谎言。瓦尔瓦拉·彼得罗芙娜和斯捷潘·特罗菲莫维奇他俩都撒谎。而且所有人都撒谎。”

“这是姨妈发现的，斯捷潘·特罗菲莫维奇昨天也说起，尼古拉·弗谢沃洛多维奇同莎士比亚《亨利四世》中的亨利亲王相像，妈妈针对这件事，才说什么有没有英国人来过。”莉扎给我们解释说。

“如果亨利没有来过，那么就没有英国人来过。都是尼古拉·弗谢沃洛多维奇一个人在胡闹。”

“相信我，妈妈是故意说着玩的，”莉扎认为有必要向沙托夫说明，“她对莎士比亚很熟悉。我自己为她读过《奥赛罗》的第一幕；但她现在很痛苦。妈妈，您听到吗，钟敲十二点了，您该吃药了。”

“大夫来了。”她的侍女出现在门口。

老太太欠了欠身，站了起来，开始叫唤她的小狗：“泽米尔卡，泽米尔卡，至少你会跟我走吧。”

那只很老很丑的小狗泽米尔卡不听她的，径自钻到莉扎坐的长沙发底下。

“不想去？我也不要你去。再见，先生，我不知道您的名字和父称。”她对我说。

“安东·拉夫连季耶维奇。”

“反正记不住，我是一只耳朵进，一只耳朵出。不要陪我，马夫里基·尼古拉耶维奇。我只叫了泽米尔卡。感谢上帝，我现在还能走路，明天我乘车去兜风。”

她悻悻然走出客厅。

“安东·拉夫连季耶维奇，您跟马夫里基·尼古拉耶维奇谈谈，相信我，如果你们熟悉起来，对你们俩都有好处。”莉扎说，对马夫里基·尼古拉耶维奇友好地一笑，而他因她回眸一顾，全身光彩焕发。我没有办法，只好同马夫里基·尼古拉耶维奇聊天。

二

莉扎韦塔·尼古拉耶芙娜要沙托夫做的事，使我非常惊奇，的确只是文字上的。不知道为什么，我原来认为，她叫他来是为了别的什么目的。我们，就是我和马夫里基·尼古拉耶维奇，看到他们并不想瞒住我们，而且谈话的声音很高，所以就留神倾听起来；后来我们也被请去商量。事情是这样的：莉扎韦塔·尼古拉耶芙娜早就有意出版一部据她看来是非常有益的书，但是由于完全没有经验，需要一名助手。她向沙托夫解释她的计划时的那种认真态度，甚至使我也感到惊异。“她大概属于新人一类，”我想，“不枉在瑞士住过。”沙托夫全神贯注地倾听着，两眼盯着地，对于一位悠闲的上流社会小姐竟然打算做一件看来与她不相适应的事情，一点儿也不觉得奇怪。

这项出版计划是这样的：在俄国的首都和各省首府出版许多报纸和其他刊物，每天报道大量事件。一年过去，报纸到处堆放在柜子里，或者东抛西扔，撕成碎片，用来包东西，做罩盖。许多发表的事实给人印象，留在公众的记忆里，但是随着岁月的流逝，被人淡忘了。许多人以后希望查阅，但是往往既不知道事件发生的日期，也不知道发生的地点，甚至连发生在哪一年都记不清了，在这种情况下，要往报刊的汪洋大海中去寻找，得花多大的精力？而如果把这一年之内发生的事实收集起来，根据一定的计划、一定的意图编纂成书，加上目录、索引，按月份和日期加以分类，那么，这样编成的一本书可以勾勒出这一年俄国生活的整个面貌，尽管报刊上登载的事实同实际上发生的全部事实相比，只不过是微乎其微的一部分。①

“编出几本厚书来替代大量的报刊，如此而已。”沙托夫说。

但是莉扎韦塔·尼古拉耶芙娜热烈地为自己的设想辩解，虽然她难于也不善于把自己的思想清楚地表达出来。书只应当是一本，甚至不必太厚，——她坚持说。但是，即使比较厚，也要眉目清楚，因为主要在于编排的计划和方式。当然，不能把所有东西都收集刊印。政府颁布的法令、采取的措施，地方制定的法规、各种法律，这一切虽然是极其重要的事实，但在拟编的这本书中，这类事实完全可以略去。许多事实都可以省略，而只限于选录那些多少能表现当前人民的道德生活、俄罗斯人民的个性的事例。当然，什么材料都可以选入：奇闻怪事、火灾、捐款、各种善行和坏事、各种言论和演说，看来还可以收入关于河流泛滥的消息，也许可以收入政府的某些法令，但是从所有材料中只选录那些描绘出时代特征的东西；选录要有一定的观点、方针、意向、思想，来阐明整体，整部书。最后，这本书作为消遣读物也应该是有趣的，更不用说对查阅资料是必需的。这可以说是一年中俄罗斯精神生活、道德生活、内心生活的写照。“应该让大家竞相购买，应该成为案头必备书，”莉扎断然说，“我知道，一切都在于计划，因此我才请您。”她最后说。她很激动；虽然她的说明模糊不清，也不完整，但沙托夫开始明白了。

“就是说，编成的东西是有倾向的，是在一定倾向下选录的事实汇编。”他喃喃说，还是不抬起头来。

“完全不是，不要什么按倾向选择，也不要有任何倾向，不偏不倚——这就是它的倾向。”

---

① 1869年在国外时，陀思妥耶夫斯基自己有过类似的出版计划，1月25日（旧历）曾写信告诉他的外甥女伊万诺娃。据陀思妥耶夫斯基夫人回忆，还邀请伊万诺娃与他合作。

“有倾向也不是坏事，”沙托夫开始动起来了，“而且只要有一点儿选择，就不能避免倾向，在事实的选择当中，就给人指明，应当如何去理解这些事实。您的主意不坏。”

“这么说，这样一本书是可以编的啰?”莉扎十分高兴。

“得看一看，想一想。此事工程浩大。一下子是想不出来的。需要经验。而且即使当我们把这本书出版之后，也还不能说已经学会了如何出版这类书。只有在多次尝试之后；但这个想法很诱人，这个想法是有益的。”

他终于抬起眼睛。这双眼睛因兴奋而闪现出光芒，他太感兴趣了。

“这是您自己想出来的吗?”他温和地有点儿腼腆地问她。

“想出来并不难，难的是计划，”莉扎笑道，“我懂得很少，而且不很聪明，我只追求我自己清楚的东西……”

“追求?”

“也许不该用这个词?”莉扎急忙问道。

“也可以用这个词；我没有什么。”

“还在国外的时候，我就觉得我可以做点有益的事。我的钱是我自己的，白白放在那里，为什么我不能为大众的事业做点工作呢？而且这个想法是自然而然地突然出现的；绝不是我想出来的，它的出现使我很高兴；但我马上就看到，没有合作者是不行的，因为我自己什么也不会。合作者当然也是书的共同出版者。我们一半一半：您的计划和工作，我的最初设想和资金。我想书能收回成本吧?”

“如果能搞出一个好的计划来，书能行。”

“我预先告诉您，我不是为了赚钱，但很希望书能畅销，我将因为盈利而感到骄傲。”

“好吧，那我干什么呢?”

“我不是请您做合作者吗？……一半一半。您把计划订出来。”

“您怎么知道我有能力订出计划呢？”

“关于您的事，有人告诉过我，在这里我也听人说过……我知道，您很聪明……在做有益的事，而且……想得很多；关于您的事，彼得·斯捷潘诺维奇·韦尔霍文斯基在瑞士告诉过我，”她急急忙忙地补充说，“他是个很聪明的人，对吗？”

沙托夫用短暂的一扫而过的目光瞧了她一眼，但立即又垂下眼睛。

“尼古拉·弗谢沃洛多维奇也向我谈了很多您的事。”

沙托夫突然脸红了。

“好吧，这是报纸，”莉扎急忙从凳子上拿起一捆准备好的报纸，“我在这里试着标出供选择的事实，做了挑选，编了号……您会看到的。”

沙托夫接过扎好的报纸。

“拿回家去吧，看一看。您住在哪儿？”

“显圣街，菲利波夫的房子里。”

“我知道。那里，据说好像有一个大尉住在您附近，叫列比亚德金先生，是吗？”莉扎仍像刚才那样匆匆说道。

沙托夫一手前伸，拿着报纸，从接过报纸后就这么坐了整整一分钟，没有回答，两眼盯着地面。

“做这些事情您最好还是另外找人，我对您不会合适的。”他终于说道。不知怎的，他十分奇怪地压低声音，几乎像耳语似的。

莉扎顿时面红耳赤。

“您说的是什么事情？马夫里基·尼古拉耶维奇，”她喊道，“请把方才的信拿到这里来。”

我也随着马夫里基·尼古拉耶维奇走到桌子跟前。

"您瞧这个，"她蓦地转身问我，一面十分激动地把信打开，"您有没有见过像这样的事情？请您大声读，我希望沙托夫先生也听听。"

我十分惊讶地朗读了下面这封信：

致完美无瑕的女郎图申娜

叶莉扎韦塔·尼古拉耶芙娜小姐！

啊，她多么可爱呀，

叶莉扎韦塔·图申娜，

当她同一位亲戚跨着骏马飞翔，

她的鬈发随风飘扬。

或者当她同母亲在教堂顶礼膜拜，

虔敬的脸上泛起两片红霞。

于是我起了合法婚姻的欢乐的愿望，

往她和她母亲身后送去一滴眼泪。

一个不学无术者写于争论之时

小姐！

我最替自己惋惜的是，我没有在塞瓦斯托波尔光荣地失去一只胳膊，因为我没有到那里去，却在整个战役期间供应倒霉的军粮，我认为这是卑鄙的行为。您是古代的女神，而我是微不足道的凡人，自知两者之间天差地远。请看我的诗，但只要看看即可，因为诗毕竟是无稽之谈，在散文中认为是狂妄无礼的事情，诗却为之辩护。在显微镜下可以看到一滴水中有无数个变形虫，如果一个变形虫从一滴水中写诗给太阳的话，难道太阳会对它大发雷霆么？甚至彼得堡上流社会的爱护大牲畜俱乐部[①]在理所当然地同情狗和马的同时，却轻视渺小的变形虫，完全没有提到它，因为它没有长得足够的大。我也没有长得足够的大。结婚的念头可能会使人感到十分可笑。但是我很快会通过您所鄙视的一个憎恨人类的人得到过去的两百农奴。我能够告诉您很多事情，甚至自告奋勇根据文件把人送去西伯利亚。请别轻视我的求婚。此信系一个懂诗的变形虫所写。

您最恭顺的随时听候差遣的朋友大尉列比亚德金

“这是一个醉汉写的，而且是一个无赖!”我愤怒地叫道，“我知道他。”

“这封信我是昨天收到的，”莉扎脸红了，她匆匆向我们解释，“我也马上明白，这是一个笨蛋写的。我到现在还没有给 maman[②] 看，为的是不使她更加难过。但是如果他继续这样做，那我就不知道该怎么办了。马夫里基·尼古拉耶维奇想去制止他。由于我把您看作我的合作者，”她转身对沙托夫说，“因为您住在那里，因此我想问问您，以便做出判断，他往后还会做些什么事。”

“酒鬼和无赖。”沙托夫好像勉强地讷讷说。

“是吗，他就那么愚蠢?”

“不，他不醉的时候一点儿也不愚蠢。”

“我认识一位将军，也写这种诗，一模一样。”我笑着说。

“即使从这封信里也可以看出他很狡猾。”沉静寡言的马夫里基·

① 指 1865 年在彼得堡成立的“俄国保护大牲畜协会”。——俄编注

② 法文：妈妈。

尼古拉耶维奇突然插入说。

“听说，他和一个妹妹同住？”莉扎问道。

“是的，和妹妹同住。”

“听说他虐待她，是吗？”

沙托夫又看了莉扎一眼，皱起眉头，嘟囔着说：“关我什么事？”说着往门口走去。

“哎，请等一等，”莉扎慌忙叫道，“您到哪里去？我们还有许多事情要谈……”

“有什么好谈的？我明天告诉您……”

“最重要的事，关于印刷所的事！相信我，我不是开玩笑，我认真想做点事情，”莉扎向他保证说，她越来越感到不安。“如果我们决定要出版，那么在哪里印刷呢？这可是最重要的问题，因为我们不能到莫斯科去印，而这里的印刷所要印这样的书是不可能的。我早就决定办一个自己的印刷所，可以用您的名义，我知道 maman 会答应的，如果用您的名义……”

“您怎么知道我能办印刷所？”沙托夫阴沉沉地问道。

“我在瑞士的时候，彼得·斯捷潘诺维奇就向我推荐过您，说您能管印刷所，熟悉这一行。他甚至想写一张字条给您，可惜我忘了。”

我现在记起来，沙托夫的脸色骤然变了。他又站了几秒钟，突然走出房间。

莉扎愤怒了。

“他总是这样走出房间的吗？”她转身问我。

我刚想耸耸肩膀，沙托夫突然回来了，他一径走到桌边，放下他拿去的那捆报纸。

“我不做您的合作者，我没有时间……”

“为什么？为什么？您好像生气了？”莉扎用伤心的恳求的声音问道。

她的声音仿佛使他惊愕，他盯着她看了一会儿，仿佛想看透她的心灵。

“不管怎么样，”他轻声地讷讷说，“我不想……”

他于是就一去不再回来了。莉扎大吃一惊，甚至有点儿过分；至少我当时觉得是这样。

“真是个古怪得出奇的人！”马夫里基·尼古拉耶维奇大声说。

三

固然“古怪”，但是在这一切当中有很多不清不楚的地方。这里有言外之意。我绝对不相信这个出版计划；然后是这封愚蠢的信，但是这封信里提到什么“根据文件”去告密，这是最明显不过的了，他们却避而不谈，而谈起完全不相干的事来；最后是这个印刷所和沙托夫的突然离去，其原因正是因为他们谈起了印刷所。所有这一切使我想到，在我到来之前这里已经发生过什么事情，这事是我所不知道的；因此我是一个多余的人，这一切都与我无关。而且我也该走了，对初访来说已经待得够长了。我走到莉扎韦塔·尼古拉耶芙娜身边向她告辞。

她似乎已经忘记我在房间里，她一直站在桌旁的老地方，深深陷入沉思，垂着头，一动不动地盯着地毯上的一个点。

“啊，您也要走了，再见，”她用她惯常的亲切语调娇声说，“替我向斯捷潘·特罗菲莫维奇问好，说服他快点到我这里来。马夫里基·尼古拉耶维奇，安东·拉夫连季耶维奇要走了。对不起，妈妈不能出来和您告别……”

我走出客厅，甚至已经走下楼梯，突然一名仆人在台阶上赶上我：

“主人请您一定回去……”

“是太太还是莉扎韦塔·尼古拉耶芙娜？”

“是小姐。”

我见到莉扎的时候，她已不在我们坐的大厅里，而在紧挨着的一个接待室里。大厅里只留下马夫里基·尼古拉耶维奇，通往大厅的门关得紧紧的。

莉扎向我笑了一笑，但脸色苍白。她站在房间中央，显然犹豫不决，显然是处在内心斗争之中；但她突然拉住我的手，一言不发，把我拉到窗边。

“我要马上见到她，”她轻声说，炽热的、坚定的、焦灼的目光盯着我。“我必须亲眼见到她，因此请您帮助我。”

她完全发狂了，而且是在绝望之中。

“您想见到谁，莉扎韦塔·尼古拉耶芙娜？”我胆战心惊地问。

“这个列比亚德金娜，这个跛女人……真的吗，她是瘸子？”

我惊呆了。

“我从来没有见到过她，但我听说过她是瘸子，昨天我还听说过。”我很乐意地急忙回答，也说得很轻。

“我一定要见到她。您能今天就安排吗？”

我心里真可怜她。

“这不可能，而且我还完全不知道该怎么办，”我开始劝慰她，“我去找沙托夫……”

“如果您明天还不能安排好，那我就亲自去找她，独个儿去，因为马夫里基·尼古拉耶维奇已经拒绝同我去了。我只能寄希望于您，此外再没有别的人了；我同沙托夫谈得很蠢……我相信您是个非常正直的人，可能还是对我忠诚的人，就请您安排一下吧！”

我心里出现了竭力帮助她的热切愿望。

“瞧我怎么做，”我稍加考虑后说道，“我自己去找她，今天一定，一定要见到她！我这么做，一定能见到她，我向您保证；不过——允许我信赖沙托夫。”

“告诉他，我有这样一个愿望，我不能再等待了；但是我刚才并没有欺骗他。他离开这里，可能因为他很正直，他不高兴，因为我好像在欺骗他。我没有欺骗；我的确想出版书籍，创办印刷所……”

“他是正直的，正直的。”我激动地证实说。

“不过，如果明天不能安排好，那我就自己去，不管结果如何，不怕大家都知道。”

“我三点以前不能到您这里来。”我稍稍冷静了一点儿，说道。

“那就三点吧。这么说来，昨天我在斯捷潘·特罗菲莫维奇那里的时候，猜到您是有点儿忠实于我的人，对吗?”她嫣然一笑，匆匆地和我握手告别，又急急忙忙地回到受冷落的马夫里基·尼古拉耶维奇那里去了。

我走了出来，我的许诺使我沮丧，我不明白究竟发生了什么事。我看到一位女人在真正的绝望之中，她不怕因信赖一个几乎不相识的人而损害自己的名誉。在她如此困难的时刻对我嫣然一笑，暗示她昨天已注意到我的感情，这一切好像刀似的砍痛我的心；但是我可怜她，可怜她——这就是一切！她的秘密对我来说突然成了神圣的事，即使现在有人向我揭开这些秘密，我也会堵住耳朵，不想听下去。我只是预感到有些事……但是我完全不知道，我在这里能安排什么，如何安排。不仅如此，我直到现在还不知道，究竟应该安排什么：会面，但又是怎样的会面呢？而且怎么使她们会面呢？我的全部希望寄托在沙托夫身上；虽然我事先就能知道，他什么忙也帮不了。但我仍往他的住处急奔而去。

四

只是到了晚上，已经七点多钟，我才在他家中找到他。使我惊奇的是，他家里居然有客人——一位是阿列克谢·尼雷奇，还有一位是与我只有一面之交的先生，叫希加廖夫，维尔金斯基妻子的亲兄弟。

这位希加廖夫在我们城里已经待了快两个月了；我不知道他是从哪里来的；关于他，我只听人说，他曾在彼得堡的一本进步杂志上发表过一篇什么文章。维尔金斯基介绍我与他相识完全是偶然的，是在街上。在我一生当中我从来没有见到过一个人的脸上有如此暗淡、阴沉、抑郁的神色。他的样子仿佛在等待世界的毁灭，而且毁灭不是根据某些可能不会实现的预言，在什么遥遥无期的将来，而是完全确定的事，譬如说在后天上午十点二十五分整。不过我们当时几乎一句话都没有说，彼此只握握手，那模样好像是两个阴谋分子似的。最使我惊奇的是他那对异乎寻常的大耳朵，又长又宽又厚，往两边外翘，说不出的特别。他的动作笨拙而缓慢。如果说利普京梦想法郎吉有一天可能在我们省实现，那么这一位就确切地知道实现的日期和时刻。他给予我不祥的印象；现在在沙托夫这里遇到他，我感到惊奇，尤其因为沙托夫一般说来并不好客。

我在楼梯上已经听到他们在高声谈话，三个人一齐讲，似乎是在争论；但当我一出现，大家都不作声了。他们争论时是站着的，现在忽然都坐了下来，因此我也不得不坐下。尴尬的沉默持续了足足三分钟，希加廖夫虽然认出了我，但佯装不认识，看来并不因为对我怀有敌意，而是习惯如此。我同阿列克谢·尼雷奇彼此微微点头致意，但没有说话，不知为什么也没有握手。希加廖夫终于开始以严厉阴郁的目光瞧着我，极其天真地相信我会突然站起来离开。最后沙托夫站了起来，大家也蓦地一齐站了起来。他们没有告辞就走了出去，只有希加廖夫在门口对送他们的沙托夫说：

“记住，您有义务汇报。”

“我才不管你们那套汇报哩，而且对任何魔鬼都不承担义务。”沙托夫把他们送走后，便把门关上，还搭上了挂钩。

“一伙笨蛋！”他说，瞧了瞧我，苦笑了一下。

他的脸是愤怒的，我感到奇怪，他自己先说起话来。以往每次我去找他（不过这种情况很少），通常他总是紧锁双眉，坐在角落里，气呼呼地回答，只有经过很长时间以后才会充分活跃起来，开始兴致勃勃地谈话。但是在告别的时候，每次又总是皱起眉头，开门让你出去，就好像把他的一个冤家对头撵出门去似的。

“我昨天在这位阿列克谢·尼雷奇那里喝茶，”我说，“他好像对无神论入了迷。”

“俄国的无神论从来没有超出过文字游戏。”沙托夫喃喃说，一面把蜡烛头拔去，插入一支新蜡烛。

“不，我觉得这一位不是玩弄文字游戏的人，他好像简简单单地说话都不会，更不用说玩弄文字游戏了。”

“从纸堆里出来的人；这一切都是由于奴才思想。[①]”沙托夫平心静气地说，他在角落里的一张凳子上坐下，两只手掌支撑在膝盖上。

“这里也有憎恨，”他沉默了一会儿后说，“假如俄国的状况突然改

---

① 可以参照《罪与罚》准备材料中的一则笔记：“注意。虚无主义是奴才思想。虚无主义者是思想上的奴才。”——俄编注

变，即使按他们的方法改变，变得极其富裕和幸福，那么他们将首先成为极端不幸的人。那时他们就没有人可以仇恨了，没有人可以蔑视了，没有人可以嘲笑了！这里只有对俄罗斯的无穷的兽性的憎恨，这种憎恨已经侵入他们的有机体……这里谈不上有什么世人看不到的眼泪隐藏在看得到的笑容之下！在俄国从来没有比关于看不见的眼泪的话更加虚伪的了！[①]”他几乎狂叫起来。

“您这是说到哪里去了！”我笑了起来。

“而您是‘温和的自由派’，”沙托夫也笑了一笑。“知道吗，”他突然想起来说，“关于‘奴才思想’我可能说了些傻话，您一定会立即对我说：‘您才是奴才养的，我可不是奴才。’”

“我根本不想说……您说到哪里去啦！”

“您不要道歉，我不怕您。从前我只是奴才养的，现在我自己也成了奴才，同您一样的奴才。我们的俄国自由派首先是奴才，他们一心在寻找的是，给谁去擦皮靴。”

“什么皮靴？这有什么寓意？”

“哪有什么寓意！我看到您在笑……斯捷潘·特罗菲莫维奇说得对，我躺在石块底下，我被压坏了，但没有压死，只是还在挣扎；他的比喻很好。”

“斯捷潘·特罗菲莫维奇说，您对德国人崇拜得发了疯，”我笑着说，“我们从德国人那里毕竟拿了点东西来放进自己的口袋。”

“拿来了二十个戈比，送走了自己的一百个卢布。”

我们沉默了一分钟。

---

① 沙托夫的这番话是针对萨尔蒂科夫-谢德林的。关于“世人看不到的眼泪”陀思妥耶夫斯基在这以前也写过：“……他（果戈理）一生既笑他自己也笑我们，我们大家都跟着他笑，笑到后来，因为笑而哭了起来。”（参看《俄国文学论丛·引言》）

“这是他在美国躺了那么久的结果。”

“谁？得来什么结果？”

“我说的是基里洛夫。我和他在那里一座木房子的地板上躺了四个月。”

“难道你们去过美国？”我感到奇怪，“您从来没有说过。”

“有什么可说的呢。前年我们三个人用最后一点儿钱乘移民船去美利坚合众国，‘为的是亲身体会一下美国工人的生活，以这样的亲身的经验来检验一个人在最困难的社会处境下的状况’。① 这就是我们去的目的。”

“天哪！”我笑了起来，“为了这个目的你们还不如在农忙季节到我们省的什么地方去‘亲身体验’，用不着去美国！”

“我们在那里受雇替一个剥削者当工人；我们俄国人一共有六个——有大学生，甚至还有从自己的庄园来的地主，还有军官，都是为了那个伟大的目的。唉，我们劳动，流汗，受苦，受累，最后我和基里洛夫离开了，——病了，受不住了。剥削者在解雇我们的时候克扣我们，根据合同应该给我们三十美元，却只给我八美元，给基里洛夫十五美元；还不止一次地打我们，就在这时候我们失了业，在一座小城里同基里洛夫并排在地板上躺了四个月。他想的是一回事，我想的是另一回事。”

“难道主人还打你们，这是在美国呀？你们一定骂了他一通！”

“一点儿也不。相反，我和基里洛夫当时就得出结论：‘我们俄国人在美国人面前是小孩子，应当出生在美国，或者至少和美国人长期共

---

① 沙托夫的这一段话和下文他对美国的招魂术、私刑等的看法，都源自奥戈罗德尼科夫的著作《从纽约到旧金山又回俄国》（载《曙光》杂志，1870 年，第 11 期）。——俄编注

处，才能达到他们的水平。’难道不是这样：他们卖给我们值一个戈比的东西，却要一美元的价，我们不仅高高兴兴地而且还兴致勃勃地付了钱。我们什么都称赞：招魂术、私刑、手枪、流浪汉。有一次我们乘车，一个人伸手从我的口袋里掏出我的梳子，梳起头来；我和基里洛夫只交换了一下眼色，认定这也很好，我们很喜欢……”

“奇怪，我们不仅这样想，也在这样做。”我说。

“都是从纸堆里出来的人。”沙托夫又一次说。

“但是，乘移民船越过重洋，到陌生的大陆去，哪怕是抱着‘亲身体验’的目的，等等，——这中间的确似乎有一种不计个人得失的毅力……您从那里是怎么出来的呢？”

“我写信到欧洲给一个人，他给我寄去一百卢布。”

沙托夫在谈话时，一直按自己的习惯两眼盯在地上，甚至当他激动的时候也是这样。这时他突然抬起头来。

“您想知道这个人的名字吗？”

“他是谁？”

“尼古拉·斯塔夫罗金。”

他霍地站起身来，朝他的椴木写字台走去，开始在桌上寻找什么东西。我们这里早已有过并不十分清楚但却真实可信的流言，说他的妻子有一段时间曾经同尼古拉·斯塔夫罗金姘居，那是在两年以前，就是说当沙托夫在美国的时候，——不错，那是她在日内瓦离开他之后很久的事。“既然是这样，他为什么现在要提到他的名字，而且还讲个不休呢？”——我不由地想道。

“我到现在还没有归还他。”他突然又转身问我，盯着我看了一会儿，在角落里原来的位置上坐下，用一种完全不同的声音，断断续续地问道：

“您当然是有目的而来，您需要什么?”

我立即把事情原原本本地向他做了详细的叙述，接着说，我刚才太紧张，现在虽然已经清醒过来，但却更加糊涂了，因为这里有对莉扎韦塔·尼古拉耶芙娜来说十分重要的事情，我很想帮助她，但困难在于我不仅不知道如何履行我向她许下的诺言，现在我甚至不知道我究竟许诺了她什么。接着我又一次切实地向他证明，她不愿也没有想过要欺骗他，这里发生了误会，她因为他今天异乎寻常的离去而感到难过。

他很注意地听完我的解释。

“可能我由于我的习惯，今天真的做了蠢事……不过，如果她自己也不明白我为什么要走，这样……对她要好一些。”

他站了起来，走到门边，打开一条缝，倾听楼梯上有什么动静。

“您希望亲眼见见这个人?”

“这正是我需要的，但该怎么办呢?”我高兴得跳了起来。

“趁她一个人在家，我们这就去。他回来后如果知道我们去过，会把她毒打一顿的。我常常悄悄地去。今天当他又动手打她时，我揍了他几下。”

“您这是真的?”

“就是这样；抓住他的头发把他拖开；他想揍我，但我吓唬他，事情就这样结束了。我怕他喝醉酒回来，记起这件事，又会狠狠地揍她。”

我们立即走下楼去。

五

列比亚德金家的门只虚掩着，没有锁上，所以我们毫无阻拦地走了进去。他们的全部居室包括两间破旧的小房间，熏黑的墙壁上一片片肮脏的墙纸确确实实可说是悬挂着的。这里有几年曾经开过小饭馆，后来主人菲利波夫把小饭馆迁到新房子里去了。其余几间曾经做过饭馆的小房间现在都锁着，这两间则租给了列比亚德金。家具只有几张普通的长凳和木板桌子，还有一张缺了一只靠手的沙发椅子。在第二个房间的一角有一张床，铺着一条布被子，这张床是属于 Mademoiselle① 列比亚德金娜的，大尉自己夜里睡觉时每次都随便往地板上一倒，往往连身上的衣服也不脱。房间里都处都扔满碎纸、垃圾，溅满水；一块很大很厚的湿透的抹布放在第一个房间的地板中央，就在这里，在水洼里放着一只破鞋。可以看得出来，这里的人什么事都不做；不生炉子，不做饭，沙托夫后来详细告诉我这家的情况时说，他们连茶也没有。大尉同妹妹初来的时候，简直是不名一文，如利普京所说，起初真的到一些人家去求乞；但是他忽然得到钱之后，立即就喝起酒来，完全成了酒狂，因此就根本顾不上料理家务了。

我渴望见到的 Mademoiselle 列比亚德金娜温顺地、不声不响地坐在第二个房间的一个角落里，在木板的厨桌旁边，在条凳上。我们开门进去的时候，她没有叫唤，甚至没有在原地动一动。沙托夫说，他们连门都不锁，有一次外屋的门通宵都敞开着。房间里点着一支插在铁烛台上的细蜡烛；在昏暗的烛光下我仔细观察了这个女人。她约莫三十岁年纪，身体瘦弱，面有病容，穿一件深色的布质旧连衣裙，细长的脖子上没有围巾，稀疏的黑头发在后脑勺上绾成一个发髻，像两岁孩子的拳头那么大。她望望我们，神色相当快乐，在她面前的桌子上除了烛台以外，还有一面农家用的小镜子、一副旧纸牌、一本破烂的歌本和一只德国式白面包，面包已经咬过一两口。看得出来，Mademoiselle 涂过胭脂

① 法文：小姐。

抹过粉，嘴唇上也搽了东西。她还描过眉毛，虽然她的眉毛本来就又长又细又黑。在狭窄的高高的额头上，虽然擦过粉，仍旧相当清楚地显现出三道长长的皱纹。我已经知道她是瘸子，但是这一次她没有在我们面前站起来过，也没有行走过。往昔，在她的青春时期，这张尚未消瘦的脸可能并不难看；而她那双恬静温柔的灰色眼睛到今天仍引人注目，在她恬静的、几乎是快乐的眼神中闪现出一种耽于幻想的诚挚表情。这种恬静安详的快乐还流露在她的微笑之中，在我听说她哥哥的哥萨克马鞭和种种暴行之后，她的快乐更使我惊讶。说也奇怪，平常每当我遇到这种受上帝惩罚的人时，我不禁会产生一种沉重的甚至是畏惧的嫌恶感；然而从我瞧见她的最初一刻起，我几乎感到愉快，以后我也许有点儿怜悯她，但绝无嫌恶之感。

“瞧，她就这么坐着，真正是整天形单影只，一动不动，有时用纸牌算命，或者照照镜子，”沙托夫在门槛上指着她说，“要知道，他不给她东西吃。住在厢房里的老太婆有时候发慈悲，给她拿点什么吃的来；就这么让她一个人一支蜡烛待在这里！”

使我奇怪的是，沙托夫大声说话，就好像她不在房间里似的。

“你好，沙图什卡[①]！”Mademoiselle 列比亚德金娜亲切地说道。

“玛丽娅·季莫费耶芙娜，我给你带客人来了。”沙托夫说。

“好呀，欢迎客人。我不知道你带谁来了，这一位我记不起了。”她从蜡烛后盯着我看了一会儿，立即又转向沙托夫。（在整个谈话中间她再也没有与我说话，就好像她身边没有我这个人似的。）

“你一个人在顶楼的房间里踱来踱去，闷得慌，是吗？”她笑了起来，露出两排雪白整齐的牙齿。

---

① 这是列比亚德金娜对沙托夫的昵称。

“既闷得慌，也想来看看你啦。”

沙托夫把长凳移近桌子，坐了下来，又让我坐在他旁边。

“谈话我总是喜欢的，不过我还是觉得你很可笑，沙图什卡，你像修士似的。你什么时候梳过头发？让我来替你梳梳，”她从口袋里掏出一把小梳子，“自从我上次替你梳头后恐怕还没有梳过吧？”

“我连梳子都没有。”沙托夫笑了起来。

“真的吗？那我把我的送给你，不是这把，另外一把，不过你得提醒我。”

她以最认真的态度替他梳起头来，甚至在一边还留出一条分缝，她把身子向后一仰，看看梳得可好，然后把梳子放回口袋里。

“你知道吗，沙图什卡，”她摇摇头说，“您为人可说是通情达理，可老是感到烦闷。我瞧着你们这些人，觉得奇怪；我不懂，为什么人们会感到烦闷。寂寞可不是烦闷。我活得快活。”

“同你哥哥也快活？”

“你这是说列比亚德金？他是我的仆人。他在不在这里，对我完全一样。只要我对他吆喝一声：‘列比亚德金，拿水来，列比亚德金，把鞋子递给我。’——他就会跑去拿；有时免不了作孽，觉得他真好笑。”

“的的确确是这样，”沙托夫又大声对我说，一点儿不顾礼貌。“她像使唤仆人一样使唤他；我亲耳听到过她呼唤他：‘列比亚德金，拿水来。’一面还哈哈大笑；不同的只是，他没有跑去打水，却为此揍她；但她一点儿也不怕他。她有一种神经方面的疾病，几乎每天发作，使她失去记忆，以致发作之后把刚才发生的事全都忘记了，而且总是把时间搞错。您以为她记得我们是怎么进来的吗？也许记得，但她把一切按她的方式加以改变，现在把我们当作什么别的人，而不是我们，虽然她记得我是沙图什卡。我大声说话，这不要紧；谁跟她说话，她马上就不听他，而且立即就自顾自地投入幻想中去；的确是投入。她是一个极大的幻想家；接连八小时，一整天，她都坐着不动。瞧，桌上放着面包，她也许从早上到现在只咬过一口，到明天才吃完。瞧，她现在用纸牌算命了……”

“算命倒会算，沙图什卡，可不知怎么搞的，结果都不是我所想的，”玛丽娅·季莫费耶芙娜接过他的话说，因为她听到了他说的最后一个词，同时她看都不看一眼就伸出左手去拿面包（大概也是听到了关于面包的话）。面包她终于拿到了，在左手里拿着待了一会儿，但是为重新开始的谈话所吸引，没有咬一口就不自觉地把它放回桌上。

“结果都是一样：一条大路，一个凶恶的人，某人的阴谋诡计，一个快死的人躺在床上，从某地来的信，意外的消息——这些我想都是假的，沙图什卡，你说呢？既然人会撒谎，为什么纸牌不会撒谎呢？”她突然把牌弄乱。“有一次我也是这样告诉普拉斯科维娅师太的。她是一个可敬的女人，常常到我的居室来，要我瞒着修道院院长替她用纸牌算命。来找我的不止她一个。她们又叹气，又摇头，谈来谈去，我却在笑：‘普拉斯科维娅师太，我说，如果十二年没有来信，您哪能收到信呢？’她有一个女儿被女婿带到土耳其的什么地方去了，十二年来音信全无。第二天晚上我在女修道院院长那里喝茶（她是公爵家庭出身），她那里还有一位过路的太太，很爱幻想，还有一位过路的希腊阿陀斯山的小修士，就我看来是一个相当好笑的人。你想是怎么回事，沙图什卡？原来就是这位小修士在那天早上从土耳其给普拉斯科维娅师太捎来她女儿的一封信，——瞧，这就是红方块杰克，意想不到的消息！我们在一起喝茶，这位小修士对院长师太说：‘最尊敬的院长师太，主赐给贵院的最大幸福，是院里保存着最贵重的珍宝。’‘什么珍宝？’院长师太问道。‘就是圣莉扎韦塔师太。’这位圣莉扎韦塔师太在我们院里用栅栏围着嵌在墙壁里，笼子有一俄丈长，两俄尺高，[①] 她坐在铁栅栏里面已经快十七年了，无论冬夏都穿一件粗麻衬衣，不住地用一根麦秸，或者什么枝条往自己的衬衣上，往粗麻布上扎，十七年来她什么话也不说，既不梳头，也不洗脸。冬天人们塞给她一件羊皮袄，每天给她一块干面包和一杯水。朝圣的人瞧着她，又是惊讶，又是叹息，还施舍金钱。'那算什么宝贝，'院长师太回答道，（她生气了，因为她很不喜欢莉扎韦塔）'莉扎韦塔坐在那里，只是因为她怨恨，因为她固执，全是装模作样。'这话我不爱听；我自己当时也想关门修道，我说：'依我看来，上帝和造化是一回事。'她们齐声对我说：'真想不到！'院长师太大笑起来，同那位太太悄悄说了几句话，把我叫过去抚慰我，那位太太送给我一个绯红的蝴蝶结，我给你看，要吗？那个修士当时就向我讲起道来，他讲得那么亲切、那么温和，当然又是那么聪明，我坐着听着。'你明白了吗？'他问我。'不，'我回答说，'我什么也不明白，别管我，一点儿也不要打扰我。'从那时起他们就一点儿不来打扰我了，沙图什卡。这时一个因预言未来而在我们那里忏悔的修女，在走出教堂时突然在我耳边说：'你以为圣母是什么？'我回答说：'伟大的母亲，人类的希望。'她说：'好，圣母是伟大的大地母亲，其所以伟大，是因为对人类来说包含着喜悦。任何人世间的忧伤，任何人世间的眼泪，对我们来说都是喜悦；只要你用眼泪浸透你脚下的土地半俄尺，你马上会对一切感到喜悦，你就不会有，'她说，'任何的任何的悲苦，这是，'她说，'神的启示。'我记住了这番话。从那时起，我在祷告时叩头，每次都亲吻土地，自己吻着哭着。我告诉你，沙图什卡，这些眼泪里没有什么不好的东西；即使你没有什么悲痛，你的眼泪也会因喜悦而流出来。眼泪

① 一俄丈等于二点一三四米，一俄尺等于零点七一米。

自己流出来，这是真的。我有时到湖边去：一边是我们的修道院，另一边是我们的尖山，这座山就叫尖山。我爬上这座山，面向东方，伏倒在地上，哭着哭着，也不知哭了多少时候，这时我什么也不记得，这时我什么也不知道。然后我站起来，转身向后，太阳快下山了，那么大，那么鲜艳，那么美，——你喜欢看太阳吗，沙图什卡？很美，可是也使人感到忧伤。我又转身向东，那黑影呀，我们那座山的影子，像箭一样在湖面上向前伸出去，窄窄的，长长的，伸出有两俄里远，一直到湖上的一个小岛，真的把那个岩石小岛劈成两半；给劈成两半之后，太阳也就完全下山了，四周突然暗了下来。这时我开始感到忧伤，这时记忆也突然恢复了，我怕黑，沙图什卡。我为我的孩子哭得更厉害了……”

“难道你有过孩子？”一直专注地倾听着的沙托夫用胳膊肘碰碰我。

“怎么没有？小小的，红红的，这样一点点小的指甲，我伤心的是，我不记得是个男孩儿还是女孩儿。有时候我记得是个男孩儿，有时候又记得是个女孩儿。当时我把他一生下来，就用麻纱布和花边裹好，用粉红的带子扎起来，撒上花，打扮好，为他做了祷告，没有行洗礼就把他抱了出去，我抱着他走进森林，我害怕森林，我吓坏了，我最伤心的是我生了他，却不知道丈夫是谁。”

“也许你有过丈夫吧？”沙托夫小心翼翼地问道。

“我觉得你说的话真好笑，沙图什卡，有也许有过，可是如果有过等于没有过，那有什么意思呢？这个谜不难猜，你猜猜看！”她嘿嘿笑了一声。

“你把他抱到哪里去了？”

“扔到池塘里去了。”她叹了一口气。

沙托夫又用胳膊肘碰碰我。

“如果你根本没有过孩子，这一切只不过是你的梦呓，那可怎么说呢，嗯？”

“你给我出了一个难题，沙图什卡，”她不慌不忙地回答，对这样的问题一点儿也不感到奇怪，“关于这一点我什么都不能告诉你，也许没有过；我觉得这只不过是你的好奇心罢了；不管怎样，我还会为他而哭泣，不会停止，我总不是在梦里看见的吧？”两滴大眼泪在她眼睛里闪闪发光。“沙图什卡，沙图什卡，你妻子跑走了，是真的吗？”她突然把两只手搁到他的肩上，用怜悯的目光瞧着他，“你可别生气，我自己也很难过。知道吗，沙图什卡，我做了一个什么梦：他又到我这儿来了，召唤我，叫我出去。‘小猫咪，’他说，‘我的小猫咪，快出来！’我听到他叫‘小猫咪’，再高兴不过了。他爱我呢，我想。”

“也许他真的会来的。”沙托夫小声喃喃说。

“不，沙图什卡，这才是做梦……他也不会真来的。你听见过这首歌吗？

> 我不要巍峨的新楼阁，
> 我宁愿留在这简陋小屋，
> 在这里我生活、修行，
> 为你向上帝祈祷幸福。①

噢，沙图什卡，沙图什卡，我亲爱的，你为什么从来不问我什么事？”

“因为你不会说，所以才不问。”

---

① 这首歌引自俄国民俗学家、古文献学家彼·瓦·基列耶夫斯基收集的《民歌集》(1870)，题为《皇后之歌》。据民间传说，歌的作者是叶芙多基娅·洛普欣娜，彼得一世的第一个妻子，她被彼得勒令削发为修女。——俄编注

“不说，不说，杀了我也不会说，”她很快接口说，“烧死我也不会说，无论我受什么罪，什么也不会说，人们绝不会知道！”

“你瞧，各人都有自己的秘密。”沙托夫说得更轻了，他的头愈垂愈低。

“不过，如果你要求，我也许会说的，也许会说的！”她兴奋地重复一遍，“求我，好好地求我，沙图什卡，也许我会告诉你的！恳求我，沙图什卡，使得我自己同意……沙图什卡，沙图什卡！”

但是沙图什卡默不作声；大家都沉默了快一分钟。眼泪慢慢地流下她搽了粉的双颊；她坐着，忘记了她的两手还搁在沙托夫的肩上，但已经不瞅着他了。

“唉，你的事跟我有什么相干，而且我也不该管，”沙托夫猛地从长凳上站起来，“您站起来呀！”他怒气冲冲地把长凳从我身下抽走，把它放回到原来的地方。

“他要来了，不要让他看出来；我们该走了。”

“哎哟，你总是在讲我的仆人！”玛丽娅·季莫费耶芙娜突然笑了起来，“你害怕！好吧，再见，我的好客人；再听我说一会儿。不久前这个尼雷奇和菲利波夫来过，菲利波夫是房东，火红的大胡子，我的那个正好在打骂我。房东一把抓住他，猛地拉着他在房间里转，我的那个叫喊：‘我没有过错，我是在代人受罪！’相信吗，我们在场的人一齐大笑起来……”

“唉，季莫费芙娜[①]，那不是红胡子，是我。今天是我抓住他的头发，把他从你身边拉开的；房东是前天到你们这里来跟你们吵架的，你

① 季莫费芙娜是玛丽娅的父称季莫费耶芙娜在口语中的缩略形式；在俄罗斯民间单独以父称称呼对方表示亲切和尊敬。

搞混了。”

“等一等，真的是我搞错了；也许那是你。算啦，这些小事情有什么好争的；对他来说，是谁把他拉开的，还不都是一样。”她笑了起来。

“我们走吧，”沙托夫猛地拉了我一把，“大门在响了，碰上我们，他会把她打死的。”

我们还没有跑上楼梯，就听到大门口醉汉的叫声和一连串的骂声。沙托夫让我走进他的房间，锁上了门。

“您得坐一会儿，如果不想惹事的话。听，叫得像猪崽一样，大概又在门槛上绊了一跤，每次都要摔倒在地。”

但是不出事是不可能的。

六

沙托夫站在上锁的房门边，倾听着楼梯上的动静；突然他从门边跳开。

“到这边来了，我早就知道！”他恶狠狠地压低嗓门说，“这一下非纠缠到半夜不可。”

门上响起了几下拳头猛击的声音。

“沙托夫，沙托夫，开门！”大尉狂叫，“沙托夫，朋友！……

我前来向你问候，
告——诉你太阳升起来了，
它那炽——热的光辉，
在……森林上……开始闪——耀。
告——诉你，我醒——来——了，见你的鬼去，整个儿醒来了，在……枝条之下……

就好像挨枝条抽打似的，哈哈！

每一只小鸟……希望口渴，

告诉你，我要喝，

喝……不知道要喝什么。①

算了，让愚蠢的好奇心见鬼去吧！沙托夫，你知道吗，生活在世界上多么美好！”

“别回答。”沙托夫又对我小声说。

“开门呀！你明白吗，世界上有的东西比人与人之间……打架更为崇高；高尚的人有时候……沙托夫，我很善良，我原谅你，沙托夫，让传单见鬼去吧，啊？”

沉默。

“你明白吗，你这头蠢驴，我恋爱了，我买了一套燕尾服，瞧，爱情的礼服，十五个卢布；大尉的爱情需要上等社会的体面……开门！”他突然狂吼起来，又疯狂地用拳头捶门。

“滚开！见鬼去！”沙托夫也突然咆哮起来。

“奴——隶！农奴！你妹妹也是奴隶，女农奴……女——贼！”

“可你把自己的妹妹出卖了！”

“胡说！我白白受冤枉，其实我一解释就能……你明白吗，她是什

① 列比亚德金的这首所谓的诗，是以俄罗斯诗人阿·阿·费特（1820—1892）的一首抒情诗（《我前来向你问候……》，1843 年）为基础的，原诗是一篇脍炙人口的名作，但除首两行外，其余的被列比亚德金篡改得面目全非。

么人?”

“什么人?”沙托夫突然好奇地走近门边。

“你明白吗?”

“我会明白的，你说，什么人?”

“我敢说！我一向如此，什么都敢在大庭广众之下说。”

“说吧，你未必敢……”沙托夫激怒他，他向我点点头，要我听着。

“我不敢?”

“我看你不敢。”

“我不敢?”

“如果你不怕老爷用枝条抽打你，那就说吧……你实际上是个胆小鬼，还算大尉呢!”

“我……我……她……她是……”大尉的声音激动颤抖，讷讷地说。

“你说呀，是什么人?”沙托夫竖起耳朵听。

又是沉默，持续了至少半分钟。

“浑、浑蛋!”最后从门后传来一句骂声，大尉急速退下楼梯去，像茶炊那样喘着气，跌跌撞撞地每一级都要踩空。

“不，他很狡猾，即使喝醉了也滴水不漏。”沙托夫离开了门边。

“这是怎么回事?”我问道。

沙托夫无可奈何地挥了一下手，打开门，又侧耳倾听楼梯下的动静；听了很久，甚至蹑手蹑脚地走下几级楼梯。最后他回来了。

“什么也听不到，没有打人；大概是倒在地上睡着了，您该走了。”

“听我说，沙托夫，我能从这一切中得出什么结论呢?”

“咳，您爱怎么想就怎么想吧!”他用疲倦的不屑的声调回答说，在自己的书桌旁坐了下来。

我走了。一个不可思议的想法在我的想象中滋长。我忧心忡忡地想着明天……

七

这个“明天”也就是将要最终决定斯捷潘·特罗菲莫维奇命运的那个星期天，是我的记述中意义最重大的一天。这是怪事层出不穷的一天，是旧的疑团冰释而新的疑窦丛生的一天，是许多事情得到无情的解释而更多的事情又纠缠不清的一天。早晨，如读者已经知道的，我必须按瓦尔瓦拉·彼得罗芙娜本人的指定，陪伴我的朋友到她那里去，而下午三点，我就应该去莉扎韦塔·尼古拉耶芙娜那里，告诉她——我自己也不知道告诉她什么，并且帮助她——我自己也不知道帮助她做什么。然而一切事情的解决竟是谁也没有预料到的。总之，这是偶然事件出奇地凑合在一起的一天。

最先，我同斯捷潘·特罗菲莫维奇按瓦尔瓦拉·彼得罗芙娜指定的时间于十二时整到达她那里，但她不在家；她去教堂做晨祷还没有回来。我可怜的朋友当时那样的情绪，或者更确切地说，那样的没有情绪，使他受不住这一情况的打击；他在客厅的椅子上坐下时几乎浑身瘫软，我递给他一杯水；但虽说他脸色煞白，手甚至在发抖，他还是彬彬有礼地拒绝了。顺便说一下，这一次他的衣着十分讲究：几乎是只有舞会上才穿的细麻布绣花衬衫，白领带，拿在手里的新礼帽，新的淡黄色手套，甚至还洒了一点点香水。我们刚坐定，侍仆就把沙托夫带进来了，很显然，也是受正式邀请来的。斯捷潘·特罗菲莫维奇欠身想伸出手去，但沙托夫注意地瞧了瞧我们俩，转身去角落里坐下，连头都不向我们点一下。斯捷潘·特罗菲莫维奇又惊恐不安地望望我。

这样，我们一声不响地又坐了几分钟。斯捷潘·特罗菲莫维奇突然开始在我耳边急速地说起话来，但我没有细听；他自己也由于激动，话没有讲完就不说了。侍仆又一次进来整理桌上的东西；实际上是来看看我们。沙托夫突然高声问他道：

“阿列克谢·尼雷奇，你知道达丽娅·帕夫洛芙娜是跟她一起去的吗？”

“瓦尔瓦拉·彼得罗芙娜是独自去教堂的，先生，达丽娅·帕夫洛芙娜留在楼上，身体不怎么好。”阿列克谢·尼雷奇用带点教训的口吻一本正经地说。

我可怜的朋友又仓促而不安地和我交换了一下眼色，最后我只好不理睬他了。忽然大门口响起隆隆的车轮声，房子里远处人来人往的声音告诉我们，女主人回来了。我们大家都急忙站了起来，但又是一件出乎意料的事：传来许多人的脚步声，就是说，主人不是一个人回来，这真有点儿奇怪了，因为是她自己指定我们在这个时间前来的。最后我们听到有人进来，走得出奇快，好像在跑，瓦尔瓦拉·彼得罗芙娜是不可能这样进来的。然而突然她像飞似的冲进屋来，气喘吁吁，激动万分。在她后面，稍微离开一点儿，脚步要慢得多，莉扎韦塔·尼古拉耶芙娜走了进来，与莉扎韦塔·尼古拉耶芙娜手拉着手进来的是——玛丽娅·季莫费耶芙娜·列比亚德金娜！如果我在梦中看见这一情景，我也不会相信的。

为了说明这一完全出乎意料的事件，必须倒回过去一小时，详细讲讲瓦尔瓦拉·彼得罗芙娜在教堂里的非同寻常的经历。

首先，这一天几乎全城的人都齐集到大教堂来做晨祷，当然我指的是我们社会的最上层。大家都知道省长夫人将要光临，这是她来到我们这里后的第一次露面。我想指出，我们这里有传闻，说她是个自由思想分子和“新派”人物。所有女士还知道，她的衣着将十分华贵，而且非常典雅；因此我们的女士们这一次也穿得非常讲究华丽。只有瓦尔瓦拉·彼得罗芙娜像平常一样朴素，穿着一身黑衣服；她最近四年来一直就是这样穿戴的。到了教堂之后，她在她通常坐的左边第一排的位置上坐下。穿制服的仆人在她面前放好丝绒垫子，供她跪拜时用。总之，一切同往常一样。然而人们也注意到，这一次她在整个做礼拜的过程中，不知怎的祈祷得特别虔敬；后来，当人们回忆起所有细节时，有人还说，她的眼中甚至噙着泪水。最后晨祷终于结束了，我们的大司祭保罗神父开始布道。我们这里爱听他的布道，对他的布道评价很高，甚至劝他刊印出来，但他一直没有下决心。这一次的布道特别长。

就在布道的时候，一位女士乘车驶近教堂，她乘的是雇用的旧式轻便马车，就是那种叫“万卡”[①] 的马车，女士们在这种车上只能侧身而坐，一只手拉住车夫的腰带，车子颠簸时身子就像野草那样随风摇晃。这种“万卡”在我们城里到现在还在行驶。车子在教堂的一角停下后（因为大门前有许多车马，甚至宪兵），女士从马车上跳下来，给车夫四个戈比的银币。

“怎么，难道还少吗，万尼亚！”她看到他做了个鬼脸，叫道。“我所有的钱都在这里了。”她可怜巴巴地又说。

“好吧，上帝保佑你，没有讲价就让你上了车。”车夫无可奈何地摆摆手，瞧了她一会儿，好像在想：“欺侮你是罪过的。”然后，他把皮钱袋塞进怀里，催马驶走了，伴随他的是停在近旁的车夫的嘲笑。嘲笑，甚至还有惊奇，也一直伴随着那位女士，她艰难地在车马和等候快要出来的主人的奴仆中间穿过，向教堂大门走去。这样一位不知来自何方的女子突然出现在街上的人们中间，的确是出乎大家意外的不寻常的事

---

① 由劣马驾的十分简陋的乘客马车的俗称。

情。她近乎病态地消瘦，瘸腿，涂着浓重的脂粉，长长的完全裸露的脖子，没有围巾，没有斗篷，在这晴朗但却寒冷刮风的 9 月天只穿一件旧的绿色连衣裙；头上没有头巾，头发在后脑勺上绾成一个小小的髻，发髻的右边只插着一朵假玫瑰花，这种假玫瑰花常常是用来装饰复活节出售的玩具天使的。昨天在玛丽娅·季莫费耶芙娜家里，我在角落里的圣像面前恰好看到过这样一个戴着纸花冠的玩具天使。除此之外，这位女士走路时虽然一直谦虚地低垂两眼，但却快活地狡黠地微笑着。如果她稍微走慢一点儿，也许不会放她进教堂去……但她溜过去了，一进入礼拜堂又悄悄地向前挤过去。

虽然布道只进行到一半，把礼拜堂挤得满满的听众正全神贯注、鸦雀无声地聆听着布道，但是仍有几双眼睛带着好奇和惊疑的神色瞟视进来的女人。她在教堂的地板上跪下，把自己那张抹着脂粉的脸低低垂下，触及地面，俯伏了很久，显然哭了；但是当她再抬起头站起身来的时候，她很快就恢复了常态，开始左顾右盼了。她显然以极大的兴趣快活地扫视周围人的脸和教堂的四壁；特别好奇地观察有些太太，为此她甚至踮起脚，有两次还笑了起来，发出奇怪的嘻嘻声。最后布道结束了，扛出了十字架。省长夫人第一个向十字架走去，但是在还差两步的地方停了下来，看来想让路给*瓦尔瓦拉·彼得罗芙娜*，*瓦尔瓦拉·彼得罗芙娜*则径直走去，似乎没有注意到她前面有什么人。省长夫人不同一般的客气无疑包含着明显的、一种相当机智的挖苦；大家都是这样理解的；*瓦尔瓦拉·彼得罗芙娜*一定也懂得；但是她仍然什么人都不顾，以坚定的庄严姿态吻了吻十字架，立刻向出口走去。穿制服的仆人在她前面开路，虽然没有他人们也在往两边退让。但是到了门口，在教堂前的台阶上紧聚在一起的一群人一时挡住了她的去路。*瓦尔瓦拉·彼得罗芙娜*停住了脚步，突然，一个离奇的怪物，头上插着一朵纸玫瑰的女人，挤过人群，在她面前跪了下来。瓦尔瓦拉·彼得罗芙娜轻易不会被什么事情难倒，特别是在大庭广众之下，她庄重而严峻地瞧着她。

我想在这里快点尽可能简略地说一下：瓦尔瓦拉·彼得罗芙娜近年来虽然如旁人所说，过分精于盘算，甚至吝啬，但有时仍不惜金钱去做慈善事业。她是首都一个慈善协会的会员。在不久前的一个荒年里①，她给彼得堡赈济灾民总委员会寄去五百卢布，这事我们这里谈论甚多。而且在最近新省长任命之前，她筹备成立一个妇女委员会，资助本省最贫困的产妇。我们这里议论纷纷，指摘她沽名钓誉；但是瓦尔瓦拉·彼得罗芙娜那有名的一往直前、坚韧不拔的性格差不多战胜了各种障碍；协会几乎已经筹备就绪，而且在筹办者意气风发的头脑中，最初的思想不断发展扩大：她已经梦想在莫斯科成立同样的委员会，使它的作用逐步扩大到各省去。但是省长的突然更替使一切工作陷于停顿；而新的省长夫人据说已经在社交界发表了一些尖刻的、而主要是切实中肯的意见，似乎批评创办这种委员会的基本思想是不切实际的；这些话，当然经过加油添醋，已经传到瓦尔瓦拉·彼得罗芙娜的耳朵里。只有上帝才能洞察人心，但是我想，瓦尔瓦拉·彼得罗芙娜这时在教堂大门口停下来的时候，她甚至有点感到高兴，因为她知道，省长夫人很快会从她身边经过，然后是所有人，“让她亲眼瞧瞧，我才不在乎她是怎么想的，她是怎么挖苦我的慈善事业是沽名钓誉的。让你们大家也瞧瞧！”

“您怎么啦，亲爱的，您要什么？”瓦尔瓦拉·彼得罗芙娜仔细打量跪在她面前的请求者。那人以十分胆怯的、羞涩的、但几乎是崇敬的目光瞧着她，但突然又以她那奇怪的嘻嘻声笑了一笑。

---

① 距《群魔》创作之前最近的荒年是 1867 年和 1868 年。1868 年大饥，民不聊生，当局决定募捐赈饥，报刊上出现了一系列文章，号召援助“受难的同胞”。

“她要干什么？她是什么人？”瓦尔瓦拉·彼得罗芙娜以命令式的询问的目光环视在场的人。没有人作声。

“您有什么不幸的事？您需要帮助吗？”

“我需要……我来到这里是……”“不幸的人”喃喃地说，她的声音因激动而断断续续。“我来到这里只是为了要吻吻您的手……”她又嘻嘻一笑。她以最稚气的目光，那种孩子在要求得到什么东西时讨好大人的目光，伸出手去想抓住瓦尔瓦拉·彼得罗芙娜的手，但是好像害了怕，突然缩回自己的手。

“您只是为了这个才来的吗？”瓦尔瓦拉·彼得罗芙娜满怀同情地笑了一笑，但立即迅速从口袋里取出自己的贝母色小钱包，从里面抽出一张十卢布的纸币给了那陌生女人。那人收了钱。瓦尔瓦拉·彼得罗芙娜非常关切，显然不认为这个陌生女人是一般的平民百姓。

“瞧，给了十个卢布。”人群中有人说。

“请让我吻吻手。”“不幸的女人”讷讷说，她左手的手指紧紧捏住那张十卢布纸币的一角，风吹得纸币一卷一舒的。瓦尔瓦拉·彼得罗芙娜不知为什么微微皱起眉头，以严肃的甚至严厉的神色伸出手来；“不幸的女人”虔敬地吻吻手。她那感激的目光甚至闪烁着狂喜的光芒。正在这时，省长夫人走了过来，一大群我们的太太小姐和高级官员随后涌来。由于拥挤，省长夫人不得不暂时停住脚步，许多人也停了下来。

“您在发抖，您冷吗？”瓦尔瓦拉·彼得罗芙娜突然说，她很快脱下自己的斗篷（仆人马上接了过去），解下肩头黑色的（很不便宜的）披巾，亲手围在还跪在面前的请求者裸露的脖子上。

“您起来吧，别跪了，起来，我求您！”那人站了起来。

“您住在哪里？难道就没有人知道她住在哪里？”瓦尔瓦拉·彼得罗芙娜又不耐烦地环顾四周。但是原来那群人已经不见了；见到的都是熟悉的上流社会人士，他们在看热闹，有些人带着严肃的惊讶态度，另一些人带着狡黠的好奇神情，同时天真地渴望出现一场小小的丑剧，又有一些人甚至已经开始讪笑了。

“好像这是列比亚德金家的，太太，”最后终于有一个好心人出来回答瓦尔瓦拉·彼得罗芙娜的问题，他是可敬的、受许多人尊重的商人安德烈耶夫，戴着眼镜，留着一副白胡子，穿着俄罗斯服装，戴一顶圆筒形帽子，这顶帽子他现在拿在手里，“他们住在菲利波夫的房子里，在显圣街。”

“列比亚德金？菲利波夫的房子？我听说过……谢谢您，尼孔·谢苗内奇，但这位列比亚德金是什么人呢？”

“他自称是大尉，应该说，不是一个行为检点的人。而这一位，一点儿不错，是他妹妹。她现在大概是从监视下偷跑出来的。”尼孔·谢苗内奇压低声音说，意味深长地瞧瞧瓦尔瓦拉·彼得罗芙娜。

“我知道了，谢谢，尼孔·谢苗内奇。我亲爱的，您是列比亚德金娜小姐？”

“不，我不是列比亚德金娜。”

“那么，也许您哥哥是列比亚德金？”

“我哥哥是列比亚德金。”

“我看就这么办，我现在带您，我亲爱的，到我家去，再从我家送您回家；愿意跟我去吗？”

“噢，愿意！”列比亚德金娜女士拍了一下手。

“姨妈，姨妈？把我也带到您家去！”突然传来莉扎韦塔·尼古拉耶芙娜的声音，我要说明，莉扎韦塔·尼古拉耶芙娜同省长夫人一起来做晨祷，而普拉斯科维娅·伊万诺芙娜根据医嘱乘马车去兜风，并且为了有人谈话散心，把马夫里基·尼古拉耶维奇也带去了。莉扎突然离开省长夫人，跑到瓦尔瓦拉·彼得罗芙娜身边。

“我亲爱的，您知道，我总是喜欢看到您，可您母亲会说些什么呢?”瓦尔瓦拉·彼得罗芙娜开始时神态威严，但注意到莉扎异常激动，她犹豫起来。

“姨妈，姨妈，我现在一定要跟您一起去。”莉扎韦塔·尼古拉耶芙娜吻着她，恳求道。

“Mais qu'avez-vous donc，Lise![1]”省长夫人说，惊奇中另有深意。

“哎呀，请原谅，亲爱的，chère cousine,[2] 我到姨妈那里去。”莉扎急忙回到既惊奇又不快的 chère cousine 身边，吻了她两次。

“还要请您告诉 maman，要她马上到姨妈家去接我，maman 一定一定愿意去的，刚才她自己还说过，我忘了告诉您，”莉扎急促地说，“对不起，别生我的气，Julie[3]... chère cousine... 姨妈，我可以走了!”

“如果您，姨妈，不带我去，我会跟在您车子后面，一面跑，一面叫，”她紧贴着瓦尔瓦拉·彼得罗芙娜的耳朵悄悄说，说得又快又急切，幸好没有人听到。瓦尔瓦拉·彼得罗芙娜甚至后退了一步，以锐利的目光看了看这个发了疯的姑娘。这一看决定了一切：她无论如何要把莉扎带走!

“这件事应该结束了，”她脱口而出说，“好吧，我很高兴带您一起走，莉扎，”她立即大声加了一句，“当然，如果尤莉娅·米哈伊洛芙娜同意放您走的话。”她态度坦诚地、爽朗而不失身份地转身直接对省长夫人说。

“噢，毫无疑问，我不想使她失去这份快乐，尤其因为我自己……”

---

① 法文：您怎么啦，莉扎!

② 法文：亲爱的表姐。

③ 法文：尤莉娅。

尤莉娅·米哈伊洛芙娜突然以惊人的客气喃喃说，“我自己……知道，在她的肩膀上长着一颗多么富于幻想的任性的小脑袋（尤莉娅·米哈伊洛芙娜哑然一笑）……”

“非常感谢您。”瓦尔瓦拉·彼得罗芙娜彬彬有礼而又仪态庄重地颔首表示谢意。

“我尤其感到愉快的是，”尤莉娅·米哈伊洛芙娜几乎是十分兴奋地继续喃喃说，甚至因为愉快激动得脸都红了，“除了在您家做客的快乐之外，现在促使莉扎去的还有如此美好，如此……我可以说，高尚的感情……同情心……（她瞥了‘不幸的女人’一眼）……而且……在教堂大门的台阶上……”

“这种看法真使人敬重您。”瓦尔瓦拉·彼得罗芙娜大方地称赞道。尤莉娅·米哈伊洛芙娜迅速伸出手去，瓦尔瓦拉·彼得罗芙娜很高兴地用自己的手指碰一下她的手。总的印象是非常美好的，在场的有些人高兴得笑逐颜开，出现了一些甜甜的谄媚的笑容。

总之，全城的人突然明白了，不是尤莉娅·米哈伊洛芙娜瞧不起瓦尔瓦拉·彼得罗芙娜，因此至今没有去拜访她，恰恰相反，是瓦尔瓦拉·彼得罗芙娜自己“保持与尤莉娅·米哈伊洛芙娜的距离，如果尤莉娅·米哈伊洛芙娜知道瓦尔瓦拉·彼得罗芙娜不会把她赶走，哪怕要她徒步前去，说不定也早已去拜访她了”。瓦尔瓦拉·彼得罗芙娜的威信大大提高了。

“坐上去吧，亲爱的，”瓦尔瓦拉·彼得罗芙娜指着驶近的马车对Mademoiselle 列比亚德金娜说；“不幸的女人”欢欢喜喜地跑向车门，仆人扶她上车。

“怎么！您瘸腿！”瓦尔瓦拉·彼得罗芙娜叫了起来。她脸色煞白，似乎吓坏了。（当时所有的人都注意到了，但没有理解……）

马车启动了。瓦尔瓦拉·彼得罗芙娜的邸宅离教堂极近。莉扎后来告诉我，在马车行走的三分钟里，列比亚德金娜歇斯底里地笑着，瓦尔瓦拉·彼得罗芙娜则“仿佛处于一种催眠状态之中”，这是莉扎亲口说的。

第五章

聪明绝顶的蛇魔

一

瓦尔瓦拉·彼得罗芙娜摇了摇小铃，匆忙地坐到窗口的圈椅里。

“这边坐，我亲爱的，”她向玛丽娅·季莫费耶芙娜指指房间中央大圆桌边的一个座位，“斯捷潘·特罗菲莫维奇，这是怎么回事？瞧，瞧，瞧这个女人，这是怎么回事？”

“我……我……”斯捷潘·特罗菲莫维奇嘟嘟囔囔地说。

但是一个仆人进来了。

“拿一杯咖啡来，马上煮，单独做，尽快！让马车等着，不要卸套。”

“Mais，chère et excellente amie，dans quelle inquiétude...①”斯捷潘·特罗菲莫维奇发出一声惊叹，声音越来越低。

“啊呀，讲法语，讲法语！马上就看得出来，是上流社会！”玛丽娅·季莫费耶芙娜拍了一下手，她兴高采烈地准备听听法语对话。瓦尔瓦拉·彼得罗芙娜几乎是恐怖地瞪着她。

我们大家都默不作声，等待事情的结局。沙托夫没有抬起头来，斯

---

① 法文：但是，亲爱的和最善良的朋友，您多么不安……

捷潘·特罗菲莫维奇惶惶得不知所措，似乎一切都是他的过错；他的两个鬓角沁出了汗珠。我瞥了莉扎一眼（她坐在屋角里，几乎同沙托夫并排）。她的视线警觉地从瓦尔瓦拉·彼得罗芙娜移向瘸腿女人，又从瘸腿女人移向瓦尔瓦拉·彼得罗芙娜；在她的嘴角挂着一丝强装出来的微笑，不怀好意的微笑。瓦尔瓦拉·彼得罗芙娜看到了这个微笑。而这时玛丽娅·季莫费耶芙娜完全入了迷：她以极大的喜悦毫无顾忌地仔细观看瓦尔瓦拉·彼得罗芙娜华丽的客厅——家具、地毯、墙上的画、古老的彩绘的天花板、角落里巨大的青铜铸的耶稣受难像、瓷器灯、画册、桌上的小摆设。

“原来你也在这里，沙图什卡！”她突然叫道，“你瞧，我早就看到你了，可我想：这不是他，他怎么能到这里来呢！”她快活地大笑起来。

“您认识这个女人？”瓦尔瓦拉·彼得罗芙娜马上问他。

“认识，太太，”沙托夫讷讷地说，他在椅子上挪动了一下身子，但仍坐着没有站起来。

“您知道些什么？请快说！”

“那是……”他不合时宜地笑了一笑，顿住了……“您自己看到……”

“看到什么？您说呀，说点什么都行！”

“同我住在同一座房子里……同她哥哥一起……他是军官。”

“还有呢？”

沙托夫又顿住了。

“不值得讲……”他闷声闷气地说，然后断然住口不说了，甚至还因为自己下了决心而涨红了脸。

“当然，不能期望您再讲什么了！”瓦尔瓦拉·彼得罗芙娜愤愤地中止谈话。她现在明白了，大家都知道一些事情，但同时又都胆怯，在她的问题面前闪避，企图向她隐瞒什么。

仆人进来，在小小的银托上给她端来她特地吩咐煮的咖啡，但马上根据她的眼色，向玛丽娅·季莫费耶芙娜走去。

“您，我亲爱的，刚才受寒了，赶快喝下去，暖暖身子。”

“Merci.①”玛丽娅·季莫费耶芙娜拿起杯子，突然想到自己对仆人说merci，扑哧一声笑了出来。但是碰到瓦尔瓦拉·彼得罗芙娜威严的目光，她胆怯了，把杯子放到桌上。

“姨妈，您不是生气了吧？”她含混不清地说，带着一种轻佻的顽皮。

“什——么？”瓦尔瓦拉·彼得罗芙娜挺起身来，在圈椅上坐得笔直，“我是您什么姨妈？您这是什么意思？”

玛丽娅·季莫费耶芙娜没有想到会惹起这么大的愤怒，全身痉挛，瑟瑟发起抖来，好像什么病发作似的。她身体向后靠在椅子背上。

“我……我以为该这么叫，”她讷讷地说，睁大了眼睛望着瓦尔瓦拉·彼得罗芙娜，“莉扎是这么叫您的。”

“哪一个莉扎？”

“就是这一位小姐，”玛丽娅·季莫费耶芙娜用手指点点。

“这么说，您同她已经亲热得可以叫她莉扎了？”

“您自己刚才这样叫她的，”玛丽娅·季莫费耶芙娜胆大了一点儿起来。“我在梦中看见过这样一位美人。”她似乎是不经意地笑了一笑。

瓦尔瓦拉·彼得罗芙娜明白了是怎么回事，稍稍安心一点儿；甚至对她的最后一句话还笑了一笑。玛丽娅·季莫费耶芙娜看到笑容，从圈椅上站了起来，怯生生地一瘸一拐走到她身旁。

---

① 法文：多谢。

“请拿去，我忘了还给您，别怪我不懂礼貌。”她突然从肩上取下瓦尔瓦拉·彼得罗芙娜方才给她披上的黑色披巾。

“快披回去，永远留在您那儿。快去坐下，喝您的咖啡，请您不要怕我，我亲爱的，放心吧。我开始理解您了。”

“Chère amie...”斯捷潘·特罗菲莫维奇又大着胆子说。

“哎哟，斯捷潘·特罗菲莫维奇，没有您也已经够叫人晕头转向了，您就饶了我吧……请您拉拉您身边的这个铃，通女仆室的。”

大家又沉默下来。她的多疑易怒的目光在我们脸上扫来扫去。阿加莎，她心爱的女仆，进来了。

“给我拿那块格子的头巾来，我在日内瓦买的那块。达丽娅·帕夫洛芙娜在干什么?”

“小姐她身体不太好。”

“去请她到这里来。你要说，我请她一定来，身体不好也要来。”

这时，在相邻的几间屋子里，同方才一样又传来不寻常的人声和脚步声，突然在门槛上出现了气喘吁吁的“心绪不佳的”普拉斯科维娅·伊万诺芙娜。马夫里基·尼古拉耶维奇搀扶着她。

“喔唷，天哪，总算走到了；莉扎，你这个疯丫头，把你母亲害得好苦!”她尖声叫道，像所有身体衰弱、极易受刺激的人一样，把心头郁积的所有怒气都纳入这一声尖叫之中。

“亲爱的瓦尔瓦拉·彼得罗芙娜，我到您这里找女儿来了。”

瓦尔瓦拉·彼得罗芙娜阴沉沉地瞥了她一眼，半欠起身子迎接她，几乎不掩饰自己的懊丧，说道：

“你好，普拉斯科维娅·伊万诺芙娜，请坐。我早知道你一定会来的。”

二

对普拉斯科维娅·伊万诺芙娜来说，这样的接待完全是意料中的事。瓦尔瓦拉·彼得罗芙娜从童年时起一向对这位寄宿学校的老同学态度专横，而且在友好的外表下几乎带着轻蔑。但是在当前这个场合，情况有点儿特殊。近几天来，两家的关系濒于决裂，我在这之前已经顺便提到过了。导致决裂的原因直到现在对瓦尔瓦拉·彼得罗芙娜来说仍然神秘莫测，因此更使她气恼；但问题主要在于普拉斯科维娅·伊万诺芙娜在她面前采取了极为傲慢的姿态。瓦尔瓦拉·彼得罗芙娜当然受到伤害，而同时有一些奇怪的流言蜚语传到她耳中，这些流言蜚语也因为扑朔迷离而给她极大的刺激。瓦尔瓦拉·彼得罗芙娜的性格直爽、坦率而高傲，而有时不免暴躁，如果可以这样说的话。她最不能忍受的是暗地里的藏头露尾的指摘，而总是宁愿进行公开的战争。不管是什么原因，两位太太已经有五天没有见面了。最后一次是瓦尔瓦拉·彼得罗芙娜去探望，她从"德罗兹多夫的婆娘"那里离开时既生气又惶惑。我可以说，普拉斯科维娅·伊万诺芙娜现在天真地深信，瓦尔瓦拉·彼得罗芙娜因为某种缘故应当在她面前感到惧怕，这是一点儿不会错的；这从她脸部的表情就可以看出来。但是显然是在这个时候，当瓦尔瓦拉·彼得罗芙娜有一点点迹象可以怀疑人们因某种原因认为她受到屈辱时，桀骜自大的恶魔就占据了她的心灵。普拉斯科维娅·伊万诺芙娜同许多弱者一样，他们自己可以长期受人欺侮而不反抗，但当事情的发展有利于她们的时候，就会狂热地进行还击。的确，她现在身体不好，人在病中总是容易动怒的。最后，我还想补充一点，我们当时在客厅里的人，都不会因为我们的在场而使两位儿时好友有所收敛，如果她们之间发生争吵的话；我们被当作自己人，几乎是她们的下属。我当时想到这一点就不无恐惧。斯捷潘·特罗菲莫维奇从瓦尔瓦拉·彼得罗芙娜到来之后，一直没有坐下来过，这时一听到普拉斯科维娅·伊万诺芙娜的尖叫声，就颓然跌坐在椅子上，带着绝望的神色来窥探我的目光。沙托夫在椅子上蓦地转过身去，甚至闷声闷气地自言自语了几句。我觉得他想站起来离开这里。莉扎稍稍抬起身来，但立刻又坐了下去，甚至对她母亲的尖叫也不予以应有的注意，但不是因为“乖张的性格”，而是因为她的整个身心显然处于另一种强烈印象的控制之下。她现在两眼望着空中，几乎是心不在焉，甚至对玛丽娅·季莫费耶芙娜也不像先前那样注意了。

三

“喔唷，坐这边！”普拉斯科维娅·伊万诺芙娜指指桌子旁的圈椅，在马夫里基·尼古拉耶维奇的帮助下费力地坐下，“要不是我的两条腿，我不会在您这里坐下的，太太。”

瓦尔瓦拉·彼得罗芙娜稍稍抬起头来，面露病容，用右手的两个手指按住右太阳穴，显然感到剧烈的头痛（tic douloureux①）。

“为什么这样，普拉斯科维娅·伊万诺芙娜，为什么你不能在我这里坐下？我一生都得到你已故丈夫的真诚友谊，我同你还是小女孩儿时就一起在寄宿学校里玩布娃娃。”

普拉斯科维娅·伊万诺芙娜连连摆手。

“我早知道您会这么说的！您想责备我的时候，总是从寄宿学校开始，这是您的巧妙手法。依我看来，这只是说得好听罢了。我真受不了

---

① 法文：三叉神经痛。

您的这个寄宿学校。”

“你这次来我这里好像情绪很坏，你的腿怎么样？瞧，给你送咖啡来了，请吧，喝一杯，别生气了。”

“亲爱的瓦尔瓦拉·彼得罗芙娜，您对我好像对小女孩儿一样。我不要喝咖啡，怎么样！”

她挑衅地向给她送咖啡来的仆人挥挥手。（不过其余人也没有要咖啡，只有我和马夫里基·尼古拉耶维奇除外。斯捷潘·特罗菲莫维奇已经拿起杯子，但又把它放到桌子上。玛丽娅·季莫费耶芙娜虽然非常想再喝一杯，她已经伸出手来，但改变了主意，彬彬有礼地谢绝了，显然她因此而对自己非常满意。）

瓦尔瓦拉·彼得罗芙娜撇嘴一笑。

“你知道吗，我的朋友普拉斯科维娅·伊万诺芙娜，你大概又幻想什么事情了，带着这种幻想进了我的家。你一辈子都生活在幻想之中。你对寄宿学校很气恼；可你记得吗，你有一次来到学校，对全班同学说，骠骑兵沙布雷金向你求亲，Madame Lefebure[①] 当场就拆穿了你的谎言。其实你也没有说谎，只不过以幻想来安慰自己罢了。好啦，你说吧：你现在在想些什么？有什么不满意的？”

“可您在寄宿学校里爱上了那位教神学的教士，——瞧您还有什么可说的，如果您到现在还那么记旧恶的话，——哈哈哈！”

她刻薄地哈哈大笑起来，后来又咳嗽不止。

“啊、啊，你还没有忘记教士的事……”瓦尔瓦拉·彼得罗芙娜狠毒地瞥了她一眼。

她的脸色发青。普拉斯科维娅·伊万诺芙娜把脸一沉。

---

① 法文：勒费比尔太太。

“我呀，太太，现在顾不上笑；为什么您在全城人面前把我的女儿牵连到您的丑闻中去，这就是我来的原因！”

“我的丑闻？”瓦尔瓦拉·彼得罗芙娜突然威严地挺直身子。

“妈妈，我也恳求您要克制一点儿。”莉扎韦塔·尼古拉耶芙娜突然说。

“你说什么？”她妈妈准备再次尖声高叫，但在女儿的炯炯目光之下突然不吭声了。

“妈妈，您怎么能说什么丑闻呢？”莉扎脸涨得通红。“是我自己得到尤莉娅·米哈伊洛芙娜的允许到这里来的，因为我想知道这位不幸的人的故事，以便帮助她。”

“‘这位不幸的人的故事’！”普拉斯科维娅·伊万诺芙娜带着恶意的笑声慢吞吞地说道，“难道你要介入这样的‘故事’中去？喔唷，夫人，您的专制让我们受够了！”她发疯似的转向瓦尔瓦拉·彼得罗芙娜。“不管是真是假，大家都在说，您把全城的人折磨得够了，现在该轮到您自己了。”

瓦尔瓦拉·彼得罗芙娜坐得笔直，像箭在弦上，随时可发。大约有十秒钟她严厉地目不转睛地瞅着普拉斯科维娅·伊万诺芙娜。

“感谢上帝，普拉斯科维娅，幸好这里都是自己人，”最后她以显得很凶的平静口吻说，“你说了太多过头的话。”

“亲爱的，我才不像有些人那样害怕社会舆论呢；这是您，看起来不可一世，对社会舆论却害怕得发抖。至于这里都是自己人，没有外人听到，那倒对您有利。”

“怎么，这一周里你变得聪明了？”

“不是我在这一周里变得聪明了，而是这一周里看来真相大白了。”

“什么事情在这一周里真相大白了？听着，普拉斯科维娅·伊万诺芙娜，你别惹我生气，我恭请你马上说说清楚：什么事情真相大白了？你这是指的什么？”

“瞧她，全部真相就在这里！”普拉斯科维娅·伊万诺芙娜突然用指头指着玛丽娅·季莫费耶芙娜，她断然下定决心，已经完全不顾后果，只求此时压倒对方。玛丽娅·季莫费耶芙娜一直以愉快的好奇心瞅着她；当她看到爱使性子的客人用手指指着她时，高兴得笑了，在圈椅上快活地摆动起来。

“上帝呀，她们全都发疯了吗！”瓦尔瓦拉·彼得罗芙娜高声叫道，她脸色煞白，倒在圈椅的靠背上。

她脸色如此苍白，引起了一阵惊慌。斯捷潘·特罗菲莫维奇最先奔过去；我也走近她；甚至莉扎也站了起来，虽然她仍站在她的椅子旁；但是最恐慌的却是普拉斯科维娅·伊万诺芙娜自己：她惊叫一声，挣扎着站起来，几乎用哭丧的声音高叫：

“亲爱的瓦尔瓦拉·彼得罗芙娜，原谅我刻毒的蠢话！你们快拿水来给她！”

“别哭鼻子，普拉斯科维娅·伊万诺芙娜，我求你啦，先生们，请你们走开，不需要水！”瓦尔瓦拉·彼得罗芙娜用发白的嘴唇坚定地、虽然是轻声地说道。

“亲爱的！”普拉斯科维娅·伊万诺芙娜稍稍放心一些，继续说道，“我的朋友瓦尔瓦拉·彼得罗芙娜，我虽然说话不谨慎，冒犯了您，但是使我恼火的是这些匿名信，不知道是什么人一封又一封地寄给我，像炮轰似的；既然这是关于您的事，他们应该写给您呀，亲爱的，我家有一个闺女哪！”

瓦尔瓦拉·彼得罗芙娜一语不发，睁大了眼睛瞧着她，惊讶地听着。这时角落里的边门悄悄地打开了，达丽娅·帕夫洛芙娜出现在门口。她停住脚步，环视四周；我们的慌乱使她惊讶。她大概没有立刻看出玛丽娅·季莫费耶芙娜来，因为事先没有人告诉过她。斯捷潘·特罗菲莫维奇第一个注意到她，身子很快地挪动了一下，脸红了，不知为了什么高声说道："达丽娅·帕夫洛芙娜!"于是所有眼睛一下子都转移到来人的身上。

"怎么，原来这就是你们的达丽娅·帕夫洛芙娜!"玛丽娅·季莫费耶芙娜高声说道，"我看，沙图什卡，你妹妹一点儿都不像你！我的那个人怎么把这样可爱的一位姑娘叫作农奴女达什卡呢!"

这时达丽娅·帕夫洛芙娜已经走近瓦尔瓦拉·彼得罗芙娜身边，但是玛丽娅·季莫费耶芙娜的感叹声使她惊愕，她迅速转过身来，就这样站在椅子前，久久地、目不转睛地瞧着这个傻女人。

"坐下吧，达莎，"瓦尔瓦拉·彼得罗芙娜以令人畏惧的冷静语气说道，"坐近点，就这样；你坐着也能看到这个女人。你认识她吗?"

"我从来没有见过她，"达莎小声回答，沉默了一会儿，补充说："这大概是那位列比亚德金先生的有病的妹妹。"

"我现在也是第一次见到您，我亲爱的，虽然我早就很希望同您认识了，因为您的每一个动作中都可以看到教养，"玛丽娅·季莫费耶芙娜忘情地高声说道，"至于我的仆人谩骂，那怎么可能呢，您这样有教养，这样可爱，怎么会拿他的钱呢？因为您可爱，可爱，可爱，这是我从心里对您说的!"她最后在身前挥动着小手兴奋地说。

"你懂她的话吗?"瓦尔瓦拉·彼得罗芙娜傲然问道。

"我全懂……"

"关于钱的事你听到过?"

"这大概就是尼古拉·弗谢沃洛多维奇叫我转交的那笔钱，那还是在瑞士时的事，我答应把钱交给这位列比亚德金先生，她的哥哥。"

接着是沉默。

“是尼古拉·弗谢沃洛多维奇自己托你转交的吗？”

“他急于把这笔钱，一共三百卢布，寄给列比亚德金先生。由于他不知道他的地址，只知道他很快要到我们住的城市来，因此托我转交，如果列比亚德金先生来的话。”

“这是什么钱？……不见了吗？这个女人刚才讲的是怎么回事？”

“这我就不知道了；我也听到说，列比亚德金先生公开说，似乎我没有把这笔钱全数交给他；这话我就不明白了。给我的是三百卢布，我转交的也是三百卢布。”

达丽娅·帕夫洛芙娜几乎已经完全平静下来。总之我发现，要使这位姑娘长时间对什么感到惊诧，使她不知所从，那是很难的，——不管她内心的感觉如何。现在她不慌不忙地说出自己的所有问题，立即回答每一个问题，确切，安详，平静，最初的突如其来的激动已经没有留下丝毫痕迹，也没有一点点尴尬的神情可以证明她有任何犯罪感。在她说话的过程中，瓦尔瓦拉·彼得罗芙娜的目光一刻也没有离开过她。瓦尔瓦拉·彼得罗芙娜思考了一分钟。

“如果，”她终于坚定地说，她的话显然是说给旁观者听的，虽然她只瞅着达莎一个人，“如果尼古拉·弗谢沃洛多维奇甚至没有委托我，而是请求你，那么他这样做当然有他的理由。既然他对我保密，我不认为我有权探问这些理由。但是有你参与了这件事，就足以使我完全放心了；达丽娅，这一点你首先要明白。但是你可知道，我的朋友，即使你良心清白，你也可能因为阅世不深而做出不审慎的事来，你接受委托同一个无赖联系，就是不审慎的。这个无赖散布的谣言证实了你的错误。但是我会了解有关他的事情的，因为我是你的保护人，我会替你说话的。现在一切应该结束了。”

"最好在他到这里来的时候，"玛丽娅·季莫费耶芙娜突然从圈椅里探身向前，接口说，"把他送到下人的房间里去。让他在那里的长板箱上去玩牌，而我们在这里喝咖啡。可以送一杯咖啡给他喝喝，但我瞧不起他。"

她意味深长地点点头。

"这事该结束了，"瓦尔瓦拉·彼得罗芙娜仔细听玛丽娅·季莫费耶芙娜说完后，又一次说，"请您拉拉铃，斯捷潘·特罗菲莫维奇。"

斯捷潘·特罗菲莫维奇拉了拉铃，突然向前跨了一步，激动不已。

"如果……如果我……"他脸烧得绯红，说话含糊不清，断断续续，结结巴巴，"如果我也听到过最卑鄙的传闻，或者说得更确切点，诽谤，那么……我极为愤慨……enfin，c'est un homme perdu et quelque chose comme un forçat évadé...①"

他突然中止，没有说完；瓦尔瓦拉·彼得罗芙娜眯起眼睛，上下打量他。彬彬有礼的阿列克谢·叶戈罗维奇进来了。

"出车，"瓦尔瓦拉·彼得罗芙娜命令说，"你，阿列克谢·叶戈雷奇②，准备把列比亚德金小姐送回家，她自己会给你指点方向的。"

"列比亚德金先生自己在下面等候她，已经有些时候了，太太，他一定要求给他禀报，太太。"

"不能接见他，瓦尔瓦拉·彼得罗芙娜，"一直沉静安详、默不作声的马夫里基·尼古拉耶维奇突然不安地说道，"如果您允许我说话的话，那么，这不是一个可以交往的人，这是……这是……这是一个坏透了的人，瓦尔瓦拉·彼得罗芙娜。"

---

① 法文：总之，这是一个堕落的人，类似逃亡的苦役犯……

② "叶戈雷奇"是"叶戈罗维奇"在口语中的缩略形式。

“暂缓一下。”瓦尔瓦拉·彼得罗芙娜对阿列克谢·叶戈雷奇说，他退了出去。

“C’est un homme malhonnête et je crois même que c’est un forçat évadé ou quelque chose dans ce genre.[①]”斯捷潘·特罗菲莫维奇嘟嘟哝哝地说，他又脸红了，突然止住不说了。

“莉扎，该走了。”普拉斯科维娅·伊万诺芙娜一脸嫌恶之色地高声宣布道，并从座位上抬身起来。——她似乎已经后悔方才在一惊之下自己骂自己傻瓜。在听达丽娅·帕夫洛芙娜讲话的时候，她已经傲慢地噘起了嘴唇。但是最使我惊愕的是达丽娅·帕夫洛芙娜进来以后莉扎韦塔·尼古拉耶芙娜的表情：她的眼睛里闪烁着仇恨和轻蔑，太明显不过了。

“请稍待片刻，普拉斯科维娅·伊万诺芙娜，我求你啦，”瓦尔瓦拉·彼得罗芙娜留住她，说话还是异常的平静。“请坐下，我想把什么话都说出来，而你的腿在疼。这就对了，谢谢你。刚才我一时气恼，对你说了些不耐烦的话。请你原谅我：我做得太愚蠢，自己先后悔了，因为我凡事都喜欢公正。当然，你也一时气恼，提到什么匿名信。任何匿名的诬告，就因为它没有签名这一点，已经应该受到轻视了。如果你的理解不同，那你的情况是足够可怜的。至少我处于你的地位不会伸手到口袋里去取出这件脏东西，我不会让它弄脏我的手。而你弄脏了自己的手。既然你自己已经开了个头，那么我要告诉你，五六天以前我也收到一封滑稽的匿名信。有一个无赖在信中要我相信，尼古拉·弗谢沃洛多维奇发了疯，我应当畏惧一个瘸腿女人，她‘在我的命运中将起极大的作用’，我记住了这句话。我考虑了一下，我知道，尼古拉·弗谢沃洛

---

① 法文：这是个无耻的人，我甚至认为，他是个逃犯或诸如此类的人。

多维奇有许多仇人，我立即差人去把当地的一个人叫来，这个人是他的隐蔽的仇人，在他的所有仇人当中是最有报复心、最可鄙的人。从同他的谈话中我发现了这封卑鄙的匿名信从何而来。如果你，可怜的普拉斯科维娅·伊万诺芙娜，因为我而受到这些卑鄙的信的骚扰，如你所说，'像炮轰似的'，那么，我当然首先感到歉疚，因为我成了无辜的罪因。这就是我为了解释想对你说的所有话。我很遗憾，你如此疲劳，现在还在生气。此外，我铁定了心，现在就把这个形迹可疑的人放进来，关于这个人，马夫里基·尼古拉耶维奇说：不能接待他，这个词用得不完全妥帖。特别是莉扎，这里没有她的事。走过来，莉扎，我的朋友，让我再一次吻吻你。"

莉扎穿过房间，默默地在瓦尔瓦拉·彼得罗芙娜面前停住。瓦尔瓦拉·彼得罗芙娜吻她，拉着她的双手稍稍把她推开一点儿，深情地望着她，然后在她身上画了个十字，又吻了吻她。

"好了，莉扎，再见（瓦尔瓦拉·彼得罗芙娜的声音中几乎含着眼水），相信我，我永远不会不爱你，不管你今后的命运如何……愿上帝保佑你。我永远顺从他神圣的意旨……"

她还想再说些什么，但克制住自己，闭口不说了。莉扎举步回到原来的位置上去，依然那么沉默和沉静，但突然在她妈妈面前停了下来。

"我，妈妈，还不想走，想再在姨妈这里待一会儿。"她轻声说，但在这几句轻声细语里听得出钢铁般的决心。

"我的天哪，这是怎么回事！"普拉斯科维娅·伊万诺芙娜高声叫道，无可奈何地一拍手。但是莉扎没有回答，甚至好像没有听到；她在原来的角落里坐下，又开始朝空中望着。

瓦尔瓦拉·彼得罗芙娜脸上显露出一种胜利和骄傲的神情。

"马夫里基·尼古拉耶维奇，我对您有一个特殊请求，请您下去看看这个人，只要有一点儿可能就把他放进来，就把他带到这里来。”

马夫里基·尼古拉耶维奇鞠了一躬，走了出去。一分钟后他带着列比亚德金先生走了进来。

四

我曾经讲到过这位先生的外表：他是一个个子高大、头发鬈曲、身材粗壮的男人，约莫四十岁年纪，赤红脸，有点儿浮肿，皮肤松弛，只要脑袋一摆动，两颊就震颤起来，小小的眼睛布满血丝，有时相当狡黠，留着小胡子和连鬓胡须，下巴下面已经长出肥厚的肉块，盖住了喉结，相貌相当讨厌。但是令人惊愕的是，他现在穿着燕尾服和干净的内衣。正如利普京所说，“有的人穿上干净衣服反而不成体统”。有一次斯捷潘·特罗菲莫维奇开玩笑，指摘利普京邋遢，利普京就是这样反驳的。大尉还有一副黑手套，右手的没有戴上，他拿在手里，左手的紧紧绷上，没有扣上扣子，只遮住他那只肥厚爪子的一半，他左手里托着一顶全新的、闪闪发光的、一定是第一次使用的圆礼帽。因此，昨天他向沙托夫大叫大嚷的“爱情的燕尾服”，的确是有的。所有这一切燕尾服和内衣，都是根据利普京的建议早已准备好的（这是我以后知道的），供某种神秘的目的之用。毫无疑问，他今天来到这里（乘出租马车），一定也是受旁人的怂恿、得到别人的帮助的；他一个人不会想到，同时也来不及在三刻钟之内穿好衣服、做好准备并做出决定的。我甚至认为，教堂大门外台阶上的一场戏，立刻就有人告诉他了。他没有喝醉，但处于多日狂饮后突然醒来时那种感觉迟钝、动作笨拙、思想迷糊的状态之中。似乎只要有人按住他的肩膀摇他几下，他立刻就会又沉醉不醒。

他飞快地走进客厅，但在门口的地毯上绊了一下。玛丽娅·季莫费耶芙娜笑得前仰后合。他像野兽般瞪了她一会儿，突然飞快地向前朝瓦尔瓦拉·彼得罗芙娜走去。

“我来到这里，夫人……”他的声音像喇叭一样响。

“劳驾，先生，”瓦尔瓦拉·彼得罗芙娜挺直身子，“请您在那边，那张椅子上坐下。您在那边说话我也能听得见，我从这里看您可以更清楚一些。”

大尉停住了脚步，木然瞧着前方，但终于转过身去，在给他指定的、紧靠门边的位置上坐下。在他面部的表情中反映出他严重缺乏信心，而同时又粗野无礼、暴躁易怒。他十分胆怯，这是显而易见的，但他的自尊心受到伤害，因此可以预料：尽管他怯懦，而由于他的自尊心受到刺激，在一定的条件下他甚至会悍然采取任何的无礼行为。他显然为他笨拙躯体的每个动作而担忧。大家知道，与他类似的先生们，因为某种奇迹般的机会出现在上流社会时，最使他们痛苦的是他们的那双手，他们无时无刻不意识到无法把手放到得体的位置。大尉一动不动地坐在椅子上，手中拿着他的礼帽和手套，茫然的目光盯着瓦尔瓦拉·彼得罗芙娜凛然的脸。他可能想仔细地观察四周，但现在还不敢。玛丽娅·季莫费耶芙娜大概又发现他的姿态十分可笑，再次大笑起来，但他依然一动也不动。瓦尔瓦拉·彼得罗芙娜无情地上下打量他，久久地，整整一分钟，使他处于这种状态之中。

“首先，请允许我向您本人询问您的大名。”她有板有眼地说。

“列比亚德金大尉，”大尉的声音像雷鸣，“我来到这里，夫人……”他的身体又动了一下。

“对不起！”瓦尔瓦拉·彼得罗芙娜再一次制止他，“这位可怜的女人使我十分感兴趣，她真是您的妹妹吗？”

“是妹妹，夫人，她是从监护下逃出来的，因为她处于这种状态……”

他突然顿住了，脸涨得通红。

“请您别想歪了，夫人，”他怎么也说不清楚，“亲哥哥不会抹黑……在这种状态下——就是说不在这种状态下……从玷污名声的意义上……在最近一段时间……”

他突然中止了。

“先生。”瓦尔瓦拉·彼得罗芙娜抬起头来。

“就是在这种状态下。”他最后突然说，用一根手指戳戳额头的中部。大家沉默了一会儿。

“她犯这个病已经很久了吗?”瓦尔瓦拉·彼得罗芙娜稍稍拉长声音说。

“夫人，我来这里是为了感谢您在教堂台阶上表现出来的慷慨，完全是俄罗斯式的，兄弟般的……”

“兄弟般的?”

“确切地说，不是兄弟般的，我的意思只是说，我是我妹妹的兄长，夫人。请您相信我，夫人，在您的客厅里，初看之下可能觉得我没有教养，其实我并非如此。我和妹妹，夫人，同我们在这里看到的豪华气派相比，真是微不足道。而且有许多人诽谤我们。但是当事关名誉的时候，列比亚德金是高傲的，夫人，而且……而且……我来是为了感谢……瞧我的钱，夫人。”

他从口袋里掏出皮夹，从里面抽出一沓钞票，迫不及待地用颤抖的手指数起来。看得出来，他想尽快说明什么问题，而且十分必要；但是，大概他自己感到，他这么乱糟糟地数钱，使他看起来更为愚蠢，他失去了最后的自制能力：钱怎么也数不好，几个手指磕磕绊绊，最为可耻的是，一张绿色钞票[1]从皮夹里滑了出来，飘飘荡荡地落到地毯上。

“二十个卢布，夫人。”他蓦地跳起来，手里拿着一沓钞票，因为痛苦而汗流满面；看到地上那张掉出来的钞票，他想俯身去捡，但不知什么原因感到不好意思，摆了摆手。

“给您的下人，夫人，给捡起来的仆人；让他记住列比亚德金的好处！”

“我绝不允许这样做。”瓦尔瓦拉·彼得罗芙娜急忙说，她感到有点儿恐怖。

“既然这样……”

他弯下腰，捡起钞票，脸涨得通红，突然走到瓦尔瓦拉·彼得罗芙娜跟前，把数好的钱递给她。

“什么？”她终于害怕了，甚至向后靠在椅背上。马夫里基·尼古拉耶维奇、我和斯捷潘·特罗菲莫维奇都向前冲出一步。

“别担心，别担心，我不是疯子，真的，不是疯子！”大尉激动地向四周的人说。

“不，先生，您发疯了。”

“夫人，这绝不是像您所想的那么回事！我当然是微不足道的一个环节……哦，夫人，您的府第富丽堂皇，但我的妹妹玛丽娅·涅伊兹韦斯娜娅[2]的住处却很破烂；我妹妹娘家姓列比亚德金娜，现在我们暂时叫她玛丽娅·涅伊兹韦斯娜娅吧，暂时，夫人，只是暂时，因为上帝不会允许永远这么称呼她的！夫人，您给了她十个卢布，她接受了，因为这是您给的，夫人！您听见了吧，夫人！这个无名氏玛丽娅绝不会接受

---

① 即面额为三卢布的钞票。

② “涅伊兹韦斯娜娅”是音译，意译为“无名氏”，这里说玛丽娅是没有姓氏的，亦即说她还没有嫁给人。所以下文说她“暂时”姓这个姓。出嫁后就改用夫姓了。

世界上任何人的钱，否则她的祖父，一个在高加索当着叶尔莫洛夫[①]本人的面牺牲的校官，就不能在棺材里安卧；但是从您这里，夫人，从您这里什么都会接受的。但是一只手接受，另一只手会交给您二十个卢布，作为捐款，献给首都的一个慈善委员会，您是那个委员会的委员……因为您自己，夫人，在《莫斯科新闻》上刊登广告，说您这里有一本当地的、我们城市慈善机构的捐款簿，任何人都可以签名认捐……”

大尉蓦地停住了；他气喘吁吁，好像完成了什么艰巨的业绩似的，所有这些关于慈善委员会的话都是预先准备好的，可能也是在利普京的教唆下准备的。他汗流得更多了，真正可以说是满头大汗。瓦尔瓦拉·彼得罗芙娜以锐利的目光仔细观察他。

“这个簿子，”她严厉地说，“在下面我家的看门人那里，如果您愿意的话，随时都可以签名认捐。因此我请您现在把您的钱收起来，不要摇来晃去。就这样。再请您坐到您原来的位置上去。就这样。很抱歉，先生，我看错您妹妹了。我以为她穷才给她钱的，但她原来很富。只有一点我不懂，为什么她只能接受我的钱，绝对不愿接受别人的钱。您坚持这一点，因此我希望得到确切的解释。”

“夫人，这是秘密，只能埋葬在棺材里的秘密！”大尉回答说。

“为什么呢？”瓦尔瓦拉·彼得罗芙娜又问，语气已不是那么坚决了。

“夫人，夫人！”

他阴郁地沉默下来，两眼瞧着地面，右手放在心口上。瓦尔瓦拉·

---

① 阿·彼·叶尔莫洛夫（1777—1861），俄国将军，苏沃洛夫和库图佐夫的战友，1812年卫国战争的英雄，1817—1827年任高加索军军长和格鲁吉亚驻军总司令，发动高加索战争。

彼得罗芙娜等待着，两眼一直盯着他。

“夫人，”他突然咆哮起来，“您是否允许我向您提一个问题，只提一个，但提得坦率直爽，按俄罗斯的方式，出自肺腑？”

“请吧。”

“在您的一生中，夫人，您有没有痛苦过？”

“您无非想说，您因为什么人的缘故曾经痛苦过，或者现在还在痛苦。”

“夫人，夫人！”他霍地又跳了起来而自己大概没有觉察，同时捶打着自己的胸脯，“这里，在这颗心里充满了这许多这许多感情，在最后审判的时候显露出来，连上帝也会感到惊奇的！”

“嗯，说得太重了吧。”

“夫人，我说话的语气可能刺激人……”

“别担心，我自己知道，什么时候应该制止您。”

“我还能向您再提一个问题吗，夫人？”

“再提一个问题吧。”

“可能只因为心灵高尚而死亡吗？”

“不知道，我没有问过自己这样一个问题。”

“您不知道！您没有问过自己这样一个问题！！”他高声喊道，语气中带着悲怆的讽刺味道，“如果是这样，如果是这样：

沉默吧，绝望的心灵！[1]”

---

① 引自俄国作家涅·瓦·库科利尼克（1809—1868）的抒情诗《疑虑》，引文不确切，原句为：“沉睡吧，绝望的心灵！”——俄编注

于是，他发狂似的猛捶一下自己的胸口。

他又开始往来踱步。这些人的特征是——完全按捺不住自己的愿望；相反，当愿望一产生，就不可抑制地希望立即把它显示出来，甚至连那些肮脏的东西也暴露无遗。当他们来到一个陌生的环境，这些先生开始时通常是怯生生的，但是只要你对他们稍作让步，他们立即就肆无忌惮了。大尉已经在发火，踱来踱去，挥舞着胳膊，不听别人的问题，不住地讲他自己，讲得很快很快，以致舌头也别不过来了，于是他没有说完一句话，就跳到另一句话上去，的确，不能说他完全清醒；莉扎韦塔·尼古拉耶芙娜也坐在这里，他没有瞧她一眼，但她的在场似乎使他晕头转向。不过这只是推测。因此，必然存在另外的原因，使瓦尔瓦拉·彼得罗芙娜克制住厌恶，决定听取这样一个人的讲话。普拉斯科维娅·伊万诺芙娜简直吓得全身发抖，虽然她并不了解是怎么一回事。斯捷潘·特罗菲莫维奇也在战栗，因为他，正好相反，常常喜欢自作聪明，懂得太多。马夫里基·尼古拉耶维奇以众人的保卫者姿态屹立着。莉扎脸色苍白，睁大眼睛，目不转睛地瞧着粗野的大尉。沙托夫仍以原先的姿势坐着；但是最奇怪的是，玛丽娅·季莫费耶芙娜不仅不再笑，而且变得十分忧伤。她把右胳膊肘支撑在桌子上，以忧伤的目光久久注视着她那发表长篇大论的哥哥。我觉得，只有达丽娅·帕夫洛芙娜一个人是平静的。

“这一切都是毫无意义的废话，”瓦尔瓦拉·彼得罗芙娜终于光火了，“您没有回答我的问题：‘为什么？’我一定要您回答。”

“没有回答‘为什么’。您在等待‘为什么’的答案？”大尉眨眨眼睛重复说，“从世界创造之日开始，夫人，这个小小的词淹没了整个宇宙。整个自然界每分钟都在高声问它的创造者：‘为什么？’——可是已经过去了七千年[①]，但还没有得到答案。难道要列比亚德金大尉一个人来回答吗？难道这是公正的吗，夫人？”

“这些都是废话，答非所问，”瓦尔瓦拉·彼得罗芙娜怒气冲冲，渐渐失去了耐性，“毫无意义；此外，您说得太好听了，先生，我认为这是放肆。”

“夫人，”大尉没有听她说话，“我可能希望我的名字是欧内斯特，但是我不得不用这个粗俗的名字伊格纳特，——这是为什么，您是怎么想的？我可能希望人家称我为德·蒙巴尔公爵[②]，但我只不过是列比亚德金，此姓来自俄语‘天鹅’一词——这是为什么？我是诗人，夫人，我有一颗诗人的心，我可能从出版商那里得到一个卢布，但我却不得不住在破漏的房子里，为什么，为什么？夫人！就我看，俄罗斯只不过是大自然创造的一个怪物，如此而已！”

“您就不能说得更明确一点儿吗？”

“我可以给您念一首题为《蟑螂》的诗，夫人！”

“什——么？”

“夫人，我还没有精神错乱！我会精神错乱的，一定会的，但现在还没有！夫人，我的一位朋友，——一个最高尚的人，——写了一篇克雷洛夫的寓言，题目是《蟑螂》——我能念一念吗？”

“您想念一首克雷洛夫的寓言？”

“不，我要念的不是克雷洛夫的寓言，而是我的寓言，我自己的，我的作品！相信我，夫人，您不会遗憾的，我还没有无知和堕落到如此

---

① 根据创世纪元（基督教根据《旧约全书》推演出来的纪年法）自上帝创世到基督诞生为五千五百零八年，至19世纪已七千余年。

② 德·蒙巴尔（1645—?），有名的海盗头子，晚年成了几部小说和剧本的主人公。——俄编注

地步，甚至不知道俄国有一个伟大的寓言作家克雷洛夫，教育部长为他在夏苑里建了一座纪念碑，给儿童娱乐，[①] 夫人。您问‘为什么’，答案在这首寓言的结尾，用火红的字母印着。”

“念您的寓言吧。”

从前有个蟑螂，
一生下来就是蟑螂，
后来掉到玻璃杯中，
杯中正举行苍蝇大宴……

“天哪，这是什么东西?”瓦尔瓦拉·彼得罗芙娜叫道。

“就是说，夏天，”大尉急匆匆地说，拼命挥动着胳膊；当一个作者朗诵作品而受人干扰的时候，常有这种不耐烦和激动的表现，“夏天许多苍蝇爬到玻璃杯里，那就成了苍蝇大宴，哪个傻瓜都懂，别打断我，别打断我，您会看到的，您会看到的……”（他一直不断地挥动着胳膊。）

蟑螂占了个位置，
苍蝇们怨声载道，
“我们的杯子已经很挤，”
它们向朱庇特报告。

---

① 克雷洛夫纪念碑由俄国教育部长乌瓦罗夫于1845年发起募捐建立，1855年揭幕。纪念碑建造在夏苑（或译夏花园）儿童游戏场上，当时人们对此颇有非议。

正当它们叫嚷不停，

走来了尼基福尔，

最最高尚的老人……①

“这里我还没有写完，不过那没有关系，没有成文罢了！”大尉急促地说，“尼基福尔拿起杯子，不管它们怎么叫喊，把这些可笑的东西，苍蝇呀，蟑螂呀，全倒在木槽里，其实早该这样做了。但是，请注意，请注意，夫人，蟑螂可没有抱怨！这就是您的‘为什么’问题的答案，”他得意扬扬地高叫，“蟑螂没有抱怨！至于尼基福尔，他代表大自然。”他急急忙忙地补充道，沾沾自喜地在房间里走来走去。

瓦尔瓦拉·彼得罗芙娜勃然大怒。

“请问，您竟敢指摘属于我们家的一个人，似乎您从尼古拉·弗谢沃洛多维奇那里得到的一笔钱没有给足，这是什么钱？”

“那是造谣中伤！”

“不，不是造谣。”

“夫人，有一些情况使人宁愿忍受家族的耻辱，而不愿大声宣扬实情。列比亚德金是不会说漏嘴的，夫人！”

他仿佛已经瞎了眼；他是在精神亢奋之中；他感到自己了不起；他一定想到了什么事情。他已经想侮辱人，做出使人难堪的事，显示自己的力量。

“请您拉拉铃，斯捷潘·特罗菲莫维奇。”瓦尔瓦拉·彼得罗芙娜请求他。

---

① 这首怪诞的乱七八糟的“寓言”，形式上模仿俄国诗人伊·彼·米亚特列夫（1796—1844）的一首讽刺诗，那首诗也是以蟑螂开始并以蟑螂结束的，从思想上说，则是讽刺性模仿当时报章杂志上屡见不鲜、使传统的民权思想庸俗化的诗作。——俄编注

“列比亚德金是狡猾的，夫人！”他面带邪恶的笑容眨眨眼，“狡猾，但他也有致命的弱点，有他的激情的前奏！这个前奏就是杰尼斯·达维多夫[①]歌颂过的古老的战斗的骠骑兵酒瓶。当他在这个前奏之中，夫人，有时他会写出诗体的信，非常非常好的信，但是后来他情愿用他一生的眼泪去把这封信要回来，因为这损害了美感。但是飞出去的鸟无法抓住尾巴捉回来！就是在这个前奏之中，夫人，列比亚德金可能关于一位高贵的姑娘说过一些话，表达饱受屈辱的心灵高尚的愤慨，这就被他的造谣中伤者所利用。但是列比亚德金是狡猾的，夫人！阴险的恶狼坐在他身旁俯身向着他，不住地给他斟酒，等待着结果，但列比亚德金不会说漏嘴的。每一次在瓶底上发现的不是他们期望的东西，而是列比亚德金的狡猾！但是够了，哦，够了！夫人，您的富丽堂皇的府邸可能属于最高尚的人，但是蟑螂不会抱怨！请注意，最终请注意，它不会抱怨，您要看到这种伟大精神！”

这时从下面的门房里传来铃声，几乎与此同时，阿列克谢·叶戈雷奇出现在门口，斯捷潘·特罗菲莫维奇打铃后他没有立即前来。这个彬彬有礼的老仆人处在一种异常激动的状态之中。

“尼古拉·弗谢沃洛多维奇马上就到，他到这里来了，太太！”他回答瓦尔瓦拉·彼得罗芙娜询问的目光。

我特别记得她这瞬间的表情：她起初脸色发白，然后她的眼睛突然发出光芒。她在圈椅里挺直身子，神态异常坚定。所有的人也都愣住了。原来以为尼古拉·弗谢沃洛多维奇大概要一个月以后才会到来，但他却出人意料地来到了；他的到来使人惊愕，不仅因为出人意料，而且

---

① 杰尼斯·达维多夫（1784—1839），1812年卫国战争中的游击战英雄，诗人和作家。

好像劫数难逃似的与当前的事件凑合在一起。甚至大尉也像木柱似的停在房间中央，张大了嘴，一副愚蠢的样子，望着门口。

这时从相邻的大厅（一间又长又大的房间）传来愈来愈近的急速的脚步声，步子很小很快；什么人好像是在跑，突然飞快地进入客厅——根本不是尼古拉·弗谢沃洛多维奇，而是一个谁也不认识的年轻人。

五

请允许我稍作停顿，哪怕用草草几笔勾勒一下这个突然出现的人物。

这是一个二十七八岁的年轻人，中等偏高的身材，头发稀疏，呈淡褐色，相当长，上唇和下巴留着一绺绺几乎觉察不出来的胡须。衣着很整洁，甚至合乎时尚，但不很讲究；乍一看仿佛有点儿驼背，显得笨拙，但是实际上他一点儿不驼，而且还很灵活。他似乎是一个古怪的人，但是我们大家后来都发现他的态度相当彬彬有礼，他的谈吐总是中肯得体。

谁也不会说他长得丑陋，但是他的脸谁也不会喜欢。他的脑袋的后脑勺很长，好像是从两侧压扁了似的，因此他的脸显得尖削。他的前额高而窄，脸盘却很小；目光锐利，鼻子小而尖，嘴唇长而薄。脸部的表情近乎病态，但这只是表象。他的两颊上颧骨旁有一条干涩的皱纹，这使他的外貌给人一种大病初愈的感觉。实际上他完全健康、强壮，甚至从不生病。

他走路和行动都很匆忙，但并非急于到什么地方去。看来，没有什么事情会使他难堪；在任何情况下，同任何人在一起，他都是一个模样。他总是自鸣得意，但对此他自己一点儿都未觉察到。

他说话很快，急匆匆地，同时又很自信，能说会道，出口成章。他的思想平稳（尽管他外表匆忙），清晰而明确，——这一点尤其突出。他的发音吐词出奇的清楚；一个个词飞溅出来像一粒粒大小均匀的饱满的珠子，永远是挑选好的，随时准备为你效劳。开始时这会使你喜欢，但后来你会觉得讨厌，正是由于这过分清晰的发音，由于这一连串永远现成的词。你会开始想象，他嘴巴里的舌头一定具有特殊的形状，一定是特别长而薄，红得可怕，舌尖极尖，不停地不由自主地转动着。

就是这样一位年轻人这时飞快地步入客厅，而且说真的，我直到今天还觉得，他在相邻的大厅里已经开始说话，他是边说话边走进来的。顷刻之间他就站到瓦尔瓦拉·彼得罗芙娜的面前。

"……您瞧，瓦尔瓦拉·彼得罗芙娜，"他的话像珍珠似的飞溅出来，"我进来的时候，还以为能在这里看到他，以为他在这里已经一刻钟了；他回来已经有半小时；我同他在基里洛夫那里碰面；他半小时前出发，直接到这里来，叫我过一刻钟后也到这里来……"

"您说的是谁呀？谁叫您到这里来的？"瓦尔瓦拉·彼得罗芙娜盘问他。

"当然是尼古拉·弗谢沃洛多维奇啰！难道您真的现在才知道？但是他的行李至少应该早已到了，怎么会不告诉您呢？这么说，是我第一个通知啰。当然，可以派人去接他，不过他自己一定会马上来的，而且看来正是在这个时候，正好符合他的一些期望，至少就我所知，符合他的一些打算。"这时他环视客厅，特别注意地瞧了大尉一会儿。"啊，莉扎韦塔·尼古拉耶芙娜，我多高兴，一到这里就遇到您，很高兴握您的手，"他飞快地走到她跟前，握住欣然微笑着的莉扎向他伸出的手，"而且我注意到，众所尊敬的普拉斯科维娅·伊万诺芙娜看来也没有忘记她的'教授'，甚至没有生他的气，像她在瑞士时那样总是生他的气。但是，在这里您的腿怎么样，普拉斯科维娅·伊万诺芙娜，瑞士的医生会诊，说家乡的气候会对您有益，说得对吗？……怎么？用湿敷？这一定是很有效的。但是我多么惋惜，瓦尔瓦拉·彼得罗芙娜（他又很快转过身去），当时没有能够在国外看到您，向您表达我的敬意，而且有许多事情要告诉您……我写信到这里来告诉我老头，但他向来如此，好像……”

“彼得鲁沙！”斯捷潘·特罗菲莫维奇叫道，顷刻之间就从麻木状态中清醒过来；他双手一拍，扑向儿子。“Pierre，mon enfant，[①] 我居然没有认出你来！”他把他抱在怀里，眼泪扑簌簌地流了下来。

“好了，别闹了，别闹了，不要装模作样，好吧，够了，够了，求求你。”彼得鲁沙匆忙地喃喃说，竭力想从他的怀抱中摆脱出来。

“我永远、永远对不起你。”

“好了，这一点我们以后再谈。我早就知道你会闹腾的。你清醒一点儿，我求求你。”

“可是，我已经十年没有见到你啦！”

“那就更加不必如此多情了……”

“Mon enfant！”

“好了，我相信，相信你爱我，把你的手拿开。你妨碍别人了，知道吗……啊，瞧，尼古拉·弗谢沃洛多维奇来了，你别闹了，求求你，算了！”

尼古拉·弗谢沃洛多维奇真的已经在房间里；他轻轻地进来，在门口站了一会儿，用平静的目光扫视房间里的人。

同四年前我第一次见到他的时候一样，这一次我一眼见到他时也惊

---

① 法文：皮埃尔，我的孩子。（法文中的皮埃尔相当于俄文中的彼得。）

呆了。我一点儿没有忘记他，但是世上似乎有一些人的脸，即使你以前已经见过一百次，每次出现时都好像给你带来一些你以前没有注意到的新特点。看来他同四年前完全一样：还是那么优雅，还是那么气派，还是像当年一样傲慢地进来，甚至还是那么年轻。他那淡淡的微笑仍是那么矜持而温存，还是那么自满；他的目光严峻、沉静，又似乎心不在焉。总之，好像我们昨天才分手似的。但是有一点使我惊诧：从前虽然也认为他是美男子，但他的脸真的“好像一副假面具”，正如我们社交界中有些尖酸刻薄的太太所说的那样。现在呢，——现在呢，我不知道为什么，我一眼就觉得他是绝对的、无可争议的美男子，因此怎么也不能说他的脸像一副面具了。是不是因为他比过去变得稍稍苍白了一些，因此也好像消瘦了一些？也许他的眼神里现在闪耀着什么新思想的光芒？

“尼古拉·弗谢沃洛多维奇！”瓦尔瓦拉·彼得罗芙娜叫道，她身子笔挺，但没有从圈椅里站起来，她用命令的手势止住他，“你停一会儿！”

但是，为了说明这个手势和呼叫声之后突然随之而来的那个可怕的问题——那个甚至连瓦尔瓦拉·彼得罗芙娜我也不认为可能提出的问题，——我请读者回想一下瓦尔瓦拉·彼得罗芙娜一生的性格和在有些特殊时刻她那勇往直前的脾气。我还请读者想象一下，虽然她的心灵非凡坚强，虽然她具有相当的理性和务实的、也可说是经营的才干，但是在她的一生中不乏这样的时刻，这时她会把整个身心突然都投入其中，如果可以这样说的话，不可遏制地投入其中。最后，请注意，目前这一时刻对她来说真的可能是关键时刻之一，这时突然像在焦点上一样集中了她生命的全部实质，——整个过去，整个现在，也许还有未来。顺便我还想提一提她收到的那封匿名信，她方才激动之下曾对普拉斯科维娅·伊万诺芙娜说漏了嘴，不过，她好像隐瞒了信的后半部分内容，可正是在这一部分里才能找到答案，说明她怎么会突然向儿子提出那个可怕的问题。

“尼古拉·弗谢沃洛多维奇，”她一字一顿地说，声音坚定，包含着令人畏惧的挑战，“我请您就在您站的位置上马上告诉我：这是不是真的，这个不幸的瘸腿女人，——就是她，在那边，瞧着她！这是不是真的，她是……您的合法的妻子？”

这一瞬间我记得太清楚了；他甚至没有眨一下眼，目不转睛地注视着母亲；他的脸上没有发生一丝一毫的变化，最后他慢慢地、屈尊俯就似的一笑，没有回答一个字，缓缓地走到妈妈身边，拿起她的手，恭恭敬敬地举到嘴唇边，吻了一下。他对母亲的一贯的不可抗拒的影响是如此之大，所以她在这时也不敢把手抽回。她只是瞧着他，整个人变成了一个问号，她的神色显露出来，再过片刻，她就忍受不住这情况不明的折磨了。

然而他继续沉默。吻了她的手之后，他再一次环视整个房间，也像刚才一样，缓缓地一直走向玛丽娅·季莫费耶芙娜。很难描写这几秒钟内人们的面容。例如我记得，玛丽娅·季莫费耶芙娜恐惧得整个人都愣住了，她迎着他站了起来，两手合在胸前，似乎在祈求他；同时我还记得她目光中的喜悦，一种疯狂的喜悦，几乎扭曲了她的面容，——一种使人难以忍受的喜悦。可能两者兼而有之，既有恐惧，又有喜悦；我记得我迅速向她走去（我就站在近旁），我觉得，她马上会昏厥过去。

“您不能待在这里。”尼古拉·弗谢沃洛多维奇用温柔悦耳的声音对她说，在他的眼睛里闪烁着不寻常的柔情。他以最恭敬的姿态站在她面前，在他的每一个动作中都表现出最诚挚的敬意。可怜的女人喘着气，急促地小声对他说：

“我可以……现在……跪在你面前吗？”

“不，绝对不可以。”他向她粲然一笑，使她不禁也笑逐颜开。他仍用悦耳的声音，温存地劝说她，像劝说小孩儿一样，他庄重地补充说：

“您想一想，您是姑娘，我虽然是您最忠诚的朋友，但对您来说仍是外人，不是丈夫，不是父亲，不是未婚夫。把您的手伸给我，我们走吧，我送您上车，如果您允许的话，送您回家。”

她听他说完，若有所思地低下头。

“我们走吧。”她叹了一口气，一面把手向他伸过去，说道。

但这里她出了一件小小的不幸的事情。大概是她转身时不小心，别在她有病的、较短的那条腿上，——总之，她身体一侧，倒在圈椅上，若不是圈椅，她可能就倒在地板上了。他立刻托住她，扶她站起来，紧紧搀着她的胳膊，同情地、小心翼翼地带着她走向门口。她显然因为摔倒而感到伤心，感到难堪，感到十分羞愧，脸都红了。她默默地望着地面，瘸得很厉害，一步一拐地随着他，几乎是挂在他的胳膊上。他们就这样走了。莉扎，我看到，不知为了什么，在他们出去的当儿突然从椅子上跳了起来，目不转睛地盯着他们直到门口，然后又默默地坐了下来，但是她脸上的肌肉猛烈地抽搐了一下，仿佛她触到了一条毒蛇。

在尼古拉·弗谢沃洛多维奇和玛丽娅·季莫费耶芙娜之间的这场戏正在进行的时候，大家都惊愕得默不作声；但当他们一走出去，大家又突然说起话来。

六

不过，话说得并不多，更多的是感叹。我现在有点儿忘记了，这一切当时是怎么一件件依次发生的，因为出现了一片混乱。斯捷潘·特罗菲莫维奇用法语高叫了一声，又拍了一下手，但瓦尔瓦拉·彼得罗芙娜没有理睬他。马夫里基·尼古拉耶维奇甚至也断断续续地飞快地嘟囔了一阵。但是最激烈的是彼得·斯捷潘诺维奇；他手舞足蹈，不遗余力地想使瓦尔瓦拉·彼得罗芙娜相信什么事情，但我很久仍听不明白。他也对普拉斯科维娅·伊万诺芙娜和莉扎韦塔·尼古拉耶芙娜说话，兴起时甚至对父亲喝叫一声，——总之，他在房间里到处转来转去。瓦尔瓦拉·彼得罗芙娜满面通红，她几乎从椅子上跳了起来，大声对普拉斯科维娅·伊万诺芙娜说："你听到了，听到了吗，他刚才在这里是怎么对她说的?"但是普拉斯科维娅·伊万诺芙娜没有可能回答，她只无可奈何地摆摆手，喃喃地说了些什么。这个可怜的女人有她自己的忧虑：她不住地把头转向莉扎，带着莫名其妙的恐惧瞅着她，在女儿起身之前，她不敢站起来离开这里，甚至连想都不敢想。这时我注意到，大尉想溜走。从尼古拉·弗谢沃洛多维奇出现的那一刻起，他无疑处于强烈的恐怖之中；但是彼得·斯捷潘诺维奇抓住他的胳膊，不让他逃走。

"这完全必要，这完全必要。"他对着瓦尔瓦拉·彼得罗芙娜滔滔不绝地继续说服她。他站在她面前，而她已经又坐在圈椅里，我记得，贪婪地听着他；他终于达到了目的，得到了她的注意。

"这完全必要。您自己看到，瓦尔瓦拉·彼得罗芙娜，这里是误会，表面上看来有许多古怪的地方，其实事情像蜡烛一样明白，像手指一样简单。我太了解了，没有任何人授权我来讲，我自告奋勇，未免显得可笑。但是，首先，尼古拉·弗谢沃洛多维奇并不认为这件事有什么意义；最后，总有一些事情本人难以做出说明，而必须由第三者来担任，因为第三者容易说出一些微妙的事。请相信我，瓦尔瓦拉·彼得罗芙娜，尼古拉·弗谢沃洛多维奇一点儿没有过错，尽管他没有立即回答您方才提出的问题，没有做断然的解释，虽然这只是区区小事；我在彼得堡就认识他了。而且整个这件逸事只能增加尼古拉·弗谢沃洛多维奇的荣誉，如果一定要使用荣誉这个模糊不清的词的话……”

“您是想说，您是产生……这一误会的事件的目击者?”瓦尔瓦拉·彼得罗芙娜问道。

“既是目击者，又是参与者。”彼得·斯捷潘诺维奇赶忙证实说。

“如果您向我保证，这不会伤害尼古拉·弗谢沃洛多维奇敏感的心灵，伤害他对我的感情，我知道他爱我，对我什么都不隐瞒……而且如果您确信，这样做甚至会使他高兴……”

“一定高兴，因此我对此也特别感到愉快。我相信他自己也会要我讲的。”

这位突然从天而降的先生，纠缠不休地希望讲述别人的隐私，是相当奇怪的，也是超出常情的。但是他触及了瓦尔瓦拉·彼得罗芙娜郁积心头已久的痛楚，使她上了钩。我当时还没有完全认识这个人的性格，更不知道他的意图。

“那您就说吧。”瓦尔瓦拉·彼得罗芙娜谨慎地有克制地说，因为自己的屈尊俯就而感到痛苦。

“故事很简短，其实，甚至算不上什么逸事。”珠子滚滚飞溅出来。“不过，一个小说家如果闲来无事，也许可以把它演化成一部长篇小说。故事相当有趣，普拉斯科维娅·伊万诺芙娜，我相信，莉扎韦塔·尼古拉耶芙娜一定会听得津津有味的，因为这里有许多虽不是古怪的、但的确是离奇的事情。五年以前在彼得堡，尼古拉·弗谢沃洛多维奇认识了这位先生——就是这位列比亚德金先生，瞧他现在目瞪口呆地站着，看来随时准备溜走。对不起，瓦尔瓦拉·彼得罗芙娜。不过，我劝您还是不要溜走，前军粮供应部的退役官员先生（瞧，我还清楚地记得您）。

无论是我还是尼古拉·弗谢沃洛多维奇对您在这里的勾当太了解了，这些事，您不要忘记，您必须解释清楚。再次请您原谅，瓦尔瓦拉·彼得罗芙娜。尼古拉·弗谢沃洛多维奇当时把这位先生叫作他的福斯塔夫。这大概是（他突然解释道）从前的一个角色，burlesque[①]，大家都取笑他，他也允许大家取笑他。只要付钱就行。尼古拉·弗谢沃洛多维奇当时在彼得堡过着可以说是嘲弄人生的生活——我不能用另一个词来表达，因为这个人没有陷于失望，但是当时他自己也不屑去做什么正经事儿。我只是说他当时的情况，瓦尔瓦拉·彼得罗芙娜。这个列比亚德金有一个妹妹——就是刚才坐在这里的那一位。兄妹俩没有自己的住所，到处流浪，住在别人家里。他常常在中心商场的拱门下徘徊，一定穿着过去的制服，看到气派大一点儿的人经过，就拦住乞讨，要来的钱——全部喝光。他妹妹像天上的飞鸟一样，有什么就吃什么。她在贫民窟里帮忙，因为穷，给别人做用人。那里混乱到了极点；我不去描写这个贫民窟里的生活了，——尼古拉·弗谢沃洛多维奇出于怪癖，当时也过着这种生活。我只是讲那个时候，瓦尔瓦拉·彼得罗芙娜；至于'怪癖'，那是他自己用的词。他有许多事都不瞒我。Mademoiselle 列比亚德金娜有一段时间经常要遇到尼古拉·弗谢沃洛多维奇，为他的仪表所倾倒。这可以说是她肮脏的生活背景上的一颗钻石。我不善于描写感情，因此我只能略去不谈；但是一些卑鄙的小人立刻把她当作笑柄，她很伤心。那里的人本来就都取笑她，但从前她不注意。她的头脑当时就不正常，但当时毕竟还不像现在这样。我们有理由认为，在她童年时有一位女善人大发善心，使她几乎受到教育。尼古拉·弗谢沃洛多维奇从来一点点

---

① 法文：丑角。按：福斯塔夫是莎士比亚《温莎的风流娘儿们》和《亨利四世》等剧作中的喜剧人物，游手好闲而快乐诙谐。

都不注意她，他只同一批官员用一副油污的旧扑克牌以四分之一戈比的赌注玩普列费基斯牌戏[①]。有一次她受到欺侮，他不问缘由，一把抓住那个官员的领口，从二楼窗口推了下去。这里没有什么为拯救被欺凌的无辜女子而表现出来的骑士义愤；整个冲突是在哄堂的笑声中发生的，而笑得最厉害的是尼古拉·弗谢沃洛多维奇自己；当一切圆满结束后，大家握手言和，开始喝潘趣酒[②]。但是受欺凌的无辜女子自己没有忘记这件事。不用说，结果她的智力受到彻底的震荡。我再说一遍，我不善于描写感情，但这里主要的是幻想。而尼古拉·弗谢沃洛多维奇好像故意似的，更加刺激了幻想：他不是放声大笑，而是突然以出人意料的敬重态度对待 Mademoiselle 列比亚德金娜。当时也在那里的基里洛夫（一个非常古怪的人，瓦尔瓦拉·彼得罗芙娜，一个非常极端的人；您可能会见到他，他现在就在这里），嗯，这个基里洛夫平时沉默寡言，这时却突然发起火来，我记得，他向尼古拉·弗谢沃洛多维奇指出，说他对待这位小姐像对待侯爵小姐一样，这会彻底毁了她的。我补充一句，尼古拉·弗谢沃洛多维奇有点儿敬重这位基里洛夫。您猜，他怎么回答他？他说：'您认为，基里洛夫先生，我在嘲笑她；别这样想，我真的敬重她，因为她比我们所有人都好。'知道吗，他说话的语调严肃、真实。这两三个月里，他除了'您好''再见'之外，没有跟她说过一句话。我当时在那里，记得她最后到了那样的地步，甚至把他当作未婚夫似的，以为他不敢'抢走'她，只是因为仇人太多，家庭障碍，或者其他的类似原因。可笑的事情太多啦！最后，当尼古拉·弗谢沃洛多维奇必须到这里来的时候，临行前他安排了她的生活费，好像是一笔相当

① 一种扑克牌游戏，三十二张牌，三人玩。

② 一种用酒、果汁、牛奶混合而成的甜饮料。

可观的年金，至少有三百卢布，可能更多。总之，即使说，就他这方面来讲这一切都不过是解闷，一个过早地厌倦生活的人的幻想，——而且即使像基里洛夫所说，是一个对生活感到厌烦的新花样，目的是为了了解，能够使一个发疯的人陷入什么状态。'您，'他说，'故意选择了一个最卑微的人，一个永远蒙受耻辱遭受殴打的残疾人，——而且您知道，这个人很可笑地爱着您，爱得要死，——您忽然有意哄骗她，只是为了瞧一瞧结果会怎么样！'试问究竟他对一个疯女的幻想要负什么特别的责任呢？请注意，同这个疯女他总共讲了也许还不到两句话！有的事情，瓦尔瓦拉·彼得罗芙娜，不仅是说不好的，而且要去说它也是不聪明的。就算是怪癖吧，——不是已经没有可讲的东西了吗：可是现在却有人在这一点上大做文章……这里发生的事情，瓦尔瓦拉·彼得罗芙娜，我也知道一点儿。"

他突然中止了，转身向列比亚德金，但瓦尔瓦拉·彼得罗芙娜制止了他；她处于极度兴奋的状态之中。

"您讲完了吗？"她问。

"还没有；为了充分说清问题，如果您允许的话，有一些事情我必须盘问这一位先生……您马上会看到，这是怎么一回事，瓦尔瓦拉·彼得罗芙娜。"

"够了，以后再说，您停一会儿，我请求您。喔，我让您讲话真是做得太对了！"

"请您注意，瓦尔瓦拉·彼得罗芙娜，"彼得·斯捷潘诺维奇精神一振，"难道尼古拉·弗谢沃洛多维奇自己刚才能够向您说明这一切来回答您的问题？——您的问题可能是太绝对了一点儿。"

"哦，对，太绝对了。"

"我说得不对吗，在有些情况下由第三者来说明比当事人要容易得多!”

“对，对……但是有一点您错了，而且很遗憾，我看您在继续错下去。”

“是吗，什么事?”

“知道吗……不过，还是请您坐下，彼得·斯捷潘诺维奇。”

“噢，听您的，我自己也感到累了，谢谢您。”

他眨眼之间拉出圈椅，把它一转，恰好一面是瓦尔瓦拉·彼得罗芙娜，另一面是坐在桌旁的普拉斯科维娅·伊万诺芙娜，面对着列比亚德金，他一直盯视着他。

“您错在把这件事称为‘怪癖’……”

“噢，如果只是这个……”

“不，不，不，等一等。”瓦尔瓦拉·彼得罗芙娜制止他，显然准备兴致十足地议论一番。彼得·斯捷潘诺维奇一注意到这一点，就聚精会神地倾听她。

“不，这是一种高于怪癖的东西，相信我，一种甚至是神圣的东西!一个高傲的人，过早地受到伤害，以至达到您中肯地提到的‘嘲弄人生’的地步——总之，正如斯捷潘·特罗菲莫维奇当时所作的一个绝妙的比拟，是亨利亲王，这是完全正确的，但是至少就我看来，他更像哈姆雷特。”

“Et vous avez raison.①”斯捷潘·特罗菲莫维奇很有感情很有力量地应答道。

“谢谢您，斯捷潘·特罗菲莫维奇，我特别感谢您，正因为您永远相信 Nicolas，相信他的心灵和志向的崇高。您甚至在我沮丧的时候坚

① 法文：您说得完全有理。

定了我的信念。”

“Chère，chère...”斯捷潘·特罗菲莫维奇已经想向前跨出一步，但停住了，考虑到这时打断她的话是危险的。

“如果 Nicolas 身边（瓦尔瓦拉·彼得罗芙娜已经有点儿像在吟唱了）经常能有个沉静的、温顺中见伟大的霍拉旭[①]，——这是您的另一句隽言妙语，斯捷潘·特罗菲莫维奇，——那么他也许早已得到拯救，摆脱折磨了他一生的‘突如其来的讥刺的魔鬼’（关于讥刺的魔鬼，斯捷潘·特罗菲莫维奇，是您的又一句妙语）。但是 Nicolas 从来没有过霍拉旭，也没有过奥菲利亚[②]。他只有一个母亲，但是在这种情况下母亲单枪匹马能做些什么呢？您知道吗，彼得·斯捷潘诺维奇，我渐渐觉得，像 Nicolas 这样的人甚至可能出现在您所描述的肮脏贫民窟里，这是十分可以理解的。我现在能清楚想象这种‘嘲弄’人生（您的话十分中肯！），这种永远不能满足的对反差的渴望，这幅图画的阴暗背景，在这个背景之上他好像是一颗钻石，这又是您的比喻，彼得·斯捷潘诺维奇。就在这里他遇见了一个受众人欺侮的人，一个半疯半癫的残疾人，而同时她可能具有最高贵的感情！”

“嗯，也许，可能是这样。”

“这之后你们还不明白，他没有像所有人那样嘲笑她！啊，人们呀！你们不明白，他是在保护她不受人欺侮，处处尊重她，‘像侯爵小姐一样’（这个基里洛夫一定对人有非常深刻的理解，虽然他没有理解 Nicolas）。如果可以这样说的话，正是通过这一反差，产生了不幸；如果这个女人在另一个环境里，那么幻想可能不会达到这种疯狂的地步。女

---

① 莎士比亚《哈姆雷特》中的人物，他是哈姆雷特的知心朋友。
② 哈姆雷特曾经钟情的女郎。

人，只有女人才可能理解，彼得·斯捷潘诺维奇，多么遗憾，您……那不是说，您不是女人，可是至少这一次，只有女人才能理解！”

“那意思就是说，境况越差就越好，我理解，理解，瓦尔瓦拉·彼得罗芙娜。这就好像在宗教里一样：一个人的生活越差，或者一个民族越受压迫，越是贫困，就会更执着地梦想在天堂里得到补偿；如果同时还有十万个教士在操劳，不断地激起幻想，利用它来投机，那么……我理解您，瓦尔瓦拉·彼得罗芙娜，您放心。”

“可能并不完全是这样，但是您说说，难道Nicolas为了在这个机体中（为什么瓦尔瓦拉·彼得罗芙娜在这里要使用‘机体’这个词，我不理解）扑灭这个幻想，难道他必须嘲笑她，像其他官员那样对待她？难道您不承认，当Nicolas突然严肃地回答基里洛夫‘我不是嘲笑她’的时候，他的那种崇高的同情心，那整个机体的高尚的颤抖。一个高尚神圣的回答！”

“Sublime.[①]”斯捷潘·特罗菲莫维奇喃喃地说。

“而且请注意，他并不像您所想的那样富有；富有的是我，不是他，而他那时几乎没有向我要过一点儿钱。”

“我理解，理解这一切，瓦尔瓦拉·彼得罗芙娜。”彼得·斯捷潘诺维奇已经有点儿不耐烦地在圈椅里微微转动。

“嗬，这是我的性格！我在Nicolas身上看到我自己。我看到这青春的活力，这猛烈的令人生畏的冲动的潜能……如果我有一天能与您成为朋友，彼得·斯捷潘诺维奇，就我这方面来说，这是我衷心的希望，尤其因为我领您的情太多啦，那时您可能会理解……”

“啊，请相信，就我这方面来说，我也希望。”彼得·斯捷潘诺维奇

① 法文：高尚。

断断续续地说。

"那时您会理解那种冲动，由于它，人们在盲目的高尚情感的支配下，会突然接受一个在各方面都不相般配的人，这个人一点儿也不理解你，一有机会就准备折磨你，而就是这样一个人，你会不顾一切突然把他变成了理想人物，变成了梦想，把一切希望都集中在他身上，崇拜他，一辈子都爱他，一点儿都不明白为什么爱他，也许还因为他不配……哎哟，我一辈子多痛苦，彼得·斯捷潘诺维奇！"

斯捷潘·特罗菲莫维奇面带痛苦的表情在捕捉我的目光，但我及时避开了。

"……还在不久前，不久前——咳，我多么对不起 Nicolas！……您不会相信，他们从各方面折磨我，所有人，所有人，既有仇人，也有卑鄙小人，也有朋友；朋友也许比仇人更凶狠。当我接到第一封可耻的匿名信的时候，面对这些恶毒的话，我简直不知道该怎么轻视它……我永远永远不会原谅自己的怯懦！"

"我已经听到一些关于这里的匿名信的情况，"彼得·斯捷潘诺维奇突然活跃起来，"我替您查出来，您放心吧。"

"但是，您不能想象，这里在搞些什么样的阴谋诡计！——他们甚至把我们可怜的普拉斯科维娅·伊万诺芙娜也折磨得精疲力竭——干吗折磨她呢？我可能今天太对不起你了，我亲爱的普拉斯科维娅·伊万诺芙娜。"她在一阵感动之后宽宏地补充说，但语气之中不无一点儿得意的讽刺。

"得啦，亲爱的，"普拉斯科维娅·伊万诺芙娜勉强地嘟哝说，"依我看，这一切该结束了；话说得太多了……"她又怯生生地瞥了莉扎一眼，但莉扎正瞅着彼得·斯捷潘诺维奇。

"至于这个可怜的，这个不幸的人，这个疯癫的、丧失了一切而只保存着心灵的人，现在我自己准备收她为义女，”瓦尔瓦拉·彼得罗芙娜突然高叫道，“这是我准备履行的神圣义务。从今天起我担负起保护她的责任!”

“从某种意义上说，这甚至是一件非常好的事情，”彼得·斯捷潘诺维奇精神大振，“对不起，我刚才还没有说完。我正要说保护的事。您能想象吗，在尼古拉·弗谢沃洛多维奇那一年离开之后（我就从我刚才停止的地方开始，瓦尔瓦拉·彼得罗芙娜），这位先生，就是这位列比亚德金先生，马上就认为自己有权支配给他妹妹的生活费，一个钱都不剩；而且的确是这样支配了。尼古拉·弗谢沃洛多维奇究竟是怎样安排的，我不知道确切的情况，但是过了一年，那时他已经在国外，当他得知发生的事情之后，不得不另做安排。详细情况我也不知道，他自己会给大家讲的，我只知道，他把这位女子安置在一个遥远的修道院里，甚至过得相当舒适，但受到友好的监视——您明白吗？那么，您猜这位列比亚德金先生决定怎么办呢？他首先想尽办法找到瞒着他把他的财源、就是他妹妹藏起来的地方，不久前他才达到目的，不知他出示了什么证明，把她从修道院领了出来，直接带到这里。在这里他不给她吃的，还打她，虐待她，最后不知通过什么途径从尼古拉·弗谢沃洛多维奇那里得到一笔数目可观的钱，马上就酗起酒来，非但不知感恩，到头来还向尼古拉·弗谢沃洛多维奇无理挑衅，提出不可理喻的要求，威胁说如果今后不把年金直接交到他手中，他将诉诸法庭。这样，尼古拉·弗谢沃洛多维奇的自愿馈赠，他把它当作了一种贡税——您能想象吗？列比亚德金先生，我目前在这里所说的一切，都是真的吧？”

大尉在此前一直低头垂目，默默站在那里，这时忽然向前迈出一步，脸涨得通红。

“彼得·斯捷潘诺维奇，您对待我太残酷了。”他说了一句，就突然止住了。

“这怎么是残酷？为什么您认为是残酷，先生？不过究竟是残酷还是温和，这我们以后再谈，现在我请您回答我的第一个问题：我刚才讲的一切，是真的还是不是？如果您认为不是真的，您可以立即声明。”

“我……您自己知道，彼得·斯捷潘诺维奇……”大尉喃喃地说，他突然止住，沉默了下来。应当指出，彼得·斯捷潘诺维奇坐在圈椅里，跷起二郎腿，大尉则以最尊敬的姿势站在他面前。

列比亚德金先生的犹豫好像使彼得·斯捷潘诺维奇很不喜欢，他因为气愤而抽搐，连脸都扭曲了。

“您不是真的想说点什么吗？”他以意味深长的目光瞅着他，“如果是这样，那就请快说，大家等着您。”

“您自己知道，彼得·斯捷潘诺维奇，我什么都不能说。”

“不，我不知道有这么回事，甚至是第一次听到；为什么您不能说呢？”

大尉默不作声，两眼盯着地面。

“让我走吧，彼得·斯捷潘诺维奇。”大尉坚决地说。

“不过要等您回答了我的第一个问题再走：我所说的一切是真的吗？”

“是真的，先生。”列比亚德金瓮声瓮气地说，抬起眼望着折磨他的人。他的两个鬓角都冒汗了。

“一切都是真的？”

“一切都是真的，先生。”

“您不认为您需要作些补充、作些说明吗？如果您觉得我们不公正，您就说吧；您提出抗议，大声说出您的不满吧。”

“不，我不认为需要作补充说明。”

“您不久前威胁过尼古拉·弗谢沃洛多维奇吗？”

“这……这主要是喝了酒，彼得·斯捷潘诺维奇。（他猛地抬起头来。）彼得·斯捷潘诺维奇！如果一个人的家族荣誉和他的心灵蒙受不公正的耻辱，因而在众人之间高呼不平，那么，难道在这种情况下他也是有罪的吗？”他吼叫着，像不久前那样放肆起来。

“那么，您现在没有喝醉，列比亚德金先生？”彼得·斯捷潘诺维奇以锐利的目光瞧着他。

“我……没有喝醉。”

“家族的荣誉和心灵蒙受不公正的耻辱，是什么意思？”

“我不讲任何人，我不想讲任何人。我讲我自己……”大尉又一次答不上来。

“您好像对我讲您和您的行为的那些话感到非常委屈？您很容易生气，列比亚德金先生。但是对不起，我还没有讲您的行为，讲您的行为的真相呢。有朝一日我会讲您的行为，讲您的行为的真相的。我会讲的，这是很可能发生的，不过我现在还没有开始讲真相。”

列比亚德金哆嗦了一下，野兽似的盯着彼得·斯捷潘诺维奇。

“彼得·斯捷潘诺维奇，我现在才开始醒过来了！”

“嗯，是我推醒您的吗？”

“对，是您把我推醒的，彼得·斯捷潘诺维奇，这四年来我一直在一片阴云下沉睡。我现在可以走了吧，彼得·斯捷潘诺维奇？”

“现在可以走了，除非瓦尔瓦拉·彼得罗芙娜认为有必要……”

但是瓦尔瓦拉·彼得罗芙娜厌恶地摆摆手。

大尉鞠了一躬，向门口走了两步，突然停住了，他把手按在心口，想说些什么话，却没有说，就快步跑了出去。但在门口正好与尼古拉·弗谢沃洛多维奇相撞；尼古拉·弗谢沃洛多维奇让在一边；大尉在他面前全身好像突然蜷缩起来，一动不动，目不转睛地盯着他，就好像兔子盯着蟒蛇一样。尼古拉·弗谢沃洛多维奇等了一会儿，用手轻轻推开他，走进了客厅。

七

他快乐而平静。也许，他刚才遇到了一件我们还不知道的大好事；但是看来好像有什么事甚至使他特别感到满意。

“你能原谅我吗，Nicolas?”瓦尔瓦拉·彼得罗芙娜忍耐不住，匆匆站起身来迎接他。

但是 Nicolas 爽朗地放声大笑起来。

“果然不出所料!”他温厚地用玩笑的口吻高声说，“我看到，你们已经全知道了。而我从这里出去后，坐在马车里想：‘至少应该讲一讲这段逸事，哪有这么走的道理呢?’但是一想起彼得·斯捷潘诺维奇留在你们这里，就不担心了。”

说着，他很快地环顾四周。

“彼得·斯捷潘诺维奇给我们讲了一个怪人很久前在彼得堡的一段往事，”瓦尔瓦拉·彼得罗芙娜兴高采烈地接口说道，“一个任性的发了疯的人，但永远是情操高尚的人，永远是有骑士风范的……”

“骑士？难道你们竟扯到这上面去了?”Nicolas 笑道，“不过这一次我倒很感谢彼得·斯捷潘诺维奇性情急躁（这时他和他迅速地交换了一下眼色）。您应当知道，maman，彼得·斯捷潘诺维奇是大家的和事佬；这是他的角色，他的毛病，他的爱好，从这一点来看，我特别向您推荐他。我猜想得到，他在这里跟您讲了些什么。他讲起事情来真的像放连珠炮似的；他的脑袋里好像装了一个档案室。请注意，作为一个讲求实际的人，他不会说谎，对他来说，真理比成功更可贵，除了那些成功比真理更可贵的情况之外。（他说这话的时候，不住地环顾四周。）这样，您清楚地看到，maman，不是您应该向我要求原谅，如果这里有什么疯狂行为的话，那当然首先在我这一边，总之，我毕竟是疯子，——应当维护我在这里的名声嘛……”

说到这里，他温柔地拥抱他的母亲。

“不管怎样，这件事情已经结束了，讲过了，因此可以不再提它了。”他补充说，在他的声音里有一种干巴巴硬邦邦的调子。瓦尔瓦拉·彼得罗芙娜听出了这个调子；但是她的兴奋并没有过去，反而更加强烈了。

“我还以为你至少得一个月以后才来呢，Nicolas！”

“我当然会把一切事情向您说明的，maman，不过现在……”

于是他向普拉斯科维娅·伊万诺芙娜走去。

但是她连头也没有回过来，虽然半小时之前，当他第一次出现时，她惊奇得目瞪口呆。现在她有了新的麻烦：从大尉走出房间在门口与尼古拉·弗谢沃洛多维奇相撞的那一刹那起，莉扎突然笑了起来，——开始时是轻轻地、断断续续地笑，但笑声越来越强，越来越响，越来越清楚了。她涨得满面通红。与刚才那阴郁的面容相比，反差十分显著。在尼古拉·弗谢沃洛多维奇同瓦尔瓦拉·彼得罗芙娜谈话的时候，她两次把马夫里基·尼古拉耶维奇叫到身边，似乎想悄悄跟他说些什么话：但是当他俯身向她凑过去的时候，她立即就纵声大笑起来；可以认为，她笑的正是可怜的马夫里基·尼古拉耶维奇。不过她显然竭力克制自己，用手帕扪住嘴巴。尼古拉·弗谢沃洛多维奇以最淳厚朴实的态度跟她招呼。

“请您原谅我，”她急促地回答，“您当然见过马夫里基·尼古拉耶维奇……天哪，您身材多高，简直不能容忍，马夫里基·尼古拉耶维奇！”

于是又笑，马夫里基·尼古拉耶维奇个子的确很高，可也并没有高到不能容忍的地步。

“您……来了很久了吗？”她喃喃地说，一面又克制住自己，甚至感到不好意思，但两眼炯炯发光。

“两个多小时了。”Nicolas回答，仔细地端详着她。我要指出，他非常稳重，彬彬有礼，但如果撇去他的礼貌，他的外表完全冷漠，甚至是没精打采的。

“您要住在哪里？”

“这里。”

瓦尔瓦拉·彼得罗芙娜也注视着莉扎，但一个突如其来的思想使她一震。

“在这以前，Nicolas，这两个多小时你在哪里？”她走了过去，“火车是十点钟到的。”

“我先把彼得·斯捷潘诺维奇送到基里洛夫那里。彼得·斯捷潘诺维奇是我在马特韦耶沃（离这里三站）遇到的，我们乘同一节车厢到这里。”

“我从拂晓就在马特韦耶沃等火车，”彼得·斯捷潘诺维奇接下去说，“夜里我们那列火车的后面几节车厢出了轨，差一点儿没把腿摔断。”

“摔断腿！”莉扎叫了起来，“妈妈，妈妈，我们上星期还想去马特韦耶沃呢，我们也可能摔断腿的！”

“上帝保佑！”普拉斯科维娅·伊万诺芙娜画了个十字。

“妈妈，妈妈，亲爱的妈妈，如果我两条腿真的摔断，您可别害怕；

我是可能出这种事的，您自己也说，我每天骑着马没命地快跑。马夫里基·尼古拉耶维奇，我瘸了腿，您会扶着我走路吗？”她又哈哈大笑起来，“如果发生这样的事，我不会让别人扶我，只有您除外，您满可以放心。嗯，如果我只摔断一条腿……那么，请您告诉我，您会认为这是幸福。”

“只剩下了一条腿，那算什么幸福？”马夫里基·尼古拉耶维奇严肃地皱起眉头。

“但是您能扶着我走呀，只您一个，别人绝不许！”

“那时仍是您扶着我走，莉扎韦塔·尼古拉耶芙娜。”马夫里基·尼古拉耶维奇更加严肃地嘟囔说。

“天哪，您不是想说双关语吗？！”莉扎吓得几乎惊叫，“马夫里基·尼古拉耶维奇，永远不要走上这条路！不过您是个多么严重的利己主义者！我相信（这是给您的荣誉），您现在是在自己诋毁自己；相反，那时您会从早到晚不住地对我说，缺了一条腿我变得更漂亮了！有一件事是无法补救的——您身材高得不得了，我缺了一条腿会变得很矮小，您怎么能搀着我走呢？我们不相般配了！”

她病态地大笑起来。那些俏皮话和含有暗示的话平庸无味，不过她显然不想以此来出风头。

“歇斯底里！”彼得·斯捷潘诺维奇在我耳边小声说，“快点去拿一杯水来。”

他猜中了；一分钟后大家都忙乱起来，拿来了水。莉扎拥抱自己的母亲，狂热地吻她，伏在她肩头哭，一会儿又仰起头来，望着她的脸，哈哈大笑起来。最后，她妈妈也呜呜咽咽地哭了起来。瓦尔瓦拉·彼得罗芙娜赶忙把她俩带到自己的房里去，走进不久前达丽娅·帕夫洛芙娜出来的那扇门。但是她们在那里待得并不久，大约四分钟，不会更久……

我现在竭力回忆这一值得回忆的早晨最后一些时刻的每一个细节。我记得，当室内只剩下我们，没有女士们（只有达丽娅·帕夫洛芙娜除外，她没有离开她的位置）的时候，尼古拉·弗谢沃洛多维奇走到我们每一个人跟前，同我们一一握手问好；只有沙托夫除外，他依旧坐在他的角落里，头比方才俯得更低了。斯捷潘·特罗菲莫维奇本已开始跟尼古拉·弗谢沃洛多维奇讲一些非常幽默的话，但尼古拉·弗谢沃洛多维奇匆匆向达丽娅·帕夫洛芙娜走去。半路上彼得·斯捷潘诺维奇几乎强行截住他，把他拖往窗口，在那里开始急促地小声告诉他什么事，从他说话时的面部表情和手势来看，事情显然十分重要。但尼古拉·弗谢沃洛多维奇却只懒洋洋地、心不在焉地听着，脸上带着他那官样文章式的笑容，最后甚至不耐烦了，似乎总是想及早脱身。他从窗边走开时，正好我们的女士们回来；瓦尔瓦拉·彼得罗芙娜让莉扎坐在原来的位置上，劝说她们一定不要急于离开，休息一下，哪怕十分钟也好，说现在外面的寒冷空气对于有病的神经未必是有益的。她十分殷勤地照顾莉扎，自己坐到她身边。此时闲着无事的彼得·斯捷潘诺维奇立即跑到她们身边，开始了欢快的谈话。这时，尼古拉·弗谢沃洛多维奇终于以他镇定的步态走近达丽娅·帕夫洛芙娜；在他走近时，达莎就已经在位置上局促不安，她迅捷地欠身起立，显然很窘，脸上泛起了红晕。

“好像可以祝贺您……还是还没有？”他说，脸上出现了一种特殊的神情。

达莎回答了他一句什么话，但难以听清。

“请原谅我冒昧，”他提高了声音，“可是您知道，我得到专门的通知。您知道这件事吗？”

“是的，我知道您得到了专门的通知。”

“不过我希望我的祝贺不要碍事，”他笑了起来，“如果斯捷潘·特罗菲莫维奇……”

“祝贺，祝贺什么？”彼得·斯捷潘诺维奇突然跑了过来，“祝贺您什么，达丽娅·帕夫洛芙娜？哦，不就是那件事吗？您的红晕证明我猜对了。真的，我们美丽贤惠的姑娘们有什么事可以祝贺的，又有什么祝贺最能使她们脸红呢？好了，如果我猜对的话，也请接受我的祝贺，而且要付给我打赌的钱：记得吗，在瑞士的时候我们曾经打赌，您说您永远不会出嫁……啊呀，说到瑞士，——我这是怎么啦？你们瞧，我到这里来，一半就是为的这件事，可我差一点儿给忘了。你告诉我，”他猛地转向斯捷潘·特罗菲莫维奇，“你什么时候去瑞士？”

“我……去瑞士？”斯捷潘·特罗菲莫维奇又惊奇又困惑。

“怎么？难道你不去？你不是也要结婚吗？你在信里写过吧？”

“Pierre!”斯捷潘·特罗菲莫维奇惊呼。

“什么Pierre……你要知道，如果这会使你高兴的话，我急急忙忙地赶来告诉你，我一点儿也不反对，因为你一定希望尽快听到我的意见；如果（他滔滔不绝地说）你需要‘拯救’，像你在同一封信里所写的和恳求我做的，那么我完全愿意为你效劳。真的吗，他要结婚了，瓦尔瓦拉·彼得罗芙娜？”他迅速向她转过身去，“我希望，我没有冒失；他自己在信中说，全城的人都知道了，大家都向他祝贺，因此他为了躲避，只有夜里才出来。信在我口袋里，但是你相信吗，瓦尔瓦拉·彼得罗芙娜，信里的话我一点儿都不懂！你只要告诉我一句话，斯捷潘·特罗菲莫维奇：应当祝贺你还是‘拯救’你？您不会相信，在他的信里最大的幸福和最深的绝望掺杂在一起。首先，他请求我原谅；好吧，就算这是他们的习惯，不过也不能不说一说：您瞧，一个人在一生之中只见过两次，而且是无意之中遇到的，现在，在第三次结婚的时候，他这样做有损他对我的什么父道，在千里之外恳求我不要生气，允许他结婚！请你，斯捷潘·特罗菲莫维奇，不要见怪，这是时代的特征，我心胸开阔，不会怪你，这可能还会给你带来荣誉，等等，但是，这里主要又是，我不懂主要的内容。这里讲到什么‘在瑞士的罪孽’。他，结婚是因为罪孽，或者说，是由于别人的罪孽，或者，他是怎么说的？——总之是‘罪孽’。他说，‘姑娘是珍珠，是钻石’，那还用说，‘他配不上’，这是他们的风格；但由于那里的什么罪孽或者情况‘他不得不结婚并到瑞士去’，因此要我‘抛开一切，赶快来拯救他’。听了这样的话，您明白了什么没有？不过……不过从大家的表情里我看到（他手里拿着信，转身回顾，脸带无邪的微笑，端详着一张张脸），像往常一样，我好像又搞错了……由于我愚蠢的坦率，或者如尼古拉·弗谢沃洛多维奇所说，由于我的性情急躁。我是想，我们这里是自己人，确切地说，是你的自己人，斯捷潘·特罗菲莫维奇，你的自己人，我呢，实际上是外人，我看到……看到，大家都知道某件事情，而我恰好不知道这件事情。”

他继续环顾四周。

“斯捷潘·特罗菲莫维奇在信里说，他因‘别人在瑞士造的罪孽’而结婚，要您赶快来‘拯救他’，用的是这些字眼吗？”瓦尔瓦拉·彼得罗芙娜突然走到他身边，脸色蜡黄，整张面孔都扭曲了，嘴唇不住地哆嗦。

“我是说，您瞧，如果这里我有什么事不明白的话，”彼得·斯捷潘诺维奇仿佛大吃一惊，说得更快了，“那当然是他的错，因为他是这样写的。瞧，信在这里。知道吗，瓦尔瓦拉·彼得罗芙娜，他的信没完没了，接连不断，特别是最近两三个月，简直是一封接着一封，我承认，到最后我有时没有把信看完。请求你，斯捷潘·特罗菲莫维奇，原谅我愚蠢的坦白，不过请你承认，虽然你的信是写给我的，可你更多的是为后世写的，因此对你来说完全无所谓……好了，好了，你别生气，咱俩毕竟是自己人！但是这封信，瓦尔瓦拉·彼得罗芙娜，我倒是读完了的。这些‘罪孽’——这些‘别人的罪孽’——这大概是咱自己的一些过失，我敢打赌，最无可非议的过失，但是由于这些过失，咱突然想到要编造一个有高尚色彩的骇人听闻的故事，就是为了高尚的色彩编造出来的。这里，您瞧，在计算方面咱出了差错，——你总得承认吧。咱，知道吗，有玩牌的习惯……不过，这是多余的，这完全是多余的，对不起，我太啰唆了，但是，瓦尔瓦拉·彼得罗芙娜，他真的把我吓坏了，我确实有点儿想来‘拯救’他。我毕竟良心上过不去。难道我拿刀搁在他脖子上逼迫他了？难道我是铁石心肠的债主？这里他写到嫁妆的事……不过你究竟要不要结婚呢，斯捷潘·特罗菲莫维奇？要知道，这种情况也会发生的，我们说呀，说呀，主要是为了耍嘴皮子……嗬，瓦尔瓦拉·彼得罗芙娜，您现在一定已经在谴责我，也是因为我的说话方式……”

“恰恰相反，恰恰相反，我看到，您是被激怒了，您这样做当然是有理由的。”瓦尔瓦拉·彼得罗芙娜恶狠狠地接口说着。

她又怨恨又高兴地听完彼得·斯捷潘诺维奇那一番“坦率真诚的”长篇大论，他显然扮演着某种角色（究竟什么角色——我当时并不知道，但他的角色是明显的，扮演得甚至过分拙劣）。

“恰恰相反，”她继续说道，“您说了话，我太感谢您了；没有您我可能不会知道。二十年来第一次我才睁开了眼。尼古拉·弗谢沃洛多维奇，您刚才说，您也得到了专门的通知：难道斯捷潘·特罗菲莫维奇给您也写过类似的信吗？”

“我收到写来的一封真挚的……和……十分高尚的信……”

“您难以表达，在寻找词语——够了！斯捷潘·特罗菲莫维奇，我希望您帮我一个大忙，”她突然对他说，两眼闪着怒火，“请您发个善心，立即离开我们，从今以后，不要再跨进我家的门槛。”

请读者回想一下她刚才的“兴奋”，这种兴奋状态还没有过去。的确，过错全在于斯捷潘·特罗菲莫维奇！但是，当时使我惊诧不已的是，他以惊人的尊严，既经受住了彼得鲁沙的“揭发”，没有想打断他，也经受住了瓦尔瓦拉·彼得罗芙娜的“诅咒”。他哪来这么大的勇气？我只看清了一点：方才他第一次和彼得鲁沙相见时，也就是方才他们拥抱时，他无疑受到深重的伤害。这是深沉的、真正的悲哀，至少在他看来是如此，对他的心灵来说是如此。当时他还有另一种悲哀，那就是令他痛心疾首的自我意识，他做了卑鄙的事；这一点他自己后来向我坦白承认。而真正的、不容置疑的悲哀有时甚至能使一个极端轻率的人变得庄重和坚强，至少在一段很短暂的时间内；不仅如此，真正的悲哀有时甚至会使傻瓜聪明起来，当然也是暂时的；悲哀的特性就是这样。既然如此，那么像斯捷潘·特罗菲莫维奇那样的人会发生什么变化呢？彻底的转变——当然，也是暂时的。

他雍容大方地向瓦尔瓦拉·彼得罗芙娜一鞠躬，没有说一句话（确实，他没有什么可说了）。他已经想这样走出去，但忍不住走到达丽娅·帕夫洛芙娜跟前。她仿佛已经预感到他会过来，因为她自己惊恐万分，立即开始说话，好像急于赶在他前面似的。

“斯捷潘·特罗菲莫维奇，看在上帝面上，请您什么也不要说，”她开始紧张快速地说，一脸痛苦的表情，急急忙忙地向他伸出一只手去，“请您相信，我仍像以往一样尊敬您……像以往一样珍惜和……希望您也别把我往坏处想，斯捷潘·特罗菲莫维奇，我将非常非常珍惜……”

斯捷潘·特罗菲莫维奇向她深深地、深深地鞠了一躬。

"全由你自己决定，达丽娅·帕夫洛芙娜，你知道，在这件事情上你有充分的自由！过去是，现在是，将来也是。"瓦尔瓦拉·彼得罗芙娜很有分量地最后说。

"哦，我现在什么都明白了，"彼得·斯捷潘诺维奇一拍脑门，说道，"但是……但是这么一来，我被置于什么地位呢？达丽娅·帕夫洛芙娜，请您原谅我！……你替我惹出多少麻烦，嗯？"他对父亲说。

"Pierre，你最好换一种语气同我说话，对吗，我的朋友？"斯捷潘·特罗菲莫维奇说，声音简直很轻。

"请你别嚷嚷，"Pierre挥舞着胳膊，"请你相信，这一切都是你衰老多病的神经惹出来的，嚷嚷没有什么用。你最好说给我听听：你本该想到我一开始就会说些什么，你怎么不预先告诉我呢？"

斯捷潘·特罗菲莫维奇以锐利的目光瞧着他。

"Pierre，你对这里发生的事情知道得那么多，难道你真的对这件事情一点儿都不知道，一点儿都没有听说过？"

"什——么？瞧，人心难测哪！原来咱不但是一个老小孩儿，咱还是一个坏小孩儿？瓦尔瓦拉·彼得罗芙娜，您听到他说什么了吗？"

房间里哄闹起来；但这时突然发生了这样一件事情，而这是谁也没有预料到的。

八

首先我要提一提，在最后的两三分钟里莉扎韦塔·尼古拉耶芙娜沉浸在一种新的内心活动之中；她同她妈妈和俯身向她的马夫里基·尼古拉耶维奇急促地小声说着话。她神色慌张，同时又表现出决心。最后她站了起来，显然急于离开并且催促着妈妈。她妈妈正由马夫里基·尼古拉耶维奇扶着从圈椅里站起来，但是看来他们命中注定，不看到底是走不了的。

沙托夫一直坐在他的角落里（离莉扎韦塔·尼古拉耶芙娜不远），完全被大家忘记了，而且看来他自己也不知道他为什么要坐在那里不离开，这时他突然站了起来，穿过整个房间，以急促但坚定的步子向尼古拉·弗谢沃洛多维奇走去，两眼直视着他的脸。尼古拉·弗谢沃洛多维奇从远处就注意到他走过来，淡淡地一笑，但是当沙托夫逼近他身边时，他不再笑了。

当沙托夫在他面前默默站住，目不转睛地盯着他的时候，大家突然注意到他，都默不作声了；最晚停止说话的是彼得·斯捷潘诺维奇；莉扎和妈妈在房间中央站住了。这样过了大约五秒钟；尼古拉·弗谢沃洛多维奇脸上的表情从不加掩饰的疑惑转变成愤怒，他皱起眉头，突然……

突然沙托夫挥起他那又长又重的胳膊，使尽全力打了他一记耳光。尼古拉·弗谢沃洛多维奇在原地猛地晃了一下。

沙托夫连打人也是特殊的，完全不符合一般人打耳光的方式（如果可以这样说的话），不是用手掌，而是用整个拳头，而他的拳头又大又重，瘦骨嶙峋，长着棕红色的汗毛和褐斑。如果这一拳打在鼻子上，那就会把鼻子打得粉碎，但他打在脸颊上，碰到嘴唇的左侧和上牙，从那里立刻流出血来。

好像有人突然叫了一声，可能是瓦尔瓦拉·彼得罗芙娜叫的——这我不记得了，因为一切立即又好像凝结了。不过，整个场面持续了不到十秒钟。

然而在这十秒钟内却发生了许多许多事情。

我想再提醒读者，尼古拉·弗谢沃洛多维奇属于那种不知道恐惧的人。在决斗中他能够站在对手的枪口前面，镇静自若，自己也会不动声色地瞄准、杀人，极端残忍。如果谁打他耳光，那么我觉得他甚至不会提出决斗，而是当场立即把侮辱他的人杀死；他正是这样的人，而且杀人时神志清醒，而不是在失常的情况之下。我甚至觉得，他从来没有爆发过失去理智和思考能力的盛怒。有时无穷的仇恨充满他心头，他仍然能保持充分的自制能力，因此他完全知道，如果不是在决斗中杀人，他一定会被送去服苦役；尽管如此，他仍会毫不犹豫地杀死侮辱他的人。

最近一段时间我一直在研究尼古拉·弗谢沃洛多维奇，由于一些特殊的条件，我现在写这本书的时候，知道了许多关于他的事实。我可能会把他同一些过去的人士相比，关于这些人士在我们今天的社会里还保存着许多传奇式的回忆。比如，人们传诵着十二月党人 Л——н[①] 的一些事迹，说他一生故意寻找危险，陶醉于危险的感觉之中，把这种感觉变成他禀性的需求；在青年时代他常常无事生非，找人决斗；在西伯利亚的时候，他随身只带一把匕首去猎熊，喜欢在西伯利亚的森林中同逃亡的苦役犯相遇，这些逃犯（我想顺便说说）比熊更可怕。毫无疑问，这些传奇式的人物是有恐惧感的。也许还会有十分强烈的恐惧感，——否则他们会安静得多，也不会把危险的感觉变成禀性的需求。他们当然渴望克服内心的怯懦。不断地陶醉于胜利之中，意识到自己所向无敌——这就是他们的追求。这位 Л——н 还在流放以前有一段时间曾与饥饿做斗争，用艰苦的劳动去赚取面包糊口，只因为他无论如何也不愿意屈从他豪富的父亲的要求，这些要求他认为是不公正的。就是说，他对斗争的理解是多方面的；不仅从与熊的格斗中，不仅在决斗场上来评

---

① 指十二月党人米·谢·卢宁（1787—1845），起义失败后被判处二十年苦役，流放西伯利亚。据当时的人说，他在各种危险之中找到乐趣，却认为安全可能使他毁灭。——俄编注

价自己性格的坚强和力量。

但是从那以后毕竟过去了许多年，我们这个时代的人神经质的、饱受折磨的、二重化的禀性，甚至完全不允许人们要求那些朴实的、纯正的感觉，而这些感觉在美好的古老的时代却是有些不知安宁的人士梦寐以求的。尼古拉·弗谢沃洛多维奇可能会瞧不起Л——н，甚至称他为气壮如牛的懦夫，好斗的小公鸡，——不过，他不会公然说出来。他可能会在决斗场上开枪射死对手，如果有必要的话，也会去猎熊，也会在森林中击退强盗，——像Л——н一样地顺利，一样地英勇无畏，然而没有任何快乐的感觉，只是出于令人不快的必要，他萎靡、慵懒甚至感到无聊。在狠毒方面，不用说，他胜过Л——н，甚至胜过莱蒙托夫[①]。尼古拉·弗谢沃洛多维奇的狠毒，也许比那两位加起来还要厉害，但是这种狠毒是冷静的、镇定的，而且，如果可以这样说的话，是有理性的，因此也是世上最可憎最可怕的。我再重复说一遍：我当时认为，现在仍然认为（虽然一切已经成为往事了）。他是这样一个人，如果他给人打了耳光或者受到类似的侮辱，那么他会立即把他的敌手打死，当场立即打死，而不会提出决斗的要求。

然而，在当前的这件事情中却出现了迥然不同的、古怪的现象。

他刚一站直（因为他被打耳光时，身体丢人地晃了一下，几乎整个上半身都歪向一边），那个拳打面颊的声音，令人恶心的、似乎是湿漉漉的声音，好像还没有在房间里消失，他一站直就用两手一把抓住沙托夫的肩膀；但是立即、几乎就是在那一瞬间，他缩回自己的双手，交叉放在自己的背后。他默不作声，瞧着沙托夫，面色像衬衫一样白。但是

---

① 据同时代人的回忆，卢宁和诗人莱蒙托夫（1814—1841）都是有名的寻衅闹事、好勇斗狠的人。

奇怪，他眼中的怒火渐渐熄灭了。十秒钟后他的眼睛神色冷峻，而且（我坚信我不是说谎）平静。只是他面色十分苍白。当然，我不知道他的内心如何，我只看到外表。我觉得，如果有这样一个人，为了检验自己的毅力，比如说，抓住一根烧得通红的铁条，握在手里，然后在十秒钟之内抑制难以忍受的痛楚，最后克服了它，那么这一个人我觉得可能忍受尼古拉·弗谢沃洛多维奇在这十秒钟内经受的那种痛楚。

他们两人当中，沙托夫首先垂下眼睛，看来他是非垂下不可。然后他慢慢转过身，走出房间去，但已不是刚才走上前来时的那种步态。他走得很缓慢，特别笨拙地从背后拱起双肩，耷拉着脑袋，好像自己同自己在议论什么。他似乎在小声地喃喃自语。他小心翼翼地走到门口，没有绊住也没有碰倒什么东西。他只把门打开一条小缝，因此他几乎是侧着身子从空隙中出去的。但他挤出去时，他脑后竖立的那绺头发特别引人注目。

然后，在大家还没有来得及喊叫之前，听到一声骇人的叫声。我看到莉扎韦塔·尼古拉耶芙娜一只手抓住她妈妈的肩膀，另一只手抓住马夫里基·尼古拉耶维奇的手，猛地拽了两三下，想把他们拉出房间去，但是突然叫了一声，晕了过去，整个身子倒在地板上。直至今天我仿佛仍听到她的后脑勺碰撞地毯的声音。

第二部

第一章

夜

一

过了八天。现在，当一切已成为往事而我正执笔写这部记事录的时候，我们已经知道，这是怎么回事了；但是当时我们还一无所知，因此很自然，许多事情我们觉得奇怪。至少我和斯捷潘·特罗菲莫维奇最初闭门不出，胆战心惊地从远处观察着。不过我有时仍到一些地方去，同从前一样给他带来各种消息，非此他是过不了日子的。

毋庸说，城里传播着种种流言蜚语，就是关于那一记耳光、莉扎韦塔·尼古拉耶芙娜的昏厥和那个星期天发生的其他事件的传闻。但是我们感到奇怪的是：这一切是通过谁如此迅速而详尽地传出去的呢？当时在场的人当中任何人似乎都没有必要把发生的事情泄露出去，也不会从中得到好处。仆人当时都不在，只有列比亚德金可能多嘴多舌，走漏风声，不是因为仇恨，因为他出去时极端恐惧（而对仇人的恐惧往往消除了对他的仇恨），而只是因为他不知节制，说话随便。但是列比亚德金同他的妹妹第二天就失踪了，音讯全无，他不在菲利波夫的房子里，不知搬到哪里去了，好像完全消失了。我本想向沙托夫探听玛丽娅·季莫费耶芙娜的消息，但他闭门拒客，这八天好像都待在家里，甚至中断了城里的工作。他没有接见我。我星期二上他家去，敲敲门，没有回应。我根据不容置疑的消息，确信他在家里，又一次敲门。这时他显然从床上跳了起来，大步走到门边，高声对我喊道："沙托夫不在家。"我只得怏怏而回。

我和斯捷潘·特罗菲莫维奇终于形成了一个想法。虽然我们对我们的大胆假设不无恐惧，但我们相互鼓励，最后断言，流言传播的罪魁祸首只能是彼得·斯捷潘诺维奇，虽然他自己不久后在与父亲的谈话中肯定地说，他已经听到人人都在谈论这件事，特别是在俱乐部里，而且省长夫人和她的丈夫也已经知道了详情。更值得注意的是：第二天星期一晚上我遇到利普京，他已经知道得一清二楚，因此，他无疑是最早知道此事的人们中的一个。

许多女士（包括最上层的女士）好奇地打听"神秘的瘸腿女人"（这是她们对玛丽娅·季莫费耶芙娜的称呼）的事。有人甚至希望一定要亲眼见到她，与她结识，因此急急忙忙地把列比亚德金兄妹藏起来的先生们，做得非常及时。但是最引人瞩目的毕竟还是莉扎韦塔·尼古拉耶芙娜的昏厥，而"整个上流社会"仅仅由于一个原因就对此深感兴趣了，那就是此事直接涉及尤莉娅·米哈伊洛芙娜，因为她是莉扎韦塔·尼古拉耶芙娜的亲戚和保护人。什么样的闲言碎语没有呀！神秘的氛围更使谣言蜂起：两家都重门紧闭；莉扎韦塔·尼古拉耶芙娜据说患了震颤性谵妄症，卧床不起；据说尼古拉·弗谢沃洛多维奇患的也是这种病，人们还言之凿凿地讲到他似乎被打落了一颗牙齿，脸颊因齿龈脓肿而肿了起来，说得详详细细，令人生厌。有人甚至在背地里说，我们这里可能会发生杀人事件，说斯塔夫罗金不是那种忍受得了这等侮辱的人，说他会杀死沙托夫，不过行事秘密，像科西嘉的血仇报复[①]一样。这一思想很合大家的心意；但是我们上流社会中的大部分年轻人以轻蔑的态度仔细听着这些话，表现出不屑一顾的样子，当然是佯装的。总的说来，我们社交界对尼古拉·弗谢沃洛多维奇由来已久的敌意鲜明地流露了出来，甚至那些颇有地位的人都想指摘他，虽然他们自己也不知道该指摘他什么。人们悄悄地说，似乎他玷污了莉扎韦塔·尼古拉耶芙娜的清白，在瑞士的时候他们之间有过私情。当然一些谨慎持重的人善于克制，不参与谈论，然而所有的人无一例外地都听得津津有味，还有另外一些谈论，但不是大家都知道的，而是私下的，偶然的，甚至是秘密的、十分奇怪的，我在这里提到这些议论的存在，只是为了使读者有思想准备，完全是为了我要讲的以后的事件。这些议论是：有的人不知道根据什么皱起眉头，说尼古拉·弗谢沃洛多维奇在我们省负有特殊的任务，说他通过K伯爵在彼得堡建立了一些上层关系，他甚至可能是官员，受某人的什么委托。[②] 当很有地位、十分持重的人们对这种流言露出笑容，明智地指出一个丑闻不断、一开始就齿龈脓肿的人不像是官员的时候，人们悄悄地对他们说，他不是什么正式任职，而可以说是秘密任职[③]，在这种情况下，工作本身要求任职人员愈不像官员愈好。这样的说法产生了效果；我们这里知道，京城里有人对我们省的地方自治机关特别注意。我重复一遍，这些谣言只不过昙花一现，随即消失得无影无踪，是暂时的，只是在尼古拉·弗谢沃洛多维奇出现的时候；但是我要指出，许多谣言的起因，部分的是不久前从彼得堡回来的退役近卫军

---

① 科西嘉的血仇报复，一般必须预先警告对方，但也允许暗杀。——俄编注

② 关于这些谣言的描写，与《死魂灵》中关于乞乞科夫的传闻有相近之处，但所传导出的心理突转却完全不同。——俄编注

③ 当指秘密警察机关的特务。

大尉阿尔捷米·帕夫洛维奇·加加诺夫在俱乐部里讲的片言只字，这些话简短但却恶毒，含混不清，断断续续。阿尔捷米·帕夫洛维奇·加加诺夫是我省和我县一个相当大的地主，是京城里的上层人士，已故的帕维尔·帕夫洛维奇·加加诺夫的儿子。帕维尔·帕夫洛维奇就是俱乐部那位可敬的理事，四年多以前尼古拉·弗谢沃洛多维奇曾同他发生异常粗暴和意料之外的冲突，关于这次冲突我已经在此前、在我故事的开头部分提到过。

大家立刻就知道了，尤莉娅·米哈伊洛芙娜对瓦尔瓦拉·彼得罗芙娜做了一次特别的拜访，但在邸宅的台阶上仆人宣告："主人因病不能见客。"大家还知道，拜访以后两三天，她派专差去探问瓦尔瓦拉·彼得罗芙娜。最后，她到处为瓦尔瓦拉·彼得罗芙娜辩护，当然只是最好意义上的辩护，即尽可能地极不明确地辩护。尽管如此，她最初听人匆匆谈及星期天发生的事情时，态度严峻，冷冰冰地，因此在以后的几天里，再也没有人在她面前提起过。这样，到处都使这样一个想法更可信了，这就是尤莉娅·米哈伊洛芙娜不仅知道这一神秘事件的全部经过，而且知道它的全部神秘内涵，一直到最小的细节，而且她不是局外人，而是参与者。我顺便还要指出，她在我们这里已经一点儿一点儿地开始获得最高的影响力，这无疑是她所渴望和力求得到的，她开始看到自己"被簇拥着"。一部分社会人士承认她有务实的智慧和手段……不过这里留待以后再说。在某种程度上也是由于她的庇护才使彼得·斯捷潘诺维奇在我们社交界取得了相当迅速的成就，这些成就当时特别使斯捷潘·特罗菲莫维奇惊异。

我和他可能是过分夸大了一些。首先，彼得·斯捷潘诺维奇在他出现后的最初四天里几乎立即就和全城的人都认识了。他是在星期天来到的，到了星期二我已见到他坐在阿尔捷米·帕夫洛维奇·加加诺夫的马车里，而加加诺夫尽管有上流人士的风度，却是一个骄傲、暴躁、狂妄的人，就他的性格而言，很难与他相处。省长那里，彼得·斯捷潘诺维奇也受到很好的对待，居然立即就处于亲近的或者可以说受宠的年轻人的地位；他几乎每天在尤莉娅·米哈伊洛芙娜那里吃饭。他在瑞士就已与她相识，但他在省长府邸中的迅速成功的确有点儿耐人寻味。无论如何他过去曾经是有名的国外革命党人，不管是真是假，他曾经在国外的各种出版物上写过文章，参加过各种代表大会，阿廖沙·捷利亚特尼科夫有一次遇见我时愤愤地对我说，“这可用报上的材料来证明”。阿廖沙在老省长府邸里也曾经是得宠的年轻人，可惜现在已经是一名退休官员了。但是事实毕竟俱在：过去的革命党人来到亲爱的祖国，不仅没有遇到任何麻烦，而且几乎得到鼓励；因此，过去可能什么事情也没有过。利普京有一次悄悄对我说，据传彼得·斯捷潘诺维奇似乎在什么地方交了悔过书，交代了其他几个名字，因此得到释放，这样，可能已经将功补过，答应今后做一个有利于祖国的人。我把这句恶毒的话告诉了斯捷潘·特罗菲莫维奇；虽然他几乎已经丧失了思考能力，但他仍深深地陷入了沉思。嗣后发现，彼得·斯捷潘诺维奇到我们这里来的时候，带来了一些有分量的推荐信，至少有一封信是彼得堡一位极为显要的老太太写给省长夫人的。这位老太太的丈夫是彼得堡最有权势的老头子之一。老太太是尤莉娅·米哈伊洛芙娜的教母，她在信中提到，K伯爵通过尼古拉·弗谢沃洛多维奇，也很了解彼得·斯捷潘诺维奇，亲切对待他，认为他是“优秀的年轻人，虽然过去曾误入歧途”。尤莉娅·米哈伊洛芙娜十分珍惜她那些微弱的、如此艰难地维持着的与“最高阶层”的联系，当然，收到显要老太太的信，她感到高兴；但是这里仍有某种似乎是特殊的东西。她甚至要自己的丈夫也亲切对待彼得·斯捷潘诺维奇，因此冯·伦布克怨言不绝……不过这件事也留待以后再说。我还要请大家记住，那位伟大的作家也对彼得·斯捷潘诺维奇十分赏识，立即请他去做客。这样一位自命不凡的人做出如此仓促的决定，最使斯捷潘·特罗菲莫维奇痛心；但我心里却有不同的解释：卡尔马济诺夫先生殷勤邀请虚无主义者，当然考虑到他与新旧两京[①]的进步青年的关系。伟大的作家在最新的革命青年面前战战兢兢，由于无知，以为俄罗斯未来的钥匙掌握在他们手中，卑躬屈节地奉承他们，主要因为他们一点儿也不注意他。

二

彼得·斯捷潘诺维奇两次跑来看他的生身父亲，我很不走运，两次我都不在。第一次于星期三来看他，也就是在第一次见面后的第四天，而且是来办事的。顺便说说，庄园的账他们不知怎的不声不响、不露形迹地就结清了。瓦尔瓦拉·彼得罗芙娜把一切都承担起来，付清了所有的钱，当然也获得了那块土地，她只通知斯捷潘·特罗菲莫维奇，一切都已结束，瓦尔瓦拉·彼得罗芙娜的全权代表，她的侍仆阿列克谢·叶戈罗维奇递上一些文件要他签字，他默默地以极大的尊严履行了手续。我想说说他的尊严，这些日子我几乎认不得我们过去的小老头儿了。他的言谈举止与过去截然不同，变得出奇的沉默寡言，甚至从星期天以来没有写过一封信给瓦尔瓦拉·彼得罗芙娜，我认为这是一个奇迹，而主要的是，他变得安静了。他牢固地树立起一个最终的至高的思想，看得出来，这给他以安宁。他发现了这个思想，静坐着等待什么。不过开始时他病了，特别是星期一，他的轻霍乱发作了。他仍然和往常一样，没

① “新旧两京”指的是彼得堡和莫斯科。

有消息过不了日子；但是只要我一离开事实，议论起事情的实质，说出我的什么想法时，他立即开始向我摆手，叫我不要说下去。但是两次和儿子的会见仍然使他痛心，虽然并没有动摇他的决心。在这两天里，每次会见之后，他都要躺在长沙发上，用浸透醋的毛巾缠住头，但是继续保持着内心的平静。

不过，有时候他也没有摆手制止我。有时候我还觉得，愉快的神秘的决心似乎离开了他，他开始同涌上心头的许多有诱惑力的思想进行斗争。这只不过是刹那间的事，但我注意到了。我怀疑他很希望再度表现自己，从孤独的生活中走出来，发起进攻，做一次最后的决战。

"Cher，我真想把他们击溃！"他突然迸出一句，那是在星期四晚上，第二次同彼得·斯捷潘诺维奇见面之后，他伸直身子躺在长沙发上，头上缠着毛巾。

在这一刻之前他整天还没有同我说过一句话。

"Fils，fils chéri，[①] 等等，我承认，这些话都毫无意义，是厨娘们用的字眼，让他们去吧，我自己现在也明白了。我没有喂他饭，喂他水，我从柏林把他送往某某省，那时他还是个吃奶的婴儿，是从邮局寄走的等等，我承认……'你，'他说，'没有喂过我水，把我从邮局寄走，还在这里掠夺我。'但是，可怜的人，我大声对他说，我这辈子都牵肠挂肚地为你担心，虽然是从邮局把你寄走的！Il rit.[②] 但是我承认，我承认……即使是从邮局寄走的。"他最后好像是在说胡话了。

"Passons[③]，"五分钟后他又开始说道，"我不理解屠格涅夫。他的巴扎罗夫是一个实际上并不存在的虚构人物；他们率先否定他，因为他

① 法文：儿子，心爱的儿子。
② 法文：他笑。
③ 法文：我们不谈这个。

什么都不像。[①] 这个巴扎罗夫是一种诺兹德廖夫[②]和拜伦的模糊不清的混合物，c'est le mot。[③] 您仔细瞧瞧他们：他们高兴得翻筋斗，尖声号叫，就像小狗在太阳底下一样，他们幸福，他们是胜利者！这哪里是什么拜伦！……而且多么平庸的生活！多么庸俗而过敏的虚荣心，多么卑鄙的贪婪心理，力图 faire du bruit autour de son nom[④]，而没有注意到 son nom[⑤]... 啊，那是一幅漫画！难道，我对他喊道，难道你希望就凭你现在这副模样要人们把你看成基督？Il rit. Il rit beaucoup，il rit trop. [⑥] 他有一种奇怪的笑容。他母亲没有这样的笑容。Il rit toujours. [⑦]"

于是又是沉默。

"他们很狡猾；星期天他们是预先串通好的……"他突然冒出一句。

"哦，毫无疑问。"我叫道，一面竖起耳朵听着，"这是阴谋，破绽百出，而且演得也很糟糕。"

"我说的不是这个意思。您知道吗，这一切是故意做得破绽百出的，以便让人注意到……需要注意的人。您懂吗？"

"不，不懂。"

"Tant mieux. Passons. [⑧]"

"您干吗同他争，斯捷潘·特罗菲莫维奇？"我责备他说。

---

① 斯捷潘·特罗菲莫维奇的这番话反映了《现代人》杂志同人对《父与子》主人公巴扎罗夫的态度。

② 诺兹德廖夫是果戈理《死魂灵》中的人物，喜爱撒谎打架的酒鬼和赌棍。

③ 法文：就是这样。

④ 法文：围绕自己的名字掀起一阵轰动。

⑤ 法文：自己的名字。

⑥ 法文：他笑。他笑得很多，他笑得太多了。

⑦ 法文：他总是笑。

⑧ 法文：那更好。我们不谈这个。

"Je voulais convertir.[①] 当然，您笑吧。Cette pauvre[②] 姨妈，elle entendra de belles choses![③] 啊，我的朋友，您相信吗，我今天感到自己是一个爱国者！不过，我一向意识到我是俄国人……而且是真正的俄国人，像您我一样的俄国人，不可能是别的。Il y a là-dedans quelque chose d'aveugle et de louche.[④]"

"一定是。"我回答道。

"我的朋友，事情的真相看起来总不太像是真的，您知道这一点吗？为了使真相更像是真的，一定得掺和一些谎言。人们一直是这样做的。可能这里有一些我们不能理解的东西。您是怎么想的：这里，在这胜利的尖叫声中，有我们不理解的东西吗？我希望有，我希望。"

我没有作声。他也沉默了很久。

"人们说，法国人的智慧……"他突然含混不清地说起来，好像在发烧似的，"就是说谎，一向如此。为什么要污蔑法国人的智慧呢？这只说明俄国人的懒惰，在创造新思想方面我们可耻的无能，在诸多民族当中，我们具有令人憎恶的依赖性。Ils sont tout simplement des paresseux,[⑤] 而不是法国人的智慧。啊，为了人类的幸福，应该把俄国人当作有害的寄生虫而予以彻底消灭！我们过去所追求的根本不是这个，根本不是，我现在什么都不明白了。我什么都搞糊涂了！你明白吗，我对他喊道，你明白吗，如果你们把断头台放在第一位，而且以此为乐，那只是因为砍头最容易，而拥有思想是最困难的！Vous êtes des pares-

---

① 法文：我想改变我的信念。
② 法文：这个可怜的……
③ 法文：她会听到许多好事情的！
④ 法文：这里隐藏着一些看不透的和可疑的东西。
⑤ 法文：他们只不过是懒汉。

seux! Votre drapeau est une guenille, une impuissance.[①] 这些车辆，或者像他们所说，‘给人类运来粮食的辘辘车轮声’[②] 比西斯廷圣母像更有用，或者像他们所说的……胜过 une bêtise dans ce genre[③]，但是你明白吗，我对他喊叫，你明白吗，除了幸福，完完全全地同等地需要不幸！Il rit. 他说：你，在这里说俏皮话，‘在天鹅绒的沙发上舒适地摊开四肢（他说得更下流）……’您请注意我们父子之间习惯称你；如果两个人和睦相处，这当然好，但如果吵架呢？”

我们又沉默了一分钟。

“Cher，”他最后突然说，一面从椅子上抬起身来，“您知道，这事一定会闹出结果来的？”

“那当然。”我说。

“Vous ne comprenez pas. Passons.[④] 但是……世界上的事往往没有结果，但这事会有结果，一定会有，一定会有！”

他站了起来，十分激动地在室内踱了一圈，又走到长沙发边，无力地倒在沙发上。

星期五早晨，彼得·斯捷潘诺维奇出发去县里的什么地方，在那里待到星期一。他离开的消息我是从利普京那里知道的，而且在谈话中顺便得知列比亚德金兄妹两人住在河对岸制陶郊区的什么地方。“是我送他们去的，”他补充道，但是他突然抛开列比亚德金兄妹的事，告诉我，

---

① 法文：你们是懒汉！你们的旗帜是破布，是无能的体现。

② 这句话出自赫尔岑给弗·谢·佩切林的信。佩切林（1807—1885）曾任莫斯科大学教员，后去国外，成了天主教的修士。他认为，只有宗教才能使人类在道德上面貌一新。他描绘了“物质文明专横统治”的阴暗前景。赫尔岑在复信中回驳说：“……有什么可害怕的呢？难道是给饥寒交迫的群众运来糊口之粮的辘辘车轮声？”——俄编注

③ 法文：这一类无聊的东西。

④ 法文：您不懂。我们不谈这个。

莉扎韦塔·尼古拉耶芙娜要同马夫里基·尼古拉耶维奇结婚了，虽然还没有宣布，但已经订婚，大事已定。第二天我遇到莉扎韦塔·尼古拉耶芙娜，骑着马，在马夫里基·尼古拉耶维奇的陪同下病后第一次出门。她远远地瞧见我，眼睛一亮，笑了起来，很友好地点点头。我把这一切告诉斯捷潘·特罗菲莫维奇，他只对列比亚德金兄妹的消息稍加注意。

现在，我已经描述了那八天之内我们还一无所知时所处的莫名其妙的境况，下面我将描述我记事录中以后的事件，可以说，我已经知道事情的真相，可以把一切按现在所了解的状况加以叙述。让我从那个星期天以后的第八天开始，也就是从星期一晚上开始，因为从实质上说，“新的事件”是从这一个晚上开始。

三

晚上七点钟，尼古拉·弗谢沃洛多维奇独自一人坐在他的书房里——一个他以前就很喜欢的轩敞的房间，铺着地毯，摆着几件沉重的式样古老的家具。他坐在角落里的长沙发上，穿着出门的服装，但看来什么地方都不准备去。在他面前的桌子上放着一盏带灯罩的灯。宽敞的房间的两边和四角为阴影所笼罩。他的目光深沉而专注，但并不十分平静；面容疲倦，比以前消瘦了一点儿。他的牙龈的确患了脓肿病；但是关于他的一颗牙齿被击落的流言是夸大了。牙齿只不过有点儿动摇，现在又长结实了；上唇的里侧也开了裂，但伤口也已愈合。牙龈脓肿一周来没有消退的原因是病人不愿见医生并及时切开脓块，而等待脓包自行破裂。他不仅不见医生，甚至连母亲也几乎不让进去看他；她每次只能进去一分钟，每天一次，而且一定是在薄暮时分，当天色渐黑而尚未上灯的时候。他也不接见彼得·斯捷潘诺维奇，但是彼得·斯捷潘诺维奇在城里的时候仍一天两三趟跑到瓦尔瓦拉·彼得罗芙娜那里去。他终于在星期一早晨，在离开三天之后回城来了，跑遍全城并在莉扎韦塔·尼古拉耶芙娜那里用过午餐之后，于黄昏时刻终于来到焦急地等待着他的瓦尔瓦拉·彼得罗芙娜那里。禁见已经撤销。尼古拉·弗谢沃洛多维奇开始接待客人了，瓦尔瓦拉·彼得罗芙娜亲自把客人领到书房门口；她早已希望他们俩见面，而彼得·斯捷潘诺维奇答应在离开 Nicolas 之后去看她，把一切都告诉她。她怯生生地敲敲尼古拉·弗谢沃洛多维奇的门，没有得到答复，于是鼓起勇气，把门稍稍打开两俄寸[①]。

"Nicolas，我能把彼得·斯捷潘诺维奇带进来看你吗？"她压低声音轻轻地说，竭力想看清台灯后面的尼古拉·弗谢沃洛多维奇。

"可以，可以，当然可以！"彼得·斯捷潘诺维奇自己快活地大声喊道，他用手打开门，走了进去。

尼古拉·弗谢沃洛多维奇没有听到敲门声，只听到妈妈怯生生的问话，但没有来得及回答。这时在他面前放着他刚读完的信，这封信使他深深陷入沉思。听到彼得·斯捷潘诺维奇突如其来的叫喊声，他哆嗦了一下，赶忙拿起手边的吸墨器盖在信上，但没有完全盖住：信的一角和几乎整个信封都露在外面。

"我故意大喊一声，使您来得及做好准备。"彼得·斯捷潘诺维奇急促地，以惊人的单纯小声说，一边跑到桌子边，一下子就盯住吸墨器和信的一角。

"当然，您已经看到，我把一封刚收到的信藏在吸墨器底下，不让您看见。"尼古拉·弗谢沃洛多维奇镇定自若地说，没有从位置上站起来。

---

① 一俄寸等于四点四四厘米。

“信？上帝保佑您和您的信，干我什么事！”客人高声说道。“但是……主要是……”他又轻声说，向已经关上的门转过身去，朝那边点点头。

“她从来不偷听。”尼古拉·弗谢沃洛多维奇冷冷地说。

“就是她偷听又有什么关系！”彼得·斯捷潘诺维奇立即接口说，兴高采烈地提高声音，在圈椅里坐了下来，“我一点儿不反对这个，我现在只不过跑来同您单独谈一谈……哎哟，总算见到了您！首先，您身体可好？我看您气色很好嘛，明天也许您会去，——嗯？”

“也许。”

“您会让他们最终放心，让我也最终放心！”他以开玩笑的愉快的神情指手画脚地说，“要是您知道，我不得不对他们胡扯了些什么就好了。不过，您是知道的。”他笑了起来。

“详情不知道。我只听母亲说，您很有……进展。”

“确切地说，我什么明确的话都没有说。”彼得·斯捷潘诺维奇突然跳了起来，似乎是在击退猛烈的攻击，“知道吗，我利用了沙托夫的妻子，确切地说，关于你们在巴黎的关系的流言，这当然说明了星期天的那个事件……您不生气吧？”

“我相信，您很起劲。”

“唉，我担心的就是这一点。话说回来，这是什么意思：‘很起劲？’这可是责备。不过您还是直截了当地提出来，我到这里来的时候，就是害怕您不愿直截了当地谈。”

“我什么也不愿直截了当地谈。”尼古拉·弗谢沃洛多维奇有点儿生气，但立即笑了一笑。

“我不是说的那个；不是那个，别误会，不是那个！”彼得·斯捷潘诺维奇挥动着胳膊，像爆豆子似的说着，立刻又因为主人的容易激动而高兴起来，“我不会用我们的事业来刺激您，特别是在您现在所处的境况下。我来只是为了星期天的那件事，而且只谈到最必要的程度，因为不能不谈。我来做最坦率的解释，这主要是我所需要的，而不是您，——这是为了您的自尊心，但同时也是事实的真相。我来是为了从今以后永远对您坦率。”

“就是说，过去您对我不坦率？”

“这您自己知道。我多次耍滑头……您笑了，我很高兴您笑，因为这可以作为我说明的借口；我故意用了‘耍滑头’这个浮夸的词，为的是使您勃然大怒：我怎么如此大胆，认为我可以耍滑头呢，我就可以立即进行解释。瞧，瞧，我现在变得多么坦率！唉，先生，您愿意听吗？”

尼古拉·弗谢沃洛多维奇脸上的表情一直是平静中带点轻蔑甚至嘲笑，尽管客人竭力说一些他预先准备好的、有意粗俗幼稚的话，想以自己的厚颜无耻来刺激主人。最后他终于流露出一点儿不安和好奇。

“您听我说，”彼得·斯捷潘诺维奇扭动得更厉害了，“在我出发到这里来的时候，就是十天之前到这座城市来的时候，我当然决定要扮演一个角色。然而最好的办法是不用扮演角色，就以自己的本来面目出现，不正是这样吗？没有比自己的本来面目更奥妙的了，因为谁也不会相信。我，说实在的，原来想扮演一个傻瓜，因为装傻瓜比保持自己的本来面目更容易一些；但是傻瓜毕竟是一种极端现象，而极端现象就会引起好奇，所以我最后还是决定以我的本来面目出现。那么什么是我的本来面目呢？中庸之道：既不愚笨，也不聪明，相当平庸，又像是从月球上掉下来的，正如这里一些明智的人所说的那样，不是这样吗？”

“是吧，也许是这样。”尼古拉·弗谢沃洛多维奇微微一笑。

“啊，您同意——我很高兴；我早知道，这是您自己的想法……放心，放心，我不生气，我给自己选定了这么个角色，不是为了让您说些相反的话来称赞我：‘不，您不平庸，不，您聪明……’啊，您又笑了！……我又猜错了。您不会说：‘您聪明。’就算是这样吧；我认为什么都有可能。Passons，[①] 像我爸爸常说的那样；还要在括号里加上：别因为我喋喋不休而生气。对了，这就是一个例子：我总是说得很多，就是话很多，而且说得很急，但总是说不好，为什么我说了很多话，但说不好呢？因为我不善于说话。那些善于说话的人都说得很简短。由此可见，我是庸才，——不是吗？但是由于我这个庸才是天生的，那么我为什么不能人为地加以利用呢？于是我就利用了。的确，我准备到这里来的时候本来想沉默，但沉默是很大的才能，因此于我不相称；其次，沉默仍然是危险的；因此我最后决定，最好还是说话，但是以庸才的方式谈话，那就是，说得很多、很多、很多，急急忙忙地证明，到最后总是颠三倒四，不能自圆其说，使得听的人不等你讲完就走开了，无可奈何地摊开两手，或者最好吐口唾沫。结果，首先你使人相信你的老实，使人非常讨厌的，又并不理解你——可以说一举两得！请问，这之后谁还会怀疑你在搞阴谋呢？如果有谁说我有阴谋，他们中每一个人都会生他的气。并且我有时还可以逗他们发笑——这是非常宝贵的。而且他们现在只凭一点就都会原谅我，那就是在那边印发传单的聪明人，在这里却发现他比他们自己还愚蠢，不是这样吗？从您的笑容我看到，您赞成我的话。”

不过，尼古拉·弗谢沃洛多维奇一点儿也没有笑，他紧皱双眉听着，甚至有点儿不耐烦。

“啊？什么？您好像在说‘还不是一样’？”彼得·斯捷潘诺维奇又喋喋不休地说起来（尼古拉·弗谢沃洛多维奇什么话也没有说），“当

① 法文：我们不谈这个。

然，当然；我向您保证，我绝不会同您结为同志来玷污您的名声。知道吗，您今天非常爱发脾气；我真心诚意、快快活活地到您这里来，您却挑剔我的每一句话；我向您保证，今天任何微妙的问题都不谈，我保证，而且对您提的条件我都预先表示同意！”

尼古拉·弗谢沃洛多维奇固执地保持沉默。

“啊？什么？您好像说了句什么话？我知道，知道，我好像又说傻话了。您没有提过条件，将来也不会提，我相信，相信，您放心吧。我自己也知道，没有必要向我提条件，是这样吗？我可以预先替您回答——当然，由于平庸，平庸又平庸……您笑了？啊？什么？”

“没有什么，”尼古拉·弗谢沃洛多维奇终于笑了笑，“我现在记起来了，我有一次确实说过您平庸，但当时您不在，就是说，有人传话了……我请您快点谈正事。”

“我是在谈正事呀，我就是为了星期天的事来的，”彼得·斯捷潘诺维奇含混不清地说，“就您看，星期天那天我究竟是什么，是什么？正是匆匆忙忙的中不溜儿的平庸，我用最平庸的方法强行控制谈话。但是大家都原谅我的一切，因为我，第一，是从月亮上掉下来的，好像在这里的所有人现在都这么认为；第二，因为我讲了一个动人的小故事，把你们大家都救了，是这样吗？是这样吗？”

“就是说，您正是这样讲的，您留下怀疑，显露出我们相互串通起来，颠倒事实，而实际上什么样的串通都没有，我什么事情也没有求过您。”

“就是这样，就是这样！”彼得·斯捷潘诺维奇好像大喜过望似的接口说，“我正是这样做的，使您能看到我的全部用意，我主要是为了您才这样装腔作势的，因为我要抓住您，我想破坏您的名誉。我主要是想知道，您究竟害怕到什么程度。”

“真有意思，为什么您现在这么坦率?”

“别生气，别生气，别这么两眼冒火。不过，您没有冒火。您感到奇怪，为什么这么坦率？就是因为现在什么都改变了，结束了，过去了，蒙上一层沙土了。我突然改变了我对您的想法。旧的方法完全结束了；现在我再也不会用旧的方法破坏您的名誉，现在要用新的方法。”

“改变策略了?”

“没有什么策略。现在一切完全由您自行决定，就是说您愿意说是就说是，您愿意说不就说不。这就是我的新策略。关于我们的事，除非您下命令，否则我绝不会吭一声。您在笑？那随您的便。我自己也在笑。但是我现在是严肃的，严肃的，严肃的，虽然如此仓促办事的人当然是庸才，不是吗？没有关系，就算是庸才吧，不过我是严肃的。”

他真的说得很认真，完全用另一种声调，而且特别激动，以致尼古拉·弗谢沃洛多维奇好奇地瞧了他一会儿。

“您说，您对我的想法改变了吗?”他问道。

“我改变对您的想法是在您挨沙托夫打之后收回双手的那一刹那，够了，够了，请别再问问题了，现在我什么也不讲了。”

他跳了起来，挥舞着胳膊，好像要把问题撵走似的；但是由于没有问题，又没有必要离开，所以他又在圈椅上坐了下来，稍稍安静了一点儿。

“顺便说说，”他立刻又像爆豆子似的说了起来，“这里有一些人在乱说，似乎您会把他打死，而且还打了赌，因此伦布克想动用警察，但莉扎韦塔·尼古拉耶芙娜不许……够了，这事谈得够了。我只是想通知您。顺便再说说：我把列比亚德金兄妹当天就转移了，您知道；您收到我给您的便条和他们的地址了吗?”

“当时就收到了。”

“这就不是‘庸才’的做法了。我这是诚恳的，乐意的。如果结果平庸，动机也还是真诚的。”

“对，不要紧，也许应该这样做，”尼古拉·弗谢沃洛多维奇若有所思地说，“只是以后别再给我写条了，我请求您。”

“那时是不得已，一共只写过一张。”

“利普京知道。”

“那是不得已；但是利普京，您自己知道，不敢……顺便说说，应该去看我们的人，就是说，去看他们，不是我们的人，不这么说，又要挑剔了。不过您放心，不是现在，而是将来哪一天去。现在在下雨。我通知他们，他们集合，我们晚上去。他们迫不及待地企盼着，张着嘴，像小寒鸦在窝里似的，看我们给他们带去什么动物。一批热情的人。书都拿出来了，准备辩论。维尔金斯基是全人类论者，利普京是傅立叶派，对警察业务有很大的兴趣；这个人，我告诉您，在一个方面他是很宝贵的，在其他方面必须严格对待；最后还有那个耳朵很长的人，他要宣讲关于他的体系的文章。知道吗，他们感到委屈，因为我对他们很随便，泼他们的冷水，嘿嘿！不过一定得去一次。”

“您在那里把我说成什么上级领导了?”尼古拉·弗谢沃洛多维奇尽可能随便地说，彼得·斯捷潘诺维奇瞥了他一眼。

“随便说说，”他接着说，似乎没有听到对方的话似的，急忙岔开话头，“我不是每天两三次去看尊敬的瓦尔瓦拉·彼得罗芙娜吗？我也不得不讲很多话。”

“我能想象。”

“不，您不要想象，我只不过告诉她，您不会杀人，还有其他一些甜美的事情。您信不信，她第二天就知道了，我已把玛丽娅·季莫费耶芙娜转移到河对岸去了；这是您告诉她的吗?”

“我连想都没有想过。”

“我早知道不是您。除您之外还有谁呢？有意思。”

“当然是利普京。”

“不，不是利普京，”彼得·斯捷潘诺维奇皱起眉头，喃喃地说，“我知道是谁。好像是沙托夫……不过，这是废话，不说了！不过，这事非常重要……顺便说说，我一直担心，您母亲会突然向我提出主要的问题……啊，对了，这些日子里起初她极度阴郁，今天我来到这里，突然发现她容光焕发，这是怎么回事？”

“这是因为我今天向她保证，五天以后去向莉扎韦塔·尼古拉耶芙娜求婚。”尼古拉·弗谢沃洛多维奇突然以出乎意料的坦率说道。

“啊，原来……这样，那当然啰，”彼得·斯捷潘诺维奇嘟哝着，似乎说不下去了，“那边有谣言说她订婚了，您知道吗？不过，那是确实的。但是您也对，只要您呼唤一声，她即便在举行婚礼也会跑来的。我这么说，您不生气吧？”

“不，不生气。”

“我注意到，今天很难使您生气，我开始怕您了。我很想知道，您明天怎么来。您一定准备了很多东西。我这么说，您不生我的气？”

尼古拉·弗谢沃洛多维奇完全没有回答，这激怒了彼得·斯捷潘诺维奇。

“顺便问问，您对妈妈说的关于莉扎韦塔·尼古拉耶芙娜的话，是认真的吗？”他问道。

尼古拉·弗谢沃洛多维奇冷冷地目不转睛地望着他。

“啊，我理解，是为了使她安心，一定是这样吧。”

“如果是认真的呢？”尼古拉·弗谢沃洛多维奇毫不含糊地问。

“那很好，上帝保佑，像在这种情况下通常说的，不会碍事（瞧，我没有说我们的事，您不喜欢我们的这个词），至于我……我，也好，我愿为您效劳，您自己知道。”

“您是这样想的吗？”

“我什么也没有，什么也没有想，”彼得·斯捷潘诺维奇笑着匆匆说，“因为我知道，您对自己的事情事先早已周密考虑过，什么办法都想好了。我只是说，我实心实意地愿为您效劳，任何时候任何地方，在任何情况下，就是说在任何事情上，您明白吗？”

尼古拉·弗谢沃洛多维奇打了一个哈欠。

“我让您腻烦了。”彼得·斯捷潘诺维奇突然跳了起来，拿起自己崭新的圆筒式礼帽，似乎要走了，但还是留在那里，继续不断地说着话，虽然是站着；有时候他在房间里走来走去，说到兴奋处，拿帽子拍拍自己的膝盖。

“我本来还想讲点伦布克夫妇的事情让您开开心。”他快活地高声说。

“不，以后再讲吧。不过，尤莉娅·米哈伊洛芙娜身体可好？”

“怎么你们这里大家都是上流社会的派头：她的健康不关您的事，就同那只灰猫的健康一样，可是您一定要问。我很赞赏这一点。她很健康，而且敬重您到了迷信的程度，对您的期望很大，也到了迷信的程度。关于星期天的事她闭口不谈，她相信，只要您一出现，您自己就能战胜一切。真的，她以为您无所不能：不过您现在是神秘的浪漫人物。比以前任何时候更吸引人——这是非常有利的处境。大家都等待着您，焦急得不得了。我离开的时候已经很热情了，现在更加厉害了。顺便说说，再一次感谢您给我搞到的介绍信。他们大家都害怕K伯爵。您知道吗，他们认为您好像是特务？我随声附和，您不生气吧？”

“没有关系。”

“这没有关系；这在以后是必不可省的。他们这里有自己的规矩。我当然加以表扬；尤莉娅·米哈伊洛芙娜为首，加加诺夫也是……您笑吗？可我是有策略的：我不住地胡说八道，胡说八道，突然说一句聪明的话，正好就在他们大家都在寻找这句话的时候。他们会众星捧月般地把我围起来，于是我又开始胡说八道。大家都认为我无可救药了，他们说，‘人是聪明的，但是从月亮上掉下来的’。伦布克为了让我改过自新，叫我到他那里去任职。知道吗，我很瞧不起他，让他丢脸，他只能瞪大眼睛瞧着我。尤莉娅·米哈伊洛芙娜鼓励我。对了，顺便说说，加加诺夫对您十分生气，昨天在杜霍沃对我谈到您，说了您很多坏话。我立即把全部真相告诉他，确切地说当然不是全部真相。我在他的杜霍沃庄园待了一整天。很漂亮的庄园，很好的房子。”

“这么说，难道他现在还在杜霍沃？”尼古拉·弗谢沃洛多维奇突然站了起来，几乎是一跃而起，猛地朝前一冲。

“不，今天早晨就是他把我带到这里来的，我们一起回来的。”彼得·斯捷潘诺维奇说，似乎一点儿没有注意到尼古拉·弗谢沃洛多维奇霎时间的激动。“这是怎么回事，我把书碰掉了，”他俯下身去，拾起他碰掉的豪华画册，“《巴尔扎克笔下的女人》，带图画的，”他突然打开，“没有看过。伦布克也在写长篇小说。”

“是吗？”尼古拉·弗谢沃洛多维奇问道，似乎很感兴趣。

“用俄文写，当然是偷偷地写。尤莉娅·米哈伊洛芙娜知道，但允许他写。笨蛋，不过有一套方法；这在他们是训练有素的。外貌那么端庄严肃，那么镇定沉着！我们在这方面真该学一点儿。”

“您赞赏当官的？”

“怎么能不赞赏！这是我们俄国唯一有天赋有成就的方面……不说了，不说了……”他突然站起来，“我不讲这个，对这种微妙的事不说一句话。好了，再见，您怎么脸色发青。”

“我在发寒热。”

“我相信，躺下来休息吧。顺便说说：这个县里有阉割派[①]教徒，很古怪的人……不过，将来再说吧。不过，再给您讲一件趣闻：这个县里驻扎着一个步兵团。星期五晚上我在驻地同军官们一起喝酒。那里有我们的三个朋友，vous comprenez?[②] 谈到无神论，当然把上帝大骂一通。高兴极了，尖声大叫。顺便说说，沙托夫坚决说，如果在俄国开始暴乱，那么一定要从无神论开始。也许他说得对。一个白头发的老粗大尉坐在那里，始终沉默，一言不发，可他突然站到房间中央，大声地、好像自言自语地说：‘如果没有了上帝，那么我还算什么大尉呢?’[③] 拿起帽子，两手一摊，走了出去。”

“他说出了一个相当严密的思想。”尼古拉·弗谢沃洛多维奇打了第三次哈欠。

“是吗？当时我不理解；我本来就想问您。唉，再告诉您一件事：有一个很有意思的什皮古林工厂；这里，您知道，有五百名工人，是霍乱的温床，十五年没有清扫过，克扣工人的工资；老板是两个百万富翁。我能向您保证，在工人中间有的人对 Internationale[④] 是有认识的。怎么，您笑了？您自己会看到，只要给我最最短的时间！我已经要求您给我一个期限了，现在我再次要求，那时……不过对不起，我不说了，

---

① 18 世纪下半叶俄国出现的一个宗教派别，这是一个最阴暗最野蛮最反乎自然的教派，认为肉欲是罪恶，主张阉割。

② 法文：您明白吗？

③ 大尉的这句话可能有这样两个来源：伏尔泰曾说：“如果上帝不存在，就应该杜撰出一个来。”马可·奥勒留（罗马皇帝，121—180）说过：“如果上帝不存在，或是与人无关，那么，我生活在这个没有上帝和启示的世界上，又有什么意义呢?”——俄编注

④ 法文：国际。指 1864 年成立的国际工人协会，即第一国际。

不说了，我不是那个意思，您别皱眉头。好了，再见吧，我怎么啦，”他走了几步又突然回来，“把最重要的事情完全忘记了：刚才有人告诉我，我们的箱子已经从彼得堡运到了。”

“怎么？”尼古拉·弗谢沃洛多维奇说，他不理解。

“就是说，您的箱子，您的东西，装着燕尾服、裤子和内衣，已经到了，是吗？”

“是的，刚才有人告诉过我。”

“哎哟，能不能现在就给！……”

“您去问阿列克谢。”

“那就明天，明天行吗？不是吗，箱子里除您的东西之外，还有我的上装、燕尾服和三条裤子，根据您的推荐，在沙默尔[①]那儿定做的，您记得吗？”

“我听说，您在这里摆绅士派头，是吗？”尼古拉·弗谢沃洛多维奇笑了一笑，“听说您想跟马术教师学骑马，真的吗？”

彼得·斯捷潘诺维奇撇嘴一笑。

“知道吗，”他突然非常急促地说道，声音颤抖断续，“知道吗，尼古拉·弗谢沃洛多维奇，我们别再进行人身攻击了，永远停止，行吗？如果您觉得如此可笑的话，您当然可以尽情地蔑视我，但是无论如何最好停止一段时间的人身攻击，行吗？”

“好，我以后不再这样了。”尼古拉·弗谢沃洛多维奇说。彼得·斯捷潘诺维奇微微一笑，用礼帽拍拍膝盖，换了一下脚，又恢复了以前的样子。

“这里有人认为在莉扎韦塔·尼古拉耶芙娜面前我是您的竞争对手，

---

① 当时彼得堡的一个有名裁缝。

我怎么能不关心自己的外表呢?”他笑了起来,“不过,这究竟是谁向您报告的?嗯,八点整,我该走了;我答应瓦尔瓦拉·彼得罗芙娜到她那里去一趟,但我现在只得溜了,您躺下,明天精神会好一些。外面在下雨,天很黑,不过我有出租马车,因为这里夜间街上不安全……啊,说起来正巧,这里现在有一个逃犯费季卡在城里和城郊游荡,他是从西伯利亚逃回来的,您知道吗,他本是我家的家仆,十五年前我爸爸把他送去当兵,还收了钱。非常出色的人物。”

“您……同他谈过了?”尼古拉·弗谢沃洛多维奇抬起眼睛。

“谈过了。他不会躲避我。什么事都甘愿干的人,什么事都干:当然要付钱,但也有信念,他自己的信念。啊,对了,又巧得很:如果您刚才讲的意图是认真的,记得吗,关于莉扎韦塔·尼古拉耶芙娜的,那么我再重复一遍,我也是甘愿干什么都行的人,各种行当,随您的便,完全为您效劳……怎么,您要手杖?啊,不,您不要手杖……瞧,我以为您在找手杖。”

尼古拉·弗谢沃洛多维奇什么也没有找,什么也没有说,但是他真的突然站了起来,脸上露出了奇怪的神色。

“如果关于加加诺夫先生的事您也有什么需要的话,”彼得·斯捷潘诺维奇突然迸出一句,直接朝吸墨器的方向点点头,“那么,当然,一切我能安排,而且相信您不会回避我的。”

他不等回答就出去了,但又一次从门后伸出头来。

“我这样做,”他急匆匆地叫道,“是因为,比方说,沙托夫在那个星期天走近您的时候也没有权利去冒生命的危险,是这样吗?我希望您看到这一点。”

他不等回答就又消失了。

四

也许，他在出去时想，尼古拉·弗谢沃洛多维奇在剩下一个人的时候，会用拳头去猛击墙壁，而他如果有可能，当然是乐于偷看的。但是如果他偷看了，他一定会大失所望：尼古拉·弗谢沃洛多维奇依旧镇定安静。他保持原来的姿态在桌子边站了两分钟，看来陷入了深思；但是很快在他的嘴唇边慢慢浮现了一丝慵懒冷漠的微笑。他慢慢地在长沙发上坐下，在角落里原来的地方，闭上眼睛，好像疲惫不堪似的。信的一角仍旧露在吸墨器的外边，但他没有挪动一下身子去把它放好。

很快他就昏昏沉沉地睡去。瓦尔瓦拉·彼得罗芙娜这几天忧心忡忡，劳累不堪；在彼得·斯捷潘诺维奇走后（他答应去看她，但却没有践诺），她忍不住了，决定冒一下险自己去看 Nicolas，虽然这不是规定的时间。她总是幻想：也许他最终会断然告诉她什么事。她像方才一样轻轻地敲敲门，又没有得到回答，于是自己推开了门。她看到 Nicolas 坐在那里一动不动，太安静了，就自己小心翼翼地向长沙发走去，心怦怦地跳着。他这样快就睡去，能够笔直地一动不动地坐着睡觉；甚至几乎觉察不到他在呼吸，——这似乎使她惊愕。他的脸苍白而严峻，但完全像是凝固的、僵硬的；双眉微蹙，神色阴郁；完全像一座没有灵魂的蜡像。她俯身向他，屏声息气，站了两三分钟，突然她浑身感到恐怖；她蹑手蹑脚地走出房间，在门口站住，匆匆画了个十字，悄悄地走了，心头带着新的沉重感和新的忧伤。

他睡了很久，有一个多小时，一直处于麻木状态之中；他脸上的肌肉没有动一下，全身也没有最微小的动作；两道眉毛仍旧紧蹙着。要是瓦尔瓦拉·彼得罗芙娜多待三分钟，那么她一定会受不住这昏睡和麻木给她的压迫感，会把他推醒的。但是他突然自己张开了眼睛，依旧愣愣地坐了十分钟，好像执着地好奇地望着角落里一件使他惊奇的什么东西，虽然那里既没有什么新的东西，也没有什么特别的东西。

最后壁上的大钟发出轻轻的深沉的声音，敲了一下。他微带不安地转过头去瞧瞧钟面，但几乎就在这时，通向走廊的后厅打开了，出现了侍仆阿列克谢·叶戈罗维奇。他一手拿着厚大衣、围巾和帽子，另一只手托着一个银盘，里面放着一张字条。

“九点半了。”他小声宣告说；他把拿来的衣服叠在角落里的椅子上，端着盘子送上字条——一张小小的纸片，没有加封，上面用铅笔写了两行字。尼古拉·弗谢沃洛多维奇扫了一眼，从桌上拿起铅笔在字条的角落里匆匆写了两个词，又放回盘子里。

“我走后立即交出去，给我穿衣。”他说道，一面从长沙发上站起来。

他看到自己穿着一件单薄的丝绒上装，考虑了一下，吩咐给他拿另外一件呢子常礼服来，这是他平时在晚间做比较正式的访问时穿的。最后他穿好衣服，戴上帽子，锁上瓦尔瓦拉·彼得罗芙娜进来的那扇门，抽出藏在吸墨器下的那封信，在阿列克谢·叶戈罗维奇的陪同下默默走到走廊里。从走廊来到狭窄的石砌后楼梯上，下楼走进穿堂。穿堂直通花园，穿堂的一角放着准备好的提灯和一把大伞。

“雨下得太大，这里的街上都是污泥，难以通行。”阿列克谢·叶戈罗维奇禀告说，作为最后一次婉转的尝试，企图使老爷打消出去的念头。但是老爷打开伞，默默地走进像地窖一样黑暗的潮湿的古老花园。风摇撼着树叶，半已凋零的树梢呜呜作响，狭隘的铺沙小道又黏又滑。阿列克谢·叶戈罗维奇没有撑伞，穿着燕尾服，也没有戴帽，走前三步用提灯照亮道路。

“会给看见吗?”尼古拉·弗谢沃洛多维奇突然问道。

“从窗子里看不见，只有一扇除外，已经想好对付的办法。”仆人小声地从容不迫地回答。

“母亲安寝了吗?”

“按最近几天的习惯，夫人九点钟就回房，闭门不出，现在什么都不会知道的。几点钟等候您回来?”他补充说，大着胆子提了一个问题。

“一点，一点半，不晚于两点。”

“是，老爷。”

他俩对花园了如指掌。循着弯弯曲曲的小路，他们绕过整个花园，走到花园的石围墙，在墙角落里找到一扇小门，这扇门通向狭窄偏僻的小巷，几乎常年锁着，但现在这扇门的钥匙在阿列克谢·叶戈罗维奇手里。

“门不会响吧?”尼古拉·弗谢沃洛多维奇又问道。

但是阿列克谢·叶戈罗维奇禀报昨天就上了油，“今天也一样”。他已经浑身湿透。打开小门，他把钥匙递给尼古拉·弗谢沃洛多维奇。

“如果您要走得很远，容我禀告，我对这里的人信不过，特别是偏僻小巷，尤其在河对岸。”他又一次忍不住说了。这是一位老仆人，过去是照顾尼古拉·弗谢沃洛多维奇的，曾经抱过他，他为人认真严肃，喜欢听布道，读圣书。

“你放心，阿列克谢·叶戈雷奇。”

“上帝保佑您，老爷，但只有在做善事的时候。”

“怎么?”尼古拉·弗谢沃洛多维奇已经跨入小巷，停住了。

阿列克谢·叶戈雷奇坚定地重复了一遍他的祝愿；从前他从来不敢在自己的老爷面前用这样的语言大声说话。

尼古拉·弗谢沃洛多维奇锁上门，把钥匙放入口袋，沿着小巷走去，每一步都陷入三俄寸深的淤泥中。他终于走上空荡荡的长街，踏上铺砌的路面。他对这座城市异常熟悉；但是显圣街还很远。当他终于在菲利波夫家黑魆魆的老房子面前停下来时，已经十点多了。大门锁着。房子的底层自从列比亚德金兄妹离开之后现在完全空着，窗户都已钉死了。但是在顶楼沙托夫的住处亮着灯火。因为没有门铃，他用手敲门。小窗打开了，沙托夫探头往外面张望；黑咕隆咚的，很难看清；沙托夫瞧了很久，快一分钟。

“是您吗?”他突然问道。

“是我。”不速之客回答说。

沙托夫啪的一声关上窗，走下楼来，打开大门。尼古拉·弗谢沃洛多维奇跨过高高的门槛，没有说一句话，从他身旁走过，直接到厢房去找基里洛夫。

五

这里什么都没有上锁，甚至没有掩上门。穿堂和前面两间房是漆黑的，但在最后那间基里洛夫住的和喝茶的房间里亮着灯，听到笑声和一阵阵奇怪的叫喊声。尼古拉·弗谢沃洛多维奇朝灯光走去，但没有进屋，在门槛上站住了。茶放在桌上。房间当中站着一个老太婆，女主人的亲戚，没有披头巾，只穿一条裙子，光脚穿着皮鞋，上身着一件兔皮短袄。她怀中抱着一个一岁半大的孩子，孩子只穿衬衣，光着两只小脚，两颊红彤彤的，一头浅白色乱蓬蓬的头发，刚从摇篮里抱起来。他大概不久前刚哭过，眼睛下面还挂着几滴泪水；但这时他伸出两只小手，拍着手，哈哈大笑，同小孩子通常笑时一样，带着抽噎声。在他面前，基里洛夫在拍一个红色的大橡皮球。球跳起来，一直到天花板，又掉下来，孩子叫着："曲，曲!"基里洛夫把"曲"捉住，交给他，这次孩子自己用不灵便的小手抛球，基里洛夫又跑去捡起来。最后"曲"滚到柜子底下去了。"曲，曲!"——孩子叫着。基里洛夫伏倒在地，伸直身子，竭力想用手把"曲"从柜子底下掏出来。尼古拉·弗谢沃洛多维奇走进房间，孩子看见他，伏在老太婆怀里，用那拖得长长的孩子的哭声哭了起来；老太婆马上把他抱了出去。

"斯塔夫罗金?"基里洛夫说，一面从地板上站起来，手里拿着球，对突如其来的访问一点儿不感到惊奇，"要喝茶吗?"

他完全站起来了。

"很想，我不会拒绝，如果是热的话，"尼古拉·弗谢沃洛多维奇说，"我全身湿透了。"

"热的，甚至还烫嘴呢，"基里洛夫很高兴地肯定说，"坐吧，您脚上都是泥，不要紧；您走后把地板用湿布擦一下就行。"

尼古拉·弗谢沃洛多维奇坐了下来，几乎一口就把斟给他的那杯茶喝干了。

"还要吗?"基里洛夫问。

"谢谢。"

一直站着的基里洛夫这时在对面坐了下来，问道：

"您来干什么?"

"有事情。您看看这封信，是加加诺夫写来的，记得吗，我在彼得堡跟您说过。"

基里洛夫拿起信，看完后放在桌上，瞅着他等他说明。

"这位加加诺夫，"尼古拉·弗谢沃洛多维奇开始解释，"您知道，我在一个月以前在彼得堡见到他，有生以来第一次见到他。我们在社交场合碰到过两三次。他没有同我结识，也没有同我讲话，但仍找到无礼对待我的机会。我那时对您说过；但还有您不知道的事，那就是：他在我之前离开彼得堡的时候，突然给我寄来一封信，虽然同这封信不一样，但也是极不礼貌的，信中一点儿没有说明他写信的原因，这一点也是够奇怪的。我立即给了他回答，也是用信的形式，开诚布公地说，他对我生气，大概是因为四年以前在此地的俱乐部里同他父亲发生的那件事；就我来说，我愿意以任何方式向他道歉，理由是我的行为完全是无意的，是我在病中发生的。我请求他考虑我的道歉。他没有答复就离开了；可现在我在这里发现他发狂了。有人告诉我，他几次在公开场合谈论我，完全是谩骂，还有种种令人惊讶的指摘。最后，今天来了这封信，这样的信大概从来没有人收到过，里面有谩骂，还有一句话：'您那挨揍的嘴脸。'我到这里来，希望您不会拒绝做我决斗的证人。"

"您说，这样的信从来没有人收到过，"基里洛夫说，"在狂怒之下是可能这么写的；人们不止一次这样写过。普希金给海凯伦就写过。[①]好吧，我去。您说吧，怎么办呢？"

尼古拉·弗谢沃洛多维奇说明，他希望明天就进行，而且一开始一定重申歉意，甚至答应再次写信道歉，但是希望加加诺夫方面许诺以后不再写信。已经收到的那封信，就完全当作没有写过。

"让步让得太多了，他是不会同意的。"基里洛夫说。

"我到这里来首先是来了解，您是否愿意把这些条件带去？"

"我愿意带去。这是您的事。但他不会同意的。"

"我知道他不会同意的。"

"他想决斗。您说吧，怎么决斗法？"

---

① 海凯伦男爵是荷兰驻俄国大使，是在决斗中杀害普希金的凶手丹特斯的义父。普希金为了捍卫妻子的声誉，于 1837 年 1 月 26 日写给他一封信，信中有意侮辱海凯伦和丹特斯，以挑起同丹特斯的决斗。

“问题就在于，我希望明天一定要了结一切。早晨九点，您去他那里，他听完您讲的话，一定不会同意，但会安排您同他的证人会面，——比如说，在十一点左右。您同那人商量好，然后在一点或两点所有人都来到决斗地点。请您设法办到。武器当然是手枪，特别请你们这样安排：设定双方界线之间的距离为十步；然后你们指定我们每人站在离界线十步的地方，根据信号我们向对方走去。每人一定要走到自己的界线，但早一点射击也行，在行进中可以开枪。我想就是这些。”

“两条界线之间距离十步，那太近了。”基里洛夫说。

“那就十二步吧，可不能再多了，您知道吗，他希望当真决斗。您会装子弹吗？”

“会，我有手枪；我将保证您没有用这两支手枪射击过。他的证人也同样保证；两对枪，我们用猜单双数的办法决定用他的还是我们的？”

“很好。”

“想看看手枪吗？”

“好吧。”

基里洛夫在屋角的箱子前蹲了下来，箱子里的东西还没有理出来安放好，他根据需要去把东西拉出来。他从箱底拉出一只棕榈木的匣子，匣子里面衬着红色的丝绒，他从匣子里取出一对精致的十分昂贵的手枪。

“什么都有：火药，弹头，弹壳。我还有一支左轮枪；等一等。”

他又到箱子中去翻寻，拉出另外一个匣子，里面是一支六管的美国左轮枪。

“您的武器不少，都是很贵重的。”

“很贵，非常贵。”

基里洛夫很穷，几乎是一无所有，但从来没有注意到自己的贫困，显然他现在在夸耀自己的珍贵武器，毫无疑问，这是他节衣缩食买来的。

“您还是那种想法？”斯塔夫罗金在沉默了一会儿以后带点谨慎的态度问道。

“还是那种想法。”基里洛夫简短地回答，根据语气他猜到了问的是什么。他开始把桌子上的武器收起来。

“什么时候？”尼古拉·弗谢沃洛多维奇又沉默了一会儿，更谨慎地问道。

基里洛夫这时已把两个匣子放回箱子里，坐在原来的位置上。

“您知道，这不取决于我；要等到人家告诉我的时候。”他喃喃地说，似乎对这个问题感到有点儿苦恼，但同时显然很乐意回答其他的问题。他用他没有光泽的黑眼睛盯着斯塔夫罗金，眼睛里充满了一种安详而善良友好的感情。

“我当然理解自杀，”尼古拉·弗谢沃洛多维奇经过长长三分钟的深思沉默之后微微皱起眉头，又开始说道，“我有时自己也想象过，这时总是有一种新的想法：假如做了坏事，或者，主要是丢人的事，也就是可耻的事，不过是很卑鄙的而且……很可笑的事，因此千年之后人们还会记得，千年之后还会加以唾骂，于是就会突然浮生一个想法：‘往太阳穴打一枪，那就一了百了啦。’那时什么人言可畏，什么千年唾骂，都与我不相干了，不是这样吗？”

“您把这叫作新想法？”基里洛夫想了一下说。

“我……不是把它叫作……当我有一次考虑了一下后，我感觉到是崭新的思想。”

“您感觉到思想？”基里洛夫重复了一遍，“这很好。有很多思想，它们永远存在，但它们会突然变成新的。的确如此。有许多东西我现在好像第一次看到似的。”

“假如您过去住在月亮上，”斯塔夫罗金没有听他的，他继续自己的思想，打断他说道，“假如您在那里做了所有这些卑鄙可笑的事……您现在从这里确实知道，那里有人会耻笑您，唾骂您的名字一千年，一万年，只要月亮还存在，永远唾骂下去。但是现在您在这里，并且是从这里看月亮上的事情的，那么您在那里的所作所为，您在那里将遗臭万年，都与您在这里有什么相干呢？不是吗？”

“我不知道。”基里洛夫回答。“我没有在月亮上住过。”他补充说，没有丝毫讥笑的意思，完全是为了说明事实。

“刚才这个孩子是谁的？”

“老太婆的婆婆来了；不，是儿媳妇来了……反正都一样。三天了。她有病躺着，带着孩子；每天夜里叫得厉害，那是因为肚子痛。母亲睡着了，老太婆把孩子抱了来。我用球逗他。球是从汉堡带来的。我在汉堡买的，为了抛出去，捉回来，锻炼腰背，她是个女孩儿。”

“您爱孩子？”

“爱。”基里洛夫满意地回答，但是态度相当冷淡。

“这么说，您也爱生活？”

“对，也爱生活，怎么啦？”

“您既然已经决定自杀。”

“那又怎么样？为什么要扯在一起。生活是一回事，那又是另一回事。生活是实在的，而死亡是完全存在的。”

“您开始相信未来的永生？”

“不，不是相信未来的永生，而是此地的永生。有一些时刻，当你达到这些时刻时，时间就突然停止，成了永恒。”

“您希望达到这样的时刻？”

“是的。”

“在我们的时代这未必可能，”尼古拉·弗谢沃洛多维奇应声说，语气缓慢、沉静，也没有任何讥讽的意味，“在《新约全书·启示录》里天使起誓，以后不再有时间了。①”

“我知道。那里说得很对；明白而确切。当整个人达到幸福时，就不再有时间，因为不需要了。很正确的思想。”

“那么把时间藏到什么地方去呢？”

“什么地方都不需要藏。时间不是事物，而是理念。会在头脑中熄灭。”

“哲学上的老生常谈，世世代代以来一向如此。”斯塔夫罗金喃喃地说，带着一种轻蔑的惋惜语气。

“一向如此！世世代代以来一向如此，从来没有任何其他的思想！”基里洛夫接下去说。他目光炯炯，仿佛这个思想里几乎包含着胜利。

“您好像很幸福，基里洛夫？”

“对，很幸福。”他答道，似乎这只是一个平平常常的回答。

“但是您不久前还对利普京如此痛心，如此生气。”

“嗯……我现在不骂了。我那时还不知道我幸福。您见过树叶吗？从树上掉下来的叶子？”

“见过。”

“我不久前看到过一片黄叶，带点绿色，四周已经腐烂。风吹下来的。当我十岁的时候，我在冬天故意闭上眼睛，想象一片叶子，绿色

① 典出《新约全书·启示录》(第10章，第7节)：“我所看见的那踏海踏地的天使向天举起右手来，指着那创造天和天上之物，地和地上之物，海和海中之物，直活到永永远远的，起誓说：‘不再有时日了……’”按：《启示录》是《新约全书》的最后一卷，以“见异象”“说预言”的方式描绘世界末日和基督再来的景象的启示文学作品。

的，鲜嫩的，叶脉分明，太阳照耀着，我睁开眼，简直不相信，因为太好了，于是又闭上眼睛。”

“这是什么？寓言？”

“不——不……干什么？我不是讲寓言，我只讲叶子，一片叶子。叶子很美。一切都很美。”

“一切？”

“一切。人之所以不幸，就因为不知道自己是幸福的，就因为这个缘故。这就是一切，一切！谁知道了这个道理，立即就会成为幸福的人，顷刻之间。如果这位婆婆死了，小女孩儿还会留下来——一切都好。我突然发现了这个道理。”

“如果有人饿死，有人侮辱糟蹋这个女孩子——这好吗？”

“好。如果谁替女孩儿砸烂那人的脑袋，那好；如果谁不替女孩儿砸烂那人的脑袋，那也好。一切都好，一切。谁知道一切都好，这对他就好。如果他们知道这对他们好，他们就会觉得好，但在他们不知道这对他们好的时候，他们就觉得不好。这就是全部思想，全部，再没有别的思想了。”

“您是什么时候知道您为此幸福的？”

“上星期二，不，是星期三，因为已经是星期三，是深夜了。”

“怎么会知道的？”

“不记得了，是这样的；我在房间里走来走去……反正都一样。我把钟停住了，那时是两点三十七分。”

“是象征时间应该停止吗？”

基里洛夫没有作声。

“他们坏，”他突然又开始说，“因为他们不知道他们好。当他们知道的时候，他们就不会强奸小女孩儿。他们应该知道他们好，大家马上就会变好，无一例外。”

“瞧，您已经知道了，因此您好？”

“我好。”

“不过这一点我是同意的。”斯塔夫罗金皱起眉头说。

“谁能教会人认识大家都好，谁就使世界归于完满。”

“那个曾经教导的人，已经被钉在十字架上了。”

“他还会来的，他的名字是人神。”

“是神人吧？”

“是人神，这里有差别。”

“这长明灯是您点的吗？”

“是的，这是我点的。”

“完全相信了吗？”

“老太婆喜欢点长明灯……而她今天没有空。”基里洛夫喃喃地说。

“您自己还没有做祷告吧？”

“我向什么都祷告。瞧，那只蜘蛛在墙上爬，我瞧着它，因为它爬而感谢它。”

他的眼睛又炯炯发光。他一直盯着斯塔夫罗金，目光坚定不移。斯塔夫罗金皱起眉头厌恶地观察着他，但是在他的目光中没有讥笑。

“我打赌，我下次再来时，您已经坚信上帝了。”他说，一面站起身来，拿起帽子。

“为什么？”基里洛夫也欠身起来。

“假如您知道您相信上帝，那么您就会相信；但是由于您还不知道您相信上帝，因此您才不相信。”尼古拉·弗谢沃洛多维奇嘿嘿一笑。

“这不是那回事，”基里洛夫思考了一会儿，“您把思想颠倒了。上流社会的玩意儿。请回忆一下您在我的生活中曾经具有的意义，斯塔夫罗金。”

“再见，基里洛夫。”

“您夜晚来吧；什么时候来？”

“您没有忘记明天的事吧？”

“哦，忘记了，您放心，不会睡过头的；九点钟。我想什么时候醒来，就能在什么时候醒来。我上床时说七点，就在七点醒来；说十点，就在十点醒来。”

“您这个特性太好啦。”尼古拉·弗谢沃洛多维奇瞧着他苍白的脸。

“我去开门。”

“不用啦，沙托夫会替我开的。”

“啊，沙托夫。那好，再见。”

六

沙托夫租住的那座空房子的门廊没有上锁；但是一走进穿堂，斯塔夫罗金就完全处于黑暗之中，开始用手摸索通向顶楼的扶梯。突然上面的门打开了，射出一缕光线；沙托夫自己没有出来，只打开了自己的门。当尼古拉·弗谢沃洛多维奇在他的门槛上站住时，才看清他站在角落里的桌子旁等待着。

“我有事找您，您能接待我吗？”他站在门槛上说。

“进来吧，请坐，”沙托夫回答，“把门关上，等一等，我自己来。”

他锁上门，回到桌子边，在尼古拉·弗谢沃洛多维奇对面坐下。这一周来他瘦了，现在好像在发烧。

“您折磨得我好苦，”他垂下头，小声说，“为什么您不来？”

“您这样有把握，我一定会来？”

“对，您等一等，我曾经在神志不清的……也许，现在也神志不清……等一等。”

他欠身站起来，在他的三层书架的上层边上取出一样东西。这是一支左轮手枪。

“有一天夜里我神志恍惚，以为您会来杀死我，第二天一早我用最后一点儿钱从无赖利亚姆申那里买来这支枪；我不想束手待毙。然后我清醒过来，我既没有火药，又没有弹头；从那以后枪就放在书架上，等一等……”

他站了起来，想打开气窗。

“别往外扔，干什么?”尼古拉·弗谢沃洛多维奇制止他，“枪还值钱呢，而且明天人们会议论，沙托夫的窗下到处是枪。放回去，就这样，坐下。告诉我，您为什么向我坦白您的思想，认为我会来杀您？我现在也不是来和解的，而是来谈必要的事情的。首先，希望您说明，您打我不是因为我同您妻子的私情吧?”

“您自己也知道不是。”沙托夫又低下头。

“也不是因为您相信关于达丽娅·帕夫洛芙娜的无聊谣言吧?”

“不，不，当然不！无聊！妹妹从一开始就同我说了……”沙托夫不耐烦地急躁地说，还微微顿了一下脚。

“这么说，我猜到了，您也猜到了，”尼古拉·弗谢沃洛多维奇继续用平静的语调说，“您猜得对：玛丽娅·季莫费耶芙娜是我的合法妻子，四年半以前同我在彼得堡举行过婚礼。”

沙托夫完全惊呆了，他听着，一言不发。

“我猜到了，但不相信。”他终于喃喃地说，以一种奇怪的神态瞧着斯塔夫罗金。

“于是打了?”

沙托夫脸红了，几乎语无伦次地喃喃说：

“我只因为您的堕落……因为您的谎言。我走过来时并不想惩罚您；我走过来时，我不知道我会打您……我是因为您过去在我的生活中意义多么重大……我……”

“我理解，我理解，别多说了。我很遗憾，您在发烧；我有最紧要的事。”

“我等您等得太久了，”沙托夫好像全身都哆嗦起来，想站起来，“说您的事吧，我也有话……以后再说……”

他坐了下来。

“这件事不属于那个范围，”尼古拉·弗谢沃洛多维奇开始说，一面好奇地观察着他，“由于某些原因，我不得不挑今天这个时间来警告您，可能有人要杀死您。”

沙托夫非常惊讶地望着他。

“我知道，我可能受到威胁，”他从容不迫地说，“可是您，您为什么会知道？”

“因为我也属于他们，同您一样，也是他们团体的成员，同您一样。”

“您……您是团体的成员？”

“我从您的眼神看到，我的事情都在您的意料之中，可您没有料到这件事，”尼古拉·弗谢沃洛多维奇微微一笑，“但是，这么说来，您已经知道有人要谋害您？”

“我没有想过。现在也不认为，尽管您说了，不过……不过，谁能保证这些蠢人会干些什么！”他突然用拳头猛击桌子，发狂似的叫道。“我不怕他们！我已经同他们断绝了关系。这个人四次跑到我这里来，他说可以……但是，”他瞥了斯塔夫罗金一眼，“您究竟知道些什么？”

“您放心，我不欺骗您，”斯塔夫罗金继续相当冷淡地说，带着一种纯然为了完成义务的神情，“您要查问，我知道些什么？我知道您在国外参加了这个团体，两年以前，还在旧组织的时候，正好在您去美国之前，而且好像紧接着我们最后那次谈话之后，关于那次谈话您在从美国给我的信中写得很多。顺便说说，请您原谅，我没有给您写复信，而只……”

“寄了钱；等一等，”沙托夫止住他，急忙拉开一个抽屉，从各种文件底下抽出一张彩色的钞票，“喏，拿去，您寄给我一百卢布；没有您，我可能死在那里了。要不是您的母亲，我可能要欠很长时间，因为这一百卢布是九个月前我病后她接济我的。请您继续说吧……”

他气喘吁吁，接不上气来。

“在美国您改变了您的思想，回到瑞士后您就想退出。他们没有给您任何答复，但是委托您在这里，在俄国，从某人手里接收一套印刷设备，加以保管，以便交付给他们派来的人。您希望，或者您以此为条件，即这是他们的最后一次要求，从此以后他们会完全让您离开，因此您接受了这项工作。所有这一切，是这样或者不是这样，我都不是从他们那里得知的，而完全是偶然得知的。但是您好像到现在还不知道：这些先生绝不是打算同您分手。”

“这太荒唐了！”沙托夫高叫道，“我老老实实地宣布，我在各方面都同他们脱离！这是我的权利，信仰和思想的权利……我不能容忍！任何力量都不能……”

“知道吗，您不要大叫大嚷，”尼古拉·弗谢沃洛多维奇很严肃地制止他，“这个韦尔霍文斯基是这样一个小人，他现在也许正在偷听我们说话，用他自己的或者别人的耳朵，可能就在您的穿堂里。甚至醉鬼列比亚德金几乎也有义务监视您，而您监视他，不是这样吗？您最好告诉我，韦尔霍文斯基现在同意了您的理由没有？”

“他同意了；他说可以，说我有权利……”

“这么说，他在欺骗您。我知道，甚至基里洛夫，即使他几乎完全不属于他们的团体，也提供了关于您的情报；他们的耳目很多，有些人甚至不知道他们在为团体服务。您一直受人监视。彼得·韦尔霍文斯基到这里来，顺便要彻底解决您的问题，他对此能全权处理，就是说，在适当的时刻将您消灭，因为您知道得太多了，可能会告密。我向您重复一遍，这是确实的；而且允许我补充一句，不知为什么，他们确信您是奸细，如果您没有去告密，有朝一日会去告密的。这是真的吧？”

沙托夫听到用这样平淡的语调说出来的这样一个问题，撇了撇嘴。

“即使我是奸细，我向谁去告密呢？”他愤愤地说，没有直接回答。“不，您别管我，让我见鬼去吧！”他喊道，突然抓住最初的想法，从一切迹象看，这个想法使他极为震惊，比他自己身处险境的消息还要严重得多。“您，您，斯塔夫罗金，您怎么会挤到这一群无耻无能的奴才的荒唐勾当中去！您是他们团体的成员！这是尼古拉·斯塔夫罗金的事业吗！”他几乎绝望地叫了起来。

他甚至拍了一下手，似乎对他来说世上没有比这一发现使他更痛苦更悲伤的了。

“对不起，”尼古拉·弗谢沃洛多维奇真的感到惊奇，“但是，您好像把我看作什么太阳，而与我相比，把自己看作一只小虫。我从您的美国来信中就注意到了。”

“您……您知道……唉，不要再讲我了，绝对不要讲了！”沙托夫突然打断话头，“如果您能够解释您自己的什么事情，那就解释吧……根据我的问题！”他激动地反复说。

“很高兴。您问：我怎么会挤到这个罪恶的渊薮中去的？既然已经告诉了您，我甚至有义务在这个问题上对您坦白一些。其实，从严格的意义上说，我并不完全属于这个团体，从前也不属于它，比您更有权利离开，因为我就没有参加过。相反，从一开始我就声明，我不是他们的同志，如果我偶然帮助过他们的话，那只是因为我是个闲人。我部分地参加了根据新计划重组团体的工作，仅此而已。但是他们现在改变了想法，暗自决定，让我离开也是危险的，因此好像我也被判处了死刑。”

“哦，他们总是判死刑，总是发命令，发盖上印章的文件，由三个半人签名。而您居然相信，他们有能力！”

“这里您部分对，部分不对，”斯塔夫罗金依旧冷淡地甚至懒洋洋地继续说，“毫无疑问，像这种情况下常见的那样，有许多空想的成分：一小撮人夸大了他们的意义和作用。如果您愿意知道的话，那么就我看，他们一共只有彼得·韦尔霍文斯基一个人，但他太善良，因此认为他只是团体的代理人。不过基本思想并不比同类组织愚蠢。他们同 Internationale 有联系；他们已经在俄国各地布置了代理人，甚至意外地发现了相当别致的手段……但是当然只是理论上的。至于他们在这里的意图，那么我们俄国组织的运动神秘莫测，而且总是那么出人意料，因此我们的确什么都可以试试。注意，韦尔霍文斯基是一个顽强的人。”

“这个臭虫，无知之徒，笨蛋，对俄国一无所知！”沙托夫愤愤地叫道。

“您对他不够了解。这话不错，一般来说，他们大家对俄国都不够了解，但是恐怕只是比您我略少而已；而且韦尔霍文斯基是一个狂热的人。”

“韦尔霍文斯基是狂热的人？”

“是的。有这样一个临界点，在这一点上他不再是小丑，而变成了……半疯半癫的人。我请您记起您自己的一句话：‘你可知道，一个人的力量能强大到什么程度?’请您别笑，他完全可能扣动扳机。他们相信，我也是奸细。他们大家由于没有能力领导，非常喜欢指控别人是奸细。”

“但是您并不害怕?”

“不——不……我不很害怕……可您的事情完全不同。我已经向您提出警告，希望您不管怎样要务必注意。依我看，就算危险来自笨蛋，也没有什么可生气的，问题不在于他们的智力，因为比您我强得多的人，也遭到他们的毒手。不过已经十一点一刻了，”他看了看表，从椅子上站了起来，“我想向您提一个完全不相干的问题。”

“看在上帝面上!”沙托夫叫道，他从座位上一跃而起。

“什么意思?”尼古拉·弗谢沃洛多维奇用疑问的目光瞧着他。

“提吧，提您的问题吧，看在上帝的面上，”沙托夫以难以表达的激动反复说，“但是，我也要向您提一个问题。恳求您允许我……我不能……您问吧!”

斯塔夫罗金等了一会儿，开始说:

“我听说，您在这里对玛丽娅·季莫费耶芙娜有一点影响，她喜欢见到您，听您说话。是这样吗?”

“是的……她听……”沙托夫有点儿不好意思。

“我打算这几天在这城里公开宣布我同她的婚姻。”

“这难道可能吗?”沙托夫小声说，他几乎吓坏了。

“那是什么意思?这里没有任何困难;结婚的证人在这里。这一切当时在彼得堡是以合法的平静的方式进行的;如果在这以前没有公开，那只是因为仅有的两位证人，基里洛夫和彼得·韦尔霍文斯基，还有列比亚德金本人(我有幸现在把他看作自己的亲戚了)，当时都保证保持沉默。”

“我不是讲的这个……您讲得这样心平气和……但是您继续说吧！噢，当时您不是被迫结婚的吧，是吗？”

“不，谁也没有强迫我。”尼古拉·弗谢沃洛多维奇对沙托夫的激动和急躁微微一笑。

“那么她老是说的孩子是怎么回事呢？”沙托夫急躁地前言不搭后语地匆匆忙忙问道。

“她讲到她的孩子？哦！我不知道，第一次听到。她没有孩子，也不可能有孩子：玛丽娅·季莫费耶芙娜还是黄花闺女。”

“啊！我就是这么想的！听我说！”

“您怎么啦，沙托夫？”

沙托夫用两手掩住脸，转过身去，但突然又紧紧抓住斯塔夫罗金的肩膀。

“您要知道，您至少要知道，”他叫道，“您做这些事是为了什么？您现在这样惩罚自己又是为了什么？”

“您的问题聪明而尖锐，但是我想使您吃一惊：对，我几乎知道，为什么我当时结婚，又为什么现在决定像您所说的‘惩罚’自己。”

“我们不谈这个……这事以后再谈，您等等再说；我们谈主要的：我等您已经两年了。”

“是吗？”

“我等您等得太久了，我一直想着您。您是唯一可以……我在从美国给您的信中写到这一点。”

“我清楚地记得您那封长信。”

“长得看不完？我同意；六张信纸。您别说，您别说！告诉我，您能再给我十分钟吗，现在就给，即刻就给……我等您等得太久了！”

“好吧，给您半小时，但不能再多了，如果您能做到的话。”

“不过，”沙托夫怒气冲冲地说，“您要改变您的语调。听到吗，我要求，虽然我应该恳请……您理解吗，在应该恳请的时候而提要求，这意味着什么？”

“我理解，这样您就超出常情之上以达到更高的目的，”尼古拉·弗谢沃洛多维奇微微一笑，“我还看到，您在发烧，很感惋惜。”

“我请您尊重我，我要求！”沙托夫叫道，“不是对我个人，让它见鬼去，而是对另一件事，这只需要一点点时间，说几句话……我们两个人在无限的宇宙中走到一起……在人世间最后一次。抛开您的语调，用常人的语调说话。我不是为自己，而是为您。您懂吗，单凭这一点您就应该原谅我打了您这下耳光，那就是我给了您机会认识您无限的力量……您又笑了，您这瞧不起人的上流社会的笑容，哎，您什么时候才能理解我！放下您的少爷架子！望您理解，我要求这样，我要求，否则我不愿跟您谈话，不管怎样也不谈！”

他的狂怒达到谵妄的程度；尼古拉·弗谢沃洛多维奇皱起眉头，仿佛变得谨慎了一些。

“既然我要逗留半小时，”他庄重严肃地说，“而时间对我如此宝贵，因此请您相信，我至少要很关心地听您说，而且……而且相信，一定能从您这里听到许多新鲜的事。”

他在椅子上坐下。

“请坐！”沙托夫叫了一声，自己也突然坐了下来。

“不过让我提醒您，”斯塔夫罗金又一次蓦地想起，“我已经向您提出有关玛丽娅·季莫费耶芙娜的请求，至少对她来说是十分重大的……”

“是吗？”沙托夫突然皱紧眉头，神色茫然，就像一个人在讲到最重要的地方突然被人打断时那样：他虽然瞅着你，但还没有明白你的问题。

“而您没有让我讲完。”尼古拉·弗谢沃洛多维奇笑着把话说完。

“唉，那不要紧，以后再说！”沙托夫终于明白了斯塔夫罗金的要求，轻蔑地摆摆手，径自转入他的重要话题。

七

他坐在椅子上，身子向前探着。“您可知道，”他几乎是咄咄逼人地开始说，目光炯炯，在面前竖起右手的一根手指（显然他自己并没有觉察到），“您可知道，在现今的世界上谁是唯一‘体现上帝’的民族，这个民族将以新上帝的名义复兴和拯救世界，又只有谁被授予生命和新真理的钥匙……您可知道这个民族是谁，它的名字是什么？”

“根据您的提问方式我必须做出决定，而且好像愈快愈好，那么这就是俄罗斯民族……”

“您已经在笑了，啊，这类人哪！”沙托夫冲口而出。

“请您安静点；相反，我等待的正是类似这样的话。”

“等待类似这样的话？您自己难道不熟悉这样的话？”

“非常熟悉；我太清楚了，您要谈些什么。您说的整个句子，甚至您用的词语‘体现上帝的’民族，只是我们上次谈话的结论，那次谈话是在两年多以前，在国外，在您去美国前进行的……至少就我现在记忆所及是这样。”

“这句话完全是您的，而不是我的。是您自己的，不只是我们谈话的结论。根本就没有‘我们的’谈话：只有宣告伟大真理的导师和从死亡中复活的学生。我是那个学生，而您是那个导师。”

“但是如果我们回忆一下，您正是在我说了这番话之后加入了那个团体，然后才去美国的。”

“是呀，所以我从美国给您写信谈到过这件事；我什么都写了。是呀，我不能一下子就忍痛脱离从孩提时起就血肉相连的思想，渗透着我全部希望的喜悦和仇恨的眼泪的思想……要替换神灵是困难的。我当时不相信您，因为我不愿意相信，于是最后一次抓住了这个污水沟……但是种子仍留在那里，发芽生长了。真的，您认真说说，您没有看完我从美国寄给您的信吧？也许根本就没有看？”

“我看了其中的三页，头两页和最后的一页，此外浏览了中间部分。不过，我一直想……”

“唉，反正都一样，别说了，让它见鬼去吧！”沙托夫摆摆手，“如果您现在放弃了当时说的关于人民的话，那么您怎么能够在当时说出来呢？……这就是现在使我心头郁郁的症结。”

“但是我当时也没有同您开玩笑；我在向您说教的时候，我也许更多地关心我自己，而不是您。”斯塔夫罗金神秘莫测地说。

“没有开玩笑！在美国我三个月同一个……不幸的人并排躺在麦草上，我从他那里知道，就在您往我心里灌输神和祖国的思想时——在同一个时间，甚至可能在相同的几天里，您用毒药毒害这个不幸的人，这个狂人基里洛夫的心……您使他确信谎言和飞语，使他失去理性而达到疯狂的地步……您现在去看看他，您的这个创造物……不过您已经看到了……”

“第一，我要向您指出，基里洛夫自己刚才告诉我，他很幸福，很好。您推测这一切发生在同一个时候，可以说是正确的，但这一切能说明什么呢？我再一次告诉您，我没有欺骗你们，没有欺骗您，也没有欺骗他。”

“您是无神论者吗？您现在是无神论者吗？”

"是的。"

"那么那时呢?"

"就同那时一样。"

"我开始这次谈话，并不要求您尊重我；以您的智慧您会懂得这一点的。"沙托夫愤然说。

"我没有从您一开始说话就站起来，没有停止谈话，没有离您而去，而是一直坐在这里，规规矩矩地回答您的问题和……叫嚷，因此可以说，我还没有失去对您的尊重。"

沙托夫摆摆手打断了他。

"您记得您的话吗：'无神论者不可能是俄国人，一成为无神论者，就不是俄国人了。'记得这话吗?"

"是吗?"尼古拉·弗谢沃洛多维奇好像在反问他。

"您问我？您忘记了？可是这是您对您所渗透了的俄罗斯精神的主要特点之一最确切的表述。您不会忘记吧？我再提醒您一点，——您也在那时对我说：'非正教徒不可能是俄国人。'"

"我认为这是斯拉夫派的思想。"

"不；当今的斯拉夫派是会否认这个思想的。现在人民变聪明了。但是您那时还走得更远；您相信，罗马天主教已经不是基督教；您断然说，罗马宣扬那从属于恶魔第三次引诱的基督，还说天主教会向全世界宣称基督没有地上的王国就不可能在地上站住脚，以此公开宣扬了伪基督，从而毁掉了整个西方世界。您正是这样指出的，如果法国在遭受苦难，那只是由于天主教的罪过，因为法国摒弃了令人厌恶的罗马上帝，而还没有找到新的。这就是您当时可能讲的！我记得我们的谈话。"

"假如我是个信徒，那么毫无疑问，我现在也会重复这些话；当时我像信徒那样说话，并不是说谎，"尼古拉·弗谢沃洛多维奇十分严肃地说，“但是我请您相信，重复我过去的思想会给我太不愉快的印象。您能不再讲吗?”

“假如您是个信徒?”沙托夫喊道，对尼古拉·弗谢沃洛多维奇的请求置若罔闻，“但是，不是您告诉我的吗，如果有人用数学的方法向您证明真理并不依赖上帝而存在，那么您宁愿同意与基督在一起，而不是与真理在一起?[①] 您说过这话吗？说过吗?”

“但是，最后允许我提一个问题，”斯塔夫罗金提高了声音，“这一场不耐烦的而且……气势汹汹的盘问的目的是什么?”

“这场盘问将永远成为过去，永远不会再向您提起。”

“您至今仍坚持我们不受时间和空间的制约……”

“别说啦!”沙托夫突然叫道，“我愚蠢而笨拙，但是就让我的名字受人耻笑吧！您能否允许我在您面前重复您当时的整个主要思想……噢，只有十行，只重复结论。”

“那您就重复吧，如果只重复结论的话……”

斯塔夫罗金想看看表，但忍住了，没有看。

沙托夫又在椅子上微微前倾，一时间甚至又举起了一根手指。

“没有一个民族，”他开始说，好像在一行行读着，同时继续咄咄逼人地瞧着斯塔夫罗金，“还没有一个民族建立在科学和理性的基础上；从来没有过这样一个例子，除非是短暂的例子，由于愚蠢。社会主义就其本质来说，就一定是无神论的，因为正是社会主义从一开始就宣称它

---

① 沙托夫这段话重复了陀思妥耶夫斯基在 1854 年 2 月下旬给娜·德·冯维辛娜的信中关于他的宗教信条的思想。他说：“这个信条很简单，它就是：相信没有比基督更美好、更深刻、更吸引人、更有理性、更坚毅、更完善的了，不仅没有，而且我以坚贞不渝的爱对自己说，这绝不可能有。并且，如果有人向我证明，基督存在于真理之外，又能够确确实实地证明，真理与基督毫不相干，那么我宁肯与基督在一起，而不是与真理在一起。”

是无神论的组织，准备彻底建立在科学和理性的基础上。理性和科学在各族人民的生活中，从远古到现在永远只起着次要的辅助的作用；而且将继续起这个作用，一直到世界末日。各个民族的形成和运动是由另一种力量促成的，这种力量君临一切之上，但其起源不得而知，无法解释。这种力量永不满足地希望走到终端，同时又否定终端的存在。这种力量永不间断永不休止地肯定自己的存在而否定死亡。生命的精神，如《圣经》所说，是‘生命水的河’，而《新约全书·启示录》则威胁说，这些河流有朝一日会干涸。[①] 美的起因，如哲学家们所说，也是道德的起因，他们把两者等同起来。我把它叫得更简单一些，那就是——‘寻找上帝’。任何一个民族，在其存在的任何阶段，它的整个人民运动，其唯一的目的就是寻找上帝，自己的上帝，应该是自己专有的上帝，把他作为唯一真实的上帝而信仰他。上帝是整个民族从其起源到终结的综合起来的特性。从来没有过所有民族或者许多民族共同拥有一个上帝的事，从来都是每一个民族有他们特殊的上帝。上帝开始成为共同的这一现象是民族消灭的征兆。当上帝成为共同的时候，上帝和对上帝的信仰同各民族本身一起渐渐消亡了。一个民族愈强盛，它的上帝就愈特殊。从来还没有过没有宗教的民族，即没有善恶观念的民族。任何民族都有自己的特有的善恶观念和自己特有的善与恶。当许多民族的善恶观念成为共同的时候，民族就消亡了，善与恶之间的差别本身也开始模糊和消失。理性从来不能给善与恶下定义，甚至不能区别善与恶，哪怕是大致区别都不行；相反，它可耻地和可怜地混淆善与恶；至于科学则采用以拳头解决问题的办法。特别显著的是半科学，这是人类最可怕的灾难，

---

① 《新约全书·启示录》（第 8 章，第 10、11 节）：“第三位天使吹号，就有烧着的大星，好像火把从天上落下来，落在江河的三分之一和众水的泉源上。这星名叫茵陈；众水的三分之一变为茵陈，因水变苦，就死了许多人。”

它比瘟疫、饥饿和战争都更可怕，在本世纪以前人类还不知道它。半科学是史无前例的暴君。它有自己的祭司和奴隶，在它的面前所有人都怀着敬爱之情和过去难以想象的迷信对它顶礼膜拜，在它面前甚至科学本身也浑身战栗，可耻地纵容姑息它。这都是您自己的话，斯塔夫罗金，只有关于半科学的话除外；那些话是我的，因为我自己也只不过是半科学，因此我特别憎恨它。您的思想，甚至您的话，我什么也没有更动，没有更改一个词。”

“我不认为您没有更动，”斯塔夫罗金小心翼翼地说，“您满腔热情地接受了我的话，又满腔热情地改动了我的话，而自己却没有觉察。单说一点，您把上帝贬低到民族属性的地位……”

他突然开始以加倍的特别的注意力观察沙托夫，不仅留意他说的话，还留意他的人。

“我把上帝贬低到民族属性的地位?”沙托夫高声喊道，“恰好相反，我把民族提高到上帝的地位。难道不是一向如此吗？民族是上帝的躯体。任何一个民族之所以成为一个民族，只有当它有自己特殊的上帝、毫不妥协地排斥其他一切上帝的时候，当它相信，能以自己的上帝战胜其他所有上帝并将其驱逐出世界的时候。亘古以来大家就是这样相信的，至少所有伟大的民族，所有多少有名的、所有站在人类前列的民族都是如此。不能违背事实。犹太人生活在世上就为了等待真正的上帝，他们也把真正的上帝留给世界。希腊人把自然奉为神明，把他们的宗教，即哲学和艺术，遗留给世界。罗马通过国家把民族神化了，而把国家留赠给各个民族。法国在其漫长的历史中只是罗马上帝的理念之体现和发展，如果它最终把自己的罗马上帝抛入深渊而热衷于当前他们称之为社会主义的无神论，唯一的原因是无神论无论如何比罗马天主教要健康。如果一个伟大的民族不相信只有它体现真理（只有它一个民族，其他民族皆排除在外），如果不相信只有它能够以自己的真理拯救大家，起死回生，而且只有它这个民族负有这个使命，那它马上就不再是伟大的民族，立即变成民族志的材料，而不是伟大的民族。一个真正伟大的民族绝不甘心在人类中只起次要的作用，甚至不能只起首要作用，而必须是独一无二的首要作用。谁丧失这个信念，谁就不成其为民族。但是真理只有一个，因此各民族当中只有一个民族能够有真正的上帝，尽管其他各民族也有自己特殊的伟大的上帝。唯一的‘体现上帝的’民族是俄罗斯民族，并且……并且……难道，难道您认为我是这样一个大傻瓜，斯塔夫罗金，”他狂叫起来，“居然不能区别他此刻说的这番话，是在所有莫斯科斯拉夫派磨坊里磨了又磨的陈词滥调，还是全新的话，最先进的话，唯一能使世界更新复苏的话，而且……而且您此刻的笑同我有什么相干！您一点儿也不了解我，一点儿都不，一个词、一个声音都不了解！……啊，我多么轻视您此刻傲慢的笑容和目光！”

他跳了起来；嘴角上甚至出现了白沫。

“正好相反，沙托夫，正好相反，”斯塔夫罗金以不同寻常的严肃和凝重说道，他没有站起来，“正好相反，您激昂的话引起我许多强烈的回忆。在您的话中，我认出了两年前我自己的情绪，因此我现在不会再像刚才那样说您夸张了我当时的思想。我甚至觉得当时的思想更加绝对、更加专断，因此我第三次对您说，我十分愿意承认您现在说的话，一直到最后一个词，但是……”

“但是您需要兔子？”

“什——么？”

“这也是您的肮脏话，”沙托夫愤愤地笑了起来，一面又坐了下去，“‘为了做兔子沙司，就得有兔子；为了信仰上帝，就得有上帝。’据说这是您在彼得堡讲的，像诺菲德廖夫一样，想抓住兔子的后腿逮住它。”

“不，诺菲德廖夫吹嘘他已经逮住了兔子。顺便说说，允许我打扰您，也向您提一个问题，尤其因为我觉得我有充分的权利提问。告诉我：您那兔子已经逮住了，还是还在跑?”

“不许用这样的词语来问我，用别的词语，别的词语!”沙托夫突然全身战栗起来。

“好吧，用别的词语，”尼古拉·弗谢沃洛多维奇严峻地瞧了他一眼，“我只想知道：您自己相信上帝还是不信?”

“我信仰俄罗斯，我信仰她的正教……我信仰基督的躯体……我相信基督将在俄国第二次降世……我相信……”沙托夫在狂热中嗫嚅着。

“那么上帝呢？信仰上帝?”

“我……我将信仰上帝。”

斯塔夫罗金脸上的肌肉纹丝不动。沙托夫火辣辣地挑衅地望着他，似乎想用自己的目光把他烧掉。

“我并没有对您说过我绝对不信仰!”他终于高声说，“我只不过想让您知道，我是一本微不足道的枯燥的书，目前只此而已，目前……但是就让我的名誉见鬼去吧！问题在于您，不在于我……我是个碌碌无为之辈，只能献出自己的血，别无其他，同所有无能之辈一样。让我的血也见鬼去吧！我讲的是您，我在这里等您两年了……我现在为您赤身裸体地跳了半小时舞。您，只有您才能举起这面旗帜！……”

他没有说完，似乎陷入绝望之中，两肘撑在桌子上，两手支着头。

“我只顺便向您指出一件怪事，”斯塔夫罗金突然打断他，“为什么大家都把一面什么旗帜硬加给我？彼得·韦尔霍文斯基也相信，我可能‘在他们中间举起旗帜’，至少有人把他的话传给我。他有一个想法，我可能在他们中间起斯坚卡·拉辛[1]的作用，因为我有‘非凡的犯罪能力’，——这也是他的话。”

“怎么?”沙托夫问道，“‘非凡的犯罪能力’?”

“就是这么说的。”

“嗯。这是真的吗，”他愤愤地冷笑，“这是真的吗，您在彼得堡属于一个畜生般淫荡的秘密团体?真的吗，萨德侯爵[2]也得向你们学习?真的吗，你们把孩子引诱到那里去，腐化他们?您说呀，别说谎，”他怒不可遏地叫道，“尼古拉·斯塔夫罗金不能在打他耳光的沙托夫面前撒谎!全说出来，如果是真的，我立刻就、马上就打死您，当场就打死您!”

“这些话我说过，但孩子没有欺侮过。”斯塔夫罗金在沉默了很长一阵之后才说道。他脸色煞白，眼睛闪出光芒。

“但是您说过!”沙托夫继续用威严的口气说，炯炯的目光没有离开他，“这是真的吗，您好像对人说，您不知道在兽性的淫荡勾当与任何伟大功绩，甚至是为人类而牺牲的功绩之间在美的方面有什么区别?这是真的吗，您在两个极端里发现美的吻合、欢乐的一致?”

“在这种情况下我无法回答……我不想回答。”斯塔夫罗金喃喃地说，他很可以站起来离开，但他没有站起来，也没有离开。

“我也不知道，为什么恶是丑陋的，善是美好的，但是我知道，为什么这一区别的感觉在像斯塔夫罗金那样的老爷身上逐渐磨灭而消失了，”沙托夫浑身颤抖，毫不退让，“知道吗，为什么您当时结婚是如此

---

① 即斯捷潘·拉辛（1630—1671），1670—1671年农民战争的领袖，民间文学中传奇式的英雄。

② 德·萨德（1740—1814），法国作家，以色情小说而著名；曾因强奸妇女而被判监禁，又因鸡奸和下毒而被判处死刑，后被赦免。沙托夫对斯塔夫罗金所提的问题，指的是萨德的这些罪行。

卑鄙和下流？正是因为这种卑鄙和荒谬行为达到了天才独创的地步！您不是在深渊的边上徘徊，而是勇敢地一头倒栽下去。您结婚，是因为癖爱自我折磨，癖爱对自己良心的谴责，这是一种道德上的淫欲。这乃是歇斯底里的发作……对健全理性的挑战，太诱人了！斯塔夫罗金和丑陋的、痴呆的、赤贫的瘸腿女人！在您咬省长的耳朵的时候，您是否感到极大的快乐？闲散游荡的小少爷，您是否感觉到？”

“您是心理学家，”斯塔夫罗金脸色愈来愈苍白，“虽然对我结婚的理由，您有一部分说错了……不过，谁能向您提供这些消息，”他勉强地嘿嘿一笑，“难道是基里洛夫？可他没有参加呀……”

“您害怕了吧？”

“您究竟要怎么样？”尼古拉·弗谢沃洛多维奇终于提高了嗓门，“我坐在这里半小时受您的鞭笞，至少您应该客客气气地放我走……如果您真的没有任何通情达理的目的需要这样对待我。”

“通情达理的目的？”

“毫无疑问。至少您应该最后告诉我您的目的。我一直等待您这样做，但只发现了疯狂的愤恨。请您替我打开大门。”

他从椅子上站起来。沙托夫发狂似的随他之后奔出去。

“您要吻大地，用泪水洒浇大地，请求宽恕！”他叫道，抓住他的肩膀。

“不过，我没有杀死您……在那天早上……我把两手放在背后……”斯塔夫罗金垂下两眼，几乎痛苦地说。

“您把话说完，说完！您来警告我危险，您让我说话，您想在明天公开宣布您的婚姻！……难道我没有从您的脸上看到，一个新的令人畏惧的思想正在折磨您……斯塔夫罗金，为什么我注定要永生永世信任您。难道我能这样同另一个人说话吗？我是纯洁的，但我不害怕赤裸裸地暴露自己，因为我在同斯塔夫罗金说话。我不怕因我触及而使伟大思想漫画化，因为斯塔夫罗金在听我说……难道在您走了之后，我不会吻您的足迹？我不能把您从我心里拔掉，尼古拉·斯塔夫罗金！”

“我很遗憾，我不能爱您，沙托夫。”尼古拉·弗谢沃洛多维奇冷冷地说。

“我知道您不能，而且我知道您不是说谎。听我说，我能够纠正一切：我能为您抓住兔子！”

斯塔夫罗金没有作声。

“您是无神论者，因为您是少爷，最坏的一个少爷。您失去了善与恶的区别，因为您已经不再理解您的人民了。新的一代在到来，直接从人民的心脏中出来，无论是您，无论是韦尔霍文斯基父子，无论是我（因为我也是少爷，我是您的农奴和仆人帕什卡的儿子），一点儿都不理解他们……听我说，您通过劳动去感知到上帝吧；全部事情的实质就在这里，否则您就会像可恶的霉斑那样消失；通过劳动去感知到上帝吧。”

“通过劳动去感知到上帝？怎么样的劳动？”

“农夫的劳动。去吧，抛弃您的财富……啊！您在笑，您害怕这会变成欺人的魔术。”

但是斯塔夫罗金没有笑。

“您认为上帝可以通过劳动感知到，而且一定要通过农夫的劳动？”他想了一会儿重复道，好像真的遇到什么值得思考的严肃的新问题。“顺便说说，”他突然转到一个新的思想上去，“您刚才提醒我一件事：您知道吗，我绝对不富有，因此没有什么可抛弃的？我几乎不能保障玛丽娅·季莫费耶芙娜未来的生活。还有：我来是想请求您，如果您可能的话，将来也不要撇下玛丽娅·季莫费耶芙娜不管，因为只有您可能对她可怜的头脑有一点儿影响……我这样说是以防万一。”

“行，行，您是说玛丽娅·季莫费耶芙娜，”沙托夫一只手拿着蜡烛，挥动另一只手说，“行，而且这是自然而然的事……听我说，您去谒见吉洪吧。”

“谁?”

“吉洪。吉洪，过去的主教，因病退职，住在我们城里，在城区内，在我们的叶菲米圣母修道院[①]里。”

“这是怎么回事?”

“没有什么。大家都到他那里去。去一下吧；为什么不去？为什么不去?”

“我第一次听到，而且……从来没有见过这类人。谢谢您，我去。”

“走这边，”沙托夫瞧着楼梯，“去吧。”他打开通向街上的便门。

“我以后不再到您这里来了，沙托夫。”斯塔夫罗金跨出便门，轻轻说道。

外面像他来时一样仍然漆黑一片，仍然下着雨。

---

① 这里的叶菲米圣母修道院是作者虚拟的。不过，在特维里的十一个修道院中名称与此相近的有斯帕索一叶夫菲米耶夫修道院。在俄国有三个圣母修道院，其中之一在顿河的沃罗涅日省。在顿河左岸，从 1769 年起曾有后来成为沃罗涅日圣母修道院主教的吉洪在此居住过（他生年不详，于 1783 年逝世）。他被称为顿问左岸的吉洪。——俄编注

第二章

夜(续)

一

他穿过整条显圣街；最后走下山去，两脚在泥泞中滑行，突然面前展现出一片广阔的、烟雾弥漫的、好像是空荡荡的空间——这是河。路旁的楼房变成了窝棚，大街消失在无数杂乱无章的小巷里。尼古拉·弗谢沃洛多维奇沿着一道道板墙艰难地走了很久，没有离河岸很远，但毫不犹豫地找到自己的路，甚至很少考虑它。他心里想的完全是别的事，因此当他突然从深思中清醒过来时，他惊奇地环顾四周，看到自己几乎已经走在我们那座长长的湿漉漉的浮桥的中央。周围没有一个人，因此他感到奇怪：几乎就在他的胳膊肘底下他忽然听到一个人的声音；这个声音有礼貌而又随便，不过相当悦耳，带着那种甜甜的一字一顿的腔调，在我们这里那些过于文明的小市民或者中心商场里一些年轻的鬈发的掌柜是最喜欢使用这种腔调的。

“先生，能不能允许我合用一下您的伞?”

真的，一个不认识的人钻到了他的伞底下，或者说，想装出已经钻到伞底下的样子。流浪汉同他并排走着，几乎“可以用胳膊肘感觉到”——像士兵们说的。尼古拉·弗谢沃洛多维奇放慢脚步，俯身在黑暗中尽可能地仔细观察：此人身材不高，好像是一个喜欢饮酒作乐的小市民；衣着单薄而且不整洁；一头卷曲蓬松的乱发，戴着一顶湿透了的呢鸭舌帽，帽檐有一半被扯了下来。看来，这是个强壮的黑发男子，干瘦黝黑；眼睛很大，一定是黑色的，炯炯有神，带着黄色的泛光，像吉卜赛人一样；这在黑暗中也可以感觉到。年纪约在四十岁，没有喝醉酒。

"你认识我？"尼古拉·弗谢沃洛多维奇问道。

"斯塔夫罗金先生，尼古拉·弗谢沃洛多维奇；上星期天在车站上，火车一停就有人指给我看了。此外，过去也听人说过您的很多事。"

"听彼得·斯捷潘诺维奇说过？你……你是苦役犯费季卡？"

"教名叫费奥多尔·费奥多罗维奇；到现在咱生身母亲还住在这一带，老人家快入土了，每天每夜为咱祈祷上帝，这样她不至于躺在炕上白白浪费自己的时间。"

"你是从服苦役的地方逃出来的？"

"改变了一下命运。交出了书和钟，放弃了教堂的工①，因为被判终生服苦役，这样得等很长很长时间才能刑满。"

"在这里做什么？"

"就这样，白天加黑夜——一昼夜就过去啦。咱叔叔因为制造伪币上星期在这里的牢狱里过世了，为了悼念他，我拿二十块石头投狗，——眼下这就是咱的事。此外，彼得·斯捷潘诺维奇答应我，要给我搞一张全俄罗斯通用的护照，大概是商人的，所以我在等他的恩赐。他说：'因为我爸当年在贵族俱乐部里打牌把你给输掉了；所以我认为

① 在苦役犯费季卡的言语中，陀思妥耶夫斯基大量利用了他在西伯利亚的笔记材料。按：费季卡的语言富有韵律性，但有时不正确，或者缺乏确切的意义。

这件不人道的事是不公正的。’老爷，您能赏给我三个卢布让我喝点茶，暖暖身子吗？”

“这么说，你是在这里守候我；这么做我不喜欢。是依谁的命令来的？”

“要说命令倒没有，我只知道您乐善好施，到处都是有名的。咱那点儿收入，要就是一把草料，要就是两肋插刀。我还是星期五那天吃饱了馅儿饼，就好像猴子吃饱了肥皂，可从那时起一天没有吃，第二天等了一天，第三天又没有吃。河里有的是水，肚子成了鲫鱼塘啦……您慷慨大方，能不能赏赐一点儿；离这里不远的地方我正好有个亲家母，不过没有几个卢布可别想去她家。”

“彼得·斯捷潘诺维奇用我的名义答应你什么了？”

“他老爷不能说答应过，不过口头上说过，我可能对您老爷有用，如果时机到来的话，不过究竟什么事，他没有明确说，因为彼得·斯捷潘诺维奇大概是在考验我的哥萨克式耐性，但对我一点儿不信任。”

“为什么呢？”

“彼得·斯捷潘诺维奇是会看星相的，天上的星宿都认得，可他也会受到批评。我在您面前，老爷，好像在上帝面前一样，因为听到过您的很多事。彼得·斯捷潘诺维奇是一回事，您老爷可以说是另一回事。他呀，如果他说一个人是坏蛋，那么他就只知道他是坏蛋，这个人的其他事情就什么都不知道了。如果说一个人是笨蛋，那就只知道他是笨蛋，对这个人就没有别的称呼了。可我呢，也许星期二和星期三是笨蛋，而星期四则可能比他还聪明一点儿。现在他知道我十分希望得到一张护照，因为在俄国没有证件是绝对不行的，——因此他就认为抓住了我的心。彼得·斯捷潘诺维奇，我对您说，老爷，他觉得活在世上很容易，因为他自己想象一下这是个什么人，就以为他是这么个人了。此外他小气得要命。他以为不通过他，我不敢打扰您，可我在您面前就像在上帝面前一样，——瞧，我在这座桥上等您已经第四夜了，我想，除他之外，我慢慢踩着步子也可以找到自己的路。我想，宁可求靴子，不要拜草鞋。”

“是谁告诉你的，我夜里会从桥上走过?”

“这个，说实话，是从旁听来的，主要是由于列比亚德金大尉的愚蠢，因为他什么话也藏不住……这样，三个白天，三个夜晚，还有这份闷气，应该向您老爷要三个卢布。至于衣服湿透了，那咱就委屈一点儿，不说了。”

“我要往左，你要往右；桥已走完了。听着，费奥多尔，我喜欢别人彻底理解我的意思：我一个戈比也不会给你，以后无论在桥上还是别的地方都不要遇到我，我现在不需要你，将来也不需要你，如果你不听从，我就把你捆起来送警察局。走吧!”

“哎哟，我陪您走了这么多路，至少该给一点吧。一起走不是开心一点儿吗?”

“滚!”

“您认识这里的路吗，老爷?要知道这里都是些小巷……我可以带路，因为这城市就好像给魔鬼装在篮子里拎了一阵子，把它摇成碎片了。”

“嘿，我要把你捆起来!”尼古拉·弗谢沃洛多维奇威严地转过身来。

“您也许会考虑的，老爷；欺侮一个可怜人还不容易?”

“不，你看来很相信你自己!”

“我，老爷，相信您，而不是很相信我自己。”

“我完全不需要你，我已经说过了!”

“可我需要您，老爷，就是这样。我等您回来，就这么办。”

“我发誓：如果我再碰到你——就把你捆起来。”

“那我就把皮带准备好。祝您一路平安，老爷，不管怎样，您让可怜人在您的伞子底下得到温暖，光这一点我到死都会感谢您。”

他不再纠缠了。尼古拉·弗谢沃洛多维奇忧虑重重地走到他要去的地方。这个从天上掉下来的人坚信他需要他，还赶来告诉他，真太放肆了。一般说来，人们对他都不拘礼节。但是也有可能，这个流浪汉没有说谎，真的是出于他本人的愿望，也就是瞒着彼得·斯捷潘诺维奇来要求为他效劳的；这是最让人感到奇怪的。

二

尼古拉·弗谢沃洛多维奇到达的房子，坐落在两排板墙之间的一条偏僻小巷子里。板墙后面都是菜园，真正可说是在城市的边缘上。这是一座孤零零的小木房，刚刚造好，四壁还没有钉上木板。在一扇小窗户里百叶窗故意没有关上，窗台上点着一支蜡烛，——看来是给所期待的今天晚间来的客人当指路灯用的。还在三十步以外，尼古拉·弗谢沃洛多维奇已经辨认出一个站在台阶上的高大人影，一定是房子的主人，因为焦急而出来往路上眺望的。还听到他的焦急的又好似胆怯的声音：

“是您吗，先生？是您？”

“是我。”尼古拉·弗谢沃洛多维奇一直走到台阶跟前在收伞时才回答。

“终于来了，先生，”列比亚德金大尉（这人是他）跺着脚，忙乱起来，“请把伞给我；很湿，先生，我把它张开放在这边角落的地上。请进，请进。”

从穿堂通往点着两支蜡烛的房间的门大开着。

“如果不是您说过一定会来，我也就不相信您会来了。”

“十二点三刻了。”尼古拉·弗谢沃洛多维奇看了看表说道，一面走进屋去。

“而且下那么大的雨，离这里又是那么远……我没有表，从窗子看出去，只见到菜园，所以……不免落后了……但是说真的我不是埋怨，因为我不敢，不敢，只是因为焦急，这星期一直折磨着我的焦急心情，为的是最终……解决。”

“什么?”

“希望知道我的命运，尼古拉·弗谢沃洛多维奇。请吧。”

他鞠了一躬，指着长沙发前小桌旁的座位。

尼古拉·弗谢沃洛多维奇环顾四周；房间很小很矮；只有最必需的家具，几张木头椅子和一张木头长沙发，也是新做的，没有蒙面，也没有靠垫。两张椴木小桌，一张放在长沙发前，另一张摆在角落里，罩着台布，摆满了各种东西，上面用极干净的餐巾覆盖着。而且整个房间看来十分整洁。列比亚德金大尉已经八天没有喝酒了；他的脸有点儿发肿发黄，目光惴惴不安，充满了好奇，显然又困惑不解；很明显，他自己还不知道；他可以用什么语调说话，直接抓准哪一种语调最为有利。

“请瞧，”他指指四周，“我过着佐西玛[①]的生活。滴酒不沾，离群索居，一贫如洗，——这是古代骑士的誓言。”

“您认为古代的骑士立过这样的誓言?”

“可能我说错了？唉，我这人没有文化！把什么都毁了。您相信吗，

---

① 在这里大概不是指实在的人，很可能只是“隐士”的同义词。在作家此后的《卡拉马佐夫兄弟》中的长老也叫佐西玛。

尼古拉·弗谢沃洛多维奇，到了这里我才清醒过来，摆脱了可耻的嗜好——没有喝过一杯酒，一滴酒！我有了自己的栖身之处，六天来我感到良心的宁静。甚至四周的墙壁散发出松脂的香气，使我想到大自然。可我过去是什么人，过的是什么生活呢？

> 夜间我奔忙，没有地方栖息，
> 白天我飞跑，累得喘不过气，[①] ——

——正如诗人的天才描写一样！但是……您全身湿透了，要喝点茶吗？”

“别操心了。”

“茶炊八点钟就开了，但是……熄了……正如世上的一切一样。据说，有朝一日太阳也会熄灭的。不过，如果需要，我可以办到。阿加菲娅还没有睡。”

“告诉我，玛丽娅·季莫费耶芙娜……”

“在这里，在这里，”列比亚德金立即小声接着说，“要看看她吗？”他指指通向隔壁房间的虚掩着的门。

“没有睡吗？”

“不，不，能睡着吗？相反，从傍晚起一直在等，今天一听到消息，马上就梳妆打扮。”他本想撇撇嘴，做出揶揄的笑容，但立即止住了。

“总的说来她怎么样？”尼古拉·弗谢沃洛多维奇皱起眉头问道。

“总的说来？您自己知道（他惋惜地耸耸肩），现在……现在她在用纸牌算命……”

---

① 列比亚德金这里引用了彼·安·维亚泽姆斯基（1792—1878）的诗《缅怀画家奥尔洛夫斯基》（1838）中的两行，但把第二人称改成了第一人称。——俄编注

“好吧，以后再说；先要同您把事情了结。”

尼古拉·弗谢沃洛多维奇在椅子上坐了下来。

大尉不敢在长沙发上坐下，立即拉过另一张椅子。他上身前倾，提心吊胆地等待对方说话。

“您在角落里餐巾下放的什么东西?”尼古拉·弗谢沃洛多维奇突然注意到那张桌子。

“这个吗?”列比亚德金也转过身去，“这是用您的慷慨赏赐办的，可以说，是为了庆祝乔迁之喜，同时也考虑到您的长途跋涉和自然的疲劳。”他殷勤地嘿嘿一笑，然后站了起来，蹑手蹑脚、恭恭敬敬、小心翼翼地从角落里的桌子上取下餐巾。餐巾下面原来是准备好的冷盘：火腿、牛肉、沙丁鱼、乳酪，一只小小的浅绿色的长颈玻璃瓶，一瓶波尔多红葡萄酒；一切安放得干干净净，十分内行，几乎可说是精致。

“这是您操心办的?”

“是我，先生。从昨天就开始了，尽我的力量，为了表示敬意……玛丽娅·季莫费耶芙娜，您知道，对这些事很不关心。而主要是，都由于您的慷慨，都是您自己的，因为您是这里的主人，不是我；我可以说只不过是您的管家，因为毕竟、毕竟，尼古拉·弗谢沃洛多维奇，毕竟在精神上我是独立的！您不要夺走我的这一最后的财产！”他十分激动地结束了他的话。

“嗯……您再坐下来吧。”

“谢——谢，谢谢，但我是独立的！（他坐了下来。）啊，尼古拉·弗谢沃洛多维奇，刚才这颗心里热血如此沸腾，我不知道，怎样能等到您的光临。现在您就要决定我的命运了，和……那个不幸的女人的命运，那时……那时像从前一样，像早先一样，我将在您面前像四年前一样倾吐一切！您当年不是屈尊听我念诗，还读过我的诗章吗……任凭别人那时把我叫作您的福斯塔夫，莎士比亚剧作中的福斯塔夫，但您当时在我的命运中有着多么重大的意义……我现在有许多非常可怕的事，只等您一个人给我出主意，给我光明。彼得·斯捷潘诺维奇对我太不像话了。”

尼古拉·弗谢沃洛多维奇好奇地听着他，目不转睛地瞧着他。显然，列比亚德金大尉虽然已不再喝酒，但他的思想仍然远不是处于和谐状态之中。在像他那样多年的酒鬼身上到最后总是要根深蒂固地表现出思绪紊乱、头脑不清，好像神经错乱、理智失常似的，虽然在必要的时候他们哄骗、欺诈、耍滑头，几乎并不在别人之下。

“我看到，大尉，您这四年多来一点儿都没有变，”尼古拉·弗谢沃洛多维奇说，语气好像温和了一点儿，“看来这话一点儿不错：一般说来，一个人的后半生完全是由他前半生积累起来的种种习惯拼凑而成的。”

“说得好！您解答了生命之谜！”大尉喊道，一半是耍滑头，一半是毫不虚假的欣喜，因为他也是热衷于玩弄词汇的人，“在您说过的所有话当中，尼古拉·弗谢沃洛多维奇，我记得最牢的一句是您在彼得堡说的：‘只有真正伟大的人，才能顶得住健全的理性。’真棒！”

“算了吧，还有蠢人。”

“好，就算还有蠢人吧，但是在您的一生当中，妙语连珠，可他们呢？利普京，彼得·斯捷潘诺维奇，能说出这样的话来吗？哦，彼得·斯捷潘诺维奇对我多残酷呀！……”

“不过您，大尉，您自己的行为怎么样呢？”

“喝醉了酒，还有我的无数敌人！但是现在一切的一切都过去了，我换上了新的面貌，像蛇一样。尼古拉·弗谢沃洛多维奇，知道吗，我在写我的遗嘱，而且已经写好了？”

“有意思。您留下些什么，又留给谁呢?”

“留给祖国、人类和大学生们。尼古拉·弗谢沃洛多维奇，我在报上读到一个美国人的传记。他留下巨大的遗产用于建造工厂，研究应用科学，把自己的骨骼送到那里的科学院去，留给大学生们，把自己的皮去蒙一面鼓，以便日日夜夜用这面鼓敲击出美国国歌。唉，同北美合众国的思想气魄相比，我们是侏儒；俄国是大自然的特异现象，而不是智慧的特异现象。如果我试着在遗嘱中吩咐拿我的皮去绷鼓，比如说，送到我有幸在那里开始服役的阿克莫林斯克步兵团去，为的是每天用这面鼓在全团面前敲击出俄国国歌，那么有人会认为这是自由主义，禁止用我的皮去绷鼓……所以我仅限于大学生。我想把我的骨骼遗赠给科学院，但是有一个条件，一个条件，要在额头永远贴上一个标签，写上：‘忏悔了的自由思想者。’就是这样，先生。”

大尉热烈地说着，当然相信美国人遗嘱的美好，但是他也是个滑头，他也很想以此逗尼古拉·弗谢沃洛多维奇发笑，过去有很长一段时间他是尼古拉·弗谢沃洛多维奇身边的小丑。但是尼古拉·弗谢沃洛多维奇没有笑，相反，他不无怀疑地问道：

“这么说来，您打算在生前公布您的遗嘱，因此得到奖赏?”

“即使如此又怎么样呢，尼古拉·弗谢沃洛多维奇，即使如此又怎么样呢?”列比亚德金谨慎地观察他，“您知道我的命运是怎样的！连诗也不写了，而从前连您也以我的小诗解闷，尼古拉·弗谢沃洛多维奇，记得吗，在我们喝酒的时候?但是我搁笔了。只写了一首诗，像果戈理的《最后的故事》[①]，记得吗，他向俄国宣告，这篇小说是从他的胸中

① 果戈理在《与友人书信选》中讲到他将写而没有写成的书《告别读者的一个故事》时说：“我发誓：这本书不是我撰写的，不是我编选的，而是从我的心灵中自然而然地唱出来的。”

‘唱出来的’。我也一样，唱过了，就完啦。”

“什么诗?”

“《如果她摔断了腿》!”

“什——么?”

这正是大尉所期待的。他非常看重他自己的诗，给以无上的评价，但同时由于他那滑头的灵魂的双重性，他也很喜欢尼古拉·弗谢沃洛多维奇过去常常以他的诗取乐，哈哈大笑，有时甚至笑得直不起腰来。这样他就达到了两个目的——既满足了作为诗人的虚荣心，又尽了作为小丑的职责，但现在又有了第三个目的，一个特殊的和相当微妙的目的：大尉把这首诗推出来，是想为自己某一事辩解，这件事不知什么缘故他最替自己担心，也是他感到自己最有过错的。

“《如果她摔断了腿》，就是说在骑马驰骋的时候。全是幻想，尼古拉·弗谢沃洛多维奇，梦呓，但却是诗人的梦呓：有一次我路过，遇到一位骑马的女士，大吃了一惊，于是我提了一个实际的问题：‘那可怎么办?’——就是说，如果她摔断了腿，那可怎么办?事情很清楚：所有的追求者都会打退堂鼓，所有的求婚者都会四散逃跑。晨风悠悠，脚底抹油，只有诗人胸腔中带着他那颗破碎的心依旧忠实于她。尼古拉·弗谢沃洛多维奇，即使虱子也可能恋爱，也没有受法律禁止。但是那位女士对信、对诗都很生气。据说连您都很气愤，是这样吗，先生?这太令人伤心了，我甚至不想相信。我的幻想能伤害谁呢?而且我以我的名誉起誓，都是利普京：‘寄吧，寄吧，任何人都有通信的权利。’所以我就寄了。”

“您好像还向她求过婚?”

“都是仇人、仇人、仇人说的啊!”

“把您的诗念来听听。”尼古拉·弗谢沃洛多维奇声色俱厉地打断他。

“梦呓，首先是梦呓。”

但是他还是挺直了身子，伸出手，念道：

美人中的美人摔断了下肢，
于是变得双倍的漂亮，
于是我双倍地爱上了她，
虽然我早已把她深深爱上。

“好了，够了。”尼古拉·弗谢沃洛多维奇厌烦地摆摆手。

“我想去彼得堡，”列比亚德金赶忙转换话题，似乎从来没有念过那首诗似的，“我渴望新生……恩人呀！我能指望您资助我去哪儿吗？这一星期我像盼太阳一样盼着您。”

“不，对不起，我自己也几乎没有钱了，而且干吗我要给您钱呢？”

尼古拉·弗谢沃洛多维奇好像突然发怒了。他冷然简短地列举了大尉的种种罪过：酗酒，撒谎，花去规定给玛丽娅·季莫费耶芙娜的钱，把她从修道院接出来，威胁要公布秘密的蛮横信件，对达丽娅·帕夫洛芙娜的行为等等。大尉全身战栗，打着手势几次想辩驳，但每次尼古拉·弗谢沃洛多维奇都断然制止他。

“请问，”他最后说，“您在信中总是说到‘家族的耻辱’。您妹妹同斯塔夫罗金的合法结婚，对您究竟是什么耻辱？”

“但这是保密的婚姻，尼古拉·弗谢沃洛多维奇，保密的婚姻，不祥的秘密。我从您这里得到钱，突然有人问我：这是什么钱？我很窘迫，不能回答，不能危害我妹妹，不能有损家族的尊严。”

大尉提高了嗓门：他喜欢这个题目，对它寄予很大的希望。可惜他没有预感到，他会被打翻在地。尼古拉·弗谢沃洛多维奇平静地、确切地就像谈到最平常的家务安排一样，告诉他，在最近几天内，甚至可能是明天或者后天，他打算让他的婚姻变成众所周知，“警察局和全社会”，因此，家族尊严的问题会自然而然地解决，还有津贴的问题也将随之了结。大尉瞪大了眼；他甚至没有听懂；便要向他作解释。

“可她是……半疯半癫的呀？”

“我会做出这样的安排。”

“但是……您母亲会怎样？”

“那就只有听她的便了。”

“但是您这是要把您妻子带到家里去？”

“也许是。不过这完全不是您的事，与您毫无关系。”

“怎么没有关系！”大尉叫道，“那我怎么办？”

“当然啰，您不会到我家去。”

“但我是您的亲戚呀。”

“这样的亲戚躲避都来不及。那时我为什么还要给您钱呢，您自己想一想。”

“尼古拉·弗谢沃洛多维奇，尼古拉·弗谢沃洛多维奇，这不可能，您也许会再考虑，您总不会自杀吧……社会上会怎么想，怎么说呢？”

“我倒真害怕您那个社会。当年我同您妹妹结婚，因为我想这样做，在酒醉饭饱之后，为了赌一瓶酒；现在我当众宣布这件事……如果现在这事使我开心呢？”

他说这话时显得特别激动，列比亚德金因此心惊胆战，开始相信了。

“但是我，我可怎么办，这里主要是我呀！……您也许是在开玩笑，尼古拉·弗谢沃洛多维奇？”

“不，不是开玩笑。”

“随您的便，尼古拉·弗谢沃洛多维奇，可我不相信您的话……如果这样，我要去控告。”

“您太愚蠢了，大尉。”

“好吧，可这是我所有的一切！”大尉完全语无伦次了，“从前在贫民窟里，因为她侍候人，至少还给我们住的地方，现在如果您把我抛弃了，那可怎么办呢？”

“您不是要到彼得堡去变换一下您的职业嘛。顺便说说，这是真的吗，我听说您打算去告密，把别的人都说出来，希望能得到宽恕？”

大尉张大嘴，瞪大眼睛，没有回答。

“听我说，大尉。”斯塔夫罗金俯身在桌子上，突然十分严肃地说起来。在此以前他说话有点儿含糊其辞，因此扮演丑角很有经验的列比亚德金，到最后一刹那还有点儿把握不定：他的老爷是真的生气了呢还是仅仅拿他开玩笑，是真的有这种古怪的念头要宣布婚姻呢还是仅仅是戏言？现在尼古拉·弗谢沃洛多维奇不同寻常的严厉态度如此令人相信，大尉直觉得背上透过一阵寒气。“听我说，也要老实告诉我，列比亚德金：您告了密没有？您真的做了些什么事？您有没有因为愚蠢发过什么信？”

“没有，什么也没有，而且……一点儿没有这样的想法。”大尉呆呆地瞧着对方。

“是吗？您说您没有这种想法，那是撒谎。您要求到彼得堡去就是为了这个目的。如果没有写信，那么在这里您跟什么人胡扯过什么没有？说老实话，我听到过一些事情。”

“喝醉酒时跟利普京说过。利普京是个叛徒。我向他讲了心里话。”可怜的大尉小声说。

“心归心，但没有必要做傻瓜。如果您有什么想法，不妨藏在心里，现在聪明人总是守口如瓶，不同别人说的！”

“尼古拉·弗谢沃洛多维奇！”大尉颤声说，“您自己可没有参加过，我可没有告您……”

“当然您不敢告您自己的摇钱树。”

“尼古拉·弗谢沃洛多维奇，您想一想，您想一想！……”大尉在绝望之中眼泪汪汪地开始匆匆讲他这些年来的经历。这是一个笨蛋的经历，他在饮酒作乐时被卷入不是他自己的事情，直到最后一分钟几乎还不了解这事的严重性。他讲道，还在彼得堡，“他最初被吸引过去，完全是出于友谊，就好像忠诚的大学生，虽然他并不是大学生”，他什么也不懂，“没有丝毫过错”，在楼道上散发各种印刷品，几十份地留在门边和门铃把手上，作为报纸塞进去，带到剧院去塞在帽子里，放进口袋里。然后他开始从他们那里领钱，“因为我的钱，我的钱，我缺钱用呀，先生！”他在两个省的几个县里散发“各种乌七八糟的东西”。“唷，尼古拉·弗谢沃洛多维奇，”他喊道，“最使我气愤的是，这完全是违反国家的而主要是祖国的法律的！这些传单上一会儿印着，要农民带着草叉出去，要大家记住，谁早上出去时是个穷汉，可能晚上回家时已成了富人，——真不得了，先生！我自己也心惊胆战，但我在散发。或者突然印着五六行字，告全俄人民，莫名其妙地说：‘赶快关闭教堂，消灭上帝，解除婚姻，取消继承权，拿起大刀。’就是这些，鬼知道以后还会有些什么，我带着这张五行字的传单，几乎落网，在团里军官们把我揍了一顿，上帝保佑，总算把我放掉了。去年我差一点儿被抓起来，我把一批法国印的五十卢布伪币交给科罗瓦耶夫；谢天谢地，科罗瓦耶夫那时喝醉酒在池塘里淹死了，我也没有被揭穿。这里，在维尔金斯基家里我宣布共妻自由。6 月，又在一个县里散发。据说，还要强迫我……彼得·斯捷潘诺维奇突然通知我，说我应该服从；他早已在威胁了。那天星期天他是怎样对待我的！尼古拉·弗谢沃洛多维奇，我是奴才，是虫豸，但不是神，这是我区别于杰尔查文的地方。[①] 但是我的钱，我的钱，我缺钱用呀！”

尼古拉·弗谢沃洛多维奇好奇地听完他说的话。

“许多事情我并不知道，”他说，“当然，对您什么都可能发生……听我说，”他想了一会儿，说道，“如果您愿意，告诉他们，您知道该告诉谁，说利普京撒谎，您只不过打算以告密来恐吓我，以为我也受到牵连，为的是向我索取更多的钱……懂吗？”

“尼古拉·弗谢沃洛多维奇，好朋友，难道我真的有这么大的危险吗？我只等您来问问您。”

尼古拉·弗谢沃洛多维奇嘿嘿一笑。

“当然，他们不会放您去彼得堡的，即使我给您盘缠的话……不过，该去看看玛丽娅·季莫费耶芙娜了。”他从椅子上站了起来。

“尼古拉·弗谢沃洛多维奇，玛丽娅·季莫费耶芙娜可怎么办？”

“就像我说的那样。”

“难道这也是真的吗？”

“您到现在还不相信？”

“难道您就这样把我抛弃掉，像一只穿破的靴子一样？”

“我再看看，”尼古拉·弗谢沃洛多维奇笑了起来，“好了，让我去吧。”

“要不要我在台阶上站一会儿……免得不经意当中听到什么……因

---

① 俄国诗人加·罗·杰尔查文（1743—1816）在颂歌《上帝》（1784）中说：“我是君王——我是奴隶，我是虫豸——我是上帝！……”

为房间很小。”

“这很好；您在台阶上站一会儿。把伞拿去。”

“伞是您的……我配用吗？”大尉肉麻地讨好说。

“伞谁都配用。”

“一句话您就界定了 minimum[①] 的人权……”

但他已经只是机械地嘟哝着；他听到的消息太使他沮丧了，把他完全弄糊涂了。但是一当他走到台阶上，在头上张开伞，几乎就在同时，他那轻率而狡猾的脑袋里又出现了经常使他安心的思想：别人是在耍弄他，对他说谎，如果是这样，那么不是他应该害怕，而是别人应该害怕他。

“如果别人在说谎，耍手段，那么这究竟是怎么一回事呢？”——他的脑袋里翻腾着。宣布婚事他觉得是荒唐的：“不错，这个创造奇迹的人是什么都做得出来的；他活着是为了让人难堪。可是，如果是他自己害怕了呢，从星期天当众受辱之后，而且还从来没有像现在这样害怕过？因此跑到这里来，想让我相信，他自己要宣布，因为害怕我会宣布。咳，别打错算盘，列比亚德金！可是如果他自己已希望公开，为什么他要夜里来，偷偷摸摸地来呢？而如果他害怕，那就是说，他现在害怕，就是此刻害怕，就是在这几天之内……哎，可别摔跤，列比亚德金！……

“他用彼得·斯捷潘诺维奇来恫吓我。喔唷，可怕，喔唷，可怕；不，这里真的可怕！鬼迷心窍，让我对利普京瞎说了一通。鬼知道这些恶鬼在搞些什么诡计，永远摸不清。像五年前一样，他们又在动了。真的，我该向谁告密呢？‘您有没有因为愚蠢给谁写过信？’嗯。这么说

① 拉丁文：最低限度的。

来，可以在愚蠢的面目下写信？也许他是在给我出主意？‘您就是为这个目的到彼得堡去的。’骗子，我才做了一个梦，他已经识破了。好像他本人催促我去。这里有两种可能，非此即彼：或者又是他自己害怕，因为做了很多坏事，或者……或者他自己什么也不怕，只是怂恿我去告他们大家！喔唷，可怕呀，列比亚德金，喔唷，可别打错了算盘！……”

他想得如此出神，连偷听都忘了。不过，要偷听也困难；门很厚，只有一扇，谈话很轻；只传来一些模糊的声音。大尉甚至啐了口唾沫又走了出来，若有所思地到台阶上吹口哨。

三

玛丽娅·季莫费耶芙娜的房间比大尉占用的那间要大一倍，布置着同样粗陋的家具；但是长沙发前的桌子上铺着漂亮的彩色台布；桌子上点着一盏灯；整个房间铺着精致的地毯；床用同房间等长的绿色帷幔隔开，此外，桌旁有一张很大的软圈椅，不过，玛丽娅·季莫费耶芙娜没有坐在椅子上。同从前的住处一样，角落里供着圣像，前面点着长明灯，桌子上摆的仍旧是那些必需的东西：一副纸牌，一面小镜子，一本歌曲集，甚至还有奶油鸡蛋面包。此外，多出了两本带彩色图画的小书，一本是从一部流行的游记中选录出来的，适合少年儿童阅读；另一本是轻松的劝善故事集，大部分是骑士故事，专门为圣诞枞树晚会和贵族女子中学编写的。还有一本贴有各种照片的纪念册。玛丽娅·季莫费耶芙娜当然在等待着客人，因为大尉预先告诉了她；但尼古拉·弗谢沃洛多维奇进去的时候，她半躺在长沙发上，头靠在一个充毛枕头上睡着了。客人轻轻地带上门，就站在那里仔细观察睡着的女人。

大尉说她梳妆打扮过，那是说谎。她依旧穿着那件深色的连衫裙，同星期天在瓦尔瓦拉·彼得罗芙娜那里一样。也像那天一样，她的头发在后脑上盘成一个小发髻；也像那天一样，她那长长的干枯的头颈裸露着。瓦尔瓦拉·彼得罗芙娜送给她的披巾，整整齐齐地折叠好放在长沙发上。她像以前一样粗俗地抹着粉，涂着胭脂。尼古拉·弗谢沃洛多维奇站了不到一分钟，她就突然醒来了，似乎感觉到他观察她的目光，她张开眼，迅捷地直起身来。但是客人一定也发生了什么奇怪的事：他继续站在门边的那个地方，一动不动地用锐利的目光一声不响地盯着她的脸。也许，这目光太严峻了，也许，目光里流露出厌恶，甚至是对她的恐惧的幸灾乐祸，——如果这不是玛丽娅·季莫费耶芙娜睡梦初醒时的幻觉的话；但是，在等待了将近一分钟之后，可怜的女人的脸上突然显出十足的恐怖，掠过一阵痉挛，她哆哆嗦嗦地举起两手，突然哭了起来，完全像一个吓慌了的小孩儿；再过片刻，她可能会大喊起来。但是客人清醒了过来，顷刻之间他的脸变了，他带着最亲切温存的笑容走到桌边。

“对不起，我突然到来，您刚睡醒，让您受惊了，玛丽娅·季莫费耶芙娜。”他说，一面向她伸出手去。

亲切的话音起了作用，恐惧消失了，虽然她仍不无害怕地望着他，看来竭力想弄明白是什么事。她畏畏缩缩地也伸出手来。最后她的唇边露出一丝羞怯的微笑。

“您好，公爵。”她小声说，以一种奇怪的神情盯着他。

“大概是做噩梦了吧?”他继续微笑着，那笑容愈来愈显得亲切温存。

“您怎么知道，我在梦中见到了这个呢？……”

突然她又战栗起来，身体往后靠了靠，在面前举起一只手，似乎是为了自卫，她随时都会又哭起来。

“静一静，好了，有什么好害怕的，难道您不认识我了。”尼古拉·弗谢沃洛多维奇试图说服她，但这一次很久都没有成功；她默默地望着他，仍然带着痛苦的困惑神情，带着她可怜的脑袋中的沉重思想，总是竭力想起什么事似的。她时而低垂眼睛，时而以迅速的目光上下打量他。最后她不是平静下来，而似乎是下定了决心。

“坐吧，请您坐在我旁边，让我过一会儿能看清您。”她相当坚定地说，明显地带着一个什么新的目的。“现在您别担心，我自己也不会看您，我将往下看。您也不要看我，直到我自己请您看。坐吧。”她补充说，甚至显得有些不耐烦。

新的感觉显然愈来愈强烈地支配着她。

尼古拉·弗谢沃洛多维奇坐了下来，等待着；沉默了相当长的时间。

“嗯！这一切我觉得很奇怪，”她突然喃喃地说，几乎带着不屑的语气，“我当然做了噩梦，不过为什么我在梦里看到的就是您现在这个样子呢？”

“好了，别谈梦了。”他不耐烦地说，不顾她有言在先，转身向着她，也许，刚才的表情又在他的眼睛里闪现。他看到，她有几次想，而且非常想瞧他一眼，但她顽强地克制自己，仍然往下看。

“听我说，公爵，”她突然提高声音，“听我说，公爵……”

“为什么您别过身去，为什么您不瞧着我，为什么要装模作样？”他忍不住喊了出来。

但是她好像一点儿也没有听到。

“听我说，公爵，”她以坚定的声音第三次重复说，脸上露出不愉快的烦躁的神色，“您当时在车子里告诉我，婚事将要公开，我就吓坏了，因为秘密就要结束了。现在我不知道该怎么办；我不住地想，清楚地看到，我完全不行。梳妆打扮我会，接待客人看来我也会；请人来喝杯茶，而且有仆人，那有什么了不起。但是旁人会怎么看呢？那个星期天早晨我在那座房子里看清了许多事情。那位漂亮的小姐盯着我，特别是在您进来的时候。那时进来的是您，对吗？她母亲不过是个可笑的上流社会的小老太。我的列比亚德金也在卖弄；我为了不笑出声来，一直望着天花板，那里的天花板画得很好看。他的母亲做修道院院长倒是相称的；我怕她，虽然她送了我一块黑披巾。大概他们大家都对我有奇怪的看法；我不生气，我只是坐在那里想；我算他们什么亲戚？当然，对伯爵夫人只要求她有精神品质，——因为家务事情她有很多仆人，——还要求上流社会的什么卖弄风情，以便接待外国游客。但是无论如何那个星期天他们都以绝望的表情看着我的。只有达莎是天使。我很害怕，他们会不当心说出对我的看法使他伤心。”

“别害怕也别担心。”尼古拉·弗谢沃洛多维奇撇了撇嘴。

“不过，如果他因为我而感到有点儿羞耻，那也对我毫无影响，因为这里总是怜悯大于羞耻，当然要看人而定。因为他知道，应该是我可怜他们，而不是他们可怜我。”

“您好像很生他们的气，玛丽娅·季莫费耶芙娜？”

“谁？我？不，”她天真地微微一笑，“一点儿也不。我那时瞧着你们大家：你们大家都在生气，你们大家都在争吵；你们不会聚在一起真心诚意地说说笑笑。这么多的财富，那么少的欢乐——这一切使我生厌。不过，现在我谁也不可怜，只可怜我自己。”

“我听说，我不在的时候您同您哥哥相处得很不好？”

“这是谁告诉您的？胡说；现在要坏得多；现在我做的梦不好，梦不好是因为您来了。请问您为什么要来呢？请您告诉我。”

"您不想再去修道院吗?"

"瞧，我早就预感到，他们又会建议我进修道院的！我不稀罕你们的修道院！我为什么要去，我干吗现在要进去？现在我已经是孤身一人了，要开始第三次生活已经太晚了。"

"好像有什么事情使您很生气似的，是不是害怕我不爱您?"

"您的事情我一点儿不关心。我自己害怕我不再热爱什么人了。"

她轻蔑地笑了一笑。

"是我有错，大概是对他犯下了大错，"她突然好像自言自语地补充说，"只是我不知道错在哪里，这是我一生的不幸。这五年来我总是日夜害怕我对他做了什么错事。我常常祈祷，祈祷，总是想着我对他做的大错事。瞧，结果表明，我想得对。"

"什么结果呀?"

"我只怕，这里有没有他的份儿。"——她继续说道，没有回答他的问题，甚至根本没有听到，"然而他不会同这些小人走在一起的。伯爵夫人恨不得把我吃掉，虽然她让我坐她的车。所有人都参加了阴谋——难道他也是？难道他也变心了？（她的下巴和嘴唇颤抖起来。）您听我说，您读过有关格里什卡·奥特列比耶夫①的故事没有，就是那个在七大教堂里都受到诅咒的人。"

尼古拉·弗谢沃洛多维奇没有作声。

"不过，现在我要转过身来向着您，瞧着您，"她好像突然下了决心，"您也转过身来向着我，但要专注一点。我想最后一次证实一下。"

"我早已在瞧着您了。"

---

① 格里戈里·奥特列比耶夫（？—1606），俄国楚多沃修道院的僧侣。曾冒充伊凡雷帝之子德米特里，在立陶宛和波兰军队的支持下于1605年成为沙皇，次年被杀。1605年1月大牧首约伯昭示各教堂诅咒这个冒名为王者。按：格里什卡为格里戈里的昵称。

“嗯，”玛丽娅·季莫费耶芙娜说，聚精会神地仔细看着他，“您胖多了……”

她还想说些什么，但是刚才的恐惧顷刻间又一次（这是第三次了）扭曲了她的脸，她又一次往后靠，在面前举起了一只手。

“您怎么啦？”尼古拉·弗谢沃洛多维奇几乎发疯似的叫道。

但是恐惧只持续了一刹那；一种奇怪的笑容，怀疑的不愉快的笑容扭曲了她的脸。

“我请您站起来，走进来。”她突然用坚定的执拗的声音说道。

“怎么走进来？走进哪里去？”

“这五年我一直在想象，他会怎么样进来。现在您站起来，走出门去，到那屋去。我坐在这里，好像什么都不等待似的，我拿起书，突然您在游历了五年之后走了进来。我想瞧一瞧这会怎么样。”

尼古拉·弗谢沃洛多维奇心里切齿地痛恨，嘴里含含糊糊地嘟哝着。

“够了。”他说，手掌拍着桌子。“请您，玛丽娅·季莫费耶芙娜，听我说完。请您尽可能把您的注意力集中起来。您可不完全是疯子呀！”他在不耐烦中忽然脱口而出。“明天我宣布我们的婚姻。您永远不会住在豪华的邸宅里，您不要有这种想法。希望一生都跟我住在一起吗？不过离这里很远。这是在山里，在瑞士，那里有一个地方……别担心，我永远不会把您抛弃，也不会把您送进疯人院。我的钱足够过活了，不用求人。您会有一个女佣；您用不着做任何事情。只要有可能，您想要的一切都会给您搞到。您将祈祷，愿去哪里就去哪里，愿做什么就做什么。我不会碰您。我这辈子也老死在那里，只要您愿意，我可以一辈子不同您说话。只要您愿意，您可以每天晚上讲您的故事给我听，像当年在彼得堡的贫民窟里一样。我可以读书给您听，如果您想听的话，但是一辈子就这样过，在一个地方，而这个地方是很荒凉的。愿意吗？有决心吗？您不会后悔，不会哭哭啼啼地折磨我，不会诅咒我吗？”

她十分好奇地听他说完，默默地想了很久。

“我觉得这一切难以想象，”她最后嘲讽地轻蔑地说道，“这样我看来要在那些山里住四十年。”她大笑起来。

“那有什么，我们就住四十年。”尼古拉·弗谢沃洛多维奇紧皱起眉头。

“嗯。说什么我也不去。”

“甚至跟我一起也不去？”

“您是什么人，要我和您一起去？一连四十年和他待在山上——真是个好主意。现在的人真有耐性！不，这不可能，雄鹰不会变成猫头鹰。我的公爵不是这样的人！”她骄傲地庄严地抬起头。

他头脑中忽然掠过一个思想。

“您为什么叫我公爵……您把我当作什么人了？”他很快问她。

“怎么？难道您不是公爵？”

“我从来不是公爵。”

“那么您自己，您自己就这么当面承认您不是公爵！”

“我说我从来就不是。”

“天哪！”她拍了一下手。“我料想他的敌人什么都干得出来，可没料到会这样胆大妄为——从来没有！他还活着吗？”她发狂似的喊道，一步一步地逼近尼古拉·弗谢沃洛多维奇，“你有没有把他杀了，老实说来！”

“你把我当作什么人了？”他跳了起来，脸都扭曲了；但要吓倒她已经很难了，她扬扬得意地说：

“谁知道你是什么人，是从哪里窜出来的！不过我的心，整个五年来我的心预感到整个阴谋！我正在这里纳闷：哪里飞来的瞎眼猫头鹰？不，朋友，你不是个好演员，比列比亚德金还差。替我向伯爵夫人深深鞠一个躬，告诉她，叫她派一个比你强一点儿的人来。你是她雇来的，是吗？在她厨房里当差？你们的骗局我全看透啦，你们这帮人我全看透啦，我明白！”

他紧紧抓住她，在肘部下面，抓住胳膊；她冲着他的脸哈哈大笑。

“你像倒很像，也许是他的亲戚吧，——多狡猾的一帮人！不过我的那位是雄鹰，是公爵，而你是鸱鸮，是小贩！我的那位对上帝可以礼拜，可以不礼拜，看他愿意不愿意，而你呢，沙图什卡（我的好朋友，我亲爱的朋友！）掴了你一记耳光，列比亚德金告诉我的。你当时为什么胆怯了，在你走进来的时候？谁使你害怕了？我一看到你那副卑鄙的嘴脸，我昏倒了，而你把我扶住，——好像一条蛀虫爬到我心里：是他，我想，不是他！我的雄鹰永远不会在一个上流社会的小姐面前因为我而感到羞耻！啊，上帝！我这五年感到幸福，就因为我的雄鹰在那里，在山那边生活着，飞翔着，仰望着太阳……你说，你这个冒牌货，你拿了很多钱吗？因为很多钱同意这么做吗？要是我，一个子儿也不会给。哈——哈——哈！哈——哈——哈！”

“哼，白痴！”尼古拉·弗谢沃洛多维奇咬得牙齿咯咯响，依旧紧紧抓住她的胳膊。

“滚，冒牌货！”她用命令的口气喊道，“我是我的公爵的妻子，不怕你的刀子！”

“刀子！”

“对，刀子！你口袋里藏着刀子。你以为我睡着了，可我看到：你刚才进来时，就在掏刀子！”

“你说什么，可怜的人，你在做什么梦！”他狂叫着把她推开，用力如此之猛，使她的脑袋和肩膀重重地撞在长沙发上。他奔了出去；但她立即跳了起来，一瘸一拐地蹦跳着追了出去，到了台阶上，吓破了胆的列比亚德金用全力把她拉住，她还是在斯塔夫罗金后面，对着黑暗，又叫又笑，高声喊道：

“格里什卡·奥特——列比——耶夫[1]，该——死——的！”

四

“刀子，刀子！”他在难以遏制的愤怒中反复说着。他踩着污泥和水洼，也不辨认一下道路，大踏步走着。的确，他有时很想高声狂笑一场；但不知为什么他克制住自己，忍住了笑。一直到桥上，正好在今天遇到费季卡的那个地方他才回过神来；现在这个费季卡又在这里等他，一看到他，他摘下鸭舌帽，龇着牙一笑，立即就快活而麻利地拉扯起什么事情来。尼古拉·弗谢沃洛多维奇没有停步，从他身边走了过去，有一段时间甚至根本没有理会这个又是死乞白赖地跟在他后面的流浪汉。他忽然惊奇地发现，他完全忘记了他，而忘记的时候，正好是他自己在心里不住地重复“刀子，刀子”的时候。他一把抓住流浪汉的后脖领子，以郁积在心中的全部怒气，死命把他摔在桥上。有一刹那的时间，流浪汉想搏斗，但是几乎立刻就想到，在他的对手面前，尤其因为对手是出其不意进攻的，他简直就像一根稻草，于是他不声不响了，甚至一点儿也不抵抗。他跪着，被按在地上，两手反剪在背后；狡猾的流浪汉安安静静地等待着结局，似乎一点儿都不相信会发生危险。

他没有估计错。尼古拉·弗谢沃洛多维奇已经想用左手解下围巾，

---

① 说尼古拉是冒名顶替的人（冒牌货），参阅上文。

用来捆绑俘虏的两手；但突然不知什么缘故放了他，一把把他推开。那人一眨眼就跳了起来，转过身子，一把短短的宽刃鞋匠刀，不知从哪里来的，在他的手里一闪。

“把刀拿走，收起来，马上收起来！”尼古拉·弗谢沃洛多维奇做了一个不耐烦的手势命令说，刀就像它出现时那样，顷刻间消失了。

尼古拉·弗谢沃洛多维奇又默默地、头也不回地走自己的路；但是执拗的无赖并没有落在他后面，虽然现在已经不扯东拉西了，甚至毕恭毕敬地在他后面保持一步的距离。这样两人走完了桥，走到岸上，这一次他们转向左走，前面也是一条漫长的偏僻的胡同，但是走这条路到市中心去比方才走显圣街要近一些。

“听说，你几天前偷了本县什么地方一座教堂的东西，真的吗？”尼古拉·弗谢沃洛多维奇突然问道。

“我，说实话，本来是去做祷告的。”流浪汉规规矩矩、恭恭敬敬地回答，好像什么事情也没有发生过似的；而且不仅是规规矩矩，甚至可以说是不失尊严。方才那种“友好的”随便态度已经没有一点儿踪影了。看到的是一个务实和认真的人，尽管受到委屈，但甚至连委屈他也能忘却。

“但好像上帝领我到那里，”他继续说，“哎，我想，这是上天的恩赐！看在我孤苦伶仃的份儿上才会发生这样的事，因为我们这些苦命人没有救济是完全不行的。但是，先生，上帝做证，我可吃了亏，上帝惩罚了我的罪孽：一个手提香炉、一个圣饼盒，还有助祭的搭腰，一共只得到十二个卢布。圣者尼古拉的帽带是纯银的，白白地给拿走了，人家说是白铜的。”

“你把看门人杀了？”

“说得确切些，我同那个看门人是一起干的，后来，快天亮时，在河边，我们彼此吵了起来，该谁背袋子。我作了孽，给他放了点血。”

“再杀吧，再偷吧。”

“彼得·斯捷潘诺维奇也是这样说的，同您说的一字不差，他给我出主意，因为他在救济方面很吝啬，心肠很硬。此外他对用泥土制造我们的创世主一丁点儿也不相信，还说一切都是大自然安排的，甚至最小的野兽似乎也是这样；还有，他不懂得，我们这些苦命人没有慈善救济无论如何是不行的。你跟他解释，他瞧着你好像公羊瞧着水似的，叫人纳闷。还有那个列比亚德金大尉，就是您刚去看过的那个，相信吗，在您来之前他们住在菲利波夫家的时候，有时门通宵敞开着，他自己喝醉了酒睡得像死人似的，他的钱从所有口袋里散落到地上。我亲眼看到过，因为根据我们的说法，没有救济无论如何都是不行的……”

“怎么亲眼看到？夜里进去过了？”

“也许进去过，不过这事谁也不知道。”

“为什么不把他杀了？”

“盘算了一下，我决定稳重一点儿。因为既然我确实知道我任何时候都可以拿到一百五十个卢布，而且只要等一等，甚至一千五百卢布我都可以全数拿到，那么我为什么要干这个呢？因为列比亚德金大尉（我亲耳听到）喝醉酒时总是把希望寄托在您身上，这里没有一家酒馆——甚至最小的酒店——他在酒醉之后没有宣扬过这件事。因此从很多人口中听到这事后，我也开始把希望寄托在您大人身上。老爷，我对您好像对父亲和亲兄弟一样，因此彼得·斯捷潘诺维奇永远不会从我这里打听到，也没有任何一个人会知道。这样，大人肯赏我三个卢布还是不肯？您让我放下心来吧，老爷，让我知道您的真正想法，因为我们没有救济是不行的。”

尼古拉·弗谢沃洛多维奇放声大笑起来，他从口袋里掏出钱包，那里面大约有五十个卢布的各种小票，从一沓钞票中扔给他一张，然后第二张、第三张、第四张。费季卡东奔西跳，在半空中抓那散落到污泥中去的钞票，他一面抓，一面喊着："嘿，嘿！"最后尼古拉·弗谢沃洛多维奇把整沓钞票向他扔去，继续大笑着顺小巷走去，这一次只有他一个人了。流浪汉留在那里，他跪在污泥里，忽前忽后，寻找着随风飘散淹没在水洼中的钞票，整整一个小时还可以在黑暗中听到他断断续续的叫喊声："嘿，嘿！"

第三章
决　斗

一

第二天下午两点钟，预定的决斗举行了。促成这件事很快进行的是，阿尔捷米·帕夫洛维奇·加加诺夫不顾一切地要进行决斗。他不理解自己对手的行为，气得发疯。已经整整一个月了，他屡次恣意侮辱他，但仍然不能激怒他。他需要由尼古拉·弗谢沃洛多维奇提出决斗的要求，因为他自己没有提出决斗的直接理由。他的隐秘的动机说穿了是四年前斯塔夫罗金对他的家族的侮辱，因而他对斯塔夫罗金切齿痛恨，但不知什么缘故他耻于承认。而且他自己也认为这样的理由是站不住脚的，尤其因为尼古拉·弗谢沃洛多维奇两次低首下心地提出请他原谅。他暗中认为此人是不知羞耻的懦夫；他不能理解他怎么能忍受沙托夫的那记耳光；这样，他最后决定送去那封异常粗暴无礼的信，这封信终于促使尼古拉·弗谢沃洛多维奇本人提出决斗。前一天发出这封信之后，他在激动焦急之中等待着挑战，心神不定地估计着决斗的机会，一会儿觉得有希望，一会儿又觉得无望，他从那天晚上起就预先请了一位证人，以备万一，这位证人就是马夫里基·尼古拉耶维奇·德罗兹多夫，他的朋友、同学和他特别尊敬的人。这样，当基里洛夫第二天早晨九点钟带着他的使命到来的时候，他发现一切都已准备就绪。尼古拉·弗谢沃洛多维奇的道歉和闻所未闻的让步一开始就立即遭到断然拒绝。马夫里基·尼古拉耶维奇前一天才知道事情的经过，在听到前所未闻的建议后，惊奇得目瞪口呆，他本想开口说话，当场坚持和解，但是他看到，阿尔捷米·帕夫洛维奇猜测到他的意图，坐在椅子上几乎颤抖起来，因此他钳口结舌，一句话也没有说。如果不是他预先许诺过他的同学，他可能立刻就走掉了；他留下来完全是希望在事情结束时能够有点儿帮助。基里洛夫转达了挑战；斯塔夫罗金提出的条件立即被全部接受，没有丝毫异议。只做了一点儿修改，不过这点修改是十分残酷的，那就是，如果第一次射击没有决定性的结果，那么进行第二次对射，如果第二次又没有结果，那就再来第三次。基里洛夫皱起眉头，对第三次射击做了讨价还价，但是毫无用处，只得同意，不过有一个条件："三次可以，四次无论如何不行。"对此双方做了让步。这样，午后两点钟举行了决斗，地点在布雷科瓦[①]，即在城外的一片小树林里，一边是斯克沃列什尼基庄园，另一边是什皮古林工厂。昨天的雨已完全停止了，但很潮湿，风也很大。低垂的朦胧的撕成碎片的云块在阴冷的天空中疾驰；树木顶端发出一阵阵低沉的轰鸣声，根部则吱吱轧轧地作响；这是一个非常阴郁的早晨。

加加诺夫和马夫里基·尼古拉耶维奇是乘着一辆华丽的两匹马拉的敞篷马车来的，由阿尔捷米·帕夫洛维奇驾车，有一个仆人随之同来。几乎在同一时刻，尼古拉·弗谢沃洛多维奇和基里洛夫也来到了，他们没有乘车，是骑着马来的；还有一个骑马的仆人随同。基里洛夫从来没有骑过马，大胆坐在马鞍上，身子笔挺，右手拿着一个很重的装着手枪

---

① 陀思妥耶夫斯基父亲乡村庄园旁一片白桦林的名称。——俄编注

的匣子，因为他不愿把它交给仆人，左手则因为骑术不精，不住地拉扯收紧缰绳，使得马不停地摇晃着脑袋，老是想直立起来，但这一点儿也没有吓倒我们的骑手。生性多疑、极易感到受辱的加加诺夫，以为骑马到来也是对他的又一次侮辱，因为如果敌人不考虑需要使用车辆送走受伤的人的话，那就是说，他们过于相信自己会获得胜利。他从敞篷马车上走了下来，因为气愤而面色蜡黄。他感到他的手在颤抖，就把此事告诉了马夫里基·尼古拉耶维奇。对尼古拉·弗谢沃洛多维奇的鞠躬他没有答礼，反而转过身去。两位证人抽了签，决定用基里洛夫的手枪。界线量好了，两个对手分别安排在各自的位置上，车、马和仆人被赶到三百步以外的地方。枪装上了弹药，交到两个对手的手中。

很可惜，我们的故事必须讲得快一些，没有时间做详细的描写；但一点儿不交代也不行。马夫里基·尼古拉耶维奇忧心忡忡。基里洛夫却十分平静，毫不在乎，在完成自己的职责时一丝不苟，毫不慌乱，对即将出现的人命攸关的结局几乎没有好奇心。尼古拉·弗谢沃洛多维奇比平时苍白，他穿得相当少，一件大衣和戴了一顶白色的绒毛帽。他看起来很疲倦，偶尔皱皱眉头，一点儿都不认为需要掩饰自己的不愉快情绪，但是阿尔捷米·帕夫洛维奇这时最引人注目，因此绝对不能不特别交代几句。

二

在此以前我们还没有提到过他的外表。此人身材魁梧，白白胖胖，照市民百姓的说法，几乎有点儿肥胖，头发稀疏，呈浅黄色，年纪约三十三岁，甚至称得上相貌堂堂。他退伍时是上校，要是能当上将军的话，那么戴着将军的军衔，他可能更令人望而生畏，很可能成为一名优秀的战将。

为了描写这个人物，我们不能忽略，他退伍的主要原因是四年前尼古拉·斯塔夫罗金在俱乐部里侮辱他父亲之后，他念念不忘家族的耻辱，这个思想长期痛苦地折磨着他。他认为继续在军中服务于心有愧，他内心深信，他玷污了他的团队和他的袍泽的荣誉，虽然他们中谁也不知道这件事。不错，他以前也有一次想过退伍，那是很久以前，在侮辱事件以前很久，而且是由于另外一个理由，但是他一直犹豫不决。说来也奇怪，这个最初的理由，或者更恰当地说，最初的退伍动机是 2 月 19 日的解放农奴宣言。阿尔捷米·帕夫洛维奇是我们省最富有的地主，甚至在宣言发布以后也没有遭受多大的损失，而且他自己也能够理解这个措施的人道性并且几乎懂得改革对经济的好处，然而从宣言发布以后，他突然觉得好像是他个人受到了侮辱。这是一种无意识的现象，好像某种感情一样，愈是在不知不觉之中，愈是强烈。不过，在他父亲去世以前，他还不敢采取断然的行动，但在彼得堡他已经以“高尚的”思想方式而知名，许多有名的人士都知道他，同这些人他竭力保持着联系。这是一个内向的、不与人往来的人。还有一个特点：他属于那种奇怪的、但在俄罗斯仍然保存下来的贵族，他们十分珍视他们贵族世家的悠悠历史和纯洁血统，对此过于认真地关心。同时他很讨厌俄国的历史，而且一般地说，认为俄罗斯整个风俗有点儿丑恶。他在童年时进入一所专门为显贵和富豪子弟办的军事学校，有幸在那里开始、也在那里完成了自己的学业，因此从童年开始就根深蒂固地树立起一些诗意的观点：他喜欢古堡、中世纪的生活，喜欢这种生活的全部戏剧色彩和骑士风度；他当时就因为莫斯科帝国时代沙皇可以对世袭大贵族施加体罚而羞耻得几乎哭泣，因为与其他的国家相比较而感到脸红。这个生硬的十分严格的人精通自己的业务，出色地完成自己的职责，但在心底里却是一个幻想家。有人说，他能够在大会上发言，而且口才很好，但是他一生三十三年默默地度过。甚至在他最近经常出入的彼得堡上层社会中他的举止也十分傲慢。他在彼得堡遇见从国外归来的尼古拉·弗谢沃洛多维奇，几乎发了疯。现在他站在界线上，十分焦躁不安。他一直觉得，可能会因为什么缘故而不举行决斗，因此任何一点儿延宕都使他浑身抽搐。当基里洛夫不是发出决斗的信号，而突然开始讲话的时候，他的脸上流露出痛苦的表情，虽然讲话只不过是形式，这一点基里洛夫自己也大声宣布："我只是为了形式；现在，当手枪已经在你们手里，需要发出口令的时候，我必须最后一次询问，你们能不能和解？这是证人的责任。"

好像故意与他为难似的，在此前一直默不作声、但从昨天起心里因自己的懦弱和姑息而痛苦的马夫里基·尼古拉耶维奇，忽然接过基里洛夫的思想，也说了起来：

"我完全同意基里洛夫先生的话……不能在决斗场上和解的思想，是一种偏见，只适用于法国人……而且我也不理解什么是侮辱，随你们的便，我早就想说……因为已经多次道了歉，不是这样吗？"

他满脸通红。他很少讲这么多话，又是这么激动。

"我再次重申，我愿意做任何方式的赔礼道歉。"尼古拉·弗谢沃洛多维奇急忙接着说。

"难道这是可能的吗？"加加诺夫冲着马夫里基·尼古拉耶维奇狂叫道，在盛怒之下甚至跺了一下脚，"如果您是证人而不是我的敌人的话，马夫里基·尼古拉耶维奇，那么请您向这个人说明（他用手枪朝尼古拉·弗谢沃洛多维奇指了一下），这样的让步只是加剧侮辱！他并不认为可能受我的侮辱！……他不认为在决斗场上离我而去是一种耻辱！他这么做，把我当作什么人，在您的眼中……而您还是我的证人！您只是为了刺激我，要我打不中。”他又跺了一下脚，嘴里唾沫四溅。

“谈判结束。请听口令！”基里洛夫高声喊道，“一！二！三！”

“三”字一喊出，两个敌人向各自的对方走去。加加诺夫立即举起枪，在第五或第六步时开枪射击。他停了一秒钟，在确信没有打中后，快步向界线走去。尼古拉·弗谢沃洛多维奇也走到界线边，举起枪，但不知怎的，举得很高，没有瞄准就开了一枪。然后拿出手帕，包住右手的小指。这时大家才看到，阿尔捷米·帕夫洛维奇不是完全没有打中，但他的子弹只从手指上滑过，触及软组织，没有碰到骨头，只造成一点点皮外伤。基里洛夫立即就宣布，如果双方都不满意，决斗继续进行。

“我声明，”加加诺夫用沙哑的声音叫道（他喉咙干哑了），他又是对着马夫里基·尼古拉耶维奇说的，“这个人（他又朝着尼古拉·弗谢沃洛多维奇指指），故意朝天开枪……是蓄意的……这又是侮辱！他希望使决斗无法进行！”

“我有权想怎么打枪就怎么打枪，只要按规则进行就行。”尼古拉·弗谢沃洛多维奇坚定地说。

“不，他没有权！给他解释解释，给他解释解释！”加加诺夫叫着。

“我完全同意尼古拉·弗谢沃洛多维奇的意见。”基里洛夫高声宣布。

“为什么他不愿伤害我？”加加诺夫没有听他的，只顾发疯似的叫着，“我蔑视他的宽容……我唾弃……我……”

“我起誓，我绝不想凌辱您，”尼古拉·弗谢沃洛多维奇不耐烦地说道，“我朝天开枪，是因为我不想再杀死任何人了，无论是您也好，是其他人也好，同您个人没有关系。的确，我并不认为我自己已受到侮辱，我很遗憾，这使您生气。但是我不允许任何人干涉我的权利。”

“如果他这样害怕流血，您问问他，为什么要提出和我决斗？”加加诺夫咆哮着，始终只同马夫里基·尼古拉耶维奇说话。

“怎么能不向您提出呢？”基里洛夫插入说，“您什么也不想听，怎么才能摆脱您呢？”

“我只指出一点，”马夫里基·尼古拉耶维奇说，他勉强地痛苦地发表自己的意见，“如果对手预先宣布他将朝天射击，那么，决斗真的不能再继续下去……由于微妙的和……大家都清楚的原因……”

“我并不宣布我每次都将朝天射击！”斯塔夫罗金喊道，他已经完全失去了耐性，“您根本不知道我想的是什么，下一次我会怎样射击……我并没有做任何有碍决斗的事。”

“如果是这样，决斗可以继续。”马夫里基·尼古拉耶维奇对加加诺夫说。

“先生们，各就各位！”基里洛夫发出口令。

两人又向前靠拢，加加诺夫又没有打中，斯塔夫罗金又向上开了一枪。关于这两次向上的射击是可以争论的：尼古拉·弗谢沃洛多维奇如果自己不承认故意失手的话，可以理直气壮地说他是认真射击的。他没有朝天或者朝一棵树开枪，毕竟像是瞄准对手的，虽然目标在他帽子之上一俄尺的地方。第二次甚至瞄得更低，更像是真的；但这可改变不了加加诺夫的想法。

“又是！”他咬得牙齿咯咯响，“那也一样！我受到挑战，我有权利。我要第三次射击……不管怎样也要射。”

“您有充分的权利。”基里洛夫厉声说道。马夫里基·尼古拉耶维奇什么也没有说。证人让他们分别站好，发出口令；这一次加加诺夫一直走到界线，从界线上，即距离十二步的地方，开始瞄准。他的手抖得太厉害，不能好好瞄准。斯塔夫罗金站着，枪向下垂，一动不动地等他射击。

"太久了，瞄准时间太久了!"基里洛夫急切地喊道，"开枪!开——枪!"枪声响了，这一次白色的绒毛帽从尼古拉·弗谢沃洛多维奇的头上飞了下来。这一枪打得相当准，帽子在很低的地方被打穿；要是再低四分之一俄寸，一切就完结了。基里洛夫捡起帽子，递给尼古拉·弗谢沃洛多维奇。

"开枪吧，别让对手等着!"马夫里基·尼古拉耶维奇异常激动地喊道，他看到斯塔夫罗金同基里洛夫察看着帽子，似乎忘记了射击。斯塔夫罗金一震，瞧了瞧加加诺夫，转过身去，这一次已经不顾任何礼貌向一边的树林里开了一枪。决斗结束了。[①] 加加诺夫神情沮丧地站着。马夫里基·尼古拉耶维奇走过去，和他说着什么，但他似乎什么也听不明白。基里洛夫离开时，脱帽向马夫里基·尼古拉耶维奇点点头；但斯塔夫罗金失去了以前的彬彬有礼的态度；向树林开了一枪之后，他甚至没有向对方转过身去，把枪塞给基里洛夫后，急匆匆地往坐骑走去。他的脸显露出愤怒，他默不作声。基里洛夫也一言不发。他们骑上马，飞驰而去。

三

"您为什么不说话?"当他们已经离家不远的时候，他不耐烦地对基里洛夫喊道。

"您要什么?"基里洛夫回答，他的马直立起来，他差一点儿从马上滑下来。

---

① 这里所描写的决斗场面，与十二月党人卢宁和奥尔洛夫的决斗场面很相似。——俄编注

斯塔夫罗金克制住了自己。

“我不想侮辱这个……傻瓜，可又侮辱了他。”他轻轻说。

“是呀，您又侮辱了他，”基里洛夫厉声说，“而且他不是傻瓜。”

“但是，我做了我所能做的一切。”

“不。”

“还该做什么?”

“不提出决斗的要求。”

“再忍受一记耳光?”

“对，耳光也要忍受。”

“我简直什么都不明白了!”斯塔夫罗金愤愤地说，“为什么大家都要求我去做不要求别人做的事？为什么我必须忍受谁也不能忍受的事情，必须承担谁也承担不了的重负?”

“我想，是您自己在寻找重负。”

“我寻找重负?”

“是的。”

“您……已看到了这一点吗?”

“是的。”

“这一点如此明显?”

“是的。”

他们沉默了一分钟。斯塔夫罗金忧心忡忡，几乎愣住了。

“我不射击是因为我不想杀人，别无其他原因，请您相信我。”他匆忙地慌张地说，似乎在为自己辩护。

“不应该侮辱人。”

“那该怎么办呢?”

“应该杀死他。”

“您很惋惜我没有杀死他?”

“我什么也不惋惜。我想您实际上是想杀死他的。您不知道您寻求的是什么。”

“寻求重负。”斯塔夫罗金笑了起来。

“您自己不希望流血，为什么让他杀人?”

“假如我不提出决斗的要求，他就会杀死我，不用决斗就杀死我。”

“这不是您的事。也许不会杀死您。”

“只不过揍我一顿?”

“这不是您的事，承担着您的重负吧。否则就没有功绩可言了。”

“我才不稀罕您的功绩呢，我不要任何人称赞我的功绩。”

“我以前还以为您在寻求别人的称赞。”基里洛夫最后十分冷静地说。

他们骑马进入院子。

“到我那里去吗?”尼古拉·弗谢沃洛多维奇问道。

“不，我要回家，再见。”他下了马，把自己的匣子夹在腋下。

“至少您不生我的气吧?”斯塔夫罗金向他伸出手。

“一点儿也不!”基里洛夫退回来握手，“如果我对我的负担感到轻松，那是因为本性如此，您对您的负担可能要感到沉重一些，那么这是因为您的生性如此。用不着过分害臊，只要有一点儿就行了。”

“我知道我的性格不好，但是我也不想硬要做强者。”

“那就不要硬做吧；您不是强者。上我家里去喝茶。”

尼古拉·弗谢沃洛多维奇走进自己的房间，心里惶惶不安。

四

他立刻从阿列克谢·叶戈罗维奇那里得知，瓦尔瓦拉·彼得罗芙娜对尼古拉·弗谢沃洛多维奇骑马出游非常满意，——这是他八天病后的第一次出门。她吩咐套车，一个人出去了，“按照过去的习惯去呼吸新鲜空气，因为这八天来她好像已经忘记呼吸新鲜空气是怎么回事了”。

“她是一个人出去的还是同达丽娅·帕夫洛芙娜一起？”尼古拉·弗谢沃洛多维奇立刻用问题打断老人，当他听到达丽娅·帕夫洛芙娜“因为身体不好，没有陪同前去，现在在自己房间里”的时候，他紧皱起眉头。

“听我说，老头儿，”他好像突然下了决心，说道，“今天一整天你守候着她，如果看到她到我这里来，就拦住她，告诉她，至少这几天内我不能接见她……说这是我自己请求她……到时候我自己会去叫她的，——听到了吗？”

“我会转告的，老爷。”阿列克谢·叶戈罗维奇说，他低垂眼睛，声音中流露出忧愁。

“不过，只有当你清楚地看到她自己到我这里来的时候，才能告诉她。”

“您放心，不会有错。在这以前她到这里来都是通过我的；总是要我帮忙的。”

“我知道。不过，不能早告诉她，只有当她自己来的时候才可以。给我拿茶来，尽可能快一些。”

老头子才走出房间，几乎在同一时刻，同一扇门就打开了，门槛上出现了达丽娅·帕夫洛芙娜。她的目光平静，但脸色苍白。

"您从哪里来?"斯塔夫罗金叫道。

"我就站在门外，等他出去才能进来看您。我听到您吩咐他做的事，刚才他出去，我躲在右边的凸出部后面，所以他没有看到我。"

"我早就想跟您中止关系了，达莎……暂时的……这个时候。昨天夜晚虽然您写了字条来，我不能接见您。我想自己给您写一封信，但我不善于写。"他懊丧地补充说，甚至好像夹杂着厌恶的口吻。

"我自己想过，该中止了。瓦尔瓦拉·彼得罗芙娜太怀疑我们的关系了。"

"那随她去。"

"不应该使她担心。这样，从现在起就分手，一直到结局到来。"

"您依旧一定要等到结局的到来?"

"是的，我相信。"

"世界上没有一件事会有结局的。"

"这里会有结局。那时您叫我一声，我就来。现在再见。"

"那会有怎样的结局呢?"尼古拉·弗谢沃洛多维奇嘿嘿一笑。

"您没有受伤也……没有让别人流血?"她问道，没有回答他的关于结局的问题。

"很无聊；我没有杀死任何人，别担心。不过今天您就会听到所有人谈论这件事的详情。我有点儿不舒服。"

"我这就走。今天不会宣布婚姻吧?"她又犹豫不决地问道。

"今天不会；明天也不会；后天，我不知道，也许我们都死了，那倒好。别管我吧，您就别管我吧。"

"您不会毁了另一个……那个疯女?"

"凡是疯女我是不会毁了的，无论这一个还是另一个，但那个有理性的女人看来我会把她毁了；我这样卑鄙和可憎，达莎，看来我到'最后的结局’的确会召唤您，像您说的那样，而您，虽然那样有理性，还是会来的。为什么您要自己毁灭自己呢?”

“我知道，最后同您在一起的只有我一个，因此……我等待着这一天。”

“如果我最后不叫唤您，反而离开您逃走了呢?”

“这不可能，您会叫我的。”

“这表示您很轻视我。”

“您自己知道，不仅是轻视。”

“这么说来，毕竟有轻视。”

“我表达得不好。上帝会证明，我非常希望您永远不需要我。”

“我也说句心里话吧。我也不希望毁了您。”

“不论什么时候，不论有什么事情，您都毁不了我，这一点您自己比任何人都清楚，”达丽娅·帕夫洛芙娜说，说得又快又坚决，“如果我不去您那里，那么我会去做护士，做看护，照顾病人，或者去卖书，卖福音书。我已经这样决定了。我不能做任何人的妻子；我已不能生活在像这个家那样的家里。我希望要的不是那个……您全知道。”

“不，我从来无法知道您要的是什么；我觉得您对我感兴趣，就好像有的老看护不知什么缘故对某一个病人比对其他病人更感兴趣一样，或者更确切些，有的虔诚的老太婆，到处奔丧，认为有的尸体比其他尸体好看一样。您为什么那样奇怪地瞧着我?”

“您病得厉害吗?”她同情地问道，以一种特别的目光打量着他，“天啊！这个人还以为没有我也能凑合着过日子呢!”

“听我说，达莎，我现在不断地看到幽灵。一个小魔鬼昨天在桥上建议我杀了列比亚德金和玛丽娅·季莫费耶芙娜，结束我的合法婚姻，干干净净，不留痕迹。他要三个卢布的定金，但明白地让我知道，这件事至少得要一千五百卢布。这么一个会算计的幽灵。是一个会计!哈哈!”

“但是您确实相信这是幽灵吗?”

“不，完全不是幽灵!这不过是苦役犯费季卡，强盗，从苦役营逃出来的。但问题不在这里；您以为，我做了什么?我把钱包里的钱都给了他，所以他现在完全相信我给了他定金!”

“您夜里碰到他，他就向您提出这样的建议?难道您没有看到，您已经被他们的黑网四面罩住了!”

“随他们去。知道吗，您头脑里有一个问题在打转转，我从您的眼神中看到的。”他补充说，恶狠狠地一笑。

达莎害怕了。

“根本没有问题，也根本不会有什么疑问，您最好别说!”她惊恐地叫道，似乎在把问题撵走。

“就是说，您相信，我不会参与费季卡的罪恶勾当?”

“哦，天哪!”她拍了一下手，“您为什么这样折磨我?”

“好了，请原谅我开了一个无聊的玩笑，大概是我从他们那里染上了恶劣的作风。知道吗，从昨夜起，我非常想笑，一直笑，笑个不停。我好像染上了病……注意，母亲回来了；我从车子在台阶旁停下来时的车轮声就知道是她。”

达莎抓住他的手。

“愿上帝保佑您不要受魔鬼的骚扰，而且……召唤我吧，快点召唤我吧!”

“啊，我的魔鬼算什么!这不过是一个小小的、丑陋的、病弱的小魔鬼，得了伤风病，属于倒霉的小鬼。达莎，您又有什么话不敢说?”

她以痛苦和责备的目光瞧瞧他，转身往门边走去。

“听我说!”他在她背后喊道，脸带凶狠的扭曲的微笑，“如果……怎么说呢，总之，如果……知道吗，如果我甚至参与了罪恶的勾当，以后我再召唤您，——您在我干了罪恶勾当之后还会来吗?”

她没有转身，走了出去，两手掩着面，也没有回答。

“在我干了罪恶勾当之后，她还是会来的!”他想了一会儿，小声说，他的脸上露出嫌恶的蔑视的神情，“看护？哼！……不过，也许我需要的正是这个。”

第四章

大家都在等待

一

决斗的事很快在我们社会上传开，它在全社会造成的印象特别引人注目的地方是意见的一致：所有的人都异口同声地声明无条件支持尼古拉·弗谢沃洛多维奇。许多他过去的敌人断然宣称自己是他的朋友。舆论急遽转变的主要原因，是一位重要人物说的几句话。这位重要人物在此前没有发表过意见，而这几句话异常中肯，一下子赋予这一事件以特殊的意义，使我们大多数人都十分感兴趣。事情的经过是这样的：这一事件发生的第二天恰好是我们省的贵族长夫人的命名日，全城的人都聚集在她的府邸里。尤莉娅·米哈伊洛芙娜也参加了，或者说得更确切些，占据了首要的地位。她携带莉扎韦塔·尼古拉耶芙娜一同前来。莉扎韦塔·尼古拉耶芙娜这一天光艳照人，兴高采烈，使得女宾中许多人立刻觉得特别可疑。顺便说说，她与马夫里基·尼古拉耶维奇订婚的事已经不可能有任何怀疑。当一位退伍的却有权势的将军（关于这位将军下面还要讲到）戏言问她时，莉扎韦塔·尼古拉耶芙娜那一天晚上亲口直接回答他说，她是一个待嫁娘。但究竟怎么样呢？我们这些女士中竟没有一个愿意相信这个婚约。所有人都顽固地继续猜测有过一段罗曼史，一个不幸的家庭秘密，发生在瑞士，而且不知为什么一定有尤莉娅·米哈伊洛芙娜参与其事。很难说明，为什么所有这些谣言，甚至可以说是幻想，如此顽固，而且为什么还一定要把尤莉娅·米哈伊洛芙娜牵扯进去。她一走进客厅，大家都以奇怪的目光转向她，目光中充满了期待。应当指出，由于此事发生不久，也由于伴随此事的某些情况，在晚会上人们谈论此事还很谨慎小心，不敢高声议论。而且人们还不知道当局会如何处置。就大家所知，决斗双方都没有遇到麻烦。比如，大家都知道，阿尔捷米·帕夫洛维奇一清早就出发去杜霍沃庄园，没有受到任何干扰。同时，毋庸讳言，大家都渴望有人第一个谈论起来，以此为公众的不耐烦心情打开闸门。人们正是寄希望于上面提到的那位将军，他们没有出错。

这位将军是我们俱乐部里最有威仪的成员之一，他不是一位很富有的地主，但有不同一般的思想方式，是一位老式的喜欢向妇女献殷勤的人，而且最喜欢在大庭广众之中以他将军的威严大声说出其他人只敢交头接耳地谈论的事。这一点可以说是他在我们社会中的特殊作用。而且在他说话的时候，总是把词拉得特别长，声音特别甜美，这个习惯大概是从旅游国外的俄国人或者是从那些过去富有而在农奴制改革后破产最厉害的地主那里学来的。斯捷潘·特罗菲莫维奇有一次甚至说，一个地主破产愈厉害，他就会把词拖得愈长，喋喋不休地说话越加甜美。不过他自己说话也是甜甜地把词拖得很长，喋喋不休地口齿不清，但他自己并不觉察。

将军开始说话，因为他是权威人士。而且他还是阿尔捷米·帕夫洛维奇的远亲，虽然他们在争吵，甚至在打官司，此外他本人曾经有过两次决斗，由于其中的一次决斗甚至被流放到高加索，贬为士兵。有人提到瓦尔瓦拉·彼得罗芙娜，她“病后”开始外出已经第二天了，谈的倒不是她本人，而是套在她车上的四匹灰色骏马，这些马是斯塔夫罗金家养马场自己培育出来的。将军突然说，他今天遇到“年轻的斯塔夫罗金”骑着马……大家立刻就静了下来。将军咂咂嘴唇，一面在手指间玩弄着御赐的金鼻烟壶，突然说道：

“很可惜，几年前我没有在这里……就是说我在卡尔斯巴德……嗯。我对这位年轻人很感兴趣，我当时听到很多关于他的流言。嗯。是真的吗，他精神不正常？当时有人说过。我忽然听说，他在这里受到一个大学生的侮辱，当着几位表姐妹的面，他躲避他，爬到桌子底下去了；昨天我听到斯捷潘·维索茨基说，斯塔夫罗金同这个……加加诺夫决斗。唯一的目的是显示骑士风度，把自己的脑袋置于一个发狂的人的枪口之下，为的是摆脱他的纠缠。嗯。这是二十年代近卫军的习惯。他在这里常到谁家去？”

将军停住不说了，似乎在等待回答。这一下给公众的不耐烦情绪打开了闸门。

“那还有更简单的吗？”尤莉娅·米哈伊洛芙娜突然提高嗓门说，所有人忽然一齐把目光转向她，这使她激动，“斯塔夫罗金同加加诺夫决斗而没有理会那个大学生，难道值得奇怪吗？他总不能向他过去的农奴提出决斗的要求吧！”

这话太精彩了！简单明白的思想，但是在这以前谁也没有想到过。这番话具有不寻常的效果。一切寻衅挑拨、搬弄是非的话，一切卑劣低级、消遣解闷的话都被推到后面去了。事件具有了另一种意义。出现了一个新的人物，这个人过去被大家错看了，这是一位观念严整近乎理想的人物。他受到一个大学生的严重凌辱，也就是说受到一个有文化的已经不是农奴的人的凌辱，但他蔑视这种凌辱，因为凌辱者是他过去的农奴。社会上喧嚣一片，流言蜂起；轻率的社交界蔑视被打耳光的人；而他蔑视社会舆论，因为我们的社会还没有达到真正的道德观念的高度，却对这些观念妄加评论。

“而这时，伊万·亚历山大罗维奇，您我却坐在这里议论正确的道德观念。”一位俱乐部的老人带着高尚的自我揭露的热情对另一位老人说。

“是呀，彼得·米哈伊洛维奇，是呀，”另一位欣然附和说，“我们真不该这样议论青年。”

“这里不是青年，伊万·亚历山大罗维奇，”偶然走过来的第三位老人说，“这里不是青年的问题；这里是明星，先生，而不是青年中的一员；应该这样来理解。”

“这正是我们需要的，现在人才太缺乏了。”

这里的主要问题在于，这位“新人”不仅是“不容置疑的贵族”，而且还是本省最富有的地主，因此他不能不成为一个优秀活动家，公共事务中的中流砥柱，我在此前曾顺便提到过我们这里的地主们的情绪。

人们甚至激动万分：

“他不仅不向大学生提出决斗的要求，甚至把手放在背后，阁下，请您特别注意这一点。”一个人说。

“也没有把他拖上新法庭。”另一个补充说。

“虽然在新法庭上，他因为对贵族进行人身侮辱会被判处十五个卢布的罚金，先生，嗨，嗨，嗨！”

“不，我可以告诉你们新法庭的秘密，”第三个人狂热地说道，“如果有谁偷了东西或者进行诈骗，被当场逮住，人赃俱获，——那么，趁还有时间赶快跑回家去，把自己的母亲杀死。顷刻之间人们就会替他卸除一切罪名，女士们还会从审判台上向他挥舞麻纱手绢；这是千真万确的事!”[①]

“的确，的确!”

当然，不可能不谈到一些奇闻逸事。人们回忆起尼古拉·弗谢沃洛多维奇同K伯爵的关系。K伯爵关于最近改革的严厉、独特的见解是众所周知的。大家也知道他的卓越的、但最近稍稍停顿下来的活动。突然之间大家都确信，尼古拉·弗谢沃洛多维奇同K伯爵的几位女儿中的一位订了婚，虽然没有任何迹象可以成为这一流言的依据。至于什么奇妙的瑞士经历和莉扎韦塔·尼古拉耶芙娜，甚至连女士们也不再提及了。顺便要说一说，德罗兹多娃母女正好在这时完成了她们一直疏忽了的访问。大家发现，莉扎韦塔·尼古拉耶芙娜无疑是最普通的姑娘，只不过“炫耀”自己有病的神经罢了。她在尼古拉·弗谢沃洛多维奇到来那一天的昏厥现在解释为不过是大学生恶劣行为引起的恐怖而已。甚至以前急于添加离奇色彩的东西，现在都在竭力地把它说得平淡无奇；关于什么瘸腿女人已经完全忘记；甚至耻于回忆。“哪怕一百个瘸腿女人又怎么样呢，——谁没有过年轻的时候!”人们赞扬尼古拉·弗谢沃洛多维奇对母亲的孝敬，替他找出各种美德，心悦诚服地谈到他四年中在几个德国大学里获得的学问。人们最后宣称阿尔捷米·帕夫洛维奇的行为是很不妥当的，“自己人不认自己人”；最终承认了尤莉娅·米哈伊洛芙娜非凡的洞察力。

这样，当尼古拉·弗谢沃洛多维奇本人终于露面的时候，大家以最真挚的严肃态度迎接他，在一双双凝视着他的眼睛里可以看出最迫切的

---

① 这段话反映了贵族社会对新法庭的态度。1864年司法制度改革之后，旧的、分等级的法庭为新的、全民的法庭所取代，实行公开审判和陪审员制度。但往往有人犯罪证据确凿而被宣判无罪的情况，这成了许多人反对新法庭的口实，陀思妥耶夫斯基也持这种看法。这里所说的杀母案件是有事实根据的；一个叫格列博夫的人伙同其妻杀死母亲，证据确凿，但陪审员却宣判其妻无罪。——俄编注

期望。尼古拉·弗谢沃洛多维奇立刻缄默不语，这当然比滔滔不绝地说话更使大家感到满意。总之，他一切都获得成功，他成了时髦人物。在我省的上流社会里一个人一旦露面，就无论如何也无法躲藏。尼古拉·弗谢沃洛多维奇像过去一样一丝不苟地遵守省里的规矩。人们发现他并不快活："这个人受的灾难太多了，他同别人不一样；他有很多值得深思的东西。"甚至四年前使他受人憎恨的他的骄傲和目空一切、高不可攀的态度也受到尊敬和喜欢。

最得意扬扬的是瓦尔瓦拉·彼得罗芙娜。我不能说，她是否因为想得到莉扎韦塔·尼古拉耶芙娜的美梦破灭而非常伤心。这里家族的自豪感当然帮助了她。奇怪的是一件事：瓦尔瓦拉·彼得罗芙娜极为意外地确信，Nicolas确实"选中了"伯爵的一位千金，然而最令人奇怪的是，她是根据她风闻到的、也是大家风闻到的谣言相信的；她自己却害怕直接问问尼古拉·弗谢沃洛多维奇。有两三次她实在憋不住了，以轻松愉快的口吻背着别人责备他对她不坦率；尼古拉·弗谢沃洛多维奇微笑着，但仍保持沉默。沉默被理解为承认的标志。可是又怎么样呢：虽然有这些事情，她从来也没有忘记那个瘸腿女人。一想到她，就像一块石头压在她心上，像一个噩梦，以种种奇怪的幻象和猜疑折磨着她，而这一切是伴随着关于K伯爵的女儿的美梦同时发生的。但是这件事留待以后再说。毋庸赘言，社会上对瓦尔瓦拉·彼得罗芙娜重又表现出十分殷勤的敬意，但她很少利用这一点，也极少出门。

不过，她对省长夫人倒做了一次郑重其事的访问。不用说，上面引用过的尤莉娅·米哈伊洛芙娜在贵族长夫人晚会上说的那番精彩的话，最使她折服和心醉了：这番话能除却她心头的许多忧思，一下子解决了从那个不幸的星期天以来一直折磨着她的许多问题。"我以前没有理解这个女人！"她说，而且以她特有的坦率，直接对尤莉娅·米哈伊洛芙娜宣布她是来感谢她的。尤莉娅·米哈伊洛芙娜十分得意，但表面上不露声色。她在那时已经开始感觉到自身的价值，甚至可能还过分了一点儿。比如，她在谈话当中宣称，她从来没有听人说起过斯捷潘·特罗菲莫维奇的活动和学问。

“当然，我接待年轻的韦尔霍文斯基，也关怀他。他很狂妄，但他还年轻；不过知识渊博。他终究不是什么退休的过去的评论家。”

瓦尔瓦拉·彼得罗芙娜立即说，斯捷潘·特罗菲莫维奇从来不是评论家。恰恰相反，他一生都住在她家。在他的事业的初始阶段，由于“举世皆知的”客观情况而闻名于世，最近则以关于西班牙历史的著作而知名；他还想写德国大学的现状，似乎还想写关于德累斯顿圣母像的文章。总之，瓦尔瓦拉·彼得罗芙娜不想让斯捷潘·特罗菲莫维奇听任尤莉娅·米哈伊洛芙娜的摆布。

“关于德累斯顿圣母像？是西斯廷圣母像[①]吧？Chère[②] 瓦尔瓦拉·彼得罗芙娜，我在这张画前坐了两个小时，但离开时深感失望。我什么都不理解，感到非常奇怪。卡尔马济诺夫也说难理解。现在所有人都认为没有什么了不起，俄国人也好，美国人也好。所有的赞词都被老年人说完了。”

“这么说来，这是时尚吗？”

“我是这么想的，不应该小看我们的青年。许多人高叫，他们是共产主义者，我认为应当宽恕他们，珍视他们。我现在什么都读——所有的报纸，社会科学，自然科学，什么书刊都有，因为毕竟应该知道，你生活在什么地方，同谁打交道。总不能一辈子都生活在自己幻想的世界

---

① 《西斯廷圣母》是拉斐尔的作品。据陀思妥耶夫斯基夫人回忆，陀思妥耶夫斯基最推崇拉斐尔的作品，而且认为《西斯廷圣母》是拉斐尔的最高成就。

② 法文：亲爱的。

里。我得出了结论，决定关怀青年，使他们悬崖勒马，以此作为准则。相信我，瓦尔瓦拉·彼得罗芙娜，只有我们，也就是上流社会，用良好的影响，也就是新的关怀，才能在深渊边上止住他们，而我们那些老头子急躁从事，却在把他们推到深渊中去。不过，我很高兴，从您这里知道了斯捷潘·特罗菲莫维奇的情况。您提供我一个思想；在我们的文学朗诵会上他可能有用。您知道吗，我在举办一个全天的游乐会，为我们省可怜的家庭女教师募捐。家庭女教师遍布全俄国；光我们一个县就有六个之多；此外，还有两个女报务员，两个在专科学校学习，其余人也想学习，但没有钱。俄罗斯女性的命运太悲惨啦，瓦尔瓦拉·彼得罗芙娜！它现在成了大学里研究的问题，[①] 甚至还举行过一次国务委员会。在我们这个奇怪的俄国，想做什么就可以做什么。因此我相信，只有依靠全社会的关怀和真挚的温暖的同情，我们才能让这一伟大的共同的事业走上正确的道路。啊，上帝，我们这里有多少高尚的人物？当然有，但他们分散在各地。如果我们联合起来，我们的力量就会大一些。总之，那天我准备举办一个文学朗诵会，然后是简单的便餐，然后是休息，同一天晚上举办舞会。我们本来想用活人扮演的静态画面开始，但开支好像太大了，因此为公众只举行一次或者两次卡德里尔舞，戴假面具，穿有特色的服装，表现著名的文学流派。这个诙谐的思想是卡尔马济诺夫提出来的；他对我帮助很大。知道吗，他将在我们的聚会上朗诵他的最后一篇作品，这篇作品还没有人见到过。他从此搁笔，不再写作了；这篇文章是他向读者的告别之作。很动人的作品，题目叫“Mer-

① 关于男女平权问题在俄国最初于50年代末60年代初提出，60年代在报刊上进行热烈讨论。1868年1月陀思妥耶夫斯基在给甥女伊万诺娃的信中说：“妇女问题，特别是俄国的妇女问题，将来，甚至在您的有生之年，会迈出伟大的美好的几步。”

ci"[①]。题目用的是法文，但他认为这更诙谐、更含蓄。我也这样想，甚至还提过一些意见。我想，斯捷潘·特罗菲莫维奇也可以朗诵一点儿，如果能够短一点儿……也不要太多的学术气。好像彼得·斯捷潘诺维奇，还有什么人也要朗诵。彼得·斯捷潘诺维奇会去看您，把节目告诉您；或者，最好让我自己把他带到您那里去。"

"您允许我也在您的捐献单上签名吗？我把您的意思转达给斯捷潘·特罗菲莫维奇，我亲自请他朗诵。"

瓦尔瓦拉·彼得罗芙娜回家的时候已经完全被迷住了；她全力支持尤莉娅·米哈伊洛芙娜，不知什么缘故她对斯捷潘·特罗菲莫维奇十分生气，而这位可怜的人坐在家里，什么也不知道。

"我爱上她了，我不明白，我过去怎么可能这样错看这个女人。"她对尼古拉·弗谢沃洛多维奇和傍晚顺路来看她的彼得·斯捷潘诺维奇说。

"不过您还是应该跟老头儿言归于好，"彼得·斯捷潘诺维奇告诉她说，"他在绝望当中。您把他完全打发到厨房里去了。昨天他遇到您的车，鞠了一躬，您把头别了过去。知道吗，我们把他抬出来，我对他抱有一些希望，他还可能有用处。"

"嗬，他会朗诵的。"

"我说的不仅是这个。我自己也想今天去找他。我要把这事通知他吗？"

"如果您愿意的话。不过，我知道您怎么对他说，"她犹豫不决地说，"我本来想自己跟他解释，我想定一个日子和地点。"她紧皱起眉头。

---

① 法文：谢谢。

“算了吧，用不着约定日子。我转告一下就行了。”

“好，那就请您转告吧。不过请您补充一句，说我一定给他定一个见面的日子。一定请您补充这一句。”

彼得·斯捷潘诺维奇冷笑着走了。总的说来，就我记忆所及，这些日子他特别凶恶，甚至放肆地做出非常粗暴的举动，几乎对所有人都是如此。奇怪的是，大家不知怎的都原谅他。总之形成了一个共同的意见：对他要另眼相看。我想指出，他对尼古拉·弗谢沃洛多维奇的决斗非常恼火。这件事使他措手不及；当人们告诉他时，他甚至脸色都发青了。这里也许是他的自尊心受到损伤：他第二天才知道，而大家早就知道了。

“要知道您没有权利决斗。”他对斯塔夫罗金小声说。这已经是第五天的事了，他俩偶然在俱乐部里相遇。值得注意的是，这五天里他们什么地方都没遇见过，虽然彼得·斯捷潘诺维奇几乎每天都跑到瓦尔瓦拉·彼得罗芙娜那里去。

尼古拉·弗谢沃洛多维奇心不在焉地默默瞧了他一会儿，似乎不懂得这是怎么回事，他没有停步，从他身边走了过去。他穿过俱乐部的大厅向小吃部走去。

“您还去看了沙托夫……您想公布与玛丽娅·季莫费耶芙娜的婚事。”他跑在他后面，似乎在漫不经意中抓住他的肩膀。

尼古拉·弗谢沃洛多维奇突然一抖，甩脱了他的手，很快向他转过身去，咄咄逼人地皱起眉头。彼得·斯捷潘诺维奇瞧着他，脸上带着奇怪的凝固的笑容。这一切持续了一小会儿。尼古拉·弗谢沃洛多维奇继续往前走去。

二

从瓦尔瓦拉·彼得罗芙娜那里出来后，他立即去见老头子，他如此赶紧，唯一原因是恼怒，想报复不久前受到的羞辱。关于这次羞辱事件我一点儿不知道。事情是这样的：在最后一次他们见面的时候，即在上星期四，斯捷潘·特罗菲莫维奇自己挑起了争吵，最后却用手杖把彼得·斯捷潘诺维奇逐出门外。他当时向我隐瞒了这件事；但是现在，当彼得·斯捷潘诺维奇脸带着他惯常的天真而又傲慢的笑容和令人不愉快的东张西望的好奇目光跑了进来，斯捷潘·特罗菲莫维奇向我偷偷做了一个手势，叫我不要离开房间。这样，在我面前展现了他们的真正关系，这一次我听完了全部谈话。

斯捷潘·特罗菲莫维奇伸直双腿坐在沙发床上。从上星期以后他消瘦了，脸色也变黄了。彼得·斯捷潘诺维奇以最随便的态度在他身旁坐下，不拘礼节地盘起双腿，在沙发床上占据的地方比一个尊敬父亲的儿子所该占的地方要多得多。斯捷潘·特罗菲莫维奇默不作声，不失尊严地往边上让了让。

桌上放着一本打开的书。这是长篇小说《怎么办?》[①]。唉，我必须承认我们的朋友有一个奇怪的弱点：他梦想自己有一天会结束离群索居的生活，做一次最后的斗争，这个梦想在他那入了迷的想象中愈来愈占上风。我猜想，他找来这本小说进行研究的唯一目的是为了一旦同那些“细声尖叫的小人”发生不可避免的冲突时，预先根据他们的《教义问

① 车尔尼雪夫斯基的作品《怎么办?》（1863）在当时革命民主派青年中有巨大影响。

答》知道他们的手法和论据，经过这番准备之后，他就能在她的心目中把他们驳得体无完肤。啊，这本书使他经受了多大的痛苦！他有时在绝望中把它扔在一边，跳了起来，在房间里发狂似的踱来踱去。

“我同意，作者的基本思想是正确的，”他在狂热中对我说，“但是这更可怕！同我们的思想一样，正是我们的思想；我们，我们最早树立它、培育它、准备它，——而且在我们之后他们自己还能说些什么有新意的话呢！但是，天哪，这一切是怎么表达的，歪曲了，糟蹋了！”他叫着，用手指敲着书，“难道我们当年向往的是这样的结论吗？谁还能在这里认出最初的思想？”

“你在学习？”彼得·斯捷潘诺维奇从桌上拿起书，看了看书名，嘿嘿一笑，“早该如此了。如果你要，我可以给你带来更好的。”

斯捷潘·特罗菲莫维奇又庄严地沉默不语。我坐在角落里的一张长沙发上。

彼得·斯捷潘诺维奇很快解释了他到来的目的。不消说，斯捷潘·特罗菲莫维奇大为惊讶，他恐怖地听着，恐怖中掺杂着巨大的愤怒。

“这个尤莉娅·米哈伊洛芙娜居然认为我会到她那里去朗诵！”

“确切地说，他们并不怎么需要你。相反，这是为了关怀你，以此来讨好瓦尔瓦拉·彼得罗芙娜。但是，事情明摆着，你不敢拒绝朗诵。而且我看你自己也想去，”他又嘿嘿一笑，“你们这些老头子，野心都大得很。不过，你听我说，不能很枯燥。你朗诵什么呀，西班牙历史，是吗？你两天之前让我看看，要不然说不定你会让大家都打瞌睡的。”

这些带到的话匆匆说出，毫不掩饰其粗暴，显然是有预谋的。他做出样子，似乎同斯捷潘·特罗菲莫维奇说话不可能使用另一种文雅一点儿的语言和另一些文雅一点儿的概念。斯捷潘·特罗菲莫维奇继续坚决不理睬这些凌辱。但是通知他的事情却产生了愈来愈强烈的印象。

“这是她自己，自己吩咐通过……您来告诉我的?”他问道，脸色愈来愈苍白。

“确切地说，知道吗，她想定一个日期和地点同你彼此解释解释；这是你们的温情的残余。你同她调情二十年，教会她使用最可笑的方法。但是你别担心，现在完全是另一回事；她自己不住地说，现在她才开始‘睁开眼睛’。我直截了当地向她说明，你们的这个友谊只不过是相互倾泼污水。她给我讲了很多事情，老兄，呸，你一向做的是多么可鄙的奴才的差使。甚至连我都为你脸红。”

“我做奴才的差使?”斯捷潘·特罗菲莫维奇忍不住了。

“甚至更糟，你是食客，也就是自愿充当的奴才。你懒得工作，对钱的胃口倒不小。这一切她现在也明白了；至少她讲到你的事情，太可怕了。真的，老兄，我看了你给她的信，哈哈大笑；可耻又可鄙。可是你们这样堕落，这样堕落！在施舍当中总是有使人堕落的东西——你是一个明显的例子!”

“她让你看了我的信?”

“全都给我看了。当然，这些信怎么能看得完呢? 呸，你用了多少纸，我想，那里有两千多封信吧……知道吗，老头儿，我想，在你们的相处当中，总有过她愿意嫁给你的一刹那吧? 你错过了机会，太愚蠢啦！我当然是从你的观点讲话，不过总比现在好些，现在为了掩饰‘别人的罪孽’像给小丑成亲取乐一样，为了钱。”

“为了钱！她说，她说为了钱!”斯捷潘·特罗菲莫维奇发狂似的大叫。

“难道不是? 你怎么啦，我还为你辩护呢。要知道这是你唯一的辩护方法。她自己明白，你需要钱，同任何人一样，从这个观点看，可以说你是对的。我向她证明，像二加二等于四一样，你们两人互相利用，各有好处；她是资本家，而你是她身边温情脉脉的小丑。不过她倒没有因为钱而生气，虽然你对她像对母山羊一样，挤她的奶喝。她很恼怒，因为她二十年来一直相信你，你用高尚的气度欺骗她，促使她长期说谎。她是永远不会承认她说谎的，但因此你会加倍遭殃。我不明白，你怎么会没有想到，有朝一日是要跟你算账的。你不是有一点儿智慧吗？我昨天劝她把你送进养老院，别担心，送进好一点儿的，不会使你难堪；她好像准备这样做。还记得你给我的最后一封信，三星期前寄往×省的那一封信吗？”

“你难道给她看了？”斯捷潘·特罗菲莫维奇惊恐地跳了起来。

“怎么能不给看呢！这是我做的第一件事。就是那一封，信中你告诉我她剥削你，妒忌你的才能，还提到什么‘别人的罪孽’。哎，老兄，顺便说说，你的自尊心太强了！我大笑了一场。总的说来，你的信都很枯燥；你的文笔很糟。我往往根本不看，有一封信到现在都没有拆过；我明天给你送来。但是这一封，你的最后一封信——那可以说是尽善尽美的杰作！我大笑了一场，大笑了一场！”

“恶棍，恶棍！”斯捷潘·特罗菲莫维奇狂叫。

“呸，见鬼，同你简直不能讲话。听我说，你又生气了，同上星期四一样？”

斯捷潘·特罗菲莫维奇凛然挺直了身子。

“你怎么敢用这种语言同我说话？”

“什么语言？是简单明了的语言吗？”

“你告诉我，你这个恶棍，你是不是我的儿子？”

“这事你知道得最清楚。当然任何父亲在这种情况下都倾向于自欺欺人……”

“住嘴，住嘴！”斯捷潘·特罗菲莫维奇浑身哆嗦。

“瞧，你又叫又骂，同上星期四一样；你想举起你的手杖打人，可是我当时找到了文件。我出于好奇，花了一个晚上在箱子里翻寻。的确，没有什么确凿的证据，你可以自慰。这不过是我母亲给那个波兰人的一张字条。不过，根据它的性质来看……”

“你再说一句，我就打你耳光。”

“哎，人心难测啊，”彼得·斯捷潘诺维奇突然对我说道，“您瞧，从上星期四我们就闹开了。我很高兴，今天至少有您在这里，会判断谁是谁非。先讲事实：他责备我这样讲我的母亲，但是难道不是他怂恿我这样做的吗？在彼得堡，当我还是一个中学生的时候，他一个晚上两次把我推醒，抱着我哭，像娘们儿一样，您猜，他一夜又一夜地跟我讲些什么？就是关于我母亲的那些龌龊的传闻！我最早是从他那里听到的。”

“啊，我当时是出于最高尚的动机！啊，你没有理解我。你什么都不理解。”

“但是，你比我更卑鄙，你应该承认，更卑鄙。你要知道，如果你愿意听的话，对我来说什么都无所谓。我是从你的角度说话。从我的角度，你可以放心：我不怪母亲；你也好，波兰人也好，对我都一样。你们在柏林干了那些蠢事，不是我的错。而且你们难道能做得聪明一些吗？你们这样做，难道不是些可笑的人吗！我是不是你的儿子，对你来说不是都一样吗？请您听听，”他又转向我说，“他一生没有在我身上花过一个卢布，十六岁以前根本就不认识我，然后在这里掠夺我，现在他又叫嚷他一辈子都心疼我，在我面前装腔作势，像演员一样。得了吧，我可不是瓦尔瓦拉·彼得罗芙娜。”

他站了起来，拿起帽子。

“我从此以我的名字诅咒你！”斯捷潘·特罗菲莫维奇向他头上伸出一只手去，脸色煞白，像死人一样。

“瞧他还会做出什么蠢事来!”彼得·斯捷潘诺维奇甚至不感到奇怪，“好吧，再见，老头儿，我以后再也不会到你这里来了。文章早点送来，别忘了。如果能做到，尽量不要说废话：只需要事实、事实和事实，主要是，要简短一点儿。再见。”

三

不过，这里还有一些其他的原因在起作用。彼得·斯捷潘诺维奇的确在打他父亲的主意。据我看，他打算激怒老人使他陷入绝望的境地，以此促使他去做出某种显然是荒唐的事情。他需要这样做以达到以后别的目的，关于这一点我们下面还要讲到。类似的打算和计划那时在他的头脑中已经积累了许多许多，——当然几乎全都是幻想。除了斯捷潘·特罗菲莫维奇之外，他所算计的还有另一个受难者。总的说来，他的这类受难者为数不少，这是我们后来发现的；但对这一个他抱着特别的希望，此人就是冯·伦布克先生本人。

安德烈·安东诺维奇·伦布克属于（造化）特别宠爱的种族，在俄国据历书[①]所载这一族人有好几十万，也许他们自己也不知道，他们全体在俄国形成了一个严格组织起来的同盟。不言而喻，这个同盟不是有意建立起来的，也不是臆想出来的，而是自然而然地、不用口头的和文字的协议就存在于整个种族内部，作为一种道德上必须遵守的规约，表现为这一种族的全体成员无论何时、何地和何种情况下的相互支持。安德烈·安东诺维奇有幸在俄国的一所高等学府里受教育，在这类高等学

① 指的是《历法大全》，该书于1867年至1917年每年出版，书中除附有其他资料外，还有全国总人口数，以及按民族、宗教信仰、等级和年龄分类的人口数。——俄编注

府里就读的大多是有钱或有势家庭的子弟。凡是这所高等学府的学生，几乎一毕业都立即在政府的某一部门担任相当重要的职务。安德烈·安东诺维奇有一个伯父是中校工程师，另一个是面包商；但他还是挤入了高等学府，在那里遇到相当多的与他类似的同族人。他是一个快活的伙伴；学习相当困难，但大家都喜爱他。当他已经在高年级学习的时候，许多青年，主要是俄罗斯人，已经学会了议论一些相当重大的当代问题，而且摆出这样的姿态，只要他们一跨出校门，所有问题都能迎刃而解，——而安德烈·安东诺维奇这时却还在继续他的十分天真无邪的中学生的胡闹。他逗大家发笑；的确，他的顽皮举动很简单，只不过有点儿玩世不恭而已，但他却以逗乐为自己的目的。有时当教师在课堂上向他提问时，他会突然怪模怪样地擤一下鼻涕，逗得同学和教师哄堂大笑；有时在寝室里他会扮演一幅猥亵的活画，引得大家拍手叫好；有时他会只用鼻子吹奏《魔鬼兄弟》[①] 的序曲（而且相当精彩）。他还故意把自己弄得邋里邋遢，引人注目，不知什么缘故他认为这很风趣。最后一年他开始用俄文写作诗歌。他虽然懂自己的本族语言，但语法不通，同许多在俄国的这个民族的人一样。这种对诗歌的爱好使他接近一位阴郁而且似乎是受到什么压抑的同学，这是一位贫穷的将军的儿子，俄罗斯人，在学校中被认为是未来的伟大文学家。那人以庇护人的姿态对待他。但是离校两三年以后这位阴郁的同学为了俄罗斯文学而抛弃了自己做官的前程，结果潦倒落魄，拖着一双破皮靴，在深秋时节还穿着夏天穿的薄衣，冻得牙齿直打战。这一天他在阿尼奇科夫桥边偶然遇到他过去的 protégé[②] “伦布卡”（这是在学校里大家叫他的名字）。可是怎么样

① 法国作曲家奥贝尔（1782—1871）的喜歌剧（1830）。

② 法文：被保护人。

呢？他第一眼几乎认不出他来了，在惊愕中停住了脚步。在他的面前站着一位衣着十分讲究的年轻人，带点红褐色泽的连鬓胡子剪得惊人的雅致，戴着夹鼻眼镜，足蹬漆皮靴，手戴崭新的手套，穿着宽松的名裁缝沙尔默缝制的大衣，腋下夹着公文包。伦布克对老同学十分殷勤，告诉他地址，邀请他哪一天晚上到他那里去做客。原来，他已经不是什么“伦布卡”，而成为冯·伦布克了。不过老同学还是到他那里去了，也许只是出于怨愤。在楼梯上（这个楼梯并非正门楼梯，相当不漂亮，但还是铺着红毡），看门人迎接他并询问他。楼上响起了响亮的铃声。但访问者并没有看到他预期的豪华，却发现他的“伦布卡”住在很小的一间耳房里，这间房子阴暗而年久失修，一块暗绿色的大帷幔把房间一隔为二，家具虽然是软的，但很陈旧，也是暗绿色的，在窄而高的窗户上挂着暗绿色的窗帘。冯·伦布克住在一位很远的亲戚、庇护他的将军那里。他亲切地接待客人，但态度严肃，举止文雅而客气。他们谈了一会儿文学，但只是出于礼貌上应酬而已。一个戴着白领带的仆人送来稀淡的茶和一碟小圆饼干。老同学出于气愤，要了矿泉水。矿泉水送来了，但耽搁了很长时间，而且伦布克又一次叫来仆人吩咐他时，他似乎显得很尴尬。不过他还是问客人要不要吃点什么，当客人谢绝他的好意终于离开的时候，他显然感到满意。总而言之，伦布克刚开始自己的事业，住在一位同族的显要将军那里，只不过寄人篱下，做一名食客而已。

他当时迷恋上将军的第五个女儿，而且好像也得到了姑娘的青睐。但是阿玛丽娅到时候还是给嫁出去了，嫁给一个年老的德国工场主，老将军的老朋友。安德烈·安东诺维奇没有太伤心，却用纸糊了一座戏院。幕布拉开，演员出来，用手做各种动作，包厢里坐着观众，乐队用机器带动的琴弓在提琴上演奏，指挥舞动指挥棒，池座里坐着男士和军官们，拍着手。一切都是用纸做的，一切都是冯·伦布克自己设计和制成的；他为了造这座戏院花了半年时间。将军专门举办了一次亲密亲友的晚会，把戏院抬出来给大家看，将军的五个女儿包括新婚的阿玛丽娅和她的工场主，许多小姐和太太以及她们的德国丈夫，仔细观看了剧院，称赞做得好，然后是跳舞。伦布克非常满意，很快忘掉了失恋的痛苦。

过了几年，他的事业有成。他一直官居要职，一直在他的同族人的领导之下，终于获得了与他的年龄相比颇为可观的官阶。他早就想结婚，早就在审慎地物色对象。他瞒着领导把一部中篇小说寄到一个杂志的编辑部去，但是没有刊登。为此他糊了一整列火车，又很成功：乘客从候车室出来，提着箱子和旅行包，搀着孩子牵着小狗，走进车厢去。列车员和服务员在来回走动，铃声响了，发出信号，火车开动了。这精巧的玩意儿他做了整整一年。但是不管怎样还是得结婚。他的交游圈子相当广，主要是在德国人当中；但是也与俄国人往来，当然是在上层中间。最后当他过了三十八岁的时候，得到一笔遗产。他的面包商伯父留给他一万三千卢布。现在问题在于职位了。冯·伦布克先生虽然在相当高层次的官场中活动，但是个很谦虚的人。如果他能得到一个小小的独立自主的公家职位，由他监理公家木柴的采购或其他什么类似的有油水的差使，他就会感到非常满足，一辈子都干下去。但是这时他没有碰上他的期望的什么米娜或者恩内斯蒂娜[①]，却意外地遇到尤莉娅·米哈伊洛芙娜，他的事业一下子就提高了一个台阶。谦虚而办事认真的冯·伦布克感到他也可以有自己的抱负。

按照老的算法，尤莉娅·米哈伊洛芙娜有两百个农奴，除此之外她带来的还有有力的靠山。另一方面冯·伦布克仪表堂堂，而她已经年过

---

① 米娜和恩内斯蒂娜都是德国女性的名字。

四十。值得注意的是，他愈来愈感到自己是求婚者的同时，他真的愈来愈爱上了她。在结婚的那天早晨他给她送去一首诗。这一切她都很喜欢，甚至诗也喜欢：四十岁的年纪可不是闹着玩的。很快他得到一定的官阶和一定的勋章，然后受命来我们省主持省政。

在准备走马上任的时候，尤莉娅·米哈伊洛芙娜花了很多精力来训练她的丈夫。据她的看法，他并非没有才能，他善于步入厅堂，雍容大方地出现在众人面前，善于严肃深思地听人说话并保持沉默，掌握了几种相当有派头的姿势，甚至能够发表演说，甚至还有一些零零碎碎的思想，为自己蒙上了一层最新的必不可少的自由主义色泽。但是尽管如此，她仍然感到担心，不知怎的他太不敏感了，而且在长期地无休止地追求功名之后，显然开始感到需要安静了。她希望把她的好胜心灌注到他身上去，而他忽然开始用纸糊起教堂来：牧师出来布道，祈祷的人听着，虔诚地把两手合在胸前，一位太太在用手帕擦眼泪，一位老人在擤鼻涕；最后一架小小的管风琴奏起了音乐，这架管风琴是不惜花费专门定做的，从瑞士订购来的。尤莉娅·米哈伊洛芙娜一获悉这件事，几乎以一种恐惧的心情没收了整个作品，把它锁在自己的箱子里，作为补偿，她允许他写小说，但只能悄悄地写。从那时起她只指望她自己了。不幸的是在她身上有相当多的轻率，却很少有分寸感。命运让她做了太久的老姑娘。现在在她那虚荣的、有点儿发热的头脑里闪现着一个接一个的主意。她有许多宏大的计划，她坚决要统治这个省，梦想立即成为众人拥戴的中心，她选定了方向。冯·伦布克甚至有点儿害怕，虽然他很快就以他官僚的机敏猜想到，做一个省长实在没有什么可怕的。最初的两三个月甚至过得相当令人满意。但这时来了个彼得·斯捷潘诺维奇，于是就发生了一些奇怪的事。

原来，年轻的韦尔霍文斯基从一开始就对安德烈·安东诺维奇表现出极大的不敬，攫取了凌驾于他之上的某种奇怪的权利，而尤莉娅·米哈伊洛芙娜，虽然平常总是百般维护丈夫的威信，对此却视而不见；至少认为此事无关紧要。这个年轻人成了她的宠信，吃、喝，几乎连睡都在她家里。冯·伦布克开始自卫，在人们面前叫他“年轻人”，以庇护人的姿态拍拍他的肩膀，但这些都毫不起作用：彼得·斯捷潘诺维奇，甚至在看来似乎是严肃地同他谈话的时候，仍然当面嘲笑他，在众人面前对他说出最意想不到的话。有一次他回到家里，发现年轻人未经邀请进入他的书房，睡在长沙发上。对方解释说，他顺道来看他，发现他不在家，“顺便睡了一觉”。冯·伦布克很生气，又向他夫人诉说；她笑他容易动怒，然后，挖苦地指出，看来他自己不善于维护自己的尊严；至少这个“孩子”从来不敢对她有随便的举动；此外“他单纯，精力充沛，虽然有点儿不拘小节”。冯·伦布克噘起了嘴。这一次她出面让他们和解。不能说彼得·斯捷潘诺维奇道了歉，他只不过开了个粗俗的玩笑搪塞一下罢了，这种玩笑在别的场合可以被认为是又一次侮辱，但在目前的情况下被认为是忏悔。安德烈·安东诺维奇的弱点在于，他从一开始就失了着，就是他把他写长篇小说的事告诉了彼得·韦尔霍文斯基。他以为他是一个热情的有诗情的年轻人，而他久已梦想有一个人听他朗诵他的作品，所以在相识之初，有一天晚上给他读了小说中的两章。年轻人听完他读，毫不掩饰地说听得枯燥乏味，不客气地打着哈欠，一句赞赏的话也没有说，但在告辞的时候，把手稿要了去，说是为了在家里空闲时好好想一想，提出意见，而安德烈·安东诺维奇居然把手稿给了他。从那时起他没有归还手稿，虽然他每天都来，问他时他只笑笑作为回答；最后他宣称，当天他就把手稿在街上给弄丢了。尤莉娅·米哈伊洛芙娜知道这事以后，对丈夫大发雷霆。

“你没有把教堂的事也告诉他吧？”她几乎惊慌失色。

冯·伦布克真的开始犯起愁来，但犯愁对他有害，而为医生所禁止。省里本来就有许多麻烦的事情，这一点我们留待下面再说，——而他当前面临的是一个特殊的问题，不仅有损长官的自尊心，而且也损伤他的心灵。安德烈·安东诺维奇在结婚的时候从来没有想过将来可能有家庭的纠纷和冲突。在他梦想得到米娜或者恩内斯蒂娜的时候，一直就是这样设想的。他感到，他忍受不了家庭的风波。尤莉娅·米哈伊洛芙娜最后坦诚地同他解释。

“你可不能为这事生气，”她说，“因为你的理性高过他两倍，而在社会地位的阶梯上不知比他高多少。这个孩子还有许多过去的自由思想习气的残迹，而就我看来，不过是淘气；但不是一下子能改变的，要一步步来。应当珍视我们的青年；我采用关怀的办法，把他们在深渊的边缘上挽救过来。”

“但是鬼知道他说些什么，”冯·伦布克反驳道，“我不能容忍他，当他在众人之中当着我的面硬说政府故意用伏特加酒灌醉人民，为的是把他们变成畜生，以此来制止他们造反。你想一想，我不得不在众人面前听他说这种话，我扮演的是什么角色。”

冯·伦布克说这话时，记起了他不久前同彼得·斯捷潘诺维奇的一场谈话。他抱着天真的目的，想以自由主义去缴他的械，他给他看一本他自己的私人收藏集，里面有 1859 年以来他精心收集俄国和国外的各种各样的传单，他收集这一切不是因为他爱好，而只是出于一种好奇心，其之所以好奇是因为可供他利用。彼得·斯捷潘诺维奇猜透了他的目的，粗暴地说，有些传单里的一行字，其包含的意义比某一个衙门都大，“您的衙门好像也不排除在外”。

伦布克感到厌恶。

“但是我们这里早了一点儿，太早了一点儿吧。”他指着传单，几乎是恳求似的说。

“不，不早；瞧，您不是害怕了吗，这么说来，不早。”

“但是，您瞧，比如这里号召人去捣毁教堂。”

“为什么不呢？您自己是聪明人，您自己当然不信神，但是您太清楚了，你们需要信仰，为的是把人民变成畜生。真话比谎言要诚实。”

“我同意，我同意，我完全同意您的观点，但是我们这里这太早了，太早了一点儿……”伦布克皱起眉头。

“如果您同意捣毁教堂，举着棍棒去彼得堡，您认为不同的只不过时间迟早而已，那么您还算什么政府官员呢？”

伦布克被如此粗暴地抓住，十分委屈。

“不是这么回事，不是这么回事，”他讲得起了劲，因自己的自尊心愈来愈感到愤怒，“您是年轻人，主要是不了解我们的宗旨，所以您错了。要知道，亲爱的彼得·斯捷潘诺维奇，您把我们叫作政府派来的官员？好。叫作独立的官员？好。但是，请问，我们是怎么行动的呢？我们肩负着责任，而归根结底我们也为共同的事业服务，同你们一样。我们只不过维持你们所动摇的东西和没有我们也已经在分崩离析的东西。我们不是你们的敌人，绝对不是，我们对你们说：前进吧，进步吧，摇撼吧，也就是摇撼那些陈旧的应予改造的东西；但是在需要的时候我们却没把你们遏制在必要的范围之内，以拯救你们，使你们不致自己毁了自己。要是没有我们，你们只会使俄国分裂破碎，使其失去体面的外貌。而我们的任务却在于关心它的体面的外貌。您要了解，我们和你们是彼此不可缺少的。在英国，辉格党人和托利党人①也是彼此不可缺少

① 辉格党和托利党是18、19世纪英国的两大主要政党，辉格党是自由党，托利党是保守党。

的。行吧，我们是托利党人，你们是辉格党人，我就是这样理解的。”

安德烈·安东诺维奇甚至动了感情。还是从彼得堡时起，他就喜欢讲一些聪明的自由主义的话，而在这里，主要是没有人偷听。彼得·斯捷潘诺维奇默不作声，态度严肃，非同平常。这更使演说者精神倍增。

“知道吗，我这个‘一省之主’，”他继续说道，同时在书房中踱来踱去，“我因为职责太多，因此一个也不能完成，另一方面，我也可以这样说，我在这里无事可做。全部秘密在于，这里一切都取决于政府的观点。如果为了政治上的需要或者为了平服激烈的情绪，政府建立了共和，而另一方面，平行地，加强省长的权力，我们这些省长就会接受，而且岂止共和，我们什么都会接受；至少我觉得我愿意……总之，只要政府下电令向我宣布 activité dévorante[①]，我就表现出 activité dévorante。我在这里当众说过：‘先生们，为了所有省级机关的平衡和发展，必须做到一点——加强省长的权力。[②]’要知道，必须使所有这些机关——地方自治机关也好，司法机关也好——都过一种可以说双重的生活，也就是，必须让他们存在（我同意，这是必要的），而另一方面，必须让它们不存在。一切视政府的观点而定。如果忽然刮起这么一阵风，这些机关变成必要的了，它们立即就会在我这里出现。必要性过去了，在我这里谁也找不到它们了。我就是这样理解 activité dévorante 的，但是不加强省长的权力，就不会有高度的积极性。我同您是单独谈话，没有旁人。我，知道吗，在彼得堡时已经声明，在省长官邸大门外必须设一个哨兵。我正在等候答复。”

---

① 法文：狂热的积极性。

② 19 世纪 60、70 年代加强省长权力的问题使俄国社会深感不安。文学评论家亚·瓦·尼基坚科（1804—1877）在谈到政府拟加强省长权力的方案时在日记中写道：“这个方案的实质使人担心，由于它，整个俄国将被置于警察监视之下……在这个紊乱的时代没有比此更可怕的了……”——俄编注

“您需要两个哨兵。”彼得·斯捷潘诺维奇说。

“为什么要两个？”冯·伦布克在他面前停住脚步。

“看来，要别人尊敬您，一个哨兵少了一点儿。您一定要两个。”

安德烈·安东诺维奇做了一个怪脸。

“您……您太放肆了，彼得·斯捷潘诺维奇。您利用我的好心，居然讽刺我，扮演起 bourru bienfaisant① 来了。”

“随您怎么说，”彼得·斯捷潘诺维奇喃喃地说，“您毕竟在为我们开辟道路，为我们的胜利做准备。”

“您说的我们是谁，是什么胜利？”冯·伦布克惊奇地盯着他，但没有得到回答。

尤莉娅·米哈伊洛芙娜听到了关于这次谈话的报告，很不满意。

“我不能，”冯·伦布克辩护说，“摆出首长架子来对待您的宠信，而且是单独谈话……我可能说漏了嘴……因为心太好了。”

“您的心真太好了。我还不知道您有一本传单收藏集，请您给我看看。”

“可是……可是他恳求借给他一天。”

“您又给了！”尤莉娅·米哈伊洛芙娜勃然大怒，“多没有分寸！”

“我立刻差人去要回来。”

“他不会还的。”

“我要他还！”冯·伦布克怒气冲冲，甚至跳了起来，“他是什么人，要这么怕他，我又是什么人，就不敢采取什么措施？”

“您坐下，安静一点儿，”尤莉娅·米哈伊洛芙娜止住他，“我回答您的第一个问题：他有很有力的推荐，他有才能，有时说话十分聪明。

---

① 法文：道德高尚的大老粗。

卡尔马济诺夫说他几乎到处都有关系，而且对首都的青年很有影响。如果我通过他把他们大家都吸引过来聚集在我身边，我就能引导他们免于毁灭，为他们的好胜心指明新的道路。他全心全意忠诚于我，一切都听我的。”

“但是在您关怀他们的时候，他们可能……鬼知道他们可能做出什么事来。当然，这是一个好主意……”冯·伦布克模模糊糊地为自己辩护，“但是……但是……我听说在……县里出现了一些传单。”

“但这是夏天就流传过的谎言，——传单啦，伪钞啦，那种谣言还少吗，可到现在还没有拿到一张。谁跟您说的？”

“我从冯·布卢姆那里听来的。”

“唉，您别用您的布卢姆来烦我好不好？以后再也不许提到他！”

尤莉娅·米哈伊洛芙娜怒不可遏，甚至有一会儿说不出话来。冯·布卢姆是省长办公厅的一名官员，此人她最恨不过。这话留待以后再说。

“请您别为韦尔霍文斯基担心，”她在结束谈话时说，“如果他参加了什么淘气的事，他就不会像他现在同您和这里所有人说话那样说话了。夸夸其谈的人是不危险的，我甚至可以这样说，如果发生什么事，我第一个可以通过他知道。他狂热地、狂热地忠诚于我。”

我想赶在事件发生之前指出，要不是尤莉娅·米哈伊洛芙娜的自命不凡和贪图虚荣，那么这些卑鄙小人在我们这里所做的一切也许不会发生。这里她对许多事情是负有责任的！

第五章

游乐会之前

一

尤莉娅·米哈伊洛芙娜打算为我省家庭女教师募捐而举办的游乐会日期，已经几次确定又几次延期了。经常绕着她身边转的有彼得·斯捷潘诺维奇；干跑腿的小官员利亚姆申，他过去曾是斯捷潘·特罗菲莫维奇家的常客，因为能弹钢琴突然在省长家得到宠幸；多多少少绕着她转的还有利普京，此人尤莉娅·米哈伊洛芙娜内定为未来的独立的省报编辑；几位太太和小姐，最后甚至还有卡尔马济诺夫，他虽然没有绕着转，但却扬扬得意地宣告，当文学卡德里尔舞会开始的时候，他将给所有的人以巨大的惊喜。认捐者和捐献者十分众多，主要是市内的显要人物；但也允许很平凡的人参加，只要带钱来就行。尤莉娅·米哈伊洛芙娜说，有的时候甚至应该允许各等级杂处，“否则谁来教育他们呢?”组成了一个不公开的家庭委员会，会上决定游乐会将具有民主的性质。认捐之丰引诱人去铺张浪费；想做出惊世之举——这就是游乐会再次延期的原因。一直还没有决定晚上的舞会在哪里举行：在贵族长夫人宏大的邸宅里（她答应让游乐会在这邸宅内举行），还是在瓦尔瓦拉·彼得罗芙娜的庄园斯克沃列什尼基？斯克沃列什尼基的确远了一点儿，但委员会中的许多人坚持在那里举行，因为那里要“更自由一些”。很难理解，为什么这个骄傲的女人几乎要讨好尤莉娅·米哈伊洛芙娜。也许她很高兴，因为尤莉娅·米哈伊洛芙娜自己在尼古拉·弗谢沃洛多维奇面前也卑躬屈节，殷勤对待，迥然异于他人。我再重复一遍：彼得·斯捷潘诺维奇经常不断悄悄地继续在省长府邸中巩固他以前就散布的思想，即尼古拉·弗谢沃洛多维奇是在最神秘的世界中拥有最神秘的关系的人，他在这里一定是负有什么任务的。

当时的社会思想动态是奇怪的。特别是在女性社交界中显现出一种轻浮的风气，不能说这种风气是逐渐形成的。它好像是一阵风吹过，散布开几个十分放肆的观念。出现了一种非常快活的、轻佻的气氛，当然不能说总是令人愉快的。某种程度的思想放纵成了时尚。后来，当一切过去之后，人们责备尤莉娅·米哈伊洛芙娜、她的圈子和她的影响；但是这一切恐怕不是因尤莉娅·米哈伊洛芙娜一人而起的。恰恰相反，很多人在开头争先恐后地赞誉新省长夫人，因为她善于使社会团结一致，突然之间生活变得活跃起来。甚至发生了几起丑闻，但都不是尤莉娅·米哈伊洛芙娜的过错；当时大家只不过嬉笑取乐，没有人去制止。的确，有一批相当有威望的人，他们对当时的时局有自己不同的看法，他们没有介入；但即使这些人当时也没有吭声表示不满；甚至还粲然而笑。

我记得，当时不知怎的自然而然地形成了一个相当大的圈子，其中心看来真的是在尤莉娅·米哈伊洛芙娜的客厅里。在这个围绕她的亲密圈子里，当然是在青年中间，允许做各种淘气的、有时确实是非常放肆的事，而且习以为常了。在圈子里甚至有几个很可爱的女士。青年们举行野餐、晚会，有时成群结队地乘着车、骑着马，在城里闲逛。他们寻找离奇的事故，甚至自己故意制造一些事故，唯一的目的是为了作为趣闻四处传播。他们对待我们的城市就像对待格卢波夫城[①]一样。人们叫他们嘲弄者或者挖苦者，因为他们不择手段，无所顾忌。比如，有一次，当地驻军中一位中尉的妻子，一个年纪轻轻、但因为丈夫供养不好而十分枯瘦的黑发女子，在一次晚会上冒冒失失地坐下来玩赌注很大的牌戏，希望能赢得点钱买一件斗篷，但是她不但没有赢钱，反倒输了十五个卢布。她害怕丈夫而又无钱偿付，她鼓起了婚前的那份勇气，决定就在晚会上悄悄地向我们市长的儿子借钱，这是一个纵欲过度未老先衰的坏透了的小子。他不仅拒绝了她，还大笑着去告诉她丈夫。中尉确实只能依靠薪饷艰难度日，他把妻子带回家中，把一肚子怒气都发泄在她身上，尽管她又哭又叫，跪在地上求饶。这件令人发指的事在城里只是到处引起笑声；虽然可怜的中尉太太并不属于围绕在尤莉娅·米哈伊洛芙娜身边的那个团体，但是“马队”中的一位女士，一位怪癖的泼辣的人物，认识中尉的妻子，到她家去毫不客气地把她接到自己家里做客。这里，我们的淘气鬼们马上把她抓住了，抚慰她，送她许多东西，留她住了四天，不送还给她丈夫。她住在那位泼辣的太太家里，成天和她以及那批嬉嬉闹闹的人在城里闲逛，参加各种游乐活动和舞会。这些人不住地怂恿她把丈夫拖上法庭，把事情闹大。他们向她保证支持她，会到法庭去作证。她丈夫没有作声，不敢同他们斗。可怜的女人最后明白她陷入了麻烦，第四天黄昏吓得半死不活，逃离她的庇护人回到她自己的中尉那里。他们夫妻之间发生了些什么，详情不得而知，但是中尉租赁的那座低矮木屋的两扇护窗板有两个星期没有打开。尤莉娅·米哈伊洛芙娜知道了事情的全过程后，对这些淘气鬼发了一阵脾气，对她那位泼

① 格卢波夫城（意即愚人城）是萨尔蒂科夫—谢德林（1826—1889）在讽刺小说《一个城市的历史》中描写的城市，作家以怪诞和夸张的手法描绘了该城历任市长鱼肉人民的故事。

辣的太太很不满意，虽然那位太太把中尉妻子接出来的当天就带她去见过省长夫人。不过这件事很快就被人们忘却了。

又有一次，一个从外县来的年轻人，一个小官吏，娶了当地一个小官吏的女儿为妻。这位小官吏是一个外貌可敬的关心家庭的人，而他十七岁的女儿则是全城闻名的小美人。但是人们突然获悉，在新婚之夜年轻的丈夫对小美人很不客气，因为小美人玷污了他的名声而对她进行报复。利亚姆申几乎是这件事的见证人，因为在婚宴上他喝醉了酒，留在那里过夜，第二天天一亮他就跑遍各家传播这个有趣的新闻。顷刻之间就聚集了一伙十来个人，都骑着马，有的是租来的哥萨克马，例如彼得·斯捷潘诺维奇，还有利普京。利普京虽然已经头发斑白，但几乎都参加我们这些轻浮青年所有寻衅闹事的活动。按照我们的习惯，新婚夫妇在婚礼后的第二天一定要拜访亲友，不管发生什么样的意外事情；当新婚夫妇乘着一辆两驾轻便马车出现在街上的时候，整个马队就嬉笑着围住轻便马车，整个早晨伴随着马车走遍全城。不错，他们没有进房子里去，而是骑在马上等候在大门口，也没有特别凌辱新郎和新娘，但是仍然掀起了轩然大波。全城都对这件事议论纷纷。当然，大家都哈哈大笑。但这时冯·伦布克勃然大怒，同尤莉娅·米哈伊洛芙娜争吵了一场。尤莉娅·米哈伊洛芙娜也很生气，打算不让这些淘气鬼进她的家门，但是第二天就原谅了所有人，因为彼得·斯捷潘诺维奇规劝她，卡尔马济诺夫也说了几句话。卡尔马济诺夫认为这个“玩笑”开得相当幽默。

“这符合当地的习俗，”他说，“至少很有特色，而且……大胆；瞧，大家都在笑，只有您感到愤慨。”

但是，有的淘气行为已经是不可容忍的了，带着某种色彩。

城里出现了一个书贩，出售福音书，这是一位可敬的女人，虽然她出身于小市民。人们开始谈论她，因为在首都的报纸上刚刚出现过几篇关于福音书贩的有意思的评论[①]。又是那个滑头利亚姆申，在一个等待教职、游荡无事的神学校毕业生的帮助下，假装向她买书，偷偷地把一大沓国外来的淫秽照片塞入书贩的袋子里。事后人们获悉，这些照片是一位得过一枚高级勋章、颇为受人尊敬的老人（姑且隐其名）专门为此事捐赠的，因为他喜欢如他所说的“健康的笑声和令人开心的玩笑”。当可怜的女人在我们的商场里取出圣书时，这些照片散落出来，引起了一阵哄笑和不满的责备；一群人围了上来，开始谩骂，如果不是警察及时赶到的话，事情可能发展到殴打。书贩被关入牢房。马夫里基·尼古拉耶维奇得悉这一卑鄙事件的详情之后，十分愤慨，经过努力，到晚上书贩被释放，送出城去。这时尤莉娅·米哈伊洛芙娜当真想把利亚姆申赶走，但当天晚上，我们的一伙人一齐把他带到她那里，告诉她，他创作了一首新的非同一般的钢琴曲，说服她只要听一听就行。曲子真的非常有趣，有一个可笑的名称《普法战争曲》。一开始是《马赛曲》威武雄壮的乐声：

Qu'un sang impur abreuve nos sillons![②]

乐声中响彻了高傲的挑战和对未来胜利的陶醉。但是突然伴随着经过巧妙改变了的颂歌节拍，在旁边的某个地方，在下面的一个角落里，

---

① 1863年“俄国圣书传播社”成立，1869年获正式批准。该社在年度报告中报道了它的活动和所谓的“福音书贩”的活动。《呼声报》发表了长篇文章，其中特别描写了一位真诚热心的女书贩在小酒馆内受人凌辱的事，文章最后“评论”道：“……我们不能不再重复说一次，像圣书传播社的‘女书贩’那样的默默无闻的功绩值得我们全力支持，并加以广泛的报道。”——俄编注

② 法文：让肮脏的血灌浇我们的田地！

但是很近的地方响起了“Mein lieber Augustin”[①] 的可憎声音。《马赛曲》没有注意到这些声音，《马赛曲》陶醉于自己的伟大，顾盼自雄；但“Augustin”的声音愈来愈强。“Augustin”愈来愈放肆，不知怎的，“Augustin”的节拍突然和《马赛曲》的节拍吻合起来了。《马赛曲》好像发怒了；它终于注意到“Augustin”，它想把它甩掉，把它赶走，像赶走一只纠缠不休的小苍蝇那样，但是“Mein lieber Augustin”紧紧抓住，它快活而自信；它欢乐而放肆；于是《马赛曲》不知怎的突然变得十分愚蠢了：它已经不掩饰它被激怒了；这是愤怒的呼号，这是眼泪和誓言，它伸开双手向上苍起誓：

> Pas un pouce de notre terrain，pas une pierre de nos forteresses！[②]

但是它已经不能不同“Mein lieber Augustin”同一个节拍歌唱。它的声音极为愚蠢地融入“Augustin”，它屈从，它渐渐消失了。只有偶然地它突破重围，于是又听到“qu' un sang impur...”[③]，但是立刻又转变为可憎的圆舞曲，使人极为难堪。它完全屈服了：这是茹尔·法弗尔[④]伏在俾斯麦的胸脯上号哭，他献出了一切的一切……而这时“Augustin”已忘乎所以，可以听到沙哑的声音，感觉到大量喝下的啤酒，

---

① 德文：《我亲爱的奥古斯丁》。这是一支用圆舞曲旋律谱写的德国流行歌曲，在利亚姆申的即兴作品中它象征好勇斗狠的德国小市民及其沙文主义和庸俗的感伤情调。——俄编注

② 法文：绝不放弃我们的一寸领土，绝不放弃我们堡垒的一方石块！

③ 法文：“让肮脏的血……”

④ 茹尔·法弗尔（1809—1880），法国国务活动家，1870 年 9 月—1871 年 2 月任法国“国防政府”外交部副部长和部长；1871 年 2—7 月任梯也尔政府外交部部长，曾负责与战胜国德国谈判。

疯狂的自我吹嘘，索取亿万的赔款、上等雪茄烟、香槟酒和人质；“Augustin”变成了疯狂的咆哮……《普法战争曲》结束了。我们的人鼓起掌来，尤莉娅·米哈伊洛芙娜微笑着说：“咳，哪能把他赶走呢?”和约签订了。这个坏蛋的确有一点儿歪才。斯捷潘·特罗菲莫维奇有一次对我说，最伟大的艺术天才可能是最卑鄙的坏蛋，两者互不干涉。后来有传闻，利亚姆申这首曲子是他从一个有天才的谦虚的年轻人那里窃取来的，那人途经这里与他相识，以后就毫无音讯了。不过这事且暂搁一边。这个无赖前几年老是在斯捷潘·特罗菲莫维奇面前转，在他的晚会上，根据他人的要求，扮演形形色色的犹太人，或者表演聋女人做忏悔，产妇分娩，现在他有时候在尤莉娅·米哈伊洛芙娜面前做讽刺表演，令人捧腹，其中也扮演斯捷潘·特罗菲莫维奇，叫作“四十年代的自由派”。大家都笑得前仰后合，因此到后来确实不能把他赶走了，因为太需要这样的人了。何况他在彼得·斯捷潘诺维奇面前卑躬屈膝，阿谀奉承，而彼得·斯捷潘诺维奇当时已对尤莉娅·米哈伊洛芙娜具有十分古怪的强烈的影响……

我本来不会专门讲到这个坏蛋的，何况他也不值得我去专门讲他；但这时发生了一件令人发指的事件，据说他也参与其中，而这件事在我的记事录里是非讲不可的。

有一天早晨，一个关于一件丑恶的骇人听闻的亵渎神明事件的消息传遍了全城。在我们宽阔的市场广场入口处有一座古老的圣母圣诞教堂，这是我们古老城市中的一个名胜古迹。在围栏的大门边自古以来就有一个很大的圣母像嵌在墙上，外面装上格柜。突然，一夜之间圣母像遭到抢劫，神龛的玻璃被打破，格框被折断，圣像头上和衣服上的几块宝石和珍珠被窃走，我不知道，这些宝石和珍珠是否很贵重。但是，主要的是，除了盗窃之外，还做出了毫无意义的、嘲弄的、亵渎神明的行为：在打破的玻璃后面，据说早晨发现了一只活老鼠。现在，四个月过去了，人们已经确切知道，这罪行是苦役犯费季卡干的，但是不知怎的人们在谈到此事时总是加上一句：利亚姆申也参与此事。而在那个时候还没有人讲到利亚姆申，完全没有怀疑到他，但是现在大家都断然说，老鼠是他放进去的。我记得，我们的长官们都有点儿茫然不知所措了。人们从大清早起就聚集在出事地点。始终有一堆人站在那里，虽然不怎么多，但总有一百人左右。一些人走了，另一些人又来了。新来的人画个十字，吻一吻圣像；有人开始捐钱，于是就出现了教堂的盘子，旁边一个僧人守着；一直到下午三点钟当局才想到，可以命令人们不要成堆地站在那里，而让他们祈祷，吻一吻圣像，捐献点钱就从旁边走开。这件不幸的事给冯·伦布克极其阴郁的印象。人们告诉我，尤莉娅·米哈伊洛芙娜后来说，从这个不祥的早晨起，她发现丈夫身上那种奇怪的沮丧情绪，一直到两个月前他因病离开我们城市以前，这种沮丧情绪始终没有消失过，而且好像还伴随着他去瑞士。在我省短暂的任职之后，他在那里继续休息。

我记得，中午十二点多钟我到广场上去；聚集在那里的人们默不作声，脸上的神情严肃而阴沉。一个脸色发黄的肥胖商人乘轻便马车来到，他走出马车，一躬到地，吻了吻圣像，捐了一个卢布，感叹着登上马车，又走了。又来了一辆四轮马车，里面坐着我们的两位女士和陪伴她们的我们的两位淘气鬼。年轻人（其中一位已经不很年轻）也走出马车，挤到圣像跟前，相当不客气地推开人们。两人都没有脱帽，其中的一个还戴上夹鼻眼镜。人群中发出不满的嘟囔声，虽然声音远，不大，但很不友好。戴眼镜的年轻人从装满钞票的鼓鼓囊囊的钱包里取出一个戈比，投入盘中；两人高声谈笑着，回到车上去。这时莉扎韦塔·尼古拉耶芙娜在马夫里基·尼古拉耶维奇陪同下突然纵马奔来。她跳下马，把缰绳扔给听她吩咐仍旧骑在马上的同伴，正好在那个戈比投入盘内时走到圣像前。愤怒的红晕泛上两颊；她脱下自己的圆帽、手套，在圣像前跪了下来，直接跪在肮脏的人行道上，虔诚地叩了三个头。然后取出自己的钱包，但由于钱包内只有几个十戈比的银币，于是立即摘下自己的钻石耳环，放在盘子里。

"可以吗，可以吗？可以装饰圣像的衣服吗?"她激动地问僧人。

"允许的，"僧人回答，"任何捐献都是善行。"

人们默不作声，既没有说责备的话，也没有说赞赏的话；莉扎韦塔·尼古拉耶芙娜穿着她那身弄脏的衣服，骑上马走了。

二

在刚才描述的事件发生之后两天，我遇到她在一大群人中间，他们乘坐三辆四轮马车，周围是一群骑马的人，出发到什么地方去。她向我招招手，叫马车停下来，坚决要我加入他们的行列。马车里有我坐的位置，她嬉笑着将我介绍给她的同伴，几位衣着华丽的女士，又向我解释，他们出发去做一次十分有趣的旅行。她哈哈大笑，似乎有点儿过分的幸福。最近一段时间她变得非常高兴，甚至爱笑爱闹。的确，这次活动有点儿离奇：大家到河对岸商人谢沃斯季亚诺夫的宅院去，在他家的厢房里住着我们的圣者和先知谢苗·雅科夫列维奇，[①] 他住在那里已经快十年了，生活安逸优裕，他不仅在我们这里，而且在周围的几个省里，甚至在两个京城里都很出名。大家都去谒见他，特别是外来人，参

① 据陀思妥耶夫斯基夫人说，这里，陀思妥耶夫斯基是描写他访问莫斯科著名的疯修士伊方·雅科夫列维奇·科列伊沙（1780—1861）的经过。后者是一个装疯卖傻、假托神命的先知。

拜、捐献，力求得到他的一句半句疯疯癫癫的话。捐献的钱物有时相当可观，如果不是由谢苗·雅科夫列维奇自己当场处理，就被虔敬地送到上帝的殿堂里去，主要是送到我们的圣母修道院去；为此目的修道院经常派一名僧人在谢苗·雅科夫列维奇身边值班。大家都期待着极大的乐趣。这群人当中还没有一个人见过谢苗·雅科夫列维奇，只有利亚姆申一人曾经去见过他，现在他告诉大家，谢苗·雅科夫列维奇曾下令用扫帚把他赶走，而且亲手往他身后扔了两个煮熟的大土豆。在骑马的人当中我看到彼得·斯捷潘诺维奇，胯下又是一匹租来的哥萨克马，他骑在这匹马上很不稳当；尼古拉·弗谢沃洛多维奇也骑着马。此人有时也不回避众人的娱乐活动，在这种情况下他总是有一张相当快活的脸，虽然仍同往常一样很少讲话。当这群人向桥上走去，经过当地一家旅馆门前的时候，有人突然告诉他们，在旅馆的一间客房里刚刚发现有一个旅客自杀，正等待警察到来。有人立刻就提出去看一看自杀者的想法。这个想法得到了大家支持，因为我们的女士们从来没有见过自杀的人。我记得，一位女士当时就大声说："生活使人感到太无聊啦，只要有趣，可以散散心，用不着过分规矩。"只有少数人留在台阶旁等待；其余人一窝蜂似的拥入肮脏的走廊，使我惊奇的是，我在这群人中看到莉扎韦塔·尼古拉耶芙娜。自杀者的那间房敞开着，不用说，没有人敢挡住我们。这是一个还很年轻的男孩儿，约莫十九岁，不会更大，一定长得很俊秀，有一头浓密的浅褐色头发，一张端正的椭圆形的脸，前额明净秀丽。他的尸体已经僵硬。因此他白皙的脸看起来好像是用大理石雕成的。桌上有一张字条，是他亲笔写的，说他自杀是因为"挥霍掉"四百卢布，不要怪罪别人。字条中就写着"挥霍掉"这个词语；在四行字中有三个语法错误。在这里对他的死特别感叹不止的是一个胖胖的地主，他大概是他的邻居，因事来城而住在另一个房间里。从这地主的话中知道，孩子原来是他的全家人——他的寡妇母亲、他的几个姐妹和姑妈——从农村派他到城里来的，要他在一个住在城里的亲戚的指导下，购买各种东西带回家去，作为即将出嫁的大姐的嫁妆。她们把这四百卢布交付给他，这是她们几十年才积蓄起来的钱，免不得因担心而叹息，她们对他千叮咛万嘱咐，为他祈祷，在他身上画十字求上帝保佑。在这以前这孩子朴实可靠。三天前来到城里后他没有去亲戚家，却在旅馆里开了个房间住下，立即就到夜总会去，希望在后面的什么房间里找到一个外地来的庄家或者至少玩玩纸牌，但是那天晚上既没有牌局，也没有庄家。他回到房间已经将近半夜时分，他要了香槟酒、哈瓦那雪茄烟，点了六七样菜做晚餐。但是香槟酒使他醉了，雪茄烟使他恶心，因此端来的菜他没有碰一下就昏沉沉地上床睡了。第二天早晨醒来，他精神焕发，立即到河对岸郊区的茨冈人营地去，这是他昨天在夜总会里听到的，一去两天，没有回旅馆。最后昨天下午快五点钟时他醉醺醺地回来，立即就上床睡觉了，一直睡到晚上十点钟。醒来后他要了一个肉饼、一瓶法国白葡萄酒和一些葡萄，还要了纸、墨水和账单。谁也没有注意到他有什么异常的地方；他安静而温和。大概，他是在半夜前后开枪自杀的，但很奇怪谁也没有听到枪声；到今天中午人们才想起他，敲门不应，于是破门而入。一瓶白葡萄酒才喝了一半，葡萄也剩下半盘。他用的是一支小小的三管左轮手枪，对着心脏射击。流出来的血很少；手枪从手中跌落到地毯上。年轻人半躺在角落里的长沙发上。他一定是在刹那间死亡的；脸上看不到任何死亡的痛苦，表情是安详的，甚至是幸福的，似乎只希望活下去。我们大家都以极大的好奇心察看着。一般地说，世人的每一桩不幸遭遇在旁人看来总是有一些使人开心的东西，——甚至不管你是什么人。我们的女士们默默地看着，她们的男旅伴们则表现出机智和极度的镇静。一个人说，这是最好的结局，这个孩子想不出更聪明的办法了；另一个人断言，虽然他的一生短暂，但毕竟快活了一阵。第三个人突然迸出一句：为什么我们这里上吊和开枪自杀成了常事——好像树木从根部倒下来，好像地板从脚下塌陷似的？对这位好发议论的先生大家冷冷地瞧了一眼。而以当小丑为荣的利亚姆申却从盘子里摘下一串葡萄，另一个人嬉笑着学他的样，第三个人伸手去拿白葡萄酒瓶，但是被赶到的警长制止了。警长甚至要求“退出房间”。由于大家都已看够了，因此毫不争辩立即就退了出来，虽然利亚姆申不知还有什么事情在同警长纠缠。总之，在剩下的一段路上欢声笑语几乎比这以前活跃了一倍。

午后一点整，我们到达谢苗·雅科夫列维奇那里。一座相当大的商人宅院的大门开着，到厢房去的路畅通无阻。我们立刻获悉，谢苗·雅科夫列维奇正在吃中饭，但他仍接见谒见者。我们这伙人一下子拥了进去。圣者接见和吃饭的房间相当宽敞，有三扇窗，从中间用木栅栏隔成相等的两半，木栅栏有齐腰高，从这边墙到那边墙。一般的来访者留在栅栏这边，幸运的人，根据圣者的吩咐，允许通过栅栏上的小门进入他那半间去。如果他愿意，他让他们坐到那张蒙皮面的旧沙发椅或长沙发上去；他自己则总是端坐在他那张古旧的磨损的伏尔泰椅[①]上。这是一个个头儿相当高大的、浮肿的、脸色发黄的人，约莫五十五岁，长着稀疏的浅褐色头发，已经秃顶，剃光了胡须，右颊鼓起，嘴巴似乎有点儿歪，左鼻翼旁边有一颗大疣子，眼睛很细，脸上的表情安详、庄重，睡眼惺忪。他穿着西式衣服——黑色的常礼服，但没穿背心，没系领带。外衣下面露出相当粗糙的、白色的衬衫；两脚好像有病，穿着便鞋。我听说，他曾经是一名官员，现在仍有官阶。他刚吃完用小鱼做的鱼汤，

① 伏尔泰椅是一种高背深座的圈椅。

现在正在吃第二道菜——带皮的黄土豆和盐。其他东西从来都不吃；不过茶喝得很多，因为他喜爱喝茶。他身边有三个用人穿梭往来服侍，他们是由商人出钱雇用的：一个用人穿着燕尾服，另一个像劳工，第三个人像教堂的执事。还有一个十五六岁的男孩儿，很活泼。除用人之外还有一位头发花白的可敬的僧人，他略显肥胖，手里拿着一只带把的陶罐。在一张桌子上放着一只极大的茶炊，水在沸腾，旁边的一个托盘上放着二十几只玻璃杯。在对面的另一张桌子上放着捐赠的物品：几大块圆锥形的糖和几包一磅重的糖，两磅左右的茶叶，一双绣花的便鞋，一块富丽雅绸手帕，一块呢料，一匹粗麻布，等等。捐赠的钱几乎都放入僧人的捐款匣里。房间里人很多——光是来访者就有十几个，其中两个坐在栅栏后谢苗·雅科夫列维奇那里；那是一个头发灰白的老人，他是朝圣者，出身“平民”，还有一个瘦小的外来僧人，他低首垂目，毕恭毕敬地坐着。其余人都站在栅栏的这一边，大部分也是老百姓，除了一个胖胖的商人，他来自县城，留着长胡子，穿着俄罗斯的衣服，但人们知道他是个家财万贯的富翁；还有一个上了年纪的贫苦女贵族和一个地主。大家都在等待自己的运气，可都不敢自己开口说话。有四个人跪在地上，但最引人注意的是那个地主，他很胖，约莫四十五岁年纪，就跪在栅栏边，比别人更近的显眼地方，虔诚地等待着谢苗·雅科夫列维奇的青睐或者一句话。他已经跪了将近一小时，但谢苗·雅科夫列维奇仍没有注意到他。

我们的女士们挤在紧靠栅栏的地方，快活地、笑嘻嘻地窃窃私语，把跪着的和其他所有来访者都挤到一边或者挡住了他们，只有那个地主除外，他双手紧抓住栅栏，顽强地留在显眼的地方。快活的、贪婪好奇的目光，还有带框眼镜、夹鼻眼镜，甚至双筒望远镜，都集中在谢苗·雅科夫列维奇身上；至少利亚姆申拿着一个双筒望远镜在看。谢苗·雅科夫列维奇不动声色地懒洋洋地用他那双小眼睛对所有的人扫视了一眼。

“亲亲眼，亲亲眼！”他终于用嘶哑的男低音略带感叹地说道。

我们的人都笑了起来：“亲亲眼是什么意思？”但是谢苗·雅科夫列维奇陷入沉默之中，继续把他的土豆吃完。最后他用餐巾擦了擦嘴，用人给他送上茶。

他喝茶一般不是一个人喝，而是也给来访者喝，但远不是给所有人，一般由他亲自指定给谁以这种幸福。他的指示总是因出人意料而使人吃惊。他有时冷落富人和高官，命令给一个农夫或者一个衰迈的老妇人倒茶；另外一次他不理会一群乞丐，倒茶给一个肥头胖脑的富商喝。倒茶的方式也各不相同：给有的人放糖到茶里，给有的人一块糖咬着喝茶，有的人则完全没有糖。这一次有幸喝茶的是那个外来的僧人，他得到一杯加糖的茶，还有朝圣的老人，他得到了一杯茶，但没有糖。不知什么缘故，修道院来的拿着捐款匣的胖僧人这一次没有给他茶，虽然在此以前他每天都得到一杯茶。

“谢苗·雅科夫列维奇，给我讲点什么吧，我想跟您认识已经很久了。”我们车里的那位衣着华丽的女士像唱歌似的笑嘻嘻说，就是她不久前说过，只要有趣，可以散散心，用不着规规矩矩。谢苗·雅科夫列维奇连看都没有看她一眼。跪着的地主从胸腹的深处大声叹出一口气，好像拉了一下大风箱似的。

“加糖的茶！”谢苗·雅科夫列维奇突然指了指万贯富翁；那人走到前面，站在地主的旁边。

“再给他加糖！”当茶倒好后，谢苗·雅科夫列维奇命令道；于是又给他加了一份糖。“再加，再给他加！”于是给他第三次加糖，最后，加了第四次。商人毫无怨言地开始喝他的糖浆。

“天哪！”人们小声说，画着十字。地主又响亮地深深叹了一口气。

“我的爷！谢苗·雅科夫列维奇！”突然听到一个凄苦的声音，但如此刺耳，完全出人意料，这是那位贫苦的太太的声音，她已被我们的人挤到墙边去了，“亲爱的，我等待赐福已经整整一个小时了。您给我说说，给我这个孤苦伶仃的人评评理。”

“你去问问。”谢苗·雅科夫列维奇对那位像教堂执事的用人说。那人走到栅栏边。

“谢苗·雅科夫列维奇上次吩咐您做的事您做了没有？”他用轻轻的从容不迫的声音对寡妇说。

“谢苗·雅科夫列维奇，我的爷，怎么能做呢，同他们难道能做什么事吗？”寡妇呼号着，“这些吃人的生番，他们到区法院去告我，还威胁要告到枢密院去；他们是告亲娘呀！……”

“给她！……”谢苗·雅科夫列维奇指指一大块圆锥形的糖。男孩儿快步跑过来，捧起一大块糖，拿给寡妇。

“嗬，老爷子，谢谢您的大恩。我要这么多干什么呀？”寡妇又号叫起来。

“再给，再给！”谢苗·雅科夫列维奇不断地赏赐给她。

又给她拿来一大块糖。“再给，再给。”圣者命令道。拿第三块糖，最后拿来第四块。寡妇的四面都放着糖。修道院来的僧人叹了一口气：这一切按照惯例今天本来可以送到修道院去的。

“这么多叫我怎么办哪？”寡妇逆来顺受地叹息着，“一个人吃下会呕吐的！……这是什么神启吗，我的爷？”

“对，就是神启。”人群中有人说。

“再给一磅，再给！”谢苗·雅科夫列维奇没有停息。

桌上还剩下一整块圆锥形的糖，但是谢苗·雅科夫列维奇指明给一磅，于是又给了她一磅。

“天哪，天哪！”人们不住地叹息着，画着十字，“显然是上帝的启示。”

“以后要以善良和慈悲使您的心灵甜美，然后再来控诉亲生孩子，您的骨肉，应当认为，这是象征的意义。”那个修道院来的胖僧人轻轻地但自鸣得意地说，他今天没有喝到茶，自尊心受到刺激之下，自告奋勇做了解释。

“您是怎么啦，我的爷，”寡妇突然发起火来，“韦尔希申家着火的时候，他们用套马索把我往里拉，他们把一只死猫锁在我的箱子里，就是说，什么样无法无天的事都干得出来……”

“撵走，撵走！”谢苗·雅科夫列维奇挥舞起胳膊。

执事和男孩儿冲出栅栏。执事搀起寡妇的一只胳膊，她安静下来，拖着脚步往门口走去，不时回头看送给她的几大块白糖，这几块白糖由男孩儿捧着走在她后面。

“拿回来一块，拿回来！”谢苗·雅科夫列维奇命令留在他身边的用人。那人飞也似的奔出去追赶已经走了的人，过了一会儿，三个用人一齐回来，带回一块已经送给寡妇又拿回来的白糖；不过她还是带走了三块。

“谢苗·雅科夫列维奇，”从人群后面紧靠门边的地方传来一个声音，“我做梦看见一只鸟，一只寒鸦，从水里飞出来又飞到火里去。这个梦是什么意思？[①]”

“天要大冷。”谢苗·雅科夫列维奇说。

---

① “这个梦是什么意思？”这句话在19世纪60年代的俄罗斯非常流行，据说谢德林也很爱使用这句话，陀思妥耶夫斯基自己在《卡拉马佐夫兄弟》中又再次写到这句话。——俄编注

“谢苗·雅科夫列维奇，您为什么不回答我，我对您感兴趣已经很久了。”我们那位女士又开始说。

“问问他！”谢苗·雅科夫列维奇没有听她说，却突然指指跪着的地主。

他指示修道院来的僧人去问，僧人步履庄重地走到地主身边。

“您犯了什么罪孽？有没有吩咐您做什么事？”

“叫我不要打架，不要随便打人。”地主沙哑地说。

“做到了没有？”僧人问道。

“我做不到，我控制不了自己。”

“撵走，撵走！用扫把把他撵走，用扫把！”谢苗·雅科夫列维奇挥动双手。地主不等执行刑罚，跳起来就从房间里飞奔出去。

“他在地上留下了一枚金币。”僧人从地上捡起一个五卢布金币，郑重地说。

“给他！”谢苗·雅科夫列维奇用手指点点家财万贯的富翁。富翁不敢拒绝，收下了。

“金子加在金子上。”修道院的僧人忍不住说道。

“给这位加糖的茶。”谢苗·雅科夫列维奇突然指着马夫里基·尼古拉耶维奇说。用人倒了一杯茶，但他搞错了，想递给一个戴夹鼻眼镜的花花公子。

“给瘦高个子，给瘦高个子。”谢苗·雅科夫列维奇纠正道。

马夫里基·尼古拉耶维奇接过杯子，行了一个半鞠躬的军礼，开始喝茶，我不知道为什么，我们的人都笑了起来。

“马夫里基·尼古拉耶维奇！”莉扎突然对他说，“那位跪着的先生走了，您到他的那地方去跪下。”

马夫里基·尼古拉耶维奇困惑不解地瞧瞧她。

“我求求您，您会给我极大的快乐，听我说，马夫里基·尼古拉耶维奇，”她突然开始坚决地、固执地、热烈地快速说着，“一定去跪着，我一定要看看您跪的模样。如果您不去——那就不要再到我那里去，我一定要，一定要！……”

我不知道她这样做的用意是什么，但是她坚决地、不容违抗地要求着，仿佛歇斯底里般发作似的。马夫里基·尼古拉耶维奇解释说（我们在后面可以看到），她的这种任性的冲动最近特别频繁，是对他的莫名其妙的仇恨的爆发，这不是因为她心怀恶意，——恰恰相反，她尊重他、敬爱他，他自己也知道这一点，——而是出于一种特殊的无意识的仇恨，这种情绪她有时候怎么也无法控制。

他默默地把茶杯交给站在他后面的老太婆，打开栅栏的小门，不经邀请就走进谢苗·雅科夫列维奇的里面半间去，在众目睽睽之下在房间中央跪了下来。我想，莉扎粗暴地嘲弄他的乖张行为使他那敏感而淳朴的心灵太震惊了。也许，他以为，莉扎看到他屈辱自己，做出她执拗地要求他做的事，会感到羞愧。当然，除他之外，谁也不敢用这种淳朴的危险的方法去让一个女人改正过失。他跪着，脸上的表情仍是那样平静庄重，长长的身子，别扭，可笑。但是我们的人没有笑，出人意料的举动产生了令人痛苦的效果。大家都瞧着莉扎。

“圣油，圣油！”谢苗·雅科夫列维奇喃喃地说。

莉扎突然面色煞白，惊呼了一声，叹息了一声，冲到栅栏里去。这时出现了一个急速的歇斯底里的场面：她用全力把马夫里基·尼古拉耶维奇扶起来，双手拉着他的胳膊肘。

“站起来，站起来！”她失魂落魄似的呼叫着，“快站起来，快！您怎么会跪的！”

马夫里基·尼古拉耶维奇站了起来。她用双手握住他的上胳膊，凝视着他的脸。她的眼神中显出恐惧。

“亲亲眼，亲亲眼!”谢苗·雅科夫列维奇又一次重复说。

她把马夫里基·尼古拉耶维奇拉回栅栏外边；我们这群人中发生了强烈的骚动。我们那辆车里的那位女士，大概是想冲淡印象，第三次用响亮的尖声向谢苗·雅科夫列维奇发问，脸上仍带着做作的笑容：

“怎么啦，谢苗·雅科夫列维奇，您就不能给我一点儿‘教导’吗?我对您的期望很高。”

“×你，×你!”突然谢苗·雅科夫列维奇冲着她说出一个有伤风化的词。他的话说得又凶狠，又十分清楚。我们的女士们尖叫一声，头也不回地冲出房间，男士们哄堂大笑。我们对谢苗·雅科夫列维奇的访问就是这样结束的。

但是，这时据说又发生了一件令人费解的事。老实说，主要还是为了它，我才对这次访问做了如此详细的描述。

据说，当大家一窝蜂似的逃出来时，莉扎由马夫里基·尼古拉耶维奇搀扶着，突然在门口，在拥挤的人堆中她撞上了尼古拉·弗谢沃洛多维奇。应当说一下，从那个星期天早晨发生的事情以及莉扎的昏厥之后，他们俩虽然见面不止一次，但彼此没有走近过，相互没有说过一句话。而现在我看到，当他们在门口相撞时，我觉得他们俩停留了一刹那，彼此奇怪地瞥了一眼。但是在人群中我可能看得不清楚。有人说的与我相反，而且他们是认真的，他们说，莉扎在瞥了尼古拉·弗谢沃洛多维奇一眼之后，很快抬起手，恰恰与他的脸相平，如果不是他及时闪开的话，她一定会掴他一记耳光。可能她不喜欢他脸上的表情，或者他的冷笑，特别是现在，在马夫里基·尼古拉耶维奇的事情发生之后。说实在的，我自己没有看见，但是大家都言之凿凿地说看到了，虽然在当时的混乱中要说大家都看到那是不可能的，可能是有几个人看到了。不过我当时不相信有这回事。可我记得，在归途中尼古拉·弗谢沃洛多维奇的脸色有点儿苍白。

三

就在这一天，几乎在同一个时间，斯捷潘·特罗菲莫维奇终于和瓦尔瓦拉·彼得罗芙娜会见了。对这次会见瓦尔瓦拉·彼得罗芙娜已考虑了很久，而且早已通知了她过去的朋友，但是不知为什么缘故一再拖延。见面的地点是在斯克沃列什尼基，瓦尔瓦拉·彼得罗芙娜来到自己的城外邸宅，忙碌一番：前一天最后决定，游乐会将在贵族长夫人的府邸举行。但是瓦尔瓦拉·彼得罗芙娜在她灵活的头脑里立即就想到，在游乐会之后谁也不会妨碍她举办她自己的游乐会，在她的斯克沃列什尼基，重新把全城的人召请来。那时大家都会在事实面前确信，谁家的府邸更华丽，哪里接待得更周到，举办的舞会更优雅。总之，她变得几乎叫人认不得了。好像她完全换了一个人，由过去的高不可攀的“最高夫人”（斯捷潘·特罗菲莫维奇的说法）变成了最普通的狂妄的上流社会女人。不过可能这只是看来如此而已。

来到空荡荡的邸宅之后，她在忠实的年迈的阿列克谢·叶戈罗维奇和见多识广的装饰专家福穆什卡的陪同下巡视各个房间。他们商量着，计划着：把哪些家具从城里的房子里搬来；摆设些什么东西，挂些什么画；怎么放法；怎样布置花房更为适宜；哪里挂上新的帷幔，哪里设小吃部，设一个还是两个，等等。就在最忙碌的时候，她忽然想起派车去接斯捷潘·特罗菲莫维奇。

斯捷潘·特罗菲莫维奇早已接到通知，他做好准备，每天都在等待这样的突然邀请。上车的时候他在身上画了个十字；今天要决定他的命运。他到达的时候，他的朋友在大厅里，坐在墙壁凹处一张小小的长沙发上，前面放着一张大理石小桌，手里拿着铅笔和纸：福穆什卡用尺量出上敞廊和窗户的高度，瓦尔瓦拉·彼得罗芙娜亲自记下数字，在页边上标上记号。她没有放下手中的活，朝斯捷潘·特罗菲莫维奇的方向点点头，当他嘟哝着向她问候的时候，她匆匆把手伸给他，也不正面看他一眼，指指她身边的座位。

“我坐在那里等了五分钟，抑制住我的感情，”他事后讲给我听，“我看到的已经不是我认识了二十年的那个女人了。我完全相信，一切都已完了，这给了我力量，甚至她也感到惊讶。我发誓，她对我在最后时刻那么坚强觉得奇怪。”

瓦尔瓦拉·彼得罗芙娜突然放下纸笔，迅捷地转身面向斯捷潘·特罗菲莫维奇。

“斯捷潘·特罗菲莫维奇，我们要谈一谈正经事。我相信，您已经准备好您的华丽的语句和辞藻，但最好还是直截了当地谈正经事，是吗?”

他怔了怔。她迫不及待地宣布自己的基调，还有什么可说的呢?

“等一等，您别说，让我先说，然后您再说，虽然我真的不知道，您会怎样回答我?”她继续飞快地说着，“在您的有生之年，每年给您一千两百卢布年金我认为是我的神圣义务；其实，为什么要说神圣义务呢，就说协议，不是更现实一点儿，是吗？如果您愿意，我们就签订。如果我死去，我已做了特别的安排。但是您现在从我这里得到的，除此之外还有住房、用人和一切生活费用。折算成钱，约合一千五百卢布，是吗？我再加三百卢布的应急费用，一共三千卢布整。您一年够用了吧？好像不算少吧？不过，在最紧急的情况下，我还会再加。这样，您把钱拿去，把我的人送还给我，您愿意住哪里，听您的便，在彼得堡，在莫斯科，去国外或者留在此处，都可以，只要不在我这里就行。听到了吗?”

“不久前从同一张嘴里同样坚决地和快速地向我提出了另一个要求。”斯捷潘·特罗菲莫维奇缓慢地、以忧伤但却清晰的语调说道，“我屈从了……为了取悦您，跳了哥萨克舞。Oui，la comparaison peut être permise. C’était comme un petit Kozak du Don，qui sautait sur sa propre tombe.① 现在……”

“别说了，斯捷潘·特罗菲莫维奇。您话太多了。您没有跳舞，是您自己打着新领带，穿着新衬衣，戴着新手套，搽了发膏，洒了香水来见我的。相信我，您自己很想结婚；从您脸部的表情一看就知道，真的，很不雅观的表情。如果我当时没有向您指出，那完全是顾全礼貌。但是您愿意，您愿意结婚，尽管您私下在信中关于我和您的未婚妻写了那么多卑鄙的话。现在可不同了。为什么要说 Kozak du Don② 在您的什么坟墓上跳舞？我不理解这个比喻。相反，您可别死，您要活下去；活得尽可能久些，我会高兴的。”

“住在养老院里?”

“在养老院里？有三千卢布收入的人是不会进养老院的。啊，我记起来了，”她微微一笑，“真的，彼得·斯捷潘诺维奇有一次开玩笑，说起过养老院。哦，这真是一种特殊的养老院，值得考虑。这是为一些最可敬的人设立的养老院，那里有几位上校，现在甚至有一位将军也想到那里去。如果您带着您的钱进养老院，您会在那里得到安宁优裕的生活，得到服务员的照料。您可以在那里研究科学，随时可以找到打牌的

---

① 法文：对，可以用这样的比喻，像一个顿河的小哥萨克在自己的坟墓上跳舞。

② 法文：顿河的哥萨克。

搭档……”

“Passons.[①]”

“Passons?”瓦尔瓦拉·彼得罗芙娜皱了皱眉头，“但是在这种情况下一切都结束了。我已通知您，从今以后我们不再生活在一起了。”

“都结束了？二十年留下来的一切都结束了？这是我们的最后告别?”

“您太喜欢感叹了，斯捷潘·特罗菲莫维奇。现今这已不时髦了。他们说话粗鲁，但是干脆。您老是记着我们的二十年！二十年双方的自我欣赏，别无其他。您给我的每一封信都不是写给我的，而是给后人看的。您是一位修辞大师，可不是朋友，而友谊只不过是一个响亮的字眼，实际上却是互相泼污水……”

“天哪，都是别人的话！背得烂熟的功课！他们已经给您穿上了他们的制服！您也欢欣鼓舞，您也沐浴在阳光之下；chère，chère,[②] 您为了一碗红豆粥[③]把您的自由出卖给他们了!”

“我不是鹦鹉，我不会学舌，”瓦尔瓦拉·彼得罗芙娜勃然大怒，“您放心，我积下了许多我自己的话。这二十年来您为我做了些什么?您甚至拒绝看我从国外为您订购来的书，要不是装订工，这些书到现在可能还没有裁开。最初几年我请您指导阅读，您给我读的是些什么书?除了卡佩菲盖[④]还是卡佩菲盖。您甚至妒忌我的进步，采取措施。当时大家都笑您。说实在的，我一向只认为您是评论家；您是文学评论家，

---

① 法文：我们不谈这个。

② 法文：亲爱的，亲爱的。

③ 典出《旧约全书·创世记》(第 25 章，第 33～34 节)，以扫吃了弟弟雅各的饼和红豆汤，把长子的名分卖给了他。

④ 卡佩菲盖 (1802—1872)，法国历史学家和文学家。格拉诺夫斯基当年曾对这位著作家深感兴趣。——俄编注

仅此而已。在去彼得堡的路上我告诉您我想出版一个杂志，把我的一生贡献给它，您立刻瞧了我一眼，流露出讥讽的神情，突然变得十分傲慢。”

“不是这么回事，不是这么回事……我们当时害怕迫害……”

“就是那么回事，到了彼得堡，您无论如何也不用害怕迫害了。记得吗，后来在2月，解放农奴的消息传来时，您突然跑到我那里，怕得要死，要求我立即以书信的形式给您证明，筹备中的杂志与您完全无关，这些年轻人是来看我的，不是来看您的，您不过是家庭教师，因为薪金还未付足所以仍留在这家里，不是这样吗？您记得这件事吗？您这一辈子太光彩了，斯捷潘·特罗菲莫维奇。”

“这只不过是一时间的胆怯，是我俩单独在一起时说的话，”他痛苦地叫道，“但是难道、难道为了这些琐屑的印象就要一刀两断吗？难道这许多年来我们间的关系就荡然无存了吗？”

“您太会算计了；您总是想使事情看起来好像我还欠您债似的。您从国外回来的时候，在我面前趾高气扬，不让我说一句话，后来我自己也出国了，当我以后和您谈到圣母像的印象时，您没有听完，傲慢地偷偷笑着，好像我不可能有像您那样的感觉似的。”

“这不是那么回事，大概不是……J' ai oublié. ①”

“不，就是那么回事，而且您在我面前也没有什么好吹嘘的，因为这一切都是无稽之谈，只不过是您臆想出来的。今天谁也不赞赏圣母像了，谁也不愿花时间在这上面了，除了一些顽固的老头子以外。这已经证实了。”

“已经证实了？”

---

① 法文：我已经忘记了。

“她完全没有什么用处。这只带把的杯子之所以有用，是因为可以盛水；这支铅笔之所以有用，是因为可以用它把一切记录下来，而这张女人的脸[1]比现实中所有其他人的脸都差。您试画一个苹果，在旁边放上一个真正的苹果，——您会拿哪一个？[2] 恐怕您不会搞错吧。瞧，自由研究的光芒一照射，您的那些理论究竟是什么，就清清楚楚了。”

“原来如此，原来如此。”

“您在讥笑。可是您是怎么对我说的呢？比方施舍。而实际上施舍得到的快乐是傲慢的不道德的快乐，是富人用自己的财富、权力得到的快乐，是他把自己的价值同穷人的价值进行比较得到的快乐。施舍既腐化施舍者，也腐化受施舍者，而且没有达到目的，因为只会加剧贫困。不愿劳动的懒汉群集在施舍者的周围，就好像赌徒麇集在赌桌周围，希望赌赢一样。而事实上丢给他们的几个小钱也不能满足百分之一。您一生中布施过多少钱？七八十戈比银币，不会更多，您回想一下嘛。您努力回想一下，您最后一次施舍是在什么时候；两年以前，也许是四年以前。您大声疾呼，只会妨碍事情。在当今的社会中施舍应当受到法律禁止。[3] 在新的社会结构中完全不会有穷人。”

“哦，满嘴都是别人的话！这样就已经达到了新的社会结构吗？不幸的人，愿上帝帮助您。”

“是的，已经达到了，斯捷潘·特罗菲莫维奇；您竭力向我隐瞒现

---

① 当指圣母像。

② 这句话是对车尔尼雪夫斯基的美学论文的命题（“艺术作品低于现实中的美”）的讽刺模仿，陀思妥耶夫斯基在《谢德林先生；或虚无主义者的分裂》一文中已做了类似的讽刺性表述。——俄编注

③ 这段话用讽刺模仿的手法转述了俄国历史学家和民族志学者伊·加·普雷若夫（1827—1885）《神圣罗斯的乞丐们。俄国社会民俗史资料》（1862）一书的观点。——俄编注。译者按：普雷若夫自 1869 年后参加“人民惩治会”，因涅恰耶夫案被判处十二年苦役，并终身流放西伯利亚。

在已经尽人皆知的新思想，您这样做完全出于妒忌，为了控制我，现在甚至这个尤莉娅也已经超越我一百里了。但是现在我看清了。我过去为您辩护，斯捷潘·特罗菲莫维奇，尽了我的一切力量；现在所有人无一例外地都在指摘您。”

“够了！”他想从座位上站起来，“够了！我还能祝愿您什么呢，难道是后悔？”

“再坐一会儿，斯捷潘·特罗菲莫维奇，我还有一件事情要问您。您已经接到在文学会上朗诵的邀请；这是通过我安排的。请告诉我，您将朗诵什么？”

“就讲这个女皇中的女皇，讲这个人类的理想，西斯廷的圣母像，这幅依您看来还比不上一个玻璃杯或一支铅笔的画。”

“这么说来，您不讲历史？”瓦尔瓦拉·彼得罗芙娜又痛苦又惊讶，“但是人家不会听您的。您老是念念不忘这张圣母像！您何苦非要大家打瞌睡不可？相信我，斯捷潘·特罗菲莫维奇，我这样说完全是为您好。如果您讲一段短短的、引人入胜的、中世纪的宫闱秘史，西班牙历史上的小故事，或者确切点说，讲一段逸事，您自己再加上一些趣闻和警句妙语．那就完全不同了。那里有豪华的宫廷，那里有高贵的夫人、下毒谋害等情节。卡尔马济诺夫说，讲西班牙历史而不讲一点儿引人入胜的故事，那太奇怪了。”

“卡尔马济诺夫，这个已经写不出作品来的蠢才，居然在为我寻找题材！”

“卡尔马济诺夫，可说是闻名全国的大才子！您说话太放肆了，斯捷潘·特罗菲莫维奇。”

“您那个卡尔马济诺夫只不过是一个才思枯竭、怨气冲天的娘们儿！Chère，chère，您是什么时候给他们迷住的，啊，天哪！”

“我就是现在也忍受不了他那自高自大的架子，但是我必须公正对待他的才智。我再说一遍，我过去竭尽全力维护过您。为什么您一定要让人家看到您既可笑又无聊呢？相反，您应该作为过去时代的代表，面带可敬的微笑，登上舞台，讲两三段逸事趣闻，以您的风趣，娓娓道来，因为只有您有时才能讲得那么好。即使您已是老人，即使您属于过去的时代，最后，即使您落后于他们；但是您在开场白中自己含笑承认，大家就会看到，您是一个可爱的、善良的、诙谐的遗老……总之，是一个老派人，而又如此进步，能够自己对某些自己至今仍然信奉的荒谬观念做适当的评价。您就给我这一份快乐吧，我请求您。”

“Chère，别说了！您不用求我，我做不到。我一定要讲圣母像，但是一定要引起一场风暴：或者把他们所有人都压倒，或者摧毁我一个人！”

“一定是您一个人，斯捷潘·特罗菲莫维奇。”

“这就是我的命运。我将讲那个卑鄙的奴隶，那个浑身发臭的堕落的奴才，那人将第一个手拿着剪刀，爬上扶梯，把伟大理想的神圣的脸撕碎，为了平等、妒忌和……帮助消化。让我的诅咒响彻四方，然后，然后……”

“进疯人院？”

“也许。但是不管怎样，不管我是失败者还是胜利者，那天晚上我将拿起我的布袋，我的讨饭袋，丢下我的家什，丢下您的赠赐，所有的年金和未来幸福的许诺，赤着脚走出去，或者在哪一位商人家做家庭教师，了此一生，或者因饥饿倒毙在篱笆下。我说完了。Alea jacta est.[①]”

---

① 拉丁文：决心已下。按：古罗马恺撒在公元前49年远征高卢等地之后，不顾元老院的禁令，率部渡过鲁比肯河回师罗马，这句话是他在渡河时说的。

他又欠身起来。

“我早知道。”瓦尔瓦拉·彼得罗芙娜双目中闪烁着怒火，站了起来，“这许多年来我就知道，您生活的唯一目的就是为了到最后用诽谤使我和我的家庭蒙受耻辱！您说要到商人家去做家庭教师或者倒毙在篱笆下，这是什么意思？怨恨，诽谤，再没有别的！”

“您一向轻视我。但是我要像骑士一样结束我的一生，始终忠于我的贵妇人，因为您的意见对我来说，永远比什么都宝贵。从此刻起，我什么都不再接受，我将无私地崇拜您。”

“这多愚蠢！”

“您一向不尊重我。我可能有无数的弱点。对，我依赖您生活；我用虚无主义的语言说话；但是寄人篱下从来不是我的行为的最高准则。这事情发生了，自然而然地，我不知道是怎么发生的……我一向认为在我们之间会有高于吃饭的东西留下来，而且——从来，从来我都不是卑鄙小人！就这样，我走了，为了纠正错误！我动身迟了，时令已是深秋，阴雾笼罩着田野，伴随老年而来的彻骨的寒霜覆盖着我未来的道路，秋风哀号着，因为坟墓已经不远了……但是我该走了，该走了，走上新的道路：

满怀着纯洁的爱情，
忠实于甜蜜的美梦……①

① 这两行诗引自普希金的抒情诗《从前有一个贫寒的骑士……》（1829）。陀思妥耶夫斯基在《白痴》中曾对这首诗做过自己的诠释。——俄编注。译者按：这两行诗虽出自普希金，但斯捷潘·特罗菲莫维奇根据自己的处境做了改变，普希金的原诗为：“满怀信仰和挚爱，/忠实于虔诚的美梦……”

啊，永别了，我的美梦！二十年！Alea jacta est.”

他的脸淌满了迸涌而出的泪水；他拿起自己的帽子。

“我一点儿不懂拉丁文。”瓦尔瓦拉·彼得罗芙娜说，竭力克制着自己。

谁知道，也许她也想哭，但是愤怒和任性又一次占了上风。

“我只知道一件事，那就是，这一切都不过是胡闹。您从来不能实行您的充满了自私自利思想的威胁。您什么地方都不会去，不会到任何商人那里去，您会消消停停地在我这里终了一生，按期收取年金，每逢星期二同您那些不像样子的朋友聚会。再见，斯捷潘·特罗菲莫维奇。”

“Alea jacta est!”他向她深深一鞠躬，他激动万分、有气无力地回到家里。

第六章

彼得·斯捷潘诺维奇在忙碌中

一

游乐会的日期终于确定了，而冯·伦布克则愈来愈愁闷，愈来愈忧心忡忡。他心头充满了种种奇怪的不祥的预感，这使尤莉娅·米哈伊洛芙娜深感不安。的确，事情并非一切都顺利。我们那位性情温和的前任省长留下来的摊子并不井然有序；此时霍乱开始往我省蔓延；有的地方出现了严重的牲畜疫病；整个夏天城市和乡镇里火灾频仍；有人纵火的愚蠢怨言在百姓中间越传越广。盗窃案件比以前猛增一倍。不过，要不是与此同时还有更重大的原因扰乱了一直都很走运的安德烈·安东诺维奇的安宁，这一切当然也不过是寻常小事罢了。

最使尤莉娅·米哈伊洛芙娜惊讶的是他一天比一天更沉默寡言，而且真是怪事，一天比一天不坦率了。可他又有什么需要隐瞒的呢？的确，他很少反对她的意见，在大多数情况下总是言听计从。比如，由于她的坚持，在加强省长权力方面实行了两三项几乎是触犯法律的十分冒险的措施。也是为了这个目的做了几件姑息养奸的事，叫人为他捏一把汗；比如说，一些本该送交法庭审判流放西伯利亚的人，仅仅由于她的坚持，反而申报上司授予奖赏。对于某些申诉和质询一贯不予理睬。这些事情后来都披露出来了。伦布克只顾签字，甚至没有考虑过他的妻子参与履行他的职责的分寸问题。但是另一方面，有时他为了一些“鸡毛蒜皮的小事”倔强起来，使尤莉娅·米哈伊洛芙娜感到惊讶。当然，这是因为他在接连几天的俯首听命之后，感到有必要做一点儿短暂的反抗来给予自己一些补偿。遗憾的是，尤莉娅·米哈伊洛芙娜虽然目光敏锐，洞幽烛微，却不能理解这一高尚性格中的高尚的微妙之处。唉！她那时哪里顾得上这一点，由此而产生了许多误会。

有些事情我不打算讲，也不会讲。关于行政管理上的错误也不是我所能评论的，而且行政管理方面的事情我根本就不准备谈。我在开始写记事录的时候，我的目的并不在这里。此外，现在上面已经派了一个调查组来我省调查，许多事件都会真相大白，只要稍待时日就可以了。虽然如此，有些事情还是不能不做一些交代。

让我继续谈谈尤莉娅·米哈伊洛芙娜。这位可怜的贵妇人（我很可怜她）完全不需要在下来伊始就采取那些激烈的离奇的行动，照样可以得到她心驰神往的一切（荣誉等）。然而，不知是因为她的诗意过于丰富呢，还是因为青春时期久经坎坷，一旦时来运转，突然感觉到自己负有特殊使命，几乎像那接受登基涂油式①的女皇一样，“在她的头上蹿起一条火舌”②，但正是在这条火舌里包含着祸害；这火舌毕竟不是假发，可以覆盖在每一个妇女的头上。但是要使女人相信这个真理，那太困难了；相反，只要谁愿意曲意奉迎，谁就会得到她的青睐，而曲意奉迎她的人可以说是争先恐后。可怜的女人一下子成了各种不同影响的玩

① 涂油式为宗教仪式，用油涂抹登基的皇帝或皇后的前额，表示降福于他或她。

② 陀思妥耶夫斯基引用了普希金的诗《英雄》(1830)，诗中说：“对，荣誉来去飘忽，任性多变，/像一条火舌，她/在卓越的脑袋上东跳西蹿，/今天在这个脑袋上消失，/立即就在另一个脑袋上出现。/……/这条火舌在哪里蹿起，/那个额头就神圣不可侵犯。”

物，而她却沾沾自喜，自以为见解独到，不同凡俗。许多聪明人在她身边发了不义之财，在她短暂的主持省政的时期内利用了她的单纯。结果在独立思考的旗号下，把事情搞得一团糟！她既喜欢大土地所有制，喜欢贵族分子；又喜欢加强省长权力，同时喜欢民主分子和各种新的机构；既喜欢秩序，又喜欢自由思想和各种社会主义思想；既喜欢贵族沙龙的典雅，又喜欢她周围的青年们放肆的几乎是下流的作风。她梦想造福于人，把不可调和的东西调和起来，说得确切点，就是让所有人和所有事在对她个人的崇拜中融成一体。她也有她的宠信；其中彼得·斯捷潘诺维奇，以他粗鲁之极的阿谀奉承，很得她的欢心。但是她喜欢他还有另一个原因，这个原因最离奇也最能说明这位可怜的夫人的性格：她一直希望他能向她透露一个颠覆国家的大阴谋！不管此事怎样难以想象，但这却是事实。不知什么原因，她觉得省里一定暗地里进行着一个颠覆国家的阴谋。彼得·斯捷潘诺维奇在一些情况下对此事保持沉默，在另一些情况下又闪烁其词，使她的这个奇怪想法更加根深蒂固了。她想象他与俄国的一切革命活动都有联系，而对她又忠诚到崇拜的地步。阴谋的揭露，彼得堡的嘉奖，锦绣的前程，以“抚爱”的手段影响青年使他们悬崖勒马，——这一切安然并存于她的富于幻想的头脑之中。她不是挽救了彼得·斯捷潘诺维奇，收服了他吗（这一点她不知什么缘故坚信不疑），她也能挽救其他人。他们中任何人、任何人都不会毁灭，她能把他们全挽救过来；她要把他们分成类别，如实向上司汇报他们的情况；她要维护正义，也许历史和整个俄国自由派也会赞扬她的名字；不过阴谋终究会被揭穿的。所有的好处一下子都能得到。

但是，还是得让安德烈·安东诺维奇在游乐会前开朗起来。一定要让他开心和放心。为此目的她差遣彼得·斯捷潘诺维奇前去找他，希望后者用他所知道的什么镇静方法治愈她丈夫的忧郁症，说不定还会告诉他一些直接听来的消息呢。她完全信赖他的机灵。彼得·斯捷潘诺维奇已经很久没有到冯·伦布克先生的书房去了。他飞也似的冲进去的时候，他的病人正处于特别紧张的状态之中。

二

发生了一起意外的事件，冯·伦布克先生面对复杂的局面一筹莫展。在县里（也就是彼得·斯捷潘诺维奇不久前在那里饮酒作乐的那个县里），一名少尉受到他的顶头上司的严厉训斥。这事件是当着全连人的面发生的。少尉还是个年轻人，不久前才从彼得堡调来，平时沉默寡言，抑郁矜持，虽然他个子矮小，胖墩墩的，长着一张红扑扑的脸。他受不了这顿训斥，忽然尖叫一声，使整个连队为之一怔，他像只野兽似的垂下头猛地向他的上司冲去，撞了一头之后又拼命咬住他的肩膀；人们好不容易才把他拉开。毫无疑问，他疯了，至少人们发现，他最近做出一些异乎寻常的举动。比如说，他从寓所里把房东家的两尊圣像抛了出来，把其中的一尊用斧头劈碎；他的房间里有三个支架，像教堂的读经台，上面放着福柯特、莫勒斯霍特和毕希纳的著作①，每个读经台前都点着教堂的蜡烛。从他住处发现的书籍数量来看，可以断定，他是个博览群书的人。要是他有五万法郎的话，也许他也会漂洋过海到马克萨斯群岛去了，就像赫尔岑先生在他的一部著作中饶有风趣地描写的那个“士官生”一样②。当他被捕后，在他的口袋里和寓所里发现了一大沓

---

① 福柯特（1817—1895）、莫勒斯霍特（又译摩莱肖特，1822—1893）、毕希纳（1824—1899）均为德国自然科学家，他们的自然科学著作对19世纪60年代的俄国激进青年来说有如唯物主义世界观的“圣经”。——俄编注

② 指的是赫尔岑《往事与随想》第7卷第3章中关于巴赫梅捷夫的故事。——俄编注

极为激烈的传单。

传单本身并不是什么了不起的事，就我看来，一点儿也不麻烦。我们见过的传单难道还少吗？何况这些传单并不是什么新传单；后来有人说，同样的传单不久以前在×省就有人散发过，利普京言之凿凿地说，一个半月前，他到县里和邻省去，那时就看到过完全一模一样的传单。但是使安德烈·安东诺维奇震惊的主要是什皮古林工厂的管事恰好在那个时候把两三包传单送到警察局去，这些传单是夜里偷偷扔进工厂的，同少尉那里搜到的传单完全一样。几个包都没有打开，因此没有一个工人看过一张传单。这本来是小事一桩，但是安德烈·安东诺维奇却绞尽脑汁思索起来，在他看来，事情复杂，十分棘手。

在什皮古林兄弟开的这家工厂里那时刚爆发所谓的“什皮古林事件”，这件事我们这里大叫大嚷了一阵子，甚至京城的一些报纸也做了说法各异的报道。大约三星期前一名工人患霍乱死了；然后又有几个人染上这种病。城里的人都恐慌起来，因为霍乱正从邻省向我们这边蔓延过来。我要指出，为了迎接这位不速之客，我们这里已尽可能采取了种种令人满意的卫生措施。但是什皮古林兄弟是有财有势的百万富翁，他们的工厂不知怎的被忽视了。这样，大家忽然嚷嚷起来说，疫病的根源和温床就在这个工厂里，在厂区里，尤其是在工人居住区里，向来肮脏不堪，即使本来没有霍乱，这里也会滋生出霍乱来。当然，马上采取了措施，安德烈·安东诺维奇竭力坚持立即执行。在三星期内工厂的垃圾污秽都清除了，但是不知什么原因，什皮古林兄弟把工厂关闭了。什皮古林兄弟之一长年住在彼得堡，另一个兄弟在当局下令清扫工厂后，去了莫斯科。工厂的总管开始解雇工人，现在已真相大白，他肆无忌惮地欺诈工人。工人们开始抱怨，他们要求结账公平，因为愚蠢，他们到警察局去申诉，不过没有人大叫大嚷，也没有什么骚动。正在这时安德烈·安东诺维奇收到总管送来的传单。

彼得·斯捷潘诺维奇不经通报就闯入书房，他自以为是这家的挚友和自己人，而且还肩负着尤莉娅·米哈伊洛芙娜的委托。一看到他，冯·伦布克就阴沉沉地皱起眉头，冷冷地在桌子边站住了。在这以前他在书房里踱来踱去，正同省长公署的官员布卢姆在单独商讨什么问题。布卢姆是一个举止十分笨拙、脸色阴沉的德国人，是伦布克不顾尤莉娅·米哈伊洛芙娜的强烈反对从彼得堡带来的。彼得·斯捷潘诺维奇进来后，他退到门边，但没有出去。彼得·斯捷潘诺维奇甚至觉得，他意味深长地同自己的首长交换了一下眼色。

"哎呀，总算找到您了，您这位不愿见人的一省之长!"彼得·斯捷潘诺维奇嘻嘻笑着高声叫道，把一只巴掌按到放在桌上的传单上，"这可以增加您的收藏品，嗯?"

安德烈·安东诺维奇光火了。他的脸不知怎的好像突然抽搐了一下。

"请您离开，马上离开!"他叫道，气得发抖，"而且不许……先生……"

"您这是怎么啦? 您好像生气了?"

"请允许我向您指出，先生，从今以后，我不想再忍受您的 sans façon[①]，而且请您记住……"

"嘿，见鬼，他当真生气了!"

"住嘴，住嘴!"冯·伦布克在地毯上跺着脚，"而且不许……"

天知道事情会发展到什么地步。唉，除了这一切之外，这里还有一个情况是彼得·斯捷潘诺维奇甚至尤莉娅·米哈伊洛芙娜所完全不知道

---

① 法文：没有礼貌。

的。可怜的安德烈·安东诺维奇心情如此不好，最近甚至暗暗地妒忌起他妻子对待彼得·斯捷潘诺维奇的态度来了。当他独处时，特别是夜深人静时，他度过了一些特别不愉快的时刻。

“我想，如果一个人接连两天把他的小说读给你听，一直到半夜以后，而且想听听你的意见，那么，起码他不会再摆官架子的……尤莉娅·米哈伊洛芙娜接见我时非常亲切；您这么个态度叫人怎么理解呢?”彼得·斯捷潘诺维奇说，甚至还颇有些尊严。“瞧，我顺便把您的小说带来了。”他把一摞很大很重、卷成筒形、用蓝纸包得严严实实的稿纸放到桌子上。

伦布克脸红了，嗫嚅着说不出话来。

“您在哪里找到的?”他小心翼翼地问道，流露出一种他无法掩饰但又竭力加以掩饰的喜悦。

“您信不信，因为卷成圆筒，就这么滚到五斗柜后面去了。大概我当时一进门把它扔在五斗柜上，没有放好。前天才找到，擦地板的时候，您真给了我一个好差使!”

伦布克严肃地垂下眼睛。

“承您的情，我接连两夜都没有睡觉。稿子还是前天找到的，可我没有马上还您，一直在看，白天没有时间，夜里看。怎么说呢——不满意；因为不合乎我的思想。不过这不要紧，我从来没有做过文学评论员，但是——我放不下，老兄，尽管我不满意！第四章和第五章，这个……这个……这个……鬼知道是怎么回事！您塞进去那么多幽默，逗得我哈哈大笑。您怎么能够这样挖苦人而 sans que cela paraisse[①]？还有，第九章和第十章，都是讲爱情的，我不内行；不过，很动人；读伊

① 法文：一点不动声色。

格列涅夫的信时我差一点儿没哭鼻子，虽然您把这个人物写得很含蓄……是吗，信很感动人，但同时您好像想使人看到他虚伪的一面，是这样吗？我猜得对不对？至于结尾，我简直想狠狠揍您一顿。您知道您在宣扬些什么吗？这是老一套的崇拜家庭幸福，生儿育女，长命百岁，发财致富①。得了吧！您会把读者迷住的，因为连我也爱不释手嘛，但这样可更糟糕。读者仍旧同从前一样，是愚蠢的，得由聪明人来启发他，可您……好了，说得够了，再见吧。下一次可别发脾气；我到这里来本来是想跟您讲两句要紧话的，可您有点儿那个……”

安德烈·安东诺维奇这时拿起自己的小说，把它锁进一个橡木书柜里，同时悄悄地向布卢姆眨眨眼，叫他退出去。布卢姆拉长了脸很不高兴地消失了。

“我并不是有点儿那个，我不过……尽是些不愉快的事。”他皱起眉头喃喃地说，但怒气完全消失了，他在桌边坐下，“您坐，把您那两句话说给我听。我很久没有见到您了，彼得·斯捷潘诺维奇，不过以后可别这么个样子闯进来……有时候有公务……”

“我的样子就是这样……”

“我知道，我相信，您不是有意的，但有时候我有麻烦……请坐呀。”

彼得·斯捷潘诺维奇在长沙发上大大咧咧地躺下来，一会儿又盘起了两条腿。

---

① 据俄国学者M. 艾利松研究推断，伦布克的“小说”是屠格涅夫的小说《罗亭》的讽刺性转述。俄文中“罗亭”（Рудин）一词来自 рыжий，意为“红褐色的”。伦布克小说的主人公叫 Игренев，这个词来自 игрений，意思也是“红褐色的”。小说中提到的伊格列涅夫的信影射罗亭给纳塔莉娅的告别信；“崇拜家庭幸福”指的是列日涅夫与亚历山德拉·帕夫洛芙娜结婚，沃伦采夫与纳塔莉娅结婚。——俄编注

三

“您这有什么麻烦；难道就为了这点小事？”他点头指指传单，“我可以给您拿来一大堆这样的传单，要多少有多少，在×省就看到过了。”

“您是说，在您住在那里的时候？”

“当然啰，总不是我不在那里的时候吧。传单上还有花饰，上面画着一把斧头。您让我瞧瞧（他拿起传单）；对呀，这里也有一把斧头；就是那种传单，一模一样。”

“对，是一把斧头。您要知道——这是斧头。”

“怎么，斧头把您给吓坏了？”

“我倒不怕斧头，先生……我也没有吓坏，但是这件事情……事情是这样的，这里有情况。”

“什么情况？因为是从工厂送来的？嘿嘿。您知道吗，您那工厂里工人很快就要自己写传单了。”

“这是怎么回事？”冯·伦布克严肃地盯着他。

“就是这么回事。您要瞧着他们点儿。您心肠太软了，安德烈·安东诺维奇；您会写小说。可这里应当用古老的方法来对付。”

“什么古老的方法？您给我出什么主意？工厂已经打扫干净了；我一下命令，就打扫干净了。”

“可是工人要造反。把他们一个个都鞭打一顿，事情就完结了。”

“造反？废话；我一下命令，就打扫干净了。”

“唉，安德烈·安东诺维奇，您真是个软弱的人！”

“第一，我绝不是什么软弱的人；第二……”冯·伦布克的自尊心又受到伤害。他同这个年轻人谈话已经是勉强的，只不过出于好奇心，看他会不会说出什么新的情况来。

“啊，又是老相识!”彼得·斯捷潘诺维奇打断他，两眼瞅着吸墨器下面的一张纸，这张纸好像也是一张传单，显然是国外印刷的，不过用的形式是诗，“这一张我会背：《光明正大的人》!我们来瞧瞧；果然是《光明正大的人》。我同这个人在国外就认识了。哪里找到的?”

“您说在国外见到过?”冯·伦布克猛地一怔。

“可不是吗，那是在四个月前，甚至五个月前。”

“您在国外见到的倒真不少。”冯·伦布克意味深长地瞧瞧他。彼得·斯捷潘诺维奇没有理会他，他打开纸，把这首诗朗诵了一遍：

光明正大的人①

他出身寒门，
在人民中长成，
但是遭沙皇的报复，
受贵族的妒恨，
他甘愿忍受苦难，
折磨，拷打和酷刑。
他去向人民宣扬
博爱、自由和平等。

为发动起义，他摆脱了

① 这是一首讽刺模仿之作，模仿俄国诗人、革命家尼·普·奥加辽夫（1813—1877）的诗《大学生》。原诗有献词：“献给年轻的朋友涅恰耶夫。”此诗以单页传单的形式在日内瓦印刷。——俄编注

刽子手、皮鞭和夹棍，
逃离了沙皇的牢笼，
远往异国他乡栖身。
而人民已准备起义，
反抗残酷的命运，
从斯摩棱斯克到塔什干，
翘首企盼着大学生。

人人都在等待他归来，
揭竿起义，率众挺进，
彻底打倒官僚贵族，
彻底结束沙皇暴政，
把他们的田产变为公有，
永远永远地废除
教会、婚姻和家庭——
旧世纪的祸根。

“大概是从那个军官那里搜来的吧，嗯?”彼得·斯捷潘诺维奇问道。

“您连那个军官也认识?”

“那还用说。我同他们一起喝了两天酒。他是一定要发疯的。”

“他也许并没有发疯。”

“难道不是因为发了疯，才开始咬人?”

“但是，请原谅，如果您在国外见到过这首诗，后来，又在这里，在那个军官那里……”

“什么？太玄了！您，安德烈·安东诺维奇，我看是在盘问我吧？您信不信，”他突然非常傲慢地说，“关于我在国外见到的事，我回国后已经向有关人士做了解释，他们认为我的解释是令人满意的，要不然我也不会光临这座城市了。我认为，我在这方面的问题已经结束，我没有义务向任何人汇报。我的事情已经结束，并不是因为我是个告密者，而是因为我只能这样做。那些写信给尤莉娅·米哈伊洛芙娜的人，了解我的情况，说我是一个诚实的人……不过让这一切都见鬼去吧。我到这儿来是想跟您谈一件正经事的，您把您的那个打扫烟囱的打发走了，这很好。这件事对我来说至关重要，安德烈·安东诺维奇，我对您有一个非常紧要的请求。”

“请求？嗯，请说吧，说实在的，您引起了我的好奇心。总之，我要说，您使我感到相当惊讶，彼得·斯捷潘诺维奇。”

冯·伦布克有点儿激动。彼得·斯捷潘诺维奇翘起了二郎腿。

“在彼得堡，”他开始说，“我对许多事情是坦率的，但是有些事情，比如说，这桩事情（他用一根手指敲敲《光明正大的人》），我没有说。首先，因为不值得说，其次，因为我只是问什么说什么。在这方面我不喜欢抢在前头；在这一点上我认为是坏蛋和仅仅为环境所逼的正直人之间的差别……好吧，一句话，这事且搁一边。而现在……现在当这些傻瓜……当事情已经暴露而且落在您手里，我看到，已经躲不过您了……因为您是个有眼光的人，高深莫测，而这些笨蛋却还在继续蛮干，我……我……就是说，我……总之，我来请求您救一个人，他也是一个笨蛋，也许还是个疯子，看在他年轻，一生坎坷，也为了您的人道精神……您总不至于只在您自己创作的小说中才讲人道精神吧！”他以粗鲁的讥诮的语气说着，突然不耐烦地打住了。

总之，看得出来这是一个直爽的人，但并不机灵，没有手腕，太富于人道的感情，也许过于矜持，而主要是不大聪明，这是冯·伦布克以他的极为敏锐的感觉立即给他的评价，也是他早就对他有的想法，特别是最近一周，当他单独待在书房里，尤其是长夜漫漫，当他想到此人莫名其妙地博得尤莉娅·米哈伊洛芙娜的欢心时，总是在暗地里痛骂他。

“您为谁求情，这一切又是什么意思?”他威风凛凛地问道，竭力掩盖自己的好奇心。

“这个……这个……见鬼……我信任您，这可不是我的过错！我认为您是最高尚的人，主要是，有头脑，……通情达理……这又有什么过错呢？……见鬼！……”

可怜的人儿显然控制不住自己了。

“而且要请您理解，”他继续说，“请您理解，如果我对您说出他的名字，我不是向您出卖他吗；我岂不是出卖他，不是吗？不是吗?”

“但是，如果您没有决心说出来，我怎么能猜到呢?”

“就是这么回事，您总是拿您这个逻辑来驳倒别人，见鬼……唉，见鬼……这个‘光明正大的人’，这个‘大学生’——就是沙托夫……就这些!”

“沙托夫？您说沙托夫，这是什么意思?”

“沙托夫，就是这里提到的那个‘大学生’。他现在住在这里；过去是农奴，就是他打了他人一记耳光。”

“我知道，知道!”伦布克眯起眼睛，“但是，请问，他究竟有什么罪，主要是，您替他求什么情?”

“我求您救救他，您明白吗！要知道，我八年前就认识他了，我可能还算是他的朋友哩，”彼得·斯捷潘诺维奇恼怒了，“得了，我没有义务向您汇报我过去的经历，”他不耐烦地挥了一下手，“这一切都是微不足道的小事，只不过三个半人，把国外的计算在内也不到十个人，主要是，我寄希望于您的人道精神，您的智慧。您会理解，让人看到事情的真实面貌，而不是天知道说成什么样子，这只不过是一个狂人的愚蠢梦想……那是因为不幸，请注意，长期的不幸，而不是什么见鬼的前所未闻的覆国阴谋！……”

他几乎喘不过气来。

“嗯。我知道了，那些有斧头的传单[①]与他有关，”伦布克几乎高傲地总结道，“然而，请问，如果他是一个人单干，他怎么能在这里散发，又在其他各州，甚至在×省散发呢？而且……最重要的是，这些传单他是从哪里弄来的呢？”

“我不是对您说了嘛，他们显然只有五个人，也许十个吧，我哪能知道呢？”

“您不知道？”

“为什么我要知道呢？真见鬼！”

“但是，您不是知道，沙托夫是共谋者之一？”

“唉！”彼得·斯捷潘诺维奇挥了挥手，似乎是想挡回询问者那咄咄逼人的锐利目光，“好吧，您听我说，我把全部真相都告诉您：关于传单我一无所知，也就是说根本什么都不知道，见鬼，您懂吗，‘一无所知’是什么意思……噢，当然有那个少尉，还有一个什么人，还有一个这里的什么人……也许有沙托夫，还有一个什么人，全在这里了，都是些乱七八糟的人……但是我为沙托夫求情，必须救救他，因为这首诗是

---

① 这里讲的是登载在赫尔岑的《钟声》（1858 年 10 月 1 日）上的一封《给编者的信》中的话：“你们听到了吗，穷哥们，——沙皇对你们说：你们指望我是荒唐的。那么现在还能指望谁呢！指望地主们吗？绝对不能，——他们同沙皇一个鼻孔出气，而且沙皇显然站在他们一边。你们只能指望自己，指望你们坚强的双手：磨利你们的斧头，干起来——废除农奴制，像沙皇说的，自下而上地废除！——弟兄们，干起来，不要再等待了，不要再受苦受难了；你们已经等待了这么久，等到了什么呢？”——俄编注

他的，他自己的作品，通过他在国外印刷的；这是我确实知道的，至于传单的事我什么都不知道。”

“如果诗是他的，那么传单大概也是他的。不过您有什么证据怀疑沙托夫先生呢？”

彼得·斯捷潘诺维奇一脸恼怒的神色，从口袋里掏出皮夹来，从里面取出一张字条。

“这就是证据！”他叫道，把字条往桌子上一扔。伦布克打开字条；原来字条是半年前写的，从这里寄往国外的什么地方，字条很短，只几个字：

> 《光明正大的人》我不能在这里印，而且什么也不能印；望在国外印刷。
>
> 伊·沙托夫

伦布克目不转睛地盯着彼得·斯捷潘诺维奇。瓦尔瓦拉·彼得罗芙娜说得很对，他的目光像公羊，有的时候特别像。

“就是这么回事，”彼得·斯捷潘诺维奇突然说，“就是说，他在半年以前写了这首诗，但是他不能在这里印，不能在某一个秘密印刷所印，——因此求人在国外印……好像清楚了吧？”

“是的，清楚了，但是他请求谁呢？——这一点还不清楚。”伦布克以极狡狯的讽刺口吻说道。

“基里洛夫呀；字条是写给基里洛夫的，寄往国外……您难道不知道？您也许在我面前佯装不知，其实您自己早已知道了关于这首诗的事，就是这样！叫人太难过了！它怎么会在您桌上的？是它自己跑来的？如果是这样，您为什么还要折磨我？”

他慌乱地用手帕擦去额头上的汗水。

“我也许知道一些事情……”伦布克巧妙地避开了这个话题，“但是这个基里洛夫是什么人呀？”

“这是个从外地来这里的工程师，斯塔夫罗金决斗时的证人，狂人，疯子；您那位少尉可能真的只不过患了震颤性谵妄，而这一位完全是疯子，——完完全全是疯子，这一点我可以保证。唉，安德烈·安东诺维奇，要是政府知道，这都是些什么人，对他们就下不了手了。可以把他们全关进疯人院；在瑞士和几次代表大会上这种人我见得多了。”

“在那里操纵这里的运动？”

“谁在操纵运动呀？三个半人。瞧着他们，我就感到心烦。而且这里又有什么运动？就是这些传单吗？他们吸收的又是些什么人呢？几个发酒疯的少尉，还有两三个大学生！您是聪明人，我问您一个问题：为什么他们不吸收一个有地位的人？为什么尽是些大学生和二十一二岁的少年？而且人数多吗？现在恐怕有一百万条警犬在搜捕他们，但是找到了几个呢？七个。我告诉您，无聊得很！”

伦布克聚精会神地听着，脸上的表情似乎在说：“用寓言是喂不饱夜莺的。①”

“对不起，您说，字条是寄到国外去的；可是这里没有地址；您怎么会知道，字条是写给基里洛夫先生的，而且是寄往国外的，还有……还有……它真的是沙托夫先生写的吗？”

“您可以马上把沙托夫的笔迹找来，对一对。您的公署里一定能找到他的签名。至于字条是写给基里洛夫的，那是基里洛夫本人当时拿给

① 俄国谚语，意为“空谈是骗不了人的”。

我看的。”

“这么说来，您亲眼……”

“对呀，当然是我亲眼看到的。那里给我看的东西还少吗？至于这首诗，那好像是已故的赫尔岑写给沙托夫的，当时沙托夫还在国外流浪，好像是为了纪念他们的相遇而写的，称赞沙托夫，推荐他，鬼知道……沙托夫就在青年中间散发开了。他还说：瞧，这是赫尔岑本人对我的意见。”

“原来如此，”伦布克终于猜到了，“怪不得我还在想：传单是可以理解的，为什么要写诗呢？”

“您怎么会不理解呢。真见鬼，我为什么要向您泄露秘密！您听我说，把沙托夫交给我，至于其他的人，就让他们统统见鬼去吧，甚至包括基里洛夫在内，现在他住在菲利波夫的宅子里，闭门不出，躲起来了，沙托夫也住在那里。他们不喜欢我，因为我回来了……但是请您答应把沙托夫交给我，我把他们一锅子都端给您。我对您会有用的，安德烈·安东诺维奇！我想这一小撮不过九至十个人。我亲自在监视他们，自动的。咱们已经知道了三个人：沙托夫、基里洛夫和那个少尉。其余人我还在观察……不过我并不近视。就像在×省，那里抓了几个发传单的人。两个大学生、一个中学生、两个二十岁的贵族、一个教师和一个退伍少校，快六十岁的人了，喝酒喝糊涂了。就是这一些，您信不信，全在这里了；甚至有人觉得奇怪，就只这些人。不过我需要六天时间。我已经计算了一下；六天，少了不行。如果您想得到什么结果，那么再等六天，不要惊动他们，我把他们捆成一包交给您；如果您动得早一点儿——这窝人就飞散了。不过把沙托夫交给我。我是为沙托夫来的……最好您把他秘密地客气地叫来，甚至到这个书房里来也好，把帷幕先给他揭开，然后盘问他……他自己一定会跪倒在您的脚下，感激得哭起来的！这个人神经质，很不幸；他妻子同斯塔夫罗金姘上了。抚慰抚慰他，他自己什么都会说出来，但是需要六天时间……可是主要是，主要是——半个字也不要告诉尤莉娅·米哈伊洛芙娜。保守秘密。您会保守秘密吗？”

“怎么？”伦布克睁大了眼睛，“难道您什么都没有对尤莉娅·米哈伊洛芙娜……透露？”

“对她？上帝保佑我！唉，安德烈·安东诺维奇！您要知道，我太珍视她的友谊了，我很尊敬她……以及其他等等……但我不会说漏嘴的。我不会顶撞她，您自己知道，顶撞她有多危险。我也许向她提到过一字半语，因为她喜欢这个，但是要我向她，像我现在向您这样说出名字，或者其他什么事情，唉，我的爷！您要知道，我干吗现在要来找您？因为您毕竟是男人，一个认真严肃的人，有长期的、坚实的公务经验。您阅历很深。这种事情的每一步，我想您从彼得堡的各种案例中已经知道得清清楚楚。如果我告诉她，比如说，这两个名字，那她就要大肆宣扬了……她不是想从这里让彼得堡大吃一惊吗？不，她太急躁了，就是这样。”

“对，她是有一点儿这个毛病，”安德烈·安东诺维奇不无快感地嘟哝道，同时他十分懊悔，这个不学无术的小子竟敢如此谈论尤莉娅·米哈伊洛芙娜，似乎太放肆了一点儿。而彼得·斯捷潘诺维奇呢，他大概觉得这还不够，需要再加点温才能拍上马屁，完全征服“伦布克”①。

“正是有这个毛病，”他附和说，“即使她可能是一个有天才的、有文学修养的女人，但她会打草惊蛇。连六个小时都忍耐不住，不要说六天了！唉，安德烈·安东诺维奇，您绝不能给女人六天的期限！您不是

---

① “伦布克”是德文姓，这里把它俄文化，带有轻蔑的意味。

承认我有一点儿经验嘛，我指的是在这一方面；的确，我是了解一些情况的，您自己也知道，我可能了解一些情况。我请您给我六天时间，不是为了玩乐，而是为了工作。”

“我听说……”伦布克想说又感到犹豫，“我听说，您从国外回来后，曾经向有关方面好像表示了……悔过?”

“是啊，那有什么关系。不管那里发生什么，都不关别人的事。”

“我不想过问……但是，我觉得，到现在为止，您在这里所说的，完全是另一种调子，比如说，关于基督教啦，关于社会机构啦，最后，关于政府……”

“我说过的话可多了。我现在也这么说，不过这些思想不应该像那些笨蛋那样来实行，问题就在于这里。张嘴去咬肩膀，那有什么用？您自己已经同意我的看法，不过您说，为时尚早。”

“我同意过您的意见，而且说过为时尚早，但其实我讲的不是这件事。”

“哎呀，您的每句话都是掂过分量的，嘿嘿，多谨慎的人！”彼得·斯捷潘诺维奇突然很开心地说，“您听我说，我的亲爷，我需要同您认识，我这才用我的调子说话。我不仅同您一个，同许多人都是这样认识的。我也许必须了解您的性格。”

“您为什么要了解我的性格?”

“我怎么知道为什么。（他又放声大笑。）您要知道，我敬爱的安德烈·安东诺维奇，您很狡猾，但还没有达到这个地步，大概永远不会达到，您懂吗？也许您懂？我虽然在回国之后向有关方面做了解释，而且我真的不明白，一个有某种信念的人为什么不能为实现自己的真诚信念而行动呢……不过，那里没有人要求我了解您的性格，而且我还没有接受从那里来的任何任务。请您仔细想一想：我完全可以不把这两个名字首先告诉您而直接到那里去，也就是我最早做解释的那个地方去：如果我为了钱财或者其他什么好处，那么从我这方面来说，结果当然是不利的，因为要嘉奖的就是您，不是我了。我完全是为了沙托夫，”彼得·斯捷潘诺维奇又胸襟磊落地补充说，“为了沙托夫一个人，出于过去的友谊……将来，在您动笔给那里写复信的时候，如果您愿意的话，不妨夸奖我几句……我不会反对的，嘿嘿！Adieu.[①] 哎呀，坐得太长久了，我不该说那么多废话!”他愉快地补充说，一面从沙发上站了起来。

“相反，我很高兴，事情可以说就这么决定了，”冯·伦布克也站了起来，笑容可掬，大概是受最后几句话的影响，“我接受您的帮助，非常感谢，您可以放心，关于您的忠诚我一定上报，凡是我所能做到的一切……”

“六天，主要是，六天的时间，在这几天内您不要动，我要的就是这个!”

“好吧。”

“当然，我不会束缚您，我也不敢。您不会不监视的；不过不到时候您可别打草惊蛇，这方面我相信您的智慧和经验。您一定准备了不少追逐犬，还有各种搜索犬，嘿嘿!”彼得·斯捷潘诺维奇快活而轻率地(就像年轻人一样)贸然说道。

“不完全是这样，”伦布克和颜悦色地回避答复，“这是年轻人的偏见，总是说准备了太多的……但是顺便再说一句，如果基里洛夫是斯塔夫罗金决斗时的证人，那么斯塔夫罗金先生在这种情况下……”

“斯塔夫罗金怎么啦?”

“我是说，如果他们是这样要好的朋友？……”

---

① 法文：再见。

“咳，不是，不是，不是！虽然您很聪明，这一次您却猜错了，甚至使我惊奇。我还以为您在这方面不会没有情报的……哼，斯塔夫罗金——这完全相反，完全……Avis au lecteur.[①]”

“真是这样？这可能吗？”伦布克不相信，“尤莉娅·米哈伊洛芙娜告诉过我，根据她从彼得堡得来的消息，他是一个带有某种可以说是训令的人……”

“我什么都不知道，什么都不知道，完全不知道。Adieu. Avis au lecteur![②]”彼得·斯捷潘诺维奇忽然很明显地避开这个话题。

他快步走向门口。

“等一等，彼得·斯捷潘诺维奇，等一等，”伦布克叫道，“还有一件小事，不会耽搁您很久。”

他从抽屉里取出一个信封。

“瞧这份东西，也是那一类的。我以此向您证明，我十分信任您。您看一看，再说说您的意见。”

信封里有一封信，一封奇怪的匿名信，信是写给伦布克的，他昨天才收到。彼得·斯捷潘诺维奇十分懊丧地读完下面这封信：

大人阁下！

因为按您的官阶应该这样称呼您。我以此信揭发企图杀害几位将军和颠覆祖国的阴谋；因为其直接结果必然如此。本人不断散发传单多年，且不信神。一场叛乱正在准备中，有成千上万张传单，如当局事先不予没收，每张传单必将吸引上百人竭力争先传阅，因

① 法文：致读者。此处意为“您已预先得到通知”。

② 法文：再见。您已预先得到了通告！

传单上许诺许多好处，而老百姓愚蠢，何况还有伏特加酒。百姓认为两方都有罪，既大骂一方，又大骂另一方，同时对两方都感到害怕。我后悔没有参加，因为我的情况就是如此。如果您为了拯救祖国以及教堂和神像而希望得到密报，那么只有我一个人能提供。但有一个条件：第三厅[①]必须立即发电报赦免我，在所有人中只赦免我一人，其余人听凭他们受到刑罚。望于每晚七时在门房窗台上放一支蜡烛作为信号。见到信号后，我会相信，并会前去吻京都来的那只仁慈的手，但必须给我发津贴。否则我何以为生？您不会后悔的，因为您将得到奖章。此事必须悄悄进行，不然的话，他们会要我的命。

属于阁下的亡命之徒跪叩

一个悔悟的自由思想者 lncognito[②]

冯·伦布克解释道，信是昨天在门房里发现的，当时那里没有人。

“那您是怎么想的呢？”彼得·斯捷潘诺维奇几乎是粗暴地问道。

“我猜想，这是一封匿名的讽刺信，是开玩笑。”

“很可能，是这么回事。您是骗不了的。”

“我这样想，因为写得很蠢。”

“您这里还收到过什么讽刺信吗？”

“收到过两三次，都是匿名的。”

“那当然，不会签名的。文体不同？笔迹不同？”

---

① 第三厅，沙皇尼古拉一世在 1826 年创立的机构，直接属于皇帝御前办公厅，主管秘密政治警察。

② 拉丁文：匿名不具。

“文体不同，笔迹也不同。”

“同这封一样，滑稽可笑?”

“对，滑稽可笑，而且您知道吗……很可恶。”

“既然过去有过，那么，现在一定是同一回事。”

“主要因为是这样愚蠢，因为那些是有文化的人，一定不会写得那么愚蠢。”

“对呀，对呀。”

“如果的确有什么人想去告密呢?”

“不大可能，”彼得·斯捷潘诺维奇冷冷地打断他，“第三厅的电报和津贴，那是什么意思？显然是讽刺信。”

“对，对。”伦布克感到惭愧。

“这样好吗，把这封信交给我。我一定给您查明。在查明那些人之前就查明。”

“您拿去吧。”冯·伦布克同意了，不过不是没有犹豫。

“您给什么人看过吗?”

“不，怎么可以呢，没给任何人看过。”

“没给尤莉娅·米哈伊洛芙娜看过?”

“啊，没有的事，看在上帝的面上，您也切莫给她看!”伦布克吓得叫了起来，“她会大吃一惊的……还会生我的气。”

“对，您第一个要遭殃，她会说，如果给您写这样的信，那是您活该。我们知道女人的逻辑。好吧，再见。说不定过两三天我就把写这封信的人给您带来。主要是，别忘了我们约定的条件!”

四

彼得·斯捷潘诺维奇也许不是个愚蠢的人，但苦役犯费季卡谈到他时说得对，他“自己会臆造出一个人来，就认为真有其事了”。他离开冯·伦布克时满怀信心，至少在六天之内伦布克不会担心了，而这段时间对他来说是极端重要的。但是他的想法是错误的，完全建立在他自己臆想出来的安德烈·安东诺维奇之上：从一开始他就认定安德烈·安东诺维奇完完全全是一个头脑简单的人。

同每一个因饱经忧患而疑虑重重的人一样，安德烈·安东诺维奇每当他疑团初释的时候，他总是感到非常高兴，而变得十分轻信。当事情有了新的转机之初，他总是感到欣慰，虽然又遇到一些新的麻烦。至少旧的疑惑已经烟消云散了。何况最近几天来他又那么劳累，觉得自己已经心力交瘁，疲惫不堪了，因此他的心灵情不自禁地渴望安宁。然而曾几何时，他又开始忐忑不安起来。彼得堡的长期生活在他的心灵上留下了不可磨灭的痕迹。见诸官方文件的“新一代人”历史，甚至秘密进行的“新一代人”历史他都相当清楚，——他是一个好奇的人，而且一直在收集传单，——但是他丝毫不理解这个过程。现在他好像走在茫茫林海中；他以他的全部本能预感到，彼得·斯捷潘诺维奇的话中包含着某种完全乖谬的荒诞不经的东西，——“不过鬼知道这个‘新一代’中会发生什么事情，鬼知道他们在干些什么事情！”——他苦思冥想，在自己的思绪中茫然不知所从了。

这时好像故意与他为难似的，布卢姆又把头伸了进来。从彼得·斯捷潘诺维奇来访到离去，他一直在不远的地方守候。这个布卢姆说起来还与安德烈·安东诺维奇沾上点亲戚关系，但他一生都竭力隐瞒，唯恐别人知道这种关系。请读者原谅，这里我要多说几句话来讲一讲这个渺小的人物。布卢姆属于一种古怪的“倒霉的”德国人，——他们“倒霉”，绝不是因为他们毫无才能，而确实是由于莫名其妙的原因。“倒霉的”德国人并不是神话，而是确实存在的，甚至在俄国也有，而且自成一种类型。安德烈·安东诺维奇一生都对他深为同情，令人十分感动。随着他自己在官场上的步步高升，不论在什么地方他都尽可能地安插布卢姆在他管辖部门下属的一个什么位置上；但是布卢姆哪里也没有交上好运。不是他那个职位被撤销了，就是他的上司更换了人，有一次和其他几个人差一点儿被送上法庭受审。他为人一丝不苟，但不知怎的认真得过了头，于事无益，于己不利，成天闷闷不乐；他长着棕红色的头发，高个儿，驼背，神情沮丧，甚至多愁善感，而且尽管他人微言轻，却固执倔强，像牛一样，虽然总是固执得不合时宜。多年以来，他和他的妻子以及众多的子女对安德烈·安东诺维奇都怀着崇敬的眷恋之情。除了安德烈·安东诺维奇之外，从来没有一个人喜欢过他。尤莉娅·米哈伊洛芙娜一见到他就认为他是个废物，但还是拗不过她丈夫的倔脾气。这是他们夫妇间的第一次龃龉，发生在他们新婚不久，在最初的甜蜜日子里，当时布卢姆突然出现在她面前，而在这以前他被精心隐藏起来不让她见面，也不让她知道使她感到屈辱的亲戚关系。安德烈·安东诺维奇双手合十，苦苦哀求，满怀深情，讲了布卢姆的一生经历和他们间从童年时代至今的友谊，但是尤莉娅·米哈伊洛芙娜认为她蒙受了奇耻大辱，甚至使出了昏厥的武器。冯·伦布克寸步不让，他宣称，无论世界上发生什么事情，他都不会抛弃布卢姆，不会疏远他，到最后她甚至感到惊奇，不得不允许他把布卢姆留在身边。只不过决定，把他们的亲戚关系尽可能比过去隐瞒得更为严密，甚至布卢姆的名字和父称也将予以改变，因为他无巧不巧也叫安德烈·安东诺维奇。布卢姆在我们这里同谁也不结识交往，除了一个开药房的德国人之外，他从来没有拜访过任何人，而是照自己的习惯，离群索居，过着单调的生活。他早已知道安德烈·安东诺维奇喜爱文学的毛病。他常被召去单独听他朗读他的小说，像木头疙瘩似的接连呆坐六个小时，满头大汗，竭力振作精神，免得打瞌睡，还要勉强装出笑容。回家以后他同他那长腿干瘦的妻子一起对他们的恩人醉心俄罗斯文学这一不幸的弱点叫苦不迭。

安德烈·安东诺维奇痛苦地瞧了瞧进来的布卢姆。

“我请求你，布卢姆，让我安静一下，”他慌忙说道，显然不想恢复刚才由于彼得·斯捷潘诺维奇的到来而中断的谈话。

“但是这件事可以用最温和的完全秘密的方式来进行；您难道不是大权在握吗？”布卢姆恭敬地但又十分顽固地坚持着什么，他弓起背，迈着小步渐渐逼近安德烈·安东诺维奇。

“布卢姆，你对我忠诚和殷勤达到了这种地步，叫我一看到你就吓得胆战心惊。”

“您总是喜欢说俏皮话，您对您所说的话如此满意，于是就高枕无忧了，但是这正好对您自己不利。”

“布卢姆，我现在相信了，完全不是这么回事，完全不是。”

“是不是听信了这个虚伪的坏心眼儿的年轻人？您自己不是也怀疑他吗？他恭维您在文学上的天才，把您给征服了。”

“布卢姆，你什么都不懂；你的计划是荒唐的，我对你说吧。我们什么都不会找到的，只会引起一场轩然大波，然后是嘲笑，然后是尤莉娅·米哈伊洛芙娜……”

“我们一定能找到我们所要找的东西，”布卢姆坚定地向他迈出一步，右手按在心口上，“我们进行突击检查，一清早就去，对他本人采取彬彬有礼的态度，严格执行法律规定的手续。那两个年轻人，利亚姆申和捷利亚特尼科夫，说得很有把握，我们一定能找到我们希望找到的东西。他们到那里去过多次。对韦尔霍文斯基先生谁也没有多大好感。斯塔夫罗金娜将军夫人已经公然拒绝再给他恩赐了，任何一个正直的人，如果在这个野蛮的城市里还能找到正直人的话，都会相信，他那里一贯是无神论和社会主义学说的根源。他那里收藏着禁书。雷列耶夫[①]的《沉思》，赫尔岑的全部著作……我有一个大致的书目可供查阅……”

“啊，天哪，这些书任何人都有；你头脑太简单了，我可怜的布卢姆！”

“还有许多传单，”布卢姆不听批评继续往下说，“我们最终一定会发现当前这里印刷的传单的线索。这个小韦尔霍文斯基我觉得非常、非常可疑。”

“可是你把父亲和儿子混淆起来了。他们相互不和；儿子显然在嘲笑父亲。”

“这只不过是伪装罢了。”

“布卢姆，你存心要把我折磨死吗！你想一想，他无论如何在这里也是个头面人物。他当过教授，有名望，他会大叫大嚷，全城人马上会笑骂我们，我们会丧失一切……还有，你想一想，尤莉娅·米哈伊洛芙娜又会怎么样！”

布卢姆不住地逼近他，没有听他的。

“他只是个副教授[②]，只不过是副教授，按官阶他退休时不过是一个八级文官，”他用手拍拍胸脯，“他没有得过奖章，却有参与反政府阴谋的嫌疑，因而被解职了。他曾经受到秘密监视，现在一定也是。由于

① 孔·费·雷列耶夫（1795—1826），俄国诗人，十二月党人。

② 隐指格拉诺夫斯基。赫尔岑在《往事与随想》中不止一次称他为副教授。——俄编注

现在出现了一些骚乱，您无疑是责无旁贷的。您不但错过立功受奖的机会，还在纵容真正的罪人。”

“尤莉娅·米哈伊洛芙娜！快——走，布卢姆！”冯·伦布克听到隔壁房间传来妻子的声音，突然叫道。

布卢姆震了一震，但没有屈服。

“请允许我，请允许我。”他又逼近一步，两手更紧地按住胸脯。

“快——滚！”安德烈·安东诺维奇咬牙切齿地说，“随你怎么办吧……以后再说……啊，天哪！”

门帘掀开了，尤莉娅·米哈伊洛芙娜出现在眼前。她一看到布卢姆，凛凛然站住了，她傲慢地鄙夷不屑地瞥了他一眼，似乎这个人待在这里就是对她的侮辱。布卢姆默默地毕恭毕敬地向她深深一鞠躬，因为恭敬弓起了背，蹑手蹑脚地向门口走去，两手向两边微微张开。

不知道是因为他把安德烈·安东诺维奇最后一声歇斯底里的呼叫当真理解为准许他做他所请求的事呢，还是因为他太相信事情会圆满结束，因此为了他恩人的直接利益，在这件事情上他做了昧心的事，——但是我们往下就会看到，这次上司与下属之间的谈话引起了一件完全出人意料的事，事情闹得沸沸扬扬，遭到许多人的嘲笑，惹得尤莉娅·米哈伊洛芙娜怒不可遏，而这一切使安德烈·安东诺维奇最终茫然不知所措，在最紧急的关头陷入了最可悲的犹豫不决的状态之中。

五

这一天对彼得·斯捷潘诺维奇来说是十分忙碌的一天。从冯·伦布克那里出来以后，他急急忙忙朝显圣街跑去，但当他走到贝科夫街、经过卡尔马济诺夫寓居的那幢房子时，他突然停了下来，微微一笑，便走了进去。仆人回答他："老爷正在等候先生。"这使他很感兴趣，因为他事先根本没有告诉过卡尔马济诺夫他要来。

但是伟大的作家果真在等候他，甚至昨天和前天已经在等候他了。三天前他把他的手稿"Merci"[①] 交给了他（他想在尤莉娅·米哈伊洛芙娜举办的游乐会文学集会上朗诵这篇作品），他这样做出于盛情厚意，他完全相信，让此人预先读到这篇伟大作品，一定会使他的自尊心得到愉快的满足。彼得·斯捷潘诺维奇早就觉察到，这位虚荣心很重、受到过分宠爱的、对普通百姓倨傲自大高不可攀的先生，这位"几乎是闻名全国的才子"不过是在讨好他，甚至是如饥似渴地讨好他。我觉得，这个年轻人终于猜到了，卡尔马济诺夫即使不认为他是全俄秘密革命运动的一个头目，那么至少也认为他是最了解俄国革命秘密、对青年具有无可争辩的影响的人物之一。这位"俄国最聪明的人物"的思想状况使彼得·斯捷潘诺维奇颇感兴趣，但在此以前由于某种原因，他避而不向他说明。

伟大作家寓居在姐姐家里，他姐姐是一位宫廷高级侍从的妻子，也是一位女地主，——他们夫妇俩对这位大名鼎鼎的亲戚奉若神明，但是这次他来时他俩都在莫斯科，使他们遗憾万分，因此接待他的荣幸落到一位老妇人的身上。这位老妇人是宫廷侍从很远的穷亲戚，她住在他们家，早已在掌管他们家的全部家务。自从卡尔马济诺夫先生来到之后，全家人都踮起脚来走路。老妇人几乎每天都写信向莫斯科报告，他睡得怎样，吃了些什么，有一次还往莫斯科拍去一份电报，说他在市长的宴会之后不得不服了一勺子药。她几乎不敢走进他的房间，虽然他对她礼貌周到，但态度冷淡，非必要不跟她说话。当彼得·斯捷潘诺维奇进去

① 法文：谢谢。

时，他正在吃他早餐中的肉饼，还有半杯红葡萄酒。彼得·斯捷潘诺维奇以前来过几次，每次都碰到他在吃这道早餐中的肉饼，他当着他的面把肉饼吃完，但是一次也没有款待过他，肉饼之后还端上来一小杯咖啡。端食物的仆人穿着燕尾服，不出声音的软底靴，还戴着手套。

“啊——呀！”卡尔马济诺夫从长沙发上欠身起来，一面用餐巾擦着嘴，他面带最真诚的喜悦过来和他接吻——这是一些大名鼎鼎的俄国人的典型习惯。但是彼得·斯捷潘诺维奇根据以往的经验记得，他虽然过来接吻，但自己只不过把脸颊凑上来，[①] 因此这一次他也如法炮制；两个脸颊碰了一下，卡尔马济诺夫虽然注意到了，但一点儿不露声色，随着在长沙发上坐下，和颜悦色地向彼得·斯捷潘诺维奇指指对面的圈椅。彼得·斯捷潘诺维奇就大大咧咧地坐下了。

“您也许……是否想用早餐？”主人问道，这一次违背了他自己的惯例，但是当然他的神情却暗示对方婉言谢绝。然而彼得·斯捷潘诺维奇立即就同意了。一片不快的惊奇的阴影掠过主人的脸，但是瞬间即逝；他神经质地按铃叫仆人，不顾自己的教养，轻蔑地提高嗓门，命令再端一份早餐来。

“您要什么，肉饼还是咖啡？”他又一次问道。

“既要肉饼，又要咖啡，还请您吩咐他们再添点酒，我饿坏了。”彼得·斯捷潘诺维奇回答道，神态自若地端详着主人的服装。卡尔马济诺夫先生穿着一件家常的短棉袄，有点儿像马甲，钉着螺钿扣，但是太短，与他那相当丰满的肚子和大腿上端的浑圆部分一点儿不相称；但是人们的喜好各不相同。他的膝盖上盖着一块格子毛毯，一直拖到地上，

---

① 陀思妥耶夫斯基在1867年8月16（18）日给阿·迈科夫的信中说到屠格涅夫：“我还不喜欢他那虚伪的贵族式的拥抱，他过来和你接吻，却只把自己的脸颊凑上来。”

虽然房间里很暖和。

“您有病，是吗?”彼得·斯捷潘诺维奇问道。

“不，没有病，但在这种气候下我害怕生病。”作家回答道。他的嗓音尖锐刺耳，不过他柔和地抑扬顿挫地吐出每一个词，像所有老爷一样，咬着舌儿，把咝音念成悦耳的唏音，“我昨天就在等您来。”

“为什么?我可没有说过要来呀。”

“不错，可我的手稿在您那里。您……看过了吗?”

“手稿?什么手稿?”

卡尔马济诺夫大吃一惊。

“但是您把它带来了吧?”他突然惊慌起来，甚至顾不上用餐了，神色张皇地望着彼得·斯捷潘诺维奇。

“噢，您是说‘Bonjour’[①]，是不是……”

“‘Merci’.”

“就算是吧。完全忘了，没有看过，没有时间。的确，不知道放哪里去了，口袋里没有……一定在我桌子上。别担心，能找到的。”

“不，最好还是马上派人到您那里去取。它可能遗失的，而且还可能被偷走。”

“得了吧，谁要这东西!您干吗那么害怕，尤莉娅·米哈伊洛芙娜说，您总是准备好一式几份[②]，一份在国外的证人那里，另一份在彼得堡，还有一份在莫斯科，然后再送一份去银行，是不是?”

“但是莫斯科也可能烧掉的，我的手稿可能同它一起烧掉。我最好现在就派人去。”

---

① 法文:“日安”,“您好”。

② 讥刺屠格涅夫。屠格涅夫对每部作品都要长时间地琢磨，有时确实“准备了”几份抄本。——俄编注

“别忙，瞧，这不是吗!”彼得·斯捷潘诺维奇从后兜里掏出一叠信纸，“有点儿皱了。您想，从您这里拿来后，就一直放在我后兜里，同手帕在一起，忘了。”

卡尔马济诺夫迫不及待地一把抓住手稿，小心地检查了一遍，数了数页数，十分珍惜地暂时把它放在身边一个专门的小桌上，使他每时每刻都能看到它。

“您好像看书不多?”他忍不住从牙缝里挤出一句。

“是的，不怎么多。”

“在俄国小说方面——什么也没有看过?”

“在俄国小说方面? 让我想一想，我看过一点儿……《在路上》……或者是《上路》……也许是《在十字路口》，记不起了。很久以前看的，有四五年了。没有时间哪。”

接着两人沉默了一会儿。

“我一来到这里就告诉大家，您是一位非常聪明的人，现在这儿的人好像全都为您而神魂颠倒了。”

“谢谢您。”彼得·斯捷潘诺维奇不动声色地回答道。

仆人送来了早餐。彼得·斯捷潘诺维奇狼吞虎咽地吃起肉饼来，一会儿就吃完了肉饼，喝完了酒，又一口喝掉了咖啡。

“这个不学无术的家伙。”卡尔马济诺夫在沉思中斜眼打量着他，一面吃着他的最后一口肉饼，喝着他的最后一口酒，“这个不学无术的家伙大概懂得了我这句话里的刺儿……至于手稿，当然如饥似渴地读过了，他撒谎是因为别有用意。但是也许他没有撒谎，真的是十足的愚蠢。我倒喜欢那种有点儿傻里傻气的天才人物。也许他在他们中间真的是什么天才，真见鬼。”

他从沙发上站了起来，开始在房间里从一个角落到另一个角落来回踱步，这是他每天早餐后做的运动。

“很快要走了吧?”彼得·斯捷潘诺维奇坐在圈椅里，点起一支烟，问道。

“我到这里来其实是来出卖庄园的，现在得由我的管家来决定了。”

“您到这里来好像是因为那里在战争之后可能发生瘟疫，是吗?”

“不，不，不完全是，”卡尔马济诺夫先生继续说道，他用和蔼可亲的语调说着话，在每次从一个角落转身向另一个角落走去时都要精神十足地抖动一下右腿，不过动作很轻微。“我真的打算，”他不无讥讽意味地冷冷一笑，“尽可能多活些日子。在俄国的贵族老爷当中有某种很快趋于衰老的东西，在各个方面都是如此。但我希望尽可能衰老得晚一些，因此我想彻底迁居到国外去；那里的气候好一些，房子也是石砌的，一切都比较坚固。我想，我这辈子当中欧洲是不会倾毁的。您的意见呢?”

“我怎么知道。”

“嗯。如果那里的巴比伦[①]真的会倒塌（这一点我与您的意见完全一致，虽然我认为我这一辈子它是不会倒塌的），那么，在我们俄国，相对而言，根本就没有会倒塌的东西。我们这里不会有石块砸到我们头上，而是一切都化为一摊污泥。在这个世界上神圣罗斯是最缺乏抵抗能力的了。老百姓还勉勉强强靠俄国上帝支撑着；但据最新的资料，俄国上帝很不可靠，甚至抵挡不住农奴改革，至少剧烈地动摇了一下。现在又建造了铁路，又有了你们……俄国上帝我是完全不相信了。”

“那么欧洲的呢?”

---

① 这里指的不是具体的巴比伦（即幼发拉底河上迦勒底人的首都或埃及的巴比伦），而是《新约全书·启示录》中提到的巴比伦：“巴比伦大城倾倒了！倾倒了！……因为列国都被她邪淫大怒的酒倾倒了。”（见《新约全书·启示录》，第18章，第2、3节）。

"我任何上帝都不相信。有人在俄国青年面前诋毁我。我一向同情每一个青年运动。有人把这里的传单拿给我看。人们瞧着这些传单，困惑不解，因为大家都给这种形式吓倒了，但是大家都对它们的威力深信不疑，即使还没有意识到这一点。大家早已在往下跌落了，大家也早知道，没有可以抓得住的支撑。我之所以相信这一秘密宣传一定会取得成功，是因为今天俄国主要是世界上那个什么都可能毫无抗拒地发生的地方。我太理解了，为什么有资产的俄国人争先恐后地流往国外，而且一年比一年多。这里无非是本能。如果轮船要沉没，那么船上的老鼠会最早迁出。神圣罗斯是一个木头建成的国家，一个贫困的国家，而且是……危险的国家，在这个国家里一批崇尚虚荣的乞儿处于社会的上层，而极大部分人住在长着两只鸡腿的木房子①里。这个国家对任何出路都会感到高兴，只要你对她详加说明就行。只有政府还想抵抗，但是它在黑暗中挥舞大棒，打的是自己人。这里一切都在命中注定，无可挽救的了。俄国就她现在的情况来说是没有前途的。我已经成了德国人，并认为这是我的荣幸。"

"但是，您是从传单谈起的；请您谈谈对传单的全部看法。"

"大家都害怕传单，说明传单有巨大的威力。传单公开揭露骗局，证明我们这里没有可以抓住作为支撑和依靠的东西。它们在大家沉默不语的时候大声疾呼。传单中最能克敌制胜的东西（不管其形式如何），是前所未闻的正视真理的勇气。这种正视真理的能力只有俄国的一代新人才具有。不，在欧洲，人们还没有这样大胆，那里是石头砌成的王国，那里还有可以依靠的东西。就我所见，就我所能判断的是：俄国革

① 在俄罗斯民间故事里常常讲到长着两条鸡腿的木房子，它自己会走路，没有门，没有窗，里面住着巫婆。这里指的是古老的简陋的木房子。

命思想的真谛在于否定人格。[①] 我喜欢这种思想如此大胆无畏地表达出来。不，在欧洲还不能理解这一点。而我们这里急切追求的正是这个。对俄罗斯人来说，人格只不过是多余的负担，而且一直是负担，在整个历史过程中都是如此。公开的‘侵犯人格的权利’最可能吸引他们。我属于老一代，说实话，我仍赞成人格，但这不过是习惯而已。我只喜爱老的形式，就算是怯懦吧；好歹总得活下去嘛。”

他突然停住了。

“我不住地说呀说的，”他想道，“他却一声不吭，窥伺着。他是要我向他直接提出问题的。那我就提吧。”

“尤莉娅·米哈伊洛芙娜要我从您这里套问出来，您为后天的舞会准备了什么令人惊喜的节目?”彼得·斯捷潘诺维奇突然问道。

“对，这真是一个出人意料的节目，我真的会使人惊异的……”卡尔马济诺夫摆起了架子，“但我不告诉您其中的秘密。”

彼得·斯捷潘诺维奇没有追问下去。

“这里有一个叫沙托夫的人，”伟大作家询问道，“您信不信，我还没有见过他哩。”

“一个很好的人，怎么?”

“没什么，他好像在那里讲了些什么话。打斯塔夫罗金耳光的就是

---

① 这是利用了《人民惩治会会刊》（第1期）中的一句话：“我们来自人民，我们的皮肉上布满了现代制度的齿痕，指导我们行动的是对一切非人民的东西的仇恨，我们所仇恨的那个世界能够给我们的只有灾祸，因此对待它我们不知道什么是道德义务，什么是人格。”后来，在1876年，陀思妥耶夫斯基在谈到当代青年的“自由主义父辈”时指出，“大体上这些人们不过是一批小小的无神论者和大大的无耻之徒，实质上仍是那些吸血鬼和‘小暴君’，但却大吹大擂自由主义，他们把自由主义竟然只看作侵犯人格的权利”。（《作家日记》，1876年3月，第2章，第3节）“侵犯人格的权利”一语源自《惩治条例》，根据该条例，“侵犯人格”（人身侮辱）属于刑法惩处的行为。受侵犯者可以不提出刑事诉讼，而提请判处金钱补偿。——俄编注

他吧?”

“是的。”

“您对斯塔夫罗金是怎么看的?”

“我不知道;好像是个喜欢拈花惹草的花花公子。”

卡尔马济诺夫痛恨斯塔夫罗金,因为此人完全不把他放在眼里,并且习以为常。

“这个花花公子,”他嘿嘿地笑着说道,“如果我们这里有一天实现了传单中所宣传的那些事,那么,大概会把他第一个吊死在树枝上的。”

“可能,也许还会更早一些。”彼得·斯捷潘诺维奇突然说道。

“应当这样。”卡尔马济诺夫附和道,他收起了笑容,不知怎的神色显得过分严肃。

“这话您已经说过一次了,您知道吗?我转告了他。”

“怎么,难道您转告他了?”卡尔马济诺夫又大笑起来。

“他说,如果要把他吊死,那么,把您鞭打一顿,也就够了,不过不能客气,要狠狠地打,像打庄稼汉一样。”

彼得·斯捷潘诺维奇拿起帽子,站了起来。卡尔马济诺夫伸出两手,跟他握别。

“怎么,”他突然用蜜糖似的声音,以一种特殊的语调小声说,两手仍旧握着他的手,“如果确定要实现……他们密谋的一切,那么……这可能在什么时候发生?”

“我怎么知道,”彼得·斯捷潘诺维奇有点儿粗鲁地回答。两人相互专注地凝视着对方的眼睛。

“大概?大致上?”卡尔马济诺夫用更加甜蜜的尖细嗓音小声说道。

“卖庄园您还来得及,离开也来得及。”彼得·斯捷潘诺维奇更粗鲁地说。两人更专注地盯视着对方。

出现了短时间的沉默。

“明年5月初开始，到圣母帡幪节[①]前一切结束。”彼得·斯捷潘诺维奇突然说。

“衷心感谢您。”卡尔马济诺夫握了握他的手，以满怀深情的声音说道。

“你来得及迁出轮船的，你这只耗子！”彼得·斯捷潘诺维奇走到街上，心里思忖道，“如果这个‘几乎是闻名全国的才子’如此深信不疑地探问日期和钟点，又为他得到的消息而如此毕恭毕敬地表示感谢，那么，我们自己更不能怀疑了。（他冷笑了一声。）哼，在他们那里他的确不算蠢……不过他只是一只逃命的耗子罢了，这样的耗子是不会告密的！”

他快步向显圣街上菲利波夫的宅子走去。

六

彼得·斯捷潘诺维奇首先去找基里洛夫。基里洛夫同往常一样独自一人在家，这一次他在房间中央做体操，就是说，他张开两腿，以一种特殊的方式在头上转动着两条胳膊。地板上放着一只皮球。桌上放着还没有收走的早茶，茶已凉了。彼得·斯捷潘诺维奇在门槛上站了一会儿。

“您真不错，对自己的健康很注意嘛，”他乐呵呵地大声说道，一面走进房间去，“哎呀，这皮球好漂亮，哦，滚得好快；它也是做体操用

---

① 东正教节日，在俄历10月1日。根据涅恰耶夫分子1869年10月通过的计划，“全部决议……提交彼时从外省齐集彼得堡的会员审议通过，”然后，“应当开始系统的、遍及全俄的革命活动”。起义定于1870年春天开始。——俄编注

的吗?”

基里洛夫穿上常礼服。

“对，也是为了健康用的，”他冷冷地嘟哝着，“请坐。”

“我一会儿就走。好吧，我坐。健康归健康，我来是向您提醒我们的约定的。‘在某种意义上说’，我们的期限快到了。”他最后怪里怪气地说。

“什么约定?”

“怎么什么约定?”彼得·斯捷潘诺维奇惊慌起来，甚至害怕了。

“这不是约定，也不是义务，我从来没有束缚过自己，您搞错了。”

“您听我说，您这是什么意思?”彼得·斯捷潘诺维奇已经跳了起来。

“我自己的意志。”

“什么意志?”

“原先的。”

“这怎么理解？是不是您的想法仍同原先一样?”

“是的。不过没有约定，也没有过约定，我没有束缚过自己。过去只有我自己的意志，现在也只有我自己的意志。”

基里洛夫用尖锐而轻蔑的语气解释道。

“我同意，同意，就算是您的意志，只要这个意志不改变就好，”彼得·斯捷潘诺维奇带着满意的神情又坐了下来，“您因为我的用词而生气。最近您好像很容易生气；因此我避免到这里来。不过我相信，您是不会出尔反尔的。”

“我很不喜欢您；不过您完全可以放心。虽然我不承认什么出尔反尔的说法。”

“不过您知道，”彼得·斯捷潘诺维奇又惊慌起来，“咱们应该再好好谈一谈，不要出错。这事情要求确切，可您搞得我手足无措。可以谈谈吗?”

“说吧。”基里洛夫厉声说，两眼望着墙角。

“您早已决定自杀了……就是说，您有这样的想法。我这样说对吗?有什么错没有?”

“我现在也有这样的想法。”

“很好。不过请您注意，谁也没有强迫您这样做。”

“那还用说；您这话说得多蠢。”

“好吧，好吧，我说得很蠢。毫无疑问，如果强迫去做的活，那就太蠢了；我继续说下去，还是在协会改组以前您就是协会的会员，当时您就向协会的另一名会员坦白过。”

“我没有坦白，我只不过告诉他。”

“好吧。而且在这件事情上‘坦白’，那太可笑了，这算什么自白?您只不过告诉他，那很好。”

“不，不是很好，因为您说话太支支吾吾了。我没有义务向您做任何说明，我的思想您也无法理解。我希望剥夺自己的生命，因为我有这样的思想，我不希望经历死亡的恐惧，因为……因为您没有必要知道……您怎么啦?想喝点茶吗?凉的。我给您另外拿只杯子来。”

彼得·斯捷潘诺维奇真的拿起茶壶，开始寻找空杯子。基里洛夫到碗柜前，拿来一只干净的玻璃杯。

“我刚才在卡尔马济诺夫那里吃了早餐，”客人说道，“后来听他说话，出了一身汗，跑到这里来——又出了一身汗，渴死了。”

“喝吧。凉茶很好。”

基里洛夫又在椅子上坐下，眼睛又盯住墙角。

“协会产生了这样的思想，”他仍用同样的声音说道，“如果我自杀，这可能会有点儿用处，当你们闹出乱子以后，一定会搜寻罪犯，那时我突然开枪自杀，留下一封遗书，说是我干的，那么整整一年不会怀疑到你们。”

“哪怕几天也好；一天也是宝贵的。”

“好。就在这一点上有人对我说，如果我愿意，要我等一等。我说，我可以等一等，等协会告诉我日期，因为对我来说，反正都是一样。”

“对，但是请您回忆一下，您曾经保证，当您起草绝命书时，一定要同我在一起，而且，到俄国后，您要听我的……哦，总之，您要听我的安排，说确切点，只有在这件事情上，不用说，在其他事情上您当然是自由的。”彼得·斯捷潘诺维奇几乎是客气地补充说。

“我没有做过保证，我只不过同意这样做，因为对我来说反正都一样。”

“那很好，很好，我一点儿也不想损害您的自尊心，但是……”

“这不是自尊心的问题。”

“但是，请您回忆一下，在您回国时为您筹集了一百二十个塔勒做路费，因此您是拿了钱的。”

“根本不是这么一回事，”基里洛夫勃然大怒，“钱不是为了那个目的。这种事是不拿钱的。”

“有时也拿。”

“您撒谎。我从彼得堡寄去一封信做了声明，而在彼得堡我已经付给您一百二十个塔勒，是交到您手里的……这些钱已经寄到那里去了，除非您把这笔钱扣了下来。”

“好，好，我不跟您争论，是寄走了。重要的是您仍同过去一样想法。”

“一样想法。只要您来告诉我‘是时候了’，我马上就执行。怎么，很快了吧?”

“不要太多天了……但是记住，字条我们一起写，就在那天夜里。”

“哪怕白天也行。您说过，要我们把传单承担下来?”

“还有另外的事。”

“我不能把什么都揽到自己身上。”

“什么事情不能揽下来?”彼得·斯捷潘诺维奇又惊慌起来。

“我不愿意的事情；够了，我不想再谈这件事了!”

彼得·斯捷潘诺维奇克制住自己，改变了话题。

“我另外有一件事要和您谈谈，”他抢先说道，“您能不能今晚到我们的人那儿去? 维尔金斯基的命名日，借这个名义在那里集合。”

“我不想去。”

“劳您的大驾，去吧。必须这样做。必须多一点儿人，造成声势，还要借助您的这张脸……您的脸……一句话，您有一张听天由命的脸。”

“您这样认为?”基里洛夫纵声大笑，“好吧，我来；不过不是因为这张脸。什么时候?”

“噢，早一点儿，六点半钟。知道吗，您可以进去，坐下来，不管那里有多少人，跟谁都不要说话。不过，知道吗，不要忘记带纸和铅笔去。”

“这是干什么?”

“对您来说反正都一样；而这是我的特殊要求。您只要坐在那里，跟谁都别说话，听着，偶尔装作在记录；哪怕随便画画都行。”

“胡说八道，干什么?”

“对您不是反正都一样吗；您不是老是说，对您来说反正都一样。”

“不，究竟为什么?”

“那是因为那位协会会员，一位监察员，在莫斯科耽搁了，而我在那里时向有的人宣布过，可能有一位监察员要来；他们会认为您就是监察员，由于您在这里已经待了三个星期，他们更会感到惊奇。”

“耍把戏。你们在莫斯科根本就没有什么监察员。”

“就算没有吧，鬼知道，这同您有什么关系，您又有什么为难的地方？您自己就是协会会员嘛。”

“您告诉他们，我是监察员；我会坐在那里一声不吭，可纸和铅笔我不想带。”

“这是为什么？”

“不想带。”

彼得·斯捷潘诺维奇恼火了，连脸都发青了，但他再次克制住自己，站起身，拿起帽子。

“那个人在您这里？”

“在我这里。”

“这很好。我很快把他带走，别担心。”

“我不担心。他只不过在这里过夜。老太婆在医院里，媳妇死了，这两天我都是一个人。我把板墙上那块板可以取下来的地方指给他看；他钻进来，谁也看不到。”

“我马上把他带走。”

“他说，他有许多地方可以过夜。”

“他胡说，人家在搜捕他，这里暂时还没有人注意。难道您跟他谈话了吗？”

“对，谈了一宿。他骂您骂得很凶。我夜里给他读《启示录》，一面喝茶。他很爱听；非常爱听，整夜都听。”

“见鬼，您会把他变成基督徒的！”

“他现在就信仰基督教。别担心，他会杀人的。您要他杀谁？”

“不，我不是拿他做这个用途的；他另有用处……沙托夫知道费季卡的事吗？”

“我同沙托夫不说话，也不见面。”

“他在生气，是不是？”

“不，我们不生气，不过相互不理睬罢了。我们在美国待在一起太久了。”

“我现在到他那里去。”

“请便。”

“我同斯塔夫罗金也许从那里到您这里来，十点钟左右。”

“来吧。”

“我同他要谈一件重要的事……把这个皮球送给我，好吗？您现在有什么用？我也要拿它来做体操锻炼。我可以付钱给您。”

“不必了，您拿去吧。”

彼得·斯捷潘诺维奇把球放入后兜。

“我不许您做任何伤害斯塔夫罗金的事。”基里洛夫让客人出去时，在他后面喃喃地说。彼得·斯捷潘诺维奇惊奇地瞧瞧他，但没有回答。

基里洛夫最后一句话很使彼得·斯捷潘诺维奇不安；他还没有来得及好好领会它的意思，在去沙托夫寓所的楼梯上他竭力把他脸上的不满神色换成和蔼的笑容。沙托夫在家，身体有点儿不舒服。他和衣躺在床上。

“真不巧！”彼得·斯捷潘诺维奇一进门就高声说道，“病得厉害吗？”

他脸上和蔼的笑容突然消失了；眼中流露出凶光。

“一点儿也不厉害，”沙托夫神经紧张地一跃而起，“我没有病，只不过头有点……”

他甚至有点儿不知所措了；这样一位客人的突然出现实在使他害怕。

“我来办的这件事情，恰恰是不能生病的，”彼得·斯捷潘诺维奇急速地似乎是不容抗拒地说道，“请让我坐下来（他坐了下来），您还是坐在您的床上吧，就这样。今天借口为维尔金斯基过生日，我们的人在他家集会；不过没有其他色彩，已经采取了措施。我同斯塔夫罗金一起去。当然我本来不想把您拉去，因为我知道您现在的思想方式……说确切点，我不想让您在那里受折磨，而不是因为我们认为您会去告密。但是结果却非您去不可。您在那里会遇到那几个人，我们同他们最终决定，您以什么方式离开协会，又把您手中的东西交给谁。我们悄悄地进行；我把您领到一个角落里去；那里人很多，没有必要让大家都知道。老实说，我为了您嘴皮都磨破了；现在他们也同意了，条件当然是您把印刷机和所有文件交出来。那以后随便您到哪里去都行。”

沙托夫紧锁眉头，愤愤地听他说完。刚才那种神经质的恐惧完全消失了。

“我不承认有义务向鬼知道什么人汇报，”他断然说，“我不需要任何人给我自由。”

“不完全是这样。许多事情都曾经委托给了您。您没有权利一下子断绝关系。而且这件事您从来也没有明确声明过，因此使他们觉得模糊不清。”

“我一到这里就写信明确声明过。”

“不，不明确，”彼得·斯捷潘诺维奇平静地驳斥道，“比如，我给您送来《光明正大的人》，要您在这里印刷，印好的东西放在您这里什么地方等人来取；还有两份传单。您退了回去，附了一封含糊不清的信，什么问题也没有说明。”

“我直截了当地拒绝印刷。”

“对，但不直截了当。您写道：‘我不能。’但没有说明什么原因。‘我不能’不等于‘不愿’。可以认为，您只是因为物质上的原因而不能。他们就是这样理解的，认为您仍然同意继续同协会联系，可以再委托您什么工作，结果却可能毁坏了自己的名誉。这里的人们说，您不过是想进行欺骗，以便在得到重要的消息之后就去告密。我竭力为您辩护，给他们看您那一共只两行的复信，作为有利于您的证据。但是我现在重读这封信后，自己也不得不承认，这两行字说得不清楚，会使人上当。”

“您难道这样细心保存着这封信吗？”

“这信保存在我这里，不要紧；它现在还在我这里。”

“随您的便，见鬼！……”沙托夫狂叫道，“您的那些傻瓜认为我告了密，随他们的便，同我有什么关系！我倒想看一看，你们能拿我怎么样？”

“会把您的名字记下来，革命一成功就把您吊死。”

“当你们夺取了最高政权，征服了俄国的时候？”

“您别笑。我再重复一遍，我一直为您辩护。不管怎样，我仍旧劝您今天去。干吗为了虚伪的骄傲而白费唇舌呢？好聚好散不是更好吗？无论如何您总得把印刷机、铅字和一些老文件交出来，我们就谈这些。”

“我去。”沙托夫悻悻地说，他在沉思中低下了头。彼得·斯捷潘诺维奇从自己的位置上斜眼打量他。

“斯塔夫罗金也来吗？”沙托夫突然抬起头问道。

“一定会来。”

“嘿！嘿！”

两人又沉默了一会儿。沙托夫轻蔑地愤愤地冷笑着。

“您那份卑鄙的《光明正大的人》，我不愿在这里印的那份东西，印出来了吗？”

“印出来了。”

“让中学生们相信，那是赫尔岑亲笔给您写在纪念册里的？”

“是赫尔岑亲笔写的。”

又沉默了大约三分钟。沙托夫最后从床上站起来。

“您出去，我不想同您坐在一起。”

“我走，”彼得·斯捷潘诺维奇说，居然还很快活，他立即站了起来，“再说一句话：基里洛夫好像一个人住在厢房里，没有女佣？”

“一个人。走吧，我不能同您待在一个屋子里。”

“嗯，你现在这个样子真太棒了！”彼得·斯捷潘诺维奇走出门外时快活地思忖着，“晚上你也会这样棒的，我现在就需要你这个样子，再好不过了，再好不过了！俄国上帝亲自在帮我的忙！”

七

这一天他到处奔走，一定忙得不可开交，而且事情一定进行得很顺利，这反映在晚上六点整他来到尼古拉·弗谢沃洛多维奇处时他扬扬自得的表情上。但是仆人没有让他立即进去，因为马夫里基·尼古拉耶维奇刚到，正同尼古拉·弗谢沃洛多维奇在书房里闭门谈话。这个消息顿时使他不安。他挨着书房的门边坐下，等候客人出来。他听得见谈话声，但听不清谈话的内容。访谈的时间不长；不久听到一阵吵闹声，传来很响很粗鲁的声音，然后门打开了，马夫里基·尼古拉耶维奇走了出来，脸色煞白。他没有注意到彼得·斯捷潘诺维奇，快步从他身边走过。彼得·斯捷潘诺维奇立即跑进书房。

我不能不详细交代两个“情敌”这一次极短促的会见，这次会见在当时的情况下似乎是不可能的，但却是会见了。

事情的经过是这样的：尼古拉·弗谢沃洛多维奇午饭后在书房的沙发床上小睡的时候，阿列克谢·叶戈罗维奇进来禀报，这位不速之客来了。当他听到禀报的名字时，甚至跳了起来，不敢相信。但是很快，他的脸上闪现出一丝笑容——一种傲慢的胜利的微笑，同时又是一种茫然的惊疑的微笑。进来的马夫里基·尼古拉耶维奇好像也被这个笑容惊倒了，至少他突然在房间中央停了下来，似乎在犹豫：是往前走呢还是退回去？主人立即改变了自己的面容，带着真挚的困惑不解的神色，迈出一步，迎上前去。客人没有握他伸出去的手，笨手笨脚地拉过一把椅子，没有说一句话，也不等邀请，就在主人之前坐了下来。尼古拉·弗谢沃洛多维奇在斜对面的沙发床上坐下，凝视着马夫里基·尼古拉耶维奇，默默等待着。

“如果您可能，您就娶了莉扎韦塔·尼古拉耶芙娜吧。”马夫里基·尼古拉耶维奇突然急赤白脸地开口了，最令人奇怪的是，从他的声音语调，怎么也弄不清他是什么意思——是请求？是劝告？是让步，还是命令？

尼古拉·弗谢沃洛多维奇继续沉默不语；但是客人显然已经把他要说的话都说了，他盯着他，等待他的回答。

“如果我没有搞错（不过这是确定无疑的），莉扎韦塔·尼古拉耶芙娜已经同您订了婚。”斯塔夫罗金终于说道。

“订了婚，在教堂里举行了订婚仪式。”马夫里基·尼古拉耶维奇坚定而又明确地说。

“你们……吵嘴了？……原谅我，马夫里基·尼古拉耶维奇。”

“没有，她‘爱我，敬重我’，这是她的话。她的话比什么都珍贵。”

“这是毫无疑问的。”

"但是，您知道吗，即使她在婚礼上，站在读经台前，只要您呼唤她一声，她就会把我和所有人丢下，跑到您那里去!"

"在婚礼上?"

"甚至在婚礼后。"

"您没有搞错?"

"没有。她不断地恨您，真心真意、完完全全地恨您，但是每时每刻，在这种恨的下面闪烁着爱和……疯狂……极其真心的无限的爱和——疯狂！与此相反，她感到她爱我，也是真心地感到，但每时每刻在这爱的后面闪烁着恨——最强烈的恨！要是在过去，我永远无法想象这种种……变化。"

"但是，我奇怪，您怎么能到这里来处理莉扎韦塔·尼古拉耶芙娜的婚事？您有这个权利吗？还是她授予您这种权利了?"

马夫里基·尼古拉耶维奇皱起眉头，一时垂下了头。

"从您来说，这不过是一些言辞而已，"他突然说道，"一些蓄意报复、自鸣得意的言辞。我相信，您懂得言外之意，难道这里能允许有狭隘的虚荣心吗？您还不够满足吗？难道一定要说得翔翔实实不留一点儿余地吗？好吧，如果您的确需要我蒙受屈辱，我就说吧：我没有权利，也不可能被授予权利；莉扎韦塔什么都不知道；她的未婚夫却丧失了最后一点儿理智，有资格进疯人院了，而且最后还跑到您这里来向您报告这件事。在这个世界上只有您能使她幸福，只有我会使她不幸。您想得到她，您追求她，但是不知什么缘故，您却不娶她。如果这只是因为发生在国外的情人之间的争吵，现在为了结束它要牺牲我的话，那么就牺牲我吧。她太不幸了，那是我最忍受不了的。我的话不是许可，也不是命令，因此不会损伤您的自尊心。假如您早先就愿意在教堂的读经台前取代我的位置的话，那么您无须我的许可就可以这样做，而我当然也无须来找您提出这样疯狂的建议。而现在，在我走了这一步之后，我们的婚姻已经绝对不可能了。我总不能把她带到读经台前而同时意识到自己的卑鄙吧？我现在在这里所做的，以及我把她转让给您这件事（您也许是她的不共戴天的敌人），这一切，在我看来，是如此卑鄙，那是我一生永远无法容忍的。”

“在我和她结婚时您会开枪自杀吗?”

“不，要晚得多。干吗用我的鲜血去染污她的结婚礼服？也许我根本不会自杀，现在不会，将来也不会。”

“您这样说，大概是想安慰我。”

“安慰您？再多溅几点鲜血，这对您算得了什么?”

他脸色发白，两眼炯炯发光。接着是片刻的沉默。

“原谅我向您提了这些问题，”斯塔夫罗金又开始说，“有几个问题我完全无权向您提出，但是其中一个我好像完全有权力提：请您告诉我，您凭什么做出我钟情于莉扎韦塔·尼古拉耶芙娜的结论？我的意思是说，您凭什么相信我对她钟情如此之深，使您前来找我，并且……冒险提出这样的建议?”

“怎么?”马夫里基·尼古拉耶维奇不禁一怔，“难道您不是一直在拼命追求她？难道您现在不是还在追求她而且一定想追到她?”

“一般说来，关于我对这个或那个女人的感情，我是不会对第三者说的，不管他是什么人，除了那个女人本人之外。对不起，我就是这么一个怪脾气。但是作为补偿我可以告诉您其余的全部真情：我已经结了婚，因此已经没有可能再结婚或者拼命追求女人了。”

马夫里基·尼古拉耶维奇大为惊奇，他甚至向后倒在椅背上，目不转睛地盯着斯塔夫罗金的脸瞧了好一会儿。

“竟有这样的事，我怎么也没有想到这一点，”他喃喃地说，“您那时，那天早上，说您没有结婚……我信以为真，以为您没有结婚……”

他脸色煞白；突然使尽全力用拳猛击桌子。

“既然您承认已经结了婚，如果您再不离开莉扎韦塔·尼古拉耶芙娜，还要使她不幸的话，那么我会一棍子把您打死，就像打死篱笆下的野狗一样！”

他一跃而起，快步跑出房间。跑进屋里来的彼得·斯捷潘诺维奇发现主人处于完全出人意料的精神状态之中。

“啊，是您呀！”斯塔夫罗金哈哈大笑起来，似乎引他发笑的只是彼得·斯捷潘诺维奇的模样，因为后者带着一脸好奇的神色冲进屋来。

“您在门外偷听了吧？等一等，您来这里干吗？我好像答应过您什么事？……啊，对了！我记得：到‘我们的人’那里去！走吧，很高兴，您现在想不出比这更合适的事情了。”

他拿起帽子，两人立即就走出门去。

“您因为快要见到‘我们的人’，所以预先笑了？”彼得·斯捷潘诺维奇快活地绕着他转，一会儿竭力想和他在狭窄的砖砌人行道上并肩而行，一会儿不得不走在泥泞的大街上，因为他的同伴完全没有注意到他一个人走在人行道的正中央，因此他一个人的身体占据了整条人行道。

“我根本没有笑，”斯塔夫罗金朗声答道，“相反，我相信，你们那里是些最严肃认真的人。”

“‘沉闷的笨蛋’[①]，正如您有一次所说的那样。”

“有时候再没有比沉闷的笨蛋更让人开心了。”

---

① “沉闷的笨蛋”的含义，后来陀思妥耶夫斯基在写《少年》时的笔记中给予说明：“虚无主义者，以前实际上是我们——最崇高思想的永恒寻求者。而现在，或者是冷漠的笨蛋，或者是僧侣，第一类人是‘讲求实际的’，但是，尽管讲求实际，却往往开枪自杀。而僧侣则是信仰到发狂的社会主义者，这些人永不自杀……”——俄编注

“啊，您这是说马夫里基·尼古拉耶维奇吧！我相信，他刚才到您那里去是想把未婚妻让给您的，是吗？您信不信，是我从旁怂恿他这么干的。如果不让，那么咱们自己就从他那里抢过来——嗯？”

彼得·斯捷潘诺维奇当然知道，他说这些出轨的话是危险的，但是当他自己有时兴奋的时候，他情愿冒一切风险，也不愿蒙在鼓里。尼古拉·弗谢沃洛多维奇只不过大笑起来。

“您到现在还想帮我的忙？”他问道。

“只要您呼唤一声。但是您知道吗，只有一种最好的办法。”

“我知道您的办法。”

“不，暂时这还是秘密。不过您要记住，秘密是值钱的。”

“我知道它值多少钱。”斯塔夫罗金在心里喃喃自语，但忍住了，没有说出来。

“值多少？您说什么？”彼得·斯捷潘诺维奇怔了一怔。

“我说：让您和您的秘密见鬼去吧！最好还是告诉我，你们那里都是些什么人？我知道我们是去参加命名日聚会的，但上那儿去的究竟是些什么人？”

“哦，各色各样的人都有！甚至基里洛夫也要去。”

“都是各小组的成员？”

“见鬼，您干吗这么着急！这里连一个小组也没有建立起来。”

“那你们怎么散发了那么多传单？”

“我们去的地方，小组成员一共只有四个。其余人在等待加入，他们争先恐后地彼此暗中监视着，然后都向我报告。这些人都很可靠。这一切都是需要组织的材料，然后我们得离开。不过，章程是您自己制定的，用不着向您解释。”

“好吧，很困难，是吗？出了故障？”

“困难？再容易不过了。我给您说几点让您笑笑：第一件最起作用的东西是官员制服。我故意想出许多官衔和职位：我有书记、秘密监察、司库、主席、记录员和他们的副手——很受人喜爱，乐于接受。第二种力量，不用说，就是多愁善感的心理。知道吗，在我们这里，社会主义的传播主要是出于多愁善感的心理。但是这里麻烦的是，时不时会碰到这些咬人的少尉。然后接踵而来的是纯粹的骗子；这些人可能是好人，有时还挺有用，但是在他们身上将花许多时间，需要毫不松懈地监视他们。最后，最重要的力量就是把一切凝结起来的水泥，那就是他们耻于有自己的见解。这才是巨大的力量！不知道这一手是谁发明的，是哪一位‘可人’① 做了大量的工作，总之没有一个人的头脑里留下一丁点儿自己的思想！他们认为有自己的见解是可耻的。”

“如果是这样，为什么您还要忙碌？”

“如果东西随便放着，麻痹大意，怎么会不被偷走呢！您好像真的不相信可能成功？唉，信仰是有了，但还需要愿望。对，只有同这样的人在一起才可能成功。我告诉您，只要我申斥一下，说他们的自由思想还不够，他们就会去赴汤蹈火。只有傻瓜才会责备我，说我在这里用中央委员会的‘无数的分支机构’来骗人。您自己有一次也以此谴责我，可这里哪有什么欺骗：中央委员会就是我和您，分支机构要多少会有多少。”

“都是些败类！”

“这是材料。这些人也会有用的。”

“您现在还指望我吗？”

“您是首领，您是力量；我只不过在您身边摇旗呐喊，当个秘书。

---

① 即“可爱的人”。这里当是隐指车尔尼雪夫斯基的小说《怎么办?》，小说中女主人公薇拉·帕夫洛芙娜经常这样称呼洛普霍夫。

知道吗，我们一起坐上帆船，划起枫木桨，张开丝绸的风帆，在船尾上望着美丽的姑娘，亲爱的莉扎韦塔·尼古拉耶芙娜……或者，见鬼，像他们的这首歌里唱的那样[①]……”

“说不下去了！”斯塔夫罗金大笑起来，“不，我最好还是给您说几句题外的话。您不是在扳着手指计算，这些小组是些什么力量组成的？全靠官衔和多愁善感心理——这是很好的糨糊，但是还有更好的一招：您可以挑唆四个成员去杀死第五个成员，借口是他会去告密，您立即就可以用鲜血把他们大家拴在一起。他们会成为您的奴隶，不敢造反，也不敢要求您做说明。哈——哈——哈！”

“岂有此理……岂有此理，我要叫你为这番话付出代价的，”彼得·斯捷潘诺维奇心中思忖道，“甚至就在今天晚上。你太放肆了。”

彼得·斯捷潘诺维奇一定是这样或者几乎是这样想的。不过，这时他们已快到维尔金斯基家了。

“您当然会把我说成国外来的什么委员，同 Internationale[②] 有联系，监察员？”斯塔夫罗金突然问道。

“不，不是监察员；监察员不是您；但您是国外来的创建人，知道最重要的秘密——这就是您的角色。您当然要讲话！”

“您这是从何说起？”

“现在您非讲不可了。”

斯塔夫罗金大为惊奇，甚至在街心离路灯不远的地方停了下来。彼得·斯捷潘诺维奇大胆地静静地经受住他的目光。斯塔夫罗金啐了一口

---

① 看来，选这首歌词并非偶然。在这首伏尔加河上的盗帮歌曲（现代科学术语叫“豪迈”歌曲）里接着说，“美丽的姑娘”，“首领的情妇”“做了一个噩梦”：“首领必被擒获，/二头目必被绞死，/好汉们将被砍头，/我姑娘将蹲监狱。”——俄编注

② 法文：国际。按：指第一国际。

唾沫，又向前走去。

“您要讲话吗?”他突然问彼得·斯捷潘诺维奇。

“不，我还是听您讲。”

“见您的鬼！您真的给了我一个很好的主意!”

“什么主意?”彼得·斯捷潘诺维奇急忙问道。

“好吧，我可以在那里讲话，但是过后我要揍您一顿，信不信，好好地揍您一顿。”

“顺便说说，我今天对卡尔马济诺夫讲到您，说您似乎说过，应该把他鞭打一顿，毫不客气，像鞭打庄稼汉一样，狠狠地打。”

“我可从来没有说过这样的话，哈哈!”

“没有关系。Se non è vero[①]...”

“那谢谢您了，真诚地感谢。”

“您知道吗，卡尔马济诺夫是怎么说的：我们的学说在实质上是否定人格，公开宣称有侵犯人格的权利，这最能吸引俄国人了。”

“说得好！至理名言!”斯塔夫罗金叫道，“一语破的！侵犯人格的权利。这一下大家都会跑到我们这边来，那边一个都不会留下来！听我说，韦尔霍文斯基，您不是警察总署派来的吧?”

“要知道，谁头脑中有这样的问题，他是不该说出来的。”

“我明白，可我们是自己人。”

“不是，暂时我还不是警察总署的人。好了，我们到了。板起您的面孔，斯塔夫罗金；我到他们这里来时，总是板着面孔进去的。再阴郁一点儿就够了，其他都不必；很简单的事情。”

---

① 意大利文：即使这不是真的。这是一句名言的前半部分，全句为Se non è vero，è ben trovato（即使这不是真的，倒也编造得很妙）。——俄编注

第七章

在我们的人那里

一

维尔金斯基住在蚂蚁街上他自己的房子里，确切地说，住在他妻子的房子里。这是一幢木结构的平房，没有外人居住。在为主人庆祝命名日的幌子下聚集了十五六个人；但晚会一点儿也不像外省通常举行的命名日晚会。自从他们住在一起以来，维尔金斯基夫妇就相互断然商定，邀请客人庆祝命名日是愚蠢的，而且也“没有什么值得高兴的”。几年以来他们完全脱离了社会。他虽然是一个有才能的人，而且也绝不是“无足轻重的穷人”，但是，不知什么缘故，大家觉得他是一个怪人，喜欢离群索居，而且说话“傲慢”。至于 Madame 维尔金斯卡娅本人，干的是接生婆的行当，这使她在社会的阶梯上所占的位置比所有人都低；甚至低于教士的妻子，虽然她丈夫有军官的头衔。但是在她身上看不到与她身份相称的谦恭。自从她出于原则公然同一个骗子列比亚德金大尉发生最愚蠢、最不可原谅的不正当关系以后，甚至我们城里最宽容的夫人太太们也放在脸上瞧不起她，不理睬她，但是 Madame 维尔金斯卡娅对这一切泰然处之，似乎这正中她的下怀。值得注意的是，就是这些严肃的太太，当她们身怀六甲的时候，还是要尽可能去请阿里娜·普罗霍罗芙娜（即维尔金斯卡娅），而不去找我们城里的其他三位接生婆。甚至县里的地主太太们也派车来接她——大家就是这样相信她的知识、好运和在紧急状况下的机敏。结果她接生的人家清一色是最有钱的人家；而对金钱她爱之如命。她充分感觉到自己的威力之后，对自己的性格就毫不约束，肆无忌惮了。在一些显贵的人家接生时，甚至可能故意以她的举止言谈恐吓那些神经脆弱的产妇；或者以闻所未闻的虚无主义态度把礼貌置之脑后，或者正好在“神圣的东西”最可能有用的时候有意嘲笑“一切神圣的东西”。我们城里的罗扎诺夫大夫也是产科医生，他十分肯定地证实说，有一次，正好当一位产妇在阵痛中高声号叫，呼唤着万能的上帝的名字时，阿里娜·普罗霍罗芙娜突如其来地说了一句亵渎神明的话，“活像出膛的炮弹”，使病人大吃一惊，结果居然使婴儿很快生了下来。但是她虽然是虚无主义者，在必要的时候她并不轻视上流社会的甚至古老的虚文浮礼的风俗习惯，如果这些风俗习惯能给她带来好处的话。比如说，她无论如何也不会放过她接生的婴儿的洗礼仪式。而且来时一定穿着后襟拖地的绿色丝绸连衫裙，并用发卷装饰她的发髻，而在平时她衣衫不整到了自我欣赏的地步。虽然在圣礼进行时她总是摆出一副“最放肆无礼的样子”，使得教士们十分尴尬，但是仪式结束后她一定亲自捧出香槟酒向来宾敬酒（她正是为此而来，也是为此而梳妆打扮的），如果您不在她的托盘里放上一点儿“汤水钱”就想拿起酒杯，那您就试试看吧。

这次在维尔金斯基家聚集的客人（几乎都是男性），面带一种临时偶然而来的神情，既没有小吃，也没有牌局。在宽敞的糊着已经极为陈旧的浅蓝色墙纸的客厅中央，两张桌子拼在一起，铺着一块很大的却不太干净的桌布，桌子上放着两只茶炊，水已在沸腾。一个放着二十五只玻璃杯的大托盘和一只装着普通法国白面包的篮子，放在桌子的一头，面包切成许多小片，像男女贵族寄宿学校里给学生吃的面包一样。女主人的姐姐给大家斟茶。这是一位三十岁的老姑娘，长着浅色的头发，没有眉毛，沉默寡言，刻薄狠毒，但赞成新观点，在家庭生活中维尔金斯基本人十分害怕她。房间里一共有三位女士：女主人本人、她的没有眉毛的姐姐和维尔金斯基的亲妹妹——刚从彼得堡来的维尔金斯卡娅小姐[①]。阿里娜·普罗霍罗芙娜是一位引人注目的女士，约莫二十七八岁，长得不错，头发有点儿蓬乱，穿着一件淡绿色毛料的家常连衫裙，她坐在那里，一双大胆的眼睛扫视着客人，似乎急于用自己的目光告诉他们："瞧，我可是什么都不怕的。"刚来的维尔金斯卡娅小姐也长得不错，她是一位大学生和虚无主义者，胖胖的，结结实实的，像一只小皮球，双颊十分红润，个子不高，坐在阿里娜·普罗霍罗芙娜旁边，穿的几乎还是旅行的服装，手里拿着一卷什么文件，用焦急的跳动的目光打量着客人。维尔金斯基本人这一天有点儿不舒服，但在喝茶时还是起来坐在桌边的圈椅上。所有客人也都规规矩矩地围桌而坐，预感到要开一次会议。看得出来，大家都在等待着什么，在等待当中虽然高声说着话，但说的似乎都是不相干的事。当斯塔夫罗金和韦尔霍文斯基出现时，大家都静了下来。

但是为了把事情说得清楚一点儿，我还想冒昧做一些说明。

我想，所有这些先生当时欣然聚集起来，真的希望能听到什么特别令人向往的事，而且是预先得到聚会的通知的。他们是我们古老的城市里最激烈的自由派中的精华，是维尔金斯基为了这次"会议"精心挑选来的。我还要指出，其中有几个人（不过为数很少）以前从未来过他

---

① "维尔金斯卡娅小姐"的原型是十九岁的杰缅季耶娃一特卡乔娃；由她出资，涅恰耶夫分子建立了一个地下印刷所。据她在受审时解释，她在该所印刷了一份由她撰写的《告社会各界书》，目的在于引起人们同情大学生的贫困处境。——俄编注

家。当然，大部分客人并不十分清楚，为什么要预先通知他们。不错，他们大家都把彼得·斯捷潘诺维奇看作来自国外的全权特派员；这个想法不知怎的一下子就深入人们心里，它自然使人感到愉快，而此时，在为庆祝命名日而聚集起来的一群公民当中，已经有几个人得到明确的建议。彼得·斯捷潘诺维奇已经在我们这里建立起一个“五人小组”，就像他在莫斯科建立的那个一样，还有，如今已经查明，在驻我们县的军官当中也建立了一个。据说在×省他也建立了一个。被选中的这五个人现在同大家一起坐在桌子旁，而且十分巧妙地使自己的外貌无异于常人，因此谁也看不出来。这些人（现在这已经不是秘密了），首先是利普京，然后是维尔金斯基本人，耳朵长长的希加廖夫——维尔金斯卡娅太太的兄弟，利亚姆申，最后是一个叫托尔卡琴科的人。这是一个奇怪的人物，已经快四十岁了，以对平民百姓，尤其是对骗子盗贼深有研究而著名，他经常故意出入小酒馆（不过不仅是为了研究平民），而在我们中间，他则炫耀他邋遢的衣衫，擦上油脂的皮靴，眯起眼睛的狡黠神态和花里胡哨的民谚俚语，利亚姆申曾有一两次带他去斯捷潘·特罗菲莫维奇那里参加晚会，不过在那里他并没有特别引人注意。他在铁路上工作，时而到城里来，主要是在他失业的时候。这五个活动家组成了第一个小组，他们热情地相信，它只是遍布俄国的成千上万个同他们一样的五人小组当中的一个，所有小组都从属于一个庞大的秘密的中央组织，而它与欧洲的世界革命有着密切的联系。但是很遗憾，我必须承认，即使在那时，他们之间也已经出现了分歧。事情是这样的：虽然他们从春天起就在等待彼得·韦尔霍文斯基的到来（这个消息首先是由托尔卡琴科，然后又由新来的希加廖夫告诉他们的），虽然他们期待着他给他们带来非凡的奇迹，虽然他们一听到他的召唤就毫无异议地立即参加了小组，但是当五人小组一成立，大家好像立即就感到委屈，在我看来，就是因为他们觉得自己同意得太快了。不用说，他们参加小组出于高尚的羞耻之心，唯恐将来有人会说他们不敢参加；但是无论如何，彼得·韦尔霍文斯基总该正确评价他们的豁达大度的行为，至少应该讲一个十分重要的逸闻，以示奖励。然而韦尔霍文斯基丝毫不想满足他们合情合理的好奇心，没有讲一点儿多余的事；总的说来，他对待他们特别严厉，甚至不把他们放在眼里。这简直令人气愤，因此组员希加廖夫挑动其余人“要求说明”；不过当然不是目前在维尔金斯基家里，因为这里有许多外人。

关于外人，我还有一个想法：上述第一个五人小组的成员，很可能怀疑，这天晚上维尔金斯基的客人当中还有他们所不知道的其他小组的成员，这些小组属于同一个秘密组织，也是由同一个韦尔霍文斯基在本城建立的，因此到后来在场的人互相猜忌，彼此装腔作势，使得整个集会具有一种扑朔迷离甚至有一点儿传奇性的色彩。不过这里也有完全不受怀疑的人。譬如说，有一个现役少校，维尔金斯基的近亲，完全是一个不懂世事的人，没有任何人邀请他，他却自己跑来祝贺命名日，叫人怎么也不能不接待他。不过主人对他还是很放心的，因为少校“绝不会去告密”；因为他虽然十分愚蠢，一生喜欢出入有极端自由主义者的地方；他自己并不同意他们的观点，但却十分喜欢听他们的议论。不仅如此，他还受到过牵连。事情是这样的：在他年轻的时候散发过一大捆一大捆的《钟声》[①] 杂志和其他传单，虽然他自己连打开来看一看都害怕，但他认为拒绝散发是十分卑鄙的——有的俄罗斯人就是这样想的，直至今天仍是如此。其余客人或者是高尚的自尊心受压抑而肝火旺盛，

---

① 赫尔岑与奥加辽夫 1857 年在国外创办的报刊，号召推翻沙皇，秘密地运回俄国大量散布。

或者是少年气盛热情奔放的那类人。这是两三名教师，其中一名是瘸子，年纪已经有四五十岁，古典中学教员，非常刻薄，十分虚荣。还有两三名军官。其中一名是很年轻的炮兵军官①，几天前才从一所军事学校来到这里，这个男孩子沉默寡言，还没有与人结识，而现在突然来到维尔金斯基家，他手握铅笔，几乎不参加谈话，不住地在笔记本中写下一些字。大家都看到他在记录，但不知什么缘故，大家都装作没有注意的样子。这里还有一个闲着无事到处游荡的神学校毕业生，就是同利亚姆申一道把淫秽照片塞入卖圣书女人背囊的那一个，这是一个人高马大的年轻人，举止随便，但生性多疑，他面带挖苦的笑容，同时又有一种因他自身完美无缺而扬扬得意的泰然神态。还有，我不知道为了什么目的，我们市市长的儿子也在这里，就是那个未老先衰的糟糕透顶的男孩子，此人我在讲中尉娇小妻子的故事时已经提到过。整个晚上他都沉默不语。最后还有一个中学生，一个热情奔放的头发乱蓬蓬的十八岁大男孩儿，他脸色阴沉，是年轻人感到他的尊严受到侮辱时常见的神态，看来他因为自己只有十八岁而深感痛苦。这个小家伙已经是中学高班学生中成立的独立阴谋小组的首脑，后来此事暴露，使大家大吃一惊。我还没有提到沙托夫，他就坐在桌子的里角，在一排椅子当中把自己的椅子稍稍挪后一点儿，盯视着地板，阴沉沉地一言不发，他既不喝茶，也不吃面包，一直没有放下手中的鸭舌帽，似乎想以此宣告，他不是客人，而是来办事的，随时都可以站起来离开此地。基里洛夫坐在离他不远的地方，也沉默寡言，但没有两眼看地，相反，他以他那没有光泽的木然的目光打量着每一个发言的人，听他们的发言而没有丝毫的激动和惊异

---

① 据一位记者说，在涅恰耶夫分子的会议上，一个"半文盲青年"尼古拉耶夫特别引人注目。涅恰耶夫"冒称他是国外革命委员会派来的监察员"。他一直保持沉默，不住地记录。——俄编注

之色。客人中有几个人从来没有见过他，好奇地偷偷地打量他。我们不知道，Madame 维尔金斯卡娅本人是否知道五人小组的存在？我认为她什么都知道，而且就是从她丈夫那里得知的。那位女大学生当然什么也没有参加，但是她有她自己关心的事；她只打算逗留一两天，然后出发往前，往前，走遍所有有大学生的城市，以便“体验所有贫困大学生的苦难，唤起他们提出抗议”。她随身带着几百份石印的宣言，好像是她亲自写的。令人惊奇的是，那个中学生一看到她就几乎恨之入骨，虽然他只是生平第一次见到她，她对他也是一样。少校是她的亲舅舅，今天是阔别十年后第一次见到她。当斯塔夫罗金和韦尔霍文斯基进来时，她两颊绯红，像一颗小红莓，她刚才为了妇女问题上的信念同舅舅大闹了一场。

二

韦尔霍文斯基大大咧咧地在桌子上首的椅子上坐下，几乎同谁都不打招呼。他的态度是轻蔑的，甚至是傲慢的。斯塔夫罗金彬彬有礼地向大家点头致意，虽然大家都在等待他们，但是大家好像听从口令似的一齐装作没有注意到他们的样子。斯塔夫罗金一坐下来，女主人就严厉地说道：

“斯塔夫罗金，要茶吗？”

“好吧。”斯塔夫罗金回答。

“给斯塔夫罗金倒茶。”她命令倒茶的人。“您要吗？”（这是对韦尔霍文斯基说的。）

“给吧，当然要，谁会向客人提这样的问题？再来点鲜奶油，你家给的不是茶，不知道是什么乌七八糟的东西；家里还有人过命名日哩！”

“怎么，您也承认命名日？”女大学生忽然笑了起来，“我们刚才还在议论这件事呢。”

“陈词滥调。”中学生在桌子的另一头嘟哝说。

“什么是陈词滥调？主张忘掉繁文缛节，哪怕是最无害的繁文缛节，都不是陈词滥调，相反，我们大家都应该感到可耻，因为直到现在这还是一桩新鲜事，”女大学生立即回答说，整个身子猛地向前倾过去，“而且根本没有什么无害的繁文缛节。”她又斩钉截铁地补充说。

“我只不过想说，”中学生大大激动起来，“繁文缛节虽然是、当然是陈旧的东西，必须要废除，但是关于命名日大家都已经知道这是蠢事，而且早已成了老调，用不着再花费宝贵的时间去议论，全世界在这方面浪费的时间已经够多了，因此可以把自己的智慧使用在更需要的事情上……”

“扯得太长了，什么都听不懂。”女大学生大叫道。

“我认为，任何人都有与其他人同等的发言权，如果我想发表我的意见，同任何人一样，那么……”

“我们这里没有人剥夺您的发言权，”这次是女主人突然打断他，“只请您不要再这么嘟哝，因为谁也听不清您的话。”

“不过请允许我向您指出，您不尊重我；如果我没有能够说完我的思想，这并不是因为我没有思想，倒是因为我的思想过于丰富……”中学生几乎是在绝望中喃喃说道，最后完全语无伦次了。

“如果您不会说话，那就免开尊口。”女大学生刺了他一下。

中学生甚至从椅子上跳了起来。

“我只是想说，”他嚷道，羞得面红耳赤，害怕地向周围看一眼，“您只不过想显示您的聪明，因为斯塔夫罗金先生进来了，——就是这么回事！”

“您的思想是卑鄙龌龊的、不道德的，表明您毫无教养。请您以后不要再同我说话。”女大学生叽叽喳喳地说。

“斯塔夫罗金，”女主人开始说，“在您来之前，我们正好在争论家庭权利问题，瞧这一位军官（她朝她的亲戚即少校，点了点头）。当然，不是我要向您提出这样一个毫无意义的早已解决了的老问题来打扰您。但是，在世俗成见中所表现出来的家庭权利和义务可能是从哪里来的呢？这就是我的问题。您的意见呢？”

“怎么理解可能是从哪里来的？”斯塔夫罗金问道。

“比如说，我们知道，关于神的世俗成见来自雷电，”女大学生又突然插嘴道，她那双眼睛忽闪忽闪地似乎想向斯塔夫罗金扑过去，“大家都知道，原始人因为害怕雷电，在他们看不见的敌人面前感到自己软弱无能，因而把它神化了。但是关于家庭的世俗成见是从哪里来的呢？家庭本身又是从哪里来的呢？”

“这不完全是一回事……”女主人想制止她。

“我认为，这样一个问题的答案是有伤大雅的。”斯塔夫罗金回答。

“怎么会呢？”女大学生又猛地探身向前。

但是在那群教师中发出了一阵嘻嘻的笑声，利亚姆申和中学生在桌子的另一头立即响应，接着那位少校亲戚也以嘶哑的嗓音哈哈大笑起来。

“您可以去写轻松喜剧。”女主人指责斯塔夫罗金道。

“您这样做太不体面了，我不知道您姓甚名谁。”女大学生在盛怒之下斩钉截铁地说。

“可你不要这样好表现自己！”少校不假思索地说，“你是姑娘家，言谈举止应该谦虚一点儿，而你好像坐在一枚针上似的。”

“请您住口，不许您对我说话这样随便，用这种肮脏的比喻。我第一次见到您，不想知道同您的亲戚关系。”

“可我是你舅舅呀；你还是个吃奶的娃娃的时候，我就抱着你到处走！”

“不管您抱着什么人到处走，那同我有什么相干。我那时没有请您抱，因此，不懂礼貌的军官先生，当时是您喜欢抱。让我向您指出，除非您以平等公民的身份同我说话，我不许您再用你来称呼我，永远不许。”

“瞧，他们全是这样！”少校捶打一拳桌子，对坐在他对面的斯塔夫罗金说，“不，对不起，我喜欢自由主义和现代精神，喜欢听聪明的谈话，但是，我言明在先，——只听男人的。至于听这些女人，这些现代轻佻女人讲话，——不，这是我的痛苦！你不许动！”他对女大学生嚷道，她正想从椅子上站起来，“不，我也要求发言，我有气。”

“您只会妨碍别人，自己什么也不会说。”女主人愤愤地说道。

“不，我要说，”少校对斯塔夫罗金说，他先火了，“我指望您了，斯塔夫罗金先生，因为您是新来到的人，虽然我还没有这份荣幸认识您。没有男人，她们会像苍蝇一样完蛋，——这就是我的看法。她们的妇女问题——压根儿只说明她们缺乏独立见解。我可以告诉您，这个妇女问题全是男人们一时糊涂，自找麻烦替她们想出来的结果，——谢天谢地，幸亏我没有结婚。她们连一点点变化、连最简单的花样都想不出来；种种花样都是男人们替她们想出来的！瞧，我抱过她，她十岁的时候我跟她跳马祖卡舞，今天她来了，我自然飞快地跑去拥抱她，而她从第二句话开始，就向我宣布上帝是没有的。哪怕是从第三句话开始，而不是从第二句话开始，也要好一点儿，可她就等不及了。好吧，就算聪明人不信仰上帝，可那是因为有智慧，而你这个胖娃娃，我对她说，对上帝懂些什么？这些都是男学生教你的，如果男学生教你去点长明灯，你也会去点的。”

“您完全是撒谎，您是个很恶毒的人，我方才已经确凿地向您证明，您的说法是站不住脚的，”女大学生轻蔑地回答，似乎不屑跟这样的人多做解释，“我刚才跟您讲的就是，我们大家接受的教育都是来自教义问答：‘如你孝敬你的父亲和你的母亲，你将享有高寿和财富。’① 这是十诫中的话。如果上帝认为有必要因为爱而给予奖赏，那么，您的上帝就是不道德的。这就是我向您证明时说的话，而不是从第二句开始说的话，因为您提出您也有说话的权利。您头脑迟钝，到现在还不明白，那能怪谁呢？您感到委屈，于是就生气了——这就是你们这一代人的症结所在。”

“傻瓜！”少校说。

“那您是笨蛋！”

“你骂吧！”

“对不起，卡皮通·马克西莫维奇，您不是亲口对我说过，您不相信上帝吗？”从桌子的另一端传来利普京尖细的声音。

“我说过，那又怎么样？那是另一回事！我也许相信，但并不全信。我虽然不全信，但我不会说上帝应该枪毙。我还是在当骠骑兵的时候，就常常思考上帝的问题。在所有诗歌当中总是描写骠骑兵饮酒作乐；的确如此，我兴许也喝酒，但是信不信由你，我常常会深更半夜突然从床上跳起来，只穿一双短袜子，在圣像前不住地画十字，愿上帝赐给我信仰，因为当时我心里就一直在翻腾：究竟有没有上帝？这个问题把我折磨得好苦！早晨当然又是寻欢作乐，信仰又好像失落了，总的说来，我

---

① 语出《旧约全书·出埃及记》（第 20 章，第 12 节）：“当孝敬父母，使你的日子在耶和华你上帝所赐你的地上，得以长久。”

注意到，在白天信仰总是要冲淡一点儿的。”

“你们这里不准备打牌啦？”韦尔霍文斯基张大嘴巴打了个哈欠，对女主人说。

“我非常非常赞同您的问题！”女大学生突然插入说，少校的话把她气得满面通红。

“听这种愚蠢的谈话，简直是浪费宝贵的时间。”女主人断然说，用责备的目光瞪了丈夫一眼。

女大学生换上一副严肃的神情。

“我本来想向会议说明大学生们的痛苦和抗议，由于时间浪费在不道德的谈话上……”

“既没有什么有道德的，也没有不道德的！”女大学生一开口说话，中学生立刻就憋不住了。

“这一点我知道了，中学生先生，在您学会这些话之前，我早已知道了。”

“我坚决说，”他狂怒了，“您这个从彼得堡来的黄毛丫头，要来教育我们大家，而实际上我们自己早已知道了。关于您读错的那条戒律‘孝敬你的父亲和你的母亲’和它的不道德性，从别林斯基以来的所有俄国人都已知道了。”

“还有完没完？”维尔金斯卡娅太太断然对丈夫说道。作为女主人，她为谈话的琐屑而脸红，特别是她注意到第一次应邀前来的几位客人的脸上露出讪笑，甚至流露出疑惑。

“各位先生，”维尔金斯基突然提高嗓门说道，“如果谁希望谈更切实际的问题，或者要做什么声明，我建议快点谈，不要浪费时间了。”

“恕我冒昧提一个问题，”一直沉默不语、坐得特别端正的跛足教师委婉地说道，“我希望知道，我们现在在这里是举行会议呢，还是只不过是来此做客的普通人的一次聚会？我提出这个问题主要是为了维持秩序，不至于不明情况。”

这个“巧妙的”问题产生了效果；大家交换了一下眼色，每一个人似乎都在等待对方的回答，突然，大家好像听从口令似的一齐把视线转向韦尔霍文斯基和斯塔夫罗金。

“我直截了当提议表决这个问题的答案：‘我们是开会还是不是?’”Madame 维尔金斯卡娅说。

“我附议，”利普京响应说，“尽管提议有点儿不明确。”

“我也附议。”“我也……”听到几个人的声音。

“我也觉得，秩序的确会好一些。”维尔金斯基总结说。

“那么付诸表决吧!”女主人宣布道，“利亚姆申，请您去弹钢琴；开始表决时，您在那里也可以表示赞成或反对。”

“又来了!”利亚姆申嚷道，“我替你们敲得够了。”

“我坚决请求您，坐下来弹吧；您不希望有益于事业吗?”

“我向您保证，阿里娜·普罗霍罗芙娜，没有人偷听的。这只是您的幻觉。而且窗户很高，即使有人偷听，能听懂些什么呢?”

“我们自己也听不懂，究竟是怎么回事。”有人喃喃地说。

“可我要告诉你们，防患于未然是必要的。我是怕奸细，以防万一。”她转向韦尔霍文斯基解释，“让街上人听到，我们这里在庆祝命名日，演奏音乐。”

“唉，见鬼!”利亚姆申骂了一句，坐到钢琴边，开始弹一支圆舞曲，他胡乱弹着，几乎是用拳头敲打着琴键。

“谁希望这是一次会议的请举起右手。”Madame 维尔金斯卡娅提议道。

有些人举起手，有些人没有举。有些人先举起手，后来又放下，有些人放下后又举了起来。

“呸，见鬼！我什么都不明白。”一个军官喊道。

“我也不明白。”另一个人喊道。

“不，我明白，”第三个人喊道，“如果赞成，就举手。”

“可赞成是什么意思?”

“那就是开会。”

“不，不是开会。”

“我赞成开会。”中学生转向Madame维尔金斯卡娅，喊道。

“那么您为什么不举手?”

“我一直瞧着您，您不举，所以我也不举。”

“多蠢，我因为是提议人，所以才不举手。我提议重新反过来表决：谁希望开会，谁就坐着不要举手，谁不希望开会，谁就举起右手。”

“谁不希望开会?”中学生重复了一遍问题。

“您这是故意捣蛋，是吗?”Madame维尔金斯卡娅怒声叫道。

“不，对不起，谁希望还是谁不希望？因为这是必须明确的。”有两三个声音叫道。

“谁不希望，不希望。”

“对了，但是应该怎么办呢，如果不希望，应该举手还是不举手?”一位军官喊道。

“咳，我们对宪政还没有习惯!”少校说。

“利亚姆申先生，对不起，您弹得这么响，谁也听不清。”跛足教师说。

“真的，阿里娜·普罗霍罗芙娜，没有人偷听，”利亚姆申站了起来，“我也不想弹了！我是到你们家来做客的，不是来乱弹琴的!”

“先生们，”维尔金斯基提议道，“请大家回答！我们是开会还是不开会?”

“开会，开会!”四面齐声说。

“如果是这样，那就用不着表决了，好了。你们满意吗，先生们，还需要表决吗?”

“不需要，不需要，清楚了!”

“说不定有人不希望开会呢?”

“没有，没有，都希望开会。”

“但是，开会是什么意思?”有一个声音喊道。没有人回答他。

“应当选出主席。”从各方面喊道。

“主人，当然是主人!”

“先生们，既然如此，”当选的维尔金斯基开始说，“我提出刚才我最初提过的建议：谁希望谈更切合实际的问题，或者要做什么声明，那就快谈，别浪费时间了。”

大家都不作声。所有人的目光又转向斯塔夫罗金和韦尔霍文斯基。

“韦尔霍文斯基，您没有什么要声明吗?”女主人直截了当地问道。

“什么也没有，”他打着哈欠，在椅子上伸了个懒腰，“不过我倒想喝一杯白兰地。”

“斯塔夫罗金，您要吗?”

“谢谢，我不喝酒。”

“我说，您要不要讲话，不是说要不要白兰地。”

“讲话？讲什么？不，我不要。”

“白兰地会给您送来的。”她回答韦尔霍文斯基。

女大学生站了起来。她已经往上蹿了好几次了。

“我到这里来是想向大家谈谈不幸的大学生们的苦难并且推动他们发起全国性抗议……”但是她突然中断了；在桌子的另一端出现了她的

竞争者，所有人的视线都转向了他。耳朵长长的希加廖夫，面色阴沉悒郁，从位子上缓缓站了起来，郁郁然把一个厚厚的写得密密麻麻的本子放到桌子上。他没有坐下来，默默地站着。许多人以惶惑不安的目光瞧着那个本子，但是利普京、维尔金斯基和跛足教师好像对什么事情感到满意。

“我要求发言。”希加廖夫阴沉但却坚定地说。

“请吧。”维尔金斯基允许他。

发言人坐了下来，沉默了大约半分钟，才以凝重的声音说：

“先生们……”

“喏，白兰地！”倒茶的那位亲戚轻蔑地厌恶地打断说，她去取来了白兰地，现在把酒和酒杯放在韦尔霍文斯基面前，酒杯她用手指夹着，没有用托盘，也没有用碟子。

被打断的发言人态度庄重地停了下来。

“不要紧，继续说吧，我没有听。”韦尔霍文斯基大声说，一面为自己倒了一杯酒。

“先生们，我提请你们注意，”希加廖夫重新开始说，“而且往下你们会看到，我还要在一件头等重要的事情上，请求你们的帮助，因此我必须先说几句话作为开场白。”

“阿里娜·普罗霍罗芙娜，您这里有剪刀吗？”彼得·斯捷潘诺维奇突然问道。

“您要剪刀干吗？”她瞪大了眼睛，望着他。

“忘记剪指甲了，三天前就想剪了。”他说，一面悠然自得地端详自己又长又脏的指甲。

阿里娜·普罗霍罗芙娜先火了，但维尔金斯卡娅小姐却似乎感到有趣。

“我刚才好像在窗台上看到过。”她从桌边站了起来，走过去找到剪刀，马上拿了过来。彼得·斯捷潘诺维奇甚至没有瞧她一眼，接过剪刀，开始忙着修剪指甲。阿里娜·普罗霍罗芙娜明白了，这是一种高明的手段，她为自己易于生气而感到害臊。参加会议的人默默地交换了一下眼色。跛足教师瞧着韦尔霍文斯基，又气恼，又妒忌。希加廖夫继续说道：

“我致力于研究将替代当今社会的未来社会的结构问题，得出了一个信念，即所有社会体系的创建者，从古代到我们187——年，都是空想家、幻想家、蠢材，他们自相矛盾，对自然科学和称之为人的奇怪动物一无所知。柏拉图、卢梭、傅立叶、铝制的圆柱①——这一切也许对麻雀有用，可不是对人类社会。但是今天，当我们大家终于准备行动，不再苦思冥想时，我们必须明确未来社会的形态，因此，我提出我自己的世界结构体系。瞧，这就是！”他拍拍他的笔记本，“我本来想尽可能简略地向会议讲述我的书的内容；但是我看到必须增加许多口头的解释，因此根据我的书的章数，我至少得讲十个晚上。（响起了笑声）此外我必须言明在先，我的体系还没有完成。（又是笑声）我自己的资料把我给弄糊涂了，我的结论同我的原始思想截然矛盾。我从无限的自由出发，以无限的专制结束。然而我必须补充说一点，除了我的社会方案之外不可能有任何其他的方案。”

笑声越来越大，但是笑的大多是年轻人和一些可说是不明内情的客人。在女主人、利普京和跛足教师的脸上流露出懊丧的神情。

“如果您自己不能形成完整的体系，因而陷于绝望，那我们可怎么办呢？”一位军官谨慎地说。

---

① 这里希加廖夫以讥讽的口吻提到柏拉图、卢梭、傅立叶，把他们作为空想的未来社会组织体系的倡导者，他把《怎么办?》的作者车尔尼雪夫斯基也归入他们之列：在薇拉·帕夫洛芙娜的第四个梦中，水晶宫的圆柱是用铝制成的。——俄编注

"您说得对，现役军官先生，"希加廖夫猛地转向他，"尤其因为您用了'绝望'这个词。不错，我常常陷入绝望；尽管如此，我书中所叙述的一切是不可替换的，没有另外的出路；谁也想不出什么别的办法来。因此我急切地不失时机地请在座各位在十个晚上之内听完我的全书之后，提出自己的意见。如果有人不想听，那么咱们不如一开始就分道扬镳——男的去做国家的官吏，女的回自己的厨房去，因为，如果拒不接受我的书，他们找不到别的出路。找不到任、何、出、路！如果他们错过了这个机会，那只会使自己蒙受损失，因为日后还得回到这条路上来。"

全场骚动起来。"他是怎么回事，是发疯了吗？"人们议论纷纷。

"就是说，全部问题在于希加廖夫的绝望，"利亚姆申总结说，"关键的问题是：他是不是感到绝望？"

"希加廖夫是否濒临绝望是他的个人问题。"中学生说。

"我提议表决，希加廖夫的绝望与我们的共同事业有多大的关系？同时还要表决，值不值得听他讲话？"一位军官爽朗地提议。

"这里不是这么回事，"跛足教师终于插了进来。他说话时总是带着一点儿讥嘲的笑容，因此很难分清，他说的话是认真的还是在开玩笑，"先生们，这里不是这么回事。希加廖夫先生对待他的任务太认真了，而他又太谦虚。我看过他的书。他建议，把人类分成不相等的两个部分，作为问题的最终解决办法。十分之一的人享有个人自由和支配其余十分之九的人的无限权利。① 这十分之九的人应当丧失他们的个性，变

① 陀思妥耶夫斯基在《作家日记》（1876 年，第 3 章，第 1 节《俄国动物保护协会》）中强烈反对为了人类十分之一的人的利益而牺牲十分之九的人的生命和利益，他写道："我一向不能理解这样的思想：只有十分之一的人应当得到高度的发展，而其余十分之九的人只能作为达到这一目的的材料和手段，而自己仍处于愚昧无知状态之中，我坚信，我们所有九千万俄国人……有朝一日都会得到教育、人的权利和幸福。"

成类似牲畜的群体，在无限服从的条件下，经过一系列的彻底转变，达到原始人的纯朴，类似最初的伊甸乐园，虽然他们仍需要劳动。为了通过一代代人的教育改造，使十分之九的人丧失自由意志，转变为一群牲畜，作者提出的一系列方法妙不可言，是以自然界的事实为基础的，非常合乎逻辑的。对有的结论你可以不同意，但是很难怀疑作者的智慧和知识。可惜，十个晚上这一条件完全不切实际，不然的话，我们会听到许多有趣的东西。”

“难道您真的这样认为?”Madame 维尔金斯卡娅对跛足教师说，她甚至有点儿惊慌，“我是说，这个人因为不知道拿人怎么办，竟然要把十分之九的人变成奴隶！我对他早有怀疑了。”

“您这是讲您的兄弟?”跛足教师问道。

“亲属关系？您这是在嘲笑我不是?”

“此外，为贵族劳动，把他们奉若神明，——这是卑鄙的!”女大学生怒气冲冲地指出。

“我提出的不是卑鄙下流的东西，而是乐园，人间乐园，世界上不可能有另一个这样的乐园了。”希加廖夫凛然地说。

“那我宁肯不要乐园，”利亚姆申叫道，“如果这十分之九的人没有地方可以安置的话，我可以把他们炸飞到天空中去，只留下一小撮有文化的人，他们可以开始有教养的生活。”

“只有小丑才会这样说话!”女大学生愤然说。

“他是小丑，但却是有用的小丑。”Madame 维尔金斯卡娅在她耳边说。

“也许这可能是解决问题的最佳办法，”希加廖夫对利亚姆申热情地说，“您当然并不知道，您说出了多么深刻的思想，快活人先生。但是由于您的思想几乎是不能实现的，所以必须满足于人间乐园，既然大家都已这样叫它。”

“但是，这是天大的荒唐！”韦尔霍文斯基突然迸出一句。不过，他仍然神情冷漠，继续修剪着他的指甲，甚至没有抬起眼睛来。

“为什么荒唐？”跛足教师立即接上说道，他似乎一直在等待，只要韦尔霍文斯基说一句话就抓住他不放，“为什么荒唐？希加廖夫先生可说是爱人类狂；但是请您想一想，傅立叶，特别是卡贝[①]，甚至蒲鲁东[②]的著作里有多少最专制、最离奇的解决问题的方法。希加廖夫先生解决问题的方法可能比他们要清醒得多。请相信我，我读完他的书后，几乎不能不同意他的一些看法。他可能最没有脱离现实主义，他的人间乐园，就是人类因为失去它而思念不已的那个乐园，如果那个乐园的确存在过的话。”

“嘀，我早就知道会遇到许多麻烦的。”韦尔霍文斯基又嘟哝道。

“对不起，”瘸子越来越激动了，“关于未来社会结构的谈论和争议几乎是所有有思想的现代人的迫切需要。赫尔岑毕生所关心的只有这个问题。别林斯基，就我确切所知，同他的朋友们在辩论中度过一个又一个夜晚，他们甚至预先对未来社会结构中一些最微细的、可以说是鸡毛蒜皮的小事加以讨论解决。”

“有的人甚至发了疯。”少校突然说。

“这样谈谈，总还可以达成一些共识，比像独裁者那样坐着默不作声要好一些。”利普京悻悻地嘟哝道，似乎终于壮起担子要发动进攻了。

“我说荒唐，不是冲着希加廖夫讲的，”韦尔霍文斯基慢腾腾地说，“知道吗，先生们，”他稍稍抬起眼睛，“就我看，所有这些书籍，傅立

---

① 卡贝（1788—1856），法国的政论家，空想的“和平共产主义”思想家。

② 蒲鲁东（1809—1865），法国经济学家、社会学家，无政府主义创始人之一。

叶呀，卡贝呀，所有这些‘劳动权’呀、希加廖夫思想呀——所有这一切都像小说一样，可以写十万部。都是用文学消磨时间。我理解，你们小城市里生活枯燥，你们见到什么纸上写着字，就争先恐后地抢着看。”

“对不起，”瘸子在椅子上浑身哆嗦起来，“我们虽然是外省人，而且的确因此而值得怜悯，但是我们知道，世界上迄今出现的一切新事物当中，我们从来没有因为忽略了其中的一件而为之悲泣的。比如说，有人通过暗投的方式散发外国印刷的传单，建议我们联合，建立小组，其唯一目的是全面破坏，理由是不管你怎样治疗世界，世界总是治不好的，如果采取激烈的手段，砍掉一亿个脑袋，因此而减轻负担，可以更有把握地跳过沟渠。① 这个思想无疑很好，但至少也是与现实不相容的，同您刚才奚落的‘希加廖夫思想’一样。”

“得了吧，我可不是来议论的。”韦尔霍文斯基用错了一个重要的词，但他似乎一点儿也没有觉察自己失言，把蜡烛移近一点儿，照得亮一些。

“遗憾，非常遗憾，您不是为了议论而来，很遗憾，您现在这样在给自己打扮。”

“我打扮同您有什么相干？”

“砍掉一亿个脑袋，也像通过宣传来改造世界一样困难。也许还要更困难一些，特别是在俄国。”利普京再次冒险说道。

“可现在有人寄希望于俄国。”一位军官说。

“我们也听说过，有人寄希望于俄国，”瘸子接口说，“我们知道有

---

① 讽刺性套用成语“越过鲁比肯河”。按：恺撒于公元前 49 年曾越过鲁比肯河挥师罗马。——俄编注

一只神秘的 index①指着我们美好的祖国，认为她是最能完成伟大使命的国家。但是请注意：如果通过宣传来逐渐解决问题，那么至少我个人能捞到一些好处，可以愉快地说些空话，就能得到上司的青睐，还因为致力于社会事业有功而获得一官半职。可是在第二种情况下，也就是快速地、用砍掉一亿个脑袋的办法来解决问题，说实在的，我会得到什么奖赏呢？只要你一进行宣传，说不定还会把你的舌头割下来。”

“一定会把您的舌头割下来的。”韦尔霍文斯基说。

“你们瞧。由于这样的屠杀，在最顺利的情况下非五十年不能结束，最快也得三十年，因为这些人不是绵羊，不愿意引颈就戮——因此收拾一下自己的家私什物，迁移到静静的大海以外的静静岛屿上去，在那里安静地闭上自己的眼睛，那不是更好一些？你们信不信，”他用一根手指意味深长地敲敲桌子，“你们通过这样的宣传只会引起移民，别无其他！”

他说完了，得意扬扬。这是省里一个最有头脑的人。利普京阴险地笑着，维尔金斯基有点儿没精打采，其余人都聚精会神地注意着辩论，特别是女士们和军官们。大家都看到，提出砍掉一亿个脑袋的人被窘住了，大家等着瞧事态的发展。

“不过您说得很好，”韦尔霍文斯基慢腾腾地说，他比刚才更冷漠了。甚至好像感到无聊，“移居国外，这是个好主意。但是，尽管有您所预感到的这些明显的不利，如果投身共同事业的战士一天比一天增多，那么没有您也能行。老兄，这是新的宗教正在取代旧的宗教，因此才有这许多战士来参加，这个事业是规模宏大的。而您却要移居国外！

---

① 拉丁文：手指。据《圣经》说，迦勒底王伯沙撒设宴与他的一千大臣欢饮时，一只神秘的手在墙上写了几个字，预示他即将死亡。（见《旧约全书·但以理书》，第 5 章，第 5～30 节）

知道吗，我建议您到德累斯顿去，而不要到平静的岛屿上去。首先，这是一个从来没有发生过流行病的城市，由于您是一个有文化的人，您一定怕死；其次，离俄国边界近，因此可以较快地收到来自亲爱的祖国的收入；第三，境内有许多艺术珍品，而您是有艺术修养的人，好像做过文学教师，最后，它还是一个具体而微缩的瑞士，风景秀丽，给人诗的灵感，因为我相信您在写诗。总之，这是一个鼻烟壶里的宝藏!”

会场内骚动起来；特别是军官们。再有一刹那，所有人可能一下子都开口说话。但是瘸子激动地扑向诱饵。

“不，先生，也许我们还不会离开共同的事业！您应当理解……”

“这么说，如果我建议您进五人小组，您会加入吗?”韦尔霍文斯基不假思索地说道，一面把剪刀放在桌子上。

所有人似乎震了一震。神秘的人物出乎意料地暴露了身份，甚至开门见山地谈起“五人小组”来。

“任何人都感到自己是正直的人，不会脱离共同的事业，”瘸子撇撇嘴，“但是……”

“不，这里没有什么但是可言，”韦尔霍文斯基咄咄逼人地打断他，“我宣布，先生们，我需要直截了当的回答。我太清楚了，我来到这里，亲自把你们召集起来，我就有义务向大家做说明（又是出乎意料的暴露），但是在我知道你们所持的思想方式之前我不能做任何说明。我不想说空话——因为迄今已经空谈了三十年，总不能再空谈三十年吧——我只问你们，你们喜欢哪一种办法：一种是慢办法，这种办法在于写出许多社会小说，坐在办公室里纸上谈兵，解决今后几千年的人类命运，而与此同时专制独裁制度吞噬着一块块肥肉，这些肥肉自己往你们口中飞来，可你们却让它们从嘴边擦过去了。另一种是快办法，不管它是什么，但是它能最终解除手脚的束缚，让人类自己在广阔的天地里建造社会，实实在在地建造，而不是纸上谈兵。你们喜欢哪一种？有人叫嚷：‘一亿个脑袋。’——这也许只是个比喻，但是一亿个脑袋又有什么可害怕的呢，如果在你慢条斯理地做纸上空想的时候，专制独裁制度在一百年之内吞噬掉的不是一亿个而是五亿个脑袋？还请你们注意，身患绝症的病人反正是治不好的，不管你在纸上给他开什么药方，相反，如果拖延时间，他会彻底溃烂，把病传染给我们，把今天还可以指望的新生力量腐蚀掉，最后我们大家一齐完蛋。我完全同意，自由主义的夸夸其谈是极为愉快的，而采取行动却令人感到有点儿不舒服……好，我不会说话，我到这里来是来传递消息的，因此我请所有尊敬的先生们女士们不要表决，而是直截了当地声明，您喜欢哪一种办法：是像乌龟一样在沼泽地里爬行呢，还是飞速前进越过沼泽地？”

“我绝对赞成飞速前进！”中学生狂热地叫道。

“我也是。”利亚姆申应声道。

“当然，选择哪一种方法是没有疑问的，”一名军官喃喃地说，接着又有一名军官，其后又有一个人表示同意。主要是，大家都感到惊讶，韦尔霍文斯基带来了“消息”，而且自己许诺马上讲话。

“先生们，我看到，几乎所有人都根据传单的精神做出了决定。”他扫视全场，说道。

“所有人，所有人。”大部分人说。

“我，说实在的，更倾向于人道的办法，”少校说，“但是既然大家都这么决定，我也同大家一起。”

“这么说，您也不反对？”韦尔霍文斯基对瘸子说。

“我并不是……”瘸子的脸有点红了，“即使我现在同意大家的意见，那也只是为了不破坏……”

“你们这些人全都是这样！为了显示他的自由主义的辩才，他本来打算辩论半年，可是到最后却同大家投一样的票！先生们，请大家再仔细考虑一下，是不是真的你们大家都愿意？”（愿意做什么？——问题含糊不清，但极为诱人。）

“当然，大家都……”在场的人纷纷说。不过彼此都你瞧瞧我，我瞧瞧你。

“也许将来会抱怨，同意得太快了？你们这些人几乎总是这样的。”

人们激动起来，原因不一，但都十分激动。瘸子冲着韦尔霍文斯基怒吼：

“请让我向您指出，对这样的问题的答复是有条件的。即使我们做出了决定，那也要请您注意，以如此奇怪的方式提出的问题……”

“什么奇怪的方式？”

“类似这样的问题不是用这样的方式提出的。”

“请您赐教。知道吗，我早已确信，您第一个会抱怨。”

“您逼迫我们做出愿意立即行动的答复，但是您有什么权力这样做呢？是谁授权您提出这样的问题的？”

“您早就应该想到提出这个问题了！为什么您做了回答？同意了，又忽然想起来了。”

“可是我看，您提那个主要问题时的轻率态度使我想到，您既没有得到授权，也没有权利这样做，您只不过是出于自己的好奇心罢了。”

“您说什么，什么？”韦尔霍文斯基嚷道，似乎十分惊慌起来。

“我说的是，吸收入会，不管是怎么样的入会，至少应该是单独进行的，而不是在二十个不相识的人中间进行！”跛足教师不假思索地说。他把什么话都说了出来，但他激动了。韦尔霍文斯基转向全场的人，脸上带着巧妙地假装出来的不安神情。

“先生们，我认为有责任向大家声明，所有这一切都是愚蠢的，我们的谈话太离谱了。我还没有发展任何一个人加入组织，谁也没有权利说我接受人加入组织，我们不过是在交换意见。不是这样吗？但是不管怎样，你们都使我很不安，”他又转向跛足教师，“我绝对没有想过，像这样单纯的事情在这里还要单独谈。也许您害怕告密？难道在我们中间现在可能有告密者？”

全场万分激动；所有人都纷纷议论起来。

“先生们，如果是这样，”韦尔霍文斯基继续说，“那么名誉受到最大损失的人是我自己，因此我提议回答一个问题，当然如果你们愿意回答的话。你们完全自由。”

“什么问题？什么问题？”大家七嘴八舌地叫起来。

“是这样一个问题，回答了这个问题之后就清楚了：我们还要继续在一起呢，还是各人悄悄地拿起自己的帽子一走了事？”

“问题，问题呢？”

“假如我们中的任何一个人知道一件预谋中的政治谋杀计划，他会鉴于事件的全部后果而去告密呢，还是坐在家中等待事情发生？这里可能有各种看法。对这个问题的答案将会清楚表明——我们应当走散呢，还是继续待在一起，而且绝不只是今天一个晚上。允许我第一个先问您。”他转向跛足教师。

“为什么第一个先问我？”

“因为什么都是您开的头。对不起，不要回避，狡猾是没有用的。不过，随您的便，您有充分的自由。”

“对不起，这样的问题甚至让人感到屈辱。”

“不，您能不能说得确切点。”

“我从来没有做过秘密警察局的特务。”跛足教师说道，他更加轻蔑地撇了撇嘴。

“劳驾，说得确切点，别耽搁时间。”

跛足教师气得不再回答了。他默默地，用凶狠的目光从眼镜底下瞪着他的折磨者。

“会还是不会？会去告密还是不会去告密？”韦尔霍文斯基嚷道。

“当然不会告密！”跛足教师叫得更响一倍。

“谁也不会告密，当然不会告密。”许多人一齐说。

“允许我问您，少校先生，您会去告密还是不会？”韦尔霍文斯基继续说，“请注意，我是特意问您的。”

“不会。”

“好，如果您知道，有人想抢劫并且杀害另外一个人，一个普通的人，您一定会去告发检举吧？”

“那当然，但这是公民的义务，而这里讲的是政治告密。我没有当过秘密警察局的特务。”

“这里谁也没有当过，”又有几个人说，“多余的问题。大家的回答都一样。这里没有告密者。”

“这位先生为什么站了起来？”女大学生叫道。

“这是沙托夫。您干吗站了起来，沙托夫？”女主人叫道。

沙托夫真的站了起来；他手中拿着帽子，望着韦尔霍文斯基。似乎他想说什么话，但在犹豫。他的脸苍白凶狠，但是他克制住了自己，没有说一句话就往门外走去。

“沙托夫，这对您可不利呀！”韦尔霍文斯基在他身后神秘地叫道。

“但对你可有利，你这个奸细和浑蛋！”沙托夫在门口对他嚷道，随即走了出去。

又是一阵叫喊声和惊叹声。

“这就是试验！”有人高声道。

“起了作用!”另一个人高声道。

“作用起得不会太晚吧?”第三个人说。

“谁请他来的?”——“谁让他进来的?”——“他是谁?”——“沙托夫是什么人?”“会不会告密?”——一连串的问题此起彼落。

“如果是告密者，他会假装，可他不在乎，走了。”有人评论说。

“瞧，斯塔夫罗金也站起来了，斯塔夫罗金也没有回答问题。”女大学生高声道。

斯塔夫罗金真的站了起来，在桌子的另一端，基里洛夫也同时站了起来。

“不行，斯塔夫罗金先生，”女主人粗鲁地对他说，“我们大家都回答了问题，您却一声不响就要走了?”

“我认为没有必要回答你们感兴趣的问题。”斯塔夫罗金喃喃地说。

“又是我们损害了自己的名誉，而您却没有。”几个声音同时喊道。

“你们损害了自己的名誉，那与我有什么相干?”斯塔夫罗金笑了起来，但他的眼睛却闪着怒火。

“怎么可以说有什么相干？怎么可以说有什么相干?”室内一片叫喊声。许多人从椅子上跳了起来。

“听我说，先生们，听我说，”跛足教师叫道，“韦尔霍文斯基先生也没有回答问题呀，他只不过提出了问题。”

他的这句话产生了惊人的效果。大家交换了一下眼色。斯塔夫罗金朝着跛足教师高声笑了起来。然后走了出去，基里洛夫也跟着他出去了。韦尔霍文斯基气急败坏地在他们后面跑进了前厅。

“您要对我怎么样?”他含混不清地说。他抓住斯塔夫罗金的手，用全力握住他。斯塔夫罗金默默地抽出手。

“马上到基里洛夫那里去，我就来……我有必要，有必要!”

“我可没有必要。”斯塔夫罗金断然回绝他。

“斯塔夫罗金会去的，”基里洛夫最后说，“斯塔夫罗金，您也有必要。我到那里说给您听。”

他们走了出去。

第八章

伊万王子

他们走了。彼得·斯捷潘诺维奇本想跑回“会场”去，以便平息那里的混乱，但是大概认为不值得花费这份精力，便抛下一切，两分钟后飞也似的跑出来追赶走掉的那两个人。他跑着跑着，忽然想起有一条小巷通向菲利波夫的房子，路更近些；他踩着齐踝深的污泥顺小巷走去，果然就在斯塔夫罗金和基里洛夫进入大门的时候，跑到了那里。

“您已经来了?”基里洛夫说，“这很好。进来吧。”

“您怎么说您单独一个人住?”斯塔夫罗金在经过穿堂时看到那里放着一只茶炊，火已生旺，水也快开了，便问道。

“您马上就会看到，我同谁住在一起，”基里洛夫喃喃地说，“进去吧。”

他们一进房间，韦尔霍文斯基就从口袋里掏出那封从伦布克那里拿来的匿名信，放在斯塔夫罗金面前。三个人都坐了下来。斯塔夫罗金默默地读完信。

“怎么回事?”他问道。

“这个无赖怎么写就会怎么做的，”韦尔霍文斯基解释道，“因为他在您的掌握之中，请您告诉我，该怎么办。我相信，也许他明天就会去找伦布克。”

“那就让他去吧。”

“怎么让他去。特别是现在还可以避免。”

“您错了，他并不受我支配。而我完全无所谓；他对我并无危险，只对您有危险。”

“对您也有危险。”

“我不认为。”

“但是别人可能饶不了您，难道您不明白？听我说，斯塔夫罗金，这只不过是说着玩的。难道您舍不得花钱？”

“难道还要花钱？”

“一定得花，两千或者 minimum[①] 一千五，您明天给我，或者最好今天，到明天晚上我替您把他送往彼得堡，这是他所希望的。如果您愿意，可以把玛丽娅·季莫费耶芙娜一起送走——这一点请您注意。”

他神不守舍，说话有点儿漫不经心，未经周密考虑的话脱口而出。斯塔夫罗金惊奇地端详着他。

“我没有必要送走玛丽娅·季莫费耶芙娜。”

“也许，您甚至不希望她走？”彼得·斯捷潘诺维奇讽刺地一笑。

“也许我是不希望。”

“总之，钱您出不出？”他气愤而急躁，好像不容抗拒地向斯塔夫罗金嚷道。斯塔夫罗金一本正经地打量着他。

“钱，不出。”

“唉，斯塔夫罗金！您是不是知道什么事，还是已经做了什么事？您——捣乱！”

---

① 拉丁文：至少。

他的脸扭曲了，两边嘴角抽动了一下，突然无缘无故地、莫名其妙地大笑起来。

“您不是从您父亲那里得到变卖田庄的钱了吗?”尼古拉·弗谢沃洛多维奇心平气和地说道，“Maman[①] 替斯捷潘·特罗菲莫维奇付给了您六千，可能是八千。您就用您的钱付一千五百卢布吧。我不想再替别人出钱了，我给别人的钱已够多了，我觉得委屈……”他对他自己说的话嘿嘿一笑。

“啊，您开起玩笑来了。”

斯塔夫罗金从椅子上站了起来，韦尔霍文斯基也立即跳了起来，不自觉地背朝着门口站定，似乎想阻挡住对方的去路。尼古拉·弗谢沃洛多维奇已经伸手想把他从门边推开，以便走出门去，但突然停住了。

“我不会把沙托夫让给您的。”他说。彼得·斯捷潘诺维奇震了一震，两人相互对视着。

“我今天已对您讲过，为什么您需要沙托夫的血，”斯塔夫罗金的眼睛闪着怒火，“您想用这种油膏把您的小组黏合起来。[②] 刚才您很巧妙地把沙托夫赶走，因为您太清楚了，他不会说‘我不会告密’，而在您面前说谎他认为是卑鄙的行为。但是我呢，为什么您现在需要我？您几乎从国外开始就缠住我不放。您在此以前对我所做的种种解释，都是胡说八道。其实您的用意是要我把一千五百卢布给列比亚德金，以此制造一个机会，让费季卡把他杀了。我知道，您有一个想法，以为我想同时杀死我的妻子。您当然认为，用这桩罪行把我束缚住，您就可以任意摆

① 法文：妈妈。

② 涅恰耶夫小组的成员之一，杀害伊万诺夫的参与者库兹涅佐夫在很久以后（1926年）写道：“当时并没有任何严重的理由必须要对伊万诺夫采取恐怖活动，涅恰耶夫需要这个行动，为的是用血把我们更紧密地团结起来。”——俄编注

布我了，不是这样吗？您干吗非得让我们听您摆布呢？您需要我有什么鬼用途？您仔细看看清楚：我是不是您的人，以后别来骚扰我。”

“费季卡自己去找过您了？”韦尔霍文斯基气喘吁吁地说。

“是的，来找过，他的价钱也是一千五百……瞧，他就站在那里，他自己可以证明……”斯塔夫罗金伸手一指。

彼得·斯捷潘诺维奇迅速转过身去。一个新的人影从黑暗中出现在门槛上——费季卡，他穿着短皮袄，但没有戴帽子，像在家里一样。他站着，嘿嘿笑着，露出雪白整齐的牙齿。他那双略带黄色的黑眼珠小心翼翼地扫视着房间，打量着老爷们。他好像有什么事不明白；显然，是基里洛夫刚才带他来的，因此他那询问的眼光朝着基里洛夫；他站在门槛上，但不想走进房间来。

“您把他藏在这里，大概是想让他听到我们的交易，或者甚至见到手中的钱，是这样吧？”斯塔夫罗金问道，他不等回答，就从房子里走了出去。韦尔霍文斯基几乎发疯一般在大门口赶上他。

“站住！不许再向前一步！”他嚷着，一面抓住他的胳膊肘。斯塔夫罗金猛一抽手；但没能挣脱出来。他狂怒了，用右手抓住韦尔霍文斯基的头发，猛力把他摔倒在地上，走出大门去了。但他还没有走出三十步，韦尔霍文斯基又赶上了他。

“咱们和解吧，和解吧。”他用颤抖的声音轻轻地说。

尼古拉·弗谢沃洛多维奇耸耸肩膀，但没有停住脚步，也没有转过身来。

“听我说，我明天把莉扎韦塔·尼古拉耶芙娜带到您家去，要吗？不要？您为什么不回答？告诉我，您要什么，我一定照办。听我说，我把沙托夫交给您，要吗？”

“这么说来，您确实想把他杀掉？”尼古拉·弗谢沃洛多维奇叫道。

“沙托夫对您有什么用？有什么用?”这个发狂的人继续气喘吁吁地快速说着，不时跑到前面去抓住斯塔夫罗金的胳膊肘，大概他自己也没有觉察到这一点，“听我说，我把他交给您，我们和解吧。您的要价太高啦，但是……我们和解吧!”

斯塔夫罗金终于瞧了他一眼，不禁一怔。那眼神，那声音，都跟往常完全不同，就是跟刚才在室内时也大不一样，他看到的几乎是另外一张脸。声音语调也变了：韦尔霍文斯基恳求着，苦苦哀求着，这是一个正被夺取或者已被夺取了最宝贵的东西而还没有醒悟过来的人。

“您怎么啦?”斯塔夫罗金叫道。韦尔霍文斯基没有回答，但在他后面跑着，仍用刚才那种祈求的但同时是不折不挠的目光瞧着他。

“咱们和解吧!”他又一次小声说，“听我说，我靴子里也藏着一把匕首，像费季卡一样，但是我还是愿意和您和解。”

“究竟我对您有什么用处，真见鬼!”斯塔夫罗金叫了起来，他又气愤又惊奇，“这里有什么秘密，是吗？您是要把我当作您的什么法宝?”

“听我说，我们要造反，”韦尔霍文斯基急速地喃喃地说，几乎像是呓语，“您不相信我们会造反？我们要闹个天翻地覆。卡尔马济诺夫说得对，我们现在还没有抓得住的支撑。卡尔马济诺夫很聪明。全俄国只要有十个这样的小组，就没有办法捕捉我了。”

“这些小组里都是笨蛋。”斯塔夫罗金情不自禁地脱口而出。

“啊，您要笨一点儿，斯塔夫罗金，您自己要笨一点儿！要知道，要有这样的志愿，您还不够聪明哩，因为您害怕，您不相信，宏大的规模使您丧胆。为什么他们是笨蛋？他们并不这样愚笨；今天任何人的才智都不是自己的。今天才智出众的人寥寥无几。维尔金斯基是一个很纯洁的人，比我们这样的人要纯洁十倍，我们且不去说他。利普京是骗子，但是我知道他的一个招数。没有一个骗子没有他自己的一招。只有利亚姆申没有任何的招数，但他掌握在我的手里。再有这样几个小组，我就到处有身份证和钱了，这就不错了吧？哪怕只有这一点也就不错了吧？既有秘密的地点，就让他们找吧。他们拔掉了一个小组，还会碰上另一个小组。我们造起反来……难道您不相信，只要我们两个人就完全足够了？”

“您去找希加廖夫吧，别来打扰我……”

“希加廖夫是个天才人物！知道吗，这是傅立叶那样的天才；但比傅立叶大胆，比傅立叶强；我要在他身上多下点功夫。他发明了‘平等’！”

斯塔夫罗金又瞧瞧他，心里想：“他在发烧，在说胡话，他不知怎的发生了十分特殊的情况。”两人继续走着，没有停下来。

“他本子里写的东西可棒哩，”韦尔霍文斯基继续说，“他提出监视制度。每一个社会成员都须监视其他人，而且有义务告密。每一个人都属于大家，大家又属于每一个人。大家都是奴隶，而在奴隶的地位上又是平等的。在极端的情况下会有诬陷和凶杀，但主要是平等。第一件要做的事情是降低教育、科学和才能的水平。高水平的科学思想和成就只有才智高的人才能达到，但是我们不需要才智高的人！才智高的人总会夺取权力，总是暴君。才智高的人不能不成为暴君，总是害多于利；要把他们放逐或者处死。要割去西塞罗①的舌头，挖掉哥白尼②的眼睛，向莎士比亚掷石头——这就是希加廖夫思想！奴隶应当平等；世上还没有过不在专制主义之下的自由和平等，但是在畜群里应当有平等，这就是希加廖夫思想！哈哈哈！您觉得奇怪吗？我赞成希加廖夫思想！”

斯塔夫罗金竭力加快步伐，急于早点回到家里。“如果这个人喝醉了酒，他是哪里喝的酒？”他想道，“难道是白兰地？”

---

① 西塞罗（公元前106—前42），古罗马杰出的演说家。

② 哥白尼（1473—1543），波兰伟大的天文学家。

“听我说，斯塔夫罗金：把高山削平——这是个好思想，不是可笑的思想。我赞成希加廖夫！不需要教育，用不着科学！没有科学，我们的物资也够用一千年，但是应当提倡顺从。世界上只有一样东西欠缺——那就是顺从。渴望受教育已经是一种贵族式的渴望。人一有了家庭和爱情，就会产生私有财产的欲望。我们扼杀这种欲望；因为我们要放任酗酒、造谣和告密；我们要放任闻所未闻的荒淫；我们把所有天才之火扑灭在摇篮之中。大家都是同一个分母，完全平等。[①]‘我们学会了一门手艺，我们是正直的人，别的我们什么都不需要。’——这就是英国工人不久前的答复。只需要所需要的东西——这就是今后世界的座右铭。但是还要震荡；关于这一点我们这些统治者会关心的。奴隶们需要统治者。完全顺从，完全没有个性，但是每三十年希加廖夫会发动一次震荡，大家突然开始互相残杀，到一定的限度，其唯一的目的就是不至于无聊。无聊是贵族的感觉；在希加廖夫思想当中不会有欲望。欲望和痛苦是我们的，奴隶们只有希加廖夫思想。”

“您把自己排除在外？”斯塔夫罗金又脱口而出。

“还有您。知道吗，我曾想把世界交给罗马教皇。让他徒步跣足出现在老百姓面前，说：‘瞧他们，把我弄到什么地步！’大家都会蜂拥着跟他走，甚至连军队也会跟他走。教皇在上面，我们在周围，我们的下面是希加廖夫思想。不过要 lnternationale 同意同教皇配合；一定能做到的。至于老头子，他马上会同意的。因为他没有其他的出路，您记住我的话，哈哈哈，愚蠢？您说，愚蠢还是不愚蠢？”

“够了。”斯塔夫罗金恼怒地喃喃地说。

---

① 从“第一件要做的事情是降低教育、科学和才能的水平……”到“大家都是同一个分母，完全平等”。——陀思妥耶夫斯基讽刺模仿涅恰耶夫的文章《未来社会制度主要原理》的一系列论点，在这篇文章中涅恰耶夫描述了兵营共产主义的略图。——俄编注

“够了！听我说，我已经放弃了教皇！让希加廖夫精神见鬼去吧！让教皇见鬼去吧！必须要顾到当前，而不是希加廖夫思想，因为希加廖夫思想是珠宝。它是一种理想，它属于未来。希加廖夫是珠宝匠人，像所有慈善家一样愚蠢。我们需要干粗活儿，而希加廖夫轻视粗活儿。听我说：让教皇统治西方，而我们这里，我们这里将由您来统治！”

“去您的吧，醉鬼！”斯塔夫罗金喃喃地说，加快了步伐。

“斯塔夫罗金，您是一个美男子！”彼得·斯捷潘诺维奇几乎如醉如痴地叫道，“知道吗，您是美男子！您最可贵的地方，就是您有时候不知道这一点。哦，我对您做过研究！我常常从旁观察，从角落里瞅着您！您身上甚至有一种无邪的天真，您知道吗？现在还有，现在还有！您一定心里痛苦，真诚地痛苦，因此才会那么单纯。我爱美。我是虚无主义者，但我爱美。难道虚无主义者就不爱美啦？他们只不过不爱偶像，可是我爱偶像！您是我的偶像！您不欺凌任何人，而大家却都憎恨您；您看上去和大家一样，而大家却害怕您。这很好。没有人会走到您跟前拍拍肩膀。您是个彻头彻尾的贵族。身为贵族而主张民主，那太迷人了！您对牺牲生命完全无所谓，不论是您自己的生命，还是别人的生命。您正是我们所需要的那种人。我，我正需要像您那样的人。除您之外，我不知道还有任何一个像您那样的人。您是领袖，您是太阳，而我是您的一条小虫……”

他突然吻了一下他的手。斯塔夫罗金感到背上一阵发冷，他惊恐地抽回自己的手。他们停了下来。

“疯子！”斯塔夫罗金小声说。

“也许，我是在说胡话，也许，我是在说胡话！”韦尔霍文斯基接口快速说，“但是我想出了第一步。希加廖夫永远想不出第一步。希加廖夫这样的人太多了！但是在俄国只有一个人想出了第一步，而且知道怎么迈出这一步。这个人就是我。您为什么瞅着我？我需要您，您，没有您，我就是零。没有您，我是只苍蝇，玻璃瓶里的思想。没有美洲的哥伦布。[①]”

斯塔夫罗金站着，注视着他那双疯狂的眼睛。

“听我说，我们首先发起暴动，”韦尔霍文斯基急急忙忙地说，不时抓住斯塔夫罗金的左手袖口，“我已经对您说过：我们要深入到人民中间去。我们现在就已经非常强大了，知道吗？我们的人已经不仅是那些杀人放火的人，还有按传统的方式开枪刺杀或者咬人的人。这些人只会碍事。凡事我都要讲纪律。瞧，我是个骗子，而不是社会主义者，哈哈！听我说，我把所有人都计算过了：凡是同孩子一起嘲笑他们的上帝和他们的摇篮的那种教师，就已经是我们的人了。凡是为有文化的凶手辩护，说他比受害人更有教养，说他为了得到钱不能不杀受害人的律师，就已经是我们的人了。凡是为了体验杀人的感觉而杀害庄稼汉的中学生，是我们的人。凡是为罪犯开脱的陪审员全是我们的人。凡是在法庭上感到自己不够自由化而哆嗦的检察官，是我们的人，我们的人。许多官吏、文学家，啊，我们的人很多，多极了，而他们自己却不觉察！另一方面，中学生和小傻瓜的听从程度达到了最高限度；教师们肝火旺盛；到处是漫无止境的虚荣心，野兽般的骇人听闻的贪欲……知道吗，知道吗，光是利用一些现成的庸俗的思想我们就能争取到多少人？我们出国的时候——正逢 Littré[②] 的论点泛滥成灾，说犯罪是精神失常；现

---

① “没有美洲的哥伦布”是赫尔岑在《往事与随想》中形容巴枯宁的话，陀思妥耶夫斯基借用于此。——俄编注

② 法文：李特列。按：埃·李特列（1801—1881）是法国实证主义哲学家。但此处陀思妥耶夫斯基记错了。“犯罪是精神失常”这一论点不是李特列提出的，而是比利时数学家、统计学家和实证主义社会学家凯特勒（1796—1874）提出的。他曾任彼得堡科学院外国通讯院士（1847）。——俄编注

在我回来了——犯罪已经不是精神失常了，而是健全的思想，几乎是天职，至少是高尚的抗议。‘有文化的杀人犯，如果他需要钱的话，怎么能不杀人呢！’但是这只不过是开端。俄国的上帝已经在‘廉价的烧酒’面前屈服了。老百姓喝得醉醺醺的，母亲们喝得醉醺醺的，孩子们喝得醉醺醺的，教堂里空荡荡的，而在法庭上我们听到的是：‘鞭笞二百下，否则拿一桶酒来。’啊，让我们的下一代快快成长。只可惜没有时间等待，否则要让他们醉得更厉害一些！啊，多可惜，没有无产者。但是会有的，会有的，在往这个方向发展……”

“很可惜，我们变蠢了。”斯塔夫罗金喃喃地说，又向前走去。

“听我说，我亲眼看到过一个五六岁的孩子，把喝醉了酒的母亲扶回家去，母亲用脏话骂他。您以为我对这种事情感到高兴？有朝一日落到我们手上，我们说不定能把她治好……如果需要，我们要把她赶到沙漠中去住四十年……但是一代或两代人的堕落是必要的；空前的卑鄙堕落，这时人变成了卑劣的、怯懦的、残忍的、自私的败类，——这就是我们现在所需要的！这里还要流一点儿‘鲜血’，使他们习惯。您笑什么？我没有自相矛盾。我只不过反驳慈善家和希加廖夫思想，而不是反驳我自己。我是骗子，而不是社会主义者。哈哈哈！只可惜时间太少了。我答应卡尔马济诺夫 5 月开始，到圣母帡幪节结束。快？哈哈！知道吗，我要告诉您，斯塔夫罗金：俄国人民虽然满口脏话，但迄今还没有玩世不恭的习气。您知道吗，我们的农奴比卡尔马济诺夫更尊重自己。他挨打受辱，但他维护住了自己的神。卡尔马济诺夫却没有维护住。”

“好了，韦尔霍文斯基，我这是第一次认真听您说话，而且觉得很惊讶，”尼古拉·弗谢沃洛多维奇说，“这么说来，您确实不是社会主义者，而是个政治……野心家？”

“骗子，骗子。您想知道我是什么人？我马上告诉您我是什么人，我正要这样做。我吻您的手，不是偶然的。但是必须让老百姓相信，我们知道我们要的是什么东西，而别的人只会‘挥舞大棒打自己人’。唉，要是有时间可多好！只可惜——没有时间。我们将宣传破坏……为什么？为什么？又是因为这个思想太迷人了！但是我们，必须活动活动筋骨。我们要纵火……我们要散布传说……这时每一个最糟糕的‘小组’都会有用。我给您在这些小组里搜罗志愿者，只要枪声一响，他们就会蜂拥而上，而且以此为荣而感恩终生。好啦，暴动一定会开始！一定会发生空前的动荡……俄国将阴雾弥漫，大地将为古老的神而哭泣……在这时我们就推出……推出谁来?”

“谁?”

“伊万王子。”

“谁?”

“伊万王子，那就是您，您!”

斯塔夫罗金沉思了一分钟。

“冒名为王?”他突然问道，十分惊愕地瞧着这个狂人，“哎哟，原来您有这么一个计划。”

“我们会说，‘他隐匿起来了’，”韦尔霍文斯基满怀柔情地轻声说，真的好像是喝醉了，“知道吗，‘他隐匿起来了’这句话是什么意思？那是说，他会露面，他会露面。我们要散布传说，比阉割派的更神奇一些。[①] 他存在于世上，但谁也没有见过他。啊，可以散布多美的传说!主要是，一股新的力量正在崛起。人们需要这种力量，渴盼着它。社会主义有什么呢？它摧毁了老的力量，但没有带来新的。而这里是一股新

① 阉割派的传说之一说：“他们的首领将从东方来，从伊尔库茨克群山下来进入俄罗斯，驻扎在莫斯科。他孔武有力，骑着通灵的白马，率领各族人民和阉割派各部落，甚至到西欧，到法国各地去传播阉割派教义。”——俄编注

的力量，一股很大的力量，前所未闻的力量！我们只要一按杠杆，就可以把地球掀起来。[①] 什么都会起来的！”

“这么说，您真的指望着我？”斯塔夫罗金恶狠狠地笑道。

“您笑什么，而且那么凶狠？您别吓唬我：我现在像小孩子，您这样的笑声就可以把我吓死。听我说，我不让任何人见到您，任何人都不让，必须这样做。他存在于世上，但谁也没有见到过他，他隐匿起来了。知道吗，甚至可以让十万人当中有一个人看到您，那就会在全国传开：‘见到了，见到了。’看到万军之主伊万·菲利波维奇[②]，在众人面前乘着战车升上天空。是‘亲眼’看到的。而您不是伊万·菲利波维奇；您是美男子，像神一样骄傲，自己一无所有，头上有着蒙难者的光环，是‘隐匿者’。主要是，要散布传说。您能征服他们的，只要瞧他们一眼，就能征服他们。把新的真理带到人间又‘隐匿起来’。那时我们再把两三条所罗门[③]式的判词传出去。这些小组，五人小组都动起来——连报纸都用不着！只要在一万人当中满足一个人的请求，大家都会提出请求。每一个乡，每一个庄稼汉都会知道，在什么地方有一个树窟窿，指定把请求书投到那里去。大地上一片喧哗：‘新的公正的律法到来了。’大海会沸腾，简陋的木棚会倒塌，那时我们再考虑，怎样建造石砌的大厦。破天荒第一次！我们要建设，我们，只有我们！”

“发狂！”斯塔夫罗金说。

---

① 古希腊数学家、科学家阿基米德在发现杠杆定理之后宣称：“只要给我一个支点，我就能够撬动地球。”

② 万军之主是犹太教中上帝耶和华的称号之一。当年鞭身派（也是从东正教分裂出来的一个教派）教徒丹尼尔·菲利波维奇自称万军之主，另一教徒伊万·季莫费耶维奇·苏斯洛夫自称基督。这里显然是将两人的名字和父称错合起来，成了伊万·菲利波维奇。——俄编注

③ 公元前 965—前 928 年时期在位的以色列国王，据圣经记载，以智慧著称。

“为什么，为什么您不愿意呢？害怕吗？我抓住您就是因为您什么都不害怕。超乎情理，是吗？要知道，我现在还是没有美洲的哥伦布；难道没有美洲的哥伦布会是理智的吗？”

斯塔夫罗金没有作声。这时他们已走到他的家，在大门口停了下来。

“听我说，”韦尔霍文斯基凑到他的耳边，“我不要您的钱，明天就把玛丽娅·季莫费耶芙娜结果了……不要钱，明天就把莉扎带到您家来，要莉扎吗，明天就来？”

“他怎么啦，真的疯了吗？”斯塔夫罗金想，不禁微微一笑。台阶上的门打开了。

“斯塔夫罗金，美洲是我们的吧？”韦尔霍文斯基最后一次抓住他的手。

“干什么？”尼古拉·弗谢沃洛多维奇声色俱厉地说。

“您不愿意，这我也已知道了！”韦尔霍文斯基在一阵狂怒中高声说，“您撒谎，您这个坏透了的、淫荡的、娇生惯养的少爷，我不相信您，您的胃口像狼一样……要知道，您现在的身价太高了，我不能放弃您！世界上没有另外一个人像您一样！我在国外时就想好了您的角色；一面瞧着您，一面构想，要是我不是背地里瞧着您，我什么都不会想到的！……”

斯塔夫罗金没有回答，径自上楼去。

“斯塔夫罗金！”韦尔霍文斯基在他身后高声道，“我给您一天时间……就算两天吧……就算三天吧；三天以上不行，那时您得答复我！”

第九章

斯捷潘·特罗菲莫维奇被抄家

这时我们这里发生了一起意外的事件，此事使我惊讶，而使斯捷潘·特罗菲莫维奇极为震惊。早晨八点钟纳斯塔西娅受他的差遣跑来找我，说她老爷“被抄了家”。起初我一点儿也摸不着头脑，因为我只从她口中得知：来“抄家”的是官员，拿走了一些书籍和文件，一个士兵把它们捆扎成包，“用独轮车推走”。这个消息太离奇了。我立即赶往斯捷潘·特罗菲莫维奇的住处。

我见到他时，他处于一种惊人的状态之中：他心绪不佳，激动不已，但同时流露出无疑是扬扬得意的神色。在房间中央的桌子上放着一只沸腾着的茶炊和一满杯没有人碰过已被遗忘了的茶。斯捷潘·特罗菲莫维奇在桌子周围踯躅，从房间的一个角落到另一个角落走来走去，自己也不知道在做什么。他穿着平时穿的红色毛衣，但是一看到我，赶忙去穿上背心和常礼服，以前，当亲近的朋友看到他穿着红色毛衣的时候，他从来不这样做。他立即急切地抓住我的手。

“Enfin un ami.①（他深深地叹了一口气。）Cher②，我只找了您一个人，别人什么也不知道。应该叫纳斯塔西娅关上门，谁也不让进来，

① 法文：终于来了一位朋友。

② 法文：亲爱的。

除了那些人……Vous comprenez?[①]”

他焦躁不安地望着我，似乎在等待我的答复。不用说，我急忙问他，从他颠三倒四、断断续续、随意穿插的话语中我勉强弄清了，早晨七点钟一个省里的官员“突然”来到他那里……

“Pardon，j'ai oublié son nom. Il n'est pas du pays.[②] 但是好像他是伦布克带来的，quelque chose de bête et d'allemand dans la physionomie。Il s'appelle Rosenthal.[③]”

“是布卢姆吧?”

“是布卢姆。他告诉我的就是这个名字。Vous le connaissez? Quelque chose d'hébété et de très content dans la figure，pourtant très sévère，roide et sérieux.[④] 警察局来的人，是一个听人使唤的，je m'y connais。[⑤] 我还在睡觉，他竟然要我让他‘看一看’我的书籍和手稿，oui，je m'en souviens，il a employé ce mot。[⑥] 他没有逮捕我，只不过查抄了我的书籍……Il se tenait *à* distance，[⑦] 当他开始向我说明他的来意时，他的神色使我……enfin il avait l'air de croire que je tomberai sur lui immédiatement et que je commencerai *à* le battre comme plâtre. Tous ces gens du bas étage sont comme ça，[⑧] 当他们同正派人打交道的时候。

---

① 法文：您懂吗?

② 法文：对不起，我把他的名字给忘了。他不是本地人。

③ 法文：他的脸部表情有一种愚钝的、德国人的神气。他叫罗森塔尔。

④ 法文：您认识他吗？他的外表有一种非常鲁钝的、自以为是的神气，不过非常严峻、高不可攀、傲慢。

⑤ 法文：我在这方面懂一点儿。

⑥ 法文：对了，我记起来了，他用的就是这个词。

⑦ 法文：他保持一段距离。

⑧ 法文：简言之，他似乎在想，我会立即扑上去，狠狠地揍他。所有这些下等人都是这样的。

不用说，我立即就明白了。Voilà vingt ans que je m'y prépare.[①] 我为他打开了我的所有抽屉，把所有钥匙都交给了他。J'étais digne et calme.[②] 在书籍当中他拿去国外出版的赫尔岑著作，一册《钟声》杂志的合订本，四份我的长诗的手抄本，et，enfin，tout ça。[③] 然后是我的文件和书信 et quelques-une de mes ébauches historiques，critiques etpolitiques。[④] 所有这些东西他们都带走了。纳斯塔西娅说，是一名士兵用独轮车推走的，上面盖了条围裙；oui，c'est cela，[⑤] 盖了条围裙。"

简直是梦呓。谁能听得懂这是怎么回事呢？我又向他提出一大堆问题：布卢姆是不是一个人来的？以谁的名义来查抄？他有什么权力？他怎么如此大胆？他是怎么解释的？

"Il était seul，bien seul，[⑥] 不过还有什么人 dans l'antichambre，oui，je m'en souviens，et puis...[⑦] 不过，好像另外还有人，在穿堂里有站岗的。要问问纳斯塔西娅；她比我更清楚。J'étais surexcité，voyez-vous. Il parlait，il parlait... un tas de choses，[⑧] 不过，他很少说，都是我在说……我向他讲了我的一生，当然只是从这个观点上……J'étais surexcité，mais digne，je vous l'assure.[⑨] 不过，我怕我好像哭了。独轮车他们是从隔壁小店主那里拿去的。"

"啊，天哪，怎么会发生这种事情！但是看在上帝面上，您讲得确

---

① 法文：我对此已经准备了二十年了。
② 法文：我处之泰然，不失尊严。
③ 法文：就是这些。
④ 法文：一些我的史论、评论和政论著作的提纲。
⑤ 法文：对，就是这样。
⑥ 法文：只他一人，仅仅一人。
⑦ 法文：在前厅里，对，我记起来了，后来……
⑧ 法文：您要知道，我当然非常激动。他说呀，说呀……说了很多东西。
⑨ 法文：我非常激动，但相信我，我没有丧失尊严。

切一点儿，斯捷潘·特罗菲莫维奇，要知道，您讲的简直像一场梦！”

“Cher，我自己也好像在梦中……Savez-vous，il a prononcé le nom de Teliatnikoff，① 我想，此人一定躲在穿堂里。对，我记起来了，他建议去叫检察长，好像还有德米特里·米特里奇……qui me doit encore quinze roubles de 叶拉拉什，soit dit en passant. Enfin，je n'ai pas trop compris. ② 但是，我比他们还狡猾，德米特里·米特里奇同我有什么关系？我好像恳求他不要把事情张扬出去，非常恳切地，我甚至害怕有点儿卑躬屈节，comment croyez-vous? Enfin il a consenti. ③ 对了，我记起来了，这是他自己要求，最好不要把事情张扬出去，因为他只不过来‘看看’，et rien de plus④，别无其他，别无其他……如果什么也没有发现，那就什么事情也没有，这样，我们结束了一切 en amis，je suis tout-à-fait content。⑤”

“天哪，他是向您提议在这种情况下的一定手续和保证，而您自己却拒绝了！”我高声道，我出于友谊对他的这种做法十分气愤。

“不，这样好一些，不要保证。为什么要闹得大家都知道？在一定时间内就让它 en amis⑥... 您知道，在我们城里如果大家知道了……mes ennemis... et puis *à* quoi bon ce procureur，ce cochon de notre procureur，qui deux fois m'a manqué de politesse et qu'on a rossé *à* plaisir l'autre année chez cette charmante et belle 纳塔丽娅·帕夫洛芙娜，

① 法文：知道吗，他提到捷利亚特尼科夫的名字。

② 法文：顺便说说，此人与我玩过叶拉拉什牌戏，还欠我十五个卢布。总之，我不完全理解。

③ 法文：您认为怎样？最后，他同意了。

④ 法文：别无其他。

⑤ 法文：抱着友好的态度。我非常满意。

⑥ 法文：以友好的方式。

quand il se cacha dans son boudoir。Et puis，mon ami，[①] 不要反驳我，也不要泄我的气，因为世界上最难忍受的事，莫过于一个人在不幸的时候，立即有一百个朋友向他指出他做了多大的蠢事。您还是坐下来，喝杯茶，说实在的，我很累了……我该不该躺下来，头上敷上一块浸醋的毛巾，您认为怎样?"

"一定要!"我叫道，"甚至最好是冰。您情绪很不好。您脸色苍白，手在发抖。您躺下，休息一下，等会儿再讲。我在您身边坐一会儿，等您。"

他犹豫不决，但我坚持让他躺下。纳斯塔西娅拿来一茶杯醋，我用毛巾蘸了醋，敷在他头上。这之后纳斯塔西娅站到椅子上去点角落里圣像前的长明灯。我惊奇地注意到这件事；先前他家从来没有过长明灯，而现在突然出现了。

"刚才那些人一走，我就吩咐点长明灯，"斯捷潘·特罗菲莫维奇狡黠地瞧了我一眼喃喃说道，"quand on a de ces choses-là dans sa chambre et qu'on vient vous arrêter，[②] 这会产生印象，他们应该报告他们所见到的东西。"

纳斯塔西娅点好灯后，站在门口，右掌托着腮帮，面容凄惨，呆呆地瞅着他。

"Éloignez-la，[③] 找一个什么借口，"他朝我点了一下头，"我最受不了俄罗斯式的怜悯，et puis ça m'embête。[④]"

---

① 法文：我的敌人们……还有这个检察长又会干什么，我们的检察长这头蠢猪曾经两次对我不敬，去年他躲在美丽迷人的纳塔丽娅·帕夫洛芙娜的小客厅里，被人狠狠揍了一顿。还有，我的朋友。

② 法文：当你的房间里有这些东西，他们来逮捕你。

③ 法文：把她支开。

④ 法文：而且这使我厌烦。

但是她自己走掉了。我注意到，他不住地朝门口张望，倾听着前厅里的声息。

“Il faut être prêt，voyez-vous，①”他意味深长地瞥了我一眼，“chaque moment...② 都会有人来将你逮捕，然后，嗯——人就不见了。”

“天哪！谁会来？谁会来逮捕您？”

“Voyez-vous，mon cher，③ 当他走的时候，我直截了当地问他：现在他们会对我采取些什么措施？”

“您怎么没有问，他们会把您流放到哪里去!”我又愤愤然嚷了起来。

“我问他的时候，指的就是这个，但是他走了，什么也没有回答。Voyez-vous：关于内衣、外面的衣服，特别是保暖的衣服，这就得看他们自己高兴了，吩咐带，就带，要不然就让你穿着士兵的军大衣上路。但是我把三十五个卢布（他突然压低嗓门，回头望望纳斯塔西娅出去的那扇门）悄悄地塞在背心口袋的裂缝里了，就在这里，您摸摸……我想，他们不会扒掉我的背心，为了做样子，我在钱包里留下七个卢布，表示‘所有的钱都在这里了’。知道吗，零钱和找来的铜币留在桌上，这样他们不会想到我把钱藏起来了，反以为所有钱都在这里。唉，天知道，今天得在哪里过夜。”

我看到他如此似疯似狂，不禁垂下了头。显然，像他所说那样的逮捕和查抄是不可能的，当然是他搞糊涂了。不错，这一切发生在现行法律颁布之前。而且他们曾经向他提出（据他本人说）比较正确的程序，但他比他们还狡猾，拒绝接受……当然，过去，说得确切点是不久以

---

① 法文：知道吗，应当做好准备。

② 法文：每时每刻。

③ 法文：知道吗，我亲爱的。

前，省长在万不得已的情况下可以……但这算什么万不得已的情况呢？这使我百思不得其解。

“这里一定有从彼得堡来的电报。”斯捷潘·特罗菲莫维奇蓦地说道。

“电报！关于您的？是因为赫尔岑的著作和您的长诗？您发疯了吗，就凭这些会来逮捕您？”

我简直发怒了。他做了个鬼脸，显然感到委屈，——不是因为我的叫嚷，而是因为我认为够不上查抄逮捕的思想。

“在我们的时代，谁知道什么事够得上查抄逮捕的？”他神秘莫测地嘟囔说。我头脑中闪过一个古怪荒诞的思想。

“斯捷潘·特罗菲莫维奇，告诉我，作为朋友，”我大声说道，“作为真正的朋友，我是不会告发您的：您是不是属于一个什么秘密团体？”

使我十分惊奇的是，他在这个问题上也把握不定：他有没有参加什么秘密团体。

“这要怎么看，voyez-vous...”

“什么‘怎么看’？”

“当你全心全意追求进步时……谁能保证？你可能原以为你没有参加，可是，瞧，原来你还是参加了。”

“这怎么可能呢？是就是，不是就是不是。”

“Cela date de Pétersbourg.① 当时我和她想在那里创办一个杂志。根子就在这里。我们当时溜走了，他们也把我们忘却了，可现在想了起来。Cher，cher，难道您不知道！”他痛苦地叫道，“在我们国家里可能会逮捕我们，塞进带篷的马车，送往西伯利亚，在那里过一辈子，或者

① 法文：这起始于彼得堡。

被遗忘在囚室里……”

他突然哭了起来，热泪滚滚，像泉水般涌出来。

他用红绸巾蒙住眼睛，号啕大哭，抽抽搭搭地哭了快五分钟。我全身一阵痉挛。二十年来这个人一直是我们的先知、我们的传道士、导师、德高望重的长者、库科利尼克[①]，他如此崇高庄严地凌驾于我们众人之上，在他面前我们虔诚地顶礼膜拜，以此为荣，——而突然，他现在却在号啕大哭，像一个闯了祸的小孩儿，等待老师去拿树条抽打他。我十分怜悯他。他显然相信“带篷马车”马上就会到来，就像我坐在他身边那样确信无疑，他预料它今天早晨，现在，即刻就会到来，而一切都是因为赫尔岑的著作和一首长诗！对现实生活如此无知，既使人感动，又令人讨厌。

最后，他终于停止了哭泣，从长沙发上站了起来，又开始在室内踱来踱去，继续和我讲话，但不时往窗外张望，倾听前厅里的动静。我们的谈话东扯西拉，我的劝说和安慰，都像豌豆碰到墙壁上，给弹了回来。他很少听，但他仍然十分希望我安慰他，不住地说这方面的话。我看到，他现在没有我不行，说什么也不会放我走。我留了下来，同他一起待了两个多小时。在谈话中他记起，布卢姆拿去了在他那里发现的两张传单。

“怎么会有传单！”我一时糊涂地害了怕，“难道您……”

“唉，不知什么人给我塞进来十张，”他气恼地回答（他同我说话时，一会儿气恼而倨傲，一会儿又十分悲戚而柔顺），“但是其中八份我已经处理了，布卢姆只拿去两份……”

他突然因气愤而涨红了脸。

---

① 涅·瓦·库科利尼克，俄国作家、诗人。参阅本书第一部第一章第五节。

“Vous me mettez avec ces gens-là![1] 难道您认为，我可能同这些浑蛋、同这些偷偷散发传单的人、同我的儿子彼得·斯捷潘诺维奇沆瀣一气吗，avec ces esprits-forts de la lacheté![2] 啊，天哪!”

“哎呀，他们会不会把您错当作别的人了……不过，这是胡思乱想，不可能的!”我说。

“Savez-vous,[3]”他突然脱口说道，“我有时候觉得，que je ferai là-bas quelque esclandre。[4] 啊，别走，别把我一个人孤零零地留下来! Ma carrière est finie aujourd'hui，je le sens. [5] 我，您信不信，我在那里也许会扑过去咬什么人，像那个少尉一样……”

他用一种奇怪的目光瞧了我一眼——那目光既流露出恐惧，同时也好像想恐吓别人。随着时间的过去而“带篷马车”一直没有出现，他真的愈来愈生气了，好像是什么人和什么事惹犯了他似的；甚至都发怒了。突然，纳斯塔西娅因为什么事从厨房到前厅去时碰倒了衣帽架，斯捷潘·特罗菲莫维奇浑身发起抖来，在原地僵住了；当事情弄清楚后，他差一点儿没有对纳斯塔西娅尖声大叫，他跺着脚，把她赶回厨房去。过了片刻，他绝望地瞧着我，说：

“我完了! Cher,”他突然坐到我身边，那么可怜巴巴地凝视着我的眼睛，“Cher，我不是害怕西伯利亚，我向您起誓，啃，je vous jure[6]（甚至两眼噙着泪水），我害怕的是另一件事……”

我从他的神色猜想到，他希望告诉我一件非同寻常的事，迄今憋在

---

① 法文：您把我同这些无耻小人等量齐观了!

② 法文：同这些卑鄙的自由思想者!

③ 法文：知道吗。

④ 法文：我会在那里大闹一场的。

⑤ 法文：我的生命历程今天终结了，我感觉到这一点。

⑥ 法文：我向您起誓。

心里没有告诉我的事。

“我怕丢脸。”他神秘地悄声说。

“什么丢脸，正好相反！相信我，斯捷潘·特罗菲莫维奇，这一切今天就能解释清楚，宣告结束，而且结果对您有利……”

“您这么有把握，他们一定会宽恕我？”

“谈得上什么‘宽恕’您！怎么用这些字眼！您干了什么坏事啦？我不是对您说嘛，您什么也没有做！”

“Qu’en savez-vous；[①] 我的一生都是……cher... 他们什么都会记起来的……如果没有发现什么，那更糟。”他补充说，大大出乎我的意料。

“怎么会更糟呢？”

“更糟。”

“我不明白。”

“我的朋友，我的朋友，我不在乎去西伯利亚，去阿尔汉格尔斯克，剥夺我的权利，——该死就死吧！但是……我害怕另外一件事（又是低声细语，惊慌的神色和神秘的表情）。”

“怕什么呀，什么呀？”

“鞭打。”他说，惘然若失地瞧着我。

“谁会鞭打您？在哪里？为什么？”我喊道，我很害怕他快发疯了。

“在哪里？嗯，就在那里……通常鞭打的地方。”

“通常在什么地方鞭打？”

“唉，cher，”他几乎凑在我耳边说，“在您的脚下，地板突然向两边分开。您半身陷在里边……这是大家都知道的。”[②]

---

① 法文：您在这方面懂什么。

② 赫尔岑的《钟声》中多次报道“犯过失的”贵族遭警察鞭打的事情。——俄编注

“神话!”我叫道，终于猜到了他的思想，“古老的神话！难道您到现在还信以为真?”我哈哈大笑起来。

“神话！这些神话也是有根据的呀；被打的人是不会说的。这种场面我已经想象过一万次了!”

“可是，为什么要鞭打您呢？您不是什么都没有做吗?”

“这更糟；他们看到我什么都没有做，就会鞭打我。”

“您确信，为此而要把您送到彼得堡去?”

“我的朋友，我已经说过，我已经无所惋惜，ma carrière est finie。[①]自从在斯克沃列什尼基她与我告别之后，我对我的生命已经无所惋惜了……但是耻辱，耻辱，如果她知道了，que dira-t-elle?[②]”

他绝望地瞥了我一眼，可怜的人儿脸涨得通红。我也垂下了眼睛。

“她什么也不会知道的，因为您不会发生任何事情。我好像一生中第一次同您谈话似的，斯捷潘·特罗菲莫维奇，今天上午您使我太惊诧了。”

“我的朋友，这不是因为我恐惧。但是就算宽恕了我，就算又把我送回这里来，什么事情也没有——我在这里也完了。Elle me soupçonnera toute sa vie[③]... 怀疑我，我，诗人，思想家，她二十二年来崇拜的人。”

“她根本就不会有这种想法。”

“会有的，”他深信不疑地小声说，“我同她在彼得堡谈过几次，那是在大斋期间，在我们离开那儿之前，那时我们两人都害怕……Elle me soupçonnera toute sa vie... 怎么改变她的看法呢？这是不可能的。而

---

① 法文：我的生命历程已经终结。

② 法文：她会说什么呢?

③ 法文：她一生都会怀疑我。

且在这个区区小城里谁会相信，c'est invraisemblable... Et puis les femmes...[1] 她会高兴的。她会感到很悲伤，很悲伤，真诚地，作为真正的朋友，但内心里会感到高兴……我会给她反对我的武器，足够她使用一辈子。啊，我的一生全完了！二十年同她一起，享受如此美满的幸福……而现在！”

他用双手捂住了脸。

“斯捷潘·特罗菲莫维奇，您要不要马上把这里发生的事情告诉瓦尔瓦拉·彼得罗芙娜？”我提议说。

“千万别告诉她！”他怔了一怔，站了起来，“绝对不要，永远不要，自从在斯克沃列什尼基告别时她说了那番话以后，永、远、不、要。”

他的两眼炯炯发光。

我们大概又坐了一个小时，或者更久些，一直在等待着会发生什么事——因为这个想法太牢固了。他又躺了下来，甚至闭上了眼睛，躺了二十分钟，没有说一句话，因此我甚至以为他已经睡着了或者在打盹。突然他迅捷地欠身起来，拉掉头上的毛巾，从沙发上跳了下来，快步走到镜子前，用颤抖的双手打好领带，以雷鸣般的嗓音叫唤纳斯塔西娅，吩咐她给他拿来大衣、新礼帽和手杖。

“我再也受不了啦，”他用断断续续的声音说道，“我受不了，我受不了！……我自己去。”

“上哪里去？”我也跳了起来。

“找伦布克。Cher，我应当去，我必须去。这是我的责任。我是公民和人，而不是一块小木片，我有权利，我要求自己的权利……二十年来我没有要求过自己的权利，我一生都忘记了我的权利，这简直是犯

---

① 法文：这是难以置信的……尤其是妇女们……

罪……但是现在我要求我的权利。他应该告诉我全部真相，全部真相。他收到了电报。他没有权利如此折磨我，要不就逮捕我好了，逮捕好了，逮捕好了！”

他尖声叫喊着，跺着脚。

“我赞成，”我有意尽可能平静地说，虽然我很为他担心，“的确，总比这样悲悲戚戚地坐在家里好，不过我不赞赏您的情绪；瞧您像什么样子，您怎么到那里去呢？Il faut être digne et calme avec Lembke.①真的，您现在可能扑过去，咬那里的什么人。”

“我去自首。我自投虎口……”

“那我同您一起去。”

“这正是我所期待于您的，我接受您的牺牲，一位真正的朋友的牺牲，但是只到门口为止，只到门口。您不应该，您没有权利再同我在一起而损害您的名誉。O，croyez-moi，je serai calme.②此刻我感到自己à la hauteur de tout ce qu'il y a de plus sacré...③”

“我也许和您一起进省长府邸去，”我打断他说，“昨天他们这个愚蠢的委员会通过维索茨基通知我，他们对我寄予希望，邀请我作为干事之一参加明天晚上的游乐会，或者如他们所说……作为六个年轻人之一，他们的任务是照看茶酒端送，侍候女士们，安排客人位置，在左肩上佩戴由白底红条缎带打成的花结。我本来就想推辞，现在我为什么不借口要与尤莉娅·米哈伊洛芙娜解释而进去呢？……所以我可以和您一起进去。”

他听着，不住地点头，但好像什么也没有听懂。我们站在门槛上。

---

① 法文：对伦布克应当举止安详，不失尊严。

② 法文：哦，相信我，我会镇静的。

③ 法文：处于一切最神圣的事物的高度。

“Cher,”他伸手指着屋角的长明灯，“cher，我从来不相信这个，但是……让它去吧，让它去吧！（他画了个十字。）Allons![1]”

“这样好一些，”我想，同他一起走到门口的台阶上，“一路上的新鲜空气会对他有益，我们会安静下来，回来睡觉……”

但是我的算计完全错误了。正是在路上发生了一起意外事件，使斯捷潘·特罗菲莫维奇受到更大的震荡，最终把他送上……说实在的，我甚至没有预料到我们的朋友的行动会如此麻利，像那天早上突然显示的那样。可怜的朋友，善良的朋友！

---

① 法文：我们走吧！

第十章

海盗。灾难性的早晨

一

我们在途中经历的事件也十分奇怪。不过我得从头说起。在我和斯捷潘·特罗菲莫维奇出来以前一个小时，一群什皮古林工厂的工人，大约有七十人，也许还多一些，在市内通过，引起了许多人的好奇心。他们走得规规矩矩，秩序井然，几乎不出声音。后来有人说，这七十人是什皮古林工厂全体九百名工人选出来去见省长的代表，由于工厂的主人不在，他们请求省长主持公道，制裁该厂的总管，此人在关闭工厂、解散工人时，恣意克扣全体工人的工资——这一事实现在已经没有任何疑问了。另外有些人至今否认这群人是推选出来的，他们声称，选出七十人做代表为数过多，是不可能的，这群人只不过是受欺压最甚的人，他们来见省长，只是为自己申诉，因此后来大肆渲染的工厂总“叛乱”，根本就不存在。又有一些人振振有词地说，这七十个人不是简单的叛乱暴动分子，而绝对是政治叛乱分子，就是说，他们是最爱犯上作乱的人，此外还一定受到暗中偷投的传单的鼓动。总之，这里有没有受什么人的影响或挑唆，——这一点至今没有人确切知道。我个人的意见，工人们绝对没有看过暗中偷投的传单，即使看过的话，他们也是一句都看不懂的，因为写传单的人，尽管文体并不晦涩，却写得十分模糊不清。但是由于工厂工人确实处境困难，他们曾向警察局申诉，警察局又不愿为他们申冤，因此他们想成群结队地去见“将军本人”，那是最自然不过的了，如果可能的话，他们还会头上顶着请愿书，毕恭毕敬地列队伫立在他的台阶前，只要他一露面，就会一齐跪下，像对天主一样号叫求助。就我看，这里既不需要叛乱，甚至不需要代表，因为这个方法是古老的、由来已久的；俄罗斯人民自古以来就喜欢同“将军本人”对话，仅仅为了得到这种愉快，甚至不问这种对话的结果如何。

因此我深信，即使彼得·斯捷潘诺维奇、利普京，也许还有其他什么人，甚至可能是费季卡，此前在工人中间走动（因为的确存在相当确凿的证据证实这一情况），同他们谈过话，但是大概不会超过两三个人，至多五个人，而且只是作为试探，没有得到任何结果。至于叛乱，即使工人们从他们的宣传中懂得了什么东西，他们一定不会再听下去，因为这是一件愚蠢的、完全不适宜的事情。费季卡却不同，他好像比彼得·斯捷潘诺维奇幸运一些。现在已确实查明，在三天以后城里的一起纵火事件中有两个工人和费季卡一起参与，后来，过了一个月，在县里抓住三个过去的工人，也是由于纵火和抢劫。但是如果说费季卡能够引诱他们直接参加活动，那么也只有这五个人，因为没有听说过其他人犯过类似的罪行。

但是，不管是怎么回事，工人们最后一齐来到省长府邸前的广场，毕恭毕敬地，默不作声地站好队。然后张大了嘴，望着台阶，等待着。有人告诉我，他们一站好队，立即就脱下帽子，就是说，这可能是一省之长到来之前半小时的事，因为这时候好像故意似的，他没有在家。一会儿警察就来了，起初是个别出现，然后是全数出动，凡是能来的都来了；不用说，他们开始声色俱厉地喝令解散，但是工人们站着一动不动，像一群走到栅栏跟前的绵羊，他们简捷地回答，他们是来见“将军本人”的；看得出来，他们抱着坚强的决心。厉声的吆喝停止了；紧接着是沉思和考虑，神秘的小声布置和严峻的、使得长官们双眉紧锁的烦恼和忧虑。警察局长认为最好等待冯·伦布克本人到来。有人说他乘三驾马车疾驰而来，似乎还没有下车就开始打人，这是无稽之谈。我们的警察局长的确常常驱车飞驰，而且喜欢乘着那辆后部黄色的轻便马车飞驰，赶得两匹拉边套的马“轻飘飘的”。马跑得愈来愈疯狂，使得商场里的商人一个个也欣喜若狂，这时他在马上站了起来，挺直身子，拉住专门钉在车边上的皮带，右手伸向前方，像纪念碑上的雕像，就这样巡视全市。但是这一次他可没有打人，虽然他在跳下车时，不能不说一句骂人的话，但是他这样做只不过是为了不失人心而已。又有人说，曾经调来士兵，端起刺刀，如临大敌，还发电报去什么地方请求派来炮兵和哥萨克，[①] 这更是无稽之谈，连编造者自己现在也不相信了。又有人说，曾经运来消防用的大水桶，用水冲百姓，这也是无稽之谈。伊里亚·伊里奇只不过在盛怒之下，大喝了一声：“我和你们如同水火，我绝不让你们逍遥法外。”从这个“水”字引申出水桶来，水桶就这样进了首都各家报纸的通讯报道。应当认为，最可信的说法是：用当时可以调动的所有警察立即包围了群众，同时差专使，第一警察分局的警长，去见伦布克，分局长坐上警察局长的轻便马车飞也似的驰往斯克沃列什尼基，因为他知道，半小时前冯·伦布克坐车到那里去了……

但是，说实在的，我至今仍有一个问题悬而未决：为什么会把一群无足轻重的，也就是平常的请愿者——虽然有七十个人——从一开始一下子就变成动摇国家根基的叛乱了呢？为什么伦布克本人二十分钟之后

① 隐指 1816 年改革之后派军队镇压农民骚动的情况越来越多。——俄编注

随专使刚刚来到时，就萌生这个想法呢？我猜想（但仍然只是我个人的意见），与工厂总管结成亲家的伊里亚·伊里奇在伦布克面前把这批群众说得如此可怕，这对他甚至是有利的，正是因为这样可以不使案件受到认真审理；而这个主意还是伦布克本人启发他的。近两天来他同他作过两次秘密的特别谈话，话说得模棱两可，但是从话音里伊里亚·伊里奇还是听得出来，上司坚持关于传单的想法，认为什皮古林工厂的工人受人挑唆，意图举行社会叛乱，而且如此固执己见，倘若挑唆之说一旦查明是无稽之谈的话，他也许会感到惋惜。"想在彼得堡露一手，"我们狡猾的伊里亚·伊里奇从冯·伦布克那里出来时想道，"那好吧，这正合我们的心意。"

但是我深信，即使是为了自己能露一手，可怜的安德烈·安东诺维奇也不希望看到叛乱。这是一个极端循规蹈矩的官员，在他结婚之前，一直天真未凿，他所关心的是为公家采购木柴这种单纯的工作，他所想望的是娶一位天真的德国小姐做夫人，但是四十岁的公爵小姐却把他提高到她的地位，难道这能怪他吗？我几乎确实知道，从这个不祥的早晨起，开始出现那种状态的征兆，据说这种状态把可怜的安德烈·安东诺维奇送到瑞士的一家有名的专门机构，目前他好像正在那里逐渐康复。但是，如果我们承认正是从这天早晨出现了某种状态的明显事实，那么就我看来，也可以承认，前一天已可能出现过类似的事实，即使并不如此明显的话。我知道，根据最亲密的朋友之间的传闻（好吧，您可以认为其中一部分是尤莉娅·米哈伊洛芙娜后来亲口告诉我的，那时她已经不得意，而且几乎已经懊悔——因为女人从来不会彻底懊悔的）——我知道，安德烈·安东诺维奇在前一天已经凌晨两点多钟的时候去找他夫人，把她推醒，要求她听听"他的最后通牒"。他的要求是如此坚决，她不得不从床上起来，胸中燃烧着怒火，头上挂满了卷发纸，在沙发上坐了下来，虽然带着讥诮和蔑视，但还是准备听他说完。这时她才第一次明白，她的安德烈·安东诺维奇想得太过分了，心里不禁一怔。她本该最终醒悟过来，变得温和一些，但是她却把她的恐惧隐藏起来，变得比过去更加固执了。她（看来像所有妻子一样）有她自己对待安德烈·安东诺维奇的办法，这种办法经过不止一次的考验，不止一次地逼得他发狂。尤莉娅·米哈伊洛芙娜的办法是轻蔑的沉默，一小时，两小时，一昼夜，甚至三昼夜——不管发生什么事情，不管他说什么，做什么，哪怕他从三层楼上跳下去，她都默不作声，这个办法是一个多愁善感的人忍受不了的！不知尤莉娅·米哈伊洛芙娜是因为她丈夫最近几天屡屡失误，是因为他作为一省之长但行政能力却远不如她而妒忌她，因此她要惩罚他呢，还是因为他不理解她敏锐的政治远见，却批评她对青年、对我们整个社会的行为，因此她十分愤懑呢，还是因为他愚蠢的没有意义的对彼得·斯捷潘诺维奇的醋意，因此她生了气呢，——不管是什么原因，她决定此时此刻也不软化下来，尽管现在是凌晨三点，而且她还没有见到过安德烈·安东诺维奇如此激动。

他在她小客厅的地毯上来来回回地走着，向她讲述着一切的一切，虽然语无伦次，但却是郁积心头的一切。因为——“超出了他所能忍受的界限”。他一开始就说，现在所有人都嘲笑他，说“他被牵着鼻子走”。“我才不顾这种说法哩!”他注意到她脸上的讪笑，立刻尖叫道，“就算‘牵着鼻子’吧，可这是事实！……”“不，太太，已经该结束了；知道吗，现在不是笑的时候，也不是卖弄风情的时候。我们不是在一位装模作样的女士的小客厅里，而好像是两个抽象的人，在一个气球上相见，为的是把真话说出来。”（当然，他说话语无伦次，找不到正确的方式来表达他的正确的思想。）“这是您，您，太太，使我脱离以前的状态，我接受这个职位，完全是为了您，为了满足您的虚荣心……您冷笑？您不要得意，您别忙。您要知道，太太，您要知道，我有能力，我完全可以胜任这项工作，不要说这一项工作，就是十项这样的工作，我也能胜任，因为我有能力；但是，同您在一起，太太，当您在的时候我不能胜任，因为当您在的时候，我没有能力。不能同时存在两个中心，而您建立了两个中心，——一个在我这儿，另一个在您的小客厅里，——两个权力中心，太太，但是我不允许，不允许这种情况存在!!在工作上，也像在夫妻生活中一样，只可能有一个中心，不可能有两个中心……您是拿什么报答我的呢?”他继续叫道，“我们的夫妻生活仅仅是：您不断地、每时每刻地向我证明，我是渺小的、愚蠢的甚至是卑鄙的，而我不得不不断地、每时每刻地、低三下四地向您证明，我并不渺小，绝不愚蠢，我的高尚品格使所有人惊叹——这对我们双方不都是丢脸的事吗?”

这时他急骤地在地毯上跺起脚来，因此尤莉娅·米哈伊洛芙娜不得不神色严峻地站立起来。他很快就安静下来，但是又堕入感伤之中，捶着胸脯，号啕大哭起来（的确是号啕大哭），哭了几乎整整五分钟，由于尤莉娅·米哈伊洛芙娜一声不吭，因而他愈来愈不能控制自己了。最后，他终于做了一件失策的事，说他忌妒彼得·斯捷潘诺维奇。他发觉自己干了一件出格的蠢事，于是大发雷霆，叫嚷着，他“绝不允许摒弃上帝”；他要驱散她那个“放肆的不信宗教的沙龙”；一省之长有义务信仰上帝，“因此他妻子也有义务”；他不能忍受这些年轻人；“您，您，太太，为了自己的荣誉也应当关心丈夫，即使他智能低下（而我的智能一点儿不低下!），也应当维护他的才名。然而，正是由于您，我才受众人轻视，这是您唆使他们的！……”他叫嚷着，他要撤销妇女问题，把这股臭风吹散，那个为女家庭教师募捐的荒唐游乐会（让她们见鬼去!）他明天就下令禁止，予以驱散；他要把明天早晨第一个遇到的女家庭教师当即驱逐出省，由“一个哥萨克押解”！“故意这样，故意这样！”他尖声叫道，“您知道吗，知道吗，”他嚷道，“您的那些坏蛋在工厂煽动工人，这事我全知道！您知道吗，他们在有意地散发传单，有——意——地！您要知道，我知道四个坏蛋的名字，我快发疯了，彻底地，彻底地发疯了！！！……”

但是这时尤莉娅·米哈伊洛芙娜突然中止了沉默，厉声宣称，她自己早已知道这些罪恶的阴谋，这一切都是愚蠢的，他未免过于认真了，至于这些淘气的孩子，她不仅知道那四个人，而且知道所有人（她这是撒谎）；但是她绝不想因此而发疯，相反，她更加相信自己的智慧，相信能把一切引向和谐的结局：鼓励青年，启迪青年，出其不意地向他们证明，她知道他们的阴谋，然后向他们指明新的目标，进行理性的更为高尚的活动。咳，真难描述此时此刻安德烈·安东诺维奇的心情！他明白了，彼得·斯捷潘诺维奇又欺骗了他，耍弄了他，他告诉她的事比告诉他的更多、更早，而且说不定彼得·斯捷潘诺维奇本人就是所有罪恶阴谋的主谋——于是他狂怒了。“你要知道，你这个糊涂而又恶毒的妇人，”他大声叫嚷，一下子挣脱了所有的桎梏，“你听着，我要立即下令逮捕你那卑鄙的情夫，把他钉上镣铐，送到三角堡[①]去，或者——或者我自己当着你的面从窗口跳下去！”听了这一番长篇大论，尤莉娅·米哈伊洛芙娜气得脸色铁青，蓦地纵声大笑起来，那笑声悠长嘹亮，抑扬婉转，完完全全像法国戏中一样；当一位巴黎女伶接受十万聘金来演风骚女人时，就是这样当面嘲笑胆敢吃醋的丈夫的。冯·伦布克向窗口扑去，但突然站住不动了，双手交叉放在胸前，像死人一样苍白，用恶狠狠的目光瞅着狂笑的妻子。“你知道吗，你知道吗，尤莉娅……”他气

① 指彼得堡彼得保罗要塞中的阿列克谢三角堡，是囚禁政治犯的监狱。

喘吁吁地用祈求的声音说道，“你知道吗，我也会有所举动的？”他最后一句话的话音未落，就听到一阵新的笑声爆发出来，比刚才更强烈，他咬紧牙齿，扑了过去，——不是扑向窗口，而是扑向他的妻子，还在她头上举起一只拳头！他没有打下去——没有，没有，绝对没有；不过事情就此结束了。他脚不点地地跑到书房里，和衣扑倒在替他铺好的被褥上，胡乱扯拉被单连头蒙住，这样躺了两三个小时，——没有睡着，没有思考问题，心头沉甸甸地压着一块石头，满怀是郁闷的木然的绝望。偶尔他像发寒热似的全身痛苦地剧烈哆嗦着。他回忆起一些互不连贯的毫不相干的事情，比如说，他一会儿想起十五六年前他在彼得堡时寓所墙上一只古老的分针脱落了的挂钟；一会儿又想起一位性情非常快活的官员米尔布瓦，想起他俩有一次在亚历山大公园捉住了一只麻雀，捉住之后，才想起他们两人中一个已经是八级文官了，不禁大笑起来，笑声响彻了整个公园。我猜想，他大概是在早晨七点钟不知不觉地睡着的，睡得很香甜，做着美妙的梦。十点左右醒来，他蓦地从床上跳起来，昨天的事一下子都涌上心头，用手掌猛拍一下脑门，没有吃早饭，没有接见布卢姆，没有接见警察局长，也没有接见专门前来提醒他去主持某个会议的官员，他什么也没有听见，什么也不理解，像发疯似的奔往尤莉娅·米哈伊洛芙娜的居室。那里索菲娅·安特罗波芙娜，一个出身贵族，久已住在尤莉娅·米哈伊洛芙娜身边的老妇人，向他详细说明，尤莉娅·米哈伊洛芙娜早在十点钟的时候就同一大群人分乘三辆马车到斯克沃列什尼基瓦尔瓦拉·彼得罗芙娜那里去了，为的是察看场所，以便两星期以后举行下一次、也就是第二次游乐会，这是她三天前与瓦尔瓦拉·彼得罗芙娜本人约定的。这个消息使安德烈·安东诺维奇大吃一惊，他回到书房后立即命令备马，几乎是迫不及待。他的心灵渴望着尤莉娅·米哈伊洛芙娜——哪怕只瞧她一眼，在她身边待上五分钟也好，说不定她会抬眼一望，看到他后，像以前一样莞尔一笑，原谅了他——哦，哦！“怎么马还不来？”他信手打开放在桌上的一本厚厚的书（他有时用书占卜凶吉祸福，任意打开书，读右边一页的上面三行）。书上写道：“Tout est pour le mieux dans le meilleur des mondes possibles.” Voltaire，“Candid”.① 他轻啐了一口唾沫，跑去上车：“去斯克沃列什尼基！”

车夫后来说，老爷一路上不停地催促他，但是快到庄园中的大楼时，突然命令掉头回城去：“快点，请快点！”还没有赶到城墙跟前，“老爷又命令我停车，从车上下来，穿过大路走到田野里；我想他是去方便吧，可他却看起花来，这样站了好长一会儿，真怪，我已经怀疑他了。”车夫做证时这样说。我记起那天早上的天气：那是个寒冷、晴朗，但却有风的九月天。在走下大路的安德烈·安东诺维奇面前展现一片肃杀的景象：庄稼早已收割，田野上空荡荡的；呼啸的寒风摇曳着几株残存的濒临枯萎的小黄花……他是否想把他自己和他的命运同这些受深秋严寒摧残的气息奄奄的小花相比呢？我想不是的。我甚至确信他不会，而且根本就没有注意到那几株小花，虽然车夫这样做证，乘警察局长轻便马车于此时到来的第一分局警长后来也确证，在他见到首长时，他手里的确拿着一束花。这个警长是一位热衷于发号施令的人物，叫瓦西里·伊万诺维奇·弗利布斯季耶罗夫，不久前才来到我们这个城市，但由于在执行一切任务时无比地卖力和凶猛，而且天生是一个酒鬼，因此已经名闻遐迩了。他从马车上跳下来，见到首长的举动，一点儿也不怀疑，就以似疯似狂但却深信不疑的神情，一口气向首长报告：“城里出

---

① 法文：“在这个众多星球中最美好的星球上万事万物更趋完美。”伏尔泰：《老实人》。这句话是老实人的老师、哲学家邦葛罗斯说的，表达了莱布尼茨和蒲伯的乐观哲学的座右铭，而为伏尔泰在哲理小说《老实人》（1759）中所嘲笑。——俄编注

事啦。”

“啊？什么？”安德烈·安东诺维奇转身问他，面色严峻，但毫不惊奇，也一点儿不记得他的马车和车夫，好像他就在自己的书房里似的。

“第一警察分局警长弗利布斯季耶罗夫向您报告，大人。城里发生了叛乱。”

“海盗[①]？”安德烈·安东诺维奇若有所思地重复道。

“不错，大人。什皮古林工厂的工人叛乱了。”

“什皮古林工厂的工人！……”

一提到“什皮古林工厂的工人”，他似乎想起了什么事。他甚至颤抖了一下，举起一个手指按在额头上：“什皮古林工厂的工人！”他默默地，仍是若有所思地，向马车缓缓走去，坐上车后，命令往城里驶去。分局警长坐着轻便马车跟在他后面。

我想象，一路上他模模糊糊地想起许多有趣的事情，各式各样的事情，但在进入省长官邸前广场的时候，未必有什么固定的想法，或者什么明确的意图。但是当他看到列队伫立着的“叛乱者”，看到警察的包围圈，束手无策的（也许是故意装作束手无策的）警察局长和大家对他的期待时，他的血一下子涌上心头。他面色苍白，从马车上走了下来。

“脱帽！”他气喘吁吁地说，声音几乎低得听不见。“跪下！”他突然尖声叫道。[②] 这对他自己来说也是突然的，也许正因为是突然的，才引出后来的结局。这好像谢肉节乘雪橇从山上滑下来一样，难道能够把飞驰而下的雪橇在半山腰上停下来吗？好像故意似的，安德烈·安东诺维

① 俄文中警长的姓 Флибустьеров 与 флибустверы（海盗）一词同源，都由法文词 flibustier（海盗）构成，因此造成伦布克的误解。

② 此处讽刺性模仿 1831 年 6 月 22 日霍乱暴动期间尼古拉一世在干草广场上对群众说的话。当时人们仍记得他的原话。——俄编注

奇一生以性格平和著称，他从不对人嚷嚷，也不跺脚怒叱，但是这样的人，一旦他们的雪橇突然从山上滑下来时，他们比谁都危险。他感到面前天旋地转。

“海盗！”他狂叫一声，声音更尖细、更怪诞，又突然收住了。他站着，还不知道该做什么，但他的整个身心知道，也感觉到他一定会马上做出什么来。

“天哪！”人群中有人叫道。一个小伙子开始在胸前画十字；三四个人真的想跪下来，但其余的人一齐向前迈了三步，突然七嘴八舌地大声喧嚷：“大人……他们说好终生雇用……总管……不许你说话……”等等。什么也无法听清。

唉！安德烈·安东诺维奇无法听清；他手中仍拿着那把小花。在他看来，暴乱是显而易见的，就像刚才囚车之于彼得·特罗菲莫维奇一样。而在这群向他瞪着眼的“叛乱分子”当中，不住地闪动着“挑唆”他们的彼得·斯捷潘诺维奇，从昨天以来，彼得·斯捷潘诺维奇一会儿也没有离开过他的眼前，这个他恨透了的彼得·斯捷潘诺维奇……

“用树条抽打！”他叫道，更出人的意料。

广场上顿时像死一般的沉寂。

根据最确切的消息和我的推测，事情的开端就是这样的。但是后来消息就不那么确切了，我的推测也是如此。不过有几件事情是确实的：

第一，树条出现得太快了一点儿；显然是有先见之明的警察局长预先准备好待用的。不过，挨抽打的实际上只有两个人，我想，连三个都不会有，这一点我坚决相信。有人说，所有人或者至少一半人挨了打，这纯属臆造。又有人说，似乎一位出身贵族的贫寒女士途经这里，被抓了起来，不知为了什么，立即被抽打一顿，这也是无稽之谈；不过后来我在彼得堡报纸的一篇通讯里亲眼读到关于这位女士的报道。许多人谈到我们墓地附设的养老院里的一位老婆婆，叫阿芙多季娅·彼得罗芙娜·塔拉佩吉娜，似乎她在做客回养老院的归途中，经过广场，出于合乎情理的好奇心挤进旁观的人群中，当她看到行刑的情景时，呼叫了一声："真可耻!"而且啐了一口唾沫。为此她被抓了起来，也挨了揍。这件事不仅见诸报端，我们城里一时激于义愤还为她募了捐。我自己就捐了二十个戈比。但后来呢？现在已经查明，我们这里根本没有这样一位叫塔拉佩吉娜的养老院老婆婆！我亲自到墓地附设的养老院去调查过，那里没有听说过什么塔拉佩吉娜；不仅如此，当我把流传的消息讲给他们听时，他们大为生气。说实在的，我提到这位并不存在的阿芙多季娅·彼得罗芙娜，是因为斯捷潘·特罗菲莫维奇差一点点也遭遇了同她一样的事（如果她是实际存在的话）；也许这一关于塔拉佩吉娜的荒唐传闻正是由他而起，那就是说，随着谣言越传越广，有人把他改变成什么塔拉佩吉娜了。主要是，我至今不明白，当我和他一走进广场，他怎么从我身边不见了。我预感到事情十分不妙，本想领他绕过广场直接到省长府邸去，但我自己也为好奇心所驱使，停下来询问第一个遇到的人，我只停下来一分钟，转身一看，斯捷潘·特罗菲莫维奇已经不在我身边了。我出于本能，立即奔往最危险的地点去寻找他；不知什么缘故，我预感到他的雪橇从山上滑坡了。果然不出所料，我在事件的中心地点找到了他。记得我抓住他的胳膊；但他以无比的威严，悄悄地傲然看了我一眼。

"Cher，"他说，声音中似乎有一根磨损的弦在颤抖，"如果他们全体都在这里，在广场上，当着我们的面这样肆无忌惮地胡作非为，那么，这一个什么事干不出来……如果他有机会独立行动的话。"

于是他，因为义愤而颤抖着，满怀挑战的愿望，伸出揭露的手指，威严地指着站在两步外横眉立目的弗利布斯季耶罗夫。

"这一个!"弗利布斯季耶罗夫气得两眼发黑大嚷道。"什么这一个?你又是谁?"他攥紧拳头，逼上前来，"你是谁?"他疯狂地、病态地、声嘶力竭地吼叫。(我要指出，他非常清楚地知道斯捷潘·特罗菲莫维奇是什么人。)再过一刹那，他当然会一把抓住他的后脖领；幸而伦布克听到叫嚷声转过头来。他困惑不解地盯视着斯捷潘·特罗菲莫维奇，好像在考虑什么似的，突然他不耐烦地摆摆手。弗利布斯季耶罗夫不敢动了。我把斯捷潘·特罗菲莫维奇从人群中拉了出来，不过，也许他本人也想撤退了。

"回家，回家，"我坚持说，"如果我们没有挨打，那当然得感谢伦布克。"

"您去吧，我的朋友，是我的错，使您受累了。您有前程，而我——mon heure est sonné[①]."

他步履坚定地走上省长府邸的台阶。看门人认识我；我告诉他，我们两人都是来看尤莉娅·米哈伊洛芙娜的。我们在接待厅里坐下，开始等待。我不想把我的朋友丢下不管，但认为再跟他说话是多余的。他那副神情，就好像是一个决心为国捐躯的志士。我们没有坐在一起，却分坐在两个角落里，我坐在靠近门口的地方，他远远地坐在对面，低头垂目，陷入深思，两手轻轻地扶在手杖上。他把他那宽边的礼帽拿在左手里。我们就这样坐了大约十分钟。

二

伦布克在警察局长的陪同下突然快步走了进来。他心不在焉地瞧瞧

---

① 法文：我的末日已到了。

我们，没有理睬，就往右边书房走去，但是斯捷潘·特罗菲莫维奇站到他面前，挡住了他的去路。斯捷潘·特罗菲莫维奇不同一般的高大身材起了作用；伦布克站住了。

"这是谁？"他神色迷惘地喃喃说道，仿佛是在问警察局长，但是却不把脸转向他，而继续打量着斯捷潘·特罗菲莫维奇。

"退职八级文官斯捷潘·特罗菲莫维奇·韦尔霍文斯基，大人。"斯捷潘·特罗菲莫维奇仪态庄重地点点头。这位大人继续用十分迟钝的目光凝视着他。

"什么事？"他以首长的简洁语气说道，厌烦地把一只耳朵转向他，把他当作来递交呈请书的普通请愿者。

"今天一位文官以您大人的名义查抄了我的家；因此我想……"

"名字？名字？"伦布克不耐烦地重复，好像忽然间想到什么事情似的，斯捷潘·特罗菲莫维奇更加矜持地又报了一遍自己的名字。

"哦——！这是，这是那个温床……先生，您在这方面的表现……您是教授？教授？"

"曾经有幸为某大学的年轻人讲过几次课。"

"年、轻、人！"伦布克似乎震了一震，虽然，我敢打赌，他还不了解讲的是怎么回事，甚至可能不知道在跟谁谈话，"我的先生，我不允许这样做，"他勃然大怒，"我不允许青年这样做。这都是传单闹出来的。这是对社会的袭击，先生，海上袭击，海盗行为……您请求什么？"

"正好相反，尊夫人请求我在明天的游乐会上作演讲。我不是来请求，我是来寻求我的权利……"

"游乐会上？游乐会不举行了。我不许你们举行游乐会！演讲？演讲？"他狂叫道。

"我十分希望您对我讲话客气一点儿，大人，不要跺脚，不要对我嚷嚷，像对小孩儿一样。”

“您大概知道，您在跟谁讲话？”

“完全知道，大人。”

“我以身保卫社会，您却在破坏它。破坏！您……不过，我记起您来了：您在斯塔夫罗金娜将军夫人家当过家庭教师？”

“是的，我在……斯塔夫罗金娜将军夫人家……当过家庭教师。”

“二十年来您是罪恶的苗床，现在成堆的问题……一切恶果……我刚才好像在广场上见到过您。您当心点，先生，您当心点；您的思想倾向是大家知道的。您要相信我所指的事情。我不能允许您作演讲，先生，我不能。这种事情您不用来求我。”

他又想走过去。

“我再说一遍，您错了，大人：是尊夫人要求我在明天的游乐会上作一次——不是演讲，而是朗诵一篇文学作品。但是我自己现在也不想讲了。如果可能的话，我恳请您向我说明：我今天受到查抄，其方式、目的和原因是什么？我被抄走了几本书、一些文件，几封私人的对我来说十分珍贵的书信，装上独轮车招摇过市运走了……”

“谁查抄的？”伦布克一怔，彻底醒悟过来，忽然脸红了。他迅速转向警察局长。这时门口出现了布卢姆瘦长弓背的笨拙的身影。

“就是这位官员。”斯捷潘·特罗菲莫维奇指指他。布卢姆向前迈了一步，面有歉疚之色，但完全不想屈服。

“Vous ne faites que des bêtises，①”伦布克懊恼而愤怒地申斥他，刹那间好像完全换了个人，一下子就清醒了过来，“对不起……”他嘟囔着，神色十分尴尬，满面涨得通红，“这一切……这一切只不过是，

① 法文：您尽做蠢事。

大概是处理不当，误会……只不过是误会。”

“大人，”斯捷潘·特罗菲莫维奇说道，“年轻时我曾经目睹一起典型的事情。有一次在剧院的走廊上，有人快步走近另一个人，在众目睽睽之下掴了他一记耳光。但他马上就看清了，挨耳光的人并不是他想打的人，完全是另外一个人，只不过有点儿相像罢了，他懊恼地，仓促地，就好像一个惜时如金的人一样，说了一句话，同大人刚才说的分毫不差：‘我错了……请原谅，这是误会，只不过是误会。’① 而当受辱的人仍继续愤愤不平地叫嚷时，他极为恼火，对他说：‘我不是跟您说了吗，这是误会，您干吗还嚷嚷！’”

“这个……这个当然很可笑……”伦布克笑了一下，“但是……但是难道您没有看到，我自己是多么不幸吗？”

他几乎叫了起来，而且……好像要用手捂住自己的脸。

这一声出乎意外的呼喊，几乎可说是号叫，是令人难以忍受的。这大概是从昨天以来他第一次对所发生的事情有充分清晰意识的一分钟——紧接着又是绝望，深感屈辱的、无法摆脱的、彻底的绝望；谁知道呢，再过一刹那他也许会号啕大哭起来，声震整座大厅。斯捷潘·特罗菲莫维奇起初惊恐地瞧着他，然后忽然低下头，以深受感动的声音说道：

“大人，您不要因为我喋喋不休的怨诉而心烦了，只请您吩咐他们把我的书籍和信件还给我……”

他的话被打断了。正在这时，尤莉娅·米哈伊洛芙娜和伴随她的一帮人嘈嘈杂杂地回到家里。这里我想描写得尽可能详细一点儿。

---

① 无辜当众挨耳光的场景，曾多次出现在陀思妥耶夫斯基的笔下，如文章《心灵纯洁的榜样》（1861）、《短篇小说〈曙光〉提纲》（1869）和后来的《少年》一书的手稿中。——俄编注

三

首先，所有人从三辆马车上下来，一窝蜂似的进入了客厅。到尤莉娅·米哈伊洛芙娜住的那套居室有单独的入口，从台阶直接向左；但这一次大家都走客厅——我认为，正是由于斯捷潘·特罗菲莫维奇在客厅里，他所发生的一切，以及有关什皮古林工厂工人的一切，在尤莉娅·米哈伊洛芙娜入城时已经有人告诉了她。给她通风报信的人是利亚姆申；不知因为什么过错他被留在城里，没有参加斯克沃列什尼基之行，因此他比谁都先获知这一切。他幸灾乐祸，租了一匹哥萨克的驽马，往斯克沃列什尼基飞驰而去，带着逗人笑乐的消息去迎接车队。我想，尤莉娅·米哈伊洛芙娜虽然断事明快，但是听到这些令人惊异的消息，也有点儿惊慌失措，不过这大概只是一刹那间的事。比如，在政治方面，这个问题不会使她担心，因为彼得·斯捷潘诺维奇已经三四次暗示她，什皮古林工厂的闹事者一个个都该挨一顿鞭子，而彼得·斯捷潘诺维奇一段时间以来，真的成了她的最高权威。“但是……这件事我要找他算账。”她心里一定这样想，而这个他，她指的当然是她的丈夫。顺便我想指出，彼得·斯捷潘诺维奇这一次好像故意似的没有与大家同行，而且从一清早起没有在任何地方看见过他。我还想趁此提一提，瓦尔瓦拉·彼得罗芙娜在接待客人之后，同他们一起回城（与尤莉娅·米哈伊洛芙娜同坐一辆车），她定要参加委员会关于明天游乐会的最后一次会议。利亚姆申报道的关于斯捷潘·特罗菲莫维奇的消息当然使她感兴趣，甚至可能使她激动。

惩罚安德烈·安东诺维奇的行动立即就开始了。唉，他第一眼看到他那美丽的夫人时就感觉到了。她以开朗的神色、迷人的笑容快步走近斯捷潘·特罗菲莫维奇，向他伸出戴着手套的优美的手，对他说了一大串动人的欢迎的话，——似乎这天早晨她所关心的就是尽快走到斯捷潘·特罗菲莫维奇身边，亲切地接待他，因为她终于在她自己的家里见到了他。她只字未提早上的查抄，就好像她一点儿也不知道似的。她没有对丈夫说一句话，没有朝他看一眼，——就好像他不在大厅里一样。不仅如此，她立即把斯捷潘·特罗菲莫维奇据为己有，把他领到客厅里去，就好像他同伦布克没有做过任何解释，即使有过，也不值得再继续下去。我再重复一遍：我觉得虽然尤莉娅·米哈伊洛芙娜格调很高，但在这件事情上又一次大大失策了。在这个关键时刻卡尔马济诺夫帮了她一个大忙（他应尤莉娅·米哈伊洛芙娜的特别邀请，参加了斯克沃列什尼基之行，这样，虽然是间接地，但毕竟拜访了瓦尔瓦拉·彼得罗芙娜，使心情沮丧的她对此感到无比欣喜）。还在门口（他走在最后）他看到斯捷潘·特罗菲莫维奇，就叫了起来，走上前去拥抱了他，甚至打断了尤莉娅·米哈伊洛芙娜的话。

“久违，久违！终于见到了……Excellent ami![①]”

他开始接吻，不用说，他把脸颊凑了过去。不知所措的斯捷潘·特罗菲莫维奇不得不吻他的脸颊。

“Cher,”晚上，在回忆那一天发生的一切时，他对我说，“我那时想，我们两个人当中谁更卑鄙：是为了让我当众出丑而拥抱我的他呢，还是瞧不起他和他的脸颊却又吻了它的我呢？我当时可以扭转身子的呀……呸！”

“您讲讲吧，讲讲您的一切。”卡尔马济诺夫慢条斯理地咬着舌装模作样地说道，似乎对方可以一下子向他讲完二十五年来的全部经历似

① 法文：好朋友！

的。但是这句愚蠢轻率的话却是以“最高雅的”风度说出的。

“您可记得我们最后一次见面是在莫斯科，在欢迎格拉诺夫斯基的宴会上[①]，那以后二十四年过去了……”斯捷潘·特罗菲莫维奇开始入情入理地说（因此格调不够高雅）。

“Ce cher homme,[②]”卡尔马济诺夫以尖锐的嗓音不拘礼节地打断他，一只胳膊过于亲昵地搂住他的肩膀，“快点把我们带进您的沙龙去，尤莉娅·米哈伊洛芙娜，他可以在那里坐下来跟我们详详细细地谈谈。”

“然而同这个爱发脾气的娘们儿[③]我从来没有接近过，”也在那天晚上，斯捷潘·特罗菲莫维奇继续向我诉说，气得浑身哆嗦，“我们当时几乎还是少年，当时我就开始恨他……当然他也同样恨我……”

尤莉娅·米哈伊洛芙娜的沙龙坐满了人。瓦尔瓦拉·彼得罗芙娜情绪特别激动，虽然她竭力装作泰然自若的样子，但是我注意到她有两三次向卡尔马济诺夫投去憎恨的目光，而向斯捷潘·特罗菲莫维奇投去愤怒的目光——她还没有说话她就生气，因为忌妒，因为爱而生气：如果斯捷潘·特罗菲莫维奇这一次再出洋相，任凭卡尔马济诺夫当众戏弄他的话，我觉得她就会马上跳起来，揍他几下。我忘了说，莉扎也在这里，我还从来没有见到过她如此高兴，如此无忧无虑地快乐和幸福。当然，马夫里基·尼古拉耶维奇也在。还有一群年轻的女士和放荡不羁的年轻人，在这些人中间，放荡不羁被认为是快乐，一钱不值的玩世不恭被当作智慧，这群人是尤莉娅·米哈伊洛芙娜的经常随从，今天我在这群人中间发现了两三张新面孔：一个是外来的极会溜须拍马的波兰人；

---

① 格拉诺夫斯基的传记作者 A. B. 斯坦凯维奇说到过这次宴会：“在欢迎会上各种不同意见和派别的人齐集一堂，格拉诺夫斯基和他的朋友们同斯拉夫主义者按俄国方式拥抱接吻。”——俄编注

② 法文：我最亲爱的。

③ 从上下文看这里“娘们儿”指的当是卡尔马济诺夫。

一个是德国医生，这是一位身体壮实的老头，不时对他自己的俏皮话朗声大笑；最后还有一个自彼得堡来的很年轻的公爵，一位动作像机器的人物，有着国家要人的仪态，领子特别高。但是看得出来，尤莉娅·米哈伊洛芙娜非常重视这位客人，甚至为她的沙龙担心……

"Cher monsieur Karmazinoff,①"斯捷潘·特罗菲莫维奇说，仪态万方地在长沙发上坐下，突然也开始咬起舌来，一点儿不比卡尔马济诺夫逊色，"cher monsieur Karmazinoff，在我们那过去时代的抱有一定信念的人的生活，即使时隔二十五年之后，一定是令人感到单调的……"

德国人高声大笑起来，笑声断断续续，像马嘶似的，显然他认为斯捷潘·特罗菲莫维奇说了一句很好笑的话。斯捷潘·特罗菲莫维奇故作惊奇，瞧了瞧他，但对他不起任何作用。公爵和他的高领子都转向德国人，还戴起夹鼻眼镜瞧了他一眼，虽然他一点儿也不感到好奇。

"……一定是令人感到单调的，"斯捷潘·特罗菲莫维奇故意重复了一遍，尽量把每个词拖得很长，说得很随便，"我这四分之一世纪的生活也是这样的，et comme on trouve partout plus de moines que de raison,② 由于我完全同意这个观点，因此，我在这四分之一世纪内……"

"C'est charmant，les moines.③"尤莉娅·米哈伊洛芙娜转身向坐在她旁边的瓦尔瓦拉·彼得罗芙娜小声说。

瓦尔瓦拉·彼得罗芙娜报以傲慢的一瞥。但是卡尔马济诺夫忍受不了这句法国话所取得的成功，迅即尖声打断斯捷潘·特罗菲莫维奇。

"至于我，我在这方面倒很满意，我在卡尔斯鲁厄已经住了七个年

---

① 法文：亲爱的卡尔马济诺夫先生。

② 法文：因为到处经常遇到僧侣，而很少遇到健全的思想。

③ 法文：这很妙，关于僧侣的话。

头了。[①] 去年市议会决定铺设新的排水管，我在心底里感到这个卡尔斯鲁厄的排水问题对我来说更亲切、更可贵，远胜于我亲爱的祖国的所有问题……远胜于所谓的改革以来的所有问题。”

“我不能不赞同您的看法，虽然这违反我的心愿。”斯捷潘·特罗菲莫维奇叹息道，意味深长地点着头。

尤莉娅·米哈伊洛芙娜扬扬得意：因为谈话变得深刻而有政治倾向性了。

“是排泄污水的管道?”医生大声问道。

“是排水管道，医生，是排水管道，我当时还帮助他们作设计哩。”

医生放声大笑起来。许多人也随着笑起来，可这一次他们笑的是医生，医生却没有注意到，还因为大家都笑而感到十分满意。

“允许我不同意您的意见，卡尔马济诺夫，”尤莉娅·米哈伊洛芙娜急忙插嘴说，“卡尔斯鲁厄的事固然很好，但是您喜欢故弄玄虚愚弄人，因此这一次我们不会相信您。在俄罗斯人当中，在俄罗斯作家当中，是谁塑造了这许多最现代的典型人物，是谁提出了这许多最现代的问题，是谁正确指出现代活动家典型的最主要特点？正是您，只有您，而不是别的什么人。[②] 而您却要让人们相信，您对祖国漠不关心，只对卡尔斯鲁厄的排水管道感兴趣！哈哈！”

“对，我不否认，”卡尔马济诺夫又咬起舌来，“我在波戈热夫这个典型上表现了斯拉夫派的缺点，而在尼科基莫夫这个典型上表现了西欧

---

① 又一次影射屠格涅夫，屠格涅夫长期居住在卡尔斯鲁厄。——俄编注

② 这段话很像俄国政论家、出版家阿·谢·苏沃林（1834—1912）关于屠格涅夫的一则笔记：“他在社会上是导师。他塑造了许多男人和女人的形象，这些形象曾是人们的典范。他开创了新时尚。他的几部长篇小说是时装杂志，而他自己既是杂志的撰稿人，又是编辑，又是发行人。他设计款式，他还设计灵魂，而许多俄国人都按照这些款式来穿着的……”——俄编注

派的所有缺点……”①

“未必是所有吧?”利亚姆申悄悄地说。

“但是我是信手写来的，只是为了消磨难以摆脱的时间，同时……以此满足国人的难以推却的要求。”

“您大概知道，斯捷潘·特罗菲莫维奇，”尤莉娅·米哈伊洛芙娜兴致勃勃地继续说，“明天我们将有幸欣赏一篇极妙的文章……谢苗·叶戈罗维奇最近的最优美的文学灵感之一，它叫作‘Merci’。在这篇作品中他将宣布不再写作，世界上任何事情，哪怕是天使从天而降，哪怕是整个上流社会都恳求他改变决定，他也绝不再写了。总之，他从此搁笔，这篇辉煌的‘Merci’是致读者大众的，感谢他们这许多年来在他矢志不渝地献身于正直的俄罗斯思想的过程中，始终以欣喜之情跟踪着他的活动。”

尤莉娅·米哈伊洛芙娜感到十分愉快。

“对，我要告别了；朗读完我的‘Merci’，我就离开了……在那里……在卡尔斯鲁厄……我将合上我的眼睛。”卡尔马济诺夫深受感动，渐渐不能自持了。

同我们的许多伟大作家一样（而我们的伟大作家非常之多），他受不得别人的称赞，尽管他很机智，一受称赞立即就变得疲软无力。但是我认为这是可以原谅的。据说，我国的“莎士比亚”之一在私下谈话里

---

① 讽刺模仿屠格涅夫在《关于〈父与子〉》中的一段话：“我是地道的不可救药的西欧派，这一点我过去没有隐瞒过，现在也毫不隐瞒，然而尽管如此，我十分乐意地通过潘申（《贵族之家》中的人物）表现西欧派的所有可笑的庸俗的方面；我让斯拉夫派拉夫列茨基‘全面击溃他’……”——俄编注

直截了当地脱口说道，“我们这样的伟大人物，只能是这样”，[①] 等等，而且还没有觉察到他说的是什么。

“那里，在卡尔斯鲁厄，我将永远合上我的眼睛。我们这样的伟大人物，在完成自己的事业之后，所要做的只有尽快合上眼睛，不去寻求报偿。我也会这样做。”

“把您的地址给我，我到卡尔斯鲁厄您的坟上去凭吊。”德国人放声哈哈大笑。

“现在死人也可以通过铁路托运了。”在那些不引人注意的年轻人当中不知是谁突然说。

利亚姆申乐得尖声叫了起来。尤莉娅·米哈伊洛芙娜皱起了眉头。这时尼古拉·斯塔夫罗金走了进来。

“有人告诉我您被带到警察分局里去了？”他首先对斯捷潘·特罗菲莫维奇高声说道。

“没有，没有去局里，因为这不过是局部的事件。”斯捷潘·特罗菲莫维奇玩弄着文字游戏，说道。

“但是我希望，它对我的请求不会有任何影响，”尤莉娅·米哈伊洛芙娜又接口说，“我希望，尽管您遭受不幸的不愉快事件（这件事我至今还搞不清楚），我希望您不会辜负我们最美好的期望，不会使我们失去在文学会上听您朗诵的快乐。”

“我不知道，我……现在……”

“说实在的，我多不幸，瓦尔瓦拉·彼得罗芙娜……您瞧，正当我

---

① 这句话也影射屠格涅夫。在与《现代人》断绝往来的日子里，屠格涅夫曾经在《北方蜜蜂报》（1862 年 12 月 10 日）上披露了涅克拉索夫给他的一封私人信，信中涅克拉索夫写道，“最近几个夜晚”他都“梦见”屠格涅夫。对这件事萨尔蒂科夫-谢德林在《现代人》杂志上（1863 年，第 1～2 期）发表了一则不具名的简讯，说“一位文学家在报刊上声称‘他如此伟大，甚至另一位文学家在梦中见到他’”。——俄编注

渴望亲自结识俄国最卓越独特的才子之一的时候，斯捷潘·特罗菲莫维奇却突然表示要离开我们了。”

“赞美之词说得如此响亮，我当然应该装着没有听到，”斯捷潘·特罗菲莫维奇一字一顿地说，“但是我不相信，我这个可怜的人对您明天的游乐会如此不可或缺，我……”

“你们会把他宠坏的！”彼得·斯捷潘诺维奇快步跑进屋来，嚷道，“我刚把他管起来，突然一个早晨——又是查抄，又是逮捕，又是警察抓住他的后脖颈，而现在，在省长的沙龙里女士们又在哄他！他现在快乐得每根骨头都在发疯；他做梦也没有梦到过这样的捧场戏。说不定还会秘密告发社会主义者呢！”

“这不可能，彼得·斯捷潘诺维奇。社会主义思想太伟大了，斯捷潘·特罗菲莫维奇不会认识不到的。”尤莉娅·米哈伊洛芙娜热烈地为斯捷潘·特罗菲莫维奇辩护。

“思想是伟大的，但信奉者不一定是伟人，et brisons-là，mon cher。[①]”斯捷潘·特罗菲莫维奇最后对儿子说，一面姿态优美地站了起来。

但这时发生了一起最出人意料的事。冯·伦布克在沙龙里已经待了一些时候了，但似乎没有人注意他，虽然大家都看到他进来。尤莉娅·米哈伊洛芙娜坚持既定方针，继续不理睬他。他在靠门口的地方坐下，神情严肃而又阴沉地仔细听人谈话。当他听到人们隐隐约约地提到早晨发生的事件时，他不知怎的开始惶惶不安地左顾右盼起来；起初他把目光盯住公爵，大概因为公爵那浆得硬邦邦的向前凸出的领子太使他惊奇了；然后，当他听到彼得·斯捷潘诺维奇的声音，看到他跑进室内时，

---

① 法文：我们到此结束，我亲爱的。

他突然仿佛震了一震，而当斯捷潘·特罗菲莫维奇说完关于社会主义者的高论时，他突然向他走去，半路上把利亚姆申一把推开。利亚姆申立即以夸张的姿势跳开，故意装出惊愕的模样，揉着肩膀，似乎他受重伤不胜疼痛似的。

“住口!”冯·伦布克说道，他一把抓住吓慌了的期捷潘·特罗菲莫维奇的手，使劲捏住，“住口，我们时代的海盗已被侦破。不许再说一句话。已经采取了措施……”

他说得很响亮，整个房间都能听到，最后的那句话特别有力。造成的印象是痛苦的。大家都感到事情不妙。我看到，尤莉娅·米哈伊洛芙娜脸色煞白。一件偶然发生的尴尬事情加剧了影响。伦布克宣布已经采取了措施之后，急速转过身去，快步走出房间，但是走了两步就绊住地毯。全身前倾，几乎跌倒在地。他停了一会儿，瞧瞧他绊住的地方，大声说道：“换掉。”——然后走出门去。尤莉娅·米哈伊洛芙娜在他后面奔跑出去。她一出去，房间里就喧声四起，很难听清人们在说些什么。有人说，他“情绪不佳”；有人说，他“害了病”；又有人用一个手指点点额头；利亚姆申坐在角落里竖起两个手指放在额头上方①。大家言语中暗示发生了什么家庭事变，当然话说得很轻。谁也没有拿起帽子，大家都等候着。我不知道，尤莉娅·米哈伊洛芙娜做了些什么事，但五分钟后她回来了，竭力装作若无其事的样子。她含糊其辞地回答，说安德烈·安东诺维奇有点儿激动，这不要紧，他从小就是这样，说她比大家知道得“更清楚些”，说明天的游乐会一定会使他高兴起来。然后对斯捷潘·特罗菲莫维奇说了几句恭维话，但完全是出于礼貌，又高声邀请

---

① 竖起两个手指放在额头上表示头上长角，俄罗斯人把妻子不忠的丈夫叫作“长角的”，有如汉语中的“戴绿帽子的”。

委员会委员们当时立即开会。这时不参加委员会的人才开始准备回家；但是不祥的一天的不幸事件还没有结束……

还在尼古拉·弗谢沃洛多维奇进门的那一刻，我注意到，莉扎马上就盯住他，以后又久久地凝视着他，——如此长久，终于引起了大家的注意。我看到，马夫里基·尼古拉耶维奇从她后面俯身向她，似乎想悄悄跟她说些什么话，但改变了主意，迅速挺起身来，看了看四周的人，好像他犯了什么过错似的。尼古拉·弗谢沃洛多维奇也引起别人的好奇心：他脸色比平时苍白，目光异常迷茫。他在进门时问了斯捷潘·特罗菲莫维奇一句之后，似乎立即就把他忘了，说真的，我觉得他甚至忘了走到女主人跟前去致意。对莉扎他没有看一眼——不是因为不想看，而是因为（我可以肯定）他完全没有注意到她。突然，就在尤莉娅·米哈伊洛芙娜要求马上举行最后一次会议，接着大家沉默了一会儿之后——突然响起了莉扎清越的、有意说得很响亮的声音。她在叫尼古拉·弗谢沃洛多维奇。

"尼古拉·弗谢沃洛多维奇，有个大尉，自称是您的亲戚，您的妻子的兄弟，叫列比亚德金，不住地给我写一些不成体统的信，在信里埋怨您，还要向我揭发您的什么秘密。如果他真是您的亲戚，望您禁止他，别再侮辱我，免去我这些不愉快的事。"

在这几句话里可以听出骇人的挑战，大家都明白了。谴责是明显的，虽然对她自己来说，说不定也是突如其来的。好像一个人闭起眼睛，从屋顶上跳下来一样。

但是尼古拉·斯塔夫罗金的回答更令人惊愕。

首先，这一点就足以使人惊奇了，他安详地听莉扎说完，丝毫不觉得奇怪。他脸上既无困惑也无愤怒之色。他对这个致命的问题简单地、坚定地，甚至神色自若地回答道：

“对，我不幸是此人的亲戚。我是他妹妹的丈夫已经快五年了，他妹妹本来姓列比亚德金娜。请相信我，我一定尽快把您的要求转告他，我担保，他不会再来打扰您了。”

我永远也忘不了瓦尔瓦拉·彼得罗芙娜脸上流露出的恐惧。她神色迷惘地从椅子上欠身起来，举起一只右手伸向前方，仿佛是自卫似的。尼古拉·弗谢沃洛多维奇瞧瞧她，瞧瞧莉扎，瞧瞧周围的旁观者，忽然极其傲慢地微微一笑，从容不迫地走了出去。大家都看到，尼古拉·弗谢沃洛多维奇一转身出去，莉扎就从沙发上跳起来，明显地做了一个想随他之后跑出去的动作，但醒悟了过来，没有跑，而是慢慢地走了出去，同样没有对任何人说一句话，也没有瞧任何人一眼，当然，马夫里基·尼古拉耶维奇随她之后奔了出去，陪伴着她……

这天晚上城里沸沸扬扬的议论我就不去说了。瓦尔瓦拉·彼得罗芙娜留在城里的府邸里闭门不出，而尼古拉·弗谢沃洛多维奇据说没有与母亲见面就径直去斯克沃列什尼基了。斯捷潘·特罗菲莫维奇晚上差我去见“cette chère amie”[①]，恳求她允许他去见她，但是她不接见我。他惊愕不已，哭着：“这样的婚姻！这样的婚姻！家庭中竟出了这样可怕的事。”他不停地反复说。但是他还回想起卡尔马济诺夫的作为，恨恨地咒骂他。他还不遗余力地准备明天的朗诵，而且（这是他的艺术天性!）还站在镜子前面准备，背诵他一生中说过的、单独记录在一个小本子里的俏皮话和双关语，以便插入明天的朗诵里。

“我的朋友，我这是为了伟大的思想，”他对我说，显然是为自己辩护，“Cher ami，我二十五年来一动未动，现在启动了，我在行进，往哪里去——我不知道，但我在行进……”

---

① 法文：这位亲爱的朋友。

金色
俄罗斯

主编 ◎ 汪剑钊

群魔（下）

Бесы

［俄］陀思妥耶夫斯基 ◎ 著

冯昭玙 ◎ 译

四川人民出版社

图书在版编目（CIP）数据

群魔/（俄罗斯）陀思妥耶夫斯基著；冯昭玙译.
—2版. —成都：四川人民出版社，2023.8
ISBN 978－7－220－13247－6

Ⅰ.①群… Ⅱ.①陀… ②冯… Ⅲ.①长篇小说－俄罗斯－近代 Ⅳ.①I512.44

中国国家版本馆CIP数据核字（2023）第095187号

QUN MO
群　魔（上、下）
［俄］陀思妥耶夫斯基　著　冯昭玙　译

责任编辑	张　丹
责任校对	舒晓利
装帧设计	宋祥瑜
责任印制	祝　健　张　浩
出版发行	四川人民出版社（成都市锦江区三色路238号）
网　　址	http://www.scpph.com
E-mail	scrmcbs@sina.com
新浪微博	@四川人民出版社
微信公众号	四川人民出版社
发行部业务电话	（028）86361653　86361656
防盗版举报电话	（028）86361653
照　　排	四川胜翔数码印务设计有限公司
印　　刷	北京盛通印刷股份有限公司
成品尺寸	140mm×203mm
印　　张	28.25
字　　数	705千
版　　次	2023年8月第2版
印　　次	2023年8月第1次印刷
书　　号	ISBN 978－7－220－13247－6
定　　价	128.00元

第三部

第一章

游乐会·第一部分

一

尽管头一天“什皮古林事件日”引起了许多疑虑，游乐会还是如期举行了。我想，即使伦布克在那天夜里溘然长逝，那么第二天游乐会仍然会举行的，因为尤莉娅·米哈伊洛芙娜赋予它一种特殊的重大意义。唉，她直到最后一分钟都处于目眩神迷的状态之中，不了解公众的情绪。到最后谁也不相信，这盛大的节日能顺利过去而不发生重大事故，不导致“曲终人散”的悲凉结局，像有的人幸灾乐祸地预言的那样。许多人确实想板起悲天悯人、忧国忧民的面孔，但一般说来任何轰动社会的丑闻都会使俄罗斯人手舞足蹈，无比开心。诚然，除了渴望丑闻之外，我们还有更严重得多的事情，那就是：普遍的愤懑，无法消弭的怨恨；好像大家对一切都已厌烦之极。到处弥漫着一种糊里糊涂的玩世不恭的态度，一种勉强的、仿佛是十分使劲表现出的玩世不恭的态度。只有女士们依然头脑清醒，但也只有在一点上，那就是对尤莉娅·米哈伊洛芙娜的刻骨仇恨。在这方面各派妇女都是一致的。而可怜的尤莉娅·米哈伊洛芙娜还蒙在鼓里；直到大难临头之前，她仍深信，她受人“爱戴”，大家仍“狂热地忠诚”于她。

我在前面已经提到过，我们这里出现了各种各样的小人。在动乱时代[①]和转折时期到处都会出现形形色色的小人。我不是讲那些所谓的“进步人士”，这些人总是抢在众人的前头（这是他们主要关心的事），而且虽然他们的目标往往是十分愚蠢的，但多少总是明确的。不，我讲的只是那些败类。在任何转变时期，每一个社会里，都会沉渣泛起，这些人不仅没有任何目标，而且没有丝毫思想的征象，只不过竭力以自己的行径表现不安与烦躁而已。同时，这些败类，不自觉地，总是听从那一小撮有目的地行动的“进步分子”的指挥，而这一小撮人如果不是白痴的话（不过，这也是常有的事），就可以任意左右这些社会垃圾。现在，当一切都已成为往事之后，我们这里常有人说，彼得·斯捷潘诺维奇受国际[②]操纵，他又操纵尤利娅·米哈伊洛芙娜，而她又根据他的指令，调动各种败类。我们这里一些最有威望的聪明人现在也暗自纳闷，为什么他们当时竟突然疏忽了这一点？我们这个动乱时代的内涵是什么，它从何而来，往何处去——我不知道，我想，也没有人知道，——也许旁观者清，只有几个外来的客人知道。然而最卑劣的小人这时突然占了上风，开始大声批评一切神圣的事物，虽然在此以前他们连嘴都不敢开的，而上等人，在此以前一直安然居于优越地位的上等人，却忽然开始听他们说话，自己则一声不吭；有的人甚至恬不知耻地取悦他们。一些莫名其妙的利亚姆申们，捷利亚特尼科夫们，地主坚捷特尼科夫[③]

① 陀思妥耶夫斯基在他的政论作品中不止一次使用“动乱时代”（смутное время）这个词来表示农奴制改革以后的时代。赫尔岑在《往事与随想》中也把社会革新和激荡的时期称为“动乱时代”。——俄编注

② 指第一国际。

③ 坚捷特尼科夫，果戈理《死魂灵》第2卷中的人物，年轻的开明地主，自由主义者，在精神上和道德上逐渐麻木不仁，成了游手好闲的懒汉。

们，自比于拉季谢夫[1]的乳臭小子们，凄惨地傲慢地微笑着的小犹太佬们，爱哈哈大笑的外来游客们，来自京城的有政治倾向的诗人们，没有政治倾向和才能却穿着农民衣服和擦焦油皮靴的诗人们，讥诮自己的军衔分文不值、为多挣一个卢布不惜摘下佩剑偷偷去铁路上当文书的少校和上校们，改行做律师的将军们，财运亨通的经纪人和生意兴隆的商人们，无数的神学校学生，本身构成妇女问题的妇女们，——这一切突然在我们社会里占了上风，他们压倒了谁呢？压倒了贵族俱乐部。受尊敬的高官们，装着假腿的将军们，我们那些冷若冰霜高不可攀的女士们。如果瓦尔瓦拉·彼得罗芙娜在她儿子的惨剧发生之前，几乎是所有这些败类的走卒，那么我们的其他弥涅尔瓦[2]们的一时糊涂也是情有可原了。现在，如我已说过的，大家都把一切归罪于国际。这个想法如此根深蒂固，甚至对闻讯而来的外地人也是这样说的。不久以前，咨议官库布里科夫，一位挂着斯坦尼斯拉夫勋章的六十二岁老人，没有受到传呼就自动到来，深有体会地宣称三个月以来他无疑处于国际的影响之下。由于他年高德劭，人们恭敬地请他说得更明确点，虽然除了“所有感官都感觉到”之外，他提不出任何证据，但他仍坚持己见，因此再也不讯问他了。

我再重复一遍。我们城里还有一小部分谨慎的人，最初他们置身事外，甚至锁门不出。但是什么锁能抵挡得住自然规律呢？在最谨慎小心的家庭里总会有闺女，她们也是一定要跳舞的。因此所有这些谨慎小心的人最终也都签名认捐了。人们预期，这次舞会将十分豪华盛大，非同

---

① 亚·尼·拉季谢夫（1749—1802），俄国革命家、作家、哲学家，不断受到迫害，最后服毒自杀。

② 或译密纳发，罗马神话中的智慧和庇护手艺的女神，罗马的统帅们都把战利品献给她的神庙。她相当于希腊神话中的雅典娜。此处指聪明泼辣的女人。

一般；人们谈论着种种奇迹；流传着关于外来的拿长柄眼镜的公爵们和十个干事的消息，这十个干事都是年轻的未婚青年，左肩上佩着花结；还有从彼得堡来的什么运动领导人；还传闻，卡尔马济诺夫为了增加捐款，同意穿着我们省家庭女教师的服装朗诵“Merci”，还要跳“文学卡德里尔舞”，所有人都化装，每一种服装代表一个文学流派。最后还有人化装成“正直的俄罗斯思想”翩翩起舞，——这本身就是一大新闻。怎么能不签名认捐呢？大家都签了名。

二

根据计划游乐会的节目分成两个部分：文学朗诵会①，从中午到下午四点钟，然后是舞会，从晚上九点钟开始，通宵达旦。但是在这一安排之中隐藏着混乱的萌芽。首先，从一开始公众中就盛传关于便宴的消息，便宴在文学朗诵会之后立即举行，或者甚至在朗诵会中想特意安排一次休息——便宴当然是免费的，包括在节目之中，还有香槟酒。游乐会票子的高昂价格（三个卢布）让人们对这一传闻深信不疑。“要不然，我怎么会白白地认捐？游乐会预定开一昼夜，那就得给人吃饭。人家会饿的。”我们这里就是这样议论的。我应当承认，由于尤莉娅·米哈伊洛芙娜本人轻率，也使这一致命的消息更加根深蒂固，广泛流传。一个月以前，这一伟大设想出现之初，在它的魅力之下，她逢人便说她的游

① 自从文学基金会建立（1859）以来，在彼得堡举办有文学名流参加的朗诵会为基金会筹款，已成为常事。在会上不止一次朗诵过的有屠格涅夫、伊·亚·冈察洛夫、陀思妥耶夫斯基、阿·费·皮谢姆斯基、亚·尼·奥斯特洛夫斯基、涅克拉索夫、塔·格·谢甫琴科、阿·尼·迈可夫、雅·彼·波隆斯基等。陀思妥耶夫斯基在《群魔》中描写文学朗诵会时利用了他本人参加的一次文学朗诵会（1862 年 3 月 2 日）上的气氛和若干细节。——俄编注

乐会，甚至把游乐会上将致祝酒词的消息送到京都的一家报社去。主要是，当时这些祝酒词使她神往，她想自己致辞，期待着这一天的到来，一直在撰写。这些祝酒词应当阐明我们的主要目标（什么目标？我敢打赌，可怜的人儿到头来什么都没有写成），以通讯的形式登载在两京的报纸上，使最高当局为之感动、为之倾倒，然后传遍各省，引起惊讶和仿效。但是要致祝酒词就得有香槟酒，而由于香槟酒不能空腹喝，因此不言而喻，必须有便宴。后来在她的努力下成立了委员会，开始认真地着手工作，委员们很快就向她清楚地证明，如果她想举行宴会的话，那么即使收到的捐款十分丰厚，能给女家庭教师的也所剩无几了。这样，问题有两种解决的办法：或者举行伯沙撒①式的盛宴，致祝酒词，留给女家庭教师大约九十个卢布；或者举行游乐会只不过做个门面，却留下数目可观的捐款。不过委员会只是想吓唬一下而已，他们当然已经想出第三种折中的明智的解决办法，那就是举行从各方面来说都是颇像样的游乐会，只是没有香槟酒，这样可以留下一笔相当可观的钱，比九十卢布多得多。但是，尤莉娅·米哈伊洛芙娜不同意；她的性格蔑视小家子气的折中办法。她当场决定，如果最初的想法不能实现，那就立即断然走向另一个极端，即筹集一大笔捐款，使其他各省妒羡不已。“公众应当明白，”她在委员会上的慷慨激昂的发言中最后说，“达到全人类共同的目标，比满足一时的口腹之欲，不知要崇高多少，举行游乐会只是为了宣扬伟大的思想，因此，如果这个讨厌的舞会的确不可或缺，那么应当满足于最节约的德国式的小型舞会，只是作为象征而已！”——她忽然对舞会深恶痛绝起来。但是委员们终于使她安静下来。比如说，就在

① 伯沙撒（？—约前539），迦勒底王。据《旧约全书·但以理书》（第5章，第2～3节）传说，他的宴会十分奢华，客人饮酒用的金杯，是他父亲尼布甲尼撒从耶路撒冷神殿中掳掠来的。

那个时候，想出了“文学卡德里尔舞”和其他高雅的节目，用以替代口腹的享受。也在那个时候卡尔马济诺夫终于同意朗诵“Merci”（在此以前他一直吞吞吐吐地叫人干着急），这就把我们垂涎欲滴的公众头脑中吃的念头一扫而光了。这样，舞会又成了最辉煌的盛事，虽然性质已有所不同，为了不至于完全脱离现实，决定在舞会开始前可以供应茶加柠檬和小圆饼干，然后是杏仁酪和柠檬水，最后甚至可以供应冰激凌，但只有这些。为了那些无论何时何地都感到饥饿、而主要是感到口渴的人们，可以在一排房间的尽头开辟一个专门的小吃部，由普罗霍雷奇（俱乐部的大厨师）经管，——不过要在委员会的严格监督之下，——可以供应任何东西，但要专门付钱，为此在大厅的门口特意贴一张公告，说明小吃部不在节目的范围之内。但是这天早上又决定不开辟小吃部，以免妨碍朗诵，虽然预定开设小吃部的地方，距离卡尔马济诺夫同意在其中朗诵“Merci”的正厅，隔了五个房间。有趣的是，对这件事，即朗诵“Merci”，委员会里的人，甚至最务实的人，似乎都赋予过于重大的意义。至于那些富于诗情的人，比如说贵族长夫人，则郑重其事地告诉卡尔马济诺夫，在朗诵以后她将吩咐立即在她正厅的墙上嵌上一块大理石，上面用金字镂刻着：某年某月某日，伟大的俄罗斯和欧洲作家，在搁笔之际，在此地朗诵“Merci”。这样，首次与以我市各界人士为代表的俄国读者大众告别，这一题词所有参加舞会的人都将看到。也就是说，在朗诵“Merci”之后仅过五小时就将出现在墙上。我确切知道，卡尔马济诺夫主要要求，小吃部在白天他朗诵时不要开，无论如何不要开。虽然委员会中有人说，这不完全符合我们的习俗。

这就是当时的情况，而城中仍继续相信会有伯沙撒式的盛宴，即由委员会供给饮料和小吃；一直到最后一小时人们仍坚信不疑。甚至姑娘们也梦想吃到许多许多糖果和蜜饯，还有许多从来没有听说过的美食。

大家知道，募集的款项数目极大，全城都挤满了人，许多人从各县赶来，票子争购一空。大家还知道，除了额定的票价之外，还有许多巨额捐款：比如说，瓦尔瓦拉·彼得罗芙娜买了一张票付了三百卢布，而且献出她花房中的所有花卉用于装饰大厅。贵族长夫人（委员会委员）提供她的邸宅和照明；俱乐部提供音乐和仆役，而且让普罗霍雷奇为游乐会工作一整天。还有其他一些捐赠，虽说数目不那么大，总数却很可观，因此甚至有过把票价从原来的三卢布减为两卢布的想法。委员会最初的确担心小姐们买不起三卢布一张的票，建议出售家庭票，就是说，每个家庭只要付一位小姐的票款，其余属于这一家的小姐，哪怕有十个之多，都可以免费入场。但是所有这些担心都是多余的；恰好相反，小姐们全都来了。甚至最贫困的官员也带来了自己的闺女，十分清楚，要是他们没有闺女，他们自己根本不会想到要认购票子的。一个地位最卑微的秘书带来了他所有的七个女儿，不言而喻，他的妻子和另一个侄女还不算在内，每人手上都拿着一张三卢布的入场券。可以想象，城里发生了一场多么激烈的革命！就以这一件事为例吧：由于游乐会分成两个部分，因此女士们的服装每人必须有两套：白天朗诵会上穿的一套和晚上舞会上穿的一套。中等阶级中的许多人——后来我们知道——为了这一天把家中所有的东西都当掉了，甚至家用的桌毯、餐巾、床上用品，几乎连床垫都当给了我们的犹太人，这些犹太人好像故意似的这两年来了许多，在我们城里定居下来，而且越往后来得越多。几乎所有官员都提前支取薪金，有的地主卖掉了不可缺少的牲畜，只是为了把自己的千金打扮得像侯爵小姐似的，不比谁家的逊色。这一次衣着的华丽在我们这个地方是空前的。在游乐会前两个星期城里到处是家庭趣闻，这些故事立即由我们那些爱嘲笑的轻薄儿传到尤莉娅·米哈伊洛芙娜的官邸里。还留传着一些表现家庭逸事的漫画，我亲眼在尤莉娅·米哈伊洛芙娜的纪念册上看到过几张这类的图画。这一切很快就为这些趣闻逸事的当事人知道了；我觉得，这就是在一些家庭里最近这么憎恨尤莉娅·米哈伊洛芙娜的原因。现在大家都在骂，回忆起那段往事，不禁咬牙切齿。但是当时就看得出来，如果委员会有什么事使大家不满意，如果舞会上出了什么纰漏，引起的怒火将是空前的。因此所有的人在心底里都在等待着出乱子；如果大家都在等待，乱子怎么会不出现呢？

正午，乐队奏起了音乐。作为干事之一，即作为十二个“佩戴花结的年轻人”之一，我亲眼看见这可耻的一天是怎样开始的。一开始是入口处异常拥挤。从警察局开始，第一步就疏忽了，这是怎么回事呢？我不是在责怪真正的公众：这些家庭中的父亲不仅自己没有拥挤，也没有去挤压别人，虽然他们是有官阶的人；但是恰好相反，据说他们在街上时就感到忐忑不安了，因为他们看到我们城里不常见的拥挤的人群，这些人围住大门，不是依次进去，而是争先恐后地往前猛冲。此时车辆不断地到来，最终堵塞了街道。现在，当我写这本记事录时，我有确凿的证据说，有些我们城里最下贱的败类，是由利亚姆申和利普京，也许还有个别像我这样的干事，把他们带进去的，他们没有门票。不管怎么说，出现了一些完全不明身份的人，他们来自邻近各县或者别的什么地方。这些野蛮人一进大厅，就异口同声地（好像是受人教唆似的）询问，小吃部在哪里，当他们得知没有小吃部时，就肆无忌惮地破口大骂起来，这在我们这里是很少见的。不错，他们中有的人来的时候已经喝醉了酒。有几个人像野人似的，瞧着贵族长夫人华丽的大厅惊呆了，因为他们从来没有见过这样的厅堂，因此他们进得门来，一时间都不作声了，张大嘴巴，东张西望。这座宏大的正厅，虽然已是一座古旧的建筑，但的确十分豪华：它宏伟轩敞，有上下两排窗户，天花板按古时的风格加以彩绘，饰成金色，厅内有上敞廊，窗户间的墙壁上嵌着镜子，挂着红白相间的帷幔，有大理石雕像（不管怎么说总是雕像），古老的、沉重的、拿破仑时代的家具，白色饰金，蒙以红色的天鹅绒。在我描写的时刻，大厅的一头为将要朗诵的文学家搭了一个高高的平台，整个大厅像剧院的池座一样，摆满了椅子，为听众留下了宽阔的通道。但是在最初几分钟的惊奇之后，开始了最无聊的问题和声明："我们也许还不想听朗诵呢……我们是付了钱的……公众受到无耻的欺骗……主人是我们，不是伦布克夫妻！……"总之，好像放他们进来就是为了干这些事情的。我特别记得一次冲突，在这次冲突中，昨天早上在尤莉娅·米哈伊洛芙娜那里的那位外来的、领子竖起看来像木偶似的小公爵，表现出色。他由于她的坚决请求，也同意在左肩佩上花结，成为我们的干事之一。事实表明，这个装了发条的无声蜡像虽然不会说话，却会按他自己的方式采取行动。一个人高马大的麻脸退役大尉在一群跟随在他后面的各种败类的支持下纠缠住他，问他：去小吃部怎么走？——他向街区警长眨眨眼。他的指示立即执行：不管醉醺醺的大尉如何谩骂，他被人从大厅里拖了出去。这时"真正的"听众终于开始来到，沿着椅子的三条通道排成长长三行。混乱开始平息，但是听众，甚至最"纯正的"听众，也流露出不满和惊诧的神色，有的女士简直感到恐惧。

最后，大家都就座了；乐声停止。人们开始擤鼻涕，四周张望。他们以过于庄严的神情等待着——这本身往往是不祥的征兆。但是"伦布克夫妻"还没有到来。四面八方都是熠熠发光的绸缎、丝绒、钻石，空气中弥漫着香气。男人们佩戴着所有勋章，有几位老人甚至穿着官服。最后，贵族长夫人也来了，是同莉扎一起来的。莉扎从来没有像今天这样盛装华服，光彩照人。她的头发做成发卷，两眼炯炯有神，笑容可掬，她显然引人注目；人们上上下下端详她，交头接耳议论她。据说，她曾扫视全场，寻找斯塔夫罗金，但是无论是斯塔夫罗金，还是瓦尔瓦拉·彼得罗芙娜都没有在。我不理解她当时脸上的表情：为什么这张脸上焕发着那么多的幸福、喜悦、神采和力量？我想起了昨天的事情，百思不得其解。但是“伦布克夫妻”还没有来。这已经是一个错误了。我后来得知，尤莉娅·米哈伊洛芙娜一直到最后一分钟都在等待彼得·斯捷潘诺维奇，最近她少了他简直寸步难行，虽然她自己从来没有意识到这一点。我想顺便插一句，在昨天委员会的最后一次会议上，彼得·斯捷潘诺维奇推辞掉干事的工作，这使她很伤心，她甚至都落泪了。使她奇怪，后来又使她十分困惑的是（我把后来发生的事件提先在这里说说），他一整天不见踪影，根本没有来出席文学朗诵会，直到晚上谁也没有遇见过他。最后，听众表现出明显的不耐烦。台上也没有一个人露面。后排拍起手来，就像在剧院中一样。老人和太太们皱起了眉头：“伦布克夫妻”显然太自大了。甚至在最可敬的一部分听众中，也毫无根据地悄悄耳语：“游乐会也许真的举行不成了，伦布克本人也许真的病了”，等等。但是感谢上帝，伦布克夫妻终于来了：他挽着她的胳膊进来；说实话，我也十分担心，怕他们不来。但是，臆测最终崩溃，真理终于胜利。听众似乎松了一口气。伦布克本人看来十分健康，我记得，大家当时得出的结论就是这样，因为可以想象，有多少双眼睛瞧着他。为了说明我们社会的思想状况，我想指出，总的来说，在我们上层社会中很少有人认为伦布克有什么患病的迹象；大家认为他的行为完全正常，对他在昨天早晨广场事件中的所作所为甚至表示赞许。“新官上任，就该这样，”显贵们说，“要不然，新来时讲仁爱，结果却不得不采取同样的措施，没有看到，这些措施对仁爱本身而言是必要的。”至少在贵族俱乐部里是这样议论的。他们只谴责他在处理这件事时发了火。“应该冷静一点，不过也难怪，新手嘛。”一些内行人说。所有人的目光也同样专注地盯着尤莉娅·米哈伊洛芙娜。当然，谁也没有权力要求我这个叙事者在某一点上讲出过于精确的细节，因为这是秘密，这是女人，我只知道一点：昨天晚上她走进安德烈·安东诺维奇的书房，跟他待在一起，一直到半夜以后很久。安德烈·安东诺维奇得到宽恕和抚慰。夫妻俩对所有问题取得了一致的意见，一切不快都被忘却，在解释结束时，冯·伦布克回忆起前天夜里那主要的最后的一幕，惊恐万分，终于跪了下来，这时，夫人的纤纤素手，然后是樱唇，阻止了这位骑士般体贴而又感动得浑身虚弱的人热烈倾诉他的忏悔之情。大家都看到她脸上的幸福。她神情开朗，衣着华丽。似乎她的愿望都已得到满足；游乐会——她的目标和策略的顶峰——已经实现。在他们走向台前的座位就座时，伦布克伉俪向大家颔首致意，回答别人的问候。他们立即被人包围。贵族长夫人站起来迎接他们……但是这时，发生了一件糟糕的误会：乐队无缘无故地骤然奏起了迎宾曲，——不是什么进行曲，而只是宴会上的迎宾曲，我们在俱乐部里举行正式宴会祝某人健康时演奏的那种迎宾曲。我现在知道，这是利亚姆申以干事的身份搞出来的，似乎是为了向进来的“伦布克夫妻”致敬。当然，他总是可以推托，这是因为他愚蠢或者过于热心的缘故……唉，我当时还不知道，他们已经根本不考虑什么推托之辞，今天他们要一举结束一切……他们不仅奏了迎宾曲；正当公众困惑和讪笑的时候，大厅的后面和上敞廊里传来乌拉声，似乎也是向伦布克致敬。声音不多，但是，说实话，却持续了一段时间。尤莉娅·米哈伊洛芙娜生气了，她的两眼闪着怒火。伦布克在自己的座位边停了下来，向呼声传来的方向转过身去，威严地扫视大厅……人们赶忙请他坐下。我又注意到他脸上那种危险的笑容，昨天早晨在他妻子的会客室里，在他向斯捷潘·特罗菲莫维奇走过去之前，他站在那里瞧着他，脸上正是带着这种笑容，这使我害怕。我觉得，在他脸上有一种不祥的表情，而最糟糕的是，还有点儿可笑——这是一个为了迎合他妻子的崇高目标，不顾一切、牺牲自己的人的表情……尤莉娅·米哈伊洛芙娜招手把我叫了过去，小声叫我赶快去找卡尔马济诺夫，请他开始。但是我刚转身，就发生了另一件丑事，不过比上一件事更糟糕。在此以前，人们的所有目光和所有期望都集中在台上，在空荡荡的台上只看到一张不大的桌子，桌子后面放着一张椅子，桌子上小银托盘里放着一杯水——这时在空荡荡的台上蓦地出现了列比亚德金大尉高大的身影，他穿着燕尾服，打着白领结。我惊呆了，简直不相信自己的眼睛。大尉好像有点儿窘，在舞台的后部停住了。突然听众中有人叫道："列比亚德金，是你吗?"大尉那张痴呆的红脸（他已经酩酊大醉）在这一声呼唤下出现了咧开嘴的傻笑。他抬起手，擦了擦额头，晃了晃头发蓬松的大脑袋，似乎不顾一切下定了决心，向前迈了两步，——突然扑哧一声，笑了起来，笑声不响，但很得意，忽高忽低，久久不息，随着笑声，他那臃肿的躯体徐徐晃动，两只小眼睛眯成一条缝。他的这副模样使几乎一半的听众笑了起来，有二十来个人开始拍手。严肃的听众脸色阴沉，交换着眼色；不过这一切持续了不到半分钟。突然利普京佩着干事的花结带着两个仆人快步跑上台来；他们小心搀着大尉，利普京在他耳边悄悄地说了句什么话，大尉皱起眉头，喃喃地说："要是这样，那好吧。"他挥了挥手，把他那宽阔的背转向听众，与护送他的人一起消失了。但过了一会儿，利普京又跳上台来。利普京平时总是笑容满面，使人想起加了糖的醋的味道，而今天他嘴角上挂的是他最甜蜜的微笑。他手里拿着一张信纸，踏着急促的碎步走到台的前沿。

"先生们，"他对听众说，"由于疏忽，发生了可笑的误会，现在误会已经消除了，但是我抱着极大的希望，接受了我们当地一位诗人的最深挚最恭谨的委托……抱着人道的崇高的目标……虽然他其貌不扬……也就是把我们大家团结起来的目标……也就是要拭干我们省那些可怜的有文化的姑娘的眼泪……这位先生，我是想说，这位当地的诗人……不希望说出他的真实姓名，很希望看到他的诗在这里朗诵，在舞会前……我是想说，——在朗诵会前。虽然这首诗不在节目之内，不在……因为半小时前才送到……但是我们（谁是我们？我逐词逐句把这番断断续续、颠三倒四的讲话引用于此）觉得，这首诗感情真挚得出奇，同时又出奇的欢快，可以在这里朗诵，就是说，不是因为它是严肃的作品，而是因为它适合今天的盛会……总之，适合今天的思想……况且只有短短几行……因此我想请宽宏大量的听众允许我朗读。”

“读吧！”大厅的后排有人扯开嗓门大叫一声。

“可以读吗？”

“读吧，读吧！”许多声音喊道。

“承蒙大家允许，我就读啦。”利普京又装模作样地说道，嘴角上仍挂着甜丝丝的笑容。他好像还是有点儿犹豫，我甚至觉得他有点儿激动。这些人尽管肆无忌惮，但有时仍难免磕磕绊绊。不过，如果是神学校的学生，那就不会打一个磕巴了，利普京毕竟属于老一代。

“我预先声明，就是说我有幸预先告诉大家，这毕竟不是颂歌，像过去为庆典写的颂歌，这几乎可以说是个玩笑，但却无疑充满了感情，同时又轻松欢快，而且可以说，最最真实。”

“你读呀，读呀！”

他打开了那张纸。不用说，谁也没有来得及制止他。何况他还佩着干事的花结。他用响亮的声音读道：

“一位诗人从大会上致本地的一位家庭女教师同胞。”

你好，你好，家庭女教师，

欢笑吧，庆祝吧，

不管你是顽固派还是乔治·桑分子，
现在欢腾吧，雀跃吧，不分彼此！

“这是列比亚德金的诗！就是列比亚德金的！”几个人应声说道。大厅里发出笑声，甚至掌声，虽然人数不多。

你教育拖鼻涕的孩子，
读法文的字母、单词，
你准备用媚眼迷住任何男人，
哪怕他是个教堂执事。

“乌拉！乌拉！”

但是在我们伟大的改革时代
教堂执事也不会把你娶，
小姐需要“大把大把的”，
要不然只能再去教法文字母。

“就是这样，就是这样，这才是现实主义，没有‘大把大把的’，寸步难行！”

但现在，当我们参加盛宴，
跳着舞筹集了大笔钱，
为你置办好了妆奁，
从这些土厕里送到你面前，——

不管你是顽固派还是乔治·桑分子，

现在欢腾吧，雀跃吧，不分彼此。

你有了嫁妆，家庭女教师，

欢庆吧，不管它三七二十一！

说实在的，我简直不相信自己的耳朵。这里是如此明显的放肆，甚至不可能说他愚蠢而原谅利普京。何况利普京并不愚蠢。意图很清楚，至少在我看来是如此：他们好像迫不及待地想制造混乱。这首愚蠢的诗里有几行，比如最后的一行，即使再愚蠢也不会写上去的。利普京本人好像也感觉到他未免太过分了；他完成了他的英勇业绩之后，因为自己的放肆而慌了神，甚至没有从台上下来，站在那里，好像还想补充什么似的。他预期得到的想必是另一种效果，但是甚至那一小撮方才为他拍手叫好的捣乱分子，也忽然噤声了，仿佛也发了呆。最荒唐的是，他们中的许多人被朗诵所感动了，不把它当作诽谤，而把它当作女家庭教师命运的真实写照，当作一首政治诗。但是这首诗的过分放肆最终使他们也惊呆了。至于全体听众，那么整个大厅不但觉得难堪，而且显然感到气恼。我得到的印象并没有错。尤莉娅·米哈伊洛芙娜后来说，再有一会儿，她可能就昏过去了。一位最受尊敬的老人挟起他的老伴，两人在公众惊惶目光的伴送之下走出了大厅。谁知道，会不会有一些人模仿他们的榜样，幸好在这个紧急关头卡尔马济诺夫在台上出现了，他穿着燕尾服，打着白领结，手里拿着一个笔记本。尤莉娅·米哈伊洛芙娜把惊喜的目光转向他，把他看作自己的救星……但是这时我已经到幕后去了，我必须找到利普京。

“您这是故意的！”我说，怒气冲冲地抓住他的胳膊。

“我真的没有想到，”他缩作一团，立即开始撒谎，装出一副可怜相。“诗刚才才送来，我想这是一个让人开心的玩笑……”

“您根本没有这样想过。难道您会认为这么一种糟糕的东西是逗人开心的玩笑？”

“是的，我这样认为。”

“您撒谎，诗根本不是刚才给您送来的。是您自己同列比亚德金一起编出的，也许是在昨天，为的是制造乱子。最后那一句一定是您写的，关于教堂执事的那几行也是您的。为什么他穿着燕尾服来？岂不是说，要不是他喝得烂醉如泥，您还打算让他朗诵？”

利普京冷冰冰恶狠狠地瞧了我一眼。

“这关您什么事？”他突然以令人惊奇的平静问我。

“怎么不关我的事？您也佩戴着这个花结……彼得·斯捷潘诺维奇在哪里？”

“不知道；总在这里的什么地方；怎么？”

“我现在已经完全看清楚了。这是一个反对尤莉娅·米哈伊洛芙娜的阴谋，目的是搞垮游乐会……”

利普京又瞥了我一眼。

“与您有什么相干？”他冷笑一声，耸耸肩，走到一边去了。

我仿佛觉得一阵寒气袭来。我的所有猜疑都证实了。而我曾经希望是我错了！我怎么办呢？我想同斯捷潘·特罗菲莫维奇商量，但他站在镜子前面试着各种笑容，不住地查阅那张做了各种记号的纸。卡尔马济诺夫朗诵完毕，他马上就要登台，他根本不能同我谈话。去找尤莉娅·米哈伊洛芙娜吗？但要找她为时尚早，她还要接受严重得多的教训，才可能清醒过来，不再相信她受人“拥戴”，大家都“狂热地忠诚”于她。她可能不会相信我，认为我疑神疑鬼。而且她又有什么办法呢？“唉，”

我想道，“真的，这关我什么事，当事情一闹起来时，我摘下花结回家，不就完了吗?”我的确说过“事情一闹起来”，这一点我记得。

但是我必须去听卡尔马济诺夫朗诵。我在幕后最后一次环顾四周，我注意到，这里有许多不相干的人，甚至妇女，进进出出，到处乱窜。这个“幕后”是一块相当狭窄的空间，用帷幔与听众截然隔开，在后面有一条走廊与其他房间相通。我们的朗诵者在这里等候依次登台表演。但是在这一时刻特别使我惊奇的是排在斯捷潘·特罗菲莫维奇之后的那位讲演人。他好像也是一位教授（我到现在仍不确切知道他是什么人），在一次学潮之后自动离开了某所学校，几天之前不知什么缘故来到我们城里。有人把他介绍给尤莉娅·米哈伊洛芙娜，她以崇敬之情接待了他。我现在知道，在朗诵会之前他只有一次出席她家的晚会，整个晚上他一言不发，对尤莉娅·米哈伊洛芙娜身边那一帮人的说笑和腔调，他模棱两可地笑笑。由于他外表傲慢，同时又气量狭窄达到碰不得的地步，于是他给人一种不愉快的印象。尤莉娅·米哈伊洛芙娜亲自动员他演说。现在他从一个角落到另一角落往来踱步，像斯捷潘·特罗菲莫维奇一样，口中念念有词，但两眼盯在地上，不是望着镜子。他没有试笑容，虽然不住地狞笑着。很清楚，同他也不能谈话。他个子矮小，看起来约莫四十岁光景，头发已秃，颔下留着灰白色的胡子，衣着相当讲究。但是最有趣的是，他每转一次身，就要举起他的右拳，在头上挥动，忽然猛击一下，好像要把什么敌人打得粉身碎骨似的。这个动作他不住地重复。我感到害怕，赶紧跑去听卡尔马济诺夫朗诵。

三

大厅里的气氛又有点儿不妙。我预先声明：我崇拜伟大的天才；但是为什么我们这些天才先生们在他们的光辉岁月将要过去的时候，他们的举动有时完全像小孩子呢？就算他是卡尔马济诺夫，出来时的气派像五个宫廷高级侍从加在一起一样，那又怎么样呢？难道一篇作品能够把像我们这样的听众吸引住整整一个小时？我做过观察，一般说来，即使是最了不起的天才，在公开的轻松的文学朗诵会上，也不能占据听众二十分钟以上的时间而不受到惩罚。的确，这位伟大的天才出场时受到极为尊敬的欢迎。甚至最严肃的老人也表现出赞赏和好奇，而女士们甚至表现出几分狂热。然而掌声是短暂的，不知怎的是不协调的，稀稀落落的。但是，后排没有任何非分的行为，一直到卡尔马济诺夫先生开始讲话，也几乎没有出现特别恶劣的行径，只不过好像发生了一些误会。我前面已经提到过，他的嗓音过于尖细刺耳，甚至有点儿女人气，[①] 并且带点真正的高贵的贵族的咬舌音。他刚开口讲了几个词，突然有人放肆地大笑起来，——大概是一个没有经验的、没有见过世面而又天生爱笑的傻瓜。但是没有一点点示威的意思，相反，人们向傻瓜发出嘘声，他就不作声了。这时卡尔马济诺夫装腔作势、抑扬顿挫地宣称，他“起初说什么也不同意朗诵”，(何必声明!)“有的语句是从心灵深处吟咏出来的，难以言传，因此这样神圣的东西无论如何不能公之于众”[②] (那为什么要公之于众呢?)；但是由于答应了人们的恳求，他只好公之于众了，此外，由于他从此搁笔，发誓绝不再写，那就只好这样，写了这篇最后的作品；由于他发誓无论如何绝不再在公众中朗诵任何作品，那就只好这样，为公众朗诵这最后一篇作品，如此等等，都是诸如此类

---

① 影射屠格涅夫的“软绵绵的带点娘娘腔的嗓音，声调尖锐，同他的魁伟的个子很不相称”。(见费·阿·科尼、阿·雅·帕纳耶娃等人的回忆录) ——俄编注

② 屠格涅夫在 1878 年 5 月 2 日（俄旧历）给米·马·斯塔秀列维奇的信中讲到《够了》时说：“我自己后悔发表了这个片段……因为文中表达了这样的个人回忆和印象，没有任何必要与读者分享。”——俄编注

的话。

如果只是这一些，那也罢了，谁没有读过一些作者的开场白呢？然而我要指出，由于我们的听众文化不高，后排又易于激动，这一切仍然可能产生影响的。要是他读一个小小的故事，一篇短短的小说，像他从前所写的那些作品，就是说虽然过于雕琢，不够自然，但有时不无幽默——那不是好一点儿吗？这可能会挽救了整个局面。但是不，不是这样！开始了长篇大论！[①] 天哪，这里真可说应有尽有。我敢说，甚至首都的听众也会听得目瞪口呆，更何况我们的听众。请想象一下，几乎三大印张最矫揉造作、空洞无物的废话；此外，这位先生朗诵起来好像高高在上，悲天悯人，恩赐什么似的，因此听众觉得很难堪。主题……可是谁弄得清楚主题是什么呢？这是一些印象，一些回忆的某种说明。但是回忆什么？关于什么的印象？——不管我们这些外省人如何蹙起眉头听了一半，还是莫名其妙，因此后一半只是出于礼貌才勉强听到结束。不错，关于爱情，关于这位天才对一位女士的爱情，讲得很多，不过说实在的，听起来有点儿尴尬。就我看来，讲述他的第一次接吻与这位天才作家的矮小肥胖的身材并不十分相称……而且这些吻不知怎地也接得与众不同，听起来很不是滋味。在他接吻的时候四周一定得长着荆豆（一定是荆豆木或者其他什么要查考植物学才知道的草）。并且天上一定是一种紫罗兰的色彩，这种色彩当然是任何凡人从来没有注意过的，确切地说，都看到过，但从来没有发觉过，“瞧，我看到了，现在我来给你们这些笨蛋描写这个最普通的现象”。这一对有趣的情人坐了下来，

---

① “Merci”的开头和结尾部分，是对屠格涅夫《关于〈父与子〉》一文中致读者的话的讽刺性模仿。就体裁和结构而言，“Merci”酷似屠格涅夫的小说《幽灵》和《够了》。“Merci”中的两个情节——主角在冬天渡过伏尔加河和在山洞里访问苦行僧——与《够了》中的类似情节十分相近。——俄编注

头顶上的树一定是橙色的。他们坐在德国的什么地方。突然他们看见决战前夕的庞培[①]或者卡西乌斯[②]，两人欣喜若狂，感觉到一阵寒意直透到骨髓里。灌木丛里有一条美人鱼在吱吱叫。格鲁克[③]在芦苇丛中拉小提琴。他演奏的作品用的是 en toutes lettres[④]，但是谁也没有听说过，因此必须到音乐词典中去查找。这时浓雾滚滚而来，雾气翻滚着，翻滚着，到后来更像一百万只枕头，而不像雾。忽然一切都消失了，伟大的天才在冬天天气回暖的时候渡过伏尔加河，整整两页半描写过河的情景，结果他还是跌进了冰窟窿。天才淹在水里——您以为他淹死了？他才不会淹死呢，这只是为了在他快要淹死、一口口呛水的时候，在他面前浮现一小块冰，像豌豆大的一小块冰，但纯净透明，“像一颗凝冻的泪珠”，而在这块冰里反映出德国，或者更确切地说，德国的天空，映像像虹彩般闪烁着，使他想起那颗泪珠，那泪珠“你记得吗，从你的眼眶里滚下来，那时我们坐在一棵碧玉树下，你高兴地呼叫：‘没有罪恶！’‘对，’我噙着泪说，‘但是，如果这样，那也就没有正人君子。’我们号啕大哭起来，就永远分手了”。——她到海边的什么地方去，他到一处山洞去；瞧，他在莫斯科的苏哈列瓦塔底下往下掉，不住地掉，掉了三年，忽然在地底的深处，在一个岩洞里他发现一盏长明灯，长明灯前坐着一个苦行僧。苦行僧在祈祷。天才紧贴在小小的带栅栏的窗口，突然听到一声叹息。您以为这是苦行僧在叹息？他才不需要您的苦行僧呢！不，只不过这声叹息“使他想起她的第一声叹息，那是在三十七年前，你可记得，在德国，我们坐在玛瑙树下，你对我说：‘为什么

① 庞培（公元前 106—前 48），古罗马统帅、政治家。
② 卡西乌斯（公元前 85—前 42），古罗马政治家，参与谋杀恺撒的阴谋。
③ 格鲁克（1714—1787），18 世纪德国重要的歌剧作曲家，是歌剧改革的先驱。
④ 法文：全名。

要爱？瞧，周围长着赭草，所以我爱，如果赭草不长了，我就不爱了。’这时雾又滚滚而来，出现了霍夫曼[①]，美人鱼用口哨吹奏着肖邦的一支曲子，[②] 突然从雾里出现了安库斯·玛尔克优斯[③]，他戴着桂冠，在古罗马的屋顶上。我们的背上感觉到狂喜的寒噤，于是我们永远分手了”，如此等等。总之，也许我转述得不对，我也不善于转述，但是这番废话的大意的确如此。最后，我们一些伟大的英才对玄之又玄的双关语的癖好真是可耻到了极点！伟大的欧洲哲学家，伟大的科学家、发明家、劳动者、受难者——所有这些劳苦肩负重担的人，[④] 对于我们俄罗斯的伟大天才来说都好像是他厨房里的厨师。他是老爷，而他们来到他的面前，手里捧着尖顶高帽听候他的吩咐。不错，他也傲慢地讥诮俄国，他感到最愉快的事情莫过于在伟大的欧洲英才面前宣布俄国各个方面均已破产，至于说到他本人——不，他已经高踞于这些伟大的欧洲英才之上；他们只不过是他制造双关语的材料。他拿来别人的思想，把它的反题拉扯上去，双关语就制造好了。有越轨，没有犯罪；真理并不存在，

---

① 霍夫曼（1776—1822），德国作家、作曲家和画家。

② 据俄国学者们推测，这里先后提到霍夫曼、格鲁克、肖邦、美人鱼，也与屠格涅夫有关。屠格涅夫在《够了》中说道：“……霍夫曼的神秘主义不论它以何种形式表现出来，也不可怕。”小说中提到格鲁克和肖邦的名字和美人鱼的口哨声可能隐指屠格涅夫钟情的法国女演员波里娜·维亚尔多。在她演唱的抒情歌曲中有几支《美人鱼》曲子：一支的歌词是普希金的，另一支是德国浪漫主义诗人默里克的。维亚尔多还把肖邦的几支玛祖卡舞曲改编成歌曲，在格鲁克的歌剧《奥尔甫斯和欧律狄刻》中演唱，是当时欧洲音乐生活的一件大事。——俄编注

③ 安库斯·玛尔克优斯（约公元前 642—前 617），传说中的古罗马王政时期的皇帝。

④ 语出《新约全书·马太福音》（第 11 章，第 28 节）：“凡劳苦担重担的人，可以到我这里来，我就使你们得安息。”

正人君子是没有的；[①] 无神论，达尔文主义，莫斯科的钟声……但是可惜他已经不相信莫斯科的钟声了；罗马、桂冠……但是他甚至连桂冠也不相信了……这里有老一套的拜伦式的忧郁的发作，有海涅作品中来的怪相，有毕巧林[②]身上的什么东西——没完没了地说着，机器一样扑哧扑哧地转动起来。“不过，称赞我吧，称赞我吧，我可喜欢哩，我要搁笔，那只不过是说说罢了，等着吧，我要使你们三百倍地厌倦，让你们读得疲惫不堪……”

不言而喻，结尾并不妙；但更糟糕的是，朗诵会是他开始的。大厅里早已有人在用脚摩擦地面，擤鼻涕，咳嗽，凡是在文学朗诵会上，不论怎么样的文学家，只要他朗诵二十分钟以上可能发生的一切，今天都发生了。但是天才的作家什么也没有觉察到。他继续带着他的咬舌音慢吞吞地朗诵着，完全不顾听众，因此所有人都开始感到困惑不解。突然后排传出一个孤单的但却响亮的声音：

“天哪，说的是什么废话啊！”

这是情不自禁地迸出来的一声感叹，我相信，没有任何抗议的意思。这个人只不过是累了。但是卡尔马济诺夫先生停了下来，带着嘲笑瞧了听众一眼，突然以受侮辱的宫廷高级侍从的威仪咬着舌儿说：“先生们，我好像很使你们烦腻了？”

他首先说了出来，这就是他的不对了，因为他用这样的方式要人回答，就给各种败类以可乘之机，他们也可以说话，而且可以说是合法的，而如果他忍住了，那么大厅里擤一阵鼻涕，也就过去了……也许他

---

① 俄文中“越轨”和“犯罪”是同一个词 npeстyndΛеннеj；“真理”和“正人君子”的词根相同，声音相近。两组词分别构成双关语。按：这里是讽刺性地模仿屠格涅夫在《够了》中的一段话：“莎士比亚又会迫使李尔重复自己残忍的话：‘没有罪人’，——换句话说就是：‘也没有无辜的人’……”

② 莱蒙托夫的小说《当代英雄》的主人公。

期待听众以掌声来回答他的问题；但是没有人鼓掌，相反，大家好像吓坏了，缩成一团，不作声了。

“您从来没有见过安库斯·玛尔克优斯，尽说大话。”突然传来一个被激怒的、似乎是忍无可忍的声音。

“说得对，”另一个声音马上接口说，“现在没有了鬼神，而只有自然科学。您去参看参看自然科学。”

“先生们，我完全没有料到会有这样的意见。”卡尔马济诺夫极为惊讶。伟大的天才久居卡尔斯鲁厄，已经对祖国陌生了。

“在我们的时代，说世界由三条鲸鱼支撑着，那是可耻。”突然一位年轻姑娘爆豆子般地说道，“您，卡尔马济诺夫，不可能落到岩洞里去见到苦行僧，而且现在谁还谈苦行僧呢?”

“先生们，最使我惊奇的是，这事情竟如此严重。不过……不过你们完全正确。谁也没有比我更尊重现实……”

他虽然在讪笑，却感到十分惊愕。他的脸好像在说：“我并不是像你们所想的那种人，我这是为了你们。你们应该称赞我，多称赞我，尽可能多，我很喜欢这个……”

“先生们，”他终于高声说道，他的自尊心彻底受到伤害，“我看到，我的这篇可怜的诗作念的不是地方，而且我自己也来的不是地方。”

“瞄准乌鸦，却打中了母牛。”一个笨蛋高声大叫，一定是喝醉了，对他本来可以不加注意的，然而大厅里发出了不恭敬的笑声。

“您说打中了母牛?”卡尔马济诺夫立即接口说。他的声音越来越刺耳了，“关于乌鸦和母牛，先生们，我不想说什么。不管听众怎么样，我太尊重他们了，我不会打什么比方，即使是不怀恶意的比方，但是我原来认为……”

“但是您，先生，不要太……”后排有人嚷道。

“但是我原来认为，在我搁笔与读者告别之际，会听我说完……”

“不，不，我们愿意听，愿意。”第一排终于有几个人大胆说话了。

“念吧，念吧！”几位女士热情地接口道，最后终于响起了掌声，虽然声音很小，稀稀落落的。卡尔马济诺夫苦笑了一下，欠身站了起来。

“请相信，卡尔马济诺夫，大家都认为很荣幸……”甚至贵族长夫人本人也忍不住了。

“卡尔马济诺夫先生，”突然从大厅深处传来一个年轻的清新的声音。这是县职业学校一位很年轻的教员，一位极好的青年，文静而高尚，不久前才来我们这里。他甚至从座位上站了起来，“卡尔马济诺夫先生，要是我有幸像您给我们描写的那样恋爱，那么，说实在的，我不会把我的爱情写到一篇要公开朗诵的文章里去……”

他甚至涨得满脸通红。

“先生们，”卡尔马济诺夫高声说道，“我朗诵完了。我把结尾略去，就要告辞了。但是，请允许我念完最后的六行。”

“是的，读者朋友，别了！”他立即读起手稿来，没有再坐下去，“别了，读者；我甚至并不竭力坚持使我们像朋友般地分手：真的，为什么要打扰你呢？你甚至可以骂我，尽情地骂我吧，如果这能给你快乐的话。但是最好还是让我们相互永远忘却。假如你们，读者们，忽然变得如此善良，跪在我面前，噙着眼泪请求我：‘写吧，啊，写吧，为了我们，卡尔马济诺夫，——为了祖国，为了后代，为了桂冠。’即使那样，我当然会彬彬有礼地感谢你们，但我要回答：‘不了，我们已经彼此折腾得够了，亲爱的同胞们，merci！我们该分手了！Merci，merci，merci.’”

卡尔马济诺夫毕恭毕敬地鞠了一躬，满脸通红，就像水里煮过似的，走到幕后去了。

“谁也不会下跪的；荒唐的幻想。”

“多强的自尊心！”

“这不过是幽默。”有一个人想纠正，说得更合理些。

“不，收起您的幽默吧。”

“不过这毕竟太无礼了，先生们。”

“至少他现在已经朗诵完了。”

“咳，太枯燥了！”

但是后排的（不过不仅是后排的）这些无礼的喊声却被另一部分听众的掌声淹没了。他们呼唤卡尔马济诺夫出来。几位女士，以尤莉娅·米哈伊洛芙娜和贵族长夫人为首，簇拥在台前。尤莉娅·米哈伊洛芙娜手中出现了一个绚丽的放在白色丝绒衬垫上的桂冠，在另一个由鲜玫瑰花编成的花冠当中。

“桂冠！”卡尔马济诺夫面带着微妙的、略含讥嘲的笑容说道，“我当然很感动，我以真诚的谢意接受这个预先准备好的尚未枯萎的花冠；但是请相信我，mesdames,① 我忽然变成了彻底的现实主义者，我认为在我们的时代，桂冠拿在一个技艺精湛的厨师手里，比拿在我手里要合适得多……”

“厨师可要有用一些。”参加维尔金斯基家“会议”的那个神学校学生嚷道。秩序有点儿紊乱起来。许多排都有人站了起来，想看献桂冠的仪式。

“我赞成请厨师，愿意现在再出三个卢布。”另一个声音接着大声说，甚至太大声了，大声中含有固执的要求。

“我也是。”

---

① 法文：女士们。

“我也是。”

“难道这里没有小吃部?”

“先生们，这简直是一个骗局……”

不过应当承认，所有这些放肆的先生们都很害怕我们的大官和在大厅里的警官。十分钟后，所有人都陆陆续续地就座了，但没有恢复原先的秩序。可怜的斯捷潘·特罗菲莫维奇面临的是这样一个混乱的局面……

四

不过，我还是又一次跑到幕后去看他，急急忙忙地警告他，据我的看法，全都垮了，他最好不要出场，马上回家，哪怕推说轻霍乱也行，我也可以摘掉花结，同他一起走。他这时正走上台去，突然停住步，傲慢地从头到脚打量我，庄严地说：

“先生，为什么您认为我可能做出这种卑鄙的事呢?”

我退到一边？我像相信二乘二等于四一样相信，他非出乱子不可。当我垂头丧气地木然站在那里的时候，我的面前又闪过那个外来的教授，就是不住地上下挥舞着拳头的那一位，还在那里往来踱步，全神贯注，喃喃自语，脸上带着阴险的但又扬扬得意的冷笑。我不知怎地，差不多是毫无用意地（真是鬼迷心窍）走到他身边。

“您知道吗，”我说，“许多例子表明朗诵时间如果超过二十分钟，那么听众就不爱听了。任何名人也维持不了半个小时……”

他突然站住，甚至因为受到侮辱而浑身震颤起来。他的脸上显露出无限的傲慢。

“您放心。”他轻蔑地嘟囔一声，从我身边走过。这时大厅里传来斯捷潘·特罗菲莫维奇的声音。

"咳，你们都去见鬼吧！"我想，一面往大厅跑去。

斯捷潘·特罗菲莫维奇在椅子上坐下，大厅里的混乱仍未平静下来。前排听众迎接他的目光并不友好。（在俱乐部里最近不知怎地人们不再喜爱他，绝没有像过去那样尊敬他了。）不过，没有嘘他，那已经算很好了。从昨日起，我就有一个奇怪的想法：我总觉得，只要他一露面，听众就会喝倒彩。然而由于混乱仍未完全平息，人们甚至没有马上注意到他。但是连卡尔马济诺夫都遭到这样的对待，此人还有什么可以指望的呢？他脸色苍白；他已经十年没有在听众面前露面了。从他的激动以及我十分了解的一切迹象看来，我知道，他自己也把今天的登台看作是决定他命运的大事，或者类似这样的事件。这正是我所害怕的。他是我亲爱的人。当他张开嘴，我听到他的第一句话时，我的心情的激动可想而知！

"先生们！"他突然说道，好像决定孤注一掷似的，他的声音几乎是颤抖的，"先生们，还在今天早上，我的面前放着一张不久前在本地散发的非法印刷品，我一百次地问自己：'它的秘密在哪里？'"

整个大厅一下子就鸦雀无声了，所有目光都转向他，有的带着恐惧的神情。没有说的，他善于从一开始就引起人们的兴趣。甚至从侧幕后也有人探出头来；利普京和利亚姆申贪婪地听着。尤莉娅·米哈伊洛芙娜又向我招招手：

"制止他，无论如何要制止他！"她神色惊惶地小声说。我只有耸耸肩膀；一个人已经豁出去了，哪能止得住呢？哎，我理解斯捷潘·特罗菲莫维奇。

"喔唷，讲传单的事！"听众中有人悄悄地说，整个大厅动起来了。

"先生们，我揭开了全部秘密。传单效果的全部秘密——在于它们的愚蠢！（他的两眼炯炯发光。）是的，先生们，如果这是出于某种打算故意假装出来的愚蠢——那么，这简直可以说是天才的创作！但是应当为它们说句公道话：它们不是假装的。这是最赤裸裸的、最老实的、最为目光短浅的愚蠢。——c'est la betise dans son essence la plus pure, quelque chose comme un simple chimique.① 要是说得稍微聪明一点点，任何人就能立即看出这些浅薄的蠢话内容是何等贫乏。但是现在大家都瞧得目瞪口呆，谁也不会相信，可能愚蠢到如此露骨的地步。'这里不可能没有其他意思，'任何人都会这样对自己说，进而去寻找秘密，找出其中的奥秘之处，希望读出字里行间的话，——于是效果就取得了！啊，愚蠢从来没有得到过如此丰厚的奖赏，虽然它常常应该得到奖赏……因为，en parenthèse,② 愚蠢如同至高的天才一样，对于人类的命运是同样有益的……"

"40 年代的文字游戏！"不知谁说了一句，不过声音相当轻，但是这么一来一发而不可收拾了；大厅里叽叽喳喳地嚣嚷起来。

"先生们，乌拉！我提议为愚蠢干杯！"斯捷潘·特罗菲莫维奇叫道，他在听众面前不甘示弱，完全发狂了。

我假装为他倒水，跑到他身边。

"斯捷潘·特罗菲莫维奇，别说了，尤莉娅·米哈伊洛芙娜恳求……"

"不，您别管我，游手好闲的年轻人！"他冲着我嚷道。我跑开了。"Messieurs!③"他继续说道，"我听到愤怒的叫喊声，为什么要激动，为什么要大叫大嚷呢？我带着橄榄枝来。我带来我的最后一句话。在这

---

① 法文：这是纯纯粹粹的愚蠢，有点儿像单纯的化学元素。

② 法文：顺便说说。

③ 法文：先生们！

方面我有最后一句话要说，——然后让我们和解吧。”

“滚!”有一个人高叫。

“静一静，让他说，让他把话说完。”另一部分人吼叫。那位年轻的教师特别激动，他一放胆说话之后，似乎已经止不住了。

“Messieurs，这方面我的最后一句话是：宽恕一切。我是已经日薄西山的老人了，我庄严地宣布，生命仍像过去一样欣欣向荣，我们年青一代的活力也没有衰竭。现代年轻人的热情同我们那时候一样纯洁清澈。只有一点不同：目标改变了，以一种美替代了另一种美！唯一使人困惑的是，什么更美：是莎士比亚还是靴子，是拉斐尔还是煤油[①]?”

“这是告密?”一些人嘟哝说。

“败坏声誉的问题!”

“Agent provocateur. [②]”

“我可要宣布，”斯捷潘·特罗菲莫维奇狂热地尖声叫道，“可我要宣布：莎士比亚和拉斐尔——高于农奴解放，高于民族性，高于社会主义，高于年青一代，高于化学，几乎高于人类，因为他们就是全人类的成果，真正的成果，可能是至高无上的成果![③] 美的形式已经达到了，没有这一点，我也许不愿再活下去……啊，天哪!”他举起双手拍了一下，“十年之前我在彼得堡同样在台上大声疾呼过，说的是同样的内容，用的是同样的言辞，但他们同样不懂，又是笑，又是嘘，同现在一样：

---

① 西欧和俄国的反动报刊把1871年巴黎公社称为煤油纵火犯，说他们在1871年5月21—27日的巷战中纵火焚烧杜伊勒利宫。按：杜伊勒利宫在罗浮宫旁。

② 法文：挑拨离间的特务。

③ “美学家”斯捷潘·特罗菲莫维奇用这番话同“功利主义者”辩论。《俄国言论》杂志的主要批评家之一瓦·亚·扎伊采夫在1864年写道：“……当代的艺术崇拜者宣扬为艺术而艺术，不是把艺术当作手段，而是当作目的，因此把艺术和他们自己变成了木乃伊。两千年来他们赞赏米洛的维纳斯，三百年来他们赞赏拉斐尔的圣母像，他们没有注意到，他们以他们的狂热宣布了艺术的死刑。”——俄编注

浅薄的人们，你们为什么还不懂呢？你们可知道，你们可知道，没有英国人，人类能生存下去，没有德国人也行，没有俄国人更不用说了，没有科学也行，没有面包也行，唯独不能没有美[①]，因为没有美世界上完全无事可做了！全部奥秘就在这里，全部历史就在这里！没有美，科学本身连一分钟也支持不了，——你们在笑，你们可知道这一点——科学会变成愚昧，连一颗钉子也发明不了！……我绝不退让！”他莫名其妙地最后叫道，一拳猛捶桌子。

但是，当他杂乱无章地尖声叫喊时，大厅里秩序大乱。许多人从座位上跳起来，有的人往前冲去，到靠近舞台的地方去。总之，这一切发生得比我现在描写的要快得多，来不及采取措施。可能也不想采取措施。

“你们这些娇生惯养的人，什么都是现成的，过得倒好！”那个神学校学生在舞台边狂吼，得意地朝着斯捷潘·特罗菲莫维奇龇牙咧嘴。斯捷潘·特罗菲莫维奇注意到他，跳到台边：

“难道我不是，难道我不是刚才宣布，年青一代人的热忱也同我们过去一样纯洁而光明灿烂，这一代人只由于在美的形式上认识错误，才遭到不幸！难道您觉得还不够！如果考虑到这话出于一个伤心的受凌辱的父亲之口，那么难道——啊，浅薄的人们，——难道还能有比这更公正更冷静的看法吗？……不知感恩的人们……不公正的人们……为什么，为什么你们不想和解！……”

他突然歇斯底里地号啕大哭起来。他用手指抹拭着流淌的眼泪，两肩和胸脯因痛哭而抖动着……他忘却了人世间的一切。

---

① 陀思妥耶夫斯基本人在《波夫先生和艺术问题》一文中发表了类似的思想：“对美和体现美的创作的要求是人所不能或缺的，没有它，人也许不想在世上活下去。”——俄编注

听众都吓坏了，几乎所有人都站了起来。尤莉娅·米哈伊洛芙娜也一跃而起，挽起丈夫的胳膊，拉着他站起身来……乱子闹得太大了。

“斯捷潘·特罗菲莫维奇！”神学校学生兴冲冲地嚷道，“有一个叫费季卡的苦役犯现在出没在我们城里和郊区，是从服苦役的地方逃出来的。他抢劫行人，不久前又杀了人。请允许我向您提一个问题：如果您十五年前不是为了还赌债把他送去当兵的话，说简单点，如果您玩牌不把他输掉的话，您说他会不会去服苦役？会不会像现在这样为了求生存而杀人？您怎么说呢，美学家先生？”

以后的情景我不想详细描写。首先，响起了狂热的掌声。鼓掌的并不是所有人，而只有大厅内五分之一左右的听众，但狂热地鼓掌。其余听众涌向出口处，但是由于鼓掌的那一部分听众都挤向舞台，因此全场大乱。女士们叫喊着，有几个姑娘哭了起来，要求回家。伦布克站在他的座位旁，古怪地频频回顾。尤莉娅·米哈伊洛芙娜完全不知所措了——这是她在我们这里的活动中破天荒第一次。至于斯捷潘·特罗菲莫维奇，他在最初的瞬间似乎真的被神学校学生的那番话压倒了；但是他蓦地举起两臂，好像要伸向听众的头上，嚷道：

“我从此把脚上的尘土跺下去①，我诅咒……完了……完了……”

他转过身，跑往幕后去了，一面挥舞着胳膊，威胁着。

“他侮辱公众……把韦尔霍文斯基逮住！”这些狂热的人吼叫着。他们甚至想追赶他。要制止是不可能的，至少在那时是不可能的，——突然最后的一场灾祸像炸弹一样落到与会者的头上，在他们中间爆炸了：

① 典出《新约全书·马太福音》（第10章，第14节）：“凡不接待你们，不听你们话的人，你们离开那家，或是那城的时候，就把脚上的尘土跺下去。”

第三个朗诵者[①]，那个在幕后不住挥舞拳头的狂人，突然跑到台上。

他的模样完全是疯子。他咧开嘴得意扬扬地笑着，充满了无限的自信，他环顾乱哄哄的大厅，仿佛他自己就喜欢混乱。他毫不在乎地将在这一片混乱中朗诵，相反，他显然感到高兴。他的神情是如此明显，因此他立即就引起了人们的注意。

“这又是怎么回事?”人们纷纷问道，“这又是谁?嘘!他想说什么?”

“先生们!”狂人竭尽全力大声喊叫，他站在舞台的边缘上，声音像妇人般尖细，几乎同卡尔马济诺夫的一模一样，不过不带贵族的咬舌音，“先生们!二十年前在与半个欧洲作战的前夕，俄国在所有达官贵人的心目中是理想的国家。文学家在书刊检查机关中任职，[②]大学里实行军训；军队变成了芭蕾舞团；[③]人民在农奴制的鞭子下缴捐纳税，忍气吞声。爱国主义变成了勒索贿赂，既敲诈活人，也敲诈死人。不收受贿赂的人被看作叛逆，因为他们破坏了和谐。为了折取树枝，用作鞭

---

① 第三个朗诵者的原型是普·瓦·帕夫洛夫（1823—1895），他是彼得堡大学（以前是基辅大学）俄国史和艺术史教授，自由主义分子，星期日学校组织者之一。在1862年3月2日举行的一次文学晚会上，陀思妥耶夫斯基曾听他做纪念俄国建国一千周年的演说。这次演说轰动一时，受到听众的热烈欢呼，却遭到政府的无情迫害。帕夫洛夫被流放至韦特卢加和科斯特罗马，直至1869年。在这里是讽刺性地模仿帕夫洛夫的演说，以及他的外表，他的兴奋得尖叫的声音和他的手势。——俄编注

② 在尼古拉一世时代先后做过书刊检查官的文学家有奥·伊·先科夫斯基、谢·季·阿克萨科夫、彼·安·维亚泽姆斯基、费·尼·格林卡、费·伊、丘特切夫、亚·尼·尼基坚科等人。1855年伊·亚·冈察洛夫出任彼得堡书刊检查委员会检查官，引起了许多同时代人的非议。——俄编注

③ 尼古拉一世在莫斯科大学实施军事制度。1835年大学章程把大学生与中学生同等对待，赋予警察局派遣的学监以极大的监管大学生的权力，采取一系列措施使教授们不能接近学生，不能过问学校的事务。1840—1850年大学里禁止讲授哲学，由神学教授讲授心理学和逻辑学课程。诗人尼·费·谢尔比纳（1821—1869）写了一首讽刺尼古拉一世的短诗《万众的恩人》(1855)：“他在奴才当中被看作智者，/因为压制思想他最喜爱，/他是一个戴着皇冠的大兵，/又是阅兵式的芭蕾舞指挥。”——俄编注

子，以维持秩序，大片大片的桦树林被摧毁了。欧洲在战栗……但是俄罗斯在它一千年稀里糊涂的历史中从来没有达到如此可耻的地步……”①

他举起拳头，兴奋地、威严地在头上挥舞，蓦地又向下猛击，似乎要把敌人打个粉身碎骨。四面都发出狂叫，爆发出震耳欲聋的掌声。大厅里差不多一半人在鼓掌；人们天真地听得入了迷。有人当众公开辱骂俄国，难道能不叫人欣喜若狂大叫大嚷吗？

“这才有道理！就该这样！乌拉！不，这才不是美学！”②

狂人继续兴奋地往下说：

“从那以后二十年过去了。大学纷纷开设，数量增加了。军训已成了往昔的传说；军队需要补充几千名军官。铁路吞没了所有资本，像蜘蛛网似的遍布整个俄国，因此再过十四五年也许可以乘火车到什么地方去旅行了。桥梁只偶然焚毁，城市则有规律地失火，在火灾季节按一定的顺序，依次轮流。法庭做出的判决像所罗门那样英明，③ 陪审员只在为争取生存、不至于饿死的情况下才接受贿赂。农奴们解放了，过去他们挨地主的抽打，现在则用树条相互抽打。人们喝掉的伏特加酒犹如汪洋大海，以支援国家预算。在诺夫戈罗德，在古老的无用的索菲亚大教

---

① 帕夫洛夫针对官方在俄国建国一千周年之际的大肆吹嘘，对沙皇帝国的过去和当前的状况做了严厉的评价，他说：“在18、19世纪，俄国因为使平民百姓蒙受苦难和羞辱而遭到充分的惩罚。你们不要因为这个悲惨时代的虚假文明的浮华景象而自鸣得意：俄国从来没有经历过更为沉重的境况！”——俄编注

② 陀思妥耶夫斯基在描写听众对“美学家”斯捷潘·特罗菲莫维奇发言的反应时，以俄国批评家德·伊·皮萨列夫的文章《现实主义者》（1864）中的论点为依据，文中批评家对“美学”的维护者和反对者的论争进行了总结，他写道：“美学和现实主义的确处于不共戴天的敌对状态之中，因此现实主义必须彻底消灭美学，因为在当前它毒化我们的科学活动的各个部门，使它们失去意义……美学是思想停滞的最牢固因素，理性进步的最顽固敌人。”——俄编注

③ 所罗门是公元前965—前928年以色列王国国王，大卫之子。据古老传说记载，他智慧异常，善于断案。此处借以讽刺法庭。

堂对面庄严地耸立起一个巨大的青铜球，以纪念过去一千年的杂乱无章。① 欧洲皱起了眉头，又开始不安起来……十五年的改革！然而在俄国，甚至在最滑稽可笑的混乱时代，也从来没有达到这样的地步……”

最后几个词在群众的吼声中甚至无法听清。可以看到，他又举起了胳膊，又一次得意扬扬地猛击下去。群众的兴奋达到了难以想象的地步：号叫、鼓掌，甚至有的女士也高叫：“够了！您不能说得更好了！”人们好像喝醉了酒似的。演说人扫视全场，似乎陶醉在自己的胜利之中。我偶然瞥见伦布克说不出的激动，正在向什么人做什么指示。尤莉娅·米哈伊洛芙娜脸色煞白，匆匆跟跑近她身边的公爵说着什么……但这时一群人，大约有五六个，多少都是有点官职的，从幕后冲上台，抓住演说人，把他拖到后台去。我不理解，他怎么能挣脱他们，但他确实挣脱了，重新又跑到台边，还挥舞着拳头，用全力喊道：

“然而俄罗斯还从来没有达到这样的地步……”

但是他又被拖走了。我又看到，大约有十四五个人奔往后台去搭救他，但不经过舞台，而是想从边上砸掉薄薄的隔墙冲过去，隔墙终于倒塌了……我后来看到（我简直不相信自己的眼睛），女大学生（维尔金斯基的亲戚）不知从哪里跳上舞台，她腋下仍夹着一卷纸，仍穿着那一套衣服，脸色仍是那么红润，身体仍是那么胖乎乎的，两三个女人和两三个男人围着她，她的死敌中学生，也陪伴着她。我甚至还听清了她说的话：

“先生们，我来到这里，是为了向大家报告贫困大学生们的痛苦，

---

① 1862 年庆祝俄国建国一千周年，沙皇政府利用这次机会希冀联合一切反动的、顽固守旧的力量。同年 9 月 8 日在诺夫戈罗德古索菲亚教堂附近树立起建国一千年纪念碑，这座纪念碑由 M. O. 米凯申（1836—1896）雕塑，在报刊上受到许多人抨击。——俄编注

并唤起各地的大学生一致提出抗议。”

但是我已经走了。我把我的花结藏到口袋里，经过我熟悉的屋后小路，跑到街上。当然，我首先去看望斯捷潘·特罗菲莫维奇。

第二章

游乐会的结束

一

他不愿见我。他锁起门来在写什么东西。我一再敲门呼唤，他从门后回答我："我的朋友，我什么都完了，谁还能再对我要求什么呢?"

"您什么也没有完，您只不过把一切搞糟罢了。看上帝的面上，不要再玩弄文字游戏了，斯捷潘·特罗菲莫维奇；把门打开。必须采取措施。他们还可能到这里来，侮辱您……"

我认为我有权利对他特别严格，甚至挑剔。我怕他再做出什么更疯狂的事来。但是，使我惊奇的是，他异常坚定。

"您不要第一个跑来侮辱我。我感谢您过去为我所做的一切，但我再说一遍，我同人们的关系已经了结了，不论是好人还是坏人。我在写信给达丽娅·帕夫洛芙娜，一直到现在我都把她给忘了，真不可原谅。如果您愿意的话，明天请您把信交给她，现在'merci'。"

"斯捷潘·特罗菲莫维奇，相信我，事情比您想的要严重。您以为您在那里把什么人粉碎了？您什么人也没有粉碎，您自己却像一只空玻璃瓶一样粉碎了。(咳，我当时粗暴无礼；现在一想起来就感到难过!!)给达丽娅·帕夫洛芙娜您绝对不必写信……您离开我还能到哪里去？您在现实生活中懂些什么？您真的还有什么打算吗？如果您又打算做什么事的话，您只会又一次倒霉……”

他站了起来，一直走到门口。

“您跟他们在一起还不久，但已经沾染上他们的语言和腔调。Dieu vous pardonne，mon ami，et Dieu vous garde.① 但是我一向注意到您身上正派的素质，您也许会改变您的想法，——当然，après le temps,② 像我们所有俄罗斯人一样。至于您说到我的脱离实际，我想提醒您我的一个由来已久的想法：我们俄国有无数人做的唯一事情就是攻击别人脱离实际，以此指责所有人，除了他们自己，攻击越来越猛烈，特别令人讨厌，就像夏天的苍蝇一样。Cher，您要想到，我很激动，您就别来折磨我啦。再一次 merci 您为我做的一切，让我们彼此分手吧，像卡尔马济诺夫和他的读者一样，也就是说，彼此尽可能宽厚地互相忘记。他苦苦哀求他过去的读者忘记他，那是他耍的滑头；quant á moi,③ 我没有那么爱面子，我寄希望于您涉世不深，心还年轻：您哪能久久记住我这无用的老头儿呢？‘祝您长寿’，我的朋友，这是上次我生日纳斯塔西娅对我的祝愿。（ces pauvres gens ont quelquefois des mots charmants et pleins de philosophie④）。我不祝您得到太多的幸福——这会使您厌烦，也不希望您遭受不幸；我只想简单地重复这句民间的哲理：‘祝您长寿’，努力做到不要十分烦恼；这一多余的祝愿是我自己添加的。好吧，别了，当真别了。您不用站在我门边，我不会开门的。”⑤

---

① 法文：愿上帝宽恕您，愿上帝保佑您。

② 法文：过一段时间之后。

③ 法文：至于我。

④ 法文：在这些穷人的口中有时可以听到极妙的、充满哲理的话。

⑤ 这些“充满哲理的祝福话”是陀思妥耶夫斯基从自己在西伯利亚写下的笔记中摘录的。——俄编注

他走开了，除此之外，我一无所获。虽然他很“激动”，但他说话流利，慢条斯理，很有分量，显然竭力想使我信服。当然他对我有点儿恼怒，因而对我间接进行报复，其原因说不定还是昨天的“带篷马车”和“可以拉开的地板”。今天他在众人面前落了泪，虽然也取得了一些胜利，但却使他陷入有点儿滑稽可笑的境地，他知道这一点，而在与朋友的交往中没有人比斯捷潘·特罗菲莫维奇更关心形式上的优美和严正了。唉，我不责怪他！但是尽管经受了种种刺激，他仍保持不肯苟且的态度和冷嘲热讽的语气，这令我安心：一个看来如此不改常态的人，当然不会在这个时候做出什么可悲的十分异常的事。我当时就是这样推断的，天哪，我犯了多么严重的错误！我没有注意到的事太多啦……

我想赶在讲多种事件之前，先引用这封给达丽娅·帕夫洛芙娜的信的前几行，这封信她果真在第二天就收到了。

Mon enfant.[①] 我的手在颤抖，但我把一切都结束了。在我最后一次与人搏斗的时候您没有在场；您没有来参加这次“朗诵会”，您做得对。但是人们会告诉你，在刚毅之士日益稀少的俄罗斯，有一个勇敢的人站了起来，不顾来自四面八方的致命的威胁，敢对这些小傻瓜说真话，就是说，他们是小傻瓜。啊，ce sont des pauvres petits vauriens et rien de plus，des petits 小傻瓜——voilà le mot![②] 我的决心已下，我要永远离开这个城市，我不知道到哪里去。所有曾经爱我的人都不理睬我了。但是您，您，纯洁的天真无邪的孩子，您温顺，由于一个任性的专横的心的意志，您的命运

① 法文：我的孩子。

② 法文：这只不过是些可怜的无赖，仅此而已，一些小傻瓜——就是这样！

差一点同我的命运结合在一起，当我在我们未能举行的婚礼前夕流着怯懦的眼泪的时候，您也许瞧不起我；您，不管您是什么人，不能不把我看作可笑的人，啊，我心灵的最后呼唤是对您而发的，我的最后的责任是对您的责任，只对您一人的责任！但是我不能让您永远把我看作一个不知感恩的蠢人，一个没有教养的人，一个自私自利的人，大概会像一颗不知感恩的残酷的心每天在跟您论说我的那样，唉！我忘不了这颗不知感恩的残酷的心……

如此等等，写了整整四大张。

在他说了“我不会开门的”之后，我又用拳头三次打门，又在他后面大声说，他今天一定会三次差纳斯塔西娅来叫我，但我绝不会再来了；这之后我抛开了他，向尤莉娅·米哈伊洛芙娜家跑去。

二

在这里我目睹了一幅令人气愤的情景：可怜的女人受人当面欺骗，而我却一筹莫展。真的，我能对她说些什么呢？我已经多少有点清醒过来，认识到我只不过有一些感觉，一些可疑的预感，再没有别的了。我见到她时她正在哭泣，几乎处于歇斯底里的状态之中，额上敷着蘸过花露水的手巾，捧着一杯水。她的面前站着彼得·斯捷潘诺维奇，无休止地说着，公爵则一言不发，好像他的嘴被封住似的。她眼泪汪汪地一声声责备彼得·斯捷潘诺维奇“临阵脱逃”。使我惊愕的是，她把这一天的全部失败、全部耻辱，总之一切的一切，都归因于彼得·斯捷潘诺维奇的缺席。

在他身上我注意到一个重大的变化：他仿佛因为什么事情而忧心忡

忡，几乎是板着面孔。平常他从来不板面孔，总是嘻嘻哈哈，即使在生气的时候也是如此，而他生气却是经常的事。噢，即使现在他也在生气，说话粗鲁，随便，火暴急躁。他说，他一早偶然去加加诺夫家，在他家患了病，头疼呕吐。唉，可怜的女人多么希望再受一次欺骗啊！我看到摆在桌面上的主要问题是：举不举行舞会，也就是游乐会的整个后半部分？尤莉娅·米哈伊洛芙娜在“今天的侮辱”之后无论如何不同意出席舞会，换句话说，她一心希望她去出席是被迫的，而且一定是被他，彼得·斯捷潘诺维奇，强迫着去的。她把他看作是未卜先知的圣人，似乎他现在如果离开，她马上就会卧床不起。但是他也不想离开；他自己也竭力希望舞会能举行，希望尤莉娅·米哈伊洛芙娜一定出席……

“好了，为什么要哭呢！您一定要闹一场？往什么人身上发泄怨气？那就往我身上发泄吧，不过希望快一点，时间在过去，必须早作决定。游乐会给朗诵搞糟了，要以舞会来弥补。瞧，公爵也是这个意见。对了，要不是公爵，还不知会闹成什么样子呢！”

公爵起初反对举行舞会（确切地说，反对尤莉娅·米哈伊洛芙娜出席舞会，舞会是无论如何都必须举行的），但是经过两三次这样引用他的意见之后，他开始哼哼哈哈地表示同意了。

使我惊诧的还有彼得·斯捷潘诺维奇说话时那种极不寻常的粗鲁腔调，我愤慨地驳斥后来流传的那个卑鄙的谣言，似乎尤莉娅·米哈伊洛芙娜同彼得·斯捷潘诺维奇有什么暧昧关系。这类事绝对没有，也不可能有。他能够左右她，是因为他看到她梦想影响社会和上司，所以从一开始就千方百计地附和她，参与她的计划，自己为她出谋划策，又赤裸裸地奉承她，把她完全控制住，使她感到他好像空气一样不可缺少了。

她一看到我，就两眼炯炯发光，叫道：

“您问他，他也同公爵一样，自始至终一步都没有离开过我。您说说，所有这一切是不是一个明显的阴谋，一个卑鄙的狡诈的阴谋，目的是用尽一切恶毒的手段来打击我和安德烈·安东诺维奇，难道不是显而易见的吗？他们是早有预谋的！他们有计划。这是一帮人，整整一帮人！”

“您跟往常一样未免言过其实了。您老是想入非非。不过我很高兴见到……先生（他做出样子，似乎忘记了我的名字），他会告诉我们他的看法。”

“我的看法，”我急忙说，“与尤莉娅·米哈伊洛芙娜的看法完全一致。阴谋实在太明显了。我把这花结送还给您，尤莉娅·米哈伊洛芙娜。舞会举行也好，不举行也好，——这当然不是我的事，因为不是由我决定；但是我担任的干事角色已经结束了。请原谅我的激动，但是我不能做违反健全理性和信念的事。”

“听到了吗，听到了吗！”她拍了一下手。

“我听到了，且听我对您说，”他转向我说道，“我认为你们大家不知吃了什么东西，都在说胡话。就我看来，什么事也没有发生，在这座城市里这样的事情过去没有发生过，也永远不可能发生。有什么阴谋？事情的结果不体面，愚蠢到可耻的地步，但哪里有阴谋？针对谁呢？尤莉娅·米哈伊洛芙娜宠信他们，庇护他们，稀里糊涂地宽恕他们的淘气行为，难道他们会针对她吗？尤莉娅·米哈伊洛芙娜！这一个月来我反复不断地对您说的是什么？我警告过您什么？这些人对您有什么用？什么用！真不该同这些小人搅在一起！为什么？干什么？把这伙人团结起来？他们自己能团结吗！哪能呢！”

“您什么时候警告过我？相反，您赞成，您甚至要求……我真太奇怪了……您自己给我带来许多奇怪的人。”

“恰恰相反，我同您争辩，我不赞成，至于带人来，我倒的确带来过，但那是在他们自己已经成群结队地涌来之后，而且只是在最近，为了组织‘文学卡德里尔舞’，没有这些下贱的人不行。但是我敢打赌，今天就有一二十个别的下贱人没有入场券就被带进来了。”

“一定是这样。”我证实说。

“瞧，您已经同意了。请您想一想，最近这里是个什么格调？我说的是整座小城。全成了狂妄、无耻的天下，无休止地吵吵闹闹。是谁鼓励的呢？是谁以自己的威信掩护他们的呢？是谁把大家都搞得懵懵懂懂的呢？是谁把这些小人惹恼的呢？在您的纪念册里不是描绘了本城所有的家庭秘事吗？不是您纵容您的诗人和画家吗？不是您让利亚姆申吻您的手吗？不是当着您的面那个神学校学生辱骂四级文官，用擦了焦油的靴子弄脏他女儿的衣服吗？公众对您有对立情绪，您有什么可以奇怪的呢？”

“但是这一切都是您，都是您自己！我的天哪！”

“不，我警告过您，我们争吵过，听到吗，我们争吵过！”

“您这是当面撒谎。”

“当然啰，您要怎么说就可以怎么说。您现在需要牺牲品，往什么人身上发泄怨气；那就在我身上发泄吧，我已经说过了。我最好还是同您说话……先生（他一直记不起我的名字来）。让我们扳着手指算一下：我说，除了利普京之外，什么阴谋也没有，什、么、也、没有！我可以证明，但是让我们先分析一下利普京。他朗诵了傻瓜列比亚德金的诗——这算什么，您以为是阴谋？您知道吗，利普京可能只觉得这很幽默？的确幽默。他朗诵只是为了逗大家乐一乐，让大家开心开心，首先是他的庇护人尤莉娅·米哈伊洛芙娜，仅此而已。您不相信？难道不是与一个月来这里发生的一切同一个调子吗？要我把话都说出来吗？真的，在别的情况下这事情也许就过去了！这个玩笑太粗野，有些过分，但是很可笑，对吗，很可笑？”

“怎么！您认为利普京的行为幽默？”尤莉娅·米哈伊洛芙娜满腔怒火，愤愤地喊了起来，“如此愚蠢，如此不知深浅，如此卑鄙恶劣，这是有预谋的，哎，您这是故意的！这样看来，您自己也参与了他们的阴谋！”

“一定是，我坐在后面，躲在那儿，操纵整个机器！假如我参与了阴谋，——这一点您至少应该明白——那么我绝不会限于利普京一个人了！因此，就您看来，我同我爸爸也是串通了的，让他故意闹出这么大的乱子？您说说，让爸爸朗诵，这是谁的过错？谁昨天劝阻过您，就在昨天，昨天？”

“Oh，hier il avait tant d'esprit，[①] 我对他寄予多大的希望，而且他的风度：我想，他和卡尔马济诺夫……谁能料到呢！”

“是呀，谁能料到呢，但 tant d'esprit，爸爸把事情给搞糟了，假如我事先知道他会搞得这么糟，那么，由于我参与不容置疑的阴谋，反对您的游乐会，毫无疑问，昨天我不会试图说服您不要把山羊放进菜园里去，是这样吗？然而我昨天却在劝阻您，——劝阻是因为我有预感。当然，不可能什么都预见到：他自己在一分钟之前一定也不知道他会放什么炮。这些神经质的老头子难道同一般人一样！不过事情还可以挽救：为了使公众得到满足，明天就以政府的名义，以周到的礼仪，派两个医生去了解他的健康状况，就是今天也可以，然后把他送进医院，进行冷敷。至少公众会大笑一场，看到不值得为他生气。我在今天的舞会上就把这件事向公众宣布，因为我是他儿子。卡尔马济诺夫的事情就不同

---

① 法文：哎，昨天他多么幽默。

了。他登场演出像一匹稚嫩的驴子，拖泥带水地把他的文章念了整整一个小时，——这个人无疑是与我同谋的！他说：让我来暗中使坏，拆尤莉娅·米哈伊洛芙娜的台吧！”

“啊，卡尔马济诺夫，quelle honte![①] 我替我们的听众羞死了，羞死了！”

“得啦，我可不会羞死，我倒会把他本人拿来油炸。听众是对的。可是在卡尔马济诺夫这件事情上又是谁的过错呢？是不是我把他硬塞给您的？我有没有参与对他的顶礼膜拜？让他见鬼去吧，还有第三个狂人，这里有政治性质，又当别论。这是大家都失误了，而不是我一个人的阴谋。”

“啊呀，别说了，这太可怕了，太可怕了。这里是我，是我一个人的错！”

“当然，不过这里我要为您辩护。哎，谁能看住他们呢，看住这些不知顾忌的人呢？甚至在彼得堡也防不了他们。他不是有人推荐给您的嘛；而且是多有力的推举！因此您得同意，您现在甚至必须在舞会上露面，要知道这事情重大，是您亲自把他请上台去的。您还应该现在当众声明，您同此人意见不一，这位好汉已经进了警察局，您是被人以难以解释的方式欺骗了的。您应当愤然宣告，您是这个疯子的受害者。因为这是个疯子，仅此而已。关于他的事，在您向上报告时也应当这样说。我最忍受不了这些张牙舞爪的人。我也许说得比他们更厉害，但不是从讲台上。而他们现在正在纷纷议论有关枢密大臣的事。”

“什么枢密大臣？谁在议论？”

“哎呀，我自己也一点儿都不明白。您，尤莉娅·米哈伊洛芙娜，

---

① 法文：多可耻！

难道就一点儿都不知道关于一位枢密大臣的事?”

“枢密大臣?”

“嗯，他们深信，上面派了个枢密大臣来这里当省长，彼得堡把你们给撤职了。我听许多人说的。”

“我也听说了。”我证实说。

“谁说的?”尤莉娅·米哈伊洛芙娜面红耳赤。

“您是说，谁第一个说出来的?我怎么知道。不过，有人在议论。许多人在议论。所有人不知怎地都很认真，虽然搞不清是怎么回事。当然聪明一点的、有身份一点的人不加议论，但其中有的人在仔细听。”

“多卑鄙!而且……多愚蠢!”

“因此，您正应该现在露面，让这些笨蛋瞧瞧。”

“说实在的，我自己也感到，我甚至必须去，但是……要是出现另一次丢人的场面呢?如果别人不准备去怎么办?要知道谁也不会来的，不会，不会!”

“您太激动了!他们不会来?做了那么多的衣服，姑娘们的服装，干什么用?从此以后我不再承认您是女人了。多不懂女性!”

“贵族长夫人不会去的，不会去的!”

“究竟出了什么事啦?为什么不会来?”他终于按捺不住怒气，叫道。

“丢人，耻辱——出的就是这些事。我说不上来的事，但是出了这样的事情之后我哪有脸再进去。”

“为什么?您究竟有什么错?干吗您把过失都揽到自己身上?听众、你们的那些老人和家长不是比您更有错?他们应当管住那些流氓、无赖，——因为这里都是些流氓无赖，没有什么了不起。在任何社会里在任何地方光靠警察是管理不了的。我们这里每个人一进场就要求专门派一个警察保护他。他们不懂得社会是要靠自己保护自己的。在类似的情况下，我们的家长们，达官贵人们、妻子们、姑娘们在做什么呢？一声不吭，嘟起了嘴生气。太缺乏社会主动性了，甚至连几个闹事的人都不敢管。”

“啊，这说得太对了。一声不吭，嘟起了嘴生气，还……东张西望。”

“如果这话对，您就应该把它说出来，大声地、高傲地、严厉地说出来。就要让人瞧瞧，您并没有失败。就是要让这些老头子们、母亲们瞧瞧。哦，您一定能做到的，在您头脑清醒的时候，您是有才能的，您把他们集合起来，大声说，大声告诉他们，然后寄一篇通讯到《呼声报》和《交易所新闻》[①] 上去。且慢，这事我自己来办，我替您把什么都处理好。当然，要多加注意，留心小吃部；请公爵，请这位先生……在一切需要从头开始的时候，您，monsieur[②]，总不能离开我们吧。最后您挽着安德烈·安东诺维奇的胳膊进去。安德烈·安东诺维奇的身体怎么样？”

“啊呀，您评论这位天使般的好人总是那么不公正，那么不正确，那么令人难堪！”尤莉娅·米哈伊洛芙娜高声叫道，她突然一阵冲动，眼泪几乎夺眶而出，她拿手帕去拭眼睛。彼得·斯捷潘诺维奇在一刹那间连话也说不出来了。

“哪能呢，我……我又怎么啦……我总是……”

“您从来就不，从来就不！您从来就对他不公正！”

“女人真难理解！”彼得·斯捷潘诺维奇苦笑着喃喃地说。

---

① 两者都是19世纪70年代在俄罗斯发行量很大的报纸。

② 法文：先生。

“他是最真诚、最温和的天使般的好人！最善良的人！”

“哪能呢，我对他的善良说过什么啦……我总说他是善良的……”

“从来没有！不过我们且不谈这个。我太不善于辩护了。今天贵族长夫人这个阴险女人还冷嘲热讽地提到昨天的事。”

“哦，她现在可没有心情提昨天的事了，她有她今天的事。您为什么这样担心她不会来参加舞会？如果她惹上了这样的麻烦，她当然不会来。也许，这不是她的过错，但毕竟关系到她的名声；两手脏了。”

“怎么回事，我不懂；为什么两手脏了？”尤莉娅·米哈伊洛芙娜困惑不解地瞧着他。

“我并没有这样说，不过城里沸沸扬扬，都说是她拉的线。”

“怎么回事？替谁拉线？”

“唉，您难道还是不知道？”他以假装得十分出色的惊奇高声叫道，“斯塔夫罗金同莉扎韦塔·尼古拉耶芙娜呀！”

“怎么？什么事？”我们叫了起来。

“难道你们真的不知道？咳！这里发生了几桩悲剧性的罗曼史：莉扎韦塔·尼古拉耶芙娜直接从贵族长夫人的马车下来坐上斯塔夫罗金的马车同‘后者’在光天化日之下逃往斯克沃列什尼基去了。不过是一小时以前的事，也许还不到一小时。”

我们惊呆了。不用说，我们马上进一步详细询问他，但是，奇怪的是，虽然他自己“无意中”成了目击者，但对详细的情况却什么也说不出来。事情的经过好像是这样的：当贵族长夫人的车在朗诵会后载着莉扎和马夫里基·尼古拉耶维奇走到莉扎母亲（她两腿一直有病）家的大门口时，在离大门口不远的地方，大约相距二十五步左右的路边上，停着一辆不知是谁的轿式马车。莉扎在大门口从车上跳下来，径直向那辆马车跑去；车门打开了，又砰的一声关上了。莉扎对马夫里基·尼古拉耶维奇喊了一声："原谅我吧！"马车就飞快地往斯克沃列什尼基疾驰而去。我们不假思索地问："这事有没有预先约定？车里坐的是谁？"——彼得·斯捷潘诺维奇回答说，他什么也不知道，当然，是预先约定的，但没有看清斯塔夫罗金本人是否在车里；也许里面坐的是他的近身侍仆阿列克谢·叶戈雷奇老头。我们又问："您怎么会在那里的？为什么您确实知道车是驶往斯克沃列什尼基去的？"——他回答说，他在那里是偶然路过，看到莉扎之后，他甚至向马车跑了过去（虽则他好奇，却仍然没有看清谁在车里！），他说，马夫里基·尼古拉耶维奇不仅没有追赶，甚至没有试图阻止莉扎，甚至还用手拉住贵族长夫人，她大声叫喊着："她是到斯塔夫罗金那里去的，她是到斯塔夫罗金那里去的！"这时我再也忍不住了，突然对彼得·斯捷潘诺维奇发狂似的嚷道：

"这都是你这个无赖干的！你为这件事花去整整一天。你帮助斯塔夫罗金，你乘着马车到那里，你把她扶上车……你，你，你！尤莉娅·米哈伊洛芙娜，这是您的敌人，他会把您也给毁了的！您要当心！"

我头也不回地跑出省长府邸。

我到现在还不明白，而且自己也觉得奇怪，当时我怎么会对他嚷嚷的。但是我完全猜中了，事后查明，事情的经过几乎同我说的一样。主要是，他把消息告诉我们时所使用的虚伪手段太明显了。他一走进来，没有立即作为第一条不寻常的新闻告诉我们，而是装模作样，好像他在到来之前我们已经知道了似的，——在这样短的时间里这是不可能的。假如我们知道了，我们不可能保持沉默，等他来说。同样因为时间太短的缘故，他也不可能听到城里如何沸沸扬扬地议论贵族长夫人，此外，他在讲述时，那么卑鄙、轻浮地笑了两三次，大概认为我们已经是被他骗倒的傻瓜。但是我已经顾不上他了；我相信主要的事实是真的，发狂似的跑出尤莉娅·米哈伊洛芙娜的家门。这一突变刺伤了我的心。我痛苦得几乎要流泪，对，也许我真的哭了。我完全不知道该怎么办。我急忙去找斯捷潘·特罗菲莫维奇，但是这个可恼的人又没有开门。纳斯塔西娅以崇敬的神情小声告诉我，他已经睡了，但我不相信。在莉扎家里，我盘问仆人；他们证实莉扎的确逃走了，但他们自己也什么都不知道。家里一片慌乱；疾病缠身的太太一次又一次昏厥过去；马夫里基·尼古拉耶维奇在她身边照顾她。我觉得不便把马夫里基·尼古拉耶维奇叫出来。关于彼得·斯捷潘诺维奇，在我的盘问下，仆人证实他最近几天在家里进进出出，有时一天来两次。仆人们很忧伤，谈到莉扎时怀着一种特别的敬意，他们爱她。至于她完了，彻底完了，——这一点我确信无疑，但是这件事的心理方面我简直不能理解，特别是在昨天她与斯塔夫罗金的那场冲突之后。我可以到城里各处去跑，到我所熟悉的幸灾乐祸的人家去打听，因为那里这个消息现在当然已经传遍了，但这样做使我觉得恶心，而且有损莉扎的颜面。然而，很奇怪的是，我竟跑去找达丽娅·帕夫洛芙娜，不过，那里没有接见我（从昨天起斯塔夫罗金家什么人都不接待）；我不知道，要是我见到她，我会对她说些什么，我也不知道，我为什么去找她。离开她那里后，我去找她哥哥。沙托夫脸色阴沉，默默地听我说完。我要指出，我从来没有见过他心情如此郁悒；他心事重重，听我说话好像十分勉强。他几乎一言不发，在他的斗室之中开始来回踱步，从一个角落到另一个角落，比平时更沉重地跺着靴子。当我已经走下楼梯时，他在我身后大声叫我去找利普京："那里您什么都能打听到。"但是我没有去找利普京，却在走出一大段路之后，又回到沙托夫那里，把门打开一半，没有进去，简捷地、不加任何解释地建议他："今天是不是去看看玛丽娅·季莫费耶芙娜？"沙托夫骂了一声作为回答，我就走了。为了不遗忘，我在这里写上一笔：当天晚上他专门到城边去看玛丽娅·季莫费耶芙娜，他已经很久没有见到她了。他发现她身体健康，情绪十分好，列比亚德金则烂醉如泥，睡在第一个房间的长沙发上。那时正好九点。这是他第二天与我在街上匆匆相遇时告诉我的。我在九点过后决定去舞会，但我已经不是“年轻的干事”（何况我的花结已留在尤莉娅·米哈伊洛芙娜那里），而是出于不可遏制的好奇心，想去听听（不是打听），我们城里对所有这些事件究竟是怎么议论的，而且我也想看看尤莉娅·米哈伊洛芙娜，哪怕远远地看看她也好。我狠狠责备自己，不该这样仓促地离开她。

三

这一夜以及这一夜发生的近乎荒唐的事件和第二天凌晨可怕的“结局”，至今依稀仍在眼前，像一个可怕的噩梦，构成——至少对我来说是如此——我的记事录中最令人苦恼的一个部分。我虽然已经迟到了，但还是赶上了舞会的结尾——它注定是要这么快就结束的。当我到达贵族长夫人府第的大门口时，已经十点多了。刚才举行朗诵会的那座正厅，虽然时间短促，已经整理就绪，作为主要的舞厅，准备供全城的人跳舞。但是尽管我今天白天就对舞会不抱很大的希望，我的预感距离实际情况仍很远：上层社会里没有一家人露面；甚至稍微有点地位的官员也没有出席——这已是一个严重的情况。至于太太和小姐们，那么彼得·斯捷潘诺维奇早先的估计（他的狡诈阴险现在已显而易见）证实是极不正确的；来的人很少；每四个男士还没有一个女士，而且又是些什么样的女士！一些“不伦不类的”团里尉官们的妻子，邮局和政府机关各色小职员，三个医生的妻子和她们的女儿们，两三个女地主，我上面提到过的那个秘书的七个女儿和一个侄女、商人们的妻子——尤莉娅·米哈伊洛芙娜期待的难道是这样一些人吗？甚至商人也有一半没有来。

至于男士，那么，虽然我们的名门贵族子弟一个也没有来，来的人仍旧熙熙攘攘，但是给人以不三不四和形迹可疑的印象。当然，这里也有几个相当温文尔雅、彬彬有礼的军官和他们的妻子，有几个最听话的家长，比如那位有七个女儿的秘书。所有这些温顺的、无足轻重的人，正如其中的一位所说的，来到这里是因为“非来不可”。但是，另一方面，许多闹闹嚷嚷的人，还有许多我和彼得·斯捷潘诺维奇怀疑白天被无票放进来的人，他们的人数似乎比白天更多了。所有这些人暂时还坐在小吃部里，他们一来就直接去小吃部，好像这是预先约定的地方。至少我觉得是这样。小吃部设在一长排房间的尽头，在一个宽敞的大厅里，那里成了普罗霍雷奇的天下，有着俱乐部厨房的各种诱人的美食，摆着各种吸引人的小吃和饮料。我在这里看到几个可疑人物，穿的几乎是破衣烂衫，与舞会极不相称的服装，这是天才知道是从哪里找来的外地人，看来是有人花了极大的力气才把他们从烂醉状态中暂时弄醒带到这里来的。我当然知道，根据尤莉娅·米哈伊洛芙娜的主张，打算把舞会办成最民主的舞会，“甚至不把小市民拒之门外，只要这些人中有人能花钱买入场券”。这些话她可以大胆地在委员会里说，因为她充分相信，我们城里的小市民一个个都贫无分文，谁也不会想到去买张票。但是尽管委员会标榜民主，我们仍然怀疑，会把这些面目阴沉的、几乎衣衫褴褛的人放进来。但是是谁把他们放进来的，又是抱着什么目的把他们放进来的呢？利普京和利亚姆申已经被摘去了干事的花结（虽然他们因为要参加“文学卡德里尔舞”仍旧出席舞会）；但是使我惊奇的是，替代利普京的是与斯捷潘·特罗菲莫维奇顶撞使“朗诵会”大乱的那个神学校学生，替代利亚姆申的是彼得·斯捷潘诺维奇本人；在这种情况下还有什么可指望的呢？我竭力留心听别人的谈话。有的意见荒唐得使人惊愕。比如，在一小堆人中间说，斯塔夫罗金与莉扎之间的事是尤莉娅·

米哈伊洛芙娜一手炮制的，为此她从斯塔夫罗金那里得到一笔钱。甚至说出了钱的数目。他们说，举办游乐会也是为了这个目的；因此，全城一半人得知事情的缘由后，没有来参加，而伦布克本人如此惊诧，以至“神志失常”，而她现在“牵着”他这个发疯的人。——这时许多人哈哈大笑起来，笑声嘶哑、放肆、狡黠。大家还严厉批评舞会，肆无忌惮地咒骂尤莉娅·米哈伊洛芙娜。总之，东扯西拉，断断续续，乱说一通，或者是酒后胡言，或者是慌张失态，因此很难理解，很难得出什么结论。这里，在小吃部里，还有一批兴高采烈的人，甚至还有几位天不怕地不怕的女士，她们和蔼可亲，兴致勃勃，大多是军官的妻子，同她们的丈夫在一起。他们三五成群，单独围坐在几张小桌边，十分开心地喝着茶。对于半数来宾来说，小吃部成了一个舒适的小憩之所。但是过一会儿这一大群人都要涌往正厅；一想到这里就叫人害怕。

这时在公爵的参与下在正厅里稀稀落落地跳了三次卡德里尔舞。姑娘们跳着舞，父母们高兴地瞧着。但是这时，这些可敬的人士当中已经有许多人在考虑，怎样让姑娘们欢乐一会儿以后，他们就及时离开，不要等到“出事”之后。所有人一致确信，一定要出事。我很难形容尤莉娅·米哈伊洛芙娜本人的精神状态。我没有同她说话，虽然我几次走到离她很近的地方。我在进门时向她鞠躬，她没有答礼，因为她没有看到我（真的没有看到）。她面有忧色，目光是轻蔑的、傲慢的，但是同时又游移不定，惶惶不安。她显然痛苦地克制着自己，——这是为了什么？为了谁？她应该赶快离开，主要是，把她丈夫带走，但她仍留在那里！从她的脸上就可以看出，她的眼睛“完全睁开了”，她已经没有什么可指望的了。她甚至没有把彼得·斯捷潘诺维奇叫到她身边（他自己好像也在躲避她；我看到他在小吃部，他非常快乐）。但她仍留在舞会上，一步也不让安德烈·安东诺维奇离开她身边。唉，她到最后一刻，甚至在今天白天，都会以最真诚的愤怒驳斥关于他的健康状况的任何暗示。但是现在，在这个问题上她的眼睛也应该睁开了。至于我，我一眼就觉察，安德烈·安东诺维奇看来比白天更差。他好像处于蒙胧状态之中，不知道他自己身在何处。有时候他突然神色严峻地环顾四周，比如，他曾经两次这样瞅着我。有一次他试图讲一件什么事情，开始时嗓门很高，但没有说完，把一个恰好在他身旁的谦恭的年老官员差一点儿给吓坏了。但是甚至正厅里的那一半温文尔雅的来宾也阴郁而胆怯地避开尤莉娅·米哈伊洛芙娜，同时向她丈夫投去十分奇怪的目光，这些目光专注而露骨，同这些人的恐惧神情太不和谐了。

“正是这一点给我强烈的刺激，我突然明白了安德烈·安东诺维奇是怎么回事。”后来尤莉娅·米哈伊洛芙娜向我承认说。

是的，这又是她的过错！大概刚才在我跑掉以后，她同彼得·斯捷潘诺维奇决定举行舞会，参加舞会，——大概她又到在“朗诵会”上彻底“垮掉的”安德烈·安东诺维奇的书房去，又施展出她的浑身解数，把他拉到舞会上来。但是她现在一定痛苦极了！可她还是不走！是傲气折磨着她，还是她惊慌失措了，——我不知道。尽管她高傲自大，她忍受着屈辱，面堆笑容，试着同几位太太攀谈，但是那些人立即慌乱起来，用简短的、不信任的“是，太太”、“不，太太”来回答，支吾搪塞，显然在躲避她。

在我们城响当当的达官贵人当中只有一个人来参加舞会——这就是我有一次已经描写过的、在斯塔夫罗金和加加诺夫决斗之后在贵族长夫人家“为公众的急切心情打开大门”的那位显赫的退役将军。他神气活现地在各个厅之间走来走去，仔细看，仔细听，使人看到他的到来更多的是为了维护风化，而不一定是寻求快乐。他最后挨着尤莉娅·米哈伊洛芙娜坐下，不再离开她一步，显然竭力想鼓励她、安慰她。毫无疑问，这是一位十分善良的人，他地位显赫，又如此年高，因此甚至他的怜悯也是可以忍受的。但是要她对自己承认，这位多嘴多舌的老人胆敢怜悯她，几乎是保护她，是因为他明白，他的出席是给她面子，这太令人懊丧了。可将军仍不离开她，无休无止地唠叨着。

“据说，一个城市非有七个正人君子不行……好像是七个，不记得确、切、的数字了。我不知道，在这七个……我们城公认的正人君子当中，有几个……有幸参加您的舞会，但是，虽然有他们在，我仍感到我自己并非没有危险。Vous me pardonnerez，charmante dame，n'est-ce pas?① 我这是打、个、比、喻，我到小吃部去了一趟，我能够平安回来，我已经很高兴了……我们宝贵的普罗霍雷奇在那里不得其所，看来，不到明天早上他那个摊子就会给砸烂的。不过，我这是开玩笑。我只想看看‘文、学、卡德里尔舞’是怎么回事，看过了，就去睡觉。请您原谅我这个老痛风病人，我睡得很早，我劝您也早点‘睡觉去’，就像 aux enfants② 说的那样。我到这里来是来看年轻美女的，除这里以外当然哪里也不会见到这么多美人……都是从河对岸来的，我平时不到那里去。有一个军官……好像是轻骑兵军官的妻子……长得还很不赖，她……她自己也知道。我同这个狡猾的丫头谈过话；很活泼，而且……这些小姑娘也很鲜艳；但是只此而已，除了鲜艳之外就没有什么了。不过，我很高兴。有一些小花骨朵儿；不过嘴唇厚了一点儿。一般来说，俄国女人的脸蛋少了点端庄之美，而且……有点儿像发面煎饼……Vous me pardonnerez，n'est-ce pas?③ ……不过，如果有一双很美的眼睛……笑眯眯的眼睛。这些小花骨朵儿在青春时期有两年时间很、有、

---

① 法文：您会原谅我的，迷人的太太，是吗？
② 法文：对孩子。
③ 法文：您会原谅我的，是吗？

魅、力，甚至三年……但后来就发胖了，不可收拾……在她们丈夫心里产生了可悲的冷、淡，这就加剧了妇女问题……如果我正确理解这个问题的话……嗯哼。大厅很美；各个房间收拾得不错。可能比这更糟，音乐也可能糟得多……我不是说，一定更糟。效果不好，总的说来，女士太少。关于服装我不说了。很糟，这个穿灰裤子的竟敢这样堂而皇之地跳康康舞[①]，如果他是因为一时高兴，我还能原谅他，由于他是这儿的药剂师……但是对药剂师来说才过十点钟，还是早了一点儿……在小吃部那里有两个人打架，没有被撵出去。时间才十点多钟，打架的人应该撵出去，不管群众的风尚如何……如果是深夜两点多钟那我就不说了，这时只能对公众的意见让步——当然如果这次舞会能拖到深夜两点钟的话。瓦尔瓦拉·彼得罗芙娜没有信守诺言，没有把花送来。嗯哼，她顾不上花了，pauvre mère![②] 可怜的莉扎呢，您听说了吗？据说有一段秘密的艳史，而且……出台的又是斯塔夫罗金……嗯哼。我真想去睡……已经忍不住打盹儿了。什么时候开始这个'文、学、卡德里尔舞'呢?"

最后，"文学卡德里尔舞"终于开始了。最近在城里只要一谈起即将举行的舞会，一定会立即谈到这个"文学卡德里尔舞"，由于谁也无法想象，这究竟是个什么玩意儿，它引起了特大的好奇心。对于这个节目的成败来说，没有比这更危险的了，——然而结果它却多么令人失望!

正厅的几扇一直关着的边门打开了，突然出现了几个戴假面具的人。人群急不可耐地围了过去。所有在小吃部的人全都涌入了大厅。戴假面具的人站好位置准备跳舞。我挤到前面，正好站在尤莉娅·米哈伊

---

① 19世纪起巴黎流行的一种下流舞蹈。

② 法文：可怜的母亲。

洛芙娜、冯·伦布克和将军的后面。这时一直不见踪影的彼得·斯捷潘诺维奇窜到尤莉娅·米哈伊洛芙娜身边。

“我一直在小吃部里照看。”他小声说，像一个做了错事的小学生，不过这是他有意假装出来的，为的是惹她生更大的气。她光火了。

“您现在总不用欺骗我了吧，不要脸的家伙！”她脱口而出说道，声音相当大，所以人们都听到了。彼得·斯捷潘诺维奇赶快跑开，他对自己非常满意。

很难想象，还有比这个“文学卡德里尔舞”更拙劣、更粗俗、更平庸枯燥的寓意表演了。再也想不出什么比这更不适合我们观众的东西了；然而据说，这是卡尔马济诺夫想出来的。不错，这是利普京同那个出席维尔金斯基家晚会的瘸腿教员商量着组织的。但是主意毕竟是卡尔马济诺夫的，据说，他自己曾想化装扮演一个特殊的独立的角色。卡德里尔舞由六对可怜的假面化装的人组成——甚至还不能说是假面化装的人，因为他们穿的衣服同大家一样。例如，一个上了年纪的人，个子不高，穿着燕尾服，——一句话，同大家穿得一样，——长着一副令人起敬的白胡子（胡子是系上去的，而这就是他的全部化装），他在跳舞时在原地上下摆动，脸上带着庄重的神色，两脚踩着碎步，几乎没有离开那地方一步。他以温和的但嘶哑的低沉嗓音发出模糊不清的声音，这嘶哑的嗓音应该表示一份有名的报纸①。在这个假面人对面跳舞的是两个巨人 X 和 Z，这两个字母别在他们的燕尾服上，但是 X 和 Z 表示什么，一直没有说明。“正直的俄罗斯思想”扮成一个中年的先生，戴着眼镜，穿着燕尾服，戴着手套，还有——镣铐（真正的镣铐）。这位“思想”

① 指的是安·亚·克拉耶夫斯基和他的《呼声报》，该报于 1863—1883 年在彼得堡出版。——俄编注。按：《呼声报》是自由主义刊物，但却常附和反动刊物。

腋下夹着公文包，里面装着什么“案卷”。口袋里露出一封拆开的来自国外的信，里面装着一张证书，[①] 向所有怀疑者证明，“正直的俄罗斯思想”的确是正直的，这一切都由主持人口头说明，因为不可能读到从口袋中露出一角的信。“正直的俄罗斯思想”举起右手，拿着一只酒杯，似乎想致祝酒词。他的两边并排站着两位剪短头发的女虚无主义者，也踩着碎步。在他们 vis-à-vis[②] 跳舞的也是一个上了年纪的先生，他穿着燕尾服，但是拿着一根沉甸甸的粗木棒，似乎代表一家非彼得堡的但威势逼人的刊物[③]：“我当头一击——就叫你变成一摊稀泥。”但是虽然他手持大棒，他怎么也挡不住逼视着他的“正直的俄罗斯思想”的眼镜，竭力避开他的目光，而当他跳 pas de deux[④] 的时候，他弯下身子，不住旋转，不知道该如何是好——大概是受良心的折磨太厉害了吧……不过我已经记不起所有这些笨拙的玩意儿了；一切都是诸如此类的东西，因此到最后我感到羞愧得无地自容。这种羞愧感也反映在所有观众的脸上，甚至连最阴郁的从小吃部过来的人也不例外。大家沉默了一会儿，又生气又纳闷地瞧着。人一羞愧往往开始生气，容易愤世嫉俗。渐渐地我们的观众喧闹起来。

“究竟是什么名堂?”一个从小吃部过来的人在一群人中嘟囔说。

“简直无聊。”

“这是一种文学。在批评《呼声报》。”

---

① 指 1866—1888 年在彼得堡出版的《行动》杂志。——俄编注。按：俄文中的“案卷”（ДелоМ）一词的另一含义就是“行动”，所以这里是隐示《行动》杂志，“镣铐”隐指政府残酷迫害杂志的主要撰稿人（尼·瓦·舍尔古诺夫和彼·尼·特卡乔夫），而“拆开的来自国外的信”则暗示《行动》与俄国国外革命流亡者的联系。

② 法文：对面。

③ 隐指米·尼·卡特科夫的保守刊物《莫斯科新闻》，该报经常刊载针对进步报刊包括《行动》杂志在内的告密性文章。——俄编注

④ 法文：双人舞。

“那同我有什么相干?”

另一堆人中传来:

“一群蠢驴!”

“不对，他们不是蠢驴，蠢驴是我们。”

“为什么你是蠢驴?”

“我可不是蠢驴。”

“如果你不是蠢驴，那我更不是了。”

从第三堆人中传来:

“给所有人背上踢一脚，让他们见鬼去吧!”

“把大厅里所有人都赶走!”

从第四堆人中传来:

“伦布克夫妻瞧着怎么不害臊?”

“干吗他们要害臊? 你不是不害臊吗?”

“我也感到害臊，可他是省长。”

“可你是猪猡。”

“我一生中没有见到过这样平淡无奇的舞会。”尤莉娅·米哈伊洛芙娜身旁的一位女士刻毒地说，显然希望别人听到她。这位女士约莫四十岁，身材粗壮，浓妆艳抹，身着一件绸制的连衫裙;城里的人几乎都认识她，但没有人接纳她。她是一位五级文官的遗孀，丈夫留给她一座木房子和很微薄的一笔年金，但她生活过得很好，还养了几匹马。两个月前她首先去拜访尤莉娅·米哈伊洛芙娜，但没有受到接见。

“这是完全可以预料到的。”她又加了一句，放肆地直视尤莉娅·米哈伊洛芙娜的眼睛。

“如果您能预料到，那您为什么还要光临呢?”尤莉娅·米哈伊洛芙娜忍不住了。

“因为太天真了。”这位快嘴快舌的女士立即就顶了过去，她全身紧张（巴不得大闹一场）；但将军站到了她们中间。

“Chère dame，①”他俯身向尤莉娅·米哈伊洛芙娜，“我们真该走了。我们只会使他们感到拘束，没有我们，他们能痛痛快快地玩乐。您已经尽了一切责任，给舞会开了个头，现在让他们自己去……而且安德烈·安东诺维奇好像也不太舒服……可别出什么事？”

然而已经晚了。

安德烈·安东诺维奇在卡德里尔舞进行之时，一直瞅着跳舞的人，气呼呼地纳闷，而当人群中开始议论的时候，他开始不安地环顾四周。这时他第一次看到几个从小吃部过来的人；他的目光流露出极端的惊奇。突然人群中爆发出一阵笑声，卡德里尔舞中的一个把戏把他们逗乐了：手持大棒跳舞的“威势逼人的非彼得堡出版物”的出版人终于感到耐不住“正直的俄罗斯思想”的眼镜，不知道往哪里躲避，突然在最后一个舞段里，拿了个大顶，头下脚上朝眼镜走去，顺便说说，这个姿势应当表示“威势逼人的非彼得堡出版物”经常颠倒是非。由于只有利亚姆申一个人会拿大顶，所以他自告奋勇，扮演拿大棒的出版人。尤莉娅·米哈伊洛芙娜一点不知道他们会拿大顶。“他们瞒着我，瞒着我。”她后来在愤怒和绝望中反复对我说。群众哄堂大笑，当然不是赞赏这个动作的寓意，因为这与他们毫不相干，他们笑的只是穿着燕尾服，后摆飘动，头下脚上地走路。伦布克勃然大怒，全身发抖。

“流氓！”他指着利亚姆申怒喝，“把这个浑蛋抓起来，把他倒过来，把脚倒过来……头……头朝上……朝上！”

利亚姆申一个翻身站了起来。笑声更大了。

---

① 法文：亲爱的夫人。

“把所有笑的浑蛋都赶出去!”伦布克突然下命令。群众哗然，又哄堂大笑起来。

“这样不行，大人!”

“群众可骂不得。”

“他自己是笨蛋!”不知从哪个角落里传来一个声音。

“海盗!”从另一个角落有人叫道。

伦布克迅速向声音传来的方向转过身去，脸煞白了。嘴唇上浮现出木然的微笑，——好像他忽然懂得了，记起了什么。

“先生们，”尤莉娅·米哈伊洛芙娜对步步逼近的群众说，一面把丈夫拉走，“先生们，请原谅安德烈·安东诺维奇，安德烈·安东诺维奇身体不好……原谅……宽恕他，先生们!”

我确实听到她说“宽恕”。这件事来得很快。我清楚记得，一部分群众就在那时候从大厅里涌出去，似乎惊恐万状，正是在尤莉娅·米哈伊洛芙娜说了这番话之后。我甚至记得一个妇女歇斯底里的噙着眼泪的呼声：

“啊，又同白天一样!”

突然，就在门边开始你推我搡乱成一团的时候，又一颗炮弹爆炸了，的确“同白天一样”!

“着火啦! 后河区全着啦!”

我只是不记得，这个可怕的喊声是从哪里传出来的：从大厅里还是有人从楼梯上经前厅跑进来喊的，但是这一声喊叫造成了如此大的惊慌，我简直无法描述了。聚集在舞会上的人当中有一半以上来自后河区——都是那里的木房子的所有者或者住户。他们扑向窗口，一下子拉开窗幔，拉下百叶窗。河对岸一片火光。虽然，火刚开始烧起来，但是在三个完全不同的地方燃烧，——这使人惧怕。

“纵火！什皮古林厂的工人！”人群中有人狂呼。

我记得几声有代表性的呼叫：

“我的心早已预感到，有人会放火，这几天来一直有预感！”

“什皮古林厂的工人，什皮古林厂的工人，再没有别的人！”

“故意把我们弄到这里来，好在那里放火！”

这最后一声，也是最令人惊奇的一声是一个女人的声音，是遭灾的柯罗博奇卡[①]不假思索、情不自禁的呼喊。所有人都涌往出口。我不想描写在前厅里寻找大衣、披肩、斗篷时的拥挤情景和吓坏了的女人们的尖叫声、姑娘们的哭泣声。要说有人偷窃是不大可能的，但是也不奇怪，在这种混乱情况下有的人离开时还没有找到自己的御寒衣服。这些事情后来在城里谈论了很久，加了许多无中生有的故事，添了许多绘声绘色的细节。伦布克和尤莉娅·米哈伊洛芙娜在门口差一点儿被人群踩死。

“把人都挡住！不许放走一个人！”伦布克狂叫着，威严地向拥挤过来的人群伸出一只手，“一个个严格搜查，立即执行！”

从大厅里传来一阵阵粗野的怒骂声。

“安德烈·安东诺维奇！安德烈·安东诺维奇！”尤莉娅·米哈伊洛芙娜在绝望之中呼叫着。

“第一个逮捕她！”安德烈·安东诺维奇厉声叫道，把手指指向她，“第一个搜查她！举办舞会是为了纵火……”

她尖叫一声，便昏过去了（唉，这当然是真正的昏厥）。我、公爵和将军奔过去救她；还有另外一些人在这困难的时刻帮助我们，甚至有女士。我们把不幸的女人从这个地狱里抬出去放到车上；但她快到家门

---

① 果戈理的《死魂灵》中的女地主。

时才苏醒过来，而她的第一声呼叫，又是呼唤安德烈·安东诺维奇的。在她的所有幻想一一破灭之后，在她面前只留下安德烈·安东诺维奇一个人了。我们派人去请医生。我在她那里待了整整一小时，公爵也是；将军一时善心大发（虽然他自己怕得要死），想通宵达旦守候在“可怜的女人的床边”，但十分钟后，还在等待医生的时候他就在客厅的沙发椅上睡着了，我们就让他睡在那里。

警察局长急忙准备从舞会赶往火场，他在我们后面把安德烈·安东诺维奇领了出来，想让他坐到尤莉娅·米哈伊洛芙娜车上，竭力劝说省长大人“去安心休息”。但是不知道什么缘故他没有坚持。当然，安德烈·安东诺维奇连听都不愿听关于休息的话，一心想去火灾现场；但这不是理由。最后，警察局长自己用他的轻便马车把安德烈·安东诺维奇送往火场。后来他说，伦布克一路上做着手势，“高声提出一些主张，但因为这些主张过于离奇而无法执行”。后来在给上司的呈文中说，那时省长大人因“突然受惊”已得了震颤性谵妄症。

关于舞会的结局，没有什么可以说的。几十个游民，甚至还有几位女士同他们一起留在大厅里。没有一个警察。他们不让乐队离开，痛揍想溜回家的乐师。到了早上，“普罗霍雷奇的小摊”被砸烂了，这些人没命地喝酒，狂跳喀马林舞，把所有房间弄得乌七八糟，只有到黎明时分这群流氓中的一部分才醉醺醺地赶往快熄灭的火场去制造新的混乱……另一半人就留在大厅里过夜，他们烂醉如泥，横七竖八地躺在丝绒长沙发上和地板上，弄得一塌糊涂，早晨，人们拉住他们的脚把他们拖到大街上。为救济我们省的女家庭教师而举办的游乐会就这样结束了。

四

火灾把我们河对岸的居民吓坏了，正因为纵火是显而易见的。值得注意的是，当第一声“着火啦!”喊出之后，立即就有另一个声音接着喊道“是什皮古林厂工人放的火”。现在大家都已知道，的确有三个什皮古林厂工人参加了纵火，但仅此而已；其余工人均由舆论和官方证实无罪。除了三名恶棍之外（其中一人被捕，供认不讳，其余两人至今在逃），苦役犯费季卡无疑也参加了纵火。这就是至今知道的火灾发生的确切情况；推测则完全是另外一回事。这三个恶棍的动机是什么，有没有人指使？这一切甚至今天也很难回答。

由于风大，后河区又几乎都是木头房屋，最后还由于是在三个点同时纵火的，火势猛烈，蔓延很快，席卷了整个地区（不过，纵火应该说是从两个点开始的：第三个点的火焰刚冒出来，就被扑灭了，此事留待下文再说）。但在首都的报纸上我们的灾难仍被夸大了，大致说来，焚毁的不超过（也许少于）后河区四分之一房屋。我们的消防队虽然与我们城的面积和人口相比力量显得薄弱，但动作敏捷，奋不顾身。不过消防队即使在居民齐心协力的帮助之下恐怕也不能有大的作为，幸而到凌晨风向改变，黎明前又突然停息了。我在逃离舞会后仅仅过了一小时，就设法到了后河区，那里火势已很猛烈，与河并行的一条街整个儿都在燃烧。火光照耀，如同白日。我不想详细描写火场的景象：在我们俄国谁不知道呢？最靠近着火街道的那些小巷里一片忙乱，拥挤不堪。这里人们预料火势一定会蔓延过来，因此居民都在把家什搬出来，但是大家都没有离开自己的住宅，各人坐在自己的窗下，坐在搬出来的箱笼和羽毛床垫上等着。一部分男人在吃力地忙碌，硬着心肠砍倒板墙，甚至把那些离火较近、处于下风的小房子全部拆掉。只有那些刚从梦中惊醒的小孩儿在啼哭，还有那些已经把自己的家什搬出来的妇女在一面呼号，一面诉说。还来不及把家什搬出来的人则不声不响地使劲地搬运着。火星和燃烧着的木块向四面八方远远地飞溅开去；人们尽力扑灭它们。在火场上挤满了从城中各处跑来的观看者。有的帮着灭火，有的只在观赏。夜间的大火总是给人兴奋的欢乐的印象；焰火就是在这个基础上制造的；不过礼花的形成有优美的、规则的轮廓，而且完全没有危险，因此产生轻松愉快的印象，就像喝过一杯香槟酒一样。真正的大火就不同了：这里有恐怖和某种程度的个人危险感，以及夜火引起的一定的使人喜悦的印象，在观看者（当然不是受灾的居民）脑部产生某种震荡，仿佛是对他自己的破坏本能的挑战，这种本能，唉，隐藏在每一个人的心灵里，甚至在一个最温顺的、有家室的九级文官的心灵里……这种阴森森的感觉几乎总是令人心醉的。“我真的不知道，是否可能观看别人失火而不感到某种快乐？”这句话是斯捷潘·特罗菲莫维奇对我说的，是他的原话，有一次夜里他从外面回来，偶然遇到一个地方着火，这是他观看后的最初印象。毋庸说，爱看夜火的人自己也会投入火中去拯救陷入险境的儿童和老妇；但这完全是另外一回事。

我挤在好奇的人群后面，无须询问就到了最主要最危险的地点，在那里我终于看到了伦布克，我受尤莉娅·米哈伊洛芙娜本人的委托，正在找他。他的状况非同寻常，令人吃惊。他站在倒塌了的板墙上；他的左边大约三十步的地方，耸立着一座几乎已经完全烧毁了的二层楼木房子，房子只剩下一个黑黢黢的架子，楼上楼下的窗户都成了一个个黑洞，屋顶已经塌了下来，火焰还像蛇一样在一些已变成黑炭的木头上盘旋。在院子的深处，离开已烧光的房子大约二十步，一座厢房，也是二层的，刚开始着火，消防队员已在竭力抢救。在右边，消防队员和居民正在保护一座巨大的木头建筑，它还没有着起来，但已经几次起火，注定是要烧毁的。伦布克面向厢房，一面喊，一面做手势，发着命令，但谁也不去执行。我有过一种想法，人们把他撂在这里，不再理他了。至少在他四围的密集的、杂七杂八的人群，其中除了各式各样的普通百姓之外还有老爷们，甚至还有大教堂的大司祭，他们虽惊奇地听着他，但是谁也不跟他说话，也不设法把他领开。伦布克脸色苍白，目光炯炯，说着最令人惊奇的话；除此之外他没有戴帽子，而且早已把它丢失了。

“都是纵火！这是虚无主义！如果有什么在燃烧，那就是虚无主义！”我听到他的话，几乎感到恐怖，虽然已经没有什么可惊奇的，但是活生生的现实总是包含着令人震惊的东西。

“大人，”一名街区警长走到他的身边，“如果您愿意回家休息的话……要不然在这里站着对大人也是危险的。”

我后来知道这个街区警长是警察局长特意留在安德烈·安东诺维奇身边照看他的，要他想方设法把省长送回家去，在危险的情况下甚至可以强行送走，——这个任务显然是执行人所不能胜任的。

“受灾人的眼泪可以擦干，但城市会被焚毁。这都是四个坏蛋，四个半坏蛋干的。把那个坏蛋抓起来！他在这里是一个人，但四个半人受他诽谤。他骗取了许多家庭的尊敬。他们为了纵火，焚烧房屋，利用了家庭女教师。这很卑鄙，很卑鄙！啊，他在干什么呀！”他喊道，突然看到燃烧着的厢房屋顶上的一名消防队员，他脚下的屋顶已经烧穿了，火焰在他四周蹿了上来，“把他拉下来，拉下来，他会掉下去的，会烧起来的，把他身上的火扑灭……他在那里干什么？”

“救火，大人。”

“不可能。大火在头脑里，不是在屋顶上。把他拉下来，放弃一切！最好放弃，最好放弃，让它去，它自己会熄灭的！啊，谁在哭？老太婆！老太婆在叫，为什么把老太婆忘了？”

真的，在熊熊燃烧着的厢房底层，有一个被忘却的老太婆在喊叫，她是失火房子的主人，一个商人的亲戚，已经八十岁了。但是她并不是被遗忘的，是她自己冲进着火的房子中去的，她发疯似的想把屋里的羽绒床垫拖出来。烟呛得她透不过气来，火烤得她狂叫，因为这时小屋也着火了，但是她还是使尽全力用她衰弱的双手通过砸掉玻璃的窗框把她的床垫往外塞。伦布克奔过去帮助她。大家看到他跑到窗边，抓住床垫的一角，用全力把它从窗内往外拽，不巧正在这时从屋顶上落下一块断板，打中了不幸的省长。它没有把他砸死，只在落下的过程中一头擦过他的头颈，但安德烈·安东诺维奇的仕宦生涯告终了，至少在我们这里是如此；木板把他打倒在地，他失去了知觉。

阴沉黯淡的黎明终于到来了。火势已减弱；风住之后，突然一片沉寂，然后下起毛毛细雨来，好像用筛子筛下来似的。我已经在后河区的另一个地段，离伦布克倒下的地方很远，这里在人群中我听到很奇怪的议论。人们发现了一桩奇怪的事：在街区边缘的一块空地上，有一座新建成的小木屋，四周菜园环绕，距离别的建筑不下五十步；这座孤零零的房子起火几乎在所有房子之先，在大火一开始时就着了。即使它烧成灰烬，由于距离远，火也不会蔓延到其他房子，反之亦然——即使整个后河区都烧光了，不论风势如何，这座房子也能单独幸存下来。而这座房子却单独着起火来，因此这事并不简单。但是主要的问题是，它并没有烧毁，到黎明时，在房子里发现了出奇的事情。这座新房子的主人，一个小市民，住在近郊，一看到他的新房子起火，立即奔了过去，在邻居们的帮助下，把堆在边墙旁已开始燃烧的木柴抛开，把房子救了下来。然而房子里住着房客——在城里有名的大尉和他的妹妹，还有一个侍候他们的年老女佣，在那一夜三人全被杀死，显然还遭了抢劫。（在伦布克抢救羽绒床垫时，警察局长离开火场就是到这里来的。）到早上，消息传开了，一大群形形色色的人，甚至还有后河区受灾的人纷纷涌到这空地上的新房子来。一时拥挤不堪，难以通行。立即有人告诉我，大尉的喉管被割断，是在靠墙的长凳上被发现的，他穿着衣服，被杀时大概烂醉如泥，因此他没有听到动静，“像一头被宰的公牛”，血流满地。他妹妹玛丽娅·季莫费耶芙娜周身被“捅了许多刀”，她倒在门边的地板上，看来她已经醒来，同凶手进行过搏斗。女佣大概也已醒来，她的脑袋被击穿。据主人说，大尉在前一天早上到他那里去过，神志清醒，吹嘘了一番，给他看很多钱，大约有两百卢布。大尉破旧的绿色钱夹在地板上找到，里面已经空了；但是玛丽娅·季莫费耶芙娜的箱子没有动，圣像上的银衣饰也没有动；大尉的衣物也完整无缺。显然，盗贼急于逃遁，这人对大尉的情况很熟悉，他是来偷钱的，而且知道钱在哪里。如果主人不立即赶到，那么木柴燃烧起来，一定会把房子烧毁，“从烧焦的尸体上就很难了解真相了”。

这件事就是这样口口相传的。还加上一点消息：这寓所是斯塔夫罗金先生，尼古拉·弗谢沃洛多维奇，斯塔夫罗金娜将军夫人的儿子亲自替大尉和他妹妹租下的，他亲自跑来，颇费了一番唇舌才说服主人，因为主人打算在这里开酒馆，不想出租，但是尼古拉·弗谢沃洛多维奇不惜高价，还预付了半年的租金。

“这场火不简单。”人群中有人说。

但大多数人沉默不语。人们脸色阴沉，不过我没有发现明显的怒不可遏的情绪。然而，四周仍在继续谈论尼古拉·弗谢沃洛多维奇的事，说被害的女人是他的妻子，说昨天他“以卑劣的手段”从本城最显赫的门第德罗兹多娃将军夫人那里拐走了她的闺女，说此事一定会告到彼得堡去，说他的妻子被杀，那显然是为了他好同德罗兹多娃小姐结婚。斯克沃列什尼基相距不过两俄里半，我记得我曾考虑：要不要去告诉他们？不过，我并没有注意到有谁在专门煽动群众，我不想作孽，虽然在我面前闪过两三张“小吃部顾客”的脸，这些人凌晨也在火场上，所以我马上认出来了。但是我特别记得一个瘦瘦高高的小伙子，小市民身份，面容疲惫，头发鬈曲，黑得好像用烟炭抹过似的，我后来获悉，他是个小炉匠。他没有喝醉酒，但是同阴沉地站在那里的人群相反，他好像十分气愤。他不住地对群众说话，虽然我不记得他的话了。他所说的连贯的话都不长，比如说：“弟兄们，这是怎么回事？难道这样就算了?”——而且说时还挥舞着胳膊。

第三章

一段情史的了结

一

从斯克沃列什尼基庄园的大厅（就是瓦尔瓦拉·彼得罗芙娜同斯捷潘·特罗菲莫维奇最后一次见面的大厅）里望出去，大火一目了然。黎明时分，大约五点过后，莉扎站在右边最后的一扇窗口，凝视着渐渐熄灭的火光。她一个人在房间里。她身上仍穿着昨天朗诵会上穿的节日盛装——淡绿色的、华丽的、镶满花边的连衫裙，但是衣服已经揉皱，是匆匆地漫不经心地穿上去的。她突然注意到胸前的纽扣没有扣严，不禁脸红了，急忙整理了一下衣服，从椅子上拿起还是昨天进门时扔在那里的红头巾，披到颈上。浓密的头发分散成一个个发卷从头巾下落到右肩上。她的脸容是疲倦的、不安的，但是紧锁的眉毛下的那双眼睛炯炯发光。她又走近窗口，把火烫的额头贴在冰冷的玻璃上。门打开了，尼古拉·弗谢沃洛多维奇走了进来。

“我派专人骑马去了，”他说，“十分钟后我们就会知道详情，目前人们说，后河区的一部分，桥的右侧靠近河岸一带烧毁了。十一点多就起火，现在快熄灭了。”

他没有走近窗口，在她身后三步的地方停了下来；但是她没有向他转过身来。

“根据历书，一小时以前就该天亮了，但现在仍同黑夜一样。”她懊丧地说。

“历书总是骗人。①”他带着殷勤的笑容说道，但羞怯了，急忙补充道：“按照历书生活太乏味了，莉扎。”

他完全沉默了，为自己又说了一句庸俗的话而懊丧；莉扎苦笑了一下。

“您心情如此忧郁，甚至找不到话同我说。但是，别担心，您说得很对：我总是按照历书生活，我的每一步都是照历书仔细计算过的。您觉得奇怪吗？”

她迅速从窗口转过身来，坐到一张圈椅上。

“您也坐下。我们在一起的时间不长了，因此我想把我想说的话都说出来……为什么您不把您想说的话都说出来呢？”

尼古拉·弗谢沃洛多维奇在她身边坐下，轻轻地，几乎是提心吊胆地握住她的手。

“这是什么话，莉扎？这从何说起？‘我们在一起的时间不长了’是什么意思？瞧，从您醒来以后的半小时内已经说了两句令人费解的话了。”

“您开始数我的费解的话了？”她笑了起来，“记得吗，我昨天一进来就自我介绍我是死人？这个您倒认为必须忘记。忘记或者不加注意。”

“不记得了，莉扎。为什么是死人？应当活下来……”

“您怎么不说下去了？您的口才完全没有了。我在世上度完了我的

---

① 引自俄国作家亚·谢·格里鲍耶陀夫（1795—1829）的《智慧的痛苦》（1824）（又译《聪明误》）第3幕第21场赫廖斯托娃的话。

岁月，心意已足。您记得赫里斯托福尔·伊万诺维奇吗?”

“不，不记得了。”他皱起了眉头。

“赫里斯托福尔·伊万诺维奇，在洛桑，不记得了？他把您烦得不得了。他总是打开门，说‘我只坐一会儿’，但却坐了一整天。我不愿意像赫里斯托福尔·伊万诺维奇一样坐一整天。”

他的脸上反映出痛苦的感受。

“莉扎，我听您说这种言不由衷的话，很痛心。这样做您自己一定也是痛苦的，干什么要这样？为了什么?”

他的两眼闪闪发光。

“莉扎，”他叫道，“我发誓，我现在比昨天您到我这里来时更爱您了!”

“多么奇怪的自白！为什么要分昨天和今天，为什么要两种尺度?”

“您别离开我，”他几乎绝望地继续说道，“我们一起走，今天就走，行吗？行吗?”

“啊唷，别把我的手捏得这么痛！我们一起今天到哪里去？又到什么地方去‘获得新生’？不，已经试得够了……而且对我来说太慢了；而且我也不能；对我来说太高了。如果要走，那就到莫斯科去，在那里拜访亲友，自己也接待客人——这是我的理想，您是知道的；在瑞士我就没有对您隐瞒过，我是怎么样的人。由于我们不能到莫斯科去，拜访亲友，因为您结了婚，因此就谈不上走了。”

“莉扎！可昨天是怎么回事?”

“就是这么回事。”

“这不可能！这太残酷了!”

“残酷又怎么样，您就忍受吧，如果是残酷的话。”

“您因为昨天的冲动对我进行报复……”他喃喃地说，愤愤地笑了一声。莉扎光火了。

“多卑鄙的思想！”

“那为什么您赐给我……‘这么大的幸福’？我有权利问吗？”

“不，最好还是不要谈什么权利；不要胡乱猜测，以卑鄙开始而以愚蠢告终。您今天不会成功的。顺便说说，您是不是害怕社会舆论，怕因为‘这么大的幸福’而指摘您？如果是这样，看上帝的分上不要惊扰您自己。您绝不是这事的原因，也不用对任何人负责。当我昨天打开您的门时，您甚至不知道谁来了。这里全是我的冲动，如您现在说的，别无其他。您完全可以理直气壮地面对任何人。”

“已经一个小时了，你的话，你的这笑声，使我恐怖得浑身发冷。你如此疯狂地谈到的这个‘幸福’，对我来说……就是一切。难道我现在能失去你？我发誓，昨天我爱你不如今天。为什么你今天要夺去我的一切？你知道吗，为了这个新希望我付出了什么？我为它付出了生命。”

“自己的还是别人的？”

他蓦地欠身起来。

“这是什么意思？”他喃喃地说，木然盯视着她。

“您付出了自己的生命还是我的生命，这就是我想问的。难道您现在什么都听不懂了？”莉扎面颊通红，“您为什么这样突然跳起来？为什么这样瞪着我？您使我恐惧。您老是害怕什么？我早已注意到，您在害怕，就在现在，就在此刻……天哪，您的脸色多么苍白！”

“如果您知道什么事情，莉扎，那么，我发誓，我不知道……我刚才说付出生命，讲的完全不是这件事……”

“我完全听不懂您的话。”她说道，畏怯地结结巴巴地说。

最后，一丝苦笑慢慢地浮现在他的脸上，他轻轻坐下，把两肘支撑在膝盖上，两手掩住脸。

“噩梦和呓语……我们说的是两回不同的事。”

“我一点儿不知道，您说的是什么事……难道您昨天不知道，今天我要离开您，知道还是不知道？不要撒谎，知道还是不知道？”

“知道……”他轻轻说道。

“那您还需要什么呢：您当时就知道，可还是为自己留下了那‘一刹那’①。那还有什么恩怨未清呢？”

“把全部真相告诉我，”他沉痛地高声说道，“当您昨天打开我的门时，您自己是否知道，您只不过打开一小时？”

她悻悻地瞪了他一眼。

“不错，最严肃的人可能提出最令人惊奇的问题。您为什么如此不安？难道是出于自尊心，因为女人首先把您遗弃了，而不是您遗弃她？要知道，尼古拉·弗谢沃洛多维奇，我来您这里以后，偶然发现，您对我十分宽宏大量，而这正是我不能忍受您的地方。”

他站了起来，在房间里踱了几步。

“好，就算该这么结束吧……但怎么会发生这样的事呢？”

“您关心的原来是这件事！主要是，这事您自己了如指掌，比世界上任何人都知道得清楚，而且也是您自己指望的。我是小姐，我的心受歌剧的熏陶，一切都起源于此，这就是全部答案。”

“不。”

“这里没有任何能伤害您的自尊心的东西，一切都是事实。这是从我所不能忍受的美好的一刹那开始的。前天，当我当众‘侮辱’您的时候，您像真正的骑士那样回答我，我回到家里，立刻就猜到了，您过去

---

① 暗指歌德《浮士德》中的一句话：“……而当我对刹那说：‘逗留一下吧，你是那样美！’”

所以逃避我，是因为结了婚，而不是因为轻视我，受人轻视是我这样一个上流社会的小姐最害怕的。我懂得了，您躲避我，是为了保护我这个冒失鬼。瞧，我多珍视您的宽宏大量。这时，彼得·斯捷潘诺维奇跑来，马上把一切向我解释清楚了。他向我透露，有一个伟大的思想，正在使您犹豫，在这个思想面前我和他都十分渺小，但是我依旧挡着您的路。他说他自己也是；他一定要把三个人说在一起，讲了一些极为荒诞的东西，讲到一首俄罗斯歌曲中的大帆船和枫木桨。我称赞他，对他说，他是诗人，他把这些话当了真。由于我本来早就知道，我只有一刹那的勇气，因此我突然下了决心。这就是全部过程，足够了，请别再解释了。再说下去我们会吵架的。您谁也不用怕，我承担一切责任。我脾气坏，任性，我被歌剧里的帆船迷住了，我是小姐……知道吗，我仍然以为，您非常爱我。您别瞧不起我这个傻瓜，别讥笑我刚才落下的眼泪。我非常喜欢'顾影自怜'，流泪哭泣。够了，够了。我什么能耐都没有，您也什么能耐都没有；彼此彼此，可以拿这个来安慰自己。至少自尊心不会受到伤害。"

"噩梦和呓语！"尼古拉·弗谢沃洛多维奇叫道，他焦急地搓着手在房间里走来走去，"莉扎，可怜的人儿，你对你自己做了些什么呀？"

"在蜡烛上灼伤了，仅此而已。您不要总在哭吧？要顾到面子，心肠要硬一些……"

"为什么，为什么你要到我这里来？"

"但是您难道不明白，提出这样的问题，您在上流社会的舆论面前把自己放在多么可笑的地位？"

"你为什么毁了自己，这样不光彩又这样愚蠢地毁了自己，现在怎么办呢？"

"说这话的竟是斯塔夫罗金，'吸血鬼斯塔夫罗金'！此地有一位爱上了您的女士就是这样称呼您的！您听呀，我已经告诉过您：我把我的一生换取了一个小时，因此我心安理得。希望您也这样去换取……不过，您没有必要；您还会有许多这样的‘小时’和‘刹那’。”

“你有多少，我也有多少；我向你庄严起誓，绝不比你多一个小时！”

他还在不住地走来走去，没有看到她的短促的、锐利的目光，那目光在刹那间仿佛闪耀着希望的光辉。但是那一线光辉转眼就熄灭了。

“要是你知道我现在因为不可能向您真诚倾诉而付出了多大的代价，莉扎，要是我能够向你坦白……”

“坦白？您想向我坦白什么事情？上帝保佑我不要让我听到您的坦白！”她几乎惊恐地打断他。

他停住脚步，惴惴然等待着。

“我应当向您承认，我从瑞士开始就有一种牢固的想法，在您的心灵里有什么可怕的、肮脏的、血腥的东西，同时……同时还有什么使您显得十分可笑的东西。如果真是这样，当心别向我坦白，我会取笑您的。我一辈子都会大声取笑您的……哎哟，您脸色又苍白了？我不说，我不说，我马上就走。”她霍地从椅子上站起来，动作中流露出厌恶和轻蔑。

“折磨我，惩罚我吧，向我发泄你的怨恨吧，”他在绝望中叫喊道，“你完全有权利！我知道我不爱你，可还是毁了你。对，‘我为自己留下了那一刹那’；我当时寄予希望……早已就……最后的希望……当你昨天自个儿单独首先来到我这里的时候，我抵挡不住照亮我心灵的光辉。我突然相信……我也许现在还相信。”

“对于这样高尚的坦诚，我将报以同样的坦诚：我不想做您的富于同情的护士。我也许可能真的去做护士，如果我不能今天就死去的话，但是即使我去做护士，也不会到您那里去，虽然您像任何一个缺腿缺胳膊的人一样需要护理。我是觉得，您会把我领到一个地方去，那里有一只像人那么大的毒蜘蛛，我们在那里一辈子都瞅着它，害怕它。我们之间的爱情就在恐怖中消逝。您去找达申卡[①]吧；您要她到哪里，她都会跟您去的。”

“您难道在这里也不能不想起她？”

“可怜的小巴儿狗！代我向她问候。她可知道，您在瑞士就确定在老年时让她侍候您吗？多么关心！多么有远见！哎哟，那是谁？”

在大厅的深处，一扇门打开了一条缝；一个人的头伸了进来，又急忙缩了回去。

“是你吗，阿列克谢·叶戈雷奇？”斯塔夫罗金问道。

“不，这是我，”彼得·斯捷潘诺维奇又探进半个身子来，“您好，莉扎韦塔·尼古拉耶芙娜；至少该祝您早安。我早知道，能在这客厅里找到你们两位。我只待一会儿，尼古拉·弗谢沃洛多维奇，——无论如何我要赶来说两句话……最最必要的……只不过两句！”

斯塔夫罗金走了过去，但才走出三步，又回到莉扎身边。

“如果过一会儿您听到什么，莉扎，那么你要知道，我是有罪的。”

她打了个寒噤，惊恐地瞥了他一眼；但他匆匆走了出去。

二

彼得·斯捷潘诺维奇探头出来的那个房间是一间宽敞的椭圆形前厅。在他来之前阿列克谢·叶戈雷奇本来坐在这里，但他把他打发走

---

① 达丽娅的小名。

了。尼古拉·弗谢沃洛多维奇随手掩上通往大厅的门，站下来等待着。彼得·斯捷潘诺维奇迅速地探询地上下打量他。

“什么事？”

“那就是，如果您已经知道了，”彼得·斯捷潘诺维奇急急忙忙地说道，两眼似乎想穿透他的心灵，“这事情，当然，我们谁也没有任何过错，首先是您，因为这是几种偶然性的凑合……偶合……总之，法律上不可能牵连到您，因此我飞快地前来预先通知您。”

“烧掉了吗？干掉了吗？”

“干掉了，但没有烧掉，坏就坏在这里，但是我向您保证，这也不是我的过错，不管您怎么怀疑我，——因为您可能在怀疑，嗯？希望知道全部真相吗？要知道，我脑子里的确闪过一个念头，——是您自己提示我的，不是认真地，而是在逗弄我的时候（因为您不可能认真提示我的），——但是我拿不定主意，我怎么也下不了决心，即使给我一百个卢布也不行，——而且这里没有任何好处，那是对我来说，对我来说……（他说得非常匆忙，像爆豆子似的。）但是事情正好凑合在一起：我从我自己的腰包里（听到吗，我从我自己的腰包里，您的钱一个卢布也没有，主要是，您自己知道这一点），掏出二百三十卢布给了这个酒鬼大笨蛋列比亚德金，前天给的，傍晚就给了，——听到吗，前天，而不是昨天，‘朗诵会’之后，注意这一点，这是很重要的巧合，因为我当时还不确切知道，莉扎韦塔·尼古拉耶芙娜会不会到您这里来；我把自己的钱给他，只是因为您前天大露了一手，居然想出要向大家宣布您的秘密。那事我不想干涉……是您的事……您跟骑士……但是，说实在的，我很奇怪，好像当头吃了一棒。但是由于这些悲剧早使我万分厌倦了，——请注意，我说话是认真的，虽然我使用了一些斯拉夫词语，——最后，由于这一切对我的计划不利，所以我决心不顾一切，而且不让您知道，把列比亚德金兄妹送往彼得堡，尤其因为他本人也渴望到那里去。只有一件错事，钱是用您的名义给的：这是不是错误？也许不是什么错误，啊？现在听我说，听我说，事情怎么会搞成这样的……”他说得急切，凑近斯塔夫罗金，想去抓他上衣的翻领（真的如此，也许是故意的）。斯塔夫罗金用力打他的手。

“您这是干吗……别这样……会把手打断的……这里主要的是，怎么会搞成这样的，”他又喋喋不休地说起来，对斯塔夫罗金的一击一点儿也不在乎，“我傍晚给他钱，要他和妹妹第二天天一亮就出发；我把这件事交给浑蛋利普京去办，要他亲自把他们送上车打发走。但是坏蛋利普京想同听众开个玩笑——也许您已经听到了？在‘朗诵会’上？听我说呀，听我说呀：两个人一面喝酒，一面拼凑诗，其中一半是利普京的；利普京给他穿上燕尾服，却对我说，早上就把他送走了，实际上把他藏在后面的一个小房间里，以便把他推上台去。但是那个人很快就出乎意料地喝醉了。然后就发生了那场丑剧，然后把他半死不活地送回家，利普京从他口袋里悄悄拿走了两百个卢布，留下了零钱。但是，不幸后来发现，列比亚德金早上就把这两百卢布从口袋里掏出来夸耀，在不该露的地方露出来给人看。由于费季卡等的正好是这个，他在基里洛夫那里听到一些事情（记得吗，您的暗示?），他就决定利用这一个机会。这就是事情的全部真相。我至少很高兴，费季卡没有找到钱，这浑蛋还指望得到一千哩！他着忙了，好像自己也被大火吓坏了……相信吗，这场大火对我好像是当头一棒。不，鬼知道这是怎么回事！这完全是自作主张……您瞧，我对您抱着多大的希望，在您面前我什么都不会隐瞒：确实，这个纵火的念头，在我头脑里早已在酝酿，因为这是民间由来已久、经常采用的方法；但我要把它留到紧急时刻，等到我们大家都起来的那宝贵时刻才使用，而且……可他们突然自作主张，不等命令，现在就使用了，恰好是在我们需要隐蔽，需要屏声息气的时刻！不，这太自作主张了！……总之，我现在还什么都不知道，这里在谈论什皮古林厂的两个工人……但是如果这里有我们的人，如果他们中哪怕有一个在这里插手的话——他就该倒霉！瞧，稍微放松一点儿就会造成什么后果！不，这些闹民主的群氓和他们的五人小组，是靠不住的；这里需要有极好的、偶像式的、专制的意志，依靠一种不是偶然的、外在的力量……那时，五人小组才会夹起尾巴服从，才会低三下四地听候需要时使用。但是尽管那里现在大嚷大叫，说斯塔夫罗金需要把妻子焚尸灭迹，因此城市才烧毁了，但是……”

“已经在大嚷大叫了？”

“确切地说，还没有，而且说实在的，我什么都没有听到，但是对老百姓有什么办法，特别是对那些灾民：Vox populi vox dei.① 散布愚蠢透顶的谣言难道需要很多时间？……不过实质上您没有什么可害怕的。从法律上说您完全有理，从良心上说也是——您不是不想这样做吗？不想，是吗？没有任何罪证，只有偶然的巧合……只有费季卡可能会记起您在基里洛夫那里不慎说的话（您当时为什么要说？），但是这什么也不能证明，而费季卡我们可以制止他。我今天就把他制止……”

“尸体一点儿没有烧掉？”

“一点儿也没有；这个流氓什么也做不像样。但至少有一件事使我感到高兴：您如此镇静……因为虽然您在这件事情当中没有任何罪责，甚至思想上也没有，不过总有点那个。而且，您必须承认，这一切对您的事情十分有利：您突然变成了自由的鳏夫，马上就可以同一位豪富的

① 拉丁文：人民的声音就是上帝的声音。此语已成名言，出自古希腊赫西俄德的长诗《工作与时日》（公元前 8—前 7 世纪）。——俄编注

美貌女郎结婚，而且这位女郎已经在您手里。瞧，各种情况简单的偶然巧合会造成什么结果——啊？”

“您这个蠢货在威胁我？”

“得了，得了，我现在成了蠢货了，而且是什么样的口气？您本该高兴才是，可您哪……我特意飞快来预先通知您……再说我又用什么来威胁您呢？如果我要依靠威胁才能争取您，那您对我有什么用呢！我需要您的自愿，而不是出于恐惧。您是光明和太阳……是我怕您怕得要命，而不是您怕我！我可不是马夫里基·尼古拉耶维奇……瞧，我乘着轻便马车飞驰而来，而马夫里基·尼古拉耶维奇却在这里，待在您家花园的栅栏边，在花园的后角落……穿着军大衣，全身湿透，大概是通宵待在这里！怪事！人发起疯来可能达到什么地步！”

“马夫里基·尼古拉耶维奇？真的吗？”

“真的，真的。坐在花园栅栏边。离这里，——离这里大约三百步，我想。我尽快从他身边走过，但他看见了我。您不知道？在这种情况下，我很高兴没有忘了告诉您。这样的人是最危险的，如果他随身带着手枪，何况黑夜、泥泞，自然容易动怒，——因为他是什么处境呀，哈哈！您是怎么想的，他为什么待在这里？”

“当然是等莉扎韦塔·尼古拉耶芙娜。”

“就是嘛！可她干吗要出去见他？而且……天下着这么大的雨……真是傻瓜！”

“她马上就会出去见他。”

“嗨哟！这可是新闻！这么说来……但是您听我说，她的事情现在不是完全改变了吗？她现在还要马夫里基·尼古拉耶维奇干吗？要知道，您现在是自由自在的鳏夫，明天就可以娶她，是吗？她还不知道呢，——把这事交给我，我马上就替您办好。她在哪里，应该让她也高兴高兴。”

“让她高兴?”

“那还用说，我们走。”

“您认为，她就猜不出这些尸首是怎么回事?”斯塔夫罗金有点异样地眯细眼睛。

“当然猜不出，”彼得·斯捷潘诺维奇接口道，完全像一个不懂事的傻瓜，“因为在法律上您……唉，您哪！即使猜到了又怎么样！女人很快就会把这些事淡忘的。您还不懂女人！此外，现在她嫁给您非常有利，因为她毕竟损坏了自己的名誉，此外我还跟她讲了许多关于‘帆船’的事，因为我看准，‘帆船’会对她起作用，由此可以看到她是怎么样的姑娘。别担心，她能够跨过这些尸体的，不会在乎，尤其因为您完全是无辜的，不是吗？她只会把这些尸首储存起来，为了以后刺痛您，大概要到婚后的第二年。任何一个女人，在去举行婚礼时，总是要储存一些丈夫的这类往事，不过到了那时……可一年以后又会怎么样?哈哈哈!”

“如果您是乘轻便马车来的，那么马上把她送到马夫里基·尼古拉耶维奇那里去。她刚才说，她不喜欢我，要离开我，当然不会要我的车。”

“竟有这样的事！难道真的要走？怎么可能发生这样的事?”彼得·斯捷潘诺维奇目瞪口呆地瞅着。

“这一夜里她终于省悟了，我一点儿不爱她……这一点当然她一向就知道。”

“难道您不爱她?”彼得·斯捷潘诺维奇接口说，露出无限惊奇的神色，“如果是这样，为什么她进来时您把她留下了，没有作为一个高尚的人，坦率地告诉她，您不爱她，您这样干太卑鄙了；而且使我在她面前也显得多么卑鄙。”

斯塔夫罗金突然大笑起来。

“我在笑我的猴子。”他立即说明。

“啊！终于猜到了，我在故意装傻逗弄人，”彼得·斯捷潘诺维奇也十分开心地大笑起来，“我是要逗您开心！相信吗，您一出来，我就从您的表情猜到了，您很‘不幸’。甚至可能是彻底失败，是吗？我敢打赌，”他高声叫道，高兴得几乎喘不过气来，“你们一定通宵并排坐在大厅里的椅子上，把宝贵的时间用来争论什么高尚的问题……对不起，对不起；关我什么事；我昨天就确切知道，你们的事情会有一个愚蠢的结局。我把她给您送来，只是为了让您开开心，证明您同我在一起不会无聊；在这类事情上我能为您效劳三百次；总的说来，我喜欢使人愉快。如果您现在不需要她了，我早料到会这样，所以才来的，那么……”

“这么说，您只是为了让我开开心才把她送来的？”

“不然又为了什么？”

“不是为了迫使我杀死我的妻子？”

“哪里的话，难道您杀了？您真是个悲剧性人物！”

“不管怎样，是您杀的。”

“难道是我杀的！我告诉您，这与我没有一丁点儿关系。不过您倒使我有点儿担心了……”

“继续说下去，您刚才说‘如果您现在不需要她了，那么……’”

“那么交给我去办，那还用说！我完全可以把她嫁给马夫里基·尼古拉耶维奇，不过他可不是我让他坐在花园外边的，您可别这么想。要知道，我现在见他就害怕。您说，我是坐轻便马车来的，我就这么轻轻地从旁边擦过……真的，如果他带着手枪呢？……幸好我也带着枪（他从口袋里拿出一支左轮手枪，露了一下，马上又藏了起来），——因为路途遥远才带的……不过，这事我一眨眼的工夫就给您办好：现在她的小心儿正好在为马夫里基·尼古拉耶维奇怨痛……至少应该怨痛……知道吗，我甚至真的有点儿可怜她！一旦我把她同马夫里基撮合，她马上会想念起您来，——对他称道您，当面骂他——这就是女人的心！瞧，您不是又笑了？我十分高兴，因为您这样开心。好吧，我们走。我直接从马夫里基着手，关于那些……那些被杀死的人……知道吗，现在是不是保持缄默？她以后总会知道的。"

"知道什么？谁被杀害了？你们说马夫里基·尼古拉耶维奇什么事？"莉扎突然打开门。

"啊，您在偷听？"

"你们刚才在说马夫里基·尼古拉耶维奇什么事？他被杀死了？"

"啊！这么看来，您没有听清！放心，马夫里基·尼古拉耶维奇平安无事，这事情马上能证实，因为他在这里的大路边，花园的栅栏旁……好像坐了一宵；全身都淋湿了，穿着军大衣……我来的时候，他看到了我。"

"撒谎。您说的'被杀害'……谁'被杀死'了？"她坚持不休，语气中带着痛苦的怀疑。

"被杀死的只是我的妻子，她的哥哥列比亚德金和他们的女佣。"斯塔夫罗金坚定地说道。

莉扎震了一震，脸色变得煞白。

"一桩凶残的离奇案件，莉扎韦塔·尼古拉耶芙娜，一桩最荒唐的抢劫案，"彼得·斯捷潘诺维奇立即又喋喋不休地说起来，"只不过是抢劫，趁火打劫；这是苦役犯费季卡这个强盗干的，也怪列比亚德金这个傻瓜逢人便炫耀他的钱……我飞快赶来就为了这件事……就像一块石头打在脑门上。我告诉他时斯塔夫罗金几乎站不住。我们在这里商量：要不要现在就告诉你？”

“尼古拉·弗谢沃洛多维奇，他说的可是真话？”莉扎说道，声音微弱。

“不，不是真话。”

“怎么不是真话！”彼得·斯捷潘诺维奇一震，“您这是什么意思！”

“天哪，我都要发疯了！”莉扎高叫道。

“您至少应该知道，他现在是个疯子！”彼得·斯捷潘诺维奇用全力嚷道，“毕竟是他的妻子被杀害了。瞧，他脸色多苍白……他昨晚不是一直同您在一起吗，一分钟也没有走开过，怎么能怀疑到他呢？”

“尼古拉·弗谢沃洛多维奇，告诉我，就像在上帝面前一样，您是不是有罪，我起誓，我会相信您的话，就像相信上帝的话一样，哪怕天涯海角，我都跟您去！像一条狗似的跟您去……”

“为什么您要折磨她呢，您这个头脑发昏的家伙！”彼得·斯捷潘诺维奇大怒，“莉扎韦塔·尼古拉耶芙娜，真的，就算您把我捣成粉末，我也要说他是无辜的，恰好相反，您看到，他自己失魂落魄，说着胡话。他一丁点儿一丁点儿过错都没有，甚至在思想上！……这只不过是一帮强盗作的案，一星期后就会把他们找到，给他们一顿鞭子……都是苦役犯费季卡和什皮古林厂工人干的，这事全城人议论纷纷，所以我也这么说。”

“是这样吗？是这样吗？”莉扎全身战栗，等待着给她的最后判词。

“我没有杀人，也反对杀人，但是我事先知道，他们会被杀害的，我没有制止凶手。您离开我吧，莉扎。”斯塔夫罗金说，他往大厅走去。

莉扎用两手掩住脸，走出房子。彼得·斯捷潘诺维奇想赶上去，但很快就回到厅里。

“您这是干什么？您这是干什么？您难道什么都不害怕？”他冲着斯

塔夫罗金疯狂叫嚷，唾沫四溅，颠三倒四地嘟哝着却几乎说不出什么话来。

斯塔夫罗金站在大厅的中央，一句话也不回答。他左手轻轻抓住自己的一绺头发，惘然微笑着。彼得·斯捷潘诺维奇狠狠地拽了一下他的袖子。

“您完蛋了，是吗？所以您准备来这一套？去告发大家，自己进修道院或者去见鬼……但是我无论如何要干掉您，虽说您不怕我！”

“哦，是您在这儿唠叨？”斯塔夫罗金终于看到了他，“快跑，”他突然清醒过来，“快去追她，吩咐下人备车，别离开她……快跑，快跑呀！把她送到家里，别让任何人知道，也别让她到那里去……去看那几具尸体……去看那几具尸体……把她强行拉上车去……阿列克谢·叶戈雷奇，阿列克谢·叶戈雷奇！”

“站住，别嚷嚷！她现在已经在马夫里基的怀抱里……马夫里基不会坐您的车的……站住呀！这里有比车更重要的东西！”

他又掏出手枪；斯塔夫罗金神情肃然地瞧着他。

“好吧，杀死我吧。”他轻声说，几乎是用和解的语气。

“呸，见鬼，这个人把谎言都扯到自己身上！”彼得·斯捷潘诺维奇浑身发抖，“真想毙了您！真的，她应该唾弃您！……您算什么‘帆船’，您是一艘报废了的千疮百孔的破木船！……哪怕是出于气愤，哪怕是出于气愤现在您也该苏醒过来了！喂！如果您自己也希望往额头上送进一颗子弹，您是不是什么都无所谓了？”

斯塔夫罗金奇怪地嘿嘿一笑。

“如果您不是这样一个小丑，我也许现在会对您说：是的……如果您哪怕稍微聪明一点儿……”

“就算我是小丑吧，我不希望您……我的主要的一半——成为小丑！

您懂得我的意思吗?”

斯塔夫罗金懂得，也许只有他一个人懂得。当斯塔夫罗金告诉沙托夫，说彼得·斯捷潘诺维奇有股狂热时，沙托夫不是觉得很惊奇嘛。

“现在离开我，见鬼去，到明天我也许能从自己身上挤出点什么东西来。您明天来。”

“是吗？是吗?”

“我怎么知道！……见鬼去!”

他走出大厅去。

“也许，事情还会好起来。”彼得·斯捷潘诺维奇喃喃自语，一面把手枪放回口袋里。

三

他冲出去追赶莉扎韦塔·尼古拉耶芙娜。她还没有走远，离房子不过几步。阿列克谢·叶戈雷奇想拦住她，现在仍跟在她后面，离她一步，穿着燕尾服，恭恭敬敬地弯着腰，没有戴帽子。他一个劲儿地恳求她等候马车到来；老头儿吓坏了，几乎都要哭出来了。

“走吧，老爷要喝茶，没有人给他端。”彼得·斯捷潘诺维奇把他推开，毫不犹豫地挽起莉扎韦塔·尼古拉耶芙娜的胳膊。

她没有把胳膊抽走，但是精神有点儿恍惚，还没有清醒过来。

“第一，您不该往那边走，”彼得·斯捷潘诺维奇嘟嘟哝哝地说了起来，“我们应当走这边，而不是走花园旁边；第二，至少步行是不行的，到您家有三俄里，您连保暖的衣服都没有。您最好等一会儿。我是乘轻便马车来的，马就在院子里，一会儿就牵来，我让您坐上，把您送到家，这样谁也不会看见。”

“您多善良……”莉扎亲切地说。

“哪里，在这种情况下任何一个有人性的人处于我的地位，都会这样做……”

莉扎瞧了瞧他，感到惊奇。

“啊，我的天，我一直以为还是那个老头儿!”

“听我说，我非常高兴，您能这样对待，因为这一切都是最要不得的偏见，既然如此，最好还是让我立即吩咐这个老头儿驾车来，只要十分钟就行，咱们先回去，在台阶上等候，好吗?”

“我首先想……这些被杀的人在哪里?”

“啊，这真是异想天开！我就害怕……不，咱们最好还是别去管这种乱七八糟的事情；再说您也没有什么好看的。”

“我知道他们在哪里。我知道这座房子。”

“您知道又怎么样呢！哪能去呢，天下着雨，有雾（我怎么揽下了这么一个神圣的任务）……听我说，莉扎韦塔·尼古拉耶芙娜，我们只能两者选一：或者您同我乘轻便马车去，如果这样，您在这里等着，一步也不要向前走，因为如果再走二十步，马夫里基·尼古拉耶维奇一定会看到我们。”

“马夫里基·尼古拉耶维奇！在哪里？在哪里?”

“好吧，如果您希望同他一起，那么我就领您再向前走几步，我指给您看，他坐在哪里，我自己，对不起，就告辞了；我不想现在走近他。”

“他在等我，天哪!”她突然站住，脸上泛起了红晕。

“请您原谅，但愿他是一个没有偏见的人！要知道，莉扎韦塔·尼古拉耶芙娜，这都不是我的事；我完全是局外人，这一点您自己知道；不过我毕竟希望您好……如果我们的‘帆船’没有成功，如果证实这只不过是一只可以报废了的破木船……”

“啊，说得太好啦！”莉扎叫道。

“又说好，自己又在流眼泪。这里需要勇气。在任何事情上都不比男人逊色。在我们的时代，一个女人……呸，见鬼（彼得·斯捷潘诺维奇差一点儿没啐唾沫)！而主要是，也没有什么可惋惜的，也许还会因祸得福。马夫里基·尼古拉耶维奇为人……一句话，为人很富感情，虽然说话不多，不过，这也很好，当然，有一个条件，如果他没有偏见……”

“太好啦，太好啦！”莉扎歇斯底里地大笑起来。

“得啦，见鬼……莉扎韦塔·尼古拉耶芙娜，”彼得·斯捷潘诺维奇突然恼怒了，“说实在的，我在这里主要是为了您……我有什么必要……昨天我为您效劳，那时您自己也想这样做，今天……瞧，从这里可以看到马夫里基·尼古拉耶维奇，他坐在那里，见不到我们。莉扎韦塔·尼古拉耶芙娜，您看过《波琳卡·萨克斯》[1] 吗？”

“什么东西？”

“有这么一部中篇小说《波琳卡·萨克斯》。我还是大学读书时看过……书里有一个官员，萨克斯，很有钱，他因为妻子不忠把她软禁在别墅里……咳，见鬼，管它呢！您等着瞧吧，马夫里基·尼古拉耶维奇没有到家就会向您求婚的。他还没有看到我们。”

“啊，别让他看见！”莉扎突然发疯似的叫了起来，“我们走，我们走吧！到树林里去，到田野里去！”

---

① 这是俄国作家、评论家亚·瓦·德鲁日宁（1824—1864）受乔治·桑的影响写的中篇小说，贯穿了妇女解放的思想。书中豁达大度的主人公知道他妻子爱另一个更年轻的男子之后，给予她自由，而且帮助她同心爱的人结合。（陀思妥耶夫斯基对这一作品是持批评态度的。）彼得·韦尔霍文斯基原意暗示莉扎的情况与波琳卡相似，但后来又改了口，任意胡诌小说的内容。——俄编注

于是她转身向后跑。

“莉扎韦塔·尼古拉耶芙娜，您太胆怯了！”彼得·斯捷潘诺维奇跟着她跑，“为什么您不希望他看到您呢？恰好相反，您应当坦率地骄傲地看着他的眼睛……如果您因为那件事……处女的……那么这纯粹是偏见，落后思想……您往哪里去呀，往哪里去呀？唉，还在跑！最好还是回斯塔夫罗金那里去，乘我的轻便马车……您往哪里去呀？那里是田……咳，跌倒了！……”

他站住了。莉扎像鸟似的往前飞，自己也不知道往何处去，彼得·斯捷潘诺维奇已经比她落后了五十步。她绊在小草丘上，跌倒了。这时候从后面一侧传来一声可怕的叫喊，马夫里基·尼古拉耶维奇的叫声，他看到她在跑，看到她跌倒，于是就越过田野向她奔去。彼得·斯捷潘诺维奇转眼之间就退到斯塔夫罗金家的大门，为了尽快坐上自己的马车。

这时马夫里基·尼古拉耶维奇惊慌失措地立在站起来的莉扎身旁，俯身向她，两手握住她的一只手。这么相见的不寻常的环境使他震惊，眼泪扑簌簌地顺着脸颊流下来。他看到他无限崇拜的女人疯狂地跑过田野，在这样一个时刻，在这样一种天气里，只穿着一件连衫裙，昨天那件华丽的连衫裙，现在它已经皱皱巴巴，因为跌倒而被玷污了……他说不出一句话来，脱下他的军大衣，用颤抖的双手披在她肩上。突然他惊叫一声，他感觉到她的嘴唇碰了一下他的手。

“莉扎！”他叫道，“我十分无能，但不要把我从您身边赶走！”

“对，咱们赶快离开这里，别扔下我！”她自己抓住他的手，把他拉着走。“马夫里基·尼古拉耶维奇，”她突然惊恐地压低嗓音，“我在那里装成勇敢的样子，可在这里我害怕死亡。我要死了，很快就要死了，可是我害怕，我害怕死去……”她小声说，紧紧地握着他的手。

"唉，怎么一个人也没有!"他在绝望中环顾四周，"哪怕有一辆过路的车也好！您会把脚弄湿的，您……会失去神志的!"

"不要紧，不要紧，"她鼓励他，"就这样，在您身边我不那么害怕了，拉住我的手，领着我走……咱们现在到哪里去，回家吗？不，我想先看到那几个被杀害的人。据说，他们杀死了他的妻子，而他却说是他自己杀了她；但这不是真的，不是吗？我想亲眼看到被杀死的人……为了我……由于他们，他这一夜才不再爱我了……我看到了，就什么都知道了。快点，快点，我知道那座房子……那里着火了……马夫里基·尼古拉耶维奇，我的朋友，不要宽恕我这个可耻的女人！为什么要宽恕我？您为什么哭？给我一记耳光，就在这里田野里把我打死，像打死一条狗一样!"

"现在谁也无权审判您，"马夫里基·尼古拉耶维奇坚定地说，"上帝会宽恕您的，而我最不配当您的审判官。"

但是，如果把他们的对话描写出来，是会令人感到奇怪的。此时他们俩手拉着手快步匆匆地走着，像精神错乱似的。他们径直向火场走去。马夫里基·尼古拉耶维奇仍没有失去遇到一辆大车的希望，但是什么人也没有遇到。蒙蒙细雨笼罩四野，吞没了一切光泽，一切色调，把所有东西变成了烟雾茫茫的铅灰色的难以分辨的一片混沌。早已是白天了，但是好像天还没有亮似的。突然从这寒冷的灰蒙蒙的阴雾中出现了一个怪诞的人影，向他们迎面走来。我现在想象当时的情景，我想，即使我处在莉扎韦塔·尼古拉耶芙娜的地位，我也不会相信自己的眼睛；但她却惊喜地叫了一声，立即认出向他们走来的人。这是斯捷潘·特罗菲莫维奇。关于他是怎样出走的，他那疯狂的逃跑的念头是怎样得到实现的，——留待后面再说。我只想提一下，这天早上他已经在发寒热，但疾病也制止不住他：他坚定地在潮湿的土地上一步步向前走；看得出来，虽然他过惯书斋生活，毫无经验，他对如何单独把这件事做得更好，做过多时的考虑。他穿的是“旅行装”，就是一件长袖的制服大衣，腰围一条宽阔的带扣环的漆皮带，足蹬一双崭新的高筒皮靴，裤子塞在靴筒里。大概，他早就设想怎样做一个行路之人，所以几天之前就买好了皮带和带发亮的骠骑兵靴筒的高筒靴，穿着这样的靴子他简直不会走路了。他头上戴着一顶宽边帽，一条粗绒线结的围巾严严地裹住他的脖子，右手拿着手杖，左手提着一个极小的却塞得满满的旅行包，——这就是他的全副行装。此外，他右手还拿着一柄张开的伞。这三样东西——伞、手杖和旅行包，——在第一俄里时拿着很不顺手，到了第二俄里就十分沉重了。

“难道这真是您吗？”莉扎叫道，上上下下打量着他，伤心和惊奇替代了她最初的不自觉地迸发出来的欣喜。

“Lise![①]”斯捷潘·特罗菲莫维奇也叫道，一面向她扑过去，几乎同样神志不清。“Chère，chère,[②] 难道您……也在这迷雾中？瞧：火光！Vous êtes malheureuse，n'est-ce pas?[③] 我看到，我看到，您不用告诉我，也不要盘问我。Nous sommes tous malheureux，mais il faut les pardonner tous. Pardonnons，Lise,[④] 那么我们就永远自由了。为了摆脱尘世，成为完全自由的人——il faut pardonner，pardonner et pardonner![⑤]”

“可是您为什么跪下来？”

“为的是告别尘世时，我想通过您的形象同我的全部过去告别！”他

① 法文：莉丝（莉扎在法文中的叫法）。

② 法文：亲爱的，亲爱的。

③ 法文：您很不幸，是吗？

④ 法文：我们大家都不幸，但要宽恕他们所有人。让我们宽恕吧，莉丝。

⑤ 法文：应该宽恕，宽恕，宽恕！

哭了起来，把她的两手放到他老泪纵横的两眼上。“我跪在我一生中一切美好的东西面前，我吻着，我感谢。现在我把我自己劈成两半：那一半是狂人，梦想飞上天去，Vingt-deux ans![①] 这一半是伤心的冻僵的家庭教师……chez ce marchand，s'il existe pourtant ce marchand…[②]您怎么会全身湿透的，Lise!”他叫道，他跳了起来，感觉到在潮湿的土地上他的两膝也湿透了，“您怎么可以穿着这样的衣服？……而且步行，在这样的田野里……您哭了？Vous êtes malheureuse?[③] 是的，我听人说过……可现在您从哪里来?”他怯生生地越问越快，一面迷惑不解地打量着马夫里基·尼古拉耶维奇，“Mais savez-vous l'heure qu'il est?”[④]

“斯捷潘·特罗菲莫维奇，您在那里听到什么关于被杀的人的事吗？……这是真的吗？真的吗?”

“这些人！我整夜都看到他们的罪行的火光。他们只能这样结局……（他的两眼又闪闪发光。）我从迷迷茫茫的噩梦中逃出来，出来寻找俄罗斯，existe-t-elle la Russie? Bah，c'est vous，cher capitaine?[⑤] 我从来没有怀疑过，我一定能见到您做出崇高的业绩……您把我的伞拿去——为什么一定要步行？看上帝的面上，把伞拿去吧，我总要在什么地方雇一辆车的。要知道我之所以步行是因为 Stasie（就是纳斯塔西娅）要是知道我要走，会大嚷起来，闹得整条街都听到；因此我溜了出来，尽可能 incognito[⑥]。我不知道，《呼声报》上有人写文章说现在到

① 法文：二十二年。
② 法文：在这个商人那里，当然如果存在这个商人的话。
③ 法文：您不幸？
④ 法文：您知道吗，现在几点钟？
⑤ 法文：俄罗斯存在吗？哦，这是您，亲爱的大尉？
⑥ 拉丁文：不让人知道。

处是抢劫,[1] 但是我想，总不至于一上路就马上遇到强盗吧？Chère Lise，您好像说，什么人杀了什么人？O mon Dieu,[2] 您不舒服吧！”

“咱们走吧，走吧！”莉扎好像歇斯底里发作似的喊道，一面又把马夫里基·尼古拉耶维奇拉着向前走。“等一等，斯捷潘·特罗菲莫维奇，”她突然又回到他身边，“等一等，可怜的人儿，让我为您画个十字吧。也许最好是把您捆绑起来[3]，但我还是画个十字为您祝福为好。您也为您‘可怜的’莉扎祈福吧，——就这样，稍稍祈祷一下就行，别太麻烦了。马夫里基·尼古拉耶维奇，把伞还给这个孩子，一定要还给他。就这样……咱们走吧！咱们走吧！”

他们来到惨遭厄运的房子的时刻，聚集在房子前的群众已经听了许多关于斯塔夫罗金的情况，说到关于他杀害妻子如何有利。但是我再说一遍，绝大部分人继续听着，仍然默不作声，木然不动。激动气愤的只有几个大叫大嚷的醉汉，还有几个“失去自制力”的人，像那个挥舞着胳膊的小市民。大家都知道他一向是一个文静的人，但忽然好像失去了自制力，如果有什么事多少使他感到惊奇，他就飞奔过去。我没有看到莉扎和马夫里基·尼古拉耶维奇是怎么来的。我第一眼看到莉扎，惊奇得目瞪口呆，那时她已在离我很远的人群中，而马夫里基·尼古拉耶维奇我起初还没有看到。好像有一刹那的时间，他因为拥挤或者是因为被人挤开了，他落后了她两步。在人群中往前挤过去的莉扎，对周围的一切什么也没有看到，什么也没有觉察，好像一个患了热病的病人，好像从医院逃出来似的，不消说，很快她就引起了人们的注意：人们大声议

---

① 当时《呼声报》（1865 年 6 月 22—25 日、9 月 8—10 日）确实登载过此类报道。——俄编注

② 法文：我的天。

③ 这里的捆绑比较费解，意思大概是说不让他走；而为他“祝福”，则似是祝他一路平安。

论起来，突然狂叫起来。这时有一个人喊道："这是斯塔夫罗金的那个女人！"从另一个方面有人喊："杀了人还不够，还要跑来看！"突然我看到在她头上，从后面，一只手举了起来又敲了下去；莉扎跌倒了，传来马夫里基·尼古拉耶维奇骇人的叫声，他冲上前去救她，用尽全力一拳向把他和莉扎隔开的人打去。但是就在这一刹那间，那个小市民张开两臂从后面把他抱住。开始了一场混战，片刻之间什么都看不清楚了。好像莉扎站了起来，但是又挨了一拳，重又倒下去了。突然人群向四面退开，在躺在地上的莉扎的四周形成了一个不大的空圆圈；而满身血污的发狂了的马夫里基·尼古拉耶维奇俯身向着她，又哭又叫，悲痛地绞着手。以后的事情是怎么发展的，我记得不确切；我只记得莉扎突然被抬走了，我随在后面跑去；她还活着，也许神志也仍清楚。群众中抓走了那个小市民和另外三个人。这三个人直到现在都否认参加过暴行，一口咬定是抓错了人；也许，他们是对的。小市民虽然是被当场抓获的，但由于他是个头脑不清的人，直到现在仍没有把案件的详情交代清楚。我作为目击者，虽然相距甚远，在侦讯时也被传去做证；我说，事件完全是偶然的，通过一些人发生，这些人虽然可能心怀不满，但未必是有意识的，他们喝醉了酒，失去了自制力。我至今仍持这种看法。

第四章

最后的决定

一

这天早晨许多人都看到彼得·斯捷潘诺维奇；见过他的人记起，他情绪十分激动。下午两点钟他去加加诺夫家；加加诺夫前一天才从乡下来，满屋子都是客人，大家都在谈论刚发生的事件，谈得很多、很热闹。彼得·斯捷潘诺维奇比谁都说得多，使得别人只能听他说。在我们这里一向把他看作"头脑出纰漏的饶舌的大学生"，但这时他在谈论尤莉娅·米哈伊洛芙娜，在全城一片混乱之中这个题目是非常吸引人的。他作为她不久前最亲密的心腹讲了许多关于她的人所未知的出人意料的琐事；无意之中（当然是不小心）讲了她对全城几个知名人物的几点个人评论，这立即刺伤了许多人的自尊心。他说得模糊不清、颠三倒四，就像不是个狡猾的人那样，这个人好像由于诚实，当他必须一下子解释一大堆疑惑时他感到痛苦，他老实、笨拙，自己也不知道从哪里开头，以什么结束。他相当不小心地漏出一句，说尤莉娅·米哈伊洛芙娜知道斯塔夫罗金的全部秘密，而且整个阴谋都是她一手策划的。她还哄骗了他，彼得·斯捷潘诺维奇，因为他自己也热恋着这个不幸的莉扎，然而他却"上了圈套"，因此他几乎亲自用马车把她送到斯塔夫罗金那里。

“是的，是的，先生们，你们笑得开心，可我真遗憾，我不知道，不知道事情会落得这样一个结局！”他最后说。当人们提出有关斯塔夫罗金的各种令人不安的问题时，他坦率地说，列比亚德金的惨遭横祸，就他看来，纯属偶然，都怪列比亚德金本人，因为他不该在别人面前炫耀他的钱。这一点他解释得特别好。在场的人当中有一个人旁敲侧击地向他指出，他用不着“装模作样”，他吃、喝都在尤莉娅·米哈伊洛芙娜家，就差没有睡在那里，现在又第一个往她脸上抹黑，这种行为并不像他所认为的那样漂亮。但是，彼得·斯捷潘诺维奇立即为自己辩护。

“我在那里吃、喝，并不因为我没有钱，而且人家请我到那里去，也不是我的过错。我为此应该感谢到什么程度，请允许我自己来判断。”

总之，人们的印象仍是对他有利的。“即使小伙子行为怪诞，而且轻浮，但尤莉娅·米哈伊洛芙娜做了那么些蠢事，他又何罪之有？相反，原来他还劝阻过她哩……”

下午两点左右城中突然传开了一条消息：大家议论纷纷的斯塔夫罗金出人意料地乘午班车去彼得堡了。这事引起大家的注意，许多人皱起了眉头。彼得·斯捷潘诺维奇如此震惊，据人们传说，连脸色都变了，而且莫名其妙地叫嚷：“是谁把他放走的？”他立即离开了加加诺夫家。但是人们仍在两三家人家见到过他。

傍晚时分，他甚至找到机会进入尤莉娅·米哈伊洛芙娜府邸里去，虽然这件事费了他九牛二虎之力，因为尤莉娅·米哈伊洛芙娜坚决不愿接见他。三星期以后，在尤莉娅·米哈伊洛芙娜去彼得堡之前，我才从她本人那里获知这一情况。她没有谈详情，心有余悸地说，“他当时使她无限惊奇”。我猜想，他一定威胁她，如果她胆敢“说话”的话，他要揭露她与他同谋，这使她吓坏了。恫吓的必要性与他当时的阴谋密切相关，当然她不知道这些阴谋，只有到后来，五天之后她才猜到为什么他怕她不会保持沉默，为什么这样害怕她的怒火再迸发出来……

晚上七点多钟，天已完全黑了，城市尽头福明胡同一座歪歪斜斜的小房子里（埃尔克利准尉[①]的寓所），我们的人[②]一共五个都到齐了，全体会议在这里举行是彼得·斯捷潘诺维奇亲自决定的；但他不可原谅地迟到了，小组成员已经等了他一个小时。这位准尉埃尔克利就是那个在维尔金斯基家晚会上手里拿着铅笔、面前放着一本笔记簿、一直坐在那里的外来小军官。他不久前才到这座城市来，在一条偏僻小巷两个小市民老姐妹那里单独租房居住，很快就要离开；在他这里集会最不会引人注意。这个奇怪的大男孩沉默寡言，非同一般；他可以接连十个晚上坐在喧嚣的人群中听着最不寻常的谈话而自己一言不发，相反，他那双稚气的眼睛聚精会神地瞅着说话的人，仔细倾听着。他的脸长得很俊秀，甚至显得聪明。他不属于五人小组；我们的人本来以为他负有来自某方面的特殊的、纯粹是执行性质的任务。现在知道，他什么任务也没有，而且他自己未必了解他的处境。他只不过崇拜彼得·斯捷潘诺维奇，虽然他不久前才遇见他。假如他碰上一个过早堕落的怪物，而那个怪物以什么浪漫的社会学说为幌子，教唆他去建立匪帮，为了试验，命令他去拦路抢劫第一个遇到的庄稼汉，谋财害命，那么他也一定会遵命照办的。他家中有一个多病的母亲，他把菲薄的薪金的一半都寄给她，——她一定常常热吻这颗浅黄头发的脑袋，为它颤抖，为它祈祷！我说了那么多有关他的话，因为我很怜悯他。

我们的人非常激动。昨夜发生的事情使他们惊愕，而且他们好像吓

---

① 这个极其崇拜彼得的人物，心甘情愿地为彼得赴汤蹈火。从涅恰耶夫案的审讯报告中，可以看出，在他身上集中表现了沙托夫的原型伊凡诺夫凶杀案中的第五个参与者尼古拉耶夫的许多特点。

② 指五人小组。

坏了。一起简单的、虽然是有计划有步骤地进行的、在此以前他们如此热心参与挑起的事端，却以出乎他们意料的结局而告终。夜间的大火、列比亚德金兄妹的被杀、群众对莉扎的暴行——这一切都是他们计划中所没有预想到的意外之事。他们激动地谴责那只支配他们的黑手的专制和阴险。总之，在他们等候彼得·斯捷潘诺维奇的时候，他们在情绪上相互影响，又决定最后一次要求他作彻底的说明，如果他再一次像从前一样避而不答，那么就解散五人小组，但是要成立新的秘密"思想宣传"组织来替代它，这新的组织要完全由他们自行在平等和民主的基础上建立起来。利普京、希加廖夫和那位农民问题专家特别支持这个思想；利亚姆申不作声，虽然从态度上看是同意的，维尔金斯基在动摇，希望先听听彼得·斯捷潘诺维奇如何说。大家决定先听取彼得·斯捷潘诺维奇的解释；但是他一直还没有来。这种满不在乎的态度更加火上加油。埃尔克利一声不吭，只吩咐备茶，茶斟在玻璃杯里，由他用托盘亲手从女主人那里端来，他不把茶炊拿进房里，也不让女佣进来。

彼得·斯捷潘诺维奇八点半才到来。他快步走到长沙发前的圆桌跟前，圆桌四周围坐着他那伙人；他帽子拿在手里，谢绝喝茶。他面色凶狠、严厉而高傲，大概是一眼就从他们的脸上看出他们要"造反"。

"在我开口之前，你们要说的话都说出来，你们好像有所准备。"他说道，带着凶狠的讪笑扫视他们的脸。

利普京开始"代表大家"发言，他用委屈得发抖的声音宣称，"如果这样继续下去，可能会自己砸碎自己的脑壳"。他们并不害怕砸碎自己的脑袋，甚至还心甘情愿，然而仅仅是为了共同的事业。（全体骚动，表示赞成。）因此他们希望对他们坦诚相待，使他们总能事先知道，"否则那算什么呢"？（又骚动起来，有几个人发出几声喉声。）"这样的行动方式令人感到屈辱，而且也危险……我们完全不是因为害怕，但是如果只有一个人行动，而其余人都是走卒，那么这个人出了错，大家就要遭殃。”（呼声：对，对！全体支持。）

“见鬼，你们要怎么样？”

“请问，斯塔夫罗金先生的桃色事件与共同事业有什么关系呢？”利普京激动起来，“即使他以某种秘密的方式属于中央，如果这个虚幻的中央果真存在的话，那我们也不想知道。然而人被杀害了。惊动了警察；顺藤会摸到瓜的。”

“您同斯塔夫罗金落了网，我们也会遭殃。”农民问题专家补充说。

“而对共同事业一无好处。”维尔金斯基沮丧地最后说。

“胡说！杀人是偶然的事，是费季卡谋财害命。”

“哼。不过，可真是奇怪的巧合。”利普京气得发抖。

“如果你们愿意听的话，我可以告诉你们，这事情完全是由于你们才发生的。”

“怎么会由于我们呢？”

“首先，您，利普京，自己参加了这个阴谋；其次，也是主要的，命令您把列比亚德金送走，钱也给了，可您做了些什么呢？如果把他送走了，那就什么事也没有了。”

“不是您自己出的主意，最好让他去朗诵诗吗？”

“主意不是命令。命令是把他送走。”

“命令。够奇怪的字眼……相反，正好是您命令我暂且不要送走的。”

“您搞错了，显出您的愚蠢和自以为是。至于杀人，那是费季卡干的事，他是一个人干的，为了抢劫。你们听到别人散布的流言蜚语就信以为真了。你们胆怯了。斯塔夫罗金不会那么蠢，证据嘛，——他中午十二点走了，是在同副省长晤面后走的；要是有什么事的话，不会在光天化日之下放他去彼得堡的。”

“我们并没有硬说是斯塔夫罗金亲自杀的人，”利普京刻毒地毫不客气地接口说，“他甚至可能不知道，就像我一样；您自己太清楚了，我什么也不知道，但却像绵羊一样落入了汤镬。”

“您在指责谁？”彼得·斯捷潘诺维奇阴沉地瞥了他一眼。

“就是那些要把城市烧毁的人。”

“最糟糕的是您想开溜了。不过，是不是请您先看看这个，然后再让其余人看看；这只供你们参考。”

他从口袋里取出列比亚德金给伦布克的匿名信，递给利普京。利普京看了，显然很奇怪，若有所思地把它递给身旁的人；信很快传阅了一遍。

“这果真是列比亚德金的笔迹？”希加廖夫问。

“他的笔迹。”利普京和托尔卡琴科（就是那个农民问题专家）说。

“我只不过供你们参考，我知道你们对列比亚德金之死十分悲痛，”彼得·斯捷潘诺维奇把信收回时重复说，“这样，先生们，一个叫费季卡的人完全偶然地替我们除去了一个危险人物。瞧，有时偶然事件有多么重大的意义！不是吗，很有教益？”

小组成员们很快交换了一下眼色。

“现在，先生们，该轮到我来发问了，”彼得·斯捷潘诺维奇摆起架子，“请问，你们凭什么未经允许就纵火焚烧城市？”

“这是什么话！我们，我们纵火焚烧城市？这简直是嫁祸于人！”几个人同时叫道。

“我理解，你们已经玩得入迷了，”彼得·斯捷潘诺维奇顽固地继续说道，“但这可不是同尤莉娅·米哈伊洛芙娜闹的那小乱子。我召集你们到这里来，先生们，是为了向你们解释。你们如此愚蠢地招惹来的危险有多大，这危险除威胁你们自己之外，还威胁着许多事情。”

“对不起，我们却想在此时向您提出专制和不平等的程度，在没有小组成员参与的情况下居然采取了这样严重的而又奇怪的措施。”一直沉默不语的维尔金斯基几乎愤慨地说道。

“这么说，你们不承认？可我肯定，是你们烧毁的，只有你们，没有别人。先生们，你们别撒谎，我有确凿的情报。你们自作主张，甚至使共同事业也遭到危险。你们只不过是无数绳结织成的大网中的一个绳结，必须绝对服从中央。但是你们中却有三个人没有得到一点点指示，却径自挑唆什皮古林厂工人去放火，大火就烧起来了。”

“哪三个人？我们当中的哪三个人?”

“前天，半夜后三点多钟，您，托尔卡琴科，在‘毋忘我’酒店挑唆福姆卡·扎维亚洛夫。”

“哪能呢，”托尔卡琴科跳了起来，“我只不过说了一句话，而且是无意的，因为早晨他挨了鞭打；而且我马上就把他扔下了，因为我看到他醉得太厉害了。要不是您提醒，我还记不起来哩。一句话是不能导致起火的。”

“有人觉得奇怪，一粒小小的火星怎么会使整座火药厂飞上天呢，您跟这个人很相像。”

“我是在角落里对着他的耳朵小声说的，您怎么会知道?”托尔卡琴科突然想了起来。

“我坐在那里的桌子底下。你们放心，先生们，你们每走一步我都知道。您在冷笑，利普京先生？可我知道，比如说，大前天您把您太太拧得遍体是伤，在半夜里，在你们的卧室里，在你们准备上床的时候。”

利普京张大了嘴，脸都发白了。

（后来我们才知道，关于利普京的“英勇业绩”他是从利普京的女佣阿加菲娅那里得知的，他从一开始就收买她做奸细，这是事后才查明的。）

“我能明确地说出一桩事实吗？”希加廖夫突然站了起来。

“您说吧。”

希加廖夫坐了下来，振作起精神说道：

“就我的理解，而且不可能不理解，因为您自己在一开始时就引人入胜地——虽然过于理论化——描绘了为一张无边无际的组织大网所覆盖的俄国景象，以后又一次描绘了这幅图景。每一个行动小组在无限地发展新成员、扩展分支组织的同时，其任务是有系统地进行揭露性的宣传，不断削弱地方当局的威信，在乡村中煽起疑惑，散布愤世嫉俗情绪，制造事端，激起不信任任何事物的态度和改善现状的渴望，最后，使用民间常用的主要手段——纵火，在预定的时刻甚至把国家推入绝望的境地。这些是不是您的话？这些话我竭力逐词逐句地回忆起来。这是不是您作为中央委员会的全权代表向我们传达的行动纲领？这个中央委员会直到现在我们还完全不知道，对于我们来说它几乎是神秘的。”

“您说得对，不过您拖得太长了。”

“每一个人都有权按自己的方式发言。您让我们推测，已经覆盖整个俄国的大网上的绳结现在已有几百个之多，您进一步提出设想，如果每一个绳结都顺利工作的话，那么整个俄国到一定时刻，只要一发出信号……”

“嗨，见鬼，您不来纠缠，我事情就够多的了！”彼得·斯捷潘诺维奇在椅子上别转身去。

“对不起，我把话说得简短点，只提一个问题就结束：我们已经看到了几次丑剧，看到了各阶层人民的不满，目睹并参与了当地政府的崩溃，最后还亲眼见到了大火。您还有什么不满意的呢？这不是您的纲领吗？您能指责我们什么呢？”

“自作主张！”彼得·斯捷潘诺维奇怒吼道，“我在这里的时候，不经我的许可你们没有权力采取行动。别再说了。已经有人准备告密，也许明天甚至今天夜里会把你们全抓起来。你们等着瞧吧。这是确切的消息。”

这时所有的人都目瞪口呆了。

“不仅作为挑唆纵火者，而且作为五人小组的成员抓起来。告密者知道组织网的全部秘密。瞧，这就是你们闹出来的好事！”

“一定是斯塔夫罗金！”利普京嚷道。

“怎么……为什么是斯塔夫罗金？”彼得·斯捷潘诺维奇仿佛骤然愣住了。“唉，见鬼，”他立即醒悟过来，“是沙托夫！你们大家现在好像都知道，沙托夫曾经是我们组织的成员。我应当向大家透露，我通过他不怀疑的人跟踪他，使我大吃一惊的是我了解到，我们的组织网的结构和……一句话，全部情况他都知道。为了怕别人控告他过去参加过这个组织，他会把我们都告发的。在此以前他还在动摇，所以我容忍他。现在你们这一把火解除了他的顾虑：他很震惊，不再动摇。明天我们就会作为纵火犯和政治犯被抓起来。”

“真的吗？沙托夫怎么会知道呢？”

一阵难以描写的激动。

“消息完全正确。我没有权力向你们解释我揭开秘密的途径和方法，我现在能够为你们做的事是：我可以通过一个人影响沙托夫，使他毫不起疑而把告密的事暂时搁下来，——但不会超过一昼夜。一昼夜以上我就办不到了。这样你们可以认为，在后天早晨以前你们不会有危险。”

大家都默不作声。

“那就干脆让他见鬼去吧！”托尔卡琴科第一个叫出声来。

“早该这样做了！”利亚姆申恶狠狠地插入说，一拳猛捶桌子。

“可怎么做呢？”利普京嘟哝道。

彼得·斯捷潘诺维奇立即抓住这个问题，提出了自己的计划。这计划是：借口让沙托夫交出在他手里的非法印刷机，明天午夜前把他引到印刷机埋藏的偏僻地方——“在那里把他解决了”。他详细解释了许多必须注意的细节（这些细节我们现在就略去不谈了），又详尽地说明沙托夫对中央的骑墙态度，这些事读者已经知道了。

“原来用这种办法，”利普京犹犹豫豫地说，“可是这又是一起……同样性质的冒险事件……会使人们大为震惊的。”

“毫无疑问，”彼得·斯捷潘诺维奇肯定地说，“但这一点也早已预见到了。有方法完全可以避免嫌疑。”

于是他像方才那样明确地讲到基里洛夫，讲到他的自杀意向，讲到他许诺等待信号，而在将死时留下字条，承担向他口授的一切事情。（总之，讲了读者已经知道的所有事情。）

“他决定自杀的坚定意向是哲学上的，而就我看，是疯人的意向，——已经为那里所知悉。（彼得·斯捷潘诺维奇继续解释道。）那里不会损失一丝一毫，一切都有益于共同事业。预见到此事的益处，而且确信他的意向是认真的之后，向他提供了回俄国的旅费（他不知为什么一定要死在俄国），给了他一个他保证完成的任务（他完成了），此外，还要他保证实行你们已经知道的许诺，——只在通知他自杀的时候自杀。他都应承了。注意，他是在特殊的基础上投身于事业的，希望能有益于事业；此外我就不能向你们讲了。明天在干掉沙托夫后，我口授他的遗言的内容，说他是沙托夫之死的原因。这非常可能，因为他们本来是朋友，一起去美国，在那里发生争吵，这一切都要在遗言中说明，而且……甚至可以再向基里洛夫口授一些事情，比如说关于传单的事，也许还有火灾的部分原因。不过，这些事我还要再考虑考虑。别担心，他没有成见；无论什么内容都会签字的。”

几个人表示怀疑。叙述的事情太离奇了。不过，关于基里洛夫他们或多或少地听说过；尤其是利普京。

“万一他忽然改变了想法，不想干了呢?”希加廖夫说，“不管怎么说，他终究是疯子，因此这希望也不确实可靠。”

“别担心，先生，他会愿意的，”彼得·斯捷潘诺维奇打断他说，“根据协议，我必须在前一天告诉他，也就是今天。我请利普京现在就同我一起到他那里去证实一下，如果有必要的话，他今天就回来告诉你们，先生们，我说的是不是实话。不过，”他突然中断，无比地气愤，似乎他忽然感到，同这些卑微小人打交道，花那么多时间去使他们信服，太抬举他们了，“不过，随你们的便。如果你们下不了决心，那么同盟就算完了，——但都是因为你们不听命令和背叛。这样，我们从此就分道扬镳，各奔前程。但是你们要知道，在这种情况下，除了沙托夫的告密及其后果所引起的麻烦之外，你们还会招致一点小小的麻烦，这一点在同盟成立之时就做了明确的声明。至于我，那么，先生们，我并不怎么害怕你们……不要以为我已经和你们捆绑在一起……不过，这反正不一样。”

“不，我们决心干。”利亚姆申说。

“别的出路没有了，”托尔卡琴科喃喃地说，“只要利普京证实基里洛夫的情况，那么……”

“我反对；我以我心灵的全部力量抗议这样一个血腥的决定!”维尔金斯基站了起来。

“但是?”彼得·斯捷潘诺维奇问道。

“什么但是?”

“您说但是……所以我在等待下文。”

“我好像没有说过但是……我只是想说，如果决定这么干，那么……”

“那么怎样？”

维尔金斯基不作声了。

“我认为，个人安危可以置之不顾。”埃尔克利突然开口说，“但是如果共同事业可能受到损害，那么我想，绝不能不顾个人的安危……”

他说颠倒了，脸涨得通红。尽管每个人都想着自己的事情，大家都惊奇地瞧瞧他，他居然也开口说话，这太出乎意料了。

“我维护共同事业。”维尔金斯基突然说。

所有人都站了起来。决定第二天中午再一次交换消息，作出最后的决定，虽然全体不再集合在一起。宣布了印刷机埋藏的地方，分配了每一个人的角色和任务。利普京和彼得·斯捷潘诺维奇立即一起出发去基里洛夫的寓所。

二

沙托夫可能告密，这件事我们的人大家都相信了；但是，彼得·斯捷潘诺维奇把他们当作卒子摆弄，——这件事大家也都相信了。大家还知道，明天他们全体还是会到指定地点去的，沙托夫的命运已经决定。大家感到，好像一群苍蝇突然落入蛛网，到了一只巨大蜘蛛的魔爪之中；他们愤恨，但却害怕得浑身发抖。

彼得·斯捷潘诺维奇无疑对不起他们：如果他稍稍注意美化一下现实，一切可能会协调得多，也轻松得多。但他没有把事情说得体面一点儿，没有把它比作古罗马公民的爱国行为或者类似的壮举，而一味渲染野性的恐怖和对性命的威胁，这就简直是无礼至极了。当然，生存竞争无往不在，别的原则是没有的，这是众所周知的事实，但是毕竟……

然而彼得·斯捷潘诺维奇没有时间去惊动古罗马人；他自己也心烦意乱，斯塔夫罗金的逃跑给他以沉重的打击，使他沮丧。他说斯塔夫罗金曾与副省长会晤，那是撒谎；实际上他走前没有同任何人见过面，甚至也没有同母亲见面，——事情的确非常奇怪，任何人都没有去触动他。（后来，当局不得不就此事作专门回答。）彼得·斯捷潘诺维奇打听了一天，但暂时什么也没有打听到，他从来没有这样惊慌过。难道他能够、难道他能够这样一下子就放弃斯塔夫罗金！这就是他为什么对我们的人不能太和蔼的原因。而且他们束缚了他的手脚：他已决定立即追赶斯塔夫罗金，然而沙托夫的事却使他耽搁下来，必须彻底巩固五人小组，以防万一。“总不能白白地把它扔掉，也许会有用的。”我想他就是这么考虑的。

至于沙托夫，他完全相信此人会去告密的。而他告诉我们的人关于告密信的话，都是谎言。他从来没有见到过这封告密信，也没有听说过，但他确信其有，就像相信二乘二等于四一样。他就是觉得，沙托夫无论如何也忍受不了当前的时刻——莉扎之死、玛丽娅·季莫费耶芙娜之死——正是现在他可能最终下定决心。谁知道呢，他这么认为，也许有什么根据。我们还知道他个人仇恨沙托夫；他们之间曾经发生过争吵，而彼得·斯捷潘诺维奇永远不会忘记冤仇的。我甚至确信，这才是最主要的原因。

我们城里的人行道是砖砌的，很狭窄，有的地方甚至只铺木板。彼得·斯捷潘诺维奇走在人行道中央，占据了整个人行道，一点儿也不顾及利普京，不给他留下并排行走的地方，因此利普京或者不得不跟在后面，离开一步，或者为了并排行走，便于说话，不得不跑到街上的污泥里去。彼得·斯捷潘诺维奇突然想起，不久之前为了跟上斯塔夫罗金，他也是这样踩着碎步在污泥里走的，斯塔夫罗金像他现在一样，走在人行道中央，霸占了整条人行道。他想起了当时的情景，气愤得喘不过气来。

但是利普京也屈辱得喘不过气来。彼得·斯捷潘诺维奇爱怎样对待我们的人，他可以不管，可是对他呢，难道也能同样对待？应该知道，他比其他所有人知道得更多，更靠拢组织，更了解事业，在此之前，虽然是间接地，但却不断地参加它的活动。唉，他知道在极端的情况下，彼得·斯捷潘诺维奇就是现在也可能置他于死地。但他早就痛恨彼得·斯捷潘诺维奇，不是因为危险，而是因为他的傲慢态度。现在，当必须对这样的事下决心的时候，他比所有我们的人加在一起都更愤恨。唉，他知道，明天他一定会“像奴隶”一样第一个到场，还会把所有其他人带来，要是他现在，在明天之前，能够想办法干掉彼得·斯捷潘诺维奇（当然不能毁了自己），那么他一定会把他干掉的。

他沉浸在自己的感觉中，一言不发，跟随在他的折磨者后面小步快跑。那人好像忘记了他的存在，只偶尔漫不经心地不客气地用胳膊肘碰碰他。突然，彼得·斯捷潘诺维奇在我们最热闹的一条街上停了下来，走进一家饭馆。

“这是到哪里去呀？”利普京恼怒了，“这是饭馆啊。”

“我想吃煎牛排。”

“得了吧，这里总是挤满了人。”

“管它呢。”

“但是……我们会误事的，已经十点了。”

“到那里去是不可能误点的。”

“可我要误事了！他们等着我回去。”

“就让他们等好了，不过您要去找他们，那太傻啦。我跟你们忙个不停，今天还没有吃中饭，而到基里洛夫那里去，越晚越可靠。”

彼得·斯捷潘诺维奇要了个包厢。利普京悻悻地坐在旁边的圈椅上，瞧着他吃。半个多小时过去了。彼得·斯捷潘诺维奇不慌不忙、津津有味地吃着，接着摇铃叫侍者来，要了另一种芥末，然后是啤酒，但一句话也不说。他在沉思之中，他能在同一时间内做两件事情——津津有味地吃喝和专注地思考问题。利普京到末了恨他如此之深，甚至不能把目光从他身上移开。这有点像神经病发作。他数着彼得·斯捷潘诺维奇送入口中的每一块牛排，瞧着他怎么张嘴，怎么咀嚼，怎么津津有味地咂吮一块肥嫩的牛排，他恨透了，他甚至恨那盘牛排。最后他两眼好像模糊起来，头脑开始微微发晕，感觉到背上热一阵，冷一阵，冷一阵，热一阵。

“您没有事，看看这个，”彼得·斯捷潘诺维奇突然把一张纸扔给他。利普京向烛光前靠了靠。纸上密密麻麻地写满了歪歪斜斜的字，每一行都经过涂改。当他费了很大的劲读完时，彼得·斯捷潘诺维奇已经付了账，准备走了。在人行道上利普京把这张纸递还给他。

“放在您那里吧；以后我再告诉您。不过您有什么看法？”

利普京全身震了一震。

“据我看……这样的传单……不过是可笑的无稽之谈。”

他的怨怒爆发了，他感到仿佛有人抓住他，带着他往前飞跑。

“如果我们决定散发像这样的传单，”他全身像筛糠似的战栗着，“那么，我们的愚蠢和对事业的无知将使人瞧不起我们。”

“哼，我可不是这么想。”彼得·斯捷潘诺维奇继续迈着坚定的步子。

“可我的想法与您不同；难道这是您自己起草的吗？”

“这不是您的事。”

“我还认为，那首小诗《光明正大的人》是所有诗歌中最最蹩脚的歪诗，绝对不可能是赫尔岑写的。”

“您胡说，诗是好的。”

“我还对有些事感到奇怪，比如说，”利普京继续气喘吁吁地小跑向前，“人们建议我们采取行动，促使一切全都土崩瓦解。在欧洲希望一切崩溃是自然的，因为那里有无产阶级，而我们这里只有一些好事的人，因此就我看来，我们只不过是弄得乌烟瘴气罢了。”

“我还以为您是傅立叶的信徒哩。”

“傅立叶不是这么回事，完全不是这么回事。”

“我不知道，是胡说。”

“不，傅立叶不是胡说……原谅我，我怎么也不能相信，五月份会发生暴动。”

利普京甚至解开了纽扣，他太热了。

“别说了，现在，为了不忘记，”彼得·斯捷潘诺维奇十分冷静地转换了话题，“这张传单您必须亲手排版，把它印出来。沙托夫的印刷机我们把它掘出来，明天就由您接收。在尽快的时间内您排好版，尽可能多印一些，然后整个冬天散发。经费会拨下来的。应当尽量多印，因为别的地方也会来向您要的。”

“不，对不起，我不能承担这样的……我拒绝。”

“不过您还是会承担的。我根据中央委员会的指示办事，您必须服从。”

“可我认为，我们在国外的一些中心忘记了俄国的实际，断绝了与俄国的一切联系，因此尽说些胡话……我甚至认为在俄国没有千百个五人小组，只有我们一个，组织网根本就没有。”最后利普京气喘吁吁，说不下去了。

“您不相信事业，却跟着它跑，您这就更可鄙了……现在又跟着我跑，就像一只下贱的小狗。”

“不，我不跑了。我们完全有权力脱离，成立新的组织。”

“笨——蛋！”彼得·斯捷潘诺维奇突然厉声大叫道，目光闪着怒火。

两人面对面站了一会儿。彼得·斯捷潘诺维奇转过身，自信地循原来的路走去。

利普京的头脑里像电光似的闪过一个思想：“我转过身往后走：如果现在不转身，以后永远也回不去了。”他这样考虑了整整十步，当他迈出第十一步的时候，一个新的破釜沉舟的念头在他的头脑中升起；因此他没有转身，没有往回走。

他们来到了菲利波夫的宅子，但是还没有走到房子，就拐进了一条小胡同，或者确切地说，拐进了一条沿板墙的不易觉察的小路，因此有一段时间内他们必须沿着一条小沟陡峭的沟壁上去，不抓住板墙就踩不稳脚。在歪斜的板墙的最阴暗角落，彼得·斯捷潘诺维奇抽出一块木板，出现了一个洞口，他立即从这个洞里钻了进去。利普京感到奇怪，但也跟着钻了进去；然后把木板放回原处。这就是费季卡去基里洛夫那里的那条秘密通道。

“不能让沙托夫知道我们在这里。”彼得·斯捷潘诺维奇严厉地对利普京小声说。

三

基里洛夫同往常一样，这时正坐在他的长皮沙发上喝茶。他不是欠身起来迎客，而是好像全身向上一跳，惶惶不安地打量进来的人。

“您没有猜错，”彼得·斯捷潘诺维奇说，“我是为那件事来的。”

“今天？”

“不，不，明天……大约在这个时候。”

他急忙坐到桌边，略带不安的神情仔细观察惊慌的基里洛夫。不过，这时基里洛夫已经恢复平静，神色如常了。

“这些人一直不相信。我把利普京带来，您不会生气吧？”

“今天我不生气。明天我希望单独一个人。”

“但是不要在我来之前，要当着我的面。”

“我倒不希望当着您的面。”

“您记得吗，您答应把我口授的一切写下并签名。”

“我无所谓。现在您还要待很久吗？”

“我要同一个人见面，所以大约要待半小时，不管您怎么想，这半小时我是坐定了。”

基里洛夫没有作声。这时利普京在一旁坐下，在一张主教的画像的下面。刚才那个孤注一掷的思想越来越强烈了。基里洛夫几乎没有注意他。利普京以前就知道基里洛夫的理论，一向讥笑他；但是现在他没有作声，阴沉地观察四周。

“要是来杯茶，我倒不反对，”彼得·斯捷潘诺维奇挪动了一下，“我刚才吃了煎牛排，估计正好赶上您喝茶。”

“请喝吧。”

“以前总是您亲自斟茶的。”彼得·斯捷潘诺维奇酸溜溜地说。

“反正一样。让利普京也喝吧。”

“不，我……不能。”

“不想还是不能？”彼得·斯捷潘诺维奇突然转过身去。

“我不在他这里喝。”利普京断然推辞说。彼得·斯捷潘诺维奇皱起了眉头。

“有点儿神秘主义的味道；鬼知道你们都是些什么人！”

没有人回答他；大家沉默了整整一分钟。

“但是我知道一点，”他突然斩钉截铁地补充说，“任何偏见都阻碍不了我们每一个人去履行自己的义务。”

“斯塔夫罗金走了吗？”基里洛夫问道。

“走了。”

“他走得好。”

彼得·斯捷潘诺维奇眼中闪起怒火，但他按捺住了。

“你们怎么想，对我都一样，只要每个人信守诺言就行。”

“我一定信守诺言。”

“不过，我一向就相信，您一定会履行自己的责任，因为您是独立的进步的人。”

“而您却很可笑。”

“就算是吧，我很喜欢逗人开心。我总是很高兴，如果我能够使人满意。”

“您很希望我开枪打死自己，怕我突然不干了？”

“怎么，要知道是您自己把您的计划同我们的行动联系在一起的。我们寄希望于您的计划，已经采取了一些措施，因此您已经绝对不能拒绝，因为您会使我们陷入困境的。”

“你们没有任何权力。”

“我懂，我懂，您有完全自由，而我们什么都没有，我们只希望您的完全自由能够实现。”

“而我应当承担你们所有的坏事？”

“听我说，基里洛夫，您不是胆怯了吧？如果您要放弃，马上就说。”

“我不胆怯。”

“我这是因为您问得太多了。”

“您很快就走？”

“您又问了？”

基里洛夫鄙夷不屑地打量他。

“知道吗，”彼得·斯捷潘诺维奇继续说，他愈来愈生气和焦躁，找不到适当的语调，“您希望我走，可以单独一人集中思想；但是对您来说，首先对您来说，这是危险的征兆。您希望多想想。就我看，最好不要想，任它去。您真的很使我不安。”

“只有一件事使我感到不舒服，在那个时候有您这样的败类在我身边。”

“这倒好办。我可以在那时候出去，在台阶上站一会儿。如果您要死而又这样不冷静，那么……这一切非常危险。我会到台阶上去的，您可以认为，我什么都不懂，是比您低下得不知多少的小人。”

“不，您没有低很多，您有才能，但是您很多事不理解，因为您是个卑鄙小人。”

“很高兴，很高兴。我已经说过，很高兴让您解解闷……在这样的时刻。”

“您什么都不懂。”

“那是说，我……不管怎么说，我在毕恭毕敬地听着。”

“您什么也干不成；您甚至不能在现在掩饰您那小小的愤恨，虽然显露出来对您是不利的。您可能激怒我，我会突然想再等半年的。”

彼得·斯捷潘诺维奇看了看表。

“我对您的理论从来就一窍不通，但是我知道，您这套理论不是为我们发明的，因此，没有我们您也会实行的。我还知道，不是您把思想吞噬掉，而是思想把您给吞噬掉了，因此您会拖延的。”

“怎么，思想把我给吞噬掉了？”

“是的。”

“不是我把思想吞噬掉？说得好。您有一点儿小聪明。只是您以此来挖苦我，我却以此为骄傲。”

“那很好，那很好。正需要这样，需要您以此为骄傲。”

“别说了，您茶已喝完，可以走了。”

“见鬼，得走了，”彼得·斯捷潘诺维奇欠起身来，“但是还是早了一点儿。听我说，基里洛夫，在米亚斯尼奇哈[①]那里我会找到那个人，明白吗？难道她也说谎？”

“您找不到，因为他在这里，不是那里。”

“怎么会在这里，见鬼，在哪里？”

“坐在厨房里，在吃，在喝。”

“他怎么敢？”彼得·斯捷潘诺维奇气得面红耳赤，“他必须等待……胡说！他既没有身份证，又没有钱！”

“我不知道。他来告别；穿好了出门的衣服，做好了准备。去了就不回来了。他说，您是坏蛋，不想等您的钱。”

“啊！他害怕，我……好吧，即使现在我也能把他，如果……他在哪里，在厨房里？”

基里洛夫打开边门，里面是一个极小的黑咕隆咚的房间；从这个房间下去三级踏步就进入厨房，直接通到一个用木板隔出来的通常放厨娘

---

① 费季卡的情妇。

床铺的小间，就在这个角落里，在圣像下面，费季卡坐在一张木板桌旁边。在他面前的桌子上放着半俄升装的酒瓶，一盘面包，一个陶碗里盛着一块冷牛肉和土豆。他没精打采地边吃边喝，已经半醉了，但穿着没有褂面的羊皮袄，显然做好了远行的准备。在隔板后面茶炊里的水已经开了，但不是给费季卡的，而是费季卡自己吹旺后摆在那儿的，一个多星期来，每天夜里他一定要吹旺茶炊，注上水，为"阿列克谢·尼雷奇准备好，因为先生太习惯于喝夜茶了"。我坚信，由于没有厨娘，牛排和土豆是基里洛夫一早就亲自给费季卡煎好的。

"你这是想干什么?"彼得·斯捷潘诺维奇急步走下踏步，"为什么你不在命令你等的地方等待?"

他一挥胳膊在桌上猛击一拳。

费季卡挺起腰。

"你等一等，彼得·斯捷潘诺维奇，等一等，"他凛然地一字一顿地说，"你首先应该明白，你是在基里洛夫先生，阿列克谢·尼雷奇，这里做客，你永远只配给他擦皮靴，因为在你面前他是有教养的聪明人，而你不过是——呸!"

他神气活现地往旁边干啐了一口。可以看到他的傲慢、坚决和在第一次发作之前的一种极其危险的故作镇静的说理态度。但是彼得·斯捷潘诺维奇已经无暇注意危险，而且这也不符合他对事物的看法。这一天来的事件和挫折使他晕头转向……利普京好奇地从黑咕隆咚的小间里在三级踏步上探头往下窥望。

"你想不想拿到一张真的身份证和一大笔钱到告诉你去的那个地方去？想还是不想?"

"你要知道，彼得·斯捷潘诺维奇，你从一开始就欺骗我，所以你在我面前是一个真正的流氓。就好像人身上的一只讨厌的虱子，——这就是我对你的看法。你答应给我许多钱，叫我去杀害无辜的人，还发誓赌咒，说是为了斯塔夫罗金先生，尽管一切都只说明你的无赖。我连一个子儿都没有拿到，更不用说一千五百卢布了，至于斯塔夫罗金先生打你的耳光，连我们也已经知道了。现在你又对我威胁，又答应给我钱，但要我干啥去，一句不说。我心里怀疑，你因为我容易上当要我到彼得堡去，不择手段对斯塔夫罗金先生、尼古拉·弗谢沃洛多维奇进行报复，因为你对他怀恨在心。从这点看，你是杀人的主犯。还有，你知道吗，由于你的堕落，你已经不相信上帝、真正的创世主了，只凭这一点，你就该受到什么报应？你完全同邪教徒一样，同鞑靼人和莫尔多瓦人没有什么差别。阿列克谢·尼雷奇是个哲学家，关于真正的上帝，创世主，关于世界的创造，他多次向你解释过，还根据《新约全书·启示录》解释我们的未来命运和各种生灵、各种禽兽的变化。而你，这个没有头脑的木头人，又聋又哑，顽固不化，还把埃尔捷列夫准尉[①]带上了这条路，你就是那个邪恶的诱惑者，所谓的无神论者……”

“你这个醉鬼！自己剥圣像上的衣饰，还有脸宣扬上帝！”

“我，你要知道，彼得·斯捷潘诺维奇，告诉你，我的确剥过；但是我不过取下珍珠，你怎么知道，也许这是那一时刻我的眼泪在上帝的洪炉里变成的，作为我在人世所受的委屈的补偿，因为我丝毫不差正是那个连起码的安身地方都没有的孤儿。你有没有在书上读到过，古时候有一个商人[②]，同样眼泪汪汪地一面叹息祷告，一面从圣母的光轮上偷了一颗珍珠，后来他当众跪着把卖珍珠的钱如数归还到圣母脚下，慈悲的圣母当着所有人的面用罩布把他罩住，因此这件事在当时成了奇迹，

---

① 这里费季卡误把埃尔克利准尉说成埃尔捷列夫准尉。

② 在小说的准备材料和初稿中“商人”这个词原为“圣者”，可能因为考虑到书报检查才在定稿本中改动的。这个传说的起源无从考证。——俄编注

当局命令把它原原本本地写进官府的书当中。可你呢？你把小老鼠放进去，就是说，你侮辱了上帝的指示本身。如果你不是我生来的主人，在你小的时候我在怀里抱过你，那么我现在就在这里当场干掉你。”

彼得·斯捷潘诺维奇勃然大怒。

“你说，你今天同斯塔夫罗金见过面没有？”

“你永远甭敢审问我，斯塔夫罗金先生真的会对你感到惊奇的，他连想也没有想过要插手这件事，不但没有发过什么指示，也没有给过钱，都是你挑唆我的。”

“钱你会得到的，还有两千卢布也会得到，在彼得堡，当场就给，一个子儿不少，还会得到更多的钱。”

“最最亲爱的，你在撒谎，我见到你甚至觉得好笑，你多么容易上当。斯塔夫罗金先生在你面前好像是站在楼梯的顶上，而你从底下好像一只愚蠢的小狗冲着他乱叫，他从上面吐一口唾沫也认为是给你很大的面子。”

“你知道吗，”彼得·斯捷潘诺维奇狂怒了，“我不放你这个坏蛋离开这儿一步，还要直接把你送交警察局！”

费季卡跳了起来，两眼冒着怒火。彼得·斯捷潘诺维奇掏出手枪。这时出现了一个极快的难堪的场面：在彼得·斯捷潘诺维奇举枪瞄准之前，费季卡刹那间一闪身，用全力掴了他一个耳光。几乎在同一瞬间听到另一个可怕的打击声，接着是第三下，第四下，都是打在脸上。彼得·斯捷潘诺维奇惊呆了，两个眼珠鼓了出来，不知嘟哝了一句什么，突然砰的一声全身直挺挺地倒在地上。

“给你们点厉害瞧瞧，把他扛走吧！”费季卡扬扬得意地怪叫一声；蓦地抓起帽子，从长凳下拉出包裹，一下子就不见了。彼得·斯捷潘诺维奇在昏迷中哼哼着。利普京甚至以为他已经被打死了。基里洛夫冲入厨房。

“给他浇水！”他喊了一声，操起铁勺在水桶里舀水浇到他头上。彼得·斯捷潘诺维奇动了一下，抬起头，坐了起来，茫然望着前方。

“喂，怎么样？”基里洛夫问道。

彼得·斯捷潘诺维奇盯视着他，仍然认不得他，但是看到利普京从厨房里探出头来，他露出他那可憎的笑容，突然从地板上捡起手枪，跳了起来。

“如果您胆敢明天逃跑，像斯塔夫罗金一样，”他疯狂地冲着基里洛夫大嚷，脸色煞白，结结巴巴，吐词不清，“那么我到天涯海角……也要把您吊死，像苍蝇一样……捻死……您放明白点！”

说着他把手枪口直接对准基里洛夫的前额，但是几乎就在同一时刻他终于完全清醒过来，急忙缩回手，把枪塞入口袋，不再说一句话，就从房子里跑出去了。利普京跟着他出去。他们从原先的窟窿钻出去，抓着板墙走下斜坡。彼得·斯捷潘诺维奇快步沿胡同走去，利普京几乎赶不上他。到第一个十字路口他突然停了下来。

“怎么样？”他挑衅地转身对着利普京。

利普京记得那支手枪，因为刚才的那场斗殴浑身还在发抖；但是回答不知怎地却不可遏止地脱口而出：

“我想……我想，从斯摩棱斯克到塔什干，并不那么焦急地等待着大学生。”

“您看到了吗，费季卡在厨房里喝什么？”

“喝什么？喝伏特加酒。”

“那么您要知道，这是他一生中最后一次喝伏特加酒了。建议您以后考虑问题时要记住这件事。现在您滚吧，明天以前我不需要您……但是您给我当心点；不要做傻事！”

利普京飞快地跑回家去了。

四

他早已准备好一张化名的护照。这事想起来都让人觉得古怪，这么一个办事认真的人，家庭中的小暴君，好歹还是一名官员（虽然是傅立叶主义者），而首先是资本家和高利贷者，——心中居然早已有了一个离奇的念头：要准备好这张护照以防意外，以便拿着这张护照偷偷逃往国外，万一……他毕竟还是承认有可能发生这个万一！虽然他自己当然也说不明白，这个万一究竟可能是怎么回事……

但是，现在它突然明确了，而且以最出人意料的形式。他在人行道上听到彼得·斯捷潘诺维奇叫他"笨蛋"以后，在进入基里洛夫家里时头脑中的那个破釜沉舟的念头是：明天天一亮就抛弃一切，流亡到国外去！谁如果不相信这种荒诞的事情甚至可能在我们今天的日常现实生活中发生，那么他可以去查阅一下所有真正的俄国国外流亡者的经历。没有一个人在逃亡国外的时候比他聪明一些，现实一些。都一样是不可遏止地追求幻象的王国，别无其他。

他跑回家中所做的第一件事是锁起房门，取出旅行包，开始手忙脚乱地收拾行李。他主要担心的是钱，他能够抢救多少，怎么抢救法。确确实实是抢救，因为根据他的想法，连一小时都不能耽搁，天一放亮，他就应该走在大路上。他也不知道，怎么去搭火车；他模模糊糊地决定在离城的第二个或第三个大站上车，哪怕步行也要走到那里。他头脑中一团乱麻，就这样本能地机械地忙着收拾旅行包，——突然，他停了下来，把什么事都扔下，低声呻吟着倒卧在长沙发上。

他清楚地感觉到，突然意识到，他要逃大概是能够逃走的，但是在干掉沙托夫以前还是以后逃跑呢？——这个问题他现在已经完全没有能力解决了；现在他只不过是一个笨拙的没有知觉的躯体，一团按惯性运动着的物质，但是推动他的却是一股外在的可怕的力量，虽然他有去国外的护照，尽管他有可能不参与杀害沙托夫之事（不然他为什么要这样忙着逃跑呢?)，但是他逃跑不是在杀害沙托夫之前，不是在杀害沙托夫之时，而是在杀害沙托夫之后，这是已经决定了的，无可挽回的事情。他心乱如麻，不住地颤抖着，对自己的行为感到惊奇，他一忽儿痛苦地呻吟，一忽儿又默不作声，——就这样他紧锁房门，躺在长沙发上一直挨到第二天上午十一点钟，这时，一次他期待中的推动突然到来，使他最终下了决心。十一点钟的时候，他刚刚打开房门出来，立刻从他家人的口中得知，在逃的苦役犯、使人闻风丧胆的强盗、教堂的抢劫犯、不久前的杀人凶手和纵火犯、受警察局追缉而一直未能捕获的费季卡，今天黎明时分在离城七俄里的地方，在大路通向扎哈里伊诺的乡间小道的拐弯处，发现已被杀死，全城已在沸沸扬扬地谈论这件事。他立即从家里飞奔出去探听详情，他打听到，第一，费季卡被发现时头被击破，从一切迹象看来是遭到抢劫；第二，警察局已经找到重大的疑点，甚至有一些确凿的证据可以得出结论，杀他的凶手是什皮古林厂的福姆卡，就是那个无疑同他一起在列比亚德金家中杀人放火的家伙，又听说，他们之间的争吵在大路上就已开始，起因好像是费季卡侵吞了从列比亚德金那里抢来的一大笔钱……利普京也到彼得·斯捷潘诺维奇寓所去过，从后门秘密打听到，彼得·斯捷潘诺维奇虽说头一天直到半夜一点左右才回到家中，但在家里安安稳稳地睡了个通宵，一直到早晨八点钟才起来。当然毫无疑问，强盗费季卡之死并无异常之处，干这一行的人落得这样一个下场是最常见的事情。但是那句不祥的话“费季卡今天晚上是最后一次喝伏特加了”和预言的很快应验，两者的吻合如此怵目惊心，使利普京突然不再动摇了。外力已经冲来了；好像一块大石头落在他身上，把他永远压在下面。回到家里，他默默地一脚把旅行袋踢到床下，晚上在约定的时间他第一个来到指定与沙托夫会面的地点，虽然口袋里仍带着他的护照……

第五章

天涯归客

一

莉扎的惨祸和玛丽娅·季莫费耶芙娜的暴死给沙托夫以极为沉重的打击。我已经提到过，那天早上我匆匆遇到过他，我觉得他好像精神不正常。他顺便告诉我，前一天晚上，大约九点钟的时候（就是说，大火前三小时），他去玛丽娅·季莫费耶芙娜那里，一清早他去看过尸体；但就我所知，那天早晨他没有在任何地方提供过任何证词。然而到这天傍晚他的心灵里掀起了一阵风暴，于是……我可以肯定地说，在黄昏时分，好像有那么一阵子，他想站起来，走出去，并且——说出一切。这个一切是什么——只有他自己知道。当然，他可能什么都得不到，只可能暴露自己。他没有任何证据足以揭露刚才发生的罪行，而且他自己也只有一些模糊的猜测，这些猜测只有他一个人坚信不疑。但是他不惜牺牲他自己，只求"捻死这些浑蛋"，——这是他亲口说的话。彼得·斯捷潘诺维奇部分地正确预见到他的这种冲动，并且他自己还知道，如果他把他那个可怕的新计划推延到第二天执行，他是在冒极大的危险。从他这方面来说，他同往常一样有着充分的自信和对所有这些"卑微小人"的轻蔑，特别是对沙托夫。他早就瞧不起沙托夫的那种"多愁善感的愚蠢”，他在国外的时候就是这样说他的，他坚定地相信他对付得了这样一个头脑简单的人，就是说，他可以在这一整天里紧紧盯住他，如果一发生危险就挡住他的路。但是使这些“浑蛋”得救、让他们能够再多活些时日的，却是一件完全出乎意料的、他们完全没有预见到的事……

晚上七点多钟（正好是我们的人在埃尔克利寓所集合，气愤又激动地等待彼得·斯捷潘诺维奇的时候），沙托夫头疼欲裂，身上发冷，伸直两腿躺在床上，屋子里没有点蜡烛，漆黑一片；他因为困惑不解而痛苦、恼怒，想下决心，但怎么也不能最终下定决心，他诅咒着，预感到这一切不会有任何结果。渐渐地他迷迷糊糊地昏睡过去，恍恍惚惚地做了一个噩梦，他梦见自己被人用绳子捆绑在床上，全身扎得结结实实，一点儿也不能动弹，同时整座房子里响彻猛烈的敲打板墙、敲打大门、敲打他的房门、基里洛夫的厢房门的声音，使得整座房子都震动起来，一个遥远的、熟悉的又使他痛苦的声音如怨如诉地呼唤着他。他蓦地醒了过来，在床上坐了起来。使他惊奇的是，大门上的敲击声仍在继续，虽然已不如梦中听到的那样猛烈，但是又清晰又执着，那个可怕的“使他痛苦的”声音，虽然一点也不如怨如诉，相反却是焦急暴躁，从下面大门旁传过来，还有另一个比较克制和比较普通的声音，与它交替着呼喊。他跳了起来，打开气窗，伸出头去。

“谁呀?”他叫了一声，真的害怕得手脚麻木了。

“如果你是沙托夫，”下面那个声音斩钉截铁地回答他，“那么请您坦率告诉我，您是否同意让我进去?”

果然是她，他听出这个声音了。

“Marie[①]！……是你吗？”

“是我，是我，玛丽娅·沙托娃，告诉您，我一分钟也不能再让马车夫多待了。”

“我马上就来……我先点上蜡烛……”沙托夫用微弱的声音喊道。然后忙着找火柴。像在这种情况下通常发生的一样，火柴怎么也找不到。烛台和蜡烛一起掉到地板上，当下面又传来那焦急的声音时，他把一切都扔下，从陡峭的楼梯上飞快地冲下去开门。

“劳驾，拿一下旅行袋，我先付钱给这个笨蛋，”玛丽娅·沙托娃太太在下面迎着他，把一只相当轻的德累斯顿产的、钉有铜扣的廉价帆布手提旅行袋塞到他手里。她自己气势汹汹地冲着马车夫嚷道：

“我要告诉您，您要得太多了。如果您在这里的肮脏街道上多拉了我整整一小时，那么错的是您，因为，可以看出，是您自己不认识这条愚蠢的街道和这所笨蛋的房子。请您把您的三十戈比拿去，别指望再得到什么了。”

“唉，太太，你自己说的升天街，可这一条是显圣街。升天胡同离这里可远哪。把这匹骗马白白地赶得浑身是汗。”

“升天街，显圣街，这些愚蠢的地名您应该比我知道得清楚，因为您是本地人，况且您不公正，我首先跟您说的是菲利波夫的房子，而您肯定地说您知道。无论如何，您可以明天到民事法庭去告状，现在请您不要再纠缠我。”

“再拿五戈比去！”沙托夫迅速从口袋中掏出一个五戈比的硬币，递给马车夫。

---

① 法文：玛丽。

“劳驾，请您千万别做这种事!”Mme[①] 沙托娃光火了，但马车夫已经催动了他的“骗马”，沙托夫拉住她的手，牵着她走进大门。

“快点，Marie，快点……这都是小事，而且——你都湿透了！走慢点，这里要上楼了，——多遗憾，没有灯火，——楼梯很陡，拉牢一点儿，牢一点儿，这里就是我的房间。对不起，我还没有点蜡烛……马上就好!”

他捡起烛台，但火柴还是很久没有找到。沙托娃太太站在房间中央，默默等待着，一动不动。

“谢天谢地，总算找到了!”他高兴地喊道，点起蜡烛，照亮了小房间。玛丽娅·沙托娃略略地环顾了一下他的住所。

“人家告诉我，您住得很差，但我想的还没有到这种程度。”她夷然不屑地说，向床边走去。

“啊唷，好累呀!”她衰弱无力地在硬邦邦的床上坐下，“请您把旅行袋放下，自己也在椅子上坐下。不过，随您的便，您老站在眼前叫人讨厌。我在您这里是暂时的，找到工作就走，因为这里的情况我什么都不知道，我也没有钱。但是如果我使您感到不便，我再次请您马上告诉我；如果您是个诚实的人，就应该这样做。我明天好歹还能够卖掉点什么东西，去付旅馆的房钱，不过要请您亲自把我送到旅馆去……啊唷，我真的累了!”

沙托夫浑身战栗起来。

“不要，Marie，不要去旅馆！什么旅馆？为什么要去，为什么？”

他恳求着，双手合在胸前。

“好吧，如果用不着去旅馆，那也必须把事情讲清楚。您想一想，

---

① 法文“太太”(madame)的缩写。

沙托夫，您我在日内瓦过了两个星期零几天的夫妻生活，从那时分手已经三年，不过我们也没有特别吵架。但是，不要以为我回来是要恢复过去的什么愚蠢关系。我回来是来找工作的，如果说我径直到这座城市来，那是因为我到哪里都无所谓。我不是来做什么忏悔的；对不起，不要有这种愚蠢的想法。”

“唉，Marie！别这么说，千万别这么说！”沙托夫含糊不清地嘟哝着。

“如果是这样，如果您的确如此开通，连这一点也能理解，那么我要补充一点，如果我现在直接来找您，来到您的寓所，那在某种程度上是因为我一直认为您远不是一个坏蛋，也许比其他的……浑蛋要好得多……”

她的两眼闪烁着怒火。大概她受了一些“浑蛋”的许多委屈。

“而且请您相信，我现在说您善良，一点儿没有嘲笑您的意思。我说得很坦率，没有什么花言巧语，我最讨厌花言巧语了。不过，这些都是废话。我向来相信，您有足够的智慧，不至于使我讨厌……啊唷，不说了，我好累！”

她以呆滞的、饱经忧患的、疲倦的目光瞧着他。沙托夫站在她面前，距她五步，在房间的另一头，怯生生地听着她。他仿佛成了一个新人，脸上神采飞扬，这个强壮粗犷、经常毛发怒张的人，突然整个变得柔和开朗了，他的心灵中萌生了一种不寻常的、完全出乎意料的情感。三年的离别，破裂了三年的婚姻，没有从他心灵中挤掉任何东西。也许在这三年中他每天都在思念她，思念这个亲爱的、曾经对他说过“我爱你”的人。我深知沙托夫，我可以肯定地说，他从来不会放纵自己梦想会有一个什么女人对他说“我爱你”。他纯洁、害羞到怕见生人的地步，他认为自己是丑八怪，憎恨自己的脸和自己的性格，把自己比作一个什么怪物，只配用车拉到市场上去展览。由于这一切荒诞的想法，他把诚实看得高于一切，而对自己的信念忠实到了疯狂的地步，他阴郁、骄傲、易怒、沉默寡言。但是这个唯一的爱过他两个星期（他永远相信这是真的!）的人，这个他永远认为无限高于他的人，虽然他完全清醒地认识她犯的种种错误；这个他能够原谅一切的人（这完全不成其为问题，甚至可能是相反，因为就他看来，他自己处处都对不起她），这个女人，这个玛丽娅·沙托娃突然又出现在他家里了，又在他的面前了……这简直令人不可思议！他万分震惊，在这一事件中对他来说包含着这么多可怕的东西，同时又蕴涵着这么多幸福，因此，当然他不能，也许是不希望清醒过来，害怕清醒过来。这是一场梦。但是当她用这种饱经忧患的目光凝视着他的时候，他突然懂得了，这个他深深爱着的人很痛苦，可能是受到屈辱。他的心脏好像停止了跳动。他痛心地细看她的面庞：这张疲倦的脸上早已失去了青春的光彩。不错，她仍然很好看——在他眼里仍像过去一样是一个美人。（实际上，这是一个二十五岁左右的女人，体格相当结实，中等偏高，比沙托夫高，长着一头浓密的深褐色头发，苍白的瓜子脸，一双深色的大眼睛，现在因发烧而闪着光。）但是过去那种他十分熟悉的轻佻、天真、朴质的旺盛精力已经荡然无存了，取而代之的是郁悒焦躁，失望，近乎愤世嫉俗的情绪，对此她还没有习惯，自己也感到苦恼。但是，最重要的是她有病，这一点他看清了。虽然他十分惧怕她，他突然走近她，抓住她的双手：

“Marie……知道吗……你大概是太累了，看上帝的面上，你别生气……要是你同意的话，比如说，喝一点儿茶，好吗？茶很能提神，好吗？要是你同意的话！……”

“这有什么同意不同意的，我当然同意，您仍像从前一样是个大孩子。要是方便，就拿来吧。您这里多挤啊！您这里多冷啊！”

"哎，我马上去拿木柴，木柴……木柴我有！"沙托夫全身颤抖起来，"木柴……就是说，可是……不过，茶也马上就有。"他挥了一下手，好像不顾一切地下了决心，一手抓起帽子。

"您去哪里？这么说，家里没有茶？"

"会有的，会有的，会有的，马上什么都会有的……我……"他从搁架上拿起一支左轮手枪。

"我马上把这支手枪卖了……或者当了……"

"瞧您有多傻呀，这得挨多长的时间！拿去，这是我的钱，如果您一无所有的话，这里有八个十戈比银币，好像是；全在这里了。您这里简直好像疯人院。"

"不用，不用花你的钱，我马上回来，只一会儿，我没有手枪也能……"

他径直奔往基里洛夫的住处。这大概是彼得·斯捷潘诺维奇和利普京到基里洛夫家来之前两个小时。沙托夫和基里洛夫虽然同住在一个院子，但几乎彼此不见面，偶尔遇到，也不打招呼，不说话：他们在美国"躺"在一起的时间太长了。

"基里洛夫，您这里总是有茶的；您有茶叶和茶炊吗？"

基里洛夫正在房间里踱来踱去（按他的习惯整夜都不停地从一个角落到另一个角落踱着步），突然停了下来，瞪着跑进来的人，不过也没有感到特别奇怪。

"茶叶有，糖有，茶炊也有。不过茶炊用不到，茶是滚热的。您坐下来喝就是。"

"基里洛夫，我们在美国躺在一起……我的妻子来了……我……给我一点儿茶叶……还要茶炊。"

"既然妻子来了，倒是需要茶炊。但是茶炊以后再拿。我有两个。

现在把桌上的茶壶拿去。热的，最热的。全拿去，把糖拿去，全拿去。面包……面包很多，全拿去。有小牛肉。钱有一个卢布。”

“给我，朋友，我明天归还！哎，基里洛夫！”

“这是瑞士的那个妻子？这很好。您这样跑进来，也很好。”

“基里洛夫！”沙托夫高声叫道，一面把茶壶夹在胳膊肘下面，两手拿着面包和糖，“基里洛夫！要是……要是您能够放弃您那些糟糕的幻想，抛掉您的无神论的梦呓……您是个多好的人，基里洛夫！”

“看来，您在离开瑞士之后还爱着妻子。这很好，如果在瑞士之后还爱她。要茶的时候，您再来吧。通宵都可以，我完全不睡觉。茶炊会有的。把这个卢布拿去。到您妻子那里去吧，我留在这里，我会想您和您妻子的事。”

玛丽娅·沙托娃显然对他的迅捷感到满意，几乎是贪婪地喝起茶来，但是没有必要去取茶炊了，因为她一共只喝了半杯茶，只咽下一小块面包。小牛肉连碰都没有碰，她厌恶地、不耐烦地拒绝了。

“你有病，Marie，你这一切都是有病的症候……”沙托夫怯生生地说，一面怯生生地在她身边照料她。

“当然有病，请您坐下。您哪里拿来的茶，本来不是没有吗？”

沙托夫向她讲基里洛夫的事，简单地稍稍讲一点儿。她听到过关于他的一些事。

“我知道，他是疯子；请您别说了，天下的傻瓜还少吗？这么说您到过美国？我听说过，您写过信。”

“对，我……写信到巴黎。”

“别说了，请您谈谈别的事情吧，您的信念是斯拉夫主义？”

“我……我不能说是……既然我不可能做一个俄罗斯人，于是我就成了斯拉夫主义者。”他苦笑了一下，神情尴尬，一个说了一句不合时宜而且十分勉强的俏皮话的人，常有这样的表情。

“您不是俄罗斯人?”

“不，不是俄罗斯人。”

“得了吧，这全都是废话。您坐下来吧，我请求您。您怎么老是跑来跑去？您以为我在说胡话？可能，我会说胡话。您说，这座房子里只有你们两个人?”

“两个人……楼下……”

“都是这样的聪明人。楼下什么？您刚才说楼下?”

“不，没有什么。”

“怎么没有什么？我想知道。”

“我刚才想说，现在我们这院子里只有两个人，楼下从前是列比亚德金一家住的……”

“就是昨天夜里被杀死的那个女的?”她突然惊叫起来，“我听说了。一到这里就听说了。你们这里失火了?”

“是啊，Marie，是的，也许我此刻正在做一件极为卑鄙的事，因为我宽恕这些卑鄙的小人……”他突然站了起来，在房间里大步走来走去，像发疯似的举起双手。

但是 Marie 没有完全明白他的意思。她心不在焉地听着他的回答，她只问，却不听别人说。

“你们干的好事。喔唷，世上的事多么卑鄙！世上的人都是多么卑鄙的人！您坐呀，我求您啦，您总是让我生气!”她精疲力尽地把头靠到枕头上。

“Marie，我不这样了……你也许最好躺一会儿，Marie?”

她没有回答，她衰弱无力，闭上了眼睛。她苍白的脸看起来就像是个死人。她几乎一瞬间就睡着了。沙托夫看了看四周，剪去烛花，再一次焦急地瞧了瞧她的脸，两手紧握在胸前，踮着脚走出房间到了穿堂。在楼梯口他脸向角落，站了约莫十分钟，一响不响，一动不动。他可能还会站下去，但是突然听到楼梯脚下轻轻的小心的脚步声。有人在上楼。沙托夫记起，他忘记闩上小门了。

“谁呀？”他轻声问道。

不认识的来访者不慌不忙地上来，也没有回答。上来以后，他停住了；在黑暗中不可能瞧清他；突然听到他小心翼翼地问道：

“是伊万·沙托夫吗？”

沙托夫报了自己的姓名，但立即伸出手阻挡他；而来客却自己抓住他的手，这时——沙托夫全身一震，好像摸到一条可怕的毒蛇。

“在这里站着，”他急促地小声说，“不要进去，我现在不能接待您。我妻子回来了。我把蜡烛拿出来。”

当他拿着蜡烛出来时，看到他面前站着一个年纪轻轻的小军官；他的名字他不知道，但在什么地方见到过他。

“埃尔克利，”那人自我介绍说，“您在维尔金斯基家见到过我。”

“记得；您坐在那里写个不停。听着，”沙托夫突然发起火来，疯狂地逼近他，但说话仍像刚才那样轻声，“您方才握住我的手的时候用手传递了信号。但是您要知道，我可以完全不理睬这些信号！我不承认……不希望……我可以现在就把您从楼梯上推下去，您知道这一点吗？”

“不，这事我一点不知道，我也完全不知道，为什么您发这么大的火，”来客毫无恶意地几乎天真无邪地回答道，“我只不过应当向您转达一件事，我到这里来主要是不想耽搁时间。您有一部印刷机，这机器不是属于您的，关于它的情况您有义务说明，这一点您自己知道。我接到命令要求您明天傍晚七点整就把它交给利普京。此外，命令我通知您，今后永远不再要求您做任何事情了。”

“不再要求?”

“完全不要求。您的请求已经获准，您永远被除名了。这是明确地命令我通知您的。”

“谁命令您通知的?”

“告诉我信号的那些人。”

“您从国外来?”

“这个……这个我想同您没有关系。”

“唉，见鬼！既然您已接到命令，为什么您不早点来?”

“我根据指示办事，我不是一个人。”

“我懂，我懂，您不是一个人。唉……见鬼！为什么利普京自己不来?”

“这样，我明天傍晚六点整来找您，从这里步行去。除我们三个之外，没有其他人。”

“韦尔霍文斯基会去吗?”

“不，他不去。韦尔霍文斯基明天早上十一点钟离开城里。”

“我早知道会这样，”沙托夫愤愤地低声说，一拳猛击自己的大腿，“逃跑了，这个坏蛋!”

他激动地陷入沉思。埃尔克利目不转睛地瞧着他，不做一声，等待着。

“你们怎么拿走呢?这可不能一次拿在手里带走。”

“那不需要。您只要指出地点，我们只要证实的确埋在那里就可以了。我们只知道在那一带，不知道具体的地点。您难道还把这个地点告诉什么人了?”

沙托夫瞥了他一眼。

“您呀，您呀，这么一个孩子——这么一个傻孩子，——您也像公羊一样一头栽进去了？唉，他们正需要这样的精英！您去吧！哎！那个浑蛋把你们全骗了，然后就跑了。”

埃尔克利以清澈平静的目光瞧着他，但好像并不理解。

“韦尔霍文斯基逃跑了，韦尔霍文斯基！”沙托夫咬牙切齿地狂吼。

“可他还在这里，没有走。他明天才走，”埃尔克利温和但坚定地说，“我特意请他以证人的身份到场；我的所有指示都是与他有关的（由于他还是一个年轻的没有经验的孩子，他吐露了真情）。但是可惜他借口要走没有同意；而且他的确好像有急事。”

沙托夫又一次惋惜地瞥了一眼这个老实人，但突然摆了一下手，似乎他在想：“值得惋惜吗？”

“好吧，我会去的，”他突然打断他说，“现在您去吧，快走！”

“那么，我六点整来。”埃尔克利彬彬有礼地鞠了一躬，从容地走下楼梯。

“小傻瓜！”沙托夫忍不住从楼梯上在他身后喊了一声。

“什么？”埃尔克利从楼下应答。

“没有什么，您走吧。”

“我还以为您说了句什么话呢。”

二

埃尔克利是这样一个“小傻瓜”：他只是大事糊涂，没有头脑，而在小事、次要的事情上却一点儿也不糊涂，甚至显得狡猾。他狂热地、天真地忠诚于“共同的事业”，其实就是忠诚于彼得·斯捷潘诺维奇。在我们的人的会议上做出决定并分配次日任务的时候，彼得·斯捷潘诺维奇给了他指示，他就按照他的指示行动。彼得·斯捷潘诺维奇分配给他使者的角色，在一旁跟他谈了十分钟。执行是他的天性的需要，这个人禀性浅薄，智力不高，永远渴望服从他人的意志，——咳，这当然只是为了“共同的”或者“伟大的”事业。但是这一点也无关紧要，因为类似埃尔克利这样的小狂热分子，他们所理解的为理想服务，只能是把理想与某个人融为一体，此人在他们的概念中就代表着这个理想。富于感情、温厚、善良的埃尔克利在准备杀害沙托夫的凶手当中可能是最冷酷无情的一个，尽管他与沙托夫没有任何私仇，他在参与杀害他的时候甚至连眼睛都不会眨一下。比如说，命令他在执行自己任务的时候，顺便好好观察一下沙托夫的情况，当沙托夫在楼梯上接待他的时候，很可能不自觉地一时激动说走了嘴，说他妻子回来了，——埃尔克利立刻表现出一种本能的狡猾，他没有流露出一点点好奇心，虽然在他的头脑里闪过了一个猜测，妻子回来这件事，对他们这项措施的成功有着重大的意义……

实际情况的确如此：只有这件事才使沙托夫没有实现他告发这些“浑蛋”的意图，同时又帮助他们“摆脱了”他……首先，这件事使沙托夫十分激动，使他脱离常轨，丧失了平时的洞察力和警觉性。他的头脑现在完全被另一桩事情所占据，再也不会想到什么个人安危的问题。相反，他兴奋地相信彼得·斯捷潘诺维奇明天就要逃走，因为这与他的怀疑如此吻合！回到房间以后，他又坐在角落里，两肘抵着膝盖，两手捂住脸。痛苦的思想折磨着他……

一会儿他又抬起头来，踮着脚站起来去瞧瞧她：“天哪！她这样下去，明天会发烧的，到明天早上，也许现在已经开始发烧了！当然，她着了凉。她不习惯这种可怕的气候，再加上火车上坐的是三等车厢，周围是狂风骤雨，而她只有一件薄薄的斗篷，没有任何御寒的衣服……把她甩在这里，无依无靠！那个旅行袋，多小，多轻，皱巴巴的，充其量不过十磅重！可怜的人，她多么疲惫，经受了多少苦难！她很高傲，所以没有诉苦。但是她很烦躁，很烦躁！这是一种病态，就是天使在生病时也会变得烦躁的。多么干枯的前额，一定是滚烫的，眼睛下面又是多么黑……但是这张瓜子脸多美，这一头浓密的秀发又多么……”

他赶快把眼睛移开，赶快走开，似乎他生怕除了不幸的、饱受痛苦的需要帮助的人之外，在她身上看到什么别的东西，——“这里哪有什么希望呢！啊，人呀，你多么下贱，多么卑鄙！”于是他又走到自己的角落里，坐下来，两手蒙住脸，又开始梦想，又开始回忆……又隐隐约约地看到了种种希望。

“喔唷，我多累。喔唷，我多累！”他回想起她的感叹声，她那微弱的疲惫的声音。现在抛弃她，而她身上只有八十个戈比；她递过来她的钱包，那么破旧，那么小！她来寻找工作——她哪里懂得找工作的艰难，他们哪里懂得俄国的事情？这些人好像任性的孩子，一切都是他们自己创造的幻想；她还生气，为什么俄国不像他们在外国时所做的美梦！咳，不幸的人们，咳，天真的人们！……但是，这里真的很冷……”

他记起了，她抱怨过，他答应生炉子，却没有生。“我有木柴，可以拿来，可别把她弄醒。不过，可以办到。小牛肉怎么办呢？她起来后可能会想吃的……这以后再说；基里洛夫通宵不睡觉的。应当拿什么把她盖上，她睡得那么沉，但是她一定很冷的，咳，一定很冷！”

他又一次走近去瞧她；连衫裙撩起来一点儿，右腿从膝盖以下都露了出来。他突然转过身，几乎吓慌了，他脱下他的厚大衣，只穿着一件很旧的上装，把裸露的地方盖好，竭力不去看它。

生火，踮着脚来来去去，到床前去瞧睡着的女人，坐在角落里胡思乱想；然后再去瞧睡着的女人，——这些事花去了很多的时间。两三个小时过去了。在这段时间里韦尔霍文斯基和利普京已经到基里洛夫那里来过，他在角落里打起盹儿来。传来她的呻吟声；她醒来了，她叫他，他像犯了罪似的跳了起来。

“Marie！我打了个盹儿……嗨，我真是个浑蛋，Marie！”

她坐了起来，惊奇地环顾四周，似乎没有认出来她在哪里，突然她全身一震，满面愠怒之色。

“我占据了您的床铺，我累得失去知觉睡着了；您怎么敢不推醒我？怎么胆敢认为，我存心要成为您的累赘？”

“我怎么可以推醒你呢，Marie?”

“您可以推醒我；您应该推醒我！您这里没有第二张床铺，而我占了您的床。您不该使我处于尴尬的境地。难道您认为我到这里来是来受您的恩施呢？您马上来睡在您的床上，我可以找几把椅子躺在角落里……”

“Marie，没有那么多椅子，而且没有铺垫。”

“那么就在地板上。您自己不是只能睡在地板上吗？我要睡地板，马上，马上。”

她站了起来，想跨出一步，但是一阵痉挛性的剧痛夺去了她的全部力气和决心，她大声呻吟着又倒在床上。沙托夫跑了过来，但是Marie把头埋在枕头里，抓住他的手，使劲握住它，扭它。这样持续了大约一分钟。

“Marie，亲爱的，如果需要，这里有一位医生弗伦采利，我认识，很……我可以去请他。”

“废话！”

“怎么是废话？告诉我，Marie，你哪里痛？要不然可以做一下热敷……在肚子上，比如说……这没有医生我也会……或者敷芥子泥。”

“这是怎么回事?”她问得怪怪的，抬起头，恐怖地瞧着他。

“你说的是什么，Marie?”沙托夫不懂她的话，“你问的是什么？天哪，我真不知道该怎么好，Marie，对不起，你的话我一点儿不懂。”

“咳，您走开，不需要您懂。您懂，那就太可笑了……”她苦笑了一下，“您跟我讲点什么事吧。您在房间里走动走动，跟我说说话。别站在我身边，别瞪着我，这一点我特别求求您，求您五百次!”

沙托夫开始在房间里走动，两眼瞅着地板，竭力不去瞧她。

“这里——你别生气，Marie，我恳求你，这里有小牛肉，不远，还有茶……你刚才吃得太少啦……”

她轻蔑地愤愤地摆摆手。沙托夫无可奈何地把话咽了下去。

“听我说，我想在这里开办一个装订社，根据合理的协作的原则①。您住在这里，您的看法怎样：会成功吗?”

“唉，Marie，我们这里连书都不看，而且根本就没有书。难道他会要装订书吗?”

“他是谁?”

“这里的读者和这里的所有居民，Marie。”

“那您说清楚点，不然您说：他，而他是谁，就不知道了。您不懂语法。”

“这是符合语言的精神的，Marie。”沙托夫喃喃地说。

“咳，去您的吧，您和您的精神叫人烦透了。为什么这里的居民或者读者不需要装订呢?”

---

① 讽刺地暗指车尔尼雪夫斯基在《怎么办?》(1863) 中所描绘的生产协作社（在社会主义的基础上)。大家知道，该小说问世之后，俄国出现了许多这类协作社。——俄编注

“因为读书和装订书是发展中的整整两个阶段，截然不同的阶段。首先，他一点点地学会读书，不用说，这要好几百年，但是他把书乱糟蹋、乱扔一气，认为这是无关紧要的东西。装订则已经表明尊重书，表明他不仅爱读书，而且承认读书是重要的事情。整个俄国现在还没有达到这个阶段。欧洲早就装订书籍了。”

“这话虽然有点学究气，但至少说得不笨，使我想起三年以前，三年前您有时相当幽默。”

她说这话时仍带着轻蔑的口吻，像所有前面说的那些任性的话一样。

“Marie，Marie，”沙托夫深受感动地转过身来对她说，“啊，Marie！你可知道，这三年发生了多少事情。我后来听说，你好像因为我改变了信念而轻视我。可我抛弃的是些什么人哪？真实生活的敌人；一些害怕自己独立思考的过时的自由主义者；思想的奴才，个性和自由的敌人，鼓吹陈腐僵化思想的老朽！他们有些什么？陈词滥调，中庸之道，最最市侩气的低级的庸碌无能，妒贤忌能的平等，没有个人尊严的平等，奴才和法国人九三年[①]所理解的平等……而主要是，到处都是坏蛋、坏蛋和坏蛋！”

“对，坏蛋很多，”她断断续续地痛楚地说。她伸直两腿躺着，一动不动，而且害怕动，头向后靠在枕头上，稍微歪向一边，疲倦而炽热的目光瞧着天花板。她的脸色苍白，嘴唇发干开裂了。

“你认识到了，Marie，认识到了！”沙托夫激动地叫道。她想摇头表示否定，但突然又像方才一样抽搐起来。她又把头埋在枕头里，又有一分钟她用力捏住跑到她身边的、吓呆了的沙托夫的手，捏得他发痛。

---

① “法国人九三年”指 1793 年的雅各宾专政。

“Marie，Marie！这病也许很重，Marie！”

“别说话……我不想要，不想要，”她激动地、几乎发狂似的叫道，又把脸仰了起来。“不许您这样瞧着我，我不需要您的同情！您在房间里走动吧，讲些什么事情，讲呀……”

沙托夫失魂落魄地重新开始嘟哝着想讲些什么。

“您在这里做什么工作？”她问道，轻蔑地不耐烦地打断他。

“在一个商人的事务所里办事。我，Marie，如果我特别用心的话，在这里也能赚到相当可观的钱。”

“那对您更好……”

“咳，你别胡思乱想，Marie，我这样说……”

“您还做些什么？您在宣扬些什么？您是不可能不宣扬的；您的性格就是这样！”

“宣扬上帝，Marie。”

“可您自己并不相信上帝。这种思想我永远不能理解。”

“咱们别谈这个了，Marie，以后再说吧。”

“这个玛丽娅·季莫费耶芙娜是怎么回事？”

“这件事咱们也等以后再谈，Marie。”

“不许对我说这样的话！听说她的死是由于……由于这些人的暴行，是真的吗？”

“一定是这样。”沙托夫咬牙切齿地说。

Marie猛地抬起头，痛苦地叫道：

“别再跟我谈起这件事，永远别谈，永远别谈！”

她又在那痉挛性的阵痛中倒在床上；这已是第三次了，但这一次呻吟声更大了，简直变成了叫喊。

“啊，讨厌的人！啊，可憎的人！”她辗转反侧，已经不再顾惜自己，把俯身站在她旁边的沙托夫推开。

“Marie，你要我干什么我就干什么……我可以走动，说话……”

“难道您没有看到已经开始了吗?”

“什么开始了，Marie?”

“我怎么知道？这种事情难道我会懂吗……啊，我真该死！啊，让一切预先受到诅咒吧!”

“Marie，要是你告诉我，什么事情开始了……不然的话，我……如果这样，我怎么能懂呢?”

“您这个不中用的只会说空话的人。啊，让世上的一切全都受到诅咒!”

“Marie，Marie!”

他当真认为她发疯了。

“难道您到现在还没有看到，我这是产前的阵痛，”她抬起身来，以可怕的、痛苦的怨恨瞧着他，这怨恨导致她整个脸扭曲变形，“让这个孩子没有生下来就受到诅咒吧!”

“Marie，”沙托夫激动地喊道，他终于明白了是怎么一回事，“Marie……但是你为什么不早说呢?”他蓦地醒悟过来，果断地拿起帽子。

“我进来的时候怎么知道？要是知道，我还会到您这里来吗？他们告诉我，还有十天！您哪里去，哪里去？别走!”

“去请助产士！我把手枪卖掉，现在首先要的是钱!”

“什么都别卖，甭请助产士，只要请一个普通的老太婆就好了，我钱包里还有八十个戈比……乡村妇女生孩子都没有助产士……如果我死了，那更好……”

“助产士要请，老太婆也要请。只是我怎么、怎么能把你一个人留在这里呢，Marie!”

但是，他考虑了一下，尽管她现在在发狂似的怒叫，还是把她一个人留下为好，免得以后束手无策，他不再听她的呻吟，也不理会她的怒斥，只寄希望于自己的双腿，飞速奔下楼去。

三

他首先去找基里洛夫。已经是半夜一点左右了。基里洛夫站在房间中央。

“基里洛夫，我妻子要分娩了。”

“怎么回事?”

“要分娩了，要生孩子了。”

“您……没有搞错吧?”

“没错，没错，她在抽搐……要请个老太婆，随便怎么样的，非得现在找不可……现在能找到吗？您这里前些时候有很多老太婆……”

“很可惜，我不会分娩，”基里洛夫若有所思地回答，“就是说，不是我不会分娩，而是我不会做什么事情，帮人家生孩子，我不会……或者……不，这句话我不会说。”

“就是说，您自己不会帮助别人接生；但是我要的不是这个，我要一个老太婆，老太婆，我要一个女人，一个看护，一个用人!”

“老太婆能请到，不过，可能现在不行。如果您愿意，我可以暂代……”

“咳，那不行；我现在去找维尔金斯卡娅，那个接生婆。”

“她是个坏蛋!”

“是呀，基里洛夫，可是她比哪一个接生婆都强！哦，是呀，这一切都将在这种情况下发生：没有虔敬，没有欢乐，只有厌恶，咒骂，亵渎神明——在一个新生灵诞生这样伟大的神秘时刻！……咳，她现在已经在诅咒他了。”

“如果您愿意，我……”

“不，不，不过在我跑去找人的时候（我一定把维尔金斯卡娅拖来!），您到时候到我楼梯下去，悄悄地听听，但是别进去，您会把她吓坏的，无论如何别进去，您只要听听就可以了……以防万一发生什么可怕的情况。当然，如果出现非常的情况，那您就进去。”

“我明白了。再给您一个卢布。拿着，我本来想明天买只母鸡，现在不想了。快去，尽快跑。茶炊通宵都有。”

基里洛夫对于谋杀沙托夫的阴谋一无所知，以前他也从来不知道威胁着沙托夫的危险的程度。他只知道沙托夫同“那些人”有些旧账未清，虽然他自己因国外给他的指示与此事有部分牵连（不过关系相当浅，因为他什么事情都不深陷进去），但是最近他摒弃了一切，摒弃了所有的任务，完全摆脱了各种事务，首先是“共同事业”，而沉湎于思辨的生活。彼得·韦尔霍文斯基在会议上虽然叫利普京同他一起到基里洛夫那里去，以便证实基里洛夫在一定的时刻会把“沙托夫事件”揽到自己身上，但是在与基里洛夫的谈话中，他只字未提沙托夫，甚至没有暗示，——一定是认为暗示不够策略，甚至认为基里洛夫不可靠，因而决定把事情搁到明天再说，那时事情已经干了，因此基里洛夫一定会觉得“反正一样”了；至少彼得·斯捷潘诺维奇对基里洛夫是这样估计的。利普京也很清楚地觉察到关于沙托夫的事，尽管做了许诺，却只字都没有提过，因为利普京太激动了，没有心思提出抗议。

沙托夫像一阵旋风似的向蚂蚁街跑去，一路上诅咒路途太长了，觉得这段路好像永远没有尽头似的。

他不得不长时间地敲打维尔金斯基家的门，因为这家人早已入睡了。于是，沙托夫开始使劲地毫不客气地敲打护窗板。院子里用链子拴着的看门狗拼命往前冲，凶狠地狂吠着。整条街上的狗都应声吠叫起来；满街一片犬吠声。

“您敲什么，有什么事？”窗户里终于传出来维尔金斯基本人的声音，他的声音温和，一点儿没有“辱骂”的味道。护窗板打开了一条缝，气窗也打开了。

“谁呀，哪一个浑蛋？”那是维尔金斯基的亲戚，那个老处女的声音，这声音又尖又凶，完全是辱骂的腔调。

“我是沙托夫，我妻子回来了，现在很快要分娩了……”

“那就让她分娩吧，您给我滚！”

“我是来请阿里娜·普罗霍罗芙娜的，阿里娜·普罗霍罗芙娜不去，我就不走！”

“她不能随便到哪一家去。夜里是特别出诊……您去找马克舍耶娃吧，不许在这里吵闹！”被惹怒了的女人像爆豆子似的说个不休。可以听到维尔金斯基在制止她；但是老处女把他推开，毫不让步。

“我不走！”沙托夫又叫道。

“您等一等，等一等嘛，”维尔金斯基终于吆喝一声制伏了老处女，他叫道，“请您，沙托夫，等五分钟，我去把阿里娜·普罗霍罗芙娜叫醒。请您不要敲，不要叫了……哎，这一切多可怕！”

漫长的五分钟之后阿里娜·普罗霍罗芙娜出来了。

“您妻子回来了？”从气窗里传出来她的声音，使沙托夫惊奇的是这声音并不凶恶，只不过同往常一样带着命令的口气；阿里娜·普罗霍罗芙娜可不能用别的口气说话。

“是的，她要分娩了。”

“是玛丽娅·伊格纳季耶芙娜吗？”

“是呀，是玛丽娅·伊格纳季耶芙娜。当然是玛丽娅·伊格纳季耶芙娜！”

一阵沉默。沙托夫等待着。屋子里的人在低声交谈。

“她来了很久了吗？”Mme维尔金斯卡娅又问。

“昨天晚上，八点钟。请您快一点儿。”

又是一阵低语，又好像在商量。

“听我说，您不会搞错吗？她自己叫您来找我的吗？”

“不，她没有叫我来找您，她想找一个老太婆，普通的老太婆，为了不使我花费过大，负担过重，不过您放心，我会付钱的。”

“好，我这就来，付不付钱都没有关系。我一向很佩服玛丽娅·伊格纳季耶芙娜在感情问题上独立自主的原则，虽然她可能不记得我了。您有最必需的东西吗？”

“什么都没有，但一切都会有的，会有的，会有的……”

“这些人还挺慷慨！”沙托夫在去利亚姆申住处的时候一路想道，“信念与为人好像是很不相同的两回事。我可能有很多地方对不起他们！……大家都有过错，大家都有过错……如果大家都相信这一点，那就好了！……”

在利亚姆申那里他倒用不着敲多久；让人惊奇的是利亚姆申立即就跳下床，光着脚，穿着一身内衣，冒着着凉的危险，打开了气窗；而他是一个多疑的人，一向很关心自己的健康。但是他如此敏感和迅捷是有特殊原因的：利亚姆申在我们的人那里开会以后激动得很，整个晚上胆战心惊，一直到现在还没有入睡；他总是恍惚觉得有几个不速之客，甚至极不受欢迎的客人会突然来访。关于沙托夫告密的消息尤其使他苦恼……这时突然好像故意似的，有人如此骇人地猛敲着他的窗户！……

他一看到是沙托夫，就吓慌了，立即砰的一声关上气窗，逃回床上。沙托夫发狂似的敲打着窗户，高声叫着。

“您怎么胆敢深更半夜这样敲打？”利亚姆申厉声叫道，心里可吓得要死；至少过了两分钟他才敢再次打开窗户，而且终于确信沙托夫是一个人来的。

“这手枪还您；您收回去，给我十五个卢布。”

“这是怎么回事，您喝醉了？这是敲诈，我会伤风的。您等一等，我去把毯子披上。”

“马上给我十五个卢布。如果不给，我要敲下去，一直到天亮；我把您的窗框砸掉。”

“我会喊救命的，马上把您抓去坐班房。”

“难道我是哑巴？我不会喊救命？究竟谁害怕警察，是您还是我？”

“您也会有这种卑鄙的想法……我知道您指的是什么……住手，住手，看上帝的分上别再敲啦！得了吧，谁夜里会有钱呢？既然您没有喝醉，要钱干什么用？”

“我妻子回来了。我已经让了您十个卢布，手枪我一次都没有用过；把枪拿去，马上拿去。”

利亚姆申机械地从气窗里伸出一只手去，接过了枪；他等了一会儿，突然迅速地把头从气窗里伸了出去，他背上发冷，仿佛失去了自制，嘟哝着说：

“您撒谎，根本不是您妻子来了。这……这不过是您想逃到什么地方去罢了。”

“您这个傻瓜，我干吗要逃？让你们的彼得·斯捷潘诺维奇逃跑吧，不是我。我刚才到接生婆维尔金斯卡娅那里去过，她立刻就同意到我那里去。不信您可以去问。我妻子很痛苦；需要钱用；给我钱吧！”

一连串思想像焰火似的在利亚姆申狡猾的头脑里闪过。顷刻之间一切都变了，但恐惧仍妨碍他考虑问题。

“怎么会呢……您不是没有同妻子住在一起吗?”

“您胆敢提出这种问题来，当心我敲破您的脑袋。”

“啊，我的天，对不起，我懂，我只不过是吃了一惊，一时糊涂……但是，我明白，我明白。但是……但是——难道阿里娜·普罗霍罗芙娜会去吗？您刚才不是说，她已经去了吗？这可不是真的。您瞧，您瞧，您瞧，您每走一步都要撒谎。”

“她大概现在已经在我妻子那里了，别耽搁了，您这样愚蠢，不能怪我。”

“不对，我并不愚蠢。对不起，我无论如何也不能……”

他完全不知所措了，于是他第三次又开始关窗，但沙托夫狂吼起来，他立即又把头伸了出来。

“但是，这完全是侵犯人身？您要求我干什么，说呀，干什么，干什么，您说确切点。而且注意，注意，在这样的深夜里。”

“我要您给我十五个卢布，您这个公羊脑袋!”

“但是，我也许根本不想收回手枪呢？您没有权力逼我。您买了东西，事情就结束了，您没有权力退还。这么大一笔钱夜里我怎么也拿不出。我往哪里去要这样一笔钱呢?”

“你总是有钱的；我已经让了你十个卢布，可是你是个有名的犹太崽子。”

“您后天来——听到吗，后天上午，十二点整，我如数给您，如数，好吗?”

沙托夫第三次开始疯狂地敲击窗框。

“你先给我十个卢布，明天早晨天一亮再把那五个卢布给我。”

“不成，后天早晨再给五个卢布，明天真的没有。最好您别来，最好您别来。”

“快给我十个卢布；哎，浑蛋！”

“您干吗这样骂人？等一等，要点个灯；瞧，您把玻璃都打碎了……谁半夜三更这样骂人的？拿去吧！”他从窗户里递出一张钞票来。

沙托夫一把抓过来——这是一张五卢布的钞票。

“真的，我没有了，杀了我也没有了。后天全数给您，现在什么也没有了。”

“那我就不走！”沙托夫咆哮如雷。

“喏，拿去，再给您，瞧见了吗？再给，再要就没有了。哪怕您喊破喉咙也不给了，不管怎么着都不给了，不给了，就是不给了！”

他在疯狂之中、绝望之中，浑身是汗。他后来给的两张钞票都是一个卢布的。沙托夫一共拿到了七个卢布。

“算了，见你的鬼去吧，我明天再来。利亚姆申，如果你不准备好八个卢布的话，我揍死你。”

“明天我不在家，傻瓜！”利亚姆申心里忖道。

“您站住，您站住！”他在已经奔跑的沙托夫身后狂叫，“您站住，回来。请您告诉我，您说您妻子回来了，这是真的吗？”

“傻瓜！”沙托夫啐了一口唾沫，飞快地跑回家去。

四

我要指出，阿里娜·普罗霍罗芙娜一点儿不知道昨天会议上通过的决定。维尔金斯基回到家里的时候，惊魂未定，疲惫不堪，不敢把做出的决定告诉她，但是毕竟忍耐不住，向她吐露了一半秘密——就是韦尔霍文斯基告诉他们的关于沙托夫一定会向警方告密的消息；但是他随即就说，他并不完全相信这个消息。阿里娜·普罗霍罗芙娜吓坏了。因此当沙托夫跑去请她的时候，尽管头一天夜里她照顾一个产妇忙了一个通宵，已经十分疲劳，但她还是立即决定前去。她总是相信，“像沙托夫这样的败类，在政治上是什么卑鄙勾当都干得出来的。”但是玛丽娅·伊格纳季耶芙娜的到来，使她以新的眼光去看待这件事情。沙托夫的恐惧，他提出请求时的绝望语调，他恳求帮助时的迫切态度，这一切表明叛徒的感情有了转变：一个仅仅为了坑害别人甚至不惜出卖自己的人，似乎应该有另一种外表和语调，而不是像实际中见到的那个样子。总之，阿里娜·普罗霍罗芙娜决定用自己的眼睛亲自去察看一下。维尔金斯基对她的决心很是满意——好像一块大石头从他身上搬走似的。他甚至产生了一种希望，他觉得沙托夫的外貌举止一点儿也不符合韦尔霍文斯基的推测……

沙托夫没有说错：他回来时看到阿里娜·普罗霍罗芙娜已经在 Marie 身边了。她刚乘车到达，轻蔑地把呆呆地站在楼梯底下的基里洛夫赶走，匆匆向 Marie 做了自我介绍，因为 Marie 已经不记得她们曾经相识了；她发现后者处于“最糟糕的状态”，也就是怨恨，颓丧，“在完全灰心绝望之中”，——在短短的四五分钟里她彻底驳倒了她的种种反对意见。

“您干吗老是说不想请一个收费高昂的助产士？”在沙托夫进去的时候她正在说，“完全是胡扯，这是因为您境遇不正常才会产生这种错误的思想。要是找一个普通的老太婆，找一个乡下的接生婆来帮忙，您八成不会有好结果；那时候麻烦的事儿和花费比请昂贵的助产士更多。您怎么知道我是个收费高昂的助产士？您可以将来付我钱，我一个子儿也不会多收您的，但我保证平安；有我在，您不会死的，比您更糟的情况也见得多啦。我明天就可以替您把孩子送到育婴堂去，然后送到农村去抚养，这样事情就了结了。那时您身体慢慢恢复，找一个合适的工作，很快就能偿还沙托夫的房钱和花费，花费也不会太多……”

“我不是因为这个……我没有权力让他负担……”

“这是合情合理的高尚的感情，但是相信我，只要沙托夫愿意改变他的古怪脾气，思想稍微正常一点儿，他几乎用不着花费什么。只要他不做蠢事，不大吵大闹，不气急败坏地满城乱跑，那就好了。这个人如果不制止他，说不定在天亮之前会把这里的所有医生都叫起来的；他不是把我那条街上所有的狗都吵醒了嘛。医生不需要再请了，我已经说过，我保证一切顺利。老太婆倒可以雇一个服侍您，这费不了什么钱。不过他本人说不定也可以派上用场，不是光会干蠢事。他有胳膊有腿，可以跑跑药房，这不是什么恩施，不会损害您的感情的。什么鬼恩施！难道不是他使您落到这步田地的吗？难道不是他抱着同您结婚的自私目的使您同您做家庭教师的那户人家吵翻了吗？这事我们都听说了……不过他自己现在好像发了疯似的，跑到我那里大叫大嚷，整条街都听到了。我一向不愿意勉强别人，我到这里来只是为了您好，只是出于原则，因为所有我们的人都应该团结；我离开家之前就把这话告诉他了。如果您认为我是多余的话，那么再见吧；只希望不要发生什么不幸的事情，这种事情如果预先采取措施，倒是很容易防止的。”

说着她甚至从椅子上站了起来。

Marie 是如此束手无策，如此痛苦，而且说实在的，又是如此害怕当前的情况，所以当然不敢放她走。可是这个女人突然使她感到憎恨，因为她说的根本不是这么回事，根本不是 Marie 心里所想的！只是她可能死在没有经验的接生婆手里的预言战胜了她对她的憎恶。不过从那时候起，她对沙托夫却更加挑剔，更加吹毛求疵了。最后竟到了这样的地步，她不仅禁止他瞧着她，而且不许他面朝着她站立。她的阵痛越来越厉害。她的诅咒，甚至谩骂，也越来越凶狠了。

“好，咱们把他打发出去，”阿里娜·普罗霍罗芙娜打断她说，“他面无人色，只会使您恐怖；脸色苍白得像个死人！您这个可笑的怪人，请您说说，您为什么要待在这里？真是太滑稽了！”

沙托夫没有回答；他下定决心，什么都不回答。

“我见过许多愚蠢的父亲，在这种情况下也像发疯似的。不过那些人至少……”

“别说了，要不就把我扔下，让我死算了！一句话也别说了！我不要，不要！”Marie 大声嚷道。

“一句话都不说是不行的，除非您发疯了；我理解您的情况就是这样。至少总得谈谈正经事吧：告诉我，你们准备了些什么东西？沙托夫，您回答，她顾不上这些。”

“请您告诉我，究竟需要些什么？”

“这么说，什么也没有准备。”

她一件件报出最必需的东西，应当替她说句公道话，她所举的都是最必需的东西，实在不能再寒伧了。在沙托夫这里找到一些东西。Marie 取出钥匙递给他，要他在她的旅行袋里找一找。由于他两手发抖，所以在打开那不熟悉的锁时，多耽搁了一些时间。Marie 发火了，但当阿里娜·普罗霍罗芙娜走过去，想从他手里接过钥匙的时候，她说什么也不让阿里娜·普罗霍罗芙娜看她旅行袋里的东西，任性地哭着叫着，一定只能让沙托夫一个人去打开旅行包。

有的东西不得不到基里洛夫那里去取。沙托夫刚刚转身出去，她立即发狂似的叫他回来，只有当沙托夫慌忙从楼梯上回来，向她说明他只出去一分钟去取最必需的东西、马上就回来的时候，她才安静下来。

“您这人真难侍候，太太，”阿里娜·普罗霍罗芙娜大笑起来，“一会儿要他面朝墙壁站着，不许瞧您一眼，一会儿又不许离开一分钟，不然您会哭起来。这样他可能会有想法的。好了，好了，别任性了，别抹眼泪了，我不过开开玩笑。”

“他不敢有什么想法的。”

“对、对、对，要不是他像公羊那样爱着您，他不会气急败坏地满街乱跑，不会把全城所有的狗都吵醒的。他把我家的窗框都砸掉了。”

五

沙托夫进去的时候，基里洛夫还在那里踱步，从房间的一个角落到另一个角落，他如此心不在焉，甚至忘记了沙托夫妻子到来的事，他听着，但并不理解沙托夫说的是什么。

“噢，对了，”他忽然记了起来，似乎他好不容易仅仅在一刹那间才摆脱了某个吸引着他的思想，“对了……老太婆……妻子还是老太婆？等一等，既有妻子，又有老太婆，是吗？记得；去找过了；老太婆会来的，不过不是马上就来。把枕头拿去。还要什么？对……等一等，沙托夫，您有没有经历过永恒和谐的时刻？”

“知道吗，基里洛夫，您可不能老是夜里不睡觉呀。”

基里洛夫清醒了过来，奇怪的是，他说起话来比平常有条理得多；看得出来，他早已把这一切做了系统的整理，可能还记了下来：

“有几秒钟时间，每次大约五六秒钟，你突然感觉到完全达到了永恒和谐的境界。① 还不是尘世的境界；我并非说它是天国的境界，我是

① 陀思妥耶夫斯基夫人说，基里洛夫对沙托夫讲到癫痫发作的那段话，反映了陀思妥耶夫斯基“对我和孩子们讲过的感觉”。

说这是人的凡胎俗骨不能体验得到的。必须脱胎换骨，或者死亡。这种感觉是清晰的，无可争辩的。仿佛你突然感觉到整个大自然，突然说：对，正该如此。上帝在创造世界的时候，在每天的末了总是说：‘对，正该如此，这很好。’[①] 这……这不是什么深受感动，而只不过是欢乐。你并不宽恕什么，因为已经没有什么可宽恕的了。你也并不是在爱什么，哦，——这比爱更高些。最可怕的是这样的清晰和这样的欢乐。如果超过五秒钟，心灵就承受不住，就会消失。在这五秒钟内我经历了一生，我乐于献出我的一生来换取这五秒钟，因为这值得。如果你想承受十秒钟，那就必须脱胎换骨。我想，人应该停止生育。既然目的已经达到，为什么还要孩子？为什么还要发展？福音书中说，人在复活的时候将不生育，将像天上的使者一样。[②] 这是暗示。您的妻子快分娩了？”

“基里洛夫，这种情况经常发生吗？”

“有时三天一次，有时一星期一次。”

“您没有羊角风吧？”

“没有。”

“那么您会有的。您要当心，基里洛夫，我听说，羊角风就是这样开始的。一个癫痫病患者曾经向我详细描述过发病前的先兆感觉，同您说得一模一样；他说的也是五秒钟，并且说，再多就承受不了啦。您可

---

① 请比较《旧约全书·创世记》，第 1 章第 2～30 节。

② 语出《新约全书·马太福音》（第 22 章，第 30 节）：“当复活的时候，人也不娶也不嫁，乃像天上的使者一样。”陀思妥耶夫斯基这些话是讲未来的天堂的生活。在 1863—1864 年的笔记本里他写道：“我们只知道未来生物的未来禀性的一个特点，这种生物未必称之为人（因此我们一点也不知道，我们将成为怎样的生物）。这个特点是：‘不娶不嫁，像天上的使者一样。’这个特点具有深刻的意义：（1）不娶不嫁，这已经没有必要；已经不需要用世代交迭的手段来表达到发展的目的了……”

记得穆罕默德的那个高水罐[①]，他骑着他的骏马走遍天堂，罐里的水还没有流出来哩。高水罐——也是那五秒钟；太像您的和谐了，而穆罕默德是癫痫病患者。当心，基里洛夫，这是羊角风。”

“来不及发病的。”基里洛夫轻轻一笑。

六

黑夜渐渐过去了。沙托夫一刻也不得安宁：一会儿差他去做这做那，一会儿骂他，一会儿又把他叫了过去。Marie 为自己的生命极度恐惧。她叫喊着，她“一定，一定”要活下去，她害怕死。“我不要死，我不要死!”她反复说。要不是阿里娜·普罗霍罗芙娜，事情可真糟了。渐渐地，她完全控制住了产妇。产妇开始听她的每一句话，每一声吆喝，就像孩子一样。阿里娜·普罗霍罗芙娜以刚而不是以柔来制伏她，但她的医术的确高明。天开始亮了。阿里娜·普罗霍罗芙娜忽然硬说沙托夫刚才跑到楼梯口去祈祷上帝，笑了起来。Marie 也笑了起来，悻悻地、挖苦地笑着，仿佛这样的笑能使她轻松一些。最后，沙托夫被彻底赶了出去。早晨来到了，阴湿寒冷的早晨。他把脸靠到拐角的墙上，完全同昨天埃尔克利来的时候一样。他全身像一片树叶似的簌簌颤抖，连想都不敢想一想，但是他的头脑却抓住呈现在他眼前的一切景象，像在梦里一样。幻想一个接着一个，使他神往，但像霉烂的纱线一样，一个接着一个折断了。从房间里传出来的已经不是呻吟，而是可怕的纯粹是

---

① 根据伊斯兰教的传说，有一天夜里，穆罕默德被大天使哲布勒伊来（哲布勒伊来亦译直布勒来或吉布利里，伊斯兰教四大天使之一。——译者注）唤醒，到耶路撒冷去了一次，在天上他同上帝、天使和先知们谈了话，见到了火焰地狱。大天使唤醒他时，翅膀碰倒了高水罐，但当穆罕默德从天堂回来时，水罐还没有倾倒，罐中的水还没有流出来，他正好赶上把水罐扶正。——俄编注

野兽的号叫，令人毛骨悚然，难以忍受，难以相信。他想塞住耳朵，但是没有用，他跪了下来，无意识地重复着："Marie，Marie！"最后终于传来一种叫声，刚才没有的叫声，沙托夫全身不禁一震，站了起来，这是婴儿的微弱的、颤抖的叫声。他画了个十字，冲进房里去。一个红红的皱巴巴的小生命在阿里娜·普罗霍罗芙娜怀抱里哭叫着，蠕动着小手和小脚，它那么无依无靠，像一粒尘埃，只要一阵风吹来就会消失得无影无踪，但是它哭叫着，宣告自己的存在，宣告它也有充分的生的权利……Marie躺着，好像已经失去了知觉，但是一分钟后她睁开了眼睛，古怪地瞧了沙托夫一眼：这一眼是一种全新的目光，究竟是什么目光，他还不能理解，但是他以前从未见过也不记得她有过这样的目光。

"是个男的？是个男的？"她用微弱的声音问阿里娜·普罗霍罗芙娜。

"是个小子！"阿里娜·普罗霍罗芙娜高声回答，一面裹着婴儿。

在她裹好婴儿，准备把他横放到床上两个枕头之间的时候，她交给沙托夫抱一会儿。Marie悄悄地，似乎害怕阿里娜·普罗霍罗芙娜似的，向他点了点头。他立刻明白了她的意思，把婴儿抱过去让她看。

"多么……漂亮……"她无力地轻声说，微微笑了一笑。

"嘿！瞧他的模样！"得意扬扬的阿里娜·普罗霍罗芙娜瞧了一眼沙托夫的面孔，乐呵呵地笑了起来，"他脸上的这副傻相！"

"您乐吧，阿里娜·普罗霍罗芙娜……这是天大的喜事……"沙托夫听到Marie夸孩子的话，脸上焕发出光彩，带着傻乎乎的幸福表情喃喃地说道。

"您说的天大喜事是什么意思？"阿里娜·普罗霍罗芙娜嘻嘻笑着，一面像个苦役犯那样忙乱地收拾自己的东西。

"一个新生命出世的奥秘，伟大的无法解释的奥秘，阿里娜·普罗霍罗芙娜，多可惜，您不理解！”

沙托夫语无伦次地嘟哝着，他迷迷茫茫，喜不自胜，好像有什么东西在他头脑里激荡着，不受他的意志的支配，自行从他的心灵里流溢出来。

“本来是两个人，突然出现了第三个人，一个新的、完美无缺的灵魂，这是人的双手创造不出来的；新的思想，新的爱，简直让人感到可怕。世上没有比这更崇高的了。”

“您胡说些什么呀！这只不过是机体的进一步发展罢了，没有什么了不起，没有什么奥秘，”阿里娜·普罗霍罗芙娜真诚地快活地哈哈大笑，“要不然每一只苍蝇都是奥秘了。但是要注意：多余的人不应该出生。首先要把一切加以改造，使他们不会成为多余的，然后再把他们生出来。否则后天只能把他送到育婴堂去……不过，也只能这样。”

“他永远不会离开我去育婴堂！”沙托夫两眼盯着地板，坚决地说。

“您要认他做儿子？”

“他本来就是我的儿子嘛。”

“当然，他是沙托夫，根据法律是沙托夫，您用不着把自己打扮成人类的恩人。这些人总是非吹牛不行。好吧，好吧，不过先生们，告诉你们，”她终于收拾完了，“我得走啦。今天早上我会再来，如果有必要的话，晚上再来一次，现在，由于一切结束得太顺利了，我得到别家去看看，他们早在等我了。您那里，沙托夫，有个老太婆来了，老太婆归老太婆，您做丈夫的也不能丢下她不管呀，您要坐在她身边，说不定用得着您；玛丽娅·伊格纳季耶芙娜看来不会把您赶走的……别介意，别介意，我这是开玩笑……”

沙托夫送她到大门口，这里她又单独对他说：

“您太可笑了，够我笑一辈子的；您的钱我不收；我梦里也会大笑的。我没有见过比您今天更可笑的了。”

她离开时十分满意。从沙托夫的神色和言谈来看，像大白天一样清楚，这个人“准备做父亲，是最无用的窝囊废”。虽然去另一个产妇人家走直路要近一些，她故意绕道回家，以便把这事告诉维尔金斯基。

“Marie，她吩咐你等一会儿再睡，虽然我看到，这很困难……”沙托夫怯生生地开始说，“我在这儿窗边坐一会儿，守着你，好吗？”

说着他在长沙发后面的窗口坐下，使她无论如何也看不到他。但是过了不到一分钟，她把他叫了过去，挑挑剔剔地要他整整枕头。他开始整平枕头。她愤怒地望着墙壁。

“不是这样，哎哟，不是这样……您的手怎么这么笨！”

沙托夫又整理了一番。

“您俯下身来。”突然她古怪地说道，尽可能不去看他。

他震了一震，但俯了下来。

“再低一点儿……不是这样……再近一点儿。”突然她的左手飞快地搂住了他的脖子，他在自己的额头上感觉到了她有力的湿润的吻。

“Marie！”

她的嘴唇在颤抖，她勉强忍耐着，但突然她欠身起来，两眼闪着怒火，说道：

“尼古拉·斯塔夫罗金是一个卑鄙小人！”

她软弱无力，像一棵砍断的小树，倒了下去，脸埋在枕头里，歇斯底里地号啕大哭起来。一面仍紧紧地把沙托夫的手握在自己手里。

从这一分钟开始她已经不再让沙托夫离开一步，她要求他坐在她床头。她还不能多说话，但直瞧着他，发傻似的对着他笑。她忽然好像变成了一个傻丫头。一切仿佛彻底改变了。沙托夫一会儿像小孩儿似的哭着，一会儿天知道他讲了些什么，他说得那么古怪、紊乱不清而又神情激昂；他吻着她的手；她如醉如痴地听着，也许她并没有听懂，但温柔地用孱弱无力的手抚平他的头发，摩挲着，欣赏着。他跟她谈起基里洛夫，谈到现在他们将“重新生活，永不分离”，谈到上帝的存在，谈到世上都是好人……在欣喜激动中他们又把婴儿抱起来瞧瞧。

“Marie，”他怀里抱着婴儿高声说道，“过去的噩梦、耻辱和死气沉沉的生活都已结束。让我们劳动，三人一起走上崭新的道路，就这样，就这样……啊，对了，咱们给他取个什么名字，Marie?”

“他？取个什么名字?”她惊奇地重复了一遍，突然她的脸上显露出极度的悲痛。

她两手一拍，责备地瞧了沙托夫一眼，又把头埋在枕头里。

“Marie，你怎么啦?”他又痛苦又惊恐地叫道。

“您也会这样，也会这样……唉，不知感恩的人!”

“Marie，对不起，Marie……我只不过问了一下，起个什么名字。我不知道……”

“伊万，伊万，”她抬起了涨得通红的泪痕斑斑的脸，“难道您以为可能取个别的什么可怕的名字吗?”

“Marie，安静一点儿，咳，你情绪多不好!”

“又对我粗暴；您以为情绪不好的原因是什么？我敢打赌，要是我提出取他的……那可怕的名字，您也会立即同意，甚至不会注意的！唉，忘恩负义的人们、卑鄙无耻的人们，你们都是，都是!”

一分钟之后，不用说两人和好了。沙托夫说服她睡一会儿。她睡着了，但仍然握着他的手不放，她常常醒来，抬眼看他，好像害怕他会走掉似的，接着又睡着了。

基里洛夫打发一个老太婆前来“贺喜”，还送来热茶、刚煎好的肉饼、鸡汤和白面包，专门“给玛丽娅·伊格纳季耶芙娜”。产妇狼吞虎咽地喝完了鸡汤，老太婆给婴儿换了尿布，Marie 逼着沙托夫也吃了个肉饼。

时间悄悄地过去。沙托夫自己也筋疲力尽，坐在椅子上睡着了，头靠在 Marie 的枕头上。信守诺言的阿里娜·普罗霍罗芙娜进来的时候看到的就是这幅图景，她乐呵呵地把他们叫醒，同 Marie 谈了些必要的事，把婴儿检查了一番，又叮咛沙托夫不要走开，然后以略带轻蔑和傲慢的口吻把“两口子”揶揄了一番，就走了，同上次一样她感到十分满意。

沙托夫醒来的时候，天已完全黑了。他赶忙点起蜡烛，跑去叫老太婆，可是他刚迈步下楼，就听到轻轻的不紧不慢的脚步声，一个人迎面从楼下上来，使他吃了一惊。来人是埃尔克利。

“别进来!”沙托夫低声说，一把抓住他的手，把他拖回到大门边，“在这里等着，我马上就出来，我把您完全给忘了，完全忘了。唉，您这一来我才想了起来!”

他如此匆忙，甚至没有到基里洛夫的屋里去，只把老太婆叫了出来。Marie 又懊恼又气愤，说他“怎么会想到把她孤单单地留在这里”。

“但是，”他兴高采烈地叫道，“这是最后的一步了！这以后就开始新的人生道路，我们永远永远不会想起往日的恐怖。”

他好不容易说服了她，答应九点整就回来；热烈地吻了吻她，吻了吻孩子，很快跑下去找埃尔克利。

两人出发去斯塔夫罗金家在斯克沃列什尼基庄园里的花园，一年半以前他在花园边缘上，在紧挨着松林的一处偏僻地方，埋下了托付给他的印刷机。这个地方人迹罕至，一片荒凉，十分隐蔽，离斯克沃列什尼基的主楼相当远，完全不为人注意。从菲利波夫的宅子到这里有三俄里半甚至四俄里路程。

“难道都要步行？我去雇一辆马车吧。”

“一定请您不要雇，”埃尔克利反对道，“他们正好在这一点上坚持不让。马车夫也可能成为见证人。”

“好吧……真见鬼！反正一样，只希望把这件事快点了结，了结！”

他们开始快步走去。

“埃尔克利，您还是个小孩子！”沙托夫高声说道，“您可曾享到过幸福?”

“您现在好像很幸福。”埃尔克利好奇地说道。

第六章

千辛万苦的一夜

一

维尔金斯基在这一天当中用了大约两个小时找遍了所有我们的人，他想去告诉他们，沙托夫一定不会去告密，因为他妻子回来了，还生了一个孩子。任何人只要能“懂得人心”，绝不会认为他在此刻会构成危险。但是使他困惑不解的是，几乎所有人都不在家，除了埃尔克利和利亚姆申之外。埃尔克利默默听完他的话，坦然瞧着他的眼睛；当他直截了当地问他“六点钟他去不去”时，他以最开朗的笑容回答：“当然，我要去的。”

利亚姆申躺在床上，看来病得相当重，用被子蒙着头。维尔金斯基进去，他吃了一惊，维尔金斯基一开口说话，他从被子下面伸出两只手挥动着，恳求他不要打扰他。但是关于沙托夫的事还是听完了；对于所有人都不在家的消息，不知什么缘故他感到十分震惊。还发现，他已经知道了（从利普京那儿）费季卡被杀的事，他自己慌慌张张、颠三倒四地把这件事告诉维尔金斯基，使得后者也十分震惊。维尔金斯基直截了当地问他：“要不要去?”——他又突然挥动着胳膊，恳求他，说他是“局外人，什么都不知道，希望不要打扰他”。

维尔金斯基回到家里，心情沮丧，惶惶不安；使他更为苦恼的是，他不得不向家人隐瞒，而他一向习惯于对妻子无话不谈的。如果不是在他发烧的头脑中这时产生了一个新的念头，一种新的缓和的进一步行动计划，那么他也许也会像利亚姆申一样，躺倒在床上了。但是新的念头增强了他的力量，不仅如此，他甚至急不可待地盼望约定的时间早点到来，甚至提前出发往集合地点走去。

这是一个十分阴沉可怖的地点，在斯塔夫罗金家巨大花园的尽头。我后来特意到那里去看过，在那个肃杀的秋天夜晚，这里的气氛一定是阴森森的。这里是一片古老的禁止砍伐的森林的边缘；在黑暗中一棵棵参天古松像一团团模糊的阴影。夜色如此浓重，两步之外彼此就几乎看不清了，但是彼得·斯捷潘诺维奇、利普京，然后是埃尔克利带来了手提灯。不知道在什么时候，为了什么目的，在很久很久以前这里用粗石块修筑了一个相当可笑的石窟。石窟里的桌子和几张凳子早已腐朽倒塌了。在靠右两百步的地方是花园的第三个池塘的终端。这三个池塘从庄园主楼旁开始，一个接着一个，延伸一俄里还多，一直到花园的尽头。很难想象，什么喧嚣声、叫喊声甚至手枪的射击声可能传到斯塔夫罗金家大楼居住者的耳朵里。从昨天尼古拉·弗谢沃洛多维奇出走和阿列克谢·叶戈雷奇离开之后，整座大楼已经冷冷清清，只留下五六个人居住，这些人可以说都是老弱病残。在任何情况下几乎可以完全肯定地认为，即使这些与世隔绝的居住者当中有谁听到哀号声或者呼救声，那么也只会使他们恐怖，而不会有一个人从温暖的炉子或者烘热的火炕上挪动一下身子去救援受难者。

六时二十分，除了派去叫沙托夫的埃尔克利之外，几乎所有人都已经到了集会地点。彼得·斯捷潘诺维奇这一次没有晚到；他是同托尔卡琴科一起来的。托尔卡琴科紧锁双眉，忧心忡忡；他那假装出来的耀武扬威、虚张声势的坚决态度已经杳无踪影了。他几乎寸步不离彼得·斯捷潘诺维奇左右，好像突然变得对他无限忠诚了；不时大惊小怪地跑到他身边去同他交头接耳地说话，但彼得·斯捷潘诺维奇几乎都不搭理他，或者懊恼地嘟哝些什么，以便摆脱他。

希加廖夫和维尔金斯基甚至比彼得·斯捷潘诺维奇到得还早一些，在他出现的时候，他们立即走开几步，退到一边，一声不响，显然是有意的。彼得·斯捷潘诺维奇举起提灯，毫无礼貌、令人难堪地把他们端详了一番。“他们有话要说。”他的头脑中闪过一个想法。

“利亚姆申没有来?”他问维尔金斯基，“谁说他病了?”

“我在这里。”利亚姆申答应道，突然从树后走了出来。他穿着一件厚大衣，紧裹着一条毛毯，因此即使打着灯也很难看清他的面容。

“这么说，只有利普京没有来?”

利普京也不声不响地从石窟中走了出来。彼得·斯捷潘诺维奇又举起提灯。

“为什么您躲到那里去了，为什么不出来?”

“我认为，我们大家保留着我们的行动……自由权利。”利普京喃喃地说，不过大概他自己也不十分清楚，他究竟想说些什么。

“先生们，”彼得·斯捷潘诺维奇提高嗓门，第一次破除他悄声说话的习惯，这一招产生了效果，“我想你们很清楚，我们现在没有必要再啰唆了。昨天一切都已说过了，直截了当地、明确地反复说过了。但是，我从你们的脸上看到，可能有人还有话要说；既然如此，我请你们快说。真见鬼，时间不多，埃尔克利可能马上就把他带到……”

“他一定会把他带来的。”不知为了什么目的，托尔卡琴科插话说。

“如果我没有搞错的话，首先要移交印刷机?”利普京询问道，又好像他自己也不明白，为什么要提这个问题。

“那还用说，总不能把东西丢掉吧，”彼得·斯捷潘诺维奇把提灯举到他脸跟前，“但是昨天已经说定，用不着真正接收。只要让他向您指出埋藏的确切地点就行；将来我们自己再来挖掘。我知道，这个地点在离开石窟某一个角落十步的地方……但是，真见鬼，您怎么把这个给忘记了，利普京？本来已经说定了，您一个人先见他，然后我们出来……奇怪，您怎么会提这个问题，也许您只不过说说而已？”

利普京脸色阴郁，没有说话。其余人也保持缄默。风摇曳着松树的树梢。

“不过，先生们，我希望每一个人都会履行自己的义务。”彼得·斯捷潘诺维奇不耐烦地打破沉默。

“我知道，沙托夫的妻子回来了，还生了个孩子，”突然维尔金斯基开始说道，他心情激动，慌慌张张，几乎说不出话来，两手比画着，“人心相通……可以相信，他现在不会告密……因为他很幸福……因此我刚才去找过大家，但谁也没有找到……因此，也许现在完全不必要做什么事情……”

他说不下去了：他气都喘不过来了。

“如果您，维尔金斯基先生，突然变得很幸福，”彼得·斯捷潘诺维奇向他迈出一步，“那么，您会不会推迟——当然啰，不是告密，这是根本不可能的，而是什么危险的爱国义举，这个举动是在您幸福之前就计划好了的，而且您把它看得高于幸福，认为是自己的天职和义务，那么，尽管它很危险，而且可能因此而丧失您的幸福，您会不会把它搁置一边呢？”

“不，我不会把它搁置一边的！无论如何也不会搁置一边的！”维尔金斯基以一种难以置信的热情说道，剧烈地做着手势。

“您宁肯再成为不幸的人，而不愿成为卑鄙的人？”

“是的，是的……我甚至完全相反……想成为完全卑鄙的人……我是说，不，完全不是卑鄙的人，而是相反，宁肯成为不幸的人，而不是卑鄙的人。”

“那么您要知道，沙托夫把告密看作是爱国的壮举，他的最崇高的信念。证据是：他自己在政府面前多少也冒着一点儿风险，虽然由于告密，他当然能在很大程度上得到宽大处理。这样一个人什么都不会放弃的。任何幸福都不会改变他；一天以后，他会醒悟过来，一面责备自己，一面去完成自己的天职。而且我并不认为他的妻子在三年以后来到他那里去生斯塔夫罗金的孩子，有什么幸福可言。”

“但是，谁也没有见到过告密信。”希加廖夫突然执着地说。

“告密信我见过，”彼得·斯捷潘诺维奇叫道，“它的确存在，这一切太愚蠢了，先生们!”

“可我，”维尔金斯基勃然大怒，“我抗议……我全力抗议……我希望……我希望的是：我希望，他来之后，我们大家都出来一齐盘问他。如果真有其事，那就要他写悔过书，如果他保证没有，那么就放了他。无论如何，要经过审理，根据审理的结果来办事。不能大家都躲起来，然后突然扑过去。”

“凭保证就拿共同事业去冒险，这是最愚蠢不过了！真见鬼，先生们，现在来说这种话多愚蠢！而且在这个危险时刻您扮演的是什么角色?”

“我抗议，我抗议。”维尔金斯基反复说。

“至少您不要嚷嚷，我们会听不到信号的。沙托夫，先生们……(真见鬼，现在再来说这种话多愚蠢!)我已经对你们说过，沙托夫是斯拉夫主义者，就是说，最愚蠢的人之一……不过，见鬼，反正一样，没有什么了不起！你们只会把我搞得晕头转向！……先生们，沙托夫，是一个满怀怨恨的人，由于他仍是协会的一员，不管他愿意不愿意，所以直到最后一分钟我仍希望能够为共同事业而利用他，把他作为满怀怨恨的人使用他。我爱护他、宽恕他，虽然我接到最确切的命令……我宽恕他比他所应得的更多一百倍！但是结果他竟告了密；就是这样，见鬼，没有什么了不起！……但是谁现在想要溜走，那就让他试试看！你们中谁也没有权利离开事业！你们同他哪怕去接吻都可以，如果你们愿意！但是凭一句誓言就出卖共同事业，你们没有权利！只有猪猡和被政府收买的人才会这样做！”

“这里谁是被政府收买的人？”利普京慢吞吞地说。

“您，说不定是您。您最好不要说话，利普京，您只不过这样说说，成了习惯。被收买的人，先生们，是所有那些在危险时刻胆怯的人。由于恐惧总有傻瓜在最后一分钟逃跑，喊叫起来：‘哎哟，饶了我吧，我可以把所有人出卖！’但是你们要知道，现在不管你们怎样告密，你们是得不到宽恕的。即使法律上罪减二等，每个人仍免不了流放西伯利亚，此外，还逃不了另一柄宝剑。这另一柄宝剑比政府的宝剑要锋利得多。”

彼得·斯捷潘诺维奇在狂怒之中，说了些多余的话。希加廖夫毅然地向他迈出三步。

“从昨天晚上起，我把事情仔细考虑过了，”他像往常一样，信心十足地、有条不紊地开始说道（我觉得，如果他脚下的地面陷了下去，他也不会加强语气，丝毫不会改变他的叙述的条理性），“在把事情仔细考虑之后我决定，计划中的谋杀不仅浪费了宝贵的时间（这时间可以用于更重要、更迫切的方面），而且谋杀还偏离正常的道路，给事业带来极大的危害，使事业屈从于一些轻率的主要是从事政治的而不是纯粹的社会主义者的影响之下，把事业的成功推迟几十年。我到这里来，唯一的目的就是抗议计划中的措施，使大家得到教训，然后——退出这当前的时刻，这一时刻我不知道为什么你们把它叫作你们的危险时刻。我所以要走——不是因为我害怕这一危险，不是由于我对沙托夫有什么感情，同他我一点儿不想亲吻，而只是因为这件事从头到尾直接违背我的纲领。至于告密和受政府收买，在我这方面你们完全可以放心：我绝不会告密。”

他转过身走了。

“真见鬼，他会同他们迎面相遇，警告沙托夫的！”彼得·斯捷潘诺维奇叫道。他拔出手枪，咔嚓一声扳起了扳机。

“你们可以相信，”希加廖夫又回过身来，“如果我在路上遇见沙托夫，我可能还会跟他点头招呼，但不会警告他。”

“您可知道，您可能为此付出代价，傅立叶先生?”

“请您注意，我不是傅立叶。您把我同这个故作多情、不切实际、言语不清的人混淆在一起，证明我的手稿虽然曾经在您手上，但是您完全不知道它的内容。至于您的报复，那么我要告诉您，您扳起扳机是徒劳的，此时此刻这对您来说绝对不利。如果您威胁我明天或者后天要对我进行报复，那么除了自找麻烦之外，您打死我也不会有什么好处：即使杀死我，但我的体系迟早总要实现的。再见。”

在这一瞬间，从花园里，从池塘那个方向相距大约二百步的地方传来一声口哨声。利普京根据昨天的约定立即就吹哨子回答（为此他早上就特地花一个戈比在市场上买了一个孩子玩的陶制哨子，因为他以为他那牙齿相当稀疏的嘴巴很不可靠）。埃尔克利在路上已经预先告诉沙托夫将用哨声联络，因此沙托夫没有产生任何怀疑。

“别担心，我从他们一旁绕过去，他们绝对不会发觉我。”希加廖夫威严地低声说，然后，也不加快脚步，从容不迫地穿过黑魆魆的花园回家去了。

现在，我们已经完全知道了这件可怕的事情发生的详细经过。首先利普京在石窟边迎接埃尔克利和沙托夫；沙托夫没有跟他打招呼，也没有伸出手去握手，而是立刻匆匆地高声说道：

“唉，你们的铲子在哪里，还有没有一盏提灯？你们不必害怕，这里一个人也没有，现在哪怕从这里开炮，在斯克沃列什尼基庄园里也不会有人听到。就在这一带，在这里，在这个地方……”

他用脚点了一点地面，的确是离石窟后面的角落靠森林那边十步的地方。就在这时，托尔卡琴科从树后跳了出来往他身后猛扑过去，埃尔克利也从后面抓住他的两个胳膊肘。利普京从前面压了过去。三个人立即把他打倒，压在地上。这时彼得·斯捷潘诺维奇拿着手枪跳了过来。据人们讲，沙托夫突然向他转过头去，看清了他，认出了他。三盏提灯照亮这个场面。沙托夫突然短促地拼命地喊了一声；但是他们没有让他再喊叫：彼得·斯捷潘诺维奇毫不犹豫地把枪对准他的前额，紧紧抵住，——扣动了扳机。枪声好像并不太响，至少在斯克沃列什尼基庄园里人们什么也没有听到。当然，希加廖夫是听到的，他还没有走出三百步——既听到呼叫声，也听到了枪声，但是，据他自己事后做证说，他没有回过头去，甚至没有停住脚步。沙托夫几乎在刹那之间就死了。只有彼得·斯捷潘诺维奇一个人仍能完全保持控制能力（我不认为他能保持冷静）。他蹲了下来，在死者的口袋里匆忙地，但果断地搜查了一遍。没有发现钱（钱包留在玛丽娅·伊格纳季耶芙娜枕头底下了）。找到两三张无用的纸片：一张办公室的便条，一本书的书名和国外一家饭馆的一张老账单，天知道，这张账单怎么会在他的口袋里保存了两年之久。这些纸片彼得·斯捷潘诺维奇都放进了自己的口袋，他突然发现，所有人都集成一团，望着尸体，什么也不干，他便开始凶狠地、蛮横地谩骂和催促。托尔卡琴科和埃尔克利清醒了过来，立刻跑去从石窟里搬出两块大石头，这两块石头是他们一早就藏在那里的，每块约有二十俄磅重，是准备好待用的，就是说，用绳子结结实实地扎好的。由于原先已决定把尸体抬往最近的一个（第三个）池塘，沉入水中，所以他们开始把这两块石头分别拴到他的腿上和脖子上。彼得·斯捷潘诺维奇动手捆，托尔卡琴科和埃尔克利只捧着石头，依次递给他。埃尔克利首先把石头递过去，在彼得·斯捷潘诺维奇嘟哝着谩骂着用绳子捆住尸体的两条腿，把这第一块石头拴上去的时候，托尔卡琴科在这一段相当长的时间里一直手里悬空捧着石头，整个身体过分地，似乎是毕恭毕敬地向前倾斜，准备着随时把石块立即递上去，一次也没有想到过暂时把他的重荷放到地上。当两块石头终于拴好以后，彼得·斯捷潘诺维奇从地上站起来审视在场的人的面孔，这时突然发生了一件怪事，完全出乎意料，几乎所有人都惊奇不已。

上面已经说过，除了托尔卡琴科和埃尔克利稍微做一点事之外，几乎所有人都站在那里，什么也不干。维尔金斯基在所有人扑过去的时候，虽说也向沙托夫扑了过去，但没有抓住沙托夫，也没有帮助揪住他。利亚姆申则在枪响之后才到了这群人当中。此后在为捆绑尸首而忙乱的大约十分钟过程中，他们大家好像失去了一部分知觉似的。他们聚集在周围，似乎一点儿也不感到惊惶和恐惧，而只感到惊喜。利普京站在前面，就在尸体旁边。维尔金斯基在他后面，带着一种特殊的好像是与己无关的好奇心，从他背后伸出头来窥探，甚至还踮起脚，为了看得清楚一些。利亚姆申则躲在维尔金斯基后面，只是偶然提心吊胆地伸出头来看一眼，立即又躲了起来。当石头已经拴好，彼得·斯捷潘诺维奇站起身来的时候，维尔金斯基突然浑身瑟瑟发抖，举起两手一拍，痛苦地大声喊道：

“不该这样做，不该这样做！不，完全不该这样做！”

他也许还会在这过晚的惊呼之后再说些什么，但是利亚姆申不让他说完：他突然使劲搂住他，从后面紧紧抱住，用一种难以想象的尖细声叫了起来。人们在生活中会遇上极度恐怖的时刻，比如说，当一个人不是用他自己的声音，而是用一种完全不可思议的声音突然叫了起来，这有时候甚至会使人毛骨悚然。利亚姆申不是用人的声音，而是用一种野兽的声音叫了起来。他从维尔金斯基身后用双手抱住他，越抱越紧，一阵阵地抽搐着，不停歇不间断地尖叫着，两眼鼓出来瞪着大家，嘴巴张得大大的，两脚急促地跺着地，像打鼓点似的。维尔金斯基吓得自己也像疯子似的叫了起来，拼命想从利亚姆申的两臂中挣脱出来，谁也不会想到维尔金斯基有可能变得如此凶狠，两手竭力往后伸过去，对利亚姆申又抓又打。埃尔克利帮助他，终于拉开了利亚姆申，但是，当维尔金斯基在恐怖中向旁跳开十步之后，利亚姆申突然见到了彼得·斯捷潘诺维奇，又狂叫起来，向他扑了过去。他在尸体上绊了一下，越过尸体倒在彼得·斯捷潘诺维奇身上，张开两臂，把他紧紧抱住，脑袋抵住他的胸脯。无论彼得·斯捷潘诺维奇，还是托尔卡琴科，还是利普京，在最初的刹那间都束手无策了。彼得·斯捷潘诺维奇又叫又骂，用拳头捶他的脑袋；最后总算勉强挣脱出来，他拔出手枪，把枪口伸入仍在狂叫的利亚姆申口中。这时托尔卡琴科、埃尔克利和利普京已经紧紧抓住利亚姆申的胳膊，但他继续尖叫，尽管口中有手枪。最后，埃尔克利急忙把自己的富丽雅绸手帕揉成一团，利索地塞入他口中，这样叫喊声才停止了。同时托尔卡琴科用剩下的一段绳子捆住他的两手。

“这太奇怪了。”彼得·斯捷潘诺维奇说，又恐慌又惊诧地打量着疯子。

他显然惊呆了。

“我本来以为他不是这样一种人。”他若有所思地又说。

他们暂时把埃尔克利留下来看住他。得赶紧把死人处理掉——刚才那么大叫大嚷，可能会有人听见的。托尔卡琴科和彼得·斯捷潘诺维奇举着提灯，扛起尸体的脑袋；利普京和维尔金斯基抓住两条腿，抬着往前。尸首加上两块石头相当沉重，而这段距离又在两百步以上。力气最大的是托尔卡琴科。他提出大家的步子要齐，但谁也不搭理他，就这么胡乱抬着走。彼得·斯捷潘诺维奇走在右边，全身弓着，肩上扛着死人的脑袋，左手从下面托着石头。由于托尔卡琴科走了整整一半路程还没有准备帮助他托一下石头，彼得·斯捷潘诺维奇终于大声叱骂他。他的叫骂声是突如其来的，孤零零的一声；大家继续默默地往前扛，一直到池塘跟前；被沉重的尸体压得弯腰弓背，似乎已经疲惫不堪的维尔金斯基，这时突然又以那种带哭的声音高叫道：

“不该这样做，不，不，完全不该这样做！”

斯克沃列什尼基庄园的第三个池塘相当大，它的终端，也就是他们把死者抬过去的地方，是花园中最荒凉、人迹罕至的地方之一，特别是在这快近岁末的时节。池塘这一端的岸边长满了草。他们放下提灯，把尸体晃荡了几下抛进了水中。传来沉闷的扑通一声，在水面久久回荡。彼得·斯捷潘诺维奇举起提灯，大家也跟着他伸出头去，好奇地想看看尸体怎样沉下去；但是已经什么都看不到了：尸体带着两块石头转眼就沉没了。水面上激起的巨大波纹在很快消失。事情结束了。

“先生们，”彼得·斯捷潘诺维奇对大家说道，“现在我们就要分手了。毫无疑问，在完成你们自由选定的职责之后，你们应该同时感到那种从容自在的骄傲。如果不幸现在由于你们过于激动，没有体会到这种感觉，那么明天就会感觉到，如果那时你们还没有这种感觉，那就太可耻了。对于利亚姆申的那种实在可耻的激动，我同意把它看作是一时精神失常，尤其因为据说他从一早就真的有病。至于您，维尔金斯基，只要稍微做点自由思考，您就会看到，为了共同事业，不能轻信保证来行动，而只能像我们所做的那样。事情的结果会使您看到，他的确告了密。我同意忘记您的喊叫。至于危险，我估计不会有任何危险。谁也不会怀疑我们当中的任何一个人，特别是，如果你们善于谨慎行动的话；因此重要的还在于你们自己，在于你们的坚强信念，我相信你们明天就会有这种信念。顺便说说，正是为了这个，你们才团结成志同道合者自由结合的单独组织，以便在共同事业中，在当前，彼此协同行动，如果需要的话，还得相互注视和监督。你们每一个人都必须对自己的行动做全面汇报。你们的责任在于使那停滞不前而衰颓发臭的事业焕发生机；你们应该时刻记住，以鼓舞斗志。当前你们的全部行动的目的是破坏一切：国家和它的道德准则。只有我们会存活下来，因为我们为接收政权预先做了准备：聪明的人，我们要把他们吸引过来，而愚蠢的人我们可以把他们用来当马骑。对此你们不用感到不好意思。应当改造一代人，使他们无愧于自由。我们面前还会有千千万万个沙托夫需要我们去对付。我们组织起来，是为了夺取领导权；如果闲置着的、本身就企盼着我们去拿的东西，我们不伸手去拿，那太可耻了。我现在就到基里洛夫那里去，早上就能得到那张证明，那里面，他以临死前向政府自白的形式，把一切都揽到自己身上。这种谋杀与自杀的组合是再自然不过的了。第一，他与沙托夫有仇，在美国的时候他俩住在一起，因此有时间吵架。众所周知，沙托夫改变了自己的信念；因此，他们的仇恨来自不同的信念和害怕对方告密，——就是说，是不共戴天的仇恨。证明书里将把这一切都写上。最后，还要提到，费季卡曾经住在他那里，就是说在菲利波夫的房子里。这样，这一切将完全排除对你们的怀疑，因为会把这些笨蛋搞得莫名其妙。先生们，明天我们不再见面了；我要到县里去待很短一段时间。但是，后天你们会接到我的通知。我劝你们大家明天最好都待在家里。现在，我们两人一批走不同的路回去。托尔卡琴科，我请您照顾一下利亚姆申，把他送回家去。您可以做做他的工作，主要是，向他说明，他的怯懦首先会给他自己带来多大的危害。对您的亲戚希加廖夫，维尔金斯基先生，也像对您一样，我不想怀疑：他是不会告密的。只是他的行为令人遗憾；但是他仍然没有声明退出协会，因此要埋葬他为时尚早。唉，——快一点儿，先生们，那里虽然是一些笨蛋，但小心谨慎总不会坏事的……”

维尔金斯基同埃尔克利一起走。埃尔克利在把利亚姆申交给托尔卡琴科之前，带他到彼得·斯捷潘诺维奇面前，并说他已经清醒过来，表示后悔并请求宽恕，他甚至已不记得他究竟出了什么事。彼得·斯捷潘诺维奇一个人走，他从池塘的另一边绕过花园。这条路是最长的。使他惊奇的是，他几乎已走了一半路利普京赶了上来。

“彼得·斯捷潘诺维奇，利亚姆申会告密的！”

“不会，他会醒悟过来，并且认识到，如果他去告密，他会第一个被流放到西伯利亚去。现在谁也不会告密啦。您也不会告密。”

“那您呢？”

“毫无疑问，如果你们想叛变，只要你们动一动，我就把你们大家都打发掉，这一点您是知道的。但是您不会叛变。您在我后面跑了两俄里就是为这个？”

“彼得·斯捷潘诺维奇，彼得·斯捷潘诺维奇，也许我们从此永远不会见面了！”

“您为什么这么说？”

“只求您告诉我一桩事。”

“说吧，什么事？不过我倒希望您快点滚开。”

“只要求您回答一句话，但要说真话：世界上只有我们一个五人小组呢，还是果真有好几百个？我询问，因为这对我至关重要，彼得·斯捷潘诺维奇。”

“我从您的激动就可以看到。您知道吗，您比利亚姆申危险，利普京?”

“知道，知道，但是，——回答呀，您回答呀!”

“您真蠢！在我看来，现在对您来说还不都是一样——只有一个五人小组还是有一千个。”

“这么说，只有一个！我早就知道是这么回事!”利普京叫道，“我一向就知道，只有一个，在此刻之前……”

他不等对方说第二句话，就转过身去，迅速消失在黑暗中。

彼得·斯捷潘诺维奇沉思了片刻。

“不，谁也不会告密的，”他肯定地说，“但是小组仍应是小组，而且要服从，要不然我把他们……不过，这帮人都是废物!”

二

他首先回到家里，井井有条、从容不迫地收拾好自己的手提箱。早晨六点钟有班快车从这里开出。这一早班快车每周只开一次，是不久前才增加的，暂时还在试开阶段。彼得·斯捷潘诺维奇虽然告诉我们的人说什么他暂时要到县里去一趟，但是后来证实，他的意向完全不同。收拾好箱子以后，他同女房东算清了账（他预先告诉过她），乘马车到住在火车站附近的埃尔克利那里。然后，大概在半夜一点钟的时候，才出发到基里洛夫那里去，又是走的费季卡那条秘密通道。

彼得·斯捷潘诺维奇的心情坏极了。除了其他种种重大理由使他感到懊恼之外（他一直还没有打听到斯塔夫罗金的去向），他好像——因为我不能肯定——在这一天当中不知从什么地方（很可能是从彼得堡）收到一个秘密通知，警告他，在最近这段时间可能有危险落到他头上。关于这段时间我们城里有许多离奇的传说；但是如果有谁知道确实的消息，那么只有那些应该知道的人。我只不过根据我个人的看法认为，彼得·斯捷潘诺维奇除我们城市之外，还可能在什么地方有事情，因此真的可能接到通知。我甚至深信，与利普京绝望的怀疑相反，除了我们这里的五人小组之外，还的确可能有两三个五人小组，比如说，在莫斯科和彼得堡就可能有；如果不是五人小组，那么可能是与他有联系和有交往的人，——而且也许是一些非常奇特的人物。在他离开后不到三天就接到了一道从京城来的立即逮捕他的命令，——究竟是因为什么事情，是因为我们这里的事情还是别的事情，那我就不得而知了。这道命令到达之日正好在大学生沙托夫谋杀案被发现之后。这一不可思议的秘密谋杀事件，以及伴随着这一事件的扑朔迷离的情况，事态严重，神秘莫测，使我们城里的一连串荒唐事件达到了顶点，使我们的当局和在此以前一直采取轻率态度的上流社会心惊胆战，恐怖万状。逮捕令的到达更加剧了恐怖的气氛。但是命令来晚了：彼得·斯捷潘诺维奇当时已经化名到了彼得堡，他一嗅到事情不妙，立即就溜到国外去了……不过这是后话，我交代得太早了些。

他走进基里洛夫的房间，一副凶狠的挑衅的模样。除了主要的事情之外，他个人似乎还想向基里洛夫讨回宿债，在他身上发泄自己的怨气。基里洛夫似乎对他的到来感到高兴；看得出来，他已经等了他很久，而且已经都焦急不安了。他的脸色比平时苍白，一双乌黑的眼睛带着沉重而滞呆的表情。

“我以为您不来了呢，”他从长沙发的一角上阴沉地说道，不过并没有动一动身子迎上前去。彼得·斯捷潘诺维奇站在他面前，一句话还没有说，先瞪着他的脸审视了一番。

“这么说，一切正常，咱没有放弃原来的计划，好样的！”他笑了一笑，那笑容是庇护者的那种令人感到屈辱的笑容。“那又怎么啦，”他以讨厌的开玩笑的口吻又说，“即使我迟到了，您也没什么可抱怨的：我不是赠送给您三小时的时间吗？”

“我不希望您赠送我什么时间，你不能赠送给我……蠢驴！”

“怎么？”彼得·斯捷潘诺维奇震了一震，但转瞬间就控制住自己，“真会生气！哎，咱们发脾气了？”他一字一顿地说，依然带着令人感到屈辱的傲慢态度，“在这样的时刻更需要安静。最好现在把自己看成哥伦布，把我看成小老鼠，不要因为我而生气。我昨天就这么劝过您。”

“我不想把你看作一只小老鼠。”

“这是什么？是恭维吗？不过，茶也是冷的，——这就是说，事情一团糟。不，这里的事情有点儿不妙。哎呀！我看到那边窗台上的盘子里有什么东西（他走近窗口）。好啊，大米炖鸡！……但是为什么到现在还没有吃？这么看来，咱们心情不好，甚至连鸡也……”

“我吃过了，这不关您的事；您给我闭嘴！”

“哦，当然，而且反正都一样。不过对我来说，现在却不一样：您想一想，我今晚几乎什么都没有吃过，所以，如果现在这只鸡，就我看来，您已经不需要了……”

“您吃得下就吃吧。”

“多谢了，等会儿再来点茶。”

他立即在长沙发的另一头坐了下来，狼吞虎咽地吃了起来；但是同时无时无刻不在观察着自己的受害人。基里洛夫又愤恨又憎恶地木然瞧着他，好像无法移开目光似的。

“顺便问一下，”彼得·斯捷潘诺维奇突然喊了一声，一面继续吃着，“咱们的事情怎么样？不会反悔吧，嗯？那么证明呢？”

“我决定在今天晚上，对我来说反正一样。我会写的。关于传单的事么？”

“是的，关于传单的事也要写。不过我会口授的。您不是反正一样吗？在这样的时刻难道内容还会使您感到不安吗？”

“这与你无关。”

“当然，与我无关。不过，一共只不过几行：您同沙托夫一起散发过传单，顺便提一下，在费季卡的帮助下，费季卡隐匿在您家里。这最后一点，关于费季卡和他隐匿的事，非常重要，甚至可以说是最重要的。瞧，我对您非常坦率。”

“沙托夫？为什么要把沙托夫扯上？我绝不把沙托夫写上。”

“竟有这样的事，这与您有什么相干？您已经不能损害他了。”

“他妻子来了。她醒来了，差人来问我：他在哪里？”

“她差人来问您，他在哪里？嘿？这可不好，可能又会差人来的；不能让任何人知道我在这里……”

彼得·斯捷潘诺维奇不安起来。

“她不会知道的，她又睡着了；接生婆维尔金斯卡娅在她那里。”

“原来如此……我想，她不会听到吧？知道吗，最好把台阶上的门锁上。”

“她什么也不会听到的。如果沙托夫来，我把您藏到那间房里去。”

“沙托夫不会来了；您写上，你们因为他背叛和告密的事争吵了起来……在今天晚上……这也就是他的死因。”

“他死了！”基里洛夫从长沙发上跳了起来，叫道。

“今天晚上七点多钟，或者，更确切地说，昨天晚上七点多钟，现在已经快一点了。”

“是你杀了他！……我昨天就预料到了！”

“怎么能不预料到呢？就是用这支手枪（他掏出手枪，看来是为了让基里洛夫看看，但没有再放回去，继续拿在右手里，似乎是准备好射击）。不过，您真是个怪人，基里洛夫，您自己也知道，这个蠢人只能有这样的结果。这还有什么好预料的？我已经几次三番对您说过了。沙托夫在准备告密，我一直在跟踪他，无论如何不能留下他。而且上面也有指示叫您跟踪；您自己三星期前告诉过我……”

“闭嘴！你杀他是因为他在日内瓦往你脸上啐唾沫！”

“既因为这个，也因为其他原因。许多其他原因；不过没有任何怨恨之心。您干吗要跳起来？干吗板起这副面孔？哦！咱们原来是这样！……”

他跳了起来，把手枪举在面前。原来基里洛夫突然从窗台上抓起一清早就准备好的装上子弹的手枪。彼得·斯捷潘诺维奇摆好姿势，把自己的枪对准基里洛夫。基里洛夫恶狠狠地大笑起来。

“你承认吧，浑蛋，你带来手枪是因为怕我开枪打死你……但是我不想打死你……虽然……虽然……”

于是他又举枪对准彼得·斯捷潘诺维奇，好像是在瞄准，好像他不能抗拒设想他打死他的快乐似的。彼得·斯捷潘诺维奇仍旧摆着姿势等待着，等待到最后一刹那，没有扣动扳机，冒着自己的额头上先吃一颗子弹的危险，因为“狂人”是什么都做得出来的。但是“狂人”终于放下了手枪，喘息着，哆嗦着，甚至说不出话来。

“我们玩笑开得够了，够了，”彼得·斯捷潘诺维奇也放下武器，“我早就知道您在开玩笑，不过，您要知道，您冒了险，我可能扣下扳机。”

他相当从容地在长沙发上坐下，给自己倒了一杯茶，不过手仍有点儿发抖。基里洛夫把枪放到桌子上，开始来回踱步。

“我绝不写我杀死了沙托夫，而且……我现在什么也不写，不会有任何文件。”

“不写？”

“不写。”

“多么卑鄙，多么愚蠢！”彼得·斯捷潘诺维奇气得脸都发青了，“不过，我早有预感。您要知道，您并没有做得出乎我的意料，使我措手不及。不过，随您的便。如果我能用暴力强迫您，我一定会强迫。可您是卑鄙小人，”彼得·斯捷潘诺维奇愈来愈不耐烦了，“您当时向我们要钱，许了一大堆诺言……不过我没有看到结果无论如何也不走，至少我要看到您怎样打破您自己的脑袋。”

“我要你现在就出去。”基里洛夫坚定地站在他面前。

“不，我绝不走，”彼得·斯捷潘诺维奇又抓起枪，“现在，说不定您因为狠毒和怯懦，会想把事情搁在一边，明天去告密，再搞一笔钱；对这种事是会付钱的，见您的鬼，像您这种小人什么事情都干得出来的！不过您放心，我什么都预见到了；如果您自己胆怯了，想放弃自己原来的打算，那么让您见鬼，假如我还没有用这支枪打碎您的脑壳，像打死沙托夫那个浑蛋一样之前，我绝不会走的！”

“你一定要见到我的血？”

“我不是出于仇恨，您要理解；对我来说是无所谓的。我是为了我们事业的安全。您自己知道，人是不可靠的。对您这个自杀的怪念头我一点儿也不理解。这不是我替您想出来的，是您自己还在认识我之前就想出来的，而且不是首先告诉我，而是告诉国外的委员们的。还要请您注意，他们谁也没有对您进行威胁利诱，他们谁也不认识您，而是您自己跑去，自作多情，把什么都告诉了他们。既然当时是以此为基础，得到您的同意而且由您建议（请注意：由您建议！），才制订此地行动的某一个计划的，这个计划现在无论如何不能改变，那还有什么办法呢。您把自己放在这样的境地，您知道的事情已经太多了。如果您害怕了，明天去告密，那么这对我们很不利，这事您是怎么想的？不，您保证过，您起过誓，拿了钱。这是您无法否认的……”

彼得·斯捷潘诺维奇十分激动，但是基里洛夫早已不听他的了。他又若有所思地在房间里来回踱步。

“我可怜沙托夫。”他说，又在彼得·斯捷潘诺维奇面前站住。

“要知道我也可怜他，但是，难道……”

“闭嘴，浑蛋！”基里洛夫狂吼起来，做了一个可怕的毫不含糊的动作，“我杀了你！”

“好吧，好吧，好吧，我撒了谎，我同意，我一点儿不可怜他；别吵了，别吵了！”彼得·斯捷潘诺维奇提心吊胆地迅速欠身站了起来，一只手伸向前面。

基里洛夫突然不说了，又来回踱了起来。

“我不会拖延的；我现在就想自杀：所有人都是浑蛋！”

“这想法很对；当然所有人都是浑蛋，因为正派人活在世界上感到厌恶，所以……”

“傻瓜，我也是浑蛋，同你，同所有人一样，而不是正派人。哪里也没有正派人。”

“总算想明白了。难道以您的智慧，基里洛夫，您到现在还不明白，大家都是一样，没有好一点儿坏一点儿之分，只有聪明一点儿和愚蠢一点儿的区别，如果大家都是浑蛋（不过这是胡说八道），那么以此推论，天底下就不应该有不是浑蛋的了，是吗？”

“啊！你真的不是在开玩笑?”基里洛夫不无惊奇地瞧瞧他，“你说得那么热情，又那么简单明了……难道像你这样的人也有信念吗?”

“基里洛夫，我永远不能理解，您为什么要自杀？我只知道，那是出于信念……坚定的信念。但是如果您感到需要所谓的倾诉，那么我愿意倾听……不过您得注意时间……”

“现在几点钟?”

“哎呀，两点整。”彼得·斯捷潘诺维奇看了看表，点了根香烟。

“好像还可能达成协议。”他心里想。

“我没有什么对你说的。”基里洛夫喃喃地说。

“我记得，这里好像有关神的问题……您不是有一次给我解释过；甚至解释过两次。如果您开枪自杀，那么您就成为神，好像是这么说的吧?”

“对，我会成为神。”

彼得·斯捷潘诺维奇连笑也没有笑一下；他在等待；基里洛夫狡黠地瞧了他一眼。

“您是个政治骗子和阴谋家，您希望和我谈论哲学问题，使我兴奋起来，跟您言归于好，平息怒气，等我同您和好后，就叫我写条子，说我杀了沙托夫。”

彼得·斯捷潘诺维奇几乎以自然朴实的态度回答道：

“好吧，就算我是这样的浑蛋，但是到了最后的时刻，这一切对您来说不都是一样吗，基里洛夫？我们争吵什么呢？请您说说：您是这样的人，我是那样的人，那又怎样呢？何况我们两人都是……”

“浑蛋。”

“对，就算是浑蛋吧。可您知道，这只不过是说说罢了。”

“我一辈子都不希望这只不过是说说罢了。我活着就是因为不希望这样。现在还每天都希望不只是说说罢了。”

“行吧，人往高处走。鱼往……就是说每一个人都寻找自己心爱的那种舒适；就是这么回事。自古以来人们就明白这个道理了。”

“你说是舒适？”

“嗯，值得为一个字眼争吵吗？”

“不，你说得好，就算是舒适吧。神是少不了的，因此神应该存在。”

“也行，那很好。”

“但是我知道没有神，也不可能有神。”

“这更可能。”

“难道你不理解，一个人同时抱有这两种思想是活不下去的吗？”

“那就得开枪自杀，是吗？”

“难道你不理解，只是为了这一点就可能自杀吗？你不理解，可能有这样一个人，你们亿万人中的一个人，他不愿意这样活下去，也忍受不了这样的生活。”

“我只理解一点：您好像在动摇……这很糟糕。”

“斯塔夫罗金也被思想吞噬掉了。”基里洛夫没有注意他的话，继续阴郁地在屋子里踱来踱去。

“怎么？”彼得·斯捷潘诺维奇竖起耳朵听着，“什么思想？他自己跟您讲过什么吗？”

“没有，我自己猜到的：斯塔夫罗金如果相信神，那他就不相信他相信神，如果他不相信神，那就不相信他不相信神。”

“不过，斯塔夫罗金还有比这聪明的别的想法……”彼得·斯捷潘诺维奇喃喃地争辩说，一面不安地注意着话题的转变和脸色煞白的基里洛夫。

“真见鬼，他不会开枪自杀的，”他想道，“我一直有预感；头脑出了毛病，仅此而已，这种无用的废物！”

“你是最后一个同我在一起的人：我不想同你分手时像冤家对头一样。”基里洛夫说道，好像突然赠给了他一件礼物。

彼得·斯捷潘诺维奇没有立刻回答。“真见鬼，这又是怎么回事？”他又想道。

“相信我，基里洛夫，对您个人我没有任何意见，而且一向……”

“你是浑蛋，诡辩家。我同你一样，可是我要自杀，而你却要活下去。”

“确切地说，您的意思是，我如此卑鄙，竟想活下去。”

他还不能决定，在这样的时刻继续这样的谈话，是有利还是不利，于是决心“随机应变”。但基里洛夫对他说话的语气一向充满了优越感和对他的不加掩饰的轻视，这种语气以前也曾激怒他，而现在则比以前更使他愤恨。也许这是因为个把小时以后就要死去的基里洛夫（彼得·斯捷潘诺维奇仍然对此寄予希望），在他看来已经只是半个人，已经容不得他再这么倨傲自大了。

“您似乎在我面前吹嘘您将开枪自杀？”

“我一向感到奇怪，所有人将活下去。”基里洛夫没有听到他说的话。

“哼，就算这是一个思想吧，但是……”

“你这只猴子，你附和我，是为了制伏我。你住嘴，你什么也不会明白。如果没有神，那么我就是神。”

“您的这一点我一直不能理解：为什么您是神？”

“如果神存在的话，那么全部意志都是他的意志，我不能违背他的意志。如果不存在神，那么全部意志都是我的意志，我必须表达我的自由意志。”

“为什么您必须表达它?”

“因为全部意志都成为我的了。难道整个地球上就没有一个人在抛弃了神并相信了自己的自由意志之后，敢于最充分地表达自己的自由意志吗？这就好像一个穷人在接受了一份遗产之后，害怕了，不敢走近钱袋，认为自己能力薄弱，不能拥有它。我要表达我的自由意志。即使世界上只有我一个，但我一定要做到。”

“那您就做吧。”

“我必须枪杀自己，因为我的自由意志的最充分表现就是自己打死自己。”

“但是世界上不只您一个人自己杀死自己；自杀的人多的是。”

“他们自杀都是有原因的。然而，没有任何原因而只是为了表现自由意志的，却只有我一个。”

“他不会自杀的。”彼得·斯捷潘诺维奇头脑中又闪过这个思想。

“您知道吗，”他烦躁地说道，“如果我处于您的地位，为了表达我的自由意志，我会打死另外一个人，而不是自己。您也许能成为一个有益的人。如果您不害怕的话，我可以指出打死谁。那样的话，也许您不用在今天自杀了。我们可以达成协议。”

“打死别人，将是我的自由意志中最卑劣的一点，这充分说明你的为人。我可不是你；我要实现的是最崇高的一点，我要打死自己。”

“这是他自己参悟出来的。”彼得·斯捷潘诺维奇愤愤地嘟哝说。

“我必须表明我不信神，”基里洛夫在房间里踱来踱去，“对我来说，最高的思想莫过于没有神。人类的历史可以为我做证。人所做的只有一件事，就是臆造出一个神来，以便能够活下去，而不用杀死自己；这就是迄今为止‘全部’的世界历史。在世界史上只有我第一次不希望臆造神。我要让人们彻底认识这一点。”

“他不会自杀的。”彼得·斯捷潘诺维奇担心起来。

“谁应该认识?”他怂恿道，“这里只有我和您；难道是利普京，是不是?”

“大家都应该认识，大家都会认识的。没有什么不会揭开的秘密。这是他说的。”

他欣喜若狂地指指救世主的圣像，圣像前点着一盏长明灯。彼得·斯捷潘诺维奇真的光火了。

“这么说，您还信仰他；而且连长明灯都点起来了；不是‘以防万一’吧?”

基里洛夫没有回答。

“知道吗，就我看，您信仰上帝也许比神父还虔诚。”

“信仰谁？信仰他？你听着，”基里洛夫停了下来，以滞呆的狂热的目光瞧着前方，“你听听这么一个伟大的思想：世界上曾经有一天，在大地的中央竖立着三个十字架。一个在十字架上的人如此虔信，所以对另外一个人说：‘今天你可以同我一起进入天堂。’一天结束了，两人都死了，他们出发，但是既没有找到天堂，也没有复活。他说的话没有应验。你听着：这个人就是大地上最崇高的人，大地就是为他而存在的。整个大地和大地上的万物，没有这个人就只有一片疯狂。无论是以前还是以后都没有像他这样的人，而且永远不会有，即使出现奇迹也不会有。过去和将来永远不会有同他一样的人，这本身就是一个奇迹。如果是这样，如果自然法则连这个人也不怜惜，连自己的奇迹都不怜惜，甚至连他也被强迫生活在谎言之中，为一个谎言而死去，因此整个地球都是谎言，建立在谎言和愚蠢的嘲弄之上。因此地球的所有法则本身也是谎言和恶魔的闹剧。那么活着又是为什么呢？如果你是人，请你回答。”

“这是另外一回事。我觉得，您这里有两个不同的原因混淆在一起了；而这是很危险的。但是，请问，如果您是神呢？如果谎言已经揭穿，而您认识到，整个谎言仅仅由于有一个从前的神，那又怎样呢？”

“你终于理解了！”基里洛夫大喜过望地叫道，“就是说，这是可以理解的，如果连你这样的人都理解的话！现在你懂得了，拯救世人全在于向他们证明这一想法。谁能证明呢？我！我不理解，在此之前无神论者明明知道没有神，怎么能不立即，杀死自己呢？认识到没有神而又不同时认识自己已成了神——这是荒唐的事，否则你一定会自己杀死自己。如果你认识到了这个道理，那你就是君王，你不会自己杀死自己，而将享有无上的荣光。但是有一个人，就是那第一个认识到的人，一定应当杀死自己，否则谁来开端并且证明呢？我正是为了开头并证明，我一定要自己杀死自己。我成了神还只是迫不得已的，因此我是不幸的，因为我有义务表达我的自由意志。所有人都不幸，因为所有人都害怕表达自由意志。迄今为止人仍如此不幸和贫困，是因为害怕自由意志中的最主要之点，而只是像小学生似的在小事情上为所欲为。我非常不幸，因为我非常害怕。恐惧是人类的灾祸……但是我一定要表达自由意志，我必须相信我不信神。这事将由我开端并且结束，门就打开了。于是我拯救了世人。只有这样才能拯救所有人，而在下一代中从形体上再造人；因为就我的看法，在现在的形体状态中，没有过去的神，人是无论如何也不能存在的。三年来我寻找我的神明的特性，终于发现我的神明的特性是自由意志！通过它我才能够在主要之点上表现我的不甘驯服和新的极端的自由。因为这种自由是很极端的。我杀死自己，为了表现我的不甘驯服和新的极端的自由。”

他的脸色苍白异常，目光显得十分沉痛，令人难以忍受。他好像在发烧。彼得·斯捷潘诺维奇以为他马上会倒下来。

“给我笔!”基里洛夫出乎意料地叫道，他正处于一阵突发的兴奋状态之中，“你口授吧，我什么都签。杀害沙托夫的事我也签字。趁我觉得可笑的时候，你口授吧。我不害怕那些高傲自大的奴才会怎么想。你自己会看到，一切秘密将大白于天下！而你将被压得粉身碎骨……我相信！我相信!”

彼得·斯捷潘诺维奇从座位上跳了起来，刹那间就递给他一瓶墨水和一张纸，他抓住这个时机开始口授，为自己的成功而浑身颤抖。

“我，阿列克谢·基里洛夫，现在声明……”

“等一等，我不干！向谁声明?”

基里洛夫像发寒热似的颤抖着。这个声明和一个特别的突如其来的关于声明的想法，似乎蓦然把他整个给吸了过去，好像一个出口，他那饱受痛苦的精神猛烈地冲击过去，哪怕得到瞬间的松弛也好。

“向谁声明？我想知道是向谁?”

“谁也不向，向所有人，向第一个读到的人。为什么要明确？——向全世界，那行了吧!”

“向全世界？好哇！可是，不需要表示忏悔。我不想忏悔；我也不想写给当局!”

“当然不是，不需要，让当局见鬼去吧！您写吧，如果您真想写的话！……”彼得·斯捷潘诺维奇歇斯底里地吆喝道。

“等一等，我想在顶部画一张脸，舌头伸在外面的怪脸。”

“哎，废话!”彼得·斯捷潘诺维奇光火了，“不用画什么图画，光凭语气就可以把这一切都表达出来。”

“光凭语气？这很好。对，用语气，用语气！你就用这种语气口授吧。”

“我，阿列克谢·基里洛夫，”彼得·斯捷潘诺维奇用坚定的命令的口吻口授道，他俯身在基里洛夫肩头上，注视着基里洛夫因激动而颤抖的手写出来的每一个字母，“我，基里洛夫，现在声明：今天，十月七日晚上七点多钟我在花园里枪杀了大学生沙托夫，因为他叛变，还因为他把传单和费季卡的事向当局告密，费季卡在我们两人这里，在菲利波夫的宅子里，秘密居住了十天，并在这里过夜。今天我自己用手枪杀死自己，不是因为我忏悔了，害怕你们了，而是因为在国外就有了此一生的想法。”

“就是这些?”基里洛夫又惊奇又气愤地叫道。

“一个字也不要加了!”彼得·斯捷潘诺维奇摆摆手，试图把这张纸从他手里夺过去。

“等一等，”基里洛夫把自己的手牢牢按在纸上，“等一等，废话!我要写上跟谁一起杀的。为什么要写上费季卡？还有火灾呢？这些我都要写上，还要用语气，用语气把他们骂一通!”

“够了，基里洛夫，相信我，真的，够了!”彼得·斯捷潘诺维奇几乎在哀求他，哆哆嗦嗦，唯恐他把那张纸撕了。“要使人相信，就应当尽可能说得暧昧一点儿，就是这样，就是只给一些暗示。只能让他们看到真实情况的一个角落，刚够逗得他们发急。他们自己会去胡说一通，比我们说得要多得多，而对他们自己当然比对我们要相信得多，这再好不过了，再好不过了！给我；这样已经好得很；给我吧，给我吧!”

他不住地想把这张纸夺过去。基里洛夫瞪大了眼听着，似乎竭力想弄懂他说的话，但是他好像已经不能理解了。

“唉，见鬼!”彼得·斯捷潘诺维奇突然发起火来，“可您还没有签名哪！您瞪着我干什么？签名呀!”

“我想大骂一通……”基里洛夫嘟哝说，但仍然拿起笔来，签了名。“我想大骂一通……”

“再写上 Vive la république[①]，好了。”

“好极了！”基里洛夫高兴得几乎吼叫起来。“Vive la république démocratique，sociale et universelle ou la mort[②]… 不，不，不是这样。——Liberté，égalité，fraternité ou la mort！[③] 这更好，更好。”他兴高采烈地把这行字写在他的签名后面。

“够了，够了。”彼得·斯捷潘诺维奇一再说。

“等一等，再写一点点……知道吗，我要用法文再签一次名：de Kiriloff，gentilhomme russe et citoyen du monde，[④] 哈哈哈！”他纵声大笑起来。“不，不；不，等一等，我找到一个最好的。妙！gentilhomme-séminariste russe et citoyen du monde civilisé！[⑤] 这比哪一个都好……”他从长沙发上跳了起来，突然以极快的动作从窗台上拿起手枪，拿着它跑进另一个房间，顺手紧紧关上房门。彼得·斯捷潘诺维奇盯着这扇门，若有所思地站了一会儿。

“如果他决定现在自杀，那么他会开枪的，如果开始思考，——那就什么结果也不会有了。”他拿起那张纸，坐了下来，又看了一遍。声明的文字再次使他感到满意。

“现在应当做什么呢？应当暂时把他们搞得晕头转向，莫明其妙，以此来转移他们的注意。花园？城里没有花园，他们自己会猜测到这是在斯克沃列什尼基。但是在他们猜测的时候，时间过去了，在他们搜寻的时候，时间又过去了，而一旦他们搜寻到尸体——他们看到，写的是真话；就是说，都是真话，就是说，关于费季卡的话也是真的。费季卡

① 法文：共和国万岁！

② 法文：民主的社会的世界共和国万岁！不实现，毋宁死！

③ 法文：自由、平等、博爱，不实现，毋宁死！

④ 法文：基里洛夫，俄国贵族和世界公民。

⑤ 法文：俄国贵族和神学校毕业生与文明世界公民。

意味着什么？费季卡意味着大火，意味着列比亚德金兄妹；就是说，一切都从这里开始，从菲利波夫宅子里开始的，可他们过去却什么都没有看到，他们什么都疏忽了，——这就会把他们搞得晕头转向！怎么也不会想到我们的人；沙托夫和基里洛夫，还有费季卡，还有列比亚德金，为什么他们相互杀害——这又是他们的一个难题。哎，见鬼，怎么听不到枪声！……”

虽然他一直在阅读并欣赏声明的文字，但每时每刻都在焦急不安地倾听着——突然他恼火了。他慌忙看了看表；已经相当晚了；基里洛夫出去已经大约有十分钟了……他拿起蜡烛，移步往基里洛夫把自己关在里面的房间走去，就在房门边他突然想到，蜡烛快烧完了，再过二十分钟将完全熄灭，而他没有第二支蜡烛。他握住门把手，小心翼翼地倾听着，可是连最轻微的声音也听不到；他蓦地打开门，举起蜡烛：不知道什么东西狂吼着扑了过来。他使出全身力气，砰地把门关上，又用身体把它顶住，但是一切声音又消失了——又是死一般的沉寂。

他手擎蜡烛，犹豫不决地在门边站了很久。在他打开门的那一刹那，他几乎什么也没有看清，但是眼前闪过站在房间另一头窗口的基里洛夫的脸和他突然向他扑过来时的那兽性的狂暴。彼得·斯捷潘诺维奇打了一个寒噤，迅速把蜡烛放在桌上，掏出手枪，扳上扳机，踮着脚，快步走到对面的角落，如果基里洛夫打开门，持着枪扑向桌子，他还来得及瞄准，在基里洛夫开枪之前扣下扳机。

彼得·斯捷潘诺维奇现在已经不相信他会自杀了！“他站在房间中央，思考着，”彼得·斯捷潘诺维奇头脑里像旋风似的闪过，“而且又是一个黑暗的可怕的房间……他狂吼着扑了过来——这有两种可能：或者是正在他要扣下扳机时我妨碍了他，或者是……或者是，他站在那里考虑怎样杀死我。对，就是这样，他在考虑……他知道，如果他自己胆怯了，我不打死他是不会离开的，——那就是说，为了不让我打死他，他必须先打死我……现在那里又是一片寂静。简直叫人害怕；突然他打开门……可恶的是他信仰上帝，比教士还虔诚。……他怎么也不会开枪自杀的！……这些‘靠自己的理性彻悟’的人现在太多啦。败类！呸，见鬼，蜡烛，蜡烛！一刻钟以后一定要熄灭了……一定得结束啦，不管怎样也得结束啦……好吧，现在可以把他杀掉了……有了这张纸，怎么也不会认为是我杀的。可以把他在地板上照这样的姿势放好，手里拿着射过的手枪，一定会以为是他自己……哎哟，见鬼，可怎么打死他呢？我一开门，他又会扑过来，在我之前开枪。哎，见鬼，当然他打不中的！”

他这样痛苦地思索着、颤抖着，他的计划必须实现，但他自己却还在犹豫不决。最后他拿起蜡烛又走到门边，举起手枪严阵以待；拿着蜡烛的左手按住门把手。但是很不顺手；把手一转动，发出咔嚓声和门扇的嘎吱声。“他会对准我开枪的！”彼得·斯捷潘诺维奇头脑中闪过一个思想。他使劲一脚把门踢开，举起蜡烛，伸出手枪；但是既没有枪声，也没有呼叫声……房间里一个人也没有。

他打了个寒噤。这个房间没有其他门，不能通行，无处可逃。他把蜡烛再举高一点儿，仔细察看了一番：真的没有人。他低声叫了一声基里洛夫，然后提高声音又叫了一声；没有人回应。

“难道是跳窗逃走了？”

的确，一扇窗户上的气窗打开着。“这不可能，他不会从气窗逃走的。”彼得·斯捷潘诺维奇穿过房间一直走到窗口：“绝对不可能。”他猛地转过身来，一个不寻常的景象使他浑身战栗。

在窗户对面的那堵墙边，门的右面放着一只柜子。在这只柜子的右边，由柜和墙形成的角落里，站着基里洛夫，站的姿势十分奇怪——全身挺得笔直，一动不动，双手下垂，贴着裤缝，头微微仰起，后脑勺紧靠着那角落的墙壁，好像希望在角落里隐身躲匿似的。从一切迹象看来，他是在躲藏，但不知怎的很难令人相信。彼得·斯捷潘诺维奇站在角落对面稍偏一点儿的地方，只能看到身体的突出部分。他仍然不敢向左移动一下，以便看清基里洛夫的整个身体，解开这个谜。他的心开始剧烈跳动……突然他完全发狂了：他猛地向前冲去，放声大叫，跺着脚，疯狂地向那可怕地方扑过去。

但是，一到近旁，他又站住了，两脚好像钉在地上一样，更加恐怖得目瞪口呆。最使他震惊的是，尽管他叫喊着狂奔过去，那身体仍然一动不动，连手脚都不挪移一下，好像是石雕蜡塑似的。苍白的脸色显得很不自然，黑眼珠木然凝视着空中的一个什么点。彼得·斯捷潘诺维奇拿蜡烛从上到下，又从下到上，从各个方面照亮这张脸，仔细察看它。他突然发现，基里洛夫虽然向前凝望着，但仍然斜眼看到他，甚至可能还在观察他。这时他起了一个念头：把火直接拿近“这个浑蛋”的脸部烧他一下，看他怎么办。突然他仿佛觉得基里洛夫的下巴动了一动，他的嘴唇上好像掠过一丝嘲讽的冷笑——似乎他猜到了他的心思。他浑身发抖，情不自禁地紧紧抓住基里洛夫的一个肩膀。

然后发生了一件如此可怕的猝不及防的事情，使得彼得·斯捷潘诺维奇后来怎么也记不清事情发生的次序。他一碰到基里洛夫，基里洛夫就迅速俯下身来，用脑袋把他手中的蜡烛撞飞了；烛台哐啷一声落在地上，蜡烛熄灭了。就在那一瞬间他感觉到他左手的小指一阵剧痛。他大叫起来，他只记得他在惊惶中用手枪向俯下身来咬住他手指的基里洛夫头部猛力敲击了三下。最后他拔出手指，没命地摸黑跑往屋外，只听见从房间里传来可怕的喊叫声：

“马上，马上，马上，马上……”

一连喊了十来次。但他继续往前跑，他已经跑到穿堂间，忽然听到一声响亮的枪声。他在黑魆魆的穿堂间里站住了，考虑了约莫五分钟；最后他又回到了房间里。但是必须先找到蜡烛。他得先在柜子右边的地板上找到从他手中跌出去的烛台；但是用什么把蜡烛头点着呢？在他头脑中忽然出现了模模糊糊的回忆：他依稀记起，昨天，当他跑进厨房准备扑向费季卡的时候，他似乎无意中注意到角落的搁架上有一个很大的红色火柴匣。他摸索着往左边走向厨房门，找到厨房门以后穿过过道，走下台阶。在搁架上，就在他刚才记起的那个地方，他在黑暗中摸到还没有打开过的满满一匣火柴。他没有划火柴，急急忙忙地回到上面，只是到了柜子旁边，就是他用手枪猛击咬他的基里洛夫的那个地方，他忽然想起他的被咬的手指，在那一刹那感觉到几乎难以忍受的疼痛。他咬紧牙关，好不容易点着了蜡烛头，把它重新插上烛台，然后把四周察看了一番：在气窗开着的窗户边躺着基里洛夫的尸体，双脚朝向房间的右角。那一枪是朝右太阳穴开的，子弹打穿了颅骨，从左上方出来。鲜血和脑浆溅了一地。手枪仍握在自杀者垂落在地上的手中，想必是立即就毙命的。彼得·斯捷潘诺维奇仔细察看了一切之后，直起身来，踮着脚走出房间，掩上房门，把蜡烛放在第一个房间的桌子上，考虑了一下，决定不把它熄灭，心想它是不可能引起火灾的。他又一次瞧了一眼桌上的遗书，不禁冷笑一声，然后走出屋去，不知为什么总是踮着脚。他又经由费季卡的那条通道钻出板墙，随手小心把洞堵上。

三

六点差十分，在铁路车站的月台上，彼得·斯捷潘诺维奇和埃尔克利在一列相当长的火车旁踱来踱去。彼得·斯捷潘诺维奇要走了，埃尔克利是来给他送行的。行李已经托运，旅行袋也已经放在二等车厢里他选定的座位上了。第一遍铃声已经响过，等待着第二遍铃响。彼得·斯捷潘诺维奇泰然自若地左顾右盼，瞧着上车的旅客，但是没有遇到熟悉的人，只有两次他同人点头招呼——第一次是同一个他稍微有点儿认识的商人，第二次是一个年轻的乡村教士，教士要回他只有两站远的教区去。埃尔克利看来希望在最后的几分钟里谈谈什么重大的问题，虽然可能他自己也不知道究竟该谈些什么；但是他始终不敢开口。他一直觉得，彼得·斯捷潘诺维奇因他在旁边感到是个累赘，不耐烦地等待着最后的两遍铃声。

“您这么坦然地瞧着每一个人。”他有点儿胆怯地说，似乎是想警告他。

“为什么不呢？还没有到我该躲藏起来的时候。还早着呢。您别担心。我只怕魔鬼会把利普京送来；他一嗅到气味，就会跟踪而来。”

“彼得·斯捷潘诺维奇，他们不可靠。”埃尔克利断然说。

“利普京吗？”

“所有人，彼得·斯捷潘诺维奇。”

“胡说，现在是昨天的事情把大家都捆绑在一起了。没有一个人会叛变。谁会自己去找死，如果他没有丧失理性的话。”

“彼得·斯捷潘诺维奇，他们会丧失理性的。”

这个思想看来彼得·斯捷潘诺维奇也有过，因此埃尔克利的话使他格外生气。

“您是不是也胆怯了，埃尔克利？我对您比对他们所有人寄予更大的希望。我现在看清了他们每一个人的价值。把我的指示今天就口头传达给他们，我把他们托付给您了。早上就一家家去找他们。我的书面指示明天或者后天在你们集合的时候读给他们听，那时他们已经能够听得进去了……但是您要相信，他们明天就听得进去了，因为他们会非常害怕，因此会变得很听话，就像蜡一样……主要的是您不要垂头丧气。”

“啊，彼得·斯捷潘诺维奇，您不走多好!”

“我不过去几天；马上回来。”

“彼得·斯捷潘诺维奇，”埃尔克利小心翼翼地但坚决地说，“即使您去彼得堡也没有什么。难道我不了解，您所做的一切对共同事业都是必要的吗?”

“这正是我期待于您的，埃尔克利。如果您已猜到我要到彼得堡去，那么您一定能够理解，昨天，在那个时候，为了不使他们恐慌，我不能告诉他们我要走得那么远。您自己看到了，他们是些什么人。但是您明白，我是为了事业，为了主要而又重要的事业，为了共同的事业，而不是像那个叫利普京的人所想的那样，是为了逃跑。”

“彼得·斯捷潘诺维奇，即使您去国外，我也会理解的；我能理解，您需要保护好您自己，因为您就是一切，而我们是微不足道的。我能理解，彼得·斯捷潘诺维奇。”

可怜的孩子连声音都发抖了。

“谢谢您，埃尔克利……哎哟，您碰到我受伤的手指了，(埃尔克利笨拙地握了他的手；那个受伤的手指用黑色塔夫绸包扎得整整齐齐。)但是我要再一次肯定地对您说，在彼得堡我不过是摸一下情况，可能只待一昼夜，就立即回这里来。回来以后，我为了装装样子，将住在加加诺夫的村庄里。如果他们认为有什么危险的话，我第一个带头去分担危险。如果我在彼得堡要耽搁些日子，我马上就通知您……按原来的路线，您再通知他们。”

第二遍铃声响了。

“啊，离开车只五分钟了。您知道，我不希望这里的小组解散。我不是害怕，您不必为我担心；我这张大网上的结点可多了，我并不认为它特别重要；不过多一个结点也不妨事。不过我对您是放心的，虽然我把您单独留下，同这批混账东西在一起：别担心，他们不会告密的，他们不敢……啊，您也今天走?”他突然用完全另一种声音，乐呵呵的声音对一个十分年轻的人叫道，那人正喜气洋洋地走过来向他问好。“我不知道您也乘快车走。哪里去？去妈妈那里?”

年轻人的妈妈是邻省一个十分豪富的地主，年轻人与尤莉娅·米哈伊洛芙娜有葭莩之亲，在我们城里做客已经有两星期了。

“不，我要走远一些，我到P城去。得在车厢里待八个小时。您到彼得堡去?”年轻人笑了起来。

“您为什么认为我一定到彼得堡去?”彼得·斯捷潘诺维奇更加坦然地笑了起来。

年轻人举起一只戴手套的手做了个威胁的姿势。

“是呀，您猜对了，”彼得·斯捷潘诺维奇神秘地对他轻声说，“我带着尤莉娅·米哈伊洛芙娜的几封信，您知道在那里要跑三四户怎么样的人家，坦白地说，让他们都见鬼去。棘手的差使!”

“您说说，她干吗这么害怕?”年轻人也悄声说，“她昨天连我都不接见；就我看，她根本用不着替丈夫担忧；恰好相反，他那么显眼地在火场上倒了下去，真可说是不惜牺牲自己的生命了。”

“是啰，真没料到，”彼得·斯捷潘诺维奇大笑起来，“知道吗，她害怕，这里已经有人去上告了……就是说，有几位先生……一句话，这里主要是斯塔夫罗金；确切地说是个公爵……哎，这件事说来话长，我路上可以告诉您一点儿，——不过只在骑士风度容许的范围之内……这是我的亲戚，埃尔克利准尉，从县里来的。”

一直斜眼瞧着埃尔克利的年轻人举手碰了碰帽檐；埃尔克利鞠了一躬。

“您知道，韦尔霍文斯基，在车上坐八小时，可是活受罪。这里与我们同车的一等车厢里有一位别列斯托夫，一位非常好笑的上校，我们的庄园紧靠在一起，他娶了一位加利娜（née de Garine①），而且，您知道吗，他很正派，甚至有思想。在这里只住了两天。嗜牌如命；咱们打牌，好吗？第四位我也已选好了——普里普赫洛夫，我们 T 省的商人，留着胡子，百万富翁，就是说真正的百万富翁，这是我告诉您的……我给您介绍，非常有趣的大阔佬，咱们可以一路笑着过去。”

“打牌我太愿意了，特别喜欢在火车上打，不过我坐的是二等车厢。”

“咳，没事！坐到我们那里去。我马上叫他们把您转到头等车厢去。列车长听我的。您带了些什么旅行包？毯子？”

“好极了，咱们走吧！”

彼得·斯捷潘诺维奇拿起旅行袋、毯子、书，立即高高兴兴地搬到头等车厢去。埃尔克利帮着他搬东西。第三遍铃声响了。

“好吧，埃尔克利，”彼得·斯捷潘诺维奇显出一副忙碌的样子，仓促地从车窗里向埃尔克利最后一次伸出手去，“瞧，我就要坐下来跟他们打牌了。”

“您为什么要向我解释呢，彼得·斯捷潘诺维奇，我理解，什么都理解，彼得·斯捷潘诺维奇！”

“好吧，那么再见了。”彼得·斯捷潘诺维奇听到年轻人在叫他，突然转过身去，那人要把他介绍给打牌的搭档。埃尔克利从此再也没有见到过他的彼得·斯捷潘诺维奇！

他回到家里，郁郁不乐。这倒不是因为彼得·斯捷潘诺维奇如此突

---

① 法文：出生于加林家族。

然地离开他们使他感到害怕，但是……但是当那个年轻的花花公子叫他的时候，他如此急促地转过身去；况且……他本该跟他说些别的什么话，而不是说“再见了”，或者……哪怕紧紧地握一下手也好啊。

最后一点是主要的。另一种感觉开始刺痛他可怜的心，这种感觉他自己还不理解，这是同昨天晚上的事情有联系的。

第七章

斯捷潘·特罗菲莫维奇的最后一次漂泊

一

我深信，当斯捷潘·特罗菲莫维奇感到实现他的疯狂计划的日期日益临近的时候，心里一定十分害怕。我深信，他一定因为恐惧而感到十分痛苦，特别是在出走的前一天夜晚，那个可怕的夜晚。纳斯塔西娅事后曾提到，那一天他上床的时候已经很晚，但他睡着了。然而这并不说明什么问题；据说，被判处死刑的人，甚至在行刑的前夕也会呼呼大睡的。虽然他出发时已经是白天了，而一个神经质的人在大白天里精神总要振奋一些，（那位少校，维尔金斯基的亲戚，只要黑夜一过去，甚至连神都不相信了。）但是我深信，在从前，他绝不可能想象自己独个儿走在大路上而不感到恐怖的，尤其是在这种情况下。他离开了 Stasie[①] 和住了二十年的温暖的家，突然陷于孤独之中，那种感觉是十分可怕的。毫无疑问，他思想中有一种不顾死活、无所畏惧的劲头，最初一定会减轻了那突然袭来的可怕的孤独感。不管怎样，即使他清楚地意识到等待着他的种种灾难，他仍然会走出家门，踏上大路，并沿着它一直向前走去的！无论如何，这里有一种自豪和使他欣慰的感觉。唉，他本来

① 法文：斯塔西。按：这相当于俄语中的纳斯塔西娅。

有可能接受瓦尔瓦拉·彼得罗芙娜的优厚条件，留下来受她的恩施，“comme un[①]普通的寄人篱下的食客!”但是他没有接受施舍，没有留下来。就这样他自己离开了她，高举起“伟大思想的旗帜”，准备为它而死在大路上！他一定有这种感受，他一定是这样看他自己的行为的。

我还不止一次地想到另一个问题：为什么他要逃跑，就是说当真用两条腿逃跑，而不是简单地乘一辆马车离开？我起初认为，其原因是他五十年来一贯的不讲求实际和在强烈感情影响下产生的荒诞不经的想法。我觉得，在他看来，使用驿马和雇用马车的思想（即使车上有铃铛），一定是太平淡无奇了，与之相反，步行游历，虽然拿着一把伞，却要别致得多，更能表达他的爱和他的报复情绪。但是今天，当一切都已成为往事之后，我想，当时这一切的发生要简单得多：首先，他害怕雇用马车，因为瓦尔瓦拉·彼得罗芙娜可能听到风声，强行制止他，这种事她是肯定做得出来的，而他也是肯定会屈服的，那么——伟大的思想就永别了。其次，为了得到驿马使用证，至少必须知道到哪里去。但是彼时彼刻他的最大痛苦就在于他怎么也说不出他要去的地方。因为如果他决定去某一个城市，那么他采取的行动在他自己的心目中刹那间就变成荒诞的、不能实现的了；这一点他清楚地预感到。在这样一个城市里他将做什么呢？为什么一定要在这个城市里而不在另一个城市呢？寻找 ce marchand[②]？但是怎么样的商人呢？这里又窜出来第二个也是最可怕的问题。实际上，对他来说没有比 ce marchand 更加可怕的了，他如此突然地不顾一切地出来找他，而实际上不用说最害怕找到他了。不，最好还是大路，这样简简单单地走上大路，向前走去，在可以不想

① 法文：作为一名。
② 法文：这个商人。

的时候什么也不想。大路漫长又漫长，看不到尽头，就好像人生，好像人的梦想。在大路中包含着思想；而驿马使用证里有什么思想？驿马使用证是思想的终结……Vive la grande route，[①] 以后的事就听天由命吧。

自从那次突然同莉扎意外相遇（我在前面已经描写过了）之后，他继续向前走，心情更加激动，不能自已。大路离斯克沃列什尼基有半俄里，奇怪的是，他起初甚至没有注意到他是怎么走上大路的。在这个时刻要切实地思考或者哪怕是清晰地认识，对他来说都是难以忍受的。蒙蒙细雨一忽儿停止，一忽儿又下了起来；但是他连下雨也没有觉察到。他也没有觉察到，他怎么会把旅行袋背在背上，因此走起来比较轻松一些。他大概这样走了一俄里或者一俄里半，突然站住了，向四周环顾。古老的、黑糊糊的、布满车辙的道路在他面前像一条没有尽头的线延伸开去，路的两旁栽满了白柳；右边是一片片早已收割过的庄稼地，空空荡荡，左边是一丛丛的灌木，灌木丛的后面是片小树林。而远处——远处是一条依稀可见的斜行的铁路线，铁路上升起一趟列车喷出的烟雾；但是列车的声音已经听不见了。斯捷潘·特罗菲莫维奇有点儿害怕了，但是这只是瞬间的事。他茫然叹了口气，把旅行袋放在一棵白柳树旁，坐了下来。在坐下来时，他感到一阵寒冷，于是用毯子裹住身子；这时他注意到了天在下雨，便撑开雨伞。就这样他坐了很久，不时咂咂嘴唇，喃喃自语，一只手紧紧握住伞柄。各种影像一个接着一个在他脑海中浮现，杂乱无章地在他眼前闪过。“Lise，Lise，”他想道，“同她一起的还有 ce Maurice[②]……奇怪的人们……但是那场奇怪的大火究竟是怎么回事呢？他们说的又是什么，被杀害的又是什么人呢？……我想，

---

① 法文：大路万岁！

② 法文：这个莫里斯（相当于俄文中的马夫里基）。

Stasie 现在还什么都不知道，煮好咖啡后还在等着我……玩牌？难道我玩牌输过人？嗯……在我们俄国，在所谓的农奴制时代……啊，天哪，那么费季卡呢？”

他吓得浑身一震，向四周张望：“也许，在树丛后的什么地方这个费季卡正坐在那里；据说，在这一带地方，他聚集了一伙强盗在大路上行劫？天哪，那我……那我就告诉他事情的全部真相，说我对不起他……说我整整十年因为他而感到痛苦，比他当兵的时间还长，我还……我把钱包给他。嗯，j'ai en tout quarante roubles；il prendra les roubles et il me tuera tout de même. ①”

由于恐惧他不知什么原因把伞收了起来，放在身边。远处，在从城里来的路上出现了一辆大车。他心神不安地开始仔细观察。

“Grâce à Dieu,② 这是一辆大车，而且走的是慢步；不可能有危险。这些当地的瘦弱的驽马……我总是爱谈马的品种……不对，这是彼得·伊里奇常在俱乐部里谈品种，我当时使他做不成牌，et puis,③ 那后面是什么呀？……好像车里坐着一个妇女。一个农妇和一个农夫——cela commence *à* être rassurant。④ 农妇在后面，农夫在前面，——c'est très rassurant。⑤ 他们后面还有一头母牛用绳缚住牛角拴在大车上。C'est rassurant au plus haut degré. ⑥”

大车走到他跟前，这是一辆相当坚实像样的农家大车。农妇坐在一个鼓鼓囊囊的袋子上，农夫坐在赶车人的座位上，两脚在冲斯捷潘·特

① 法文：我一共只有四十个卢布；他拿去我的钱，还是要把我杀掉的。
② 法文：谢天谢地。
③ 法文：后来。
④ 法文：这开始使我放心。
⑤ 法文：这很使人放心。
⑥ 法文：这使人极为放心。

罗菲莫维奇这一边耷拉下来。车子后面真的有一头棕红色的母牛，牛角用绳子系住，慢吞吞地走着。农夫和农妇瞪大眼睛瞧着斯捷潘·特罗菲莫维奇，斯捷潘·特罗菲莫维奇也同样瞪视着他们，但是，当大车从他身边走过大约二十步的时候，他急忙站了起来，赶了过去。在大车的旁边他自然感到安全一些，但是赶上以后，他立刻又忘了一切，又沉浸于他那些凌乱的思绪和幻影之中。他一步步走着，当然不会想到，对于农夫和农妇来说，他此时是大路上所能遇到的最令人惊讶的神秘莫测的对象。

“如果您不见怪的话，我想问问您是什么人哪?”当斯捷潘·特罗菲莫维奇心不在焉地朝农妇瞥了一眼的时候，她终于憋不住了。她大约二十七八岁，长得很结实，乌黑的眉毛，绯红的面颊，两片温柔地微笑着的殷红嘴唇下面露出两排雪白而整齐的牙齿。

“您……您这是同我说话吗?”斯捷潘·特罗菲莫维奇又悲切又惊奇地喃喃问道。

“准是做买卖的。”农夫挺有把握地说，这是一个身材魁梧的汉子，约莫四十岁，脸盘宽大，长相不笨，留着一部略带棕红色的大胡子。

“不，我不能算是买卖人，我……我……moi c'est autre chose.[①]”斯捷潘·特罗菲莫维奇勉强搪塞着，为了防止意外，他稍微走慢几步，落到大车后面，因此他现在与母牛并排行走了。

“那么准是个老爷。”农夫听到他说的外国话，断定说。他猛拉了一下马。

“所以我们才这样瞧着您，您好像是出来散步吧?”农妇又好奇地问道。

---

① 法文：我完全是另外一种人。

“这……您是问我？”

“外国人有时乘火车到这里来，看您的靴子好像不是这里的……”

“是军人的靴子。”农夫自得地郑重其事地插入说。

“不，我不是什么军人，我……”

“多好奇的女人，”斯捷潘·特罗菲莫维奇心里愤愤地想，“他们这么瞪着我看……mais，enfin[①]…总之，真奇怪，好像我对不起他们似的，实际上我没有任何对不起他们的地方。”

农妇同农夫悄悄说了几句话。

“如果您不感到委屈，我们可以带您走，只要大家高兴就行。”

斯捷潘·特罗菲莫维奇突然回过神来。

“好，好，我的朋友们，我很高兴，因为我很累了。可我怎么上来呀？”

“这太奇怪了，”他心里想，“我这么长时间傍着这头母牛走，竟没有想到求他们让我搭车……这个‘现实生活’包含着非常典型的东西……”

不过，农夫仍没有让马停下来。

“您到哪里去呀？”他用稍带不信任的口吻问道。

斯捷潘·特罗菲莫维奇没有马上听懂。

“准是去哈托沃吧？”

“去哈托沃？不，倒不是哈托沃……而且我不十分熟悉，虽然听说过。”

“哈托沃镇，镇，离这里九俄里。”

---

① 法文：说到底。

“镇？C’est charmant.[①] 所以我好像听说过……”

斯捷潘·特罗菲莫维奇还在走着，还没有让他坐上车去。一个天才的想法闪现在他头脑里。

“你们也许以为我……我有身份证，我还是个教授，就是说，如果你们愿意知道的话，我是个教师……但却是最大的。我是最大的教师。Oui，c’est comme ça qu′on peut traduire.[②] 我很想上车，我可以给您买……我买瓶酒答谢您。”

“您得付半个卢布，老爷，路很难走。”

“要不我们就太亏啦。”农妇插嘴道。

“半个卢布。好吧，我给半个卢布。C’est encore mieux，j’ai en tout quarante roubles，mais…[③]”

农夫把车停了下来，两个人一起使劲把斯捷潘·特罗菲莫维奇拉到大车上，让他同农妇并排坐在袋子上。头脑中的思想旋风还没有停息。有时他自己也感觉到，不知怎地他思想非常不集中，想的不是该想的事，对此他自己也纳闷。他意识到自己的头脑出了毛病。这种意识使他常常感到十分痛苦，甚至伤心。

“这……这怎么后面有一头牛?”他自己突然问农妇。

“您怎么啦，老爷，难道刚才没有看见?”农妇笑了起来。

“在城里买的，”农夫插进来说，“知道吗，我们自己的那头牲口春天就死了；是牛瘟。我们周围的牛都死啦，都死啦，活下来的还不到一半，你去哭哭啼啼吧!”

他又一鞭抽打了陷在车辙里的驽马。

---

① 法文：那好极了。

② 法文：对，可以这样翻译。

③ 法文：这更好，我有四十个卢布，但是……

"是啊，我们俄国常有这样的事……而且一般说来我们俄国人……常有这样的事。"斯捷潘·特罗菲莫维奇没有把话说完。

"如果您是教师，那到哈托沃去干什么？还是要到更远的地方去？"

"我……就是说，我并不是要到更远的地方去……C'est-à-dire[①]，我要到一个商人那里去。"

"去斯帕索夫，是吗？"

"是的，是的，正是去斯帕索夫。不过，这没有关系。"

"您要是去斯帕索夫，而且是走着去，那么穿着您这双靴子得走一个星期。"农妇笑了起来。

"您说得对，不过这没有关系，mes amis[②]，没有关系。"斯捷潘·特罗菲莫维奇不耐烦地打断她说。他想："这些人太好奇了；不过女的比他说得好，我注意到，自从二月十九日[③]以后他们的语言有了点变化，而且……我去斯帕索夫还是不去斯帕索夫，有什么相干？不过我会给他们钱的，他们还缠着我干什么？"

"要是去斯帕索夫，那要乘轮船。"农夫不肯罢休。

"的确是这样，"农妇很兴奋地插进来说，"因为要是乘马车沿湖岸走，那得绕个大弯，多走三十俄里。"

"有四十俄里。"

"明天下午两点钟您正好能在乌斯季耶沃赶上轮船。"农妇证实说。但是斯捷潘·特罗菲莫维奇闭口不作声了。两个问问题的人也不作声了。农夫不时抖动缰绳，催马前进；农妇偶尔和他简短地交谈几句。斯

---

① 法文：就是说。

② 法文：我的朋友们。

③ 是1861年沙皇宣布农奴制改革的那一天（俄历2月19日，公历3月3日）。这里是指农奴解放以后。

捷潘·特罗菲莫维奇打起盹来。当农妇笑嘻嘻地推醒他的时候，他看到自己已在一座相当大的村庄里，在一座有三扇窗户的农舍大门口，他感到十分惊奇。

“您打盹儿了，老爷?”

“这是怎么回事？我现在在哪里？啊，对了……没有关系。”斯捷潘·特罗菲莫维奇叹了一口气，从大车上爬下来。

他忧郁地环顾四周，觉得农村的景象很奇怪，而且不知什么原因显得十分陌生。

“噢，半个卢布，我给忘了!”他对农夫说，动作显得过分仓促；看来他害怕同他们分别。

“到屋里再算吧，请进。”农夫请他进去。

“屋里挺好的。”农夫鼓励他说。

斯捷潘·特罗菲莫维奇踏上摇摇晃晃的门廊。

“这怎么可能呢?”他轻声说，他深感不解，提心吊胆，但还是走进了农舍。“Elle l'a voulu.①”——他心里感到一阵刺痛，他又突然忘记了一切，甚至忘记了他已走进了农舍。

这是一座敞亮的相当整洁的农家木房子，有三扇窗户，分隔成两个房间；不能说是一家客栈，而不过是一座根据老习惯供熟悉的过往客人住宿的客舍罢了。斯捷潘·特罗菲莫维奇毫不拘束地走到客人坐的角落里。他忘了问好，坐下来后又陷入了沉思。在途中经受了三小时的风吹雨打之后，这时一股十分惬意的温暖感觉传遍了全身。甚至背上那一阵阵时断时续的寒战（这是那些特别神经质的人发寒热时经常有的现象），在从寒冷的地方突然走到暖和的地方以后，他也觉得出奇的惬意。他抬

---

① 法文：这是她所希望的。

起头，女主人正在炉边烤的发面煎饼的甜美香味扑鼻而来。他脸上露出孩子般的笑容，向女主人探过身子去，喃喃地说：

“这是什么？这是发面煎饼？Mais... c'est charmant.[①]”

“您要不要来一点，老爷？”女主人立即客气地问他。

“要，正想要，而且……我还想请您给我点茶。”斯捷潘·特罗菲莫维奇活跃了起来。

“生个茶炊？太高兴啦。”

女主人用一个带有很大的蓝色花纹的大盘子端上几张发面煎饼——有名的薄薄的、一半用小麦粉做的农家发面煎饼，浇上滚烫的新鲜奶油，真是美味无穷，斯捷潘·特罗菲莫维奇津津有味地尝了尝。

“这么多油啊！好吃极了！如果再来 un doigt d'eau de vie[②]，那可美了。”

“您是不是想要点伏特加，老爷？”

“正是，正是，一点点，un tout petit rien.[③]”

“就是说，买五戈比？”

“买五戈比，——买五戈比，——买五戈比，——买五戈比，un tout petit rien。”斯捷潘·特罗菲莫维奇面带幸福的微笑连连称是。

如果你请一位普通老百姓替你做什么事情，如果这是他能够做的也是他愿意做的，那么他会尽心竭力、热情周到地去做，但是如果你请他替你去买伏特加，——那么一般的平静的殷勤就会突然变成急急忙忙的兴高采烈的热情，几乎像亲人一样关怀你。去买酒的人——虽然喝酒的只是你，不是他，而且他预先就知道，——仍然好像分享着你将享受到

① 法文：但是……这太美了。
② 法文：一点点伏特加。
③ 法文：真正一点点。

的乐趣……没有过三四分钟（酒店相距只几步路），斯捷潘·特罗菲莫维奇面前的桌子上已经摆上半瓶伏特加酒和一只浅绿色的大酒杯。

“这全是给我的！”他十分惊奇，“我经常喝伏特加，但从来不知道，五戈比能买这么多酒。”

他斟了一杯酒，站了起来，带着几分庄严的神色穿过房间走到另外一个角落，那里坐着曾经与他并坐在口袋上的同路人，那个一路上喋喋不休地盘问他的黑眉毛农妇。她发窘了，本来想推辞，但说了礼节上该说的话之后，她终于站了起来，恭恭敬敬地按一般妇女的喝法分三口把酒喝完了，然后，脸上显露出十分痛苦的样子，把酒杯还给斯捷潘·特罗菲莫维奇，向他鞠了一躬。他也一本正经地向她鞠躬答礼，回到自己的桌边，那神气还很自豪哩。

这一切都是在一时的灵感之下做的；在一秒钟之前他自己也不知道会去请农妇喝酒的。

“我完全、完全能够同平民百姓交往，我一向就是这样对他们说的。”他自满地想道，一面把酒瓶里剩下的酒给自己斟入杯中；虽然已不满一杯，但酒暖和了他，使他振作起来，甚至还有点上头。

“Je suis malade tout *à* fait，mais ce n'est pas trop mauvais d'être malade.①”

“您不想要一本吗？”他听到身边一个女人轻轻的声音。

他抬起眼睛，惊奇地看到面前站着一位女士——une dame et elle en avait l'air，② 她已年过三十，外表非常朴素，穿着城里人的服装，一件深色的连衫裙，肩上披着一块很大的灰色披巾。她和蔼可亲，很快就使

① 法文：我完全病了，但是生病也并不是坏事。

② 法文：她有的正是女士的外表。

斯捷潘·特罗菲莫维奇喜欢上她了。她刚从外面回到农舍来，这里留着她的东西，就放在斯捷潘·特罗菲莫维奇座位旁的长板凳上，其中有一只公文包（他记得他一进来就好奇地看了它一眼）和一只不很大的漆布口袋。她从口袋里拿出两本封面上烫着十字、装订得很精美的书，把它们送到斯捷潘·特罗菲莫维奇面前。

“Eh... mais je crois que c'est l'Évangile.[①] 我非常高兴……啊，我现在明白了……Vous êtes ce qu'on appelle[②] 福音书推销人；我在报上看到不止一次了……半个卢布?”

“三十五戈比一本。”福音书推销人回答。

“非常高兴。Je n'ai rien contre l'Évangile，et...[③] 我早已想再读一遍了……”

这时他头脑中闪过一个思想，他没有读福音书至少已经快三十年了，大约七年前读了勒南的《耶稣的一生》[④] 才记起了一点儿。由于他没有零钱，他取出四张十卢布的钞票——这是他的全部财产。女主人自告奋勇去换钱，这时他注意一看，才发现农舍里已经挤满了相当多的人，大家早已在观察他，而且好像还在议论他。他们还在议论城里的火灾，说得最多的是大车和母牛的主人，因为他才从城里回来。他们议论着纵火案，议论着什皮古林厂的工人。

“他在路上可没有同我谈大火，一句话也没有说，而现在什么都谈

---

① 法文：哎哟……这好像是福音书。

② 法文：您就是所谓的。

③ 法文：我一点不反对福音书，并且……

④ 勒南（1823—1892），法国哲学家、历史学家和宗教学家。他的著作《耶稣的一生》出版于1863年（的确是在《群魔》写作时的七年之前），受到教会的猛烈攻击。陀思妥耶夫斯基因为这是一本反基督教的书，所以把它列入斯捷潘·韦尔霍文斯基所读的书当中。——俄编注

了。”不知什么缘故斯捷潘·特罗菲莫维奇的头脑里闪过一个念头。

“我的爷，斯捷潘·特罗菲莫维奇，我见到的是您吗，老爷？我可万万没有想到！……难道您不认识我了吗？”一个上了年纪的人叫道，他外表像一个老家奴，剃光了胡须，穿着一件大翻领的大衣。斯捷潘·特罗菲莫维奇听到有人叫他的名字，吓了一跳。

“对不起，”他喃喃地说，“我不太记得您了……”

“您记不起来啦！我是阿尼西姆呀，阿尼西姆·伊万诺夫。我在已故的加加诺夫老爷那里当差，在已故的阿芙多季娅·谢尔盖耶芙娜那里见到过您和瓦尔瓦拉·彼得罗芙娜好多次。她差我给您送书，还两次差我给您送彼得堡的糖果……”

“噢，对啦，我记得你，阿尼西姆，”斯捷潘·特罗菲莫维奇笑了一笑，“你住在这里？”

“在斯帕索夫附近，老爷，在B修道院，阿芙多季娅·谢尔盖耶芙娜的妹妹玛尔法·谢尔盖耶芙娜的村子里，您老人家也许记得，她去参加舞会，从车子里跳出来，跌断了一条腿，现在她老人家住在修道院附近，我在侍候她，现在呢，您老人家也看到，我准备到省城去，去探望亲戚……”

“是呀，是呀。”

“看到您，我可真高兴，从前您待我很好，老爷，”阿尼西姆幸福地笑着，“您这是准备到哪里去呀，老爷？看来好像只有您一个人……您好像从来没有一个人出过门，是吗，老爷？”

斯捷潘·特罗菲莫维奇怯生生地瞧了他一眼。

“是到我们斯帕索夫去吗？”

“对，我到斯帕索夫去。Il me semble que tout le monde va à Spassof...[①]”

“您是去看望费奥多尔·马特韦耶维奇吧？他老人家见到您一定会很高兴的。他从前多么敬重您；现在还不止一次提到您……”

“对，对，也要去看望费奥多尔·马特韦耶维奇。”

“一定是这样，一定是这样。怪不得这里的庄稼人觉得奇怪，他们好像遇到您老爷在大路上步行。他们都是些蠢人。”

“我……我这是……我，知道吗，阿尼西姆，同人家打赌，像美国人一样，赌我一定能步行走到那里，于是……”

他的额头和两鬓都冒汗了。

“一定是这样，老爷，一定是这样。”阿尼西姆以无情的好奇心仔细听着。但是斯捷潘·特罗菲莫维奇却再也受不住了。他感到如此之窘，恨不得站起身来走出农舍去。但是茶炊端上来了，这时不知到什么地方去的卖书女人也回来了。他好像抓住一根救命稻草似的抓住她，请她一起喝茶。阿尼西姆把位置让出来，走了出去。

那些庄稼人的确感到纳闷：

“这是个什么人？发现他时他在大路上步行，他说他是个教师，穿着又像个外国人，头脑像小孩子一样简单，回答问题牛头不对马嘴。好像是从什么人那里逃出来的，身边还有钱！”他们开始想向上司报告——“因为不管怎样，城里不很太平”。但是阿尼西姆一出来，立即把一切疑惑都排除了。他走到穿堂间，告诉所有愿意听的人说，斯捷潘·特罗菲莫维奇不是什么教师，“他自己是大学问家，正在研究各种高深的学问，本人过去是这里的地主，在斯塔夫罗金上将夫人那里已经

---

① 法文：我觉得，好像所有人都到斯帕索夫去……

住了二十年，是家里最重要的人物，全城的人都十分敬重他。他在贵族俱乐部常常一个晚上就花掉五十、一百个卢布，是一个有品位的文官，相当于军队里的中校，比上校只低一级。至于谈到钱嘛，由于通过斯塔夫罗金上将夫人他随时都能得到钱，所以多得不计其数。”等等，等等。

“Mais c'est une dame，et très comme il faut，[①]”斯捷潘·特罗菲莫维奇摆脱了阿尼西姆的进攻，一面休息，一面以愉快的好奇心观察着自己邻座那位推销福音书的女人。她喝起茶来却不像一个夫人，她把茶倒在茶碟里，端起茶碟子喝着，一面咬着糖块。“Ce petit morceau de sucre ce n'est rien，[②] 她身上有一种高贵的独立的气质，但同时又很文静。Le comme il faut tout pur，[③] 只不过另有一种情调。”

他很快从她口中知道，她叫索菲娅·马特韦耶芙娜·乌利季娜，家住在K地，那里有一个寡妇姐姐，是小市民；她自己也是寡妇，她丈夫因任职多年由上士提升为少尉，在塞瓦斯托波尔牺牲了。

“可您还这样年轻，vous n'avez pas trente ans。[④]”

“三十四了。”索菲娅·马特韦耶芙娜笑了一笑。

“怎么，您还懂法语?”

“懂一点，我在那以后在一户贵族人家住了四年，从孩子那里学来的。”

她说，丈夫死时她才十八岁，有一段时间在塞瓦斯托波尔当看护，后来又在许多地方住过，现在四处奔波，在卖福音书。

“Mais mon Dieu，[⑤] 我们城里发生了一桩奇怪的甚至非常奇怪的事

---

① 法文：这真是一位夫人，而且很有教养。
② 法文：这一小块糖——这不要紧。
③ 法文：相当有教养。
④ 法文：您还不到三十岁。
⑤ 法文：天哪!

情，那不是您吧？”

她脸红了；原来，这正是她。

“Ces vauriens，ces malheureux！[①]”他开始用气得发抖的声音说道，令人痛心憎恨的回忆在他心里引起痛苦的反响。有一会儿他好像走了神。

“哎呀，她又走了，”他转过神来，发觉她又不在身边了，“她不住地出去，好像有什么事；我发现她甚至很不安…… Bah，je deviens égoïste...[②]”

他抬眼一瞧，又看到阿尼西姆，但这一次却在令人恐怖的氛围下。整座木屋里都挤满了庄稼汉，显然他们都是阿尼西姆带进来的。这里有农舍的主人，还有买母牛的农夫，另外还有两个农夫（后来知道是马车夫），还有一个小个儿的喝得半醉的人，穿着农夫的衣服，但剃光胡须，很像喝酒喝穷了的小市民，他说话最多。所有这些人都在议论他斯捷潘·特罗菲莫维奇。买牛的农夫坚持说，沿湖岸绕道走要多走四十俄里，因此一定得乘轮船。半醉的小市民和农舍主人激烈反对：

“因为，我的老兄，如果他老人家乘轮船过湖，当然要近一些；这是事实；可是现在这个时候轮船可能不会来了。”

“会到的，会到的，还会走一个星期。”阿尼西姆比谁都热烈。

“就算是这样吧，可它不会准时来，因为季节已经晚了，有时在乌斯季耶沃一等就是三天。”

“明天会来的，明天两点钟会准时来的。晚上之前就会准时到斯帕索夫，老爷。”阿尼西姆十分卖劲地说。

---

① 法文：这些流氓，这些卑鄙家伙。

② 法文：哎呀，我成了只顾自己的人了……

"Mais qu'est ce qu'il a cet homme?[①]" 斯捷潘·特罗菲莫维奇浑身发抖，胆战心惊地等候着自己的命运。

两个马车夫走上前来，开始谈起价钱来；到乌斯季耶沃要价三个卢布。其余的人嚷道，这价钱不吃亏，是要这个价，从这里到乌斯季耶沃整个夏天都是这个价。

"但是……这里也很好……我不想走。"斯捷潘·特罗菲莫维奇维奇含糊不清地说。

"好，老爷，您说得对，斯帕索夫现在可好哩，而且费奥多尔·马特韦耶维奇见您去了不知会有多高兴。"

"Mon Dieu，mes amis，[②] 这一切太出乎我的意料了。"

最后，索菲娅·马特韦耶芙娜回来了。但她在长板凳上坐下，神情沮丧，愁容满面。

"我去不成斯帕索夫了！"她对女主人说。

"怎么，您也去斯帕索夫？"斯捷潘·特罗菲莫维奇精神一振。

原来，一位女地主，纳杰日达·叶戈罗芙娜·斯韦特利钦娜，吩咐她昨天就在哈托沃这里等她，答应顺便把她带到斯帕索夫去，可是她的马车却没有来。

"现在我可怎么办呢？"索菲娅·马特韦耶芙娜反复说道。

"Mais，ma chère et nouvelle amie，[③] 我同那个女地主一样，可以把您带到这个，叫什么来着，到这个村子去，我已经租了马车，明天，——嗯，明天我们一起到斯帕索夫啦。"

"您难道也去斯帕索夫？"

---

① 法文：但是这个人要什么呢？

② 法文：天哪，我的朋友们。

③ 法文：但是，我亲爱的新朋友。

"Mais que faire，et je suis enchanté![1] 我非常高兴把您送到；瞧，他们愿意去，我已经雇了……你们当中我雇了谁呀?"斯捷潘·特罗菲莫维奇突然非常想去斯帕索夫了。

一刻钟之后，他们已经坐上一辆有篷的四轮轻便马车：他非常活跃，十分满意，她拿着她的口袋、面带感激的笑容坐在他旁边。阿尼西姆扶他们上车。

"一路顺风，老爷，"他卖力地在车子旁忙碌着，"见到您我们真太高兴啦!"

"再见，再见，我的朋友，再见!"

"您会见到费奥多尔·马特韦耶维奇的，老爷……"

"对，我的朋友，对……我会见到费奥多尔·彼得罗维奇的……现在再见了。"

二

"您知道吗，我的朋友，请您允许我把自己称为您的朋友，n'est-ce pas?[2]"马车一启动，斯捷潘·特罗菲莫维奇就急忙开口说，"知道吗，我……J'aime le peuple，c'est indispensable，mais il me semble que je ne l'avais jamais vu de près. Stasie... cela va sans dire qu'elle est aussi du peuple... mais le Vrai peuple,[3] 就是说真正的，在大路上碰到的真正的老百姓，我觉得，他们感兴趣的只是我究竟到哪里去……不过这些不愉

① 法文：但为什么不呢，我太高兴了!

② 法文：不是吗?

③ 法文：我喜欢平民百姓，这是必要的，但是我觉得我从来没有贴近看到过平民百姓。纳斯塔西娅……她当然也是平民……但是真正的平民……

快的事情咱们不去提它了。我好像有点儿说得过分了，但是这似乎是因为我说得太快了。”

“您好像身体不舒服，先生。”索菲娅·马特韦耶芙娜仔仔细细地但又恭恭敬敬地察看他。

“不，不，只要把毯子盖上就行了，不过这风吹来凉飕飕的，甚至太凉了一点儿，但是，我们且把这个忘掉。主要是，我想说的不是这个。Chère et incomparable amie,[①] 我觉得，我几乎可说是一个幸福的人；幸福的原因是您。对我来说，幸福总是有损无益的，因为我马上就会宽恕我所有的敌人……”

“那就宽恕他们吧，这很好嘛，先生。”

“并不总是如此，chère innocente. L'Évangile... Voyez-vous, désormais nous le prêcherons ensemble.[②] 我将很乐意推销您那些精美的小册子。对，我感到，这可能是个好主意，quelque chose de très nouveau dans ce genre。[③] 老百姓是笃信宗教的，c'est admis,[④] 但是他们还不知道福音书。我可以给他们讲解……在口头讲解当中我可以纠正这本了不起的书中的一些错误，当然，我准备以极大的尊敬对待这本书。就是在大路上我也会是一个有益的人。我一向是一个有益的人，我总是对他们这样说的，et *à* cette chère ingrate...[⑤] 啊，让我们宽恕，宽恕，首先让我们宽恕所有人，而且永远……让我们相信，他们也会宽恕我们。对，因为所有人对别人都是有过错的。所有人都有过错！”

“您这话真是说得太好了，先生。”

---

① 法文：亲爱的无比美好的朋友。

② 法文：亲爱的天真的人。福音书……您看好吗，从今天起让我们一起宣扬它。

③ 法文：在这方面完全是一件新鲜的事情。

④ 法文：这是确定的。

⑤ 法文：还对这个亲爱的忘恩负义的女人……

“是啊，是啊，对……我感觉到我说得很好。我将对他们说得很好，但是，我想说的主要是什么呀？我说话总是岔开去，不记得……您允许我不离开您吗？我感觉到，您的目光，还有……我甚至对您的举止感到奇怪：您很朴实，说话很谦逊，口口声声称我先生，喝茶的时候把茶从杯子倒到茶碟里……口里含着那块很不像样的糖，但是您身上有种很美好的东西，我从您的面容看到……咳，不要脸红，不要因为我是男人而害怕我。Chère et incomparable，pour moi une femme c'est tout.① 我不能不生活在女人身边，但只有在女人身边……我说得太、太杂乱无章了……我怎么也记不起来，我想说些什么。啊，那些上帝总是安排一个女人在他身边的男人，真是太幸福了，并且……并且我甚至认为我有点儿太兴奋了。甚至在大路上也有崇高的思想！这，——这就是我想说的，——关于思想，我现在终于记起来了，可刚才一直总是想不起来。为什么他们把我们往远处送？那里也很好嘛，而这里——cela devient trop froid. À propos，j'ai en tout quarante roubles et voilà cet argent，② 拿着，拿着，我不善于用钱，我会丢失的，还会被别人拿走，而且……我觉得我想睡了；我脑子里好像有什么在旋转。这样旋转着，旋转着，旋转着。啊，您多善良，您给我盖上什么了？”

“您一定是发寒热了，我给您盖上了我的被子，不过关于钱的事，先生，我想……”

“看上帝的面子，n'en parlons plus，parce que cela me fait mal，③ 啊，您心多好！”

不知怎地他不久就停止说话，很快就睡着了，身上一阵热，一阵

---

① 法文：亲爱的无比美好的朋友，对我来说，女人就是一切。

② 法文：天太冷了。顺便说说，我一共有四十个卢布，喏，就是这些钱。

③ 法文：我们不要再谈这个了，因为这使我难过。

冷。他们走的十七俄里乡间土路并不平坦，车颠簸得很厉害。斯捷潘·特罗菲莫维奇不时醒来，急促地从索菲娅·马特韦耶芙娜塞到他头底下的小枕头上抬起身来，抓住她的手问道："您在这里吗?"好像害怕她会离他而去似的。他还告诉她，他梦见一张张开的大嘴和两排牙齿，使他讨厌极了。索菲娅·马特韦耶芙娜很为他担忧。

马车夫直接把他们送到一座有四扇窗户的农村大木房，院子里还有几间供人住的厢房。已经醒来的斯捷潘·特罗菲莫维奇便急忙走了进去，径自进入第二间，也是房子中最宽敞、最好的房间。他那睡眼惺忪的脸显出一副十分操心的表情，他立即向女主人——一个高大结实、四十岁光景、头发乌黑、几乎长着小胡子的农妇——解释，要求整个房间归他使用，"把房门关上，不再让任何人进来，parce que nous avons à parler[①]"。

"Oui，j'ai beaucoup à vous dire，chère amie.[②] 我会付钱给您的，我会付钱的!"他向女主人挥动着胳膊。

他虽然很着急，但不知怎的舌头却不听使唤。女主人听完他的话，面露不快之色，但保持沉默，表示同意，不过在同意之中令人预感到有些险恶的成分。他什么也没有注意到，急忙（他着急得很）要她出去，立即尽快地送上饭来，"一刻都不要耽搁"。

这时长小胡子的农妇忍不住了。

"我们这里可不是给您开的旅店，老爷，我们不给过路的客人备饭。煮点虾，生个茶炊，那还可以，此外就什么也没有了。鲜鱼要到明天才有。"

---

① 法文：因为我们要谈谈。

② 法文：对，我有很多话要对您说，亲爱的朋友。

但是斯捷潘·特罗菲莫维奇又挥动起胳膊，愤怒地不耐烦地反复说道："我会付钱的，只要快一点儿，快一点儿。"最后商定给他烧碗鱼汤和一只烤鸡。女主人说，整个村子里搞不到一只母鸡，不过她同意去找找看，但那神气好像是帮他大忙似的。

她一出去，斯捷潘·特罗菲莫维奇马上就坐到长沙发上，让索菲娅·马特韦耶芙娜坐在他身旁。房间里有一张沙发，还有几把圈椅，但样子都非常难看。总的说来，整个房间是一些城市样式和地道农村气味拙劣的混合，十分难看。房间相当宽敞（隔墙后分出一小间，那里放着床），裱着黄色的陈旧破烂的墙纸，墙上贴着一些以神话故事为题材的吓人的石印画，上座有一长排圣像和铜制的折叠式神像，家具是古怪的大杂烩。但是对这一切他甚至没有瞧上一眼，甚至没有看一看窗外离农舍十俄丈以外就是一个浩瀚的大湖。

"咱们终于单独在一起了，咱们谁也不让进来！我要把所有事情，所有事情，从头讲给您听。"

索菲娅·马特韦耶芙娜不安地甚至十分不安地制止他：

"您知道吗，斯捷潘·特罗菲莫维奇……"

"Comment，vous savez déjà mon nom?①"他喜滋滋地笑了一笑。

"我刚才听您同阿尼西姆·伊万诺夫讲话时，从他口中听到的。不过，我自己想冒昧对您说……"

于是她急促地悄声告诉他——一面还不住地转过头去瞧瞧关着的门，唯恐别人在偷听——说这个村庄不安全，说这里的老百姓虽说都是渔民，但是每年夏天都以敲诈旅客为生。这座村庄不是在大路边，而是在一个偏僻的地方，旅客到这里来，只是因为轮船在这里停靠；当轮船

---

① 法文：怎么，您已经知道我的名字了？

不来的时候，（因为只要天气有点儿不好，轮船就无论如何也不会来了，）——那时几天下来，这里就聚集了许多旅客，村庄里的所有农舍都住满了人，房主人等待的就是这样的机会；因为每样东西都要收三倍的钱，这座农舍的主人骄傲自大，因为在本地他算得上一个富翁了。他那张大渔网就值一千卢布。

斯捷潘·特罗菲莫维奇几乎带着责备的神色瞧着索菲娅·马特韦耶芙娜十分激动的脸，几次做手势制止她。但是她坚持己见，把话说完了；据她说，她今年夏天就到这里来过，是同城里的一位“非常高贵的太太”同来的，也在这里过夜，等轮船到来，甚至等了整整两天，受了那么多罪，回想起来都感到可怕。“您，斯捷潘·特罗菲莫维奇，单独要了这间房，先生……我只不过想警告您，先生……那里，在那个房间里已经住了人了，一个上了年纪的人和一个年轻人，还有一个带着几个孩子的太太，到明天两点钟以前房子里会挤满人，因为轮船已经两天没有来了，明天一定会来的。因为您单独要了一个房间，又要他们供应饭，又得罪了其他客人，他们会向您要很大一笔钱，就是连京城里都没有听到过的价钱，先生……”

但是，他感到痛苦，真正地感到痛苦。

“Assez，mon enfant，[①] 我恳求您；nous avons notre argent，et après——et après le bon Dieu.[②] 我甚至感到奇怪，像您这样有崇高思想的人……Assez，assez，vous me tourmentez.[③]”他歇斯底里地说，“广阔的未来在我们的前面，而您……您恐吓我，让我为未来担忧……”

他马上就开始讲述自己的历史，讲得那么急急忙忙，起初甚至叫人

---

① 法文：够了，我的孩子。
② 法文：我们有钱，而且，而且还有上帝保佑。
③ 法文：够了，够了，您使我痛苦。

摸不着头脑。他讲了很长时间。主人送来了鱼汤，又送来了母鸡，最后送来了茶炊，而他一直讲着……他讲得有点古怪，有点儿病态，因为他的确有病。这是他的脑力突然处于紧张状态之下，其结果当然——这一点在他讲述时索菲娅·马特韦耶芙娜就忧心忡忡地预见到了，——一定会立即影响他已经垮了的身体，表现为后来的精力急剧衰竭。他几乎从儿童时代开始讲述，那时“他无忧无虑地在田野上奔跑”；一个小时以后才讲到他的两次婚姻和在柏林的生活。不过我不敢笑他。这里他讲的事情对他来说的确具有至高无上的意义，用现代语言来说，几乎可以说是生存竞争。他看到已经选定作为终身伴侣的女人坐在他面前，因此可以说，急于把自己的秘密告诉她。他的天才不应该不让她知道……也许他过于高估了索菲娅·马特韦耶芙娜的才智，但是他已经选择了她，他不能没有女人。他自己从她脸上清楚地看到，她几乎完全不懂他说的话，甚至最主要的东西。他思忖道：

“Ce n'est rien，nous attendrons，[①] 暂时她可以以她的直觉来理解。”

“我的朋友，我唯一需要的只是您的心！”他中止他的叙述，对她激动地叫道，“您现在瞧着我的这种可亲可爱的迷人的目光。哎呀，您别脸红。我已经对您说过……”

后来他所讲述的自己生平，几乎变成整篇学术论文。他侃侃而谈，说什么从来就没有人能理解斯捷潘·特罗菲莫维奇，而“在俄罗斯多少天才人物遭到毁灭”，使可怜的陷入困境的索菲娅·马特韦耶芙娜更加茫然不解了。他说的话“都是那么高深”，她后来苦恼地告诉别人说。她稍稍瞪大眼睛听他说着，显然感到痛苦。当斯捷潘·特罗菲莫维奇说

① 法文：这不要紧，我们可以等待。

到我们的“进步人士和统治人物”的时候，突然说起幽默话和最尖刻的俏皮话来，她在苦恼之余甚至两次以笑来回报他的笑，但结果她的笑却比哭还难看，以致斯捷潘·特罗菲莫维奇自己到头来也感到十分尴尬，因此，他以更大的激情和愤慨大肆攻击起虚无主义者和“新人”来了。这时他简直把她给吓坏了，只有当他开始讲他的罗曼史的时候，她才稍微休息了一下，不过好景不长，也没有休息多少时间。女人总是女人，哪怕她是修女。在他讲述他的风流韵事的时候，她笑着，摇着头，不一会儿又满面绯红，垂下眼睛，把个斯捷潘·特罗菲莫维奇欢喜得心花怒放，思如泉涌，甚至编造了许多子虚乌有的事。瓦尔瓦拉·彼得罗芙娜在他口中成了褐眼黑发的大美人（使彼得堡和欧洲许多都城都为之倾倒），她丈夫死了，“在塞瓦斯托波尔饮弹身亡”，只是因为他自己感到配不上她的爱，因此拱手让位给他的情敌，当然这个情敌就是斯捷潘·特罗菲莫维奇……“您别害羞，我的文静的好女人，我的基督徒！”他对索菲娅·马特韦耶芙娜叫道，他自己对他所讲的一切几乎信以为真了，“这是一种高尚的、一种十分微妙的感情，因此我们俩一辈子都没有相互表白过心迹”。出现这种情况的原因是他在后面讲到的碧眼金发女郎（如果这个女郎不是达丽娅·帕夫洛芙娜，我真不知道斯捷潘·特罗菲莫维奇这里指的是谁了）。这位碧眼金发女郎在各方面都受恩于褐眼黑发女人，作为远亲，她在她家长大。褐眼黑发女人终于注意到碧眼金发女郎钟情于斯捷潘·特罗菲莫维奇，于是就把自己的心事深深埋在胸中。碧眼金发女郎这方面也注意到褐眼黑发女人钟情于斯捷潘·特罗菲莫维奇，于是也把自己的心事深深埋在胸中。这样三个人都因为相互谦让而筋疲力尽，就这样把自己的心事深深地埋在胸中，默默地度过了二十年。“啊，这是一种怎么样的感情啊！这是一种怎么样的感情啊！”他感叹道，因为衷心激赏而啜泣起来。“我看到她的（褐眼黑发女人的）

成熟的美，看到她每天‘带着心灵的创伤’，走过我身边，好像因为自己的美而害羞。”（有一次他说，“因为自己的肥胖而感到害臊”。）最后，他逃跑了，抛弃了这个二十年来的热病似的幻梦。——Vingt ans![①] 于是现在他走在大路上……然后，在他的头脑发热的情况下，他开始向索菲娅·马特韦耶芙娜解释，今天这“如此偶然的又是命中早已注定永不分离的相逢”意味着什么。索菲娅·马特韦耶芙娜窘极了，终于从沙发上站了起来；他甚至都要在她面前跪下来了，她禁不住哭了。暮色愈来愈浓；两人在紧锁的房间里已经度过了好几个小时……

“不，最好您让我到那屋去，先生，”她喃喃地说，“不然的话，别人说不定会有想法的，先生。”

她终于摆脱了；他让她出去，答应马上就上床就寝。告别的时候他抱怨他的头很疼。索菲娅·马特韦耶芙娜进来的时候就把她的旅行袋和东西留在第一个房间里，打算同主人一家在一起过夜；但是她却没有能休息得成。

夜里，斯捷潘·特罗菲莫维奇的轻霍乱症又发作了。我和他的朋友们对他的这个病都非常熟悉——它往往是神经过度紧张或者精神受到刺激引起的。可怜的索菲娅·马特韦耶芙娜一夜没有睡觉。为了照料病人，她常常需要到房舍外面去，进出都得通过主人的房间，因此睡在这里的旅客和女主人便抱怨责怪，最后，当她在凌晨想要点火生茶炊时，他们甚至骂了起来。斯捷潘·特罗菲莫维奇在发病的时候一直处于半昏迷状态；有时他迷迷糊糊地觉得茶炊拿进来了，有人给他喝水（马林果汁），为他的胃、胸口做热敷。但是他几乎无时无刻不感觉到她守候在他身边，她进进出出，把他从床上扶下来，又把他扶着躺下去。半夜后

① 法文：二十年！

三点钟时他感到好一些，他坐了起来，把两脚从床上放下，什么也不想，伏倒在她面前的地板上。这已经不是他不久前的下跪了；他简直匍匐在她的脚边，吻着她的裙裾……

“别这样，先生，我完全不配。”她喃喃地说，使劲把他拉起来，扶上床去。

“我的救命恩人，”他在她面前虔敬地十指交叉合起双手，“Vous êtes noble comme une marquise![①] 我——我是坏蛋。我一辈子都不正派……”

“您安静点。”索菲娅·马特韦耶芙娜恳求他。

“我刚才跟您说的全是谎话，——为了自我吹嘘，为了往自己脸上贴金，都是由于无聊，——每一句话，每一个字都是谎话，啊，坏蛋，坏蛋！”

就这样，轻腹泻转变为另一种发作，歇斯底里的自我谴责的发作。我在谈到他给瓦尔瓦拉·彼得罗芙娜写信时已经提到过他的这一间歇性发作的毛病。他突然记起了 Lise，记起昨天早上同她的相遇：“那情景多可怕，她一定出了什么不幸的事，可我没有问，没有了解！我只想着自己！哎，她出了什么事，您知道吗，她出了什么事？”他恳求索菲娅·马特韦耶芙娜告诉他。

然后，他起誓他“不会变心的”，他会回到她（就是瓦尔瓦拉·彼得罗芙娜）那里去。“每天，当她坐上马车去晨间散步时，我们（就是说他一直同索菲娅·马特韦耶芙娜在一起），将偷偷走近台阶，悄悄地瞧着她……咳，我希望她再打我的另一个面颊一巴掌，我非常乐意！我

① 法文：您像一位侯爵夫人那样高贵。

要把我的另一个面颊凑上去，comme dans votre livre![1] 我现在，现在才明白把另一个面颊凑上去是什么意思。我以前从来没有理解过！”

对索菲娅·马特韦耶芙娜来说，这是她一生中最可怕的两天；她现在一想起来还不免不寒而栗。斯捷潘·特罗菲莫维奇病得很厉害，所以尽管这次轮船于下午两点准时到达，他也无法乘船出发；她不能把他一个人丢下不管，因此也没有去斯帕索夫。据她讲，听到轮船开走了，他还感到十分高兴哩。

“那很好，那太好了，”他在床上嘟哝道，“要不然我一直担心咱们要走了。这里这么好，这里比什么地方都好……您不会抛弃我吧？啊，您没有抛弃我！”

然而“这里”并不是那么的好。他对她遇到的麻烦什么都不想知道；他的头脑充满了各种各样的幻想。他认为他的疾病只是短暂的，很轻的，因此完全不加考虑，而只一门心思地想着，他们怎样一起去推销“这些小书”。他请她读福音书给他听。

“我很久没有读……原书了。如果有人问我，我会答错的；不管怎样，总得准备准备。”

她在他身旁坐下，打开书来。

“您读得真好，”她才读了一行他就打断她说，“我看到，看到，我没有看错人！”他又说，语音不清，但很兴奋。总的说来，他在无休止的兴奋状态之中。她读了山上布道那一节[2]。

“Assez，assez，mon enfant，[3] 够了……难道您以为这还不够吗?!”

---

① 法文：像在您的书中一样！按：这里指的是福音书。

② 在山上布道中（《新约全书·马太福音》，第5～7章；《路加福音》第6章）包含了基督的主要戒律。——俄编注

③ 法文：够了，够了，我的孩子。

他感到全身乏力，闭上了眼睛。他十分衰弱，但还没有失去知觉。索菲娅·马特韦耶芙娜站了起来，以为他想睡一会儿，但他止住了她：

“我的朋友，我一辈子都在撒谎，甚至当我说到真实情况的时候我也撒谎。我说话从来不是为了真理，而只是为了自己，这我从前也知道，但只有到现在才看清楚……啊，在我一生中我以友谊玷辱他们的那些朋友们现在在哪里呢？所有朋友，所有朋友！Savez-vous，① 我也许现在也在撒谎；一定是现在也在撒谎。主要是，在我撒谎的时候，我自己相信自己。人生在世，要活着而不撒谎……并且……并且不相信自己的谎言，那是最困难不过的了，对，对，就是这样！不过，等一等，这一切留待以后……现在咱俩在一起，在一起！”他热情地补充道。

“斯捷潘·特罗菲莫维奇，”索菲娅·马特韦耶芙娜怯生生地问道，“要不要到‘省里’去请个医生来？”

他十分震惊。

“为什么？Est-ce que je suis si malade? Mais rien de sérieux. ② 咱们为什么要找一些人来？让人家知道了——那怎么办？不，不，不需要任何外人，只要咱俩在一起，在一起！”

“知道吗，”他沉默了一会儿后说，“再给我读点什么吧，这样，随您挑选，什么都行，看到什么就念什么吧。”

索菲娅·马特韦耶芙娜打开书，读了起来。

“翻到哪里就读哪里，随便翻到哪里都可以。”他又说了一遍。

“‘你要写信给老底嘉教会的使者……’”

“这是什么？什么？哪一部分的？”

---

① 法文：您知道吗。

② 法文：难道我痛得那么厉害？没有什么了不起的。

“《新约全书·启示录》中的。”

“O，je m’en souviens，oui，l’Apocalypse. Lisez，lisez，[①] 我想根据书来预卜咱们未来的命运，我想知道您翻到的是什么，您就从使者读下去，从使者读下去。”

“‘你要写信给老底嘉教会的使者，说：那为阿们的，为诚信真实见证的，在神创造万物之上为元首的，说：我知道你的行为，你也不冷也不热；我巴不得你或冷或热。你既如温水，也不冷也不热，所以我必从我口中把你吐出去。你说：我是富足，已经发了财，一样都不缺；却不知道你是那困苦、可怜、贫穷、瞎眼、赤身的。’”[②]

“这……这也是您的书中说的！”他赞叹道，两眼炯炯发光，从床头抬起头来，“我从来没有读过这个精彩的地方！您听呀：宁肯冷，冷，不要温，不要只是温，啊，我要证明。不过不要把我丢下，把我孤零零地丢下！咱们能证明，咱们能证明这一点！”

“我不会把您丢下的，斯捷潘·特罗菲莫维奇，永远不会丢下您的，先生！”她抓住他的双手，紧紧握在自己手里，按在胸口上，两眼噙着泪瞧着他。（“我那时真可怜他。”她后来告诉别人说。）他的嘴唇翕动，好像在抽搐。

“不过，斯捷潘·特罗菲莫维奇，我们究竟怎么办呢？要不要通知您的什么熟人或者什么亲戚？”

但是，他立即惊慌万分，使她后悔自己再次提到这件事。他心惊胆战、哆哆嗦嗦地恳求她不要叫任何人来，不要采取任何措施；他要她答应，一面又劝说她：“任何人都不要，任何人都不要！咱们单独在一起，

---

① 法文：啊，我记起来了，对，《新约全书·启示录》，读吧，读吧。

② 语出《新约全书·启示录》，第 3 章，第 14～17 节。陀思妥耶夫斯基在《白痴》中也引用过这段文字。——俄编注

只要咱们两个人，nous partirons ensemble。[①]”

另一桩很糟糕的事情是，主人们也开始担起心来，他们咕哝着，缠住索菲娅·马特韦耶芙娜。她付给他们钱，又把钱拿出来给他们看。这使情况暂时缓和下来；但是主人要看斯捷潘·特罗菲莫维奇的身份证。病人高傲地微笑着，指指他小小的旅行包；索菲娅·马特韦耶芙娜在包里找到他的退职证书或者类似的一个文件，他这一生就是拿这个文件当身份证的。主人仍不肯甘休，说“应当把他送到什么地方去，因为我们这里不是医院，万一死了，可能还会出什么事情；我们会遭殃的”。索菲娅·马特韦耶芙娜同他谈起请大夫的事，但是算了一算，如果到“省里”去请大夫，那么得花很多钱，结果当然只好放弃请大夫的任何念头。她忧心忡忡地回到病人身边。斯捷潘·特罗菲莫维奇越来越虚弱了。

“现在再给我读一个地方……关于猪群的那一段。”他突然说。

“什么?”索菲娅·马特韦耶芙娜大吃了一惊。

“关于猪群的那一段……也在这本书里……ces cochons[②]... 我记得，一群魔鬼附到猪身上，猪都淹死了。一定请您念念这一段；我以后再告诉您这是为什么。我想逐字逐句地把它记起来。必须逐字逐句地记起来。”

索菲娅·马特韦耶芙娜对福音书非常熟，立刻就找出《新约全书·路加福音》中的那一段，也就是我作为我的记事录的卷首引文的那一段文字。在这里我把它再引用一遍：

“‘那里有一大群猪，在山上吃食。鬼央求耶稣，准他们进入猪里

① 法文：我们一起走。

② 法文：这些猪。

去；耶稣准了他们。鬼就从那人出来，进入猪里去。于是那群猪闯下山崖，投在湖里，淹死了。放猪的看见这事就逃跑了，去告诉城里和乡下的人。众人出来要看是什么事；到了耶稣那里，看见鬼所离开的那人，坐在耶稣的脚前，穿着衣服，心里明白过来，他们就害怕。看见这事的，便将被鬼附着的人怎么得救，告诉他们。'"

"我的朋友，"斯捷潘·特罗菲莫维奇激动万分地说，"savez-vous，这奇妙的……不同寻常的一段，是我一生中不可逾越的障碍……dans ce livre[①]... 因此我从童年时起就记住了这一段。现在我有一个想法，une comparaison[②]... 我现在有许多许多想法：要知道，这同我们俄国一模一样。这些从病人身上出来进入到猪里去的魔鬼——这是在我们伟大的亲爱的病人，我们的俄国身上千百年来积累起来的所有瘟疫，所有瘴疠，所有污泥浊水，所有大大小小的魔鬼！Oui，cette Russie，que j'aimais toujours，[③] 但是一个伟大的思想，一个伟大的意志将从天而降，它会庇护俄国，就像庇护那个魔鬼附体的疯子一样，于是所有这些魔鬼，所有这些污泥浊水，所有这些在体表上溃烂的肮脏东西……都会自动要求进入猪身中去。而且已经进去了！这就是我们，我们和那些人，还有彼得鲁沙……et les autres avec lui，[④] 还有我，也许是第一个，是带头的，我们这些魔鬼附体的发疯的人会从山崖上跳到大海里去，所有人都会淹死，那是活该，因为我们只会做这样的事。但是病人会痊愈，会'坐在耶稣脚前'……众人都会惊异地瞧着……亲爱的，vous comprendrez après，[⑤] 现在这使我很激动……Vous comprendrez après...

① 法文：在这本书里。
② 法文：一个比喻。
③ 法文：这是我永远热爱的俄国。
④ 法文：还有许多同他一起的其他人。
⑤ 法文：您将来会懂的。

Nous comprendrons ensemble. [①]”

胡言乱语之后，他终于失去了知觉。这样持续了第二天一整天。索菲娅·马特韦耶芙娜坐在他身边哭泣，她已经第三夜几乎没有合眼了，她避免在主人面前露面，因为她预感到女主人已在开始采取什么措施了。第三天她才得到解脱。这天早上斯捷潘·特罗菲莫维奇醒来了，认出了她，向她伸出一只手去。她满怀希望地画了个十字。他想看一看窗外："Tiens，un lac，[②]”他反复说，"啊，天哪，我还没有见过它呢……"这时农舍的大门口车声隆隆，房子里掀起了一阵忙乱。

三

来的是瓦尔瓦拉·彼得罗芙娜本人，她乘了一辆四座轿式马车，由四匹马拉着，带了两名仆役和达丽娅·帕夫洛芙娜赶来了。这个奇迹的出现说来也很简单：好奇得要死的阿尼西姆到了城里之后，第二天就到瓦尔瓦拉·彼得罗芙娜邸宅去，向用人们泄露了秘密，说他遇见斯捷潘·特罗菲莫维奇一个人在农村里，说农夫们在大路上见到他一个人在步行，说他出发去斯帕索夫，途经乌斯季耶沃，已经与索菲娅·马特韦耶芙娜在一起。由于瓦尔瓦拉·彼得罗芙娜对她的逃亡朋友早就十分担心，千方百计地到处寻找他，所以仆人立即向她报告了阿尼西姆的事。她仔细听完阿尼西姆的话，特别是关于与一个叫索菲娅·马特韦耶芙娜的女人同乘一辆轻便马车出发去乌斯季耶沃的详情细节，立即收拾好行装，紧紧跟踪来到乌斯季耶沃。关于他生病的事她还毫无所知。

---

① 法文：您将来会懂的……我们一起会懂的。

② 法文：瞧，一个湖。

农舍门口响起了她那冷峻威严的声音；甚至主人也胆怯了。她在这里停下来，只是为了打听一下消息，询问一下情况，她相信斯捷潘·特罗菲莫维奇早已到了斯帕索夫；当她听说他还在这里而且卧病在床时，她激动起来，走进了农舍。

“唉，他在哪里？啊，这是你！”她看到恰巧这时在第二个房间门槛上出现的索菲娅·马特韦耶芙娜就厉声叫道，“我从你这张不识羞耻的脸上就猜到，这是你。滚，你这个坏东西！不许她再待在这座房子里！把她赶走，要不然，我的好女人，我要叫你在监牢里蹲一辈子。暂时把她在另外一座房子里看管起来。她在城里已经蹲过一次监牢，再让她蹲一蹲。我请你，房东，在我在这里的时候，不许放任何人进来，我是斯塔夫罗金将军夫人，我把整座房子都包下了。而你，我的好女人，什么事都得向我报告。”

熟悉的声音震动了斯捷潘·特罗菲莫维奇。他浑身哆嗦。但是她已经走进屋里面来。她两眼闪着怒火，一脚把椅子踢近床边，仰靠在椅背上，对达莎嚷道：

“你暂时出去，在房东那里待一会儿。有什么好奇的？随手把门带上，关紧一点儿。”

她沉默了一会儿，用猛禽似的目光仔细察看他那张吓慌了的脸。

“您好吗，斯捷潘·特罗菲莫维奇？玩得怎么样？”她突然恶狠狠地挖苦道。

“Chère,”斯捷潘·特罗菲莫维奇不知所措地喃喃地说，“我认识了俄罗斯的现实生活……Et je prêcherai l’Évangile...[①]”

“不识羞耻的忘恩负义的东西！”她突然两手一拍狂叫道，“您给我

① 法文：我要去宣讲福音书……

丢脸难道还没有丢够吗，又搭上了……咳，您这个无耻的老色鬼！”

“Chère...”

他的声音突然中断了，他一句话也说不出来，只吓得瞪大眼睛望着她。

“她是什么人？”

“C’est un ange... C’était plus qu’un ange pour moi,① 她整夜……咳，请您别嚷嚷，别吓了她，chère，chère...”

瓦尔瓦拉·彼得罗芙娜猛地推开椅子跳了起来，传来她恐惧的叫声：“水，水！”他虽已苏醒过来，但她仍在哆嗦，面色煞白，望着他那张变了形的脸：这时她才第一次认识到他疾病的严重程度。

“达丽娅，”她突然对达丽娅·帕夫洛芙娜轻声说，“马上去请医生，请萨尔茨菲施；叫叶戈雷奇马上去，叫他在这里租马车，从城里回来时换一辆车。天黑前一定要赶到。”

达莎赶忙去执行命令。斯捷潘·特罗菲莫维奇仍然瞪着眼睛恐惧地望着；苍白的嘴唇在颤抖。

“等一等，斯捷潘·特罗菲莫维奇，等一等，亲爱的！”她像哄小孩儿似的哄着他，“哎，等一会儿，等一会儿，等一会儿嘛，达丽娅一回来，就……啊，天哪，房东，房东，你来一下吧，我的好女人！”

她迫不及待地自己跑去找女房东。

“马上，马上把这个女的找回来。把她找回来，找回来！”

幸好，索菲娅·马特韦耶芙娜还没有走掉，她拿着自己的口袋和包裹刚从大门走出去。房东把她叫了回来。她恐慌极了，手脚都在不住哆嗦。瓦尔瓦拉·彼得罗芙娜像老鹰抓小鸡似的一把抓住她的手，迅速把

① 法文：这是个天使……对我来说，她比天使更好。

她拉到斯捷潘·特罗菲莫维奇跟前。

“瞧，她在这里。我可没有把她吃掉。您以为我已经把她吃掉了。”

斯捷潘·特罗菲莫维奇握住瓦尔瓦拉·彼得罗芙娜的一只手，把它拿近眼睛边，泪如泉涌，大声地、哽哽噎噎地痛哭起来。

“好了，你安静一点儿，安静一点儿吧，好了，亲爱的！哎，天哪，您安——静——一——点嘛！”她怒声叫道，“咳，真是折磨人，我一辈子都在受您的折磨！”

“亲爱的，”最后，斯捷潘·特罗菲莫维奇对索菲娅·马特韦耶芙娜喃喃地说，“请您到那屋去坐一会儿，亲爱的，我这里有话要说……”

索菲娅·马特韦耶芙娜赶快走了出去。

“Chérie，chérie...[①]”他喘不过气来。

“等一会儿再说，斯捷潘·特罗菲莫维奇，稍等一会儿，先休息一下。这是水。叫您等、一、会儿嘛！”

她又在椅子上坐下。斯捷潘·特罗菲莫维奇紧紧拉着她的手。她很久不许他说话。他把她的手拉到嘴边，吻着它。她咬紧牙关，望着屋角。

“Je vous aimais！[②]”他终于说了出来。她从来没有从他口中听到过这个词。

“嗯。”她回答，声音低沉而含混。

“Je vous aimais toute ma vie ... vingt ans！[③]”

她一直沉默着——有两三分钟。

“可你怎么准备向达莎求亲的，身上都洒了香水……”她说，声音

① 法文：心爱的人，心爱的人……

② 法文：我爱过您！

③ 法文：我一生都爱您……二十年！

轻而可怕。斯捷潘·特罗菲莫维奇惊呆了。

“还打了个新领巾……”

又沉默了两分钟。

“还记得雪茄烟吗？”

“我的朋友。”他吓得口齿不清了。

“你的雪茄烟，晚上，在窗口……一轮明月……在亭子里的谈话之后……在斯克沃列什尼基？你可记得，你可记得？”她跳了起来，拉着他枕头的两只角，连同他的脑袋一起猛烈抖动，“记得吗，你这个不中用的，不中用的，丢人现眼的，胆小怕事的，永远永远不中用的人！”她强忍住呼叫，从齿缝中挤出狂怒的嗞嗞声。最后她把他放下，跌坐在椅子上，两手捂住脸。“够了！”她挺起身来，突然止住，“二十年过去了，无法挽回了；我也是个傻瓜。”

“Je vous aimais.”他又十指交叉，合起两手说道。

“你干吗老是 aimais，aimais 的对我说个没完！够了！”她又迅速站了起来。“如果您现在不马上睡着，那我……您需要安静，睡吧，马上就睡，闭上眼睛。啊呀，我的天哪，他可能想吃早饭！您吃什么？他吃什么？啊呀，我的天哪，那个女人在哪里？她在哪里？”

于是又开始了一阵忙乱。但是斯捷潘·特罗菲莫维奇用微弱的声音含混地说，他真的希望睡 une heure[①]，到那时再来 un bouillon，un thé... enfin，il est si heureux。[②] 他躺了下去，真的好像睡着了（大概是佯装的）。瓦尔瓦拉·彼得罗芙娜等了一会儿，然后踮着脚从隔壁后走出来。

---

① 法文：一小时。

② 法文：一点儿肉汤、茶……最后他是如此幸福。

她在主人的房间里坐定，把男女主人都赶了出去，然后命令达莎把那个女人叫来。一场严肃的盘问开始了。

“你现在讲讲，我的好女人，详细的情况；坐到我身边来，就这样。好吗？”

“我遇到斯捷潘·特罗菲莫维奇……”

“等一等，且别说。我先警告你，如果你撒谎或者隐瞒了什么，哪怕你到了地下我也要把你挖出来。嗯？”

“我同斯捷潘·特罗菲莫维奇……我刚刚到哈托沃，太太……”索菲娅·马特韦耶芙娜几乎喘不过气来。

“等一等，且别说，等一会儿；你干吗这么匆匆忙忙地说起来了？首先说说你自己是什么人。”

索菲娅·马特韦耶芙娜三言两语讲了她从塞瓦斯托波尔以来的经历，瓦尔瓦拉·彼得罗芙娜默默地听她说，身板笔挺地坐在椅子上，严厉地、目不转睛地逼视着她的眼睛。

“你为什么这样害怕？你为什么两眼总瞧着地上？我喜欢那些面对着我说话的人，同我争论的人。继续说下去。”

她讲了他们的相遇，她的福音书，斯捷潘·特罗菲莫维奇怎样请农妇喝酒……

“就这样讲，就这样讲，最小的细节也别漏掉。”瓦尔瓦拉·彼得罗芙娜鼓励她。最后讲到他们怎么乘车来到这里，一路上斯捷潘·特罗菲莫维奇不住地说话，“当时他已经完全病了，太太，到了这里以后，他又谈了他的一生，从最早的时候开始，甚至讲了好几个小时。”

“你倒把他的一生讲给我听听。”

索菲娅·马特韦耶芙娜蓦地顿住了，完全不知道该怎么办好。

“我一点儿也讲不来，太太，”她说，几乎哭了出来，“而且我几乎什么都没有听懂，太太。”

“你撒谎，——你总不可能一点儿都没有听懂吧。”

“他讲到一个黑发的贵夫人，讲了很久，太太。”索菲娅·马特韦耶芙娜脸涨得绯红，不过她注意到瓦尔瓦拉·彼得罗芙娜头发是浅黄色的，与那位“褐眼黑发美女”一点儿也不像。

“黑发女人？——究竟讲了些什么？你说下去呀。”

“他说到，这位贵夫人深深爱上了他，一生都爱着他，整整二十年；但是一直不敢向他表白心迹，而且在他面前感到羞涩，因为她长得太胖了，太太……”

“他这个傻瓜！”瓦尔瓦拉·彼得罗芙娜若有所思，但断然打断了她。

索菲娅·马特韦耶芙娜已经失声哭了起来。

“我什么也讲不好，因为当时我自己很为他老人家担忧，听不懂他说的话，因为他老人家是那么聪明……”

“他的智慧用不着像你这样的乌鸦来评判。他向你求婚了吧？”

可怜的女人吓得发起抖来。

“爱上你了吧？——说呀！向你求婚了吗？”瓦尔瓦拉·彼得罗芙娜向她嚷道。

“差不多有这么回事，太太，”她抽泣了一阵，“不过对这些事我没有认真对待，因为他有病。”她坚定地说，抬起了眼睛。

“你叫什么，名字和父称？”

“索菲娅·马特韦耶芙娜。”

“那么你要知道，索菲娅·马特韦耶芙娜，这是一个最糟糕最不中用的小人……天哪，天哪！你认为我是坏人吗？”

索菲娅·马特韦耶芙娜瞪大了眼睛。

“是坏人？是专制暴君？——毁了他的一生？”

“这怎么可能呢，太太，您自己不是也在哭吗？”

瓦尔瓦拉·彼得罗芙娜眼睛里的确噙着泪。

“得了吧，你坐下，坐下，别害怕。——再看一次我的眼睛，对直着看；你为什么脸红了？达莎，到这里来，瞧瞧她：你认为怎样，她的心地纯洁吗？……”

使索菲娅·马特韦耶芙娜惊奇，也许使她更为恐惧的是，她突然拍拍她的面颊。

“只可惜是个傻瓜。——在你这样的年纪太傻了。很好，亲爱的，我会照顾你的。我看到，所有这一切都是胡闹。你暂时就住在附近，会给你租一间房子，我供你伙食和其他一切……需要你时我再叫你。”

索菲娅·马特韦耶芙娜胆战心惊，支支吾吾地说她必须赶路。

“你用不着赶路。——你的书我都买下了，你待在这里。不许说话，不许推托。如果我不来的话，你不是也不会离开他吗？”

“我无论如何也不会离开他老人家的。”索菲娅·马特韦耶芙娜轻轻地但坚定地说，擦着眼泪。

萨尔茨菲施大夫到来的时候已经是深夜了。这是一位很可敬的老人，又是一位相当有经验的医生，不久前，由于心气太高，他与上司发生争执，失去了他的职位。瓦尔瓦拉·彼得罗芙娜立即尽心竭力地“庇护”他。他仔细检查了病人，详细询问了病情，小心翼翼地告诉瓦尔瓦拉·彼得罗芙娜，由于出现并发症，患者的病情令人十分不安，甚至必须做好“最坏的”准备。瓦尔瓦拉·彼得罗芙娜二十年来对于斯捷潘·特罗菲莫维奇身上发生的一切事情已经习惯于不严肃认真看待，这时大为震惊，连脸色也煞白了。

“难道就没有希望了吗？”

“怎么可以说绝对没有任何希望呢，但是……”

她一夜没有睡，眼巴巴地等到天亮。一等病人张开眼睛恢复知觉（在这以前他一直没有失去知觉，虽然他一小时比一小时更虚弱了），她以最坚决的神色走近病人：

“斯捷潘·特罗菲莫维奇，万事都应该预见到。我已经去请神父了。您一定得履行您的天职……”

她知道他的信念，很怕会遭到拒绝。他惊讶地望了她一眼。

“胡闹，胡闹！”她狂叫起来，以为他已在拒绝她，“现在不是闹着玩的时候。别再干傻事了。”

“但是……难道我真的病得那么厉害吗？”

他默默沉思着，同意了。总之，我后来从瓦尔瓦拉·彼得罗芙娜那里得知，他一点儿也不害怕死，这使我感到十分惊奇。也许，他只不过是不相信这是真的，仍然认为他的病是无关紧要的。

他非常乐意地做了忏悔，领了圣餐，所有人，包括索菲娅·马特韦耶芙娜，甚至仆役，都来祝贺他受了圣礼。大家瞧着他那消瘦的憔悴的脸和苍白的颤抖的嘴唇，都悄悄地哭了。

“Oui，mes amis,[①] 我只觉得奇怪，你们这样……忙碌。明天我大概就能起来了，我们就……出发……Toute cette cérémonie[②]... 这一切仪式我当然很尊重……它是……”

“神父，请您一定留下来同病人在一起，”瓦尔瓦拉·彼得罗芙娜留住已经脱去法衣的教士，“等到给大家斟上了茶，请您立即就宣讲教义，鼓励他的信仰。”

---

① 法文：是的，我的朋友们。

② 法文：整个这个仪式。

教士讲了起来；大家或坐或立，围在病人的床边。

“在我们这个罪孽深重的时代，”教士手里捧着茶杯从容不迫地说，“对至高无上的神的信仰是人类在生活中遭受种种忧患和磨难时的唯一的庇护所，也是希望获得上帝许诺给虔信者的永久幸福的唯一保障……”

斯捷潘·特罗菲莫维奇整个人好像复苏过来，一丝淡淡的微笑掠过他的嘴唇。

“Mon père，je vous remercie，et vous êtes bien bon，mais...[①]”

“完全不要mais，绝对不要mais!”瓦尔瓦拉·彼得罗芙娜从椅子上蹦了起来，高声叫道。她对神父说：“神父，他是这样的一个人，他是这样的一个人……一个小时以后您又得重新为他举行忏悔礼了！他就是这样一个人!”

斯捷潘·特罗菲莫维奇含蓄地笑了一笑。

“我的朋友们，”他说，“单凭一点，神对我来说就是必不可少的了，因为只有神我可以永远爱他……”

他是真的信仰了呢，还是因为庄严肃穆的圣礼仪式震动了他，激发起了他天性中的艺术感受力，但是，据说他坚定地热情洋溢地说了一番话，与他以前的信念完全背道而驰。

“仅凭一点，我的永生就是必然的，因为神不会做不公正的事，扑灭我心中已经燃烧起来的对他的爱。世上还有什么比爱更宝贵呢？爱高于存在，爱是存在的顶峰，怎么可能使存在不服从于爱呢？如果我爱他，又为我的爱而欢欣鼓舞，——难道他可能使我和我的喜悦归于熄灭，把我们化为乌有吗？如果有神，那我就是永生的！Voilà ma profes-

---

① 法文：我的神父，我感谢您，您很仁慈，但是……

sion de foi.[①]"

"神是存在的，斯捷潘·特罗菲莫维奇，相信我，神是存在的，"瓦尔瓦拉·彼得罗芙娜恳求他，"抛弃您所有的愚蠢想法，哪怕一生中就是这一次!"(她好像没有完全理解他的 profession de foi。)

"我的朋友，"他越说越兴奋了，虽然他的声音常常中断，"我的朋友，当我懂得了……这凑上去让人打的面颊时，我……同时还懂得一些道理……J'ai menti toute ma vie,[②] 一生，整整一生！我真希望……不过明天……明天我们大家一起出发吧。"

瓦尔瓦拉·彼得罗芙娜哭了起来。他的两眼在寻找着什么人。

"瞧，她在这里!"她抓住索菲娅·马特韦耶芙娜的手，把她拉到他跟前。他感动地笑了一笑。

"啊，我真想重新生活!"他感叹道，刹那间他的精力变得十分充沛，"生命的每一分钟，每一个瞬间，对人来说都应该是幸福……应该是，一定应该是！人应该这样安排，这是他的义务；这是他天性的法则，虽然是隐蔽的，但一定是存在的……啊，我真想看到彼得鲁沙……他们所有人……还有沙托夫!"

我要指出，关于沙托夫的事，当时还没有人知道，无论是达丽娅·帕夫洛芙娜，无论是瓦尔瓦拉·彼得罗芙娜，甚至是萨尔茨菲施，虽然他是最后一个从城里来的人。

斯捷潘·特罗菲莫维奇越来越兴奋了，这是一种病态的超出他体力的兴奋。

"我经常想到，世界上存在着比我不知要公正多少、不知要幸福多

---

① 法文：这就是我的宗教信仰的声明。

② 法文：我一生都在撒谎。

少的东西，这一想法就使我整个人充满了温馨之情和——荣耀之感，——不管我是什么人，不管我做什么事！与个人的幸福相比，人更需要知道而且每时每刻都需要相信，在某个地方已经存在着完美的宁静的幸福，这幸福是为人人、为万物的……人类存在的全部法则仅仅在于使人始终能够崇敬无限伟大的事物。如果使人们失去无限伟大的事物，他们就活不下去，就会死于绝望之中。无限和无穷是人所需要的，如同需要我们居住的这个小小星球一样。我的朋友们，所有所有的朋友们：伟大思想万岁！永恒的无法估量的思想万岁！任何人，不管他是什么人，都应当崇拜伟大的思想。甚至最愚蠢的人也必须崇拜伟大的东西。彼得鲁沙……啊，我多希望再看见他们所有人！他们不知道，他们不知道，他们身上也蕴藏着那个永恒的伟大思想！”

萨尔茨菲施大夫没有出席仪式。他骤然进来，不禁大吃一惊，他把所有人都赶跑，坚持不能让病人激动。

三天以后，斯捷潘·特罗菲莫维奇去世了，那时他已经完全失去了知觉，他好像一支燃尽了的蜡烛，就那样静静地熄灭了。在当地做了安魂祈祷之后，瓦尔瓦拉·彼得罗芙娜把她可怜朋友的遗体运到斯克沃列什尼基。他在教堂墓地里的坟墓已经盖上大理石石板。题词和围栏留待春天再补上。

瓦尔瓦拉·彼得罗芙娜离开城里一共八天。索菲娅·马特韦耶芙娜与她同车回来，她好像要在她那里长住下去。我要指出，当斯捷潘·特罗菲莫维奇昏迷不醒（就在那个早上）之后，瓦尔瓦拉·彼得罗芙娜马上又把索菲娅·马特韦耶芙娜打发走了，要她彻底离开那座农舍，由她自己照顾病人，一个人一直服侍到最后；而一当他咽气之后，马上又把她叫了来。她建议（确切地说是命令）她在斯克沃列什尼基长住下去，把索菲娅·马特韦耶芙娜吓得要死，但瓦尔瓦拉·彼得罗芙娜不愿听任何反对的意见。

“都是废话！我自己要同你一起去卖福音书。我现在在世上已经没有一个亲人了。”

“您还有您的儿子嘛。”萨尔茨菲施说。

“我没有儿子了！”瓦尔瓦拉·彼得罗芙娜打断他，——她好像是在预言。

第八章
结　局

这伙败类的所有劣迹和罪行很快就败露了，比彼得·斯捷潘诺维奇预期的要快得多。最先是，不幸的玛丽娅·伊格纳季耶芙娜在丈夫被谋杀的那一夜在黎明前醒来，想起了丈夫，发觉他不在自己身边，激动得简直难以形容。阿里娜·普罗霍罗芙娜雇来陪夜的女佣怎么也安慰不了她。天蒙蒙亮，女佣就跑去找阿里娜·普罗霍罗芙娜本人，她让产妇相信，阿里娜·普罗霍罗芙娜一定知道她丈夫在哪里，什么时候回来。这时阿里娜·普罗霍罗芙娜也正在烦恼：她已经从丈夫那里知道了夜间他们那伙人在斯克沃列什尼基的勾当。他回到家里的时候已经是夜里十点多钟，情绪和神情都坏透了，他绞着手，扑倒在床上，全身因抽泣而战栗着，口里不住地说："不该这样做，不该这样做；绝对不应该这样做！"不用说，最后他一五一十地都告诉了寻根究底地追问他的阿里娜·普罗霍罗芙娜——不过在全家人当中只告诉了她一个人。她让他继续躺在床上，严厉地告诫他"如果他想哭泣，那么最好把头埋在枕头里，不让别人听见，如果明天他露出任何形迹，那他就是大傻瓜"。她终究还是考虑了一下，立即开始收拾东西，以防万一：凡是会碍事的文件、书籍，甚至可能还有传单，她都藏了起来，或者彻底销毁。在做这些事的时候，她考虑：她自己、她姐姐、姑妈、女大学生，可能还有她那耷拉着耳朵的弟弟都没有什么值得特别害怕的。当早晨看护的女佣跑来找她时，她不假思索就到玛丽娅·伊格纳季耶芙娜那里去了。她其实还很想尽早探听一下，昨天她那吓昏了的发疯了的丈夫像说胡话那样悄悄告诉她的事情，也就是彼得·斯捷潘诺维奇指望基里洛夫会为了共同利益而自杀——究竟是不是真的。

但是她走到玛丽娅·伊格纳季耶芙娜那里，已经为时太晚了：玛丽娅·伊格纳季耶芙娜差女佣出去之后，一个人留在家里，再也忍不住了，她从床上下来，随便披上一件衣服，好像是与季节不相称的非常单薄的衣服，自己去到厢房基里洛夫那里，以为他也许比任何人更能告诉她有关她丈夫的确实消息。可以想象，她在那里看到的景象给这位产妇带来了怎样的震动。值得注意的是，她没有看基里洛夫死前写的遗书，虽然它放在桌上很显眼的地方，当然这是因为她太恐惧而完全没有注意到它。她跑回自己楼上的小房间，抱起婴儿，抱着他走出房子，顺着街跑去。这是一个阴冷的早晨，有雾。在这样一条偏僻的街道上遇不到一个行人。她不住地跑着，喘着粗气，踩着冰冷潮湿的污泥，最后她开始敲人家的门；第一家不愿开门，第二家很久没有开门，她等不及了，又去敲第三家的门。这是我市的商人季托夫的家。这里她引起了一阵慌乱，她哭着颠三倒四地说她“丈夫给谋杀了”。季托夫一家人认识沙托夫，也知道他的部分历史；他们吓得目瞪口呆，据她自己说，她做产才一昼夜，就穿着这样的衣服，在这样的大冷天满街奔跑，怀里抱着几乎没有遮盖的婴儿。起初他们认为她在发烧说胡话，尤其因为他们怎么也搞不清楚，究竟是谁被杀害了；是基里洛夫呢，还是她丈夫？她猜想到他们不相信她，想冲出门去继续往前跑，但他们强行把她拉住，据说，她又号叫又挣扎。他们到菲利波夫的宅子去，两小时以后，基里洛夫自杀和他死前写的遗言就全城知晓了。警察来找产妇，盘问她，当时她已失去知觉；这时才发现，原来她没有读过基里洛夫的遗言，但她为什么得出结论，认为她丈夫也已被杀害——这一点怎么也不能从她口中得到解释。她只是叫嚷着，“如果那人被杀，那么我丈夫也已被杀，因为他们曾经在一起！”到中午时分她昏迷了，一直没有苏醒过来，三天以后她死了。受了风寒的婴儿比她死得更早。阿里娜·普罗霍罗芙娜没有找到玛丽娅·伊格纳季耶芙娜和婴儿，猜到事情不妙，想跑回家去，但在大门口停了下来，叫女佣“到厢房里问问那位先生，玛丽娅·伊格纳季耶芙娜在不在他那里，他是否知道关于她的什么情况”。那女人回来了，发了狂似的叫喊着，整条街都能听到她的喊声。维尔金斯卡娅说服她不要叫喊，也不要告诉任何人，用的是人人害怕的理由：“要吃官司的。”然后她自己就溜掉了。

不用说，当天早上警察局就去找她，因为她是产妇的接生婆，但是所获甚少：她十分冷静地头头是道地讲了她自己看到的和听沙托夫所说的一切，但是对发生的事件她回答说：她什么也不知道，不明白。

可以想象，这件事闹得满城风雨，沸沸扬扬。新的“案件”又是谋杀！但是这里已有不同：人们逐渐清楚了，这里有、的确有一个杀人放火的革命党、造反者的秘密团体。莉扎骇人听闻的死亡、斯塔夫罗金妻子的被杀、斯塔夫罗金本人、纵火、为家庭女教师募捐的舞会、尤莉娅·米哈伊洛芙娜周围的人的放荡……甚至一定要把斯捷潘·特罗菲莫维奇的失踪也看成是一个谜。关于尼古拉·弗谢沃洛多维奇人们更是交头接耳，窃窃私议，讲得很多很多。到这天傍晚，人们也得知彼得·斯捷潘诺维奇已经不在了，但奇怪的是，对他的事谈得最少。这一天谈得最多的是那个“枢密大臣”。在菲利波夫宅子边整个早上人群不散。的确，当局被基里洛夫的遗书引入了歧途。相信沙托夫是被基里洛夫杀害的，也相信“杀人犯”是自杀的。不过，当局虽然受了迷惑，但并不完全如此。“花园”这个词虽然在基里洛夫的遗书中用得很模糊，但并没有迷惑住任何人，像彼得·斯捷潘诺维奇所预期的那样。警察立即奔往斯克沃列什尼基，这不仅因为那里有一个别的地方所没有的花园，而且甚至有一点儿凭借本能，因为最近几天的惨祸都是直接地或者部分地与斯克沃列什尼基有关。至少我现在是这样猜想的。（我要指出，瓦尔瓦拉·彼得罗芙娜一清早就出发去抓斯捷潘·特罗菲莫维奇去了，对此她什么也不知道。）当天傍晚，根据一些蛛丝马迹，尸体就在池塘里找到了；在行凶地点找到了沙托夫的鸭舌帽，那是凶手们冒冒失失遗忘在那里的。对尸体的直观分析、法医的鉴定和一些推测，一开头就使人产生怀疑：基里洛夫不可能没有同伙。人们明白了，有一个沙托夫和基里洛夫参加的与传单有关的秘密团体。他们的同伙又是谁呢？关于我们的人那一天连想都还没有想到。人们了解到，基里洛夫足不出户，完全与世隔绝，因此才像遗书中所说的那样，费季卡能够同他一起住这么多天，而当时到处都在搜索费季卡……最使大家伤脑筋的是在这一团纷乱现象当中理不出一个共同的贯串始终的线索。真难想象，要不是第二天这个疑团一下子就解开的话，我们这个吓破了胆的社会会得出怎么样的结论，他们的思想会混乱到什么程度。而疑团的解开则完全有赖于利亚姆申。

他受不住了。在他身上发生的，正是连彼得·斯捷潘诺维奇最后也预感到会发生的那种情况。他起初被交给托尔卡琴科照管，后来又被交给埃尔克利，第二天在床上睡了一整天，看来很安静，面朝着墙壁，一声不吭，如果有谁跟他说话，他几乎也不搭理。因此，他一整天对城里发生的事情一无所知。但是托尔卡琴科对发生的事情却了解得很清楚，到了傍晚竟然抛弃了彼得·斯捷潘诺维奇交给他的照看利亚姆申的任务，离开城里到县里去了，也就是说，干脆逃跑了：的确，他失去了理智，埃尔克利对于他们这些人所做的预测不幸而言中。我想顺便说说，利普京也在当天中午以前就从城里消失了。但是这事情的发生颇为蹊跷，当局一直到第二天傍晚对他的家属直接进行盘问的时候才得知他已经失踪，因为他的家属在他失踪之后吓得胆战心惊，一直没有把这件事说出来。但是让我继续谈利亚姆申吧。当室内只剩下他一个人时（埃尔克利信任托尔卡琴科，在这以前就回家去了），他立即从家中跑了出来，不用说，他很快就知道了情况。他也企图逃跑，连家都没有回去，就漫无目标地狂奔起来。但是夜是如此的黑，他要做的事情又是如此可怕和困难，所以他在跑过两三条街后，又回到家里，锁起门来，过了一夜。天快亮时他似乎曾企图自杀，但没有成功。然而他仍闭门不出，一直到中午，然后——突然跑到警察局去。据说，他跪着爬行，号啕大哭，尖声高叫，吻着地板，说他甚至不配吻站在他面前的长官的靴子。他们让他平静下来，甚至好言抚慰他。审讯据说持续了大约三个小时。他和盘托出全部底细，讲了他所知道的一切，所有的细节；他抢在提问以前就急急忙忙地供认，甚至交代了一些不必要的和没有问到的事。原来，他知道得相当多，也能相当清楚地说明案情；沙托夫和基里洛夫的悲剧、大火、列比亚德金兄妹之死，等等，都退居到第二位。居于首位的是彼得·斯捷潘诺维奇、秘密团体、组织、系统网络。当问到为什么要干那么多谋杀、捣乱等卑鄙龌龊的事情时，他急急忙忙地回答，说是“为了系统地动摇基础，为了系统地瓦解社会和一切原则，为了使大家不知所措，造成一片混乱；用这种方法使这个病态的、沮丧的、玩世不恭的、不信宗教的、渴望有一个什么指导思想和渴望自我保全的社会摇摇欲坠，从而可以举起造反的旗帜，依靠五人小组全国网络，猝然夺取权力，加以控制，与此同时这些五人小组在活动，并扩充成员，在实践中寻找各种方法和可以抓住的薄弱环节”。他最后说，在我们城里，彼得·斯捷潘诺维奇只不过进行了有系统地制造混乱的第一次尝试，可以说是未来活动的、甚至是所有五人小组活动的纲领——他说这已经是他自己的（利亚姆申的）想法和猜想，因此他“希望一定要记住这一点，时刻想到我多么坦率诚实地说明了案情，因此甚至在将来也很可能为当局效劳”。在要他明确回答“五人小组是否很多”这个问题时，他回答说，五人小组多得不计其数，其网络遍布全国，虽然他没有提出证据，但是我想，他的回答是完全真诚的。他只提出一份国外印刷的协会纲领，以及一份关于今后如何开展行动的纲要，这个纲要虽说只是个草稿，但却是彼得·斯捷潘诺维奇亲笔写成的。原来，关于“动摇基础”等等说法，利亚姆申是逐词逐句地引用这份文件的，甚至没有忘记句号和逗号，虽然他口口声声说这只是他自己的猜想。关于尤莉娅·米哈伊洛芙娜，他十分可笑地、甚至不等询问就抢先说，“她是无辜的，只不过受了愚弄”。但是值得注意的是，他为尼古拉·弗谢沃洛多维奇辩护，证明他没有参加秘密团体的任何活动，没有同彼得·斯捷潘诺维奇有任何协议。（关于彼得·斯捷潘诺维奇对于尼古拉·弗谢沃洛多维奇寄予极高的极为可笑的希望一事，利亚姆申毫不知情。）据他说，列比亚德金兄妹之死是彼得·斯捷潘诺维奇一个人策划的，尼古拉·弗谢沃洛多维奇完全没有参与，彼得·斯捷潘诺维奇策划此事的狡猾目的是想把尼古拉·弗谢沃洛多维奇卷入罪行中去，从而使他依附于自己；他轻率地确信斯塔夫罗金会感激他，但是同他的预期相反，他在“高贵的”尼古拉·弗谢沃洛多维奇的心中只激起了满腔怒火，甚至绝望。他最后说到斯塔夫罗金，也是不等询问就急急忙忙地说的，明显地是故意暗示，说他大概是一个非常重要的人物，但这好像是一个秘密，他在我们这里可以说是 incognito[①]，他肩负着特殊任务，很可能他会再从彼得堡来到这里（利亚姆申相信斯塔夫罗金在彼得堡），但不过以完全不同的面貌，在完全不同的场合出现，作为某些人物的随从，关于这些人物我们这里马上就会有消息，他说这一切他都是从彼得·斯捷潘诺维奇那里听来的，彼得·斯捷潘诺维奇在暗中是"尼古拉·弗谢沃洛多维奇的对头"。

在这里我想提请读者注意。两个月以后，利亚姆申承认，他当时为斯塔夫罗金开脱是有意的，希望能得到他的保护，在彼得堡为他奔走，能够使他减刑两等，而在他被流放时，能向他提供金钱和介绍信。从他的招供中可以看到，他对尼古拉·斯塔夫罗金的看法的确是过高了。

在同一天，维尔金斯基当然也被逮捕了，而且在风头上他的一家人都被抓了起来。（阿里娜·普罗霍罗芙娜和她的姐姐、姑妈、连那个女大学生现在都被释放了；甚至有传闻说，好像希加廖夫不久一定也将获释，因为他没有触犯任何一条刑法条款，不过这还只是传闻而已。）维尔金斯基立即供认不讳；在他被捕时，他正发烧躺在床上。据说，他几乎大喜过望。"心上一块石头落地了，"——好像他是这样说的。听说，他现在坦率地提供证词，但是甚至还带点自尊心，也不放弃他的任何一个"光明的希望"，同时诅咒政治道路（与社会道路相对立），他是因为轻率，因为"风云突变"无意中被卷了进去才走上这条道路的。对于他在谋杀过程中的表现人们也做了有利于他的解释，因此他也可以指望减轻刑罚。至少在我们这里是这样说的。

但是埃尔克利却未必会得到宽大的处理。这个人从被捕的时候起一直缄口不语，要不就尽可能地歪曲事实真相。从他口中没有听到过一句忏悔的话。然而他却使最严厉的法官也对他产生一定的同情心——因为

① 拉丁文：隐匿身份。

他年轻，无依无靠，有明显证据表明他只是在政治上受人诱惑，成了他们的狂热牺牲品，而最使人感动的是他对母亲的孝心，人们发现他几乎把他菲薄薪金的一半都寄给了他母亲。他母亲现在在我们这里；这个孱弱多病的女人年岁不大，但已显出老态；她哭泣着，为了替儿子求情确确实实匍匐在别人脚下。不管会发生什么事情，我们这里很多人都很可怜埃尔克利。

利普京是在彼得堡被捕的，在那里他住了整整两个星期。他的事情异乎寻常，甚至难以解释。据说，他既有伪造的护照，而且完全有可能及时逃往国外，又带有相当大的一笔钱，然而他却留在彼得堡，什么地方也没有去。他一度寻找斯塔夫罗金和彼得·斯捷潘诺维奇，但突然酗起酒来，过起极端放荡荒淫的生活，好像一个完全失去了健全理性、不知自己处境的人。他是在彼得堡的一家妓院里被捕的，当时醉得不省人事。据传，他现在一点儿也没有垂头丧气，在供词中常常撒谎，为即将举行的审判在做准备，其态度颇为郑重，还抱着希望（?）。他甚至打算在法庭上发言。托尔卡琴科是在出逃以后大概十天在县里一个什么地方被捕的，他的举止有礼貌得多，不撒谎，不讨好，他知道的都讲，不为自己开脱，认罪态度十分老实，但也显示出一种炫耀自己的倾向，说得很多也很乐意说，而且当讲到农民和农民中的革命（?）分子问题时，甚至摆出姿态，哗众取宠。听说他也打算在法庭上发言。总的说来，他和利普京都不大害怕，这一点甚至令人感到奇怪。

我要再说一遍，这一案件还没有结束。现在，在事情过去了三个月之后，我们的社会已经休息好了，恢复过来了，玩乐够了，有了自己的意见了，甚至有人把彼得·斯捷潘诺维奇几乎看作天才，至少是“有天才一样的能力”。“他有一个组织呢，先生！——有人在俱乐部里竖起大拇指说。不过这种想法很天真，说的人也不多。另一些人则相反，他们并不否认他有突出的才能，但是他对现实毫无认识，思想十分抽象，单方面地畸形发展到了愚蠢的地步，由此产生他的极端的轻率。关于他的道德方面，大家的看法是一致的，这里没有人争辩。

说实在的，我不知道还应该提到谁，免得把他遗漏。马夫里基·尼古拉耶维奇不知到什么地方去了，没有再回来。德罗兹多娃老太太患了老年痴呆症……不过我还得讲一个非常悲惨的故事。我只限于谈谈事实。

瓦尔瓦拉·彼得罗芙娜回来后住在城里的邸宅里。几天来积累起来的消息潮涌而来，给她极大的震惊。她一个人锁在自己的房间里。已经是黄昏时分，大家都已很累，早早地睡了。

第二天早上侍女神色诡秘地交给达丽娅·帕夫洛芙娜一封信。据她说，这封信还是昨天送来的，但时间已经很晚，大家都已睡了，因此她不敢把达莎叫醒。信不是从邮局寄来的，而是由一个不认识的人送到斯克沃列什尼基阿列克谢·叶戈雷奇那里的。阿列克谢·叶戈雷奇昨天晚上立即亲自送来，交到她手里，马上又回斯克沃列什尼基去了。

达丽娅·帕夫洛芙娜的心怦怦跳动，久久看着这封信，不敢拆开。她知道这封信是谁写来的。写信人是尼古拉·斯塔夫罗金。她看了信封上写的字："送阿列克谢·叶戈雷奇转交达丽娅·帕夫洛芙娜亲启，密件。"

下面就是这封信，我逐词逐句地转录下来，没有改正语言上的一个最小的错误；这位俄国地主少爷虽然受过欧洲教育，但并没有掌握俄语语法：

亲爱的达丽娅·帕夫洛芙娜：

您曾经希望做我的"看护"，要我答应在需要的时候去叫您。

我两天后就要走了，永远不再回来。您愿意跟我一起去吗？

去年我像赫尔岑一样，加入了乌里州的州籍，① 这事情谁也不知道。在那里我已经买下了一幢小小的房子。我还有一万两千卢布；我们到那里去，永远住在那里。我永远不想再到任何地方去了。

这个地方很单调，是一座山谷；群山阻挡视线，也束缚思想。很阴沉。我选择了那个地方是因为那里有一座小房子出售。如果您不喜欢，我可以把它卖了，在别的地方另买一座。

我身体不好，但希望那里的空气能帮助我消除幻觉。这是身体上的；在精神上您全都知道；不过我怕不是全部吧？

我对您讲过我一生中的许多事情。但并不是全部。我甚至对您也没有全部讲！顺便说说，我确认，在良心上我对妻子之死是有罪的。我和您从那以后没有见过面，因此我才向您确认。我对莉扎韦塔·尼古拉耶芙娜也有罪；但是这一点您知道，这件事您几乎什么都预言到了。

最好您还是不要来。我现在叫您到我这里来，是一种极端卑鄙的行为。为什么您要把您的一生同我一起埋葬呢？我觉得您可亲可爱，因此当我寂寞的时候，我在您身边感到很舒适：只有在您身边我才能讲我自己，讲出声来。但是凭这一点不能得出什么结论。您自己要做我的"看护"，——这是您的话；为什么要做那么大的牺牲呢？您也要仔细想一想：如果我召唤您，说明我不怜惜您；如果我企盼您来，说明我不尊重您。然而我又在召唤，又在企盼。至少我需要您的答复，因为我必须很快就走。如果您不来，那我就只能

① 乌里是瑞士的一个州。赫尔岑在 1851 年被褫夺公民权，失去回俄国的可能性之后，加入了瑞士国籍，成了瑞士弗赖堡州的公民。——俄编注

独个儿走了。

我对乌里不抱什么希望；我不过到那里去就是。我没有故意挑一个阴沉的地方。在俄国我没有什么牵挂；对我来说，这里的一切都是同我格格不入的，像在任何别的地方一样。的确，我最不爱住在俄国，但俄国也没有什么可以使我憎恨的东西！

我到处尝试过我的力量。这是您劝我做的，“为的是认识自己”。在为了自己和为了显示自己而做的各种尝试中，正同以前我的一生中一样，证实我的力量是无限的。您亲眼看见，我忍受了您哥哥的一记耳光；我公开承认我的婚姻。但是该把我的力量用在哪里——这是我一生中从来不明白、现在也仍然不明白的事情，虽然您在瑞士称赞我，我也相信您的诚挚。我仍同以往一样可能希望做好事并从中感到快乐；与此同时我也希望做坏事，从中也感到快乐。但是两种感觉像往常一样都太肤浅，从来没有强烈过。我的愿望太软弱，不能引导我。在一段圆木上可以泅过河，在一爿木片上可不行。我说这番话是让您不要以为我到乌里去还抱什么希望。

我像以往一样不责怪任何人。我尝试过荒淫无度的生活，消耗了许多精力；但我不喜爱也不想过荒淫的生活。最近您在观察我。您可知道我甚至瞧着我们那些反对传统信仰的人也感到愤恨，这是因为他们抱有希望，因此我妒忌他们。但是您过去为我担忧，那是不必要的，我不可能在这里成为他们的同伙，因为我同他们没有任何共同见解。至于为了开开玩笑，为了发泄怨气也不可能，那倒不是因为我害怕可笑的事，——我不可能害怕可笑的事，——而是我毕竟还有一个正派人的习惯，因此我感到恶心。但是如果我对他们感到更大的愤恨和妒忌，那我就可能同他们同流合污了。您自己想一想我的轻松的程度，和我经历过怎样的折腾！

亲爱的朋友，我早就看清您是一个温柔而又豁达的人！也许您还在梦想给我许多的爱，把许多美好的情愫从您那美好的心灵里倾注到我身上，希望以此在我面前最终树立起一个目标？不，您最好谨慎一点儿：我的爱也同我本人一样，将是渺小的，而您将会因此不幸。您哥哥告诉我，与自己土地失去联系的人，也会失去神，也就是失去自己的一切目标。一切事情都可以无止境地争论下去，但是我所能说的只是否定，既不豁达，也没有任何力量。甚至连否定也不会吐露出来。一切总是那么浅薄和萎靡不振。豁达的基里洛夫承受不了一种思想——于是开枪自杀了；但是我看到，他之所以豁达是因为他失去了健全的理性。我永远不会失去理性，也不可能相信某一个思想到他那种程度。我甚至不能像他那样致力于研究一种思想。我永远永远不会开枪自杀！

我知道，我应当杀死自己，把自己像一只讨厌的小虫那样从地球上清除掉；但是我害怕自杀，因为我害怕表现出豁达。我知道，这也只不过是一次欺骗，——是在无数次欺骗中的最后一次。仅仅为了表现出豁达而欺骗自己那有什么用呢？愤怒和羞耻在我身上是永远不可能有的，因此也不可能有绝望。

原谅我写了这么多。这是无意的，现在我清醒过来了。用这种方式写一百页不为多，写十行也足够了。假如邀您来做“看护”，十行就足够了。

我自从离家以来住在离城第六个车站的站长那里。我同他是五年前在彼得堡饮酒作乐时结识的。没有人知道我住在这里。请您写信由他转交。附地址。

尼古拉·斯塔夫罗金

达丽娅·帕夫洛芙娜立即拿信送给瓦尔瓦拉·彼得罗芙娜看。瓦尔瓦拉·彼得罗芙娜看了之后请达莎出去，她要单独再看一遍；但不知什么缘故很快又把她叫了来。

“你去吗？”她几乎是怯生生地问道。

“去。”达莎回答。

“快收拾！我们一起去！”

达莎用询问的目光瞧瞧她。

“我留在这里干什么呢？难道不都一样？我也申请加入了乌里州籍，在山谷中住。别担心，不会妨碍你们的。”

她们开始急忙收拾行装，以便赶上中午那班火车。但是不到半小时，阿列克谢·叶戈雷奇从斯克沃列什尼基来了。他禀报说，尼古拉·弗谢沃洛多维奇一清早“突然”来了，是乘早班车来的，现在在斯克沃列什尼基，但是“情绪很坏，问他也不回答，他在各个房间里走了一遍，锁在他自己的那一套房间里”……

“我没有得到少爷的吩咐就决定来禀报了。”阿列克谢·叶戈雷奇郑重地补充说。

瓦尔瓦拉·彼得罗芙娜用锐利的目光瞧了他一眼，没有询问详细情况。马车立即就备好了。她带达莎一起动身。据说一路上她频频地画十字。

在“他自己的那一套房间里”，所有门都敞开着，到处都没有尼古拉·弗谢沃洛多维奇的踪影。

“可能是在顶楼上，太太？”福穆什卡小心翼翼地说。

值得注意的是，有几个仆人随着瓦尔瓦拉·彼得罗芙娜走进“他自己的那一套房间里”，其余仆人则在大厅里等待着。以前他们是绝不敢这样破坏规矩的。瓦尔瓦拉·彼得罗芙娜看到了，但没有作声。

他们登上顶楼。那里有三间房；但是几间房里都没有人。

“少爷说不定到那里去了，太太?”有人指指通往阁楼的门。确实，平常总是关着的通往阁楼的门打开了，敞开着。要上去必须走一条很长很窄又十分陡的木扶梯，几乎通到屋顶底下，那儿也有一个小房间。

“我不到那儿去。他爬到那儿去干什么?”瓦尔瓦拉·彼得罗芙娜面色煞白，回头看看几个仆人。他们瞧着她，不作声。达莎在哆嗦。

瓦尔瓦拉·彼得罗芙娜顺着扶梯急速上去；达莎跟在她后面；但是一走进小房间，就大叫一声，昏倒在地。

乌里州的公民吊死在门后。小桌子上有一个小纸片，上面用铅笔写着：“不要怪任何人，是我自己的事。”在小桌子上还放着一把榔头、一块肥皂和一枚大钉子。这枚钉子显然是备用的。尼古拉·弗谢沃洛多维奇用来上吊的那根绳子是一根结实的丝绳，显然是预先准备好的，经过挑选的，上面还厚厚地抹上了一层肥皂。这一切都表明他预先经过考虑，直到最后一分钟都神志清醒。

我市的几位医生在解剖尸体之后断然否认死者精神错乱。

附　录

第九章[1]

谒见吉洪[2]

一

尼古拉·弗谢沃洛多维奇这一夜没有睡，通宵坐在长沙发上，不时以木然的目光凝视着屋角立柜旁的一个点。屋里的灯一夜没有灭。清晨七点他坐着睡着了，当阿列克谢·叶戈雷奇根据固定不变的规矩，于九时半端着咖啡走进他的房间，他因他到来惊醒了。他张开眼睛，好像觉得又惊奇又不快，他怎么会睡得这样久，时间怎么已这样晚了呢。他急急忙忙地喝完咖啡，急急忙忙地穿好衣服，匆匆走出家门。阿列克谢·叶戈雷奇小心翼翼地问他："有没有什么吩咐?"——他也不回答。他一路走着，两眼低垂，深深陷入沉思之中，只是偶尔蓦地抬起头来，显露出莫名其妙的强烈不安。在离家不远的一个十字路口，一群路过的乡下人，大概有五六十个，挡住了他的去路；他们排着队，走得很整齐，几乎不说一句话。他不得不在一个小店旁站住等待了一分钟，有人说，这是"什皮古林厂的工人"。他几乎没有注意他们。最后，快十点半的时

---

① 此章原为小说第二部的第九章，但小说初次在《俄国导报》发表时被该刊主编米·尼·卡特科夫删去。作者修改后欲作为第三部第一章发表，又遭拒绝。详见本书题解。

② 吉洪，参阅本书第二部，第一章，第七节注。

候，他走到我们这里的斯帕索·叶菲米圣母修道院的大门口；修道院坐落在城的边缘上，在一条河畔。到了这里他才忽然好像想起了什么事情，停住了脚步，慌慌张张地摸了一下衣服一侧口袋里的什么东西，冷冷一笑。走进围墙后，他随便问一个仆役：要找赋闲住在修道院的吉洪主教该怎么走。仆役立即鞠躬并且带着他去。在台阶边，在长长的两层的修道院主楼的一端，他们遇到一位胖胖的白发修士，修士威严地挥手叫仆役退走，自己带他顺着长长而狭窄的走廊向前走去，也是不住地鞠躬（由于他胖，不能弯得很低，只不过频频一顿一顿地点头而已），并且不住地请他光临，虽然斯塔夫罗金未经邀请也已走在他后面了。修士不断地问他一些问题，还谈到修士大司祭；可没有得到回答，于是更加恭敬了。斯塔夫罗金注意到，这里的人认识他，虽然就他记忆所及，他只在幼时到这里来过。当他们走到走廊尽头的一扇门边时，修士同样威严地把门打开，随随便便地向跑过来的侍者问了一声“可以进来吗”，甚至不等答复就推开门，躬身让“尊贵的”客人进去；在听到道谢声之后，立即就消失了，好像唯恐避之不及似的。尼古拉·弗谢沃洛多维奇走进一间不大的房间，几乎在同一时刻，隔壁房间的门口出现了一个颀长消瘦的人，约莫五十五岁年纪，穿着一件普通的家常的长衬袍，看来似乎有点儿病容，面带难以捉摸的微笑和奇怪的、好像羞涩的目光。这就是那个吉洪。关于他，尼古拉·弗谢沃洛多维奇第一次从沙托夫那里听到，以后又收集到一些有关他的某些传闻。

传闻是各种各样的，互相矛盾的，但也有共同之点，那就是，无论是喜爱吉洪的人还是不喜爱他的人（这样的人是有的），关于他的事大家都避而不谈，——不喜爱他的人大概是因为不屑一提，而他的崇拜者，甚至热烈的崇拜者，则出于一种谦逊，好像想隐瞒有关他的什么事情，他的弱点，可能是他的疯疯颠颠。尼古拉·弗谢沃洛多维奇得悉，他住在修道院里已经快六年了，前来谒见他的有最普通的老百姓，也有最显赫的人物；甚至在遥远的彼得堡也有他的狂热信徒，而主要是女信徒。同时他又听一位仪表堂堂、虔信上帝的我们俱乐部的老人说，“这个吉洪差不多是个疯子，至少是一个毫无才能的人，而且无疑喜欢喝一点儿”。我想提前加上一点我的看法：最后一种意见完全是无稽之谈，他只有两条腿患有久治不愈的风湿病，时而发生神经性的痉挛。尼古拉·弗谢沃洛多维奇还获悉，闲居在修道院的主教，不知是因为性格懦弱呢，还是“因为不可原谅的与他的教职不相称的散漫习气”，在修道院内部未能博得特别的尊敬。据说，为人严肃、严格履行自己的院长职责，而且颇以博学闻名的修士大司祭，似乎对他怀有一定的敌意，而且谴责（不是当面，而是间接地）他生活随便，几乎还说他是歪门邪道。修道院里的修士们对待这位有病的圣者，不能说是十分轻慢，但似乎可说是相当随便。吉洪所住的两间居室布置得也有点儿奇怪。在粗笨的、古老的、皮面磨损的家具旁边有三四件雅致的东西：一张豪华的安乐椅，一张做工极为精致的大书桌，一只典雅的雕花书橱，几张小桌、书架——都是赠送来的。有一张昂贵的布哈拉地毯，旁边却是草席。有世俗内容的和反映神话时代的版画，可是，就在角落里却有一个很大的神龛，里面是几尊金装银饰的光彩熠熠的圣像，其中有一尊是极为古老的，里面有圣骨。据说他的藏书也是五花八门，内容是截然相反的：一方面有一些基督教的伟大圣者和苦行僧的著作，同时也有戏剧作品，“也许还有更糟糕的东西”。

两人寒暄了几句；不知怎的，双方说的话显然有些尴尬，匆匆忙忙，甚至含混不清。吉洪领客人到书房里，让他坐在桌子前的长沙发上，自己坐在旁边的藤椅里。尼古拉·弗谢沃洛多维奇因为内心的激动压抑着他，仍然精神恍惚魂不守舍，那模样好像是他决定去做一桩非同寻常的、不容置辩的但同时对他来说又几乎是十分难堪的事情。大约有一分钟他环顾书房里的陈设，但显然没有看到他所看的东西；他在沉思，当然也不知道想的是什么。寂静使他清醒过来，他忽然觉得吉洪似乎腼腆地双目垂地，脸上甚至带着一种不必要的滑稽的微笑。这立即引起他的反感，他想站起来离开这里，尤其因为在他看来，吉洪确实是喝醉了。但是吉洪蓦地抬起眼睛，瞧了他一眼，目光是如此坚定，充满思想，同时脸上的表情又是如此出人意料，神秘莫测，几乎使他全身一震。不知什么缘故，他觉得吉洪已经知道他为什么来，已经有人预先告诉了他（虽然全世界没有一个人可能知道这个原因），如果说吉洪自己不先开口，那是因为体谅他，怕他感到羞辱。

“您认识我吗?”他突然问道，声音断断续续，“我进来的时候，向您自我介绍没有？我这样精神恍惚……”

“您没有自我介绍，但我有幸见过您一次，还是在四年以前，在这修道院里……偶然地。”

吉洪说话从容不迫，声音柔和，吐词清晰。

“四年前我没有到这个修道院来过，”尼古拉·弗谢沃洛多维奇反驳说，甚至有点儿粗鲁，“我只在小时候来过这里，那时您还没有来。”

“可能您忘记了?”吉洪谨慎地说，并不固执己见。

“不，没有忘记；如果我不记得，那才滑稽呢，”斯塔夫罗金不知怎的执拗地说，“您可能只不过听人说起过我，有了一个概念，因此才弄错，以为见过我。”

吉洪没有作声。这时尼古拉·弗谢沃洛多维奇注意到，他脸上有时出现神经性的震颤，这是长期神经衰弱的症状。

“我现在才看到，您今天身体不适，”他说，“好像我最好离开。”

他甚至欠身站了起来。

“是的，今天和昨天我感到两腿很疼，夜里睡得很少……”

吉洪住口了。他的客人突然又陷入刚才那种恍惚的沉思状态之中。沉默持续了很久，有两分来钟。

“您在观察我?”他突然惊惶地疑惑地问道。

“我在看您，回忆您母亲的面容。虽然外貌不像，但内心上、精神上有很多相似之处。”

“什么相似之处也没有，特别是精神上。甚至完、全没有!”尼古拉·弗谢沃洛多维奇又惊惶起来，毫无必要地、不恰当地固执己见，虽然他自己也不知道为什么。“您这样说……是因为同情我的处境，没有意思，”他突然脱口说，“噢！难道我母亲来过您这里吗?”

“是的。”

“我不知道，从来没有听她说起过。常来吗?”

“几乎每个月都来，有时候次数还多一些。”

“从来、从来没有听说过。没有听说过。您当然听她说，我精神错乱。”他突然补上一句。

“不，不是说您精神错乱。不过我听人说过这个想法，是从别人那里听到的。”

“这么说，您记性很好，如果连这样的小事都记得的话。打耳光的事也听说过?”

“听到一点儿。”

“那就是说什么都听说了。您空闲的时间太多了。决斗也听说过?”

“决斗也听说过。”

“您在这里听到的事情很多。真是不需要报纸的地方。关于我的情况沙托夫告诉过您，是吗?”

“没有。不过我认识沙托夫先生，但是很久没有见到他了。”

“嗯……您那边是张什么地图？哦，最近一次战争的地图！您这是为了什么？”

“把书上的文字同地图对照。非常有趣的描写。”

“让我看看；对，这本书写得不坏。不过，对您来说，读这种书是令人奇怪的。”

他把书拿过来，随便看了一眼。这是一本关于最近一次战争情况的书，叙述得详尽而且颇有才气，① 不过不是就军事方面而言，而是就纯粹文学方面而言。他把书翻了一会儿，突然不耐烦地把它丢在一边。

“我根本不知道，我干什么到这里来。”他厌恶地说，直视着吉洪的眼睛，似乎等待着他的回答。

“您好像也有病？”

“对，有病。”

他突然讲了起来，他的话很简短，断断续续，有的地方甚至很难懂，他说他患有一种幻觉症，特别是夜里，他看到或者感觉到身边有一个恶毒的人，又爱嘲笑，又“有理性”，“以各种不同的面目，各种不同的性格出现，但都是同一个人，而我总是在发怒”……

这些坦率的倾诉稀奇古怪，前言不对后语，真的好像出自疯子之口。但是尼古拉·弗谢沃洛多维奇说这些话的时候，是如此出奇地坦率，这是他身上从未见过的，而且又是如此朴实，这完全是他禀性所没有的，因此好像原来的他在无意中骤然消失得无影无踪了。他讲到自己的幻觉时表现出极大的恐惧，但他一点儿不以为耻。然而这一切都是刹那间的事，它来得突然，消失得也突然。

---

① 大概是关于 1854—1855 年克里米亚战争的著作。在写作“谒见吉洪”这一章时已有一系列关于这次战争的著作问世。——俄编注

“这一切都是废话，”他猛省过来，急促地说道，又尴尬，又懊恼。“我去看医生。”

“一定要去。”吉洪肯定地说。

“您说得如此肯定……您见过像我这样的有幻觉的人吗？”

“见过，但很少。我一生中只记得一个这样的人，是军官，在他丧妻之后，妻子是他的无可替代的人生伴侣。另外一个我只是听说。两人都在国外治愈了……您已经得病很久了吗？”

“近一年了，不过这一切都是废话。我去看医生。这一切都是无稽之谈，完全是无稽之谈。这不过是我自己以不同的面目出现罢了，没有别的。由于我现在加上这……一句话，您也许认为，我还在犹豫，而不确信，这是我，而确实不是魔鬼？”

吉洪以疑问的眼光瞧瞧他。

“您……您真的看见他了？”他问道，那是为了排除任何疑惑，确证这一定是虚妄的病中的幻觉，“您真的看见了什么形象？”

“奇怪，您为什么坚持要问，我不是已经告诉过您了吗，我看到了，”斯塔夫罗金又越说越激动起来，“当然看到，就像看到您一样……有时候我看到，但不能确定我看到，虽然我看到了……有时候我不能确定我看到，而且我不知道孰真孰假：我还是他……这一切都是无稽之谈。您难道怎么也不能认为这真的是魔鬼？”他又说，一面笑了起来，转为讥诮的语调，这转折显得太生硬了一点儿，“如果您认为是，那不是与您的职业更相称吗？”

“大概是病，虽然……”

“虽然什么？”

“魔鬼无疑是存在的，但是对魔鬼的理解可能是各式各样的。”

“所以您现在又垂下两眼，”斯塔夫罗金以挑衅的嘲笑口吻接着说，

“因为您为我感到羞耻，我相信魔鬼，又装出不相信的样子，狡猾地问您，真的有魔鬼还是没有。”

吉洪模棱两可地笑了一笑。

“您要知道，双目下垂对您是不合适的：不自然，可笑，做作；我对您粗暴无礼，应当有所弥补，因此我要对您严肃地、无所顾忌地说：我相信魔鬼，一本正经地相信，相信具有人身的魔鬼，而不是寓言，而且我不需要向任何人探听什么，这就是我要对您说的一切。您应该感到很高兴了……”

他神经质地、不自然地笑了起来。吉洪用温和的、好像有点儿怯生生的目光好奇地瞧着他。

“您相信上帝吗？”斯塔夫罗金蓦地贸然问道。

“相信。”

“不是有人说过吗，如果您信仰上帝，你命令高山移开，高山就会移开[①]……不过，这是无稽之谈。但是出于好奇我还是想问一句：您能把高山移开吗？”

“如果上帝命令，我就能移开。”吉洪轻轻地持重地说，又把两眼垂了下去。

“唉，这同上帝自己移山没有两样。不，我是说您，您，因为您信神而赐予您这种能力吗？”

“可能我不能移开。”

“‘可能’？这倒不错。为什么您怀疑？”

“我不完全信仰。”

---

① 典出《新约全书·马可福音》（第11章，第23节）：“我实在告诉你们，无论何人对这座山说：‘你挪开此地投在海里！’他若心里不疑惑，只信他所说的必成，就必给他成了。”

“怎么？您不完全信仰？不彻底？”

“对……可能，并不完全相信。”

“真的！至少您还是相信，依靠神的帮助您能把高山移开，这已经不错了。总比另外一个大主教说的 très peu[①] 要多一些，虽然那人是在马刀下说的。[②] 您当然也是基督徒？”

“主啊，我永远不会因佩戴你的十字架而感到惭愧。”吉洪用一种充满狂热的低语悄悄说，他的头垂得更低了。他的两个嘴角突然神经质地快速抽动起来。

“可能完全不相信上帝而相信魔鬼吗？”

“嗬，很可能，到处都是这样。”吉洪抬起眼睛，也笑了一笑。

“我相信，您认为这样的信仰比完全没有信仰还要可敬一些……啊，您这个教士！”斯塔夫罗金哈哈大笑起来。吉洪又向他笑了一笑。

“相反，彻底的无神论比世俗的冷漠要可敬一些。”他乐呵呵地憨厚地补充道。

“啊哈，原来您是这样想的。”

“彻底的无神论站在扶梯顶头下面的一级，离最彻底的信仰只差一级（在那里他也许能跨上去，也许不能），但冷漠的人除了愚蠢的恐惧之外没有任何信仰。”

---

① 法文：很少。

② 这里讲的是法国大革命初期的一件事，陀思妥耶夫斯基在 1873 年是这样描写的：“……巴黎大主教穿着法衣，一手拿着十字架，在一大群神职人员的陪同下走到广场上，当众大声宣布，在此以前他和陪同他的人都信奉有害的偏见，现在，当 la Raison（理性）来到之时，他们认为有责任当众交卸自己的权力，交出权力的一切象征物。说着，真的把他们的法衣、十字架、圣杯、福音书等等交了出来。‘你相信上帝吗？’——一个工人手握出鞘的马刀对大主教高叫道。‘Très peu（很少）。’——大主教喃喃说，希望以此回答来缓和群众的情绪。‘这么说，你是浑蛋，一直在欺骗我们！’工人叫道，一刀劈开了大主教的脑袋。”——俄编注

“可是您……您读过《新约全书·启示录》没有?”

“读过。”

“您记得那一段吗?‘你要写信给老底嘉教会的使者……’?”

“记得。这段话说得太好了。”

“太好了?这话出自一位高级僧正之口,太奇怪了。而且总的说来,您是个怪人……您的《圣经》在哪里?”斯塔夫罗金莫名其妙地慌张起来,用目光在桌上寻找《圣经》,“我想读给您听听……有俄文译本吗?”

“我知道,知道这一段,而且记得很清楚。”吉洪说。

“会背吗?请您念一念!……”

他迅速垂下两眼,两掌支在膝盖上,迫不及待地做好听的准备。吉洪一字不差地背诵道:“你要写信给老底嘉教会的使者,说,‘那为阿们的,为诚信真实见证的,在神创造万物之上为元首的,说,我知道你的行为,你也不冷也不热;我巴不得你或冷或热。你既如温水,也不冷也不热,所以我必从我口中把你吐出去。你说,我是富足,已经发了财,一样都不缺,却不知道你是那样困苦、可怜、贫穷、瞎眼、赤身的……”

“够了,”斯塔夫罗金打断他,“这是对中间派,对那些冷漠的人说,是吗?您要知道,我很爱您。”

“我也是。”吉洪轻声答道。

斯塔夫罗金沉默不语了,突然又陷入刚才的沉思之中。这好像是一阵阵的发作似的,已经是第三次了。而且他对吉洪说“我爱您”时,差不多也在发作之中,至少对他自己来说是突如其来的。过了一分多钟。

“您别生气。”吉洪低声说,用一只手指轻轻碰了一下他的胳膊肘,好像他自己感到羞愧似的。斯塔夫罗金全身一震,愤怒地皱起眉头。

“您怎么知道我生气了。”他很快说。吉洪想对他说些什么话,但他突然以难以解释的惊恐打断他。

“您为什么一定认为我必然会发怒呢？不错，您说得对，我生气，正因为我对您说了‘我爱您’。您说得对，但您是一个粗鲁的愤世嫉俗者。您对人的本性的想法令人感到屈辱。如果不是我，而是另外一个人，可能不会生气……不过，问题不涉及别人，而只涉及我。您毕竟是一个怪人和疯修士……”

他越说越激动，奇怪的是，居然用词毫无顾忌：

“听我说，我不喜欢密探和心理学家，至少是那些探测我的心灵的人。我不呼唤任何人进入我的心灵里来，我不需要任何人，我自己能够对付。您以为我害怕您？”他提高了嗓门，挑衅地抬起头，“您确信，我到这里来是为了向您坦白一个‘可怕的’秘密，因此您以来自修道士斗室的好奇心等待这个秘密？这是您所擅长的事。那么，我告诉您，我什么也不会向您坦白，不会说出任何秘密，因为我完全不需要您。”

吉洪以坚定的目光瞧了瞧他。

“您感到惊奇，耶稣更喜欢冷，而不喜欢只是温，”他说，“您不希望只是温。我预感到，一个异乎寻常的、可能是十分可怕的意向正在折磨您。如果是这样，那么我恳求您，不要折磨自己，把您想到这里来说的一切都说出来。”

“您难道确实知道，我来这里是想说什么事情吗？”

“我……是根据您的脸色推测的。”吉洪轻声说，垂下眼睛。

尼古拉·弗谢沃洛多维奇脸色有点儿苍白，两手有点儿哆嗦。有几秒钟他一动不动、一声不响地望着吉洪，似乎在做最后的决定。末了他从上衣一侧的口袋里取出几张印好的纸，放在桌子上。

“这就是我要散发的声明，”他说道，声音有点儿断断续续，“只要有一个人读过，那么您要知道，我不会再隐瞒，所有人都会读到。就这样决定了。我完全不需要您，因为我什么都决定了。但是您读一读……在您读的时候，什么话都不要说，读完以后——什么话都告诉我……”

“读吗?”吉洪犹豫地问。

“读吧，我早已心平气和了。”

“不，没有眼镜我看不清，字母太小，是国外印的。”

“喏，眼镜。”斯塔夫罗金从桌上拿起眼镜递给他，向后靠在沙发背上。吉洪聚精会神地读了起来。

二

这份东西的确是印刷的，印在三张普通的小信笺上，订在一起。大概是在国外的某个俄国印刷所秘密印成的，乍眼一看，很像一份宣言。标题是《斯塔夫罗金自白书》。

我把这个文献逐字抄入我的记事录中。应当认为，现在许多人已经看到了。我只纠正了其中的拼写错误，错误相当多，甚至使我惊奇，因为写作者毕竟是一个有文化的人，甚至是知识渊博的人（当然是相对而言）。在文体上我没有做任何改动，虽然有一些不正确的甚至不清楚的地方。不管怎么样，可以看得出来，写作者并不是文人。

斯塔夫罗金自白书

我，尼古拉·斯塔夫罗金，退役军官，186×年住在彼得堡，沉湎于荒淫的生活，然而并不感到快乐。当时在一段时间里我有三处住房。（其中）一处是公寓，我自己住在那里，供膳食，有仆役，玛丽娅·列比亚德金娜，我现在的合法妻子，当时也住在那里。另外两处住所我当时是按月租赁的，用来与女人幽会：在一处我接待一位爱我的贵妇人，另一处接待她的侍女，有一阵子我打算把她们俩搞到一起，让太太和侍女在我这里见面，当着我的朋友们和她丈夫的面。我知道两人的性格，我期望这个无聊的玩笑会带给我很大的快乐。

我偷偷准备着这次会见，为此必须更频繁地去豌豆街上一座大房子里我的住所去，因为这是我同那个侍女见面的地方。这里我只有一间房，在四楼上，是从一个俄罗斯族小市民那里租来的。他们自己住在并排的房间里，比较挤，以至于隔开两个房间的门经常开着，这是我不愿意的。丈夫在一个什么人的办事处工作，早出晚归。妻子，一个四十岁左右的粗俗女人，又裁又缝，改旧翻新，也常常出去，把缝好的东西送出去。我常同他们的女儿单独一起留在家里，我想她不过十四岁年纪，外表完全像个孩子。她叫玛特廖莎。母亲爱她，但常打她，按她们的习惯泼妇式地对她大叫大嚷。这个小女孩儿给我帮佣，替我收拾屏风后的房间。我必须声明，房子的门牌我已忘记了。现在，经过查问我知道，老房子已经拆掉，转手卖出去了，在原来两三幢房子的旧址上建造了一座新的很大的房子。我的那两位小市民的姓也忘记了（也许当时就不知道）。记得那位女的名叫斯捷帕尼达，父称好像叫米哈伊洛芙娜。男的名字不记得了。他们是什么人，从哪里来，现在又到哪里去了，——完全不知道。我想，如果认真地找一找，在彼得堡警察局多方查询，是可以找到他们的踪迹的。我的住所在院子的一个角落里。事情发生在六月。房子是浅蓝色的。

有一次，我桌上的一把小刀不见了，这把刀我并不需要，随便放在桌子上。我告诉了女房东，完全没有想到她会把女儿狠揍一顿。但是她刚才因为丢了一块碎布，怀疑是女儿偷的，大声斥责过孩子（我住在那里过的是普通的生活，因此他们对我一点儿不拘束），而且还扯她的头发。当这块碎布在桌毯下找到时，女孩儿并不想顶撞一句，只默默地瞧着。这事我看到了，而且这时我才第一次仔细看了孩子的脸，在此以前这张脸只在我面前闪现。她的头发是浅色的，有雀斑，一张脸普普通通，但有很多的稚气和安详，十分安详。母亲因为女儿无故挨打毫无怨言而不高兴，她挥起拳头，但没有打下去；正好这时赶上我的小刀的事。的确，除了我们三个，谁也没有来过，而到我的屏风后面去的只有小女孩儿一人。女人发狂了，因为上一次打她打得不公正，她扑过去拿起扫帚，抽出一把枝条，当着我的面把孩子打得遍体鳞伤。玛特廖莎挨了抽打也不叫喊，但每挨一下抽打，都古怪地抽泣一下。以后又久久啜泣，整整一个小时。

但在这以前却发生了这样的事：就在女房东扑向扫帚去抽枝条的时候，我在我的床上发现了小刀，它不知怎的从桌上跌落下来。我头脑中立即出现了一个思想：不要把事情说出去，让她挨一顿揍。我是在刹那间做出决定的；在这样的时刻我总是喘不过气来。但我想用比较明确的话语把一切都讲出来，不要再留下什么事隐瞒不说。

在我的一生中，凡是我遇到任何极端可耻的、使人无限屈辱的、卑鄙的而主要是可笑的情况，在我的心中除了引起无限愤怒之外，还引起难以置信的快感。[①] 像在犯罪的时刻，像在面临生命危险的时刻一样。假如我偷了什么东西，我在偷的时候会因为意识到

① 参阅雅克·卢梭《忏悔录》，第1章。

自己的极端卑鄙而感到狂喜。我不是喜爱卑劣行为（在这方面我的理性是健全的），使我狂喜的是痛苦地意识到卑鄙。同样，每次决斗时，当我站在界线上等待对手射击的时候，我也感受到那种可耻的狂热的感觉，有一次甚至十分强烈。我承认，我自己常常寻找这种感觉，因为它对我来说比任何同类的感觉都强烈。当我挨耳光时（我的一生中我曾挨过两次），我也有这种感觉，虽然我万分愤怒。但是如果这时克制住愤怒，那么欣喜就会超过你能想象的一切。我从来没有对任何人谈过这件事，甚至没有暗示过，而把它当作可羞可耻的事加以隐瞒。但有一次在彼得堡的一家小酒店里我被痛打而且被拽着头发走的时候，我没有这种感觉，只感到无比的愤怒，我没有喝醉，所以我只同他们殴打。但是如果在国外的那个法国人，那个打了我一记耳光又被我用枪打掉下巴的子爵，如果他抓住我的头发把我按下去，那我会感觉到狂喜，甚至不会感觉到愤怒。当时我觉得是这样。

我说这些话是为了让大家知道，这种感觉从来没有完完全全控制我，我总是保持着清醒的意识，充分的意识，（而一切都基于意识之上！）虽然它有时支配我达到发狂的地步，但从来没有至于忘记自我。虽然它有时在我心中达到炽热的地步，但我仍能克制它，甚至在最高点上制止它；不过我自己从来不想制止。我确信，我能够像修士一样过一辈子，尽管我有野兽一样的淫欲，它是我与生俱来的，而且经常在煽动我。在十六岁以前我毫无节制地沉湎于让-雅克·卢梭所忏悔的罪恶之中①，但在十七岁时我一决定要中止，也就立即中止了。在我需要的时候我总是能够主宰自己。所以，让

① 参看卢梭《忏悔录》，第1章。——俄编注

大家都知道，我既不想以环境，也不想以疾病来说明我对我犯的罪是没有责任的。

当拷打结束后，我把小刀放进背心的口袋里，走出去把它扔在街上了，离住处远远的，永远不会有人知道。然后我等了两天。小女孩儿哭了一阵之后，变得更加沉默了；但我相信，她对我并没有怨恨的情绪。不过一定感到有点儿羞耻，因为她当着我的面受这样惩罚，并没有叫喊，只不过在抽打时啜泣着，当然因为我站在那里，什么都看见了。但她是个孩子，对这件可耻的事一定只怪她自己。到现在为止她也许只害怕我；但不是害怕我本人，而是因为我是房客，是外人，因此好像很胆怯。

就在那两天里我有一次问我自己，我能不能放弃我的预谋，离开这里，我立即就感觉到我能够，任何时候都能够，立即就能够。我在那时候因为患冷漠症想自杀；不过我不知道为什么。在这两天里（因为一定要等到小女孩儿把一切都忘记掉），我大概是为了摆脱不停的幻想或者是为了开玩笑，我在公寓里偷窃了一次。这是我一生中唯一的一次偷窃。

在这座公寓楼里住着很多人。其中有一个官员和他的家属，住两间带家具的房间；他约莫四十岁年纪，不很笨，外表体面，但很穷。我同他不接近，他害怕我周围的那帮人。他刚拿到薪水，三十五个卢布。促使我去偷的主要原因是我当时的确需要钱用（虽然我四天之后就从邮局收到汇款），因此我偷钱好像是因为需要，而不是为了开玩笑。事情做得厚颜无耻而又十分明显：我当他妻子、孩子和他在另一个小房间里吃饭的时候，堂而皇之地走进他的寓所。在这里门边的椅子上放着折叠好的文官制服，我还是在走廊里突然起了这个念头。我把手伸进口袋，取出了钱包。但是官员听到了窸窣声，从小房间里探出头来看了一看，他甚至好像看到了一点儿什么，但由于没有看清，因此不相信自己的眼睛。我说我从走廊上走过，进来看他挂钟上的时间。“钟停了，先生。”他回答说，我就走了出来。

那时我酒喝得很多，在我的寓所里聚集了一大帮人，其中也有列比亚德金。钱包和一些零钱我扔掉了，钞票留了下来。一共有三十二个卢布，三张红钞票，两张黄钞票。我马上兑开了一张红钞票，差人去买香槟；后来又拿出去一张红钞票，然后拿出去第三张。大约过了四个小时，已经是黄昏了，官员在走廊里等我出去。

“您，尼古拉·弗谢沃洛多维奇，刚才到我屋里来的时候，有没有无意中把椅子上的制服碰到地上……放在门边的？”

“没有，不记得。您的制服放在那里吗？”

“是的，放在那里，先生。”

“在地板上？”

“本来在椅子上，后来在地板上。”

“那有什么呢，您把它捡起来了？”

“捡起来了。”

“那您还要什么呢？”

“如果是这样，那没有什么，先生……”

他不敢把话说完，而且不敢在公寓里对任何人说，——这些人就是这么胆怯。不过在公寓里大家都怕我怕得要命，而且尊敬我。我后来喜欢同他四目相对，有两次在走廊上。很快就厌倦了。

三天过后，我回到豌豆街。那女人拿着包袱准备到什么地方去；小市民当然不在家。只留下我和玛特廖莎。窗户敞开着。这座房子里住的都是手工工匠，成天从各层楼里传来榔头的敲击声和歌声。我们待了快一个小时。玛特廖莎坐在自己的小房间里，坐在长凳上，背朝着我，用针缝着什么东西。最后她突然轻声唱了起来，很轻。她有时就是这样的。我拿出表来，看了看几点钟，是两点。我的心怦怦地跳了起来。但这时我突然又问自己：我能止住吗？我马上就回答自己，我能。我站了起来，悄悄地向她走去。他们的窗台上放着许多盆天竺葵，阳光照射得十分耀眼。我悄没声儿地坐在她身旁的地板上。她全身一震，起初怕得要命，跳了起来。我握住她的手，轻轻吻了一吻，把她又按在长凳上，瞧着她的两眼。我吻她的手，使她突然笑了起来，像婴儿一样，但只有一秒钟，因为她又一次迅速跳起来，而且如此恐怖，脸上一阵抽搐。她用令人胆寒的木然眼光瞧着我，嘴唇抽动，快要哭了，但仍然没有叫喊。我又开始吻她的手，把她抱起来，放在膝盖上，吻她的脸和腿。当我吻她的腿时，她全身缩了回去，好像因害臊而笑了一笑，但那是一种苦笑。她的脸因害臊而涨得通红。我不住地对她轻声说着话。最后突然发生了这样的怪事，这事我永远不会忘记，而且使我惊奇：小女孩儿的两个胳膊突然抱住我的脖子，她自己也开始热烈地吻我。她的脸表现出真诚的欢喜。我几乎要站起来，离开她，——在这样小的一个孩子身上，这使我太不愉快了，——因为我可怜她。但是我克服了突如其来的恐怖感，留了下来。

当事情完毕后，她很难为情。我没有设法安慰她，也没有再爱抚她。她瞧着我，羞怯地笑着。我突然觉得她的脸很愚蠢。很快她越来越感到难为情。最后她两手捂住脸，朝着墙壁一动不动地站在角落里。我害怕她又会像方才那样惊恐起来，所以默默地离开了那座房子。

我想，刚才发生的一切到末了一定会使她感到丑恶之极，带给她极度的恐怖。虽然她在襁褓之中一定已经听惯了那些俄国人的骂人话和各种稀奇古怪的谈话，但是我完全相信，她还什么都不懂。最后她一定会觉得她犯下了滔天大罪，在这桩罪行中她有致命的过错——“触犯了上帝”。

这一夜我在小酒馆里同人打了一架，这件事我在上面顺便提到过。但是我第二天早上醒来时，发现自己在寓所里，——是列比亚德金用车把我送回来的。醒来后的第一个思想是：她告诉了别人没有；这是我真正感到恐惧的一刹那，虽然还不十分强烈。这天早晨我特别高兴，对所有人都特别好，因此我的一帮人对我都非常满意。但是我丢下他们，去了豌豆街。我在楼下过道间里就遇见了她。她母亲差她去买干萵苣根，她刚从小铺回来。一看见我，她吓得急忙冲上楼去。我进去时，她母亲已经掴了她两记耳光，因为她“没命地”冲进房间，这样一来，把她恐惧的真正原因给掩盖住了。于是，一切暂时平静。她不知躲到什么地方去了，当我在的时候，她一直没有进来。我待了将近一个小时，就走了。

晚上我又感到恐惧，但比白天已经强烈得不知多少。当然，我可以抵赖，但我也可能被揭穿。我感到苦役的威胁。除了这件事情之外，我一生中从来没有感到过恐惧，过去没有，以后也没有害怕过。也没有特别害怕西伯利亚，虽然我不止一次可能被流放。但是这一次我吓坏了，真正感到恐惧，我不知道为什么，这是我一生中第一次——一种非常痛苦的感觉。除此之外，晚上我在公寓里，对她如此切齿痛恨，决心把她杀掉。最使我恨她的是当我回忆起她的笑容的时候。由于她在这一切之后躲到角落里，两手捂住脸，我心中产生了轻蔑和极端的厌恶，我感到难以解释的狂怒，然后是浑身发冷；当清早我开始发烧的时候，我又感到恐惧，而且如此强烈，我不知道还有什么痛楚有这样厉害。但是我已经不再恨那个小女孩儿了，至少没有恨到昨天那样发作的程度。我注意到，强烈的恐怖会彻底驱走仇恨和复仇的欲望。

中午时分我醒来了。我身体健康，甚至对昨天的有些感觉感到奇怪。不过我情绪不佳，又不得不去豌豆街，尽管我十分厌恶。我记得我那时极其希望同别人大吵一场，只是要正儿八经地争吵。然而，一到豌豆街，我意外地发现尼娜·萨韦利耶芙娜在我房间里，她就是那个侍女，已经等我快一个小时了。这个姑娘我一点儿也不爱，因此她来到我这里，自己也有点儿胆战心惊，唯恐我因为她不请自来发起脾气来。但是我竟对她的到来非常高兴。她长得漂亮，并且斯文而有派头，这是小市民最喜欢的，所以我的女房东早已在我面前对她赞不绝口。我进去时她们俩正在喝咖啡，女房东因为愉快的谈话而特别开心。在她们的小房间的角落里我看到玛特廖莎。她站在那里，木然注视着母亲和客人。我进去后，她没有像上次那样躲了起来，也没有逃走。我只觉得她瘦了很多，她在发烧。我关上通往房东那边的门，同尼娜亲热了一番，这事情我已经很久不做了，因此尼娜走时欢天喜地，我亲自送她出去，两天没有回豌豆街。我已经厌倦了。

我决定了结一切，退掉房间，离开彼得堡。但是当我去退房时，我看到女房东惊慌悲痛：玛特廖莎已经病了三天，每天夜里发烧，说胡话。不消说，我问她说些什么（我们在我的房间里悄声说话）。她低声告诉我，她在梦中说“可怕”，“我触犯了上帝”。我提出由我出钱去请个医生来，她不愿意：“上帝保佑，会好的，她不是老躺着，白天她出来，刚才到小铺去了一趟。”我决定单独见一见玛特廖莎，由于女房东无意中说，她五点钟要到彼得堡街去一趟，所以我决定晚上回来。

我在小饭馆里吃了饭，于五点一刻回来。我进门总是用自己的钥匙。除了玛特廖莎没有任何人。她躺在小房间的屏风后，在她母亲的床上，我看到她探头出来张望了一下；但我装作没有看见。所有窗户都敞开着。空气暖洋洋的，甚至有点儿热。我在房间里来回走了一会儿，在长沙发上坐下。我每一个细节都记得，直到最后一分钟。我故意不先同玛特廖莎说话，这无疑给我快乐。我等待着，坐了整整一个小时，突然她自己从屏风后跳了出来。我听到她跳下床时两脚蹬地的声音，然后是相当急促的脚步声，她在我房间的门槛上站住。她默默地瞅着我。从那以后，在这四五天里，我一次都没有在近处见到过她，她的确瘦多了。她的脸好像干枯了，她的头脑一定在发烧。眼睛变大了，木然望着我。我起初觉得她眼神中好像有一种呆滞的好奇心。我坐在长沙发的一角，望着她没有动。这时我突然又觉得憎恨。但是很快我就注意到，她一点儿不害怕我，也许她精神错乱了。但是，她并没有精神错乱。她突然开始朝我频频点头，好像人们在严厉谴责他人时所做的那样，又突然朝我举起了小拳头，开始从她所站的地方向我威胁。在最初瞬间，我觉得这个动作很可笑，但后来我忍受不住了：我站了起来，朝她走去。她的脸上流露出如此绝望的神情，这在孩子的脸上是不可能看到的。她不住地朝我挥舞着小拳头，威胁着，不住地点着头，谴责着。我走近她，小心翼翼地跟她说话，但我看到，她是不会理解的。然后她突然急遽地用手捂住脸，像那次一样，退开几步走到窗前站着，背朝着我。我任她站在那里，走回自己的房间，也在窗前坐下。我怎么也不明白，我当时为什么没有离开，却留了下来，似乎在等待。很快我又听见她的急促的脚步声，她出了门，走上木头的穿廊，从那里可以沿扶梯下去。我立即跑到我的门口，打开一点儿门，还来得及看到玛特廖莎走进茅厕旁的鸡窝似的储藏室。一个奇怪的想法在我头脑里闪过。我掩上门，走到窗前。当然，还不能相信闪现的想法；“但是……”（我什么都记得）。

一分钟以后我看了看表，记住了时间，暮色渐浓。一只苍蝇在我头上嗡嗡地飞来飞去，不时停在我的脸上。我抓住它，用手指夹住，过了一会儿放了它，让它飞往窗外。下面一辆大车轰隆隆地驶入院子。在院子的一个角落里，一个手工工人，裁缝，坐在窗前大声唱着歌（他已经唱了很久），一面做着工；我能看到他。我脑子里产生了一个念头，由于我进门和上楼时谁也没有遇见，因此，现在我下去时，当然不会遇上任何人。我把椅子从窗前移开，然后拿起一本书，但我丢下了书，开始观察天竺葵叶子上一只小小的红蜘蛛，出了神。我什么都记得，一直到最后的一刹那。

我忽然掏出表。从她出去以后已经过去了二十分钟。猜测逐渐成了可能了，但我决心再等一刻钟。我也想过，也许她已经回来了，而我可能没有听到，但这是不可能的：房子里一片寂静，我能听到每只小苍蝇的细叫声。突然我的心怦怦跳动起来。我掏出表：还差三分钟；我挨过了这几分钟，虽然心跳得发痛。这时我站了起来，把帽子压得低低的，扣上大衣，仔细看了看房间，一切是否都在原位，有没有留下什么痕迹表明我来过？我把椅子移近窗户，恢复它原先的位置。最后轻轻地打开门，用我的钥匙把它锁上，然后往储藏室走去。储藏室的门是掩着的，但没有上锁；我知道，门是不能上锁的，但我不想打开，而是踮起脚，往缝隙里张望。就在这一瞬间，当我踮起脚时，我记起了我坐在窗口观察红蜘蛛出了神的情景，这时我考虑，怎么踮起脚，使眼睛能够够得上那条缝隙。我插入这个细节，是想确切证明，我的头脑是何等清晰。我在缝隙里张望了很久，里面很黑，但不是一点儿都看不见。最后我终于看清了我所需要的……我所希望的完全得到了满足。

我最后决定，我可以走了，于是我走下楼梯。我什么人也没有遇见。三小时以后，我们大家脱去上衣，在公寓里喝茶，用一副旧纸牌玩牌，列比亚德金念诗。大家讲各种各样的事情，好像故意似的，讲得都很成功，很好笑，而不是像往常一样很无聊。基里洛夫也在。没有人喝酒，虽然放着一瓶罗木酒①，只有列比亚德金稍稍喝一点儿。普罗霍尔·马洛夫说："每当尼古拉·弗谢沃洛多维奇心情舒畅、不是愁眉苦脸的时候，我们大家都很开心，说话也有风趣。"我当时就把这话记住了。

但是到夜里十一点的时候，豌豆街上那座房子的看门人的小女儿，受我的女房东之托，给我送来消息：玛特廖莎吊死了。我同小女孩儿一起去了豌豆街，看到女房东自己也不知道为什么要叫我来。她捶胸顿足，号啕大哭，院子里一片混乱，有许多人，还有警察。我在穿堂里站了一会儿，就走了。

大家几乎没有打扰我，只是问了我一些该问的话。但是，除了说小女孩儿最近几天有病、常说胡话，因此我曾提出由我出钱去请医生之外，我再也提不出什么证词了。也问了我关于小刀的事；我说房东揍了她一顿，但这没有什么。关于我晚上去的事，没有人知道。关于法医的鉴定我什么也没有听到。

大约有一个星期我没有到那里去。到女孩儿下葬后很久我才到那里去退房子。女房东还在哭，虽然像从前一样又在忙碌她的碎布

---

① 由甘蔗做的一种烈性甜酒。

和缝补了。“这是我因为您的小刀冤枉了她。”她对我说，但没有太多责怪的意思。我借口不能再在这样的房子里接待尼娜·萨韦利耶芙娜，同她算清账，退了房子。她在分别时再一次称赞尼娜·萨韦利耶芙娜。我在离开时，除了该付的房租外又送了她五个卢布。

我那时本来就活得十分无聊，到了神经麻木的程度。豌豆街上发生的事情，在危险过去之后，我差不多完全忘记了，同当时的所有事情一样，只有一段时间我想起我的胆怯，不禁悻悻然。我把我的恼恨发泄在所有我能发泄的人身上。也在这个时候，没有任何缘由，我忽然想起更疯狂地糟蹋我的生命，但只是要尽量地令人憎恶。大约一年以前我已经想开枪自杀了；却出现了比自杀更好的事。有一次，我瞧着瘸腿的玛丽娅·季莫费耶芙娜·列比亚德金娜，她有部分时间在公寓里做女佣，那时她还没有疯，只不过是一个很容易兴奋的白痴，暗地里狂热地爱着我（这是我们的人探听出来的），我突然决定娶她为妻。斯塔夫罗金竟同这样一个最卑微的人结婚，这个想法刺激我的神经。再也想不出比这更丢人的事了。但我不敢说，我作出这样的决定是否无意识地（不消说，是无意识地）与一个因素有关，那就是，我在玛特廖莎事件之后对自己的卑鄙怯懦感到恼恨。说实在话，我想不是的；但是至少我结婚不单是“酒醉饭饱之后与人赌一瓶酒”的缘故。结婚的证人是基里洛夫和彼得·韦尔霍文斯基，他那时正好在彼得堡；最后还有列比亚德金本人和马洛夫（现已死亡）。此外再没有人知道，而这些人起誓严守秘密。我总是觉得，这样保守秘密好像是一种卑劣的行为，但直到现在这种状态还没有打破，虽然我早就打算把这事公开宣布了；现在，我顺便在这里宣布。

结婚以后我回到省里我母亲那里。我去那里是为了散心，因为太难以忍受了。在我们城里我给人留下了精神失常的印象，这个印象到现在还没有消除，对我无疑是有害的，这一点我在下文再解释。然后我去了国外，在那里待了四年。

我到过东方，在圣山[①]站着做八小时的彻夜祈祷，到过埃及，在瑞士住过，甚至去过冰岛；在德国的格丁根[②]听了整整一年课。最后一年在巴黎我同一个俄国的贵族家庭过从甚密，在瑞士又与两位俄国姑娘很接近。两年以前在法兰克福我有一次路过一家纸店，在出售的相片当中我看到一个小女孩儿的小照片，女孩儿穿着雅致的童装，但很像玛特廖莎。我立即买了这张照片，回旅馆后把它放在壁炉上。它在那里放了有一个星期，没有人去动它，我也一次都没有看它，在离开法兰克福时我忘了带走。

我写这件事正是为了证明，我多么能够控制我的回忆，对往事漠然无动于衷。我把所有回忆一起抛弃，撩成一堆，每次只要我愿意，这一堆东西就会乖乖地消失。回忆过去我总感到无聊，我从来不愿谈论过去，虽然几乎所有人都是这样的。至于玛特廖莎，我甚至把她的相片也忘在壁炉上了。

大约一年以前的春天，在经过德国的时候，我心不在焉，错过了应该转车的车站，进入了另一条支线。我在下一个车站下车；时间是下午三点，天气晴朗。这是一座很小的德国城镇。我依别人的指引到了一家旅馆。我必须等待，因为下一班车要到夜里十一点钟才通过。我甚至对这一意外事件感到满意，因为我并不急于赶路。旅馆很小，很糟糕，但是四周绿树成荫，花坛环绕。给了我一个很

① 圣山（俄文为 AфoH），在希腊北部，为正教教会所在地，故名。

② 德国下萨克森州的城市。此地有格丁根大学，创立于 1737 年。

小的房间。我美美地吃了一顿，因为整夜都在路上，因此吃过饭后在下午四点钟就睡着了。

我做了一个完全出乎我意料的梦，因为我从来没有做过这样的梦。在德累斯顿的美术馆里有一幅克劳德·洛兰的画，根据目录好像叫作《阿喀斯和伽拉忒亚》①，但我总是叫它“黄金时代”②，我自己也不知道为什么。我过去也见过这幅画，但现在三天前我路过时又一次见到它。我梦见的就是这幅画，但梦中它不是一幅画，而好像是现实生活。

这是希腊群岛的一个角落；蓝色的柔和的波浪，连绵的岛屿，壁立的巉岩，繁花似锦的海岸，魔幻似的远景，诱人的落日——真是无法用言语形容的。这里是欧洲人的摇篮，这里是神话的发祥地，这里是人间的天堂……这里曾经生活过卓越的人民，他们日出而作，日落而息，幸福而天真；树林中响彻他们欢乐的笑声，充沛的无穷无尽的力量都倾注于爱情和淳朴的欢笑之中。太阳以它的光辉照耀这些岛屿和大海，瞧着它的俊美的儿女而无比欣喜。奇妙的梦，超绝的幻觉！人类的一切梦想中最不可思议的梦想，全人类为之献出一切力量、献出全部生命的梦想，人类为之牺牲一切、先知们为之奋斗、为之牺牲在十字架上的梦想，没有这个梦想，人民就会不愿意生活，甚至也不能死亡。这种感受我似乎在这个梦中全都体验到了；我不知道我究竟梦见了什么，但是巉岩和大海以及落日

---

① 克劳德·洛兰（1600—1682），本名为克劳·热莱，法国风景画家，古典主义的代表。《阿喀斯和伽拉忒亚》作于1657年。

② 据希腊神话，阿喀斯是西西里的青年牧人，与海中神女伽拉忒亚相爱，独眼巨人波吕斐摩斯妒忌他，用巨石将他砸死。洛兰的《阿喀斯和伽拉忒亚》表现的正是两人相爱而独眼巨人在一侧窥视的情景。据陀思妥耶夫斯基夫人回忆，作家很欣赏这幅画，把它同其他几幅他喜爱的画称作“黄金时代”。

的斜晖——这一切在我醒来之后，在我睁开我有生以来第一次被泪水润湿的眼睛之后，依稀还在我眼前。我从未有过的幸福感觉穿透我的心，甚至使我感到疼痛。已经是黄昏时分了；一束明亮的落日斜晖，射入我小房间的窗户，透过窗台上盆花的绿叶，洒落在我身上。我赶忙又闭起眼睛，似乎渴望把消失的梦重新找寻回来，但是突然在这束明亮的光线里我好像看到一个小小的点。它逐渐成了形，忽然在我面前清楚地出现了一只很小很小的红蜘蛛。我立即想起它曾停在天竺葵的叶子上，那时落日的斜晖也像这样照耀着。我仿佛觉得一把利刃刺入了我的胸膛，我欠身在床上坐了起来……（这就是当时发生的全部情况！）

我在我面前看到（唉，不是真的！要是、要是这是真正的幻影，那就好了！），我看到了玛特廖莎，她瘦骨嶙峋，一双发烧的眼睛，同她站在我的门槛上向我点着头、举起她的小拳头威胁我时的情景一模一样。从来没有什么事情使我这样痛苦过。一个无依无靠的、理智还没有成熟的十几岁的孩子，她威胁我（用什么呢？她又能做什么呢），但当然只有责备她自己，而这样一个孩子的可怜的绝望却使我痛苦！我从来没有经历过这样的事。我一直坐到夜晚，一动不动，也忘了时间。这就叫良心的谴责或者忏悔吗？直到现在我仍不知道，也说不出来。也许直到现在对这个行为本身的回忆并不使我感到厌恶。也许，这个回忆甚至到现在还包含着对我的情欲来说是愉快的东西。不——我忍受不了的只是这个形象，也就是站在门槛上举起小拳头对我威胁的形象，只是她当时的模样，只是当时的那一分钟，只是她的点头。这就是我忍受不了的，因为从那时起这个形象几乎每天都出现在我面前。不是它自己出现的，而是我自己把它召唤来的，而我不能不召唤它，虽然在这种情况下我活不下去。唉，要是我什么时候不在梦中看到她，哪怕是在幻觉当中，那就好了！

我还有其他的旧时的回忆，也许比这个更糟。曾经有一个女人，我待她更坏，她因此而死了。我在决斗场上杀死过两个人，他们于我都是无辜的。我有一次受到极端严重的侮辱，但还没有对仇人进行报复。我有一次投毒行为——有意的投毒而且得手，谁也不知道（如果需要，我什么都可以告诉大家）。

但是为什么这些回忆当中没有一件引起类似这样的感觉呢？我所感到的不过是憎恨而已，而且那也是当前的处境引起的，在此以前我对这些事都淡然处之，或者忘却了，或者有意不去想它。

我在那以后在各处游荡了将近一年，竭力想做点事，我知道，如果我愿意，我现在也能够把女孩儿从记忆中彻底排除掉，我同从前一样仍旧能控制自己的意志。但是问题正在于我从来不想这样做，自己不愿意而且也不会愿意；这事我知道。这种情况将继续下去，直到我发疯。

在瑞士，两个月以后，我竟爱上了一位女郎，或者更确切地说，我感到一种狂热的激情，这种激情只有在很久以前，在青春年少的时候才时而发作的。我感觉到强烈的引诱去犯新的罪行，也就是犯重婚罪（因为我已经结了婚）；但是我逃跑了，听从了另一位姑娘的劝说，对这位姑娘我几乎是无话不谈的。何况这桩新的罪行也绝不可能使我摆脱掉玛特廖莎。

这样，我决心把这份自白书印出来，印三百份带到俄国。在适当的时候递交警察局和地方当局；同时分送所有报纸的编辑部，要求公开，分送彼得堡和俄国各地我认识的许多人。同样在国外分发译文。我知道，在法律上我也许不会被追究，至少不会受到严厉的追究；我自己揭发我自己，没有控告人；此外，没有任何证据或者很少证据。最后，以为我精神错乱的看法根深蒂固，我的亲人又一定会竭力利用这种看法来消弭任何危险的法律追究。顺便说说，我说这话是为了证明我的神志完全清醒，我知道我的处境。但对我来说，仍会有一些人，他们将知道全部情况，他们将瞧着我，我也瞧着他们。这样的人越多越好。这会不会使我轻松一些——我不知道。我采用这种办法是我的最后一着。

我再说一遍：如果在彼得堡警察局里好好找一找，那么是可能找出线索来的。两位小市民现在也许还在彼得堡。那座房子当然有人记得。它是浅蓝色的。我什么地方也不去，有一段时间（一或两年）将长期住在斯克沃列什尼基，我母亲的庄园。如果要传讯我，我随传随到。

尼古拉·斯塔夫罗金[①]

阅读持续了将近一个小时。吉洪读得很慢，也许有些地方他反复看了两遍。在他看的整个过程中，斯塔夫罗金坐在那里，一声不响，一动不动。奇怪的是，整个早上他脸上的那种焦躁、迷茫和近乎谵妄的神色几乎消失了，代之以一种安详的诚挚的表情，使他的仪表几乎显得庄严。吉洪摘下眼镜，首先开始说话，有点儿谨慎。

“可不可以在这个文件上做一些修正?”

“为什么？我写时是诚恳的。”斯塔夫罗金回答说。

“在语气上稍微改动一下。”

---

① 在校样中以下标明为：第九章。——原注

“我忘了预先告诉您，您的话都是无用的；我不会改变我的初衷；请您别劝阻我。”

“您刚才并没有忘记告诉我，在我读之前。”

“那也一样，我再重复一遍：不管您的反对意见如何有力，我不会放弃我的意向。请注意，不管我这句话说得笨拙还是巧妙，——随您怎么想，——我绝不以此来强求您尽快对我提出反对意见，要求我做什么事。”他补充道，似乎他是忍不住才说的，刹那间他又恢复了刚才的语调，但是他立刻对自己说的话凄楚地笑了一笑。

“对您提出反对意见，特别是要求您放弃您的意向，那我是不会做的。这个思想是伟大的思想；基督教的思想不能比这表达得更充分了。您打算做的是惊人的勇敢行为，忏悔不能比这更彻底了，但愿……”

“但愿什么?”

“但愿这真正是忏悔，真正是基督教思想。”

“我觉得这太微妙了；难道不都一样？我写这份东西是诚恳的。”

“您好像故意想把自己表现得粗野一些，超过您的心所想表现的……”吉洪越说越大胆。显然，“文件”给予他强烈的印象。

“‘表现’？——我再一次对您说：我不是‘表现自己’，特别是没有‘做作’。”

吉洪迅速垂下双目。

“这个文件是直接应一颗受沉重伤害的心的需要写出来的，——我理解得对吗?”他继续执拗地异常激动地说，“对，这是忏悔和它的自然要求，这种要求战胜了您，于是您走上了伟大的道路。但是您好像已经在憎恨所有那些将读到这里描写的事情的人，向他们挑战。您不耻于承认自己的罪行，为什么要耻于忏悔呢？让他们瞧着我吧，您说；那么您自己将怎么瞧他们呢？您的行文中有的地方语气很强；您似乎在欣赏自己的心理，为每个细节自诩，唯求读者惊奇于您的无情，而实际上您并非如此。这难道不是罪犯对法官的傲慢挑战吗?”

“哪里有什么挑战? 我删去了所有我个人的议论。”

吉洪默不作声，甚至他的两颊也红了。

“且不谈这个，”斯塔夫罗金断然中止这个话题，“现在请让我来向您提一个问题：我们在这个之后（他点头指指自白书）已经谈了五分钟了，但我没有见到您有任何厌恶或者觉得可耻的表情……您好像没有嫌恶！……”

他没有说完，冷冷笑了一笑。

“这么说，您希望我尽快向您表示我的轻视，”吉洪坚定地说，“我在您面前什么也不想隐瞒：使我感到恐怖的是故意花在卑鄙龌龊勾当上的巨大的游手好闲的力量。至于罪行本身，那么许多人也犯同样的罪，却心安理得，甚至认为是青年时期不可避免的过错。也有些老人犯同样的罪，甚至寻欢作乐，恬不知耻。整个世界到处是这种可怕的景象。而您感觉到罪行的深重，如此透彻是很少有的。”

“这么说，您看了我的自白书后反而敬重我了?”斯塔夫罗金苦笑了。

“我不想做正面回答。但是当然没有、也不可能有比您对那个少女的行为更重大更骇人的罪行了。”

“我们暂且不去衡量。您对其他人的评论以及您认为类似的罪行实属常事的意见，使我有些惊异。我也许并不像这里写的那样痛苦，也许真的给自己加上了许多莫须有的罪名。”他突然补充说。

吉洪又一次沉默了。斯塔夫罗金也不想离开，他又不时陷入深深的沉思之中。

“这位姑娘，”吉洪又小心翼翼地开始说，“就是您在瑞士与她中断关系的那位姑娘，我冒昧问一句，她在……现在在哪里?”

“在这里。”

又是沉默。

“我也许在您面前给自己加上了许多莫须有的罪名，”斯塔夫罗金又执拗地重复一遍，“不过，既然您已经注意到了挑战，那么我以直率的忏悔向他们挑战，又怎么样呢？我要迫使他们更恨我，仅此而已。这样我可能会轻松一些。”

“就是说，他们的憎恨会引起您的憎恨，由于您憎恨，您会比接受他们的怜悯要轻松一些。”

“您说得对；知道吗，”他突然笑了起来，“也许他们会把我叫作耶稣会徒，[①] 虔诚的伪君子，哈哈哈！不是这样吗?”

“当然，也会有这样的意见。您希望很快就实现这个意图吗?”

“今天，明天，后天，我怎么知道。不过一定很快。您说得对：我想，一定不得不突如其来地宣布，也就是在报复和憎恨的时刻，在我最憎恨他们的时候。”

“请您回答我一个问题，但要诚恳，只对我，只对我一个人说：如果有人因为这个（吉洪指指自白书）而宽恕您，不是那些您尊敬的或者惧怕的人，而是陌生人，一个您永远不会知道的人，默默地独自读了您古怪的忏悔书，您想到这件事会感到轻松一点儿，还是反正一样?”

“会轻松一点儿，”斯塔夫罗金轻声回答，垂下眼睛，“如果您宽恕我，我可能会轻松得多。”他突然低声补充道。

“希望您也宽恕我。”吉洪感动地说。

---

① 耶稣会 1534 年创立于巴黎，是反宗教改革的工具，会内互相进行侦缉活动。而且该会认为“凡是为了神的更大荣誉”，任何犯罪行为均可允许。后来，“耶稣会徒”几乎成为奸诈之徒的代名词。

“宽恕什么？您对我做了些什么？啊，对了，这是修道院的套话？”

“宽恕我有意的或无意的罪过。每一个人犯了罪，他就对所有人犯了罪，而每一个人在别人的罪孽中都有他的一份过错。完全属于个人的罪孽是没有的。我是个大罪人，我的罪也许比您的更大。”

“我把我的心里话全告诉您：我希望您宽恕我，还有第二个、第三个人同您一起，但所有人——最好让所有人憎恨我。但我这样希望是为了能温顺地忍受……”

“大家对您的怜悯难道您就不能同样温顺地忍受吗？”

“也许我不能。您观察得很细腻。但是……您为什么要这样做？”

“我感觉到您真诚的程度，当然，我感到很歉疚，因为我不善于接近人。我一向就感到这是我的大缺点，”吉洪诚恳地真挚地说，直视着斯塔夫罗金的眼睛。“我只是因为我替您害怕，”他补充道，“在您的面前有一个几乎难以逾越的深渊。”

“您是说我经受不了，不能温顺地忍受他们的憎恨？”

“不仅是憎恨。”

“还有什么？”

“还要忍受他们的嘲笑。”吉洪好像勉强地突然轻声说。

斯塔夫罗金窘住了，脸上显露出不安。

“我对此早有预感，”他说，“这么说来，您读了我的‘文件’之后，您觉得我是个很可笑的人，尽管这是一个悲剧？不要慌，不要感到不好意思……我不是自己也预感到了吗？”

“到处全都感到惊骇，当然大多数人是虚伪的，而不是真诚的。人们只有当他们的个人利益直接面临威胁的时候才会害怕。我不是说那些心灵纯洁的人：那些人会感到惊骇而责备自己，但他们人数很少，不为人所注意。耻笑则将是普遍的。”

“请您再加上一位思想家的结论：在别人的灾祸里总有使我们快乐的东西。[①]”

“正确的想法。”

“然而您……您自己呢……我奇怪，您把人看得多坏，多么可恶。”斯塔夫罗金说，面有愠色。

“您相信吗，我主要是根据我自己的情况来说的，而不是说别人！”吉洪激动地说道。

“真的吗，难道在您的心灵里有什么东西使您对我幸灾乐祸吗？”

“谁知道呢，也许有的。唉，也许有的！”

“够了。请您指出，我的手稿里有什么可笑的？我知道这是什么，但我希望您用您的手指指出。您不妨毫无顾忌地说出来，您尽可能坦率地说出来。我再说一遍，您是个大怪人。”

“即使在这篇最伟大的忏悔书的形式里，就已经包含了某些可笑的成分。[②] 噢，您不要相信您不会胜利！”他突然几乎兴高采烈地大声叫道，“甚至这形式也可能胜利（他指了指自白书），只要您能真诚地接受侮辱和唾弃。过去的事情总是这样结束的：最耻辱的十字架成了伟大的光荣和伟大的力量，只要这似乎英勇行为的谦逊和温顺是真诚的。甚至在您有生之年就会得到安慰！……”

“这样，您只在形式上，在语气上发现可笑的东西？”斯塔夫罗金坚持说。

“还有在实质上。丑恶令人沮丧。”吉洪低头垂目，轻声说。

---

① 赫尔岑在其《往事与随想》中说到《莫斯科人》杂志（按：这是右翼斯拉夫派的机关刊物，1841—1856），因为愤恨别林斯基和《祖国纪事》的成就，竟说他是危险的人，渴望破坏，“看到火灾而为之高兴”。

② 比较卢梭《忏悔录》中的话：“最困难的不是承认自己的罪行，而是承认自己做了可笑的可耻的事。”

“什么？丑恶？什么丑恶？”

“罪行。有的罪行真正是丑恶的。在罪行当中，不管是怎么样的罪行，血流得越多，越是可怕，就越是惊心动魄，可以说越是有声有色；但是有的罪行是丢人的，可耻的，除了可怕之外，甚至是极不体面的……”

吉洪没有说完。

“那就是说，”斯塔夫罗金激动地接口说，“您认为，当我吻脏女孩儿的大腿时，我的形象太可笑了……还有我讲我的强烈情欲的所有话，以及……其他的一切……我理解。我很理解您。您替我感到绝望，正是因为丑恶，下流，不，不是什么下流，而是可耻，可笑，因为您认为，我最经受不住的就是这个？”

吉洪默不作声。

“对，您懂得人，确切地说，您懂得，我，正是我，是经受不住的……我明白，为什么您问到瑞士回来的那位小姐在不在这里？”

“您没有做好准备，没有经过锻炼。”吉洪垂下双目，怯生生地说。

“您听我说，吉洪神父：我希望自己宽恕自己，这就是我的主要目的，我的全部目的！”斯塔夫罗金突然说，眼睛里流露出阴沉的喜悦，“我知道，只有那时幻象才会消失。这就是为什么我寻找无穷的痛苦，自己寻找它的原因。您不要吓唬我。”

“如果您相信，您自己能够宽恕，在这个世界里自己获得这个宽恕，那么您就什么都相信了！”吉洪欣喜地叫道，“您怎么说不相信上帝呢？”

斯塔夫罗金没有回答。

“上帝会宽恕您不信神的，因为您敬重圣灵，虽然您不知道圣灵。”

“顺便说说，基督不是不会宽恕吗？”斯塔夫罗金问道，但在疑问语气中带着轻微的讽刺色彩，“《圣经》中不是说，‘凡使这信我的一个小子’① ——记得吗？据福音书说，再没有，也不可能（有）更严重的罪行了。就是在这本书里!”

他指指福音书。

“为此我要告诉您一个好消息，”吉洪感动地说，“如果您能达到自己宽恕自己，基督也会宽恕的……唉，不，不，不要相信，我说了渎神的话，应该说：即使您不能达到与自己和解和宽恕自己，那么，由于您的意向和巨大的痛苦，基督也会宽恕您……因为人类的任何语言和思想都不能表达这位温顺的人的所有道路和理由，‘在他的道路没有向我们明显展现之前’②。谁能领悟无限广大的他，谁能理解无穷的万物呢!”

他的嘴角像方才那样抽动起来，几乎难以觉察的痉挛又掠过他的脸。他克制了一会儿，但支持不住，很快垂下了两眼。

斯塔夫罗金从沙发上拿起帽子。

“我还会再来，”他说，一脸疲惫之色。“我同您……我太珍惜同您谈话的乐趣和荣幸……以及您的感情了。请相信我，我理解为什么有些人这样爱您。请您为我向您如此敬爱的人祈祷……”

“您已经要走了吗?”吉洪也迅速地站了起来，似乎完全没有料到会这样快告别。“而我……”他好像不知所措似的，“我本来想向您提出一项请求，但是……我不知道该怎么……我现在害怕了。”

“唉，请提吧，”斯塔夫罗金立即坐了下来，手里仍拿着帽子。吉洪瞧瞧这顶帽子，瞧瞧这个姿势，一个突然成为上流社会的人的姿势，这个人非常激动，几乎已发疯了，他给他五分钟时间以结束谈话，吉洪更

---

① 语出《新约全书·马太福音》（第 18 章，第 6 节）：“凡使这信我的一个小子跌倒的，倒不如把大磨石拴在这人的颈项上，沉在深海里。”

② 引文出处不详。——俄编注

窘了。

“我的全部请求只在于您……您不是意识到了吗，尼古拉·弗谢沃洛多维奇（好像您的名字和父称是这样的?），如果您公开您的自白书，您会毁了您的命运……指的是您的前程，比如说，还有……其他各方面。”

“前程?”尼古拉·弗谢沃洛多维奇不愉快地皱了皱眉头。

“为什么要毁了它呢？为什么要这样固执呢?”吉洪最后说，几乎是用恳请的语气，显然意识到自己的尴尬。尼古拉·弗谢沃洛多维奇的脸上显露出痛苦的迹象。

“我已经请求过您，现在再请求您：您所有的话都是多余的……而且总的来说，我们的谈话开始令人难以忍受了。”

他意味深长地从椅子上转过身来。

“您不理解我，听我说，不要激动。您知道我的意见：您的英勇行为，如果出于温顺，那么如果您坚决挺住的话，这是伟大的基督徒的英勇行为。即使您不能坚持到底，主也会考虑您的最初的牺牲。一切都会被考虑的：一句话，一次心灵的活动，以至半点思想，都不会徒然落空的。但我建议您用另一种英勇行为来代替这一种，用一种更伟大的，真正伟大的行为……”

尼古拉·弗谢沃洛多维奇没有作声。

“您想殉道，牺牲自己的愿望折磨着您；把您的这个愿望也克服下去，把自白书和您的意图都搁置一边，——那您就能战胜一切。揭露您的骄傲和您的魔鬼！您最后会成为胜利者，您会得到自由……”

他的两眼炯炯发光，他在胸前合起双手，像在请求。

“说穿了，您只不过很不希望发生一件丑闻，因此您给我设下陷阱，好心的吉洪神父，”斯塔夫罗金没精打采地说，不客气地、带着懊恼的神情，竭力想站起身来，“说简单点，您希望我变得老成持重，最好结婚，最后成为这里的俱乐部的成员，每逢节日到你们的修道院来做礼拜。总之，进行宗教惩罚[①]！不过，您作为心灵的专家也许预感到，事情无疑会有这样的结局，问题在于，为了颜面现在要好好地请求我，因为我自己渴望的正是这个，是这样吗？”

他不自然地大笑起来。

“不，不是那种宗教惩罚，我给您准备了另一种惩罚！”吉洪继续热情地说，毫不注意斯塔夫罗金的笑和他的话，“我认识一位长老，不在这里，但离这里也不远，他是个独居的修士和苦行者，具有基督徒的深睿智慧，是您我所不能理解的。他会听从我的请求。我把您的全部情况告诉他。您到他那里去服赎罪的劳役，在他的座下过五年七年，您以后认为需要多久就多久。您暗自立下誓愿，用这种巨大的牺牲赎回您所渴望的东西和您所没有预期的东西，因为您现在还不能理解您会得到些什么！”

斯塔夫罗金严肃地甚至十分严肃地听完他的这项建议。

“说穿了，您建议我到那个修道院去做修士。尽管我很敬重您，而这本该是我意料中的事。好吧，我甚至可以对您承认，在我胆怯的时刻，我已经有过这种思想：在我向大众散发我的自白书以后，到修道院去躲避人们，哪怕暂时躲避也好。但我立即为这种卑鄙的行为而脸红。至于削发为僧——甚至在我最胆怯恐惧的时刻我也没有想到过。”

“您不需要到修道院去，不需要削发，您只不过秘密地做些杂役，不公开的，也可以这样，完全过世俗生活……”

---

① 忏悔者根据神父的指示履行某种宗教活动（如长时间的祷告、严格的斋戒、朝拜圣地等）以示虔诚。宗教惩罚是自愿的，不等于处罚。——俄编注

“别说了，吉洪神父。”斯塔夫罗金厌恶地打断他说，从椅子上站了起来。吉洪也站了起来。

“您怎么啦?”他突然叫了起来，几乎是恐惧地凝视着吉洪。吉洪站在他面前，两手并在身前，手掌向外，一种痛苦的痉挛，似乎是来自极度的恐怖，掠过他的面孔。

“您怎么啦？您怎么啦?”斯塔夫罗金反复说，他跑过去，想去扶他。他觉得吉洪马上会倒下去。

“我看到……我清楚地看到，”吉洪用穿透心灵的声音高叫道，脸上露出极度悲痛的表情，“您，可怜的堕落的年轻人，从来没有像此刻一样接近最可怕的罪行!”

“您安静下来吧!”斯塔夫罗金反复说，确实替他担心，“我可能会再搁一下……您说得对，我可能支持不了，我在怨恨中会犯下新的罪行……这完全可能……您说得对，我把这事暂且搁下……”

“不，不是在自白书公开之后，而是在公开之前，可能在伟大的一步跨出之前一天，一小时，您会投入新的罪行，把它作为摆脱困境的出路，只是为了避免公开自白书。”

斯塔夫罗金因为愤怒，而且几乎是因为恐怖，全身战栗起来。

“该死的心理学家!”他突然在狂怒中打断谈话，头也不回地走出了僧房。

题　解

《群魔》最初发表于《俄国导报》杂志，1871 年，第 1、2、4、7、9～11 期；1872 年，第 11、12 期。署名：费·米·陀思妥耶夫斯基。

单行本于 1873 年首次在彼得堡出版。

附录《谒见吉洪》一章原为《群魔》第二部第九章。《俄国导报》主编米·尼·卡特科夫因其中写到奸淫幼女，拒不发表，将其删去。直至十月革命后，1922 年才首次面世。

一

1873 年 2 月 10 日，陀思妥耶夫斯基向皇太子亚·亚·罗曼诺夫献上《群魔》的单行本。他在写给皇太子的信中说："请允许我敬献我的作品。它近似一部历史专论，我希望在其中说明：为什么在我们这个奇怪的社会里有可能出现诸如涅恰耶夫罪行的骇人听闻的现象？我的看法是：……这些现象是整个俄国教育历来脱离俄国生活本身独特本原的直接后果。"在讲到涅恰耶夫现象的思想根源时陀思妥耶夫斯基写道："我们的别林斯基和格拉诺夫斯基之流是不会相信的，如果有人说他们是涅恰耶夫的生身父亲的话。而我在我的作品中要表达的正是这种父子相传的思想上的血缘关系和继承关系。我写得远未成功，但却是本着良心写的。”

关于《群魔》的构思最早见于1870年2月12（24）日陀思妥耶夫斯基致阿·尼·迈科夫的信。他在信中说：“我正在为丰富的思想写作；我不是说写作，而是说思想。这是一个将在读者中引起明显效果的思想。类似《罪与罚》，但它更迫切，更接近现实，直接涉及最重要的当代问题。……这是一个热点题材。”指的就是《群魔》。

此后，在同年3月24日（4月5日）他又在致尼·尼·斯特拉霍夫的信中谈及他正在写《群魔》：“我对现在正在为《俄国导报》撰写的那部作品寄予很大希望，但并非在艺术上，而是在倾向方面；我很想把几点想法说出来，哪怕这么做会毁了我的作品的艺术性。吸引我的是在我头脑和心灵中积累起来的东西；纵使写出来的是一部谤书，我也一定要陈述我的意见。”

在第二天写给尼·阿·迈科夫的信中他又说：“我正在写的是一部有倾向性的东西，我很想讲得激烈一些。（虚无主义者和西欧派一定会叫嚣，说我是反动分子！）让他们都见鬼去吧，而我要把我的想法全部说出来。”

从上引几封信我们可以看到他写《群魔》的动机和抨击对象。在第一封信里，他谈到涅恰耶夫，并说明要追溯这种现象产生的社会根源，而这根源就是别林斯基和格拉诺夫斯基等他所谓的西欧派，正是他们乃是涅恰耶夫的生身父亲。第二封信里则说明《群魔》涉及的是最重要的当代问题。第三封信则表明，他写《群魔》并不是一时兴之所至，不是因诸如涅恰耶夫案件而临时引起的动机，而是“头脑和心灵中积累起来”的东西，骨鲠在喉，不吐不快，因此为了倾向性而不惜牺牲艺术性，哪怕写出的是一部谤书。最后一封信则说小说针对的是虚无主义者和西欧派，结合第一封信来看，这就是针对19世纪40年代的格拉诺夫斯基、别林斯基（西欧派）和60年代的“虚无主义者”，并申明这两代人的父子血缘关系、继承关系，——这在《群魔》中表现为斯捷潘·韦尔霍文斯基与彼得·韦尔霍文斯基的父子关系（血缘关系）以及斯捷潘·韦尔霍文斯基与尼古拉·斯塔夫罗金的师生关系（思想继承关系）。

还可以看陀思妥耶夫斯基于1870年10月9（21）日致阿·尼·迈科夫的另一封信。信中说：“我们国内发生的事情完完全全也是这样。恶魔们从俄罗斯人的身上走出，附在猪群身上，即附在了涅恰耶夫、谢尔诺—索洛维耶维奇之流的身上……俄罗斯吐出了别人使她中毒而填到她肚中的脏东西……请注意，我的朋友：谁失去了自己的人民和人民性，谁就丧失了对祖国的爱和上帝的信仰。如果您想要知道的话，这也就是我这部长篇小说的主题。”这段话很重要，因为它点明了《群魔》卷首引用的一段《圣经》的用意，而这是一般读者不易确切理解的。为了方便读者，我们这里不嫌重复，抄录这段引文，以便对照理解。

引文出自《新约全书·路加福音》：“那里有一大群猪，在山上吃食。鬼央求耶稣，准他们进入猪里去。耶稣准了他们。鬼就从那人出来，进入猪里去。于是猪群闯下山崖，投入湖里，淹死了。放猪的看见这事就逃跑了，去告诉城里和乡下的人。众人出来要看是什么事。到了耶稣那里，看见鬼所离开的那人，坐在耶稣的脚前，穿着衣服，心里明白过来，他们就害怕，看见这事的，便将被鬼附着的人怎样得救，告诉他们。”（第8章，第32～36节）

为了充分理解这段引文，我们还得引用这段文字上文的几句话：“……耶稣上了岸，就有城里一个被鬼附着的人迎面而来……原来这鬼屡次抓住他……耶稣问他说，你名叫什么。他说，他名叫群，这是因为附着他的鬼多。”这里说的“城里一个被鬼附着的人”就是上一段引文中所说的“那人”。这里还说，鬼不止一个，而是一群。易言之，这里是群鬼。(顺便指出,《群魔》这一书名指的就是群鬼;据上引应译为《群鬼》。我们之所以用“群魔”二字,不仅因为沿用过去译本的译法,更主要是为了避免与易卜生的剧作《群鬼》重复。)

将陀思妥耶夫斯基致阿·尼·迈科夫的信与引自《路加福音》的题词对照,就能了然,这部长篇的书名《群魔》指的是附在猪群身上的“群鬼”。后者不仅指涅恰耶夫,而且包括谢尔诺一索洛维耶维奇等人。按:谢尔诺一索洛维耶维奇,兄弟二人,其名字与父称分别是尼古拉·亚历山德拉维奇(1834—1866)和亚历山大·亚历山德拉维奇(1838—1909),是车尔尼雪夫斯基的战友。尼古拉还是秘密团体“土地与自由”社的组织者之一,1862 年被捕,投入彼得保罗要塞,后死于流放地。此外,在《群魔》第八章“结局”手稿上,陀思妥耶夫斯基曾写道:“确实存在着一个”有计划的动摇国家基础的“杀人放火的革命党、造反者的秘密团体”。“革命党”一词写得十分清楚。由此可见,这部长篇抨击的不只是涅恰耶夫一伙,而且(可能是更重要的)还针对当时“动摇国家基础”的革命党。

这里要介绍一下涅恰耶夫。谢·格·涅恰耶夫(1847—1882),出身市民家庭。曾当过教师,一度在彼得堡大学当旁听生,并参加大学生的激进圈子。1869 年春他积极参与大学生的学潮。旋逃亡至瑞士,在那里与无政府主义者巴枯宁以及俄国革命家、作家尼·普·奥加辽夫结识,他们两人对他后来的活动起了重大作用。巴枯宁还企图通过他在俄国组织革命团体,以实现无政府主义的纲领和理想。当年秋天涅恰耶夫回国,在莫斯科组织了几个五人小组,其成员主要是彼得罗夫农学院大学生。他称该秘密团体为“人民惩治会”。在他所著的《革命者的基本信念》中,主张采取愚弄和挑拨的斗争方法。在 1869 年 11 月 21 日于莫斯科杀死了被认为有叛变嫌疑的他们组织的成员、大学生伊·伊·伊凡诺夫。

事后他逃亡国外。1873 年由瑞士引渡回国，被判处服苦役二十年，后死于彼得保罗要塞狱中。他的案件是在 1871 年 7—9 月进行审讯的。

的确，涅恰耶夫事件的发生和经过与《群魔》创作过程在时间上基本上是一致的。陀思妥耶夫斯基在《群魔》中也的确广泛地利用了这一事件中的有关人物与活动。然而，不择手段、专事破坏活动的涅恰耶夫（他是俄国一些革命家以至马克思、恩格斯所一致批判的）一伙与当时旨在反对沙皇政府、从事革命活动的俄国进步青年和革命民主主义者（即所谓虚无主义者）在本质上是风马牛不相及的；以涅恰耶夫之流影射虚无主义者以至革命者，正充分说明了作家的“倾向性”。不过，也应看到，在《群魔》创作过程中，中心人物以至中心思想都发生位移和变化，因而，《群魔》并没有完全成为“谤书”，“倾向性”并没有完全毁掉艺术性。

二

从陀思妥耶夫斯基的札记来看，他对《群魔》的构思产生于 1870 年年初。这是一份未标明具体日期的写作计划，标题是《忌妒》。在《忌妒》中原有两个主要人物：公爵和教师（“他们之间有仇恨和忌妒”）。公爵性好忌妒，仇恨心重，有《群魔》中斯塔夫罗金的特点，而教师则以其心灵美好使人想到《群魔》中的沙托夫。札记里的人物与《群魔》中相似的还有：公爵的母亲（贵妇）与瓦尔瓦拉·彼得罗芙娜，女学生与达里娅·帕夫洛芙娜，美女与莉扎·图申娜，卡尔图佐夫与列比亚德金。《忌妒》与《群魔》的写作计划草稿中的某些情节也有相吻合之处（公爵和教师在个人问题上相互竞争；公爵和两个女人——女学生与美女——之间的复杂关系；写蹩脚诗的大尉对美女的爱慕；一记巴掌的原因和主人公自杀)。不过，从总体来看，《忌妒》与《群魔》的思想内容是颇为不同的：前者要展开的是恋爱——心理情节，不具有后者那种政治性的抨击，只是有些札记表明它与报纸上披露的涅恰耶夫分子谋杀大学生伊凡诺夫的报道有联系，例如："传单。涅恰耶夫的身影，谋杀教师（?)"，"虚无主义者们开会，教师在争论"，等等。此外，在构思《忌妒》之前，在1869年秋至1870年年初，陀思妥耶夫斯基曾为《曙光》杂志拟定几部作品的大纲，其中之一为《诗人之死》，后者的大纲中有孤立的几句话："涅恰耶夫。库列绍夫密告了涅恰耶夫……"这段话与大纲上下文并无什么联系，很难捉摸其与《诗人之死》的情节上的关系。但由此可以说：在《诗人之死》与《忌妒》中已经有了构思《群魔》的初步尝试。

1870年1月22日（2月3日)，作家写了一个短评：《季·尼·格拉诺夫斯基》，它已经是对《群魔》中的一个主要人物所作的特征描写。在这篇短评和另一些写于1870年2月的札记中，一部对19世纪40年代的西欧派以及当时的虚无主义者——涅恰耶夫分子进行政治抨击的作品的轮廓开始清晰呈现。

季莫费·尼古拉耶维奇·格拉诺夫斯基（1813—1855）是俄国著名的自由主义西欧派，历史学家赫尔岑的朋友，莫斯科大学教授。陀思妥耶夫斯基从起意写《群魔》开始，就把格拉诺夫斯基作为小说的主要人物之一斯捷潘·特罗菲莫维奇·韦尔霍文斯基的主要原型①，而且在整

① 不过，这个人物是19世纪40年代俄国西欧派、"自由主义者一理想主义者"的概括性形象。因此他身上集合了（陀思妥耶夫斯基所认为的）这一代许多著名活动家的特点，也就是除了格拉诺夫斯基外，还有赫尔岑、鲍·尼·契切林、瓦·费·科尔什和谢·费·杜罗夫以至别林斯基等人。按：鲍·尼·契切林（1828—1904)，俄国法学家、历史学家、唯心主义哲学家；瓦·费·科尔什（1828—1883)，俄国自由派政论家；谢·费·杜罗夫（1816—1869)，俄国诗人，彼得拉舍夫斯基小组成员。

个写作过程中，在笔记、提纲、草稿里，都将这一人物直接称为“格拉诺夫斯基”。陀思妥耶夫斯基在塑造他时，广泛利用了 A. B. 斯坦凯维奇的《格拉诺夫斯基传》（1869）以及同年在《曙光》杂志 7 月号上发表的尼·尼·斯特拉霍夫对该书的评论，尤其受后者的影响。斯特拉霍夫是作家的友人、斯拉夫主义者。他把格拉诺夫斯基视为俄国西欧派的创始人，认为这位历史学家人格高尚，向往伟大和美好的事物，多愁善感而同时又谈吐诙谐，善于说双关语；对失去的亲人和往日的悲痛难以释怀，不断地写信倾吐情愫，痛苦地意识到自己虚度一生，竭力想在纸牌和醇酒中忘怀一切；抱怨当局的迫害，等等。陀思妥耶夫斯基在创作笔记中以讽刺的笔调模拟这些特点。请看几个例子：“一生漫无目的，观点和感情摇摆不定，这一切曾经使他痛苦，现在却成了他的第二天性”；“渴望受到迫害，喜欢谈论他遭受的迫害”；“这里流泪，那里流泪”，“悲痛他死去的几个妻子——而又不断地结婚”；“我不能忍受，我永远寂寞”，“聪明而幽默”，等等。

陀思妥耶夫斯基不仅在对 40 年代理想主义自由派实质的理解上，而且在对格拉诺夫斯基的社会活动、在对俄国西欧派的历史功绩的评价上，观点也与斯特拉霍夫相近。斯特拉霍夫指出：“这是一位纯正的西欧派，也就是完全尚未定型的西欧派，他以同样赞美的观点对待全部西欧历史、所有的生活现象……这样，赞赏一切美的和伟大的东西，不管是在什么地方，不管以何种形式表现——这就是可以概括格拉诺夫斯基倾向的唯一公式。在这个意义上说，不能把他归入任何一个派别，——同样也应该认为，他的活动对俄国思想界的所有派别都是有益的。”

斯特拉霍夫又说：“这些思想浅薄的人，蹉跎岁月，是一些生活无聊的人，他们软弱萎靡，没有能力做任何实实在在的工作，却认为他们有权谴责自己的祖国，尽管他们是祖国的陌生人。由于他们思想正直，心灵纯洁……因此他们认为，他们不仅可以揭发一些卑鄙龌龊的行为，而且可以高踞于祖国之上，成为她的'谴责的化身'。"

斯特拉霍夫末了说："这就是我们的西欧派产生的人物，它使他们脱离了任何事业，脱离了俄国。这是一个十分可悲的现象；他们的痛苦来自他们尴尬的处境，他们陷入其内而不能自拔，因为他们的智慧不足以理解他们的处境，他们的勇气不足以使他们用本身的努力摆脱这种处境。让我们不要对他们求全责备，但也不要把这种病态的现象当作什么优良的传统接受下来。如果说这些理想主义的自由派已经成为过去，那么我们对此只能感到高兴。"

依斯特拉霍夫看来，还有一点也是至关重要的，那就是，当代的虚无主义是西欧派的产物和必然的结果，虽然"纯正的"西欧派不遗余力地想同他们"不纯正的"追随者划清界线。同时，当代的虚无主义者否定自己的"父辈"——40年代的西欧派的功绩。格拉诺夫斯基现在已不可能有追随者，如果所有派别过去或多或少地称赞过他的话，那么，在当前他对于所有派别来说都是陌路人。

不过，也应指出，正如在陀思妥耶夫斯基与尼·尼·斯特拉霍夫的一些通信中可以看到的，一般说来，斯特拉霍夫较之陀思妥耶夫斯基对某些问题的看法是比较全面的、客观的。他对格拉诺夫斯基的为人可以说是瑕瑜并见的。如果说陀思妥耶夫斯基在评价（描写）格拉诺夫斯基时受到斯特拉霍夫的影响，那么他不是全面接受。他对格拉诺夫斯基的刻画一般是讽刺性的。在札记中他不仅把这个西欧派代表人物写成虚无主义者的前辈、先驱，甚至直接把他说成是虚无主义者："格拉诺夫斯基终于同意做虚无主义者了，他说：'我是虚无主义者'。"在《群魔》中他很少写到斯特拉霍夫谈到的格拉诺夫斯基性格中某些好的方面。当然，我们也看到，陀思妥耶夫斯基对斯捷潘·韦尔霍文斯基的态度是逐渐变化，是渐渐地变得温和并流露出同情的，虽然还保留着讽刺模拟的语气，在写到他最后漂泊各地以至他的死亡的章节是令人感动的。但作家也在他身上加上自己的思想，如：斯捷潘在其一生的最后时刻领悟到所谓的真理，意识到不仅“子辈”，就是自己的一代人都可悲地脱离人民，成为小说卷首引用自福音书的题词的解释。

在为《群魔》写的草稿札记中，陀思妥耶夫斯基常常通过沙托夫（斯拉夫派）之口攻击别林斯基。这是因为别林斯基也被认为是一个西欧派和虚无主义者。例如写于 1870 年 2 月的一条札记说：“沙托夫谈到地主和教会学校学生，也谈到，别林斯基和格拉诺夫斯基简直是仇视俄罗斯的。（注意：关于这仇恨要谈得更详细和中肯一些。）

“格拉诺夫斯基回答沙托夫说：‘啊，您可知道他们多么热爱俄罗斯啊！’

“沙托夫说：‘他们爱的是自己，为自己唉声叹气。’”接下来讲故事者说：“现在我明白沙托夫的意思了：别林斯基们和我们所有的西欧派都仇视人民；如果他们自己不承认这一点，那么很清楚，就是他们还没有认识到。事情本来就是这样：他们以为他们这是恨铁不成钢，他们就是这样说的。他们实际上同人民接触时感到极端的厌恶，可他们并不为此害臊。（他们只是在理论上爱人民。）”

总之，在陀思妥耶夫斯基心目中，西欧派和虚无主义者都来自西欧。虚无主义在俄国是一种异己现象，它在俄国的民族“土壤”上不能扎根，彼此格格不入，因此一并加以抨击。

此后，无政府主义者杀害沙波什尼科夫（沙托夫）——这个“涅恰耶夫”主题渐渐地有了血肉，情节渐渐地具体化，政治同情爱、心理、道德方面的线索开始交织穿插，人物的特征及行为动机也渐渐明确。在 6 月札记中的基本情节是：大学生一无政府主义者（彼得·韦尔霍文斯基的雏形）来到父亲（或叔叔）家，后者是19世纪40年代的自由主义者（斯捷潘·韦尔霍文斯基的雏形），寄居在自己的老朋友公爵夫人家中。大学生—无政府主义者很快在社交界有了影响，同时他又组织了一个无政府主义者小组，从事破坏活动。沙波什尼科夫（沙托夫）知道了这件事情，他打算告密。公爵（斯塔夫罗金）奸污并抛弃了女学生（沙托夫的妹妹）。公爵与沙托夫互为仇敌。大学生巧妙地利用了这一点，阴谋杀害那扬言要揭发无政府主义者的沙托夫，并把罪责推到公爵身上。此外另有爱情线索，一条是公爵同美女（莉扎·图申娜），另一条则是美女（公爵的未婚妻）迷恋上了大学生。在不同的写法中有一点是不变的：沙托夫打公爵嘴巴（或公爵打沙托夫嘴巴）。

在另一些2月札记里情节虽有变化，但仍然围绕着杀害沙托夫展开。同样不变的是小说构思的抨击性，抨击的主要对象是格拉诺夫斯基（即斯捷潘·韦尔霍文斯基）和涅恰耶夫（即彼得·韦尔霍文斯基）。在这些札记中，斯捷潘·韦尔霍文斯基的儿子——大学生主张破坏一切和消灭一切。他说："很自然，一切事情都应该由此（即破坏）开始。我知道这一点，因而我也就这么开始。结局与我无干，但我知道应该由此开始，其他一切全是废话……越快越好……应该破坏一切，为的是建起新的大厦，而用一些小支柱去撑住旧房，那简直是不像话。"故事讲述者则说："大学生相当聪明，不过主要的是他有一种虚无主义的高傲，瞧不起人家，这妨碍他。他不想了解现实。像一切虚无主义者一样，关于崇高和卑鄙的问题他连提都不提。他顾不上这些，顾不上细枝末节。他说是应该行动，其实是他不懂：活动家也至少应该首先熟悉一下环境。"

从2月札记可以看出，陀思妥耶夫斯基一直在找可以作为叙述情节中心的那样一个人物。最初他找的是格拉诺夫斯基，继之则是大学生。

此后，他一度转向了戈卢博夫。

康斯坦丁·叶菲莫维奇·戈卢博夫是俄国农民，旧礼仪派信徒。(旧礼仪派，或称古老信徒派，分裂派，他们不接受俄国17世纪的教会改革，与官方的正教教会相敌对。）他没有受过系统教育，是一个自学成才的宗教哲学家。60年代在他的导师保罗指导下，在普鲁士出版旧礼仪派的刊物《真理》（或译《真谛》），1868年他二人均返回俄国，皈依官方的正教教会。在《群魔》中戈卢博夫以其思想起过显著作用。这思想是：人的道德义务的实质在于“自我克制”或“自我约束”。因为人在精神生活、道德生活和社会生活方面常有走极端的倾向，因此要“自我克制”，避免走向极端，才能有真正的自由。“没有自我约束的自由是放肆，而不是自由。”他还曾就社会、政治和宗教一哲学等性质的某些问题与俄国革命家、作家尼·普·奥加辽夫做过辩论。他既否定产生不平等的社会原因，也否定以激进方法排除社会不平等。他认为“世界性罪恶”的根源在于“不道德”和“人们的极度分离”。他认为“一切幸福有赖于道德”，而道德则有赖于“正确的理解”（来自正确的信仰），也就是东正教。这些思想对沙托夫以至公爵都有很大影响。

然而，戈卢博夫也没有成为小说的中心人物，而且并没有作为人物之一而出现。

此后，陀思妥耶夫斯基选定了公爵，他一度曾企图把他塑造为一个“新人”。在一条札记中公爵和女学生都是“新人，他们能抗得住诱惑，决心开始过崭新的生活”。紧接着又一条札记中写道：“明天简要描述全部人物，即公爵和女学生——质朴的理想和真正的好人。格拉诺夫斯基不是真正的理想，他是不合时宜的，自我混乱的，举止傲慢的，滑稽的。沙托夫是不安静的人，是书本的产儿，与现实发生冲突，热烈地信上帝，但不知道该做什么。许多美好的东西。还有其他，给每个人一个外号，而主要的是讲一讲公爵。浓重的两三笔。当然，他并非理想，因为他忌妒心重，固执，骄傲而倔强，沉默寡言和病态，即忧郁……他蔑视无神论者直到痛恨的程度，而信上帝也是狠狠地信。他要到农夫和旧礼仪派教徒中去。他管理庄园……在向沙托夫做解释时，他十分完善地说明了自己对事物和人们的观点：‘我要做一个普通的诚实的新人（?）。’他以其热情和深藏的心灵之火以及故意压低了声音说的挖苦话使沙托夫毛骨悚然，这是由于他常年嫌恶社交和郁闷的沉默。他什么事都敢做——这种人在我们这里是有的……他是公民之最（他丝毫不愿意只做一个普通和善良的关怀家庭的人）。”

在迫切寻找一个中心人物的同时，陀思妥耶夫斯基还深感在他拟写的这部长篇小说中缺乏真正的悲剧因素，就在1870年2月下半月写的一则札记中他提问道：“悲剧因素在哪里?”他曾拟以错综复杂的爱情关系来加强情节的悲剧性。他列举了小说中的悲剧因素和情势：“公爵绝望和不顾死活地爱着（到了犯罪的程度）（这里有悲剧因素；是新人，其中也有悲剧因素）。女学生爱上了已有妻室的沙托夫……一个悲剧性的具有高度基督教色彩的人。公爵仇恨一切，而且最后同涅恰耶夫意气相投，以至杀害沙托夫。”

在后来写的一些札记中陀思妥耶夫斯基力求展示作为“新人”的公爵的悲剧性：“他在自己身上感到了涅恰耶夫思想和戈卢博夫思想的影响，他拒绝遗产，准备去过贫困的生活，去劳动”，“他寻求真理；在俄罗斯和基督教的理想之中找到了真理……基督教的驯顺和自我谴责”。在2月末的一则札记中，公爵从国外回来，一心要进行道德探索，他的纲领是：“做新人，开始自我改造。”他想，“我不是天才，不过我想出了一样新东西，除我之外俄罗斯从未有人想出过的新东西：自我改造”。

在2月末的一些札记里，公爵的形象突然发生变化，作者似乎要把他写得更复杂、更难以捉摸。现在公爵已具有怀疑论者、好色之徒、唐璜和“文雅的诺兹德廖夫”的特征，既高尚又卑鄙。他做了许多事，既有崇高的，也有卑鄙龌龊的，然而这个外表空虚而轻浮，从事人们认为是人生游戏的人，突然成为“比谁都深沉的人”。为了揭示他心中的复杂的思想斗争，陀思妥耶夫斯基将他置身于戈卢博夫和涅恰耶夫之间，使他既倾向于戈卢博夫，又醉心于涅恰耶夫。很有意味的是，在公爵对这两个人的态度上陀思妥耶夫斯基在草稿中拟定了三种方案：

（1）涅恰耶夫引诱公爵参与谋杀并使之成为杀害沙托夫的凶手。

（2）公爵比涅恰耶夫厉害，他揭露了涅恰耶夫。

（3）在涅恰耶夫的影响下公爵打算做杀害沙托夫的凶手，但谋杀偶然在没有他参与的情况下实现了。公爵大为震惊，他后悔并自首。

陀思妥耶夫斯基在手记中还写了公爵受到戈卢博夫的影响后，意识到自己脱离“根基”（人民），力求在精神上新生：“总之他（公爵）确信，做一个诚实的人，特别是新人不太容易，光有热情还不够，当他在最后向女学生作书面指示时说出了这一点，他说：‘我太不特别，我不会成为新人，但我最终找到了几个珍贵的思想，而且我遵循着它们。先于各种新生和复活的是自我克制。”“我以前指谪过虚无主义，而且曾是它的冷酷无情的敌人，但现在我发现，比大家更有罪更坏的是我们，是脱离了根基的老爷们，因此我们应该先于大家进行根本改造；最腐败糜烂的是我们，最该受诅咒的是我们，一切都来自我们。”

公爵身上的悲剧因素逐渐强化，以至他不能在道德上真正新生。在 1870 年 3 月 7 日（新历）的札记中作家写道：公爵是一个“十分荒淫和傲慢的贵族”，他反对解放农民。后来发现他竟是一个没有什么“特别思想”的人。突然他开枪自杀，在遗书里表明自尽的原因说：“我的眼睛睁开了，我见到了许多东西。我们没有根基，——这一点我受不了。”这则札记中还写道：“‘要知道我并不相信上帝，’——公爵说。沙托夫向他解释道：‘世界主义者是不能相信上帝的。’”“立足根基，同自己的人民在一起，——这就是信仰，相信正是通过这个人民，全人类将得到拯救，终极的思想将传入世界，天国也就在其中。”

在1870年3月15日（新历）的札记中有对公爵的概括性评价：这是一个同“根基”和俄国人民失去血肉联系的知识分子，但又不能在精神上新生。“他十分看中涅恰耶夫和戈卢博夫，但他指摘格拉诺夫斯基”，“他孤芳自赏，但他善于独立自主，就是说，他能够离开老爷们，离开西欧派，离开虚无主义者们，离开戈卢博夫（但对他来说仍存在着一个问题：他是什么人？给他的答复是：什么也不是。）”。“但他气质很高，所以‘什么也不是’不能使他感到满意，并使他痛苦。”这份评价的最后一句话是：“作者的意思是：表现一个意识到了自己是缺乏根基的人。”

1870年3月29日（4月10日）的札记表明：公爵形象及其在小说的总结构中有了本质性的变化。这是一个内心世界复杂有着悲剧性命运的人物。“结果是：小说的主人公是公爵。他同沙托夫亲近，激发后者的热情，而自己却并不相信自己所说的。他审视一切，而对杀害沙托夫却无动于衷，虽说他是知道这件事情的。注意：这就产生了问题，他是真正严肃地同沙托夫谈过话吗？他自己也真正是热血沸腾的吗？沙托夫怂恿他行动，而他不过怀疑地听听，说什么‘我不信上帝，就是这样’。他甚至为此还给沙托夫写信。”这段札记中还有一些心理特点和生平细节在后来加到了斯塔夫罗金身上，如：奸淫幼女，建议女学生入籍瑞士联邦乌里州为公民，自杀，遗书等。札记的结束语是：“就这样，长篇小说的全部感人力量在于公爵，他是主人公。像个万花筒似的，其余一切都环绕着他。他替换了戈卢博夫。高得无比。”

在标题为“小说的总计划”里陀思妥耶夫斯基拟定专章，题名是“分析”，其中故事讲述者应该在“公爵死后”分析其神秘的性格，说“这是一个顽强、凶狠的人，他信念混乱，由于极其高傲，他愿意并能够确信的只是十分清楚明了的东西……可怪的是他能十分深刻地理解罗斯的实质，他向沙托夫解释并以此激励后者，但更为奇怪和更难理解的是因此他却对这一切都不相信”。故事讲述者否认精神错乱是公爵行径如谜和突然死亡的原因，他认为并断言在公爵的行为中有着“十分彻底的逻辑性”。（那就是脱离根基，无处安身，烦闷无聊，打算以爱情使自己得到新生，不过也并非一心这么想，他甚至看中了涅恰耶夫，开枪自杀。）故事讲述者补充说：“当他以斯拉夫主义的学说煽动和激励沙托夫时，也许他是在透过血泪嘲笑沙托夫。”

综上所述，我们可以知道，陀思妥耶夫斯基在 1870 年春季对写作《群魔》进行了多方探索。这些探索为后来发生于夏天的小说创作过程中的根本转折做了准备。

三

1870 年春天，陀思妥耶夫斯基在一些信中说到他有意把《群魔》写成一部反对自由主义西欧派和现代虚无主义者的政治谤书。可是到了这一年的夏天在《群魔》的创作过程中发生了转折。这转折的结果是：政治性谤书和悲剧小说联结在一起了，而斯塔夫罗金则最终成为《群魔》的中心人物。在 1870 年 7 月 2（14）日给索·亚·伊万诺娃的信中陀思妥耶夫斯基说：“在我开始写这部长篇小说时，它对我有诱惑力，而现在我却后悔了。即使现在它仍然很使我感兴趣，但我想的却不是这个了。”而在 1870 年 10 月 9（21）日写给尼·尼·斯特拉霍夫的信中他更具体地谈到这个转折过程："起初，也就是在去年年底，我把这部东西看作是臆想出来、编造出来的，瞧不起它。之后我来了真正的灵感，突然间我爱上了这部东西，双手把它紧紧抓住，开始对已写好的东西进行删改。后来在夏天又发生了变化；出现了一个新的人物，他要求成为小说里真正的主人公，因此以前那位主人公（他是一个引人注目的人物，但确实还配不上主人公这个名称）退居到第二位（指彼得·韦尔霍文斯基。——译者）。新的主人公（指尼古拉·斯塔夫罗金。——译者）非常吸引我，我又开始重新改写。"在 1870 年 10 月 8（20）日致米·尼·卡特科夫的信中又说："我所叙述的最重要的事件之一，将是在莫斯科众所周知的涅恰耶夫暗杀伊凡诺夫一案。我急于要声明的是：我既不认识涅恰耶夫，也不认识伊凡诺夫，除了见诸报端的情况外，我对那次暗杀也一无所知。再说，即使我了解，我也不会依样画葫芦……我笔下的彼得·韦尔霍文斯基可能丝毫不像涅恰耶夫；但我觉得在我惊愕万分的头脑中以想象力创作出了与此罪恶行径相应的人物和典型。"他还谈道，不能让彼得作为书中的主人公："毫无疑问，突出这样一个人物不无好处；但他单独一个人不会吸引我。依我看来，这些可怜的畸形儿不值得文学去写他们。使我自己感到惊奇的是：这个人物在我的作品中一半是喜剧性的人物，因此，虽然这一事件在小说中占有最主要的地位之一，它们不过是另一个人物的活动背景和衬托；另一个人物才可能真正称为主人公。这另一人物（尼古拉·斯塔夫罗金）是一个阴郁的人，也是一个恶棍。但我觉得这是一个悲剧性的人物，虽说很多人在读过小说之后肯定会说：'这是怎么回事？'我执笔写这个人物的故事是因为我早就想描写他。就我看来，这是俄国的、也是典型的人物。如果我写得不成功，我将会感到非常苦恼。如果我听到人们评论，说这个人物是矫揉造作的，我更会感到苦恼。我是从心里抠出他的。当然，这个性格很少以他的全部典型性出现，但这是一个俄罗斯的（一定社会阶层的）性格。”陀思妥耶夫斯基说：斯塔夫罗金“才确实可以称为小说的主要人物”。

由于改写《群魔》的工作繁重，而给《俄国导报》的稿子又不能一拖再拖，他被迫放弃构思已久的史诗性小说《大罪人传》，并且把《大罪人传》中的一些人物、情境和宗教、道德思想移入《群魔》。主教吉洪和瘸腿女人，经过加工都将转入《群魔》之中，他们将从人民关于善恶的宗教一道德观念的高度对斯塔夫罗金做出审判。由此可见，陀思妥耶夫斯基在决定改写《群魔》时，就已经准备写斯塔夫罗金打算在吉洪面前忏悔的一章了。

这里要着重提一下一份标题为“离奇的[①]篇章（供第二和第三部用）”的写作提纲（标明日期为 1870 年 6 月 23 日[②]），它有助于理解斯塔夫罗金的内心世界，以及他同沙托夫之间的宗教一哲学对话，有助于理解《群魔》第二部中的“夜”和“夜（续）”这两章。这两章第一次揭示斯塔夫罗金精神世界的内在实质，及其极度的双重性格，他同样地向往信仰和不信上帝，同样地向往善和恶。提纲中写道：“公爵要做出舍身忘己的义举，要积极地行动，要向世界显示俄罗斯自身的力量。他的主旨——正教，真正的，积极的（因为现今有人信仰）。道德的力量先于经济的力量（注意：他不信上帝，心中想着在吉洪处的义举。）。”“要考虑到：公爵有魅力，颇似恶魔，因而可怕的情欲与……义举互相搏斗。而且不信上帝，并因信仰而痛苦。义举战胜了，信仰占了上风，

---

① 此处“离奇的”一词，原文为 фантастический。据刘泽荣主编的《俄汉大词典》有“幻想的”“离奇的”“虚构的”“臆造的”“荒诞的”等解释。

② 陀思妥耶夫斯基在 1870 年 7 月病了整整一个月，因而写于 6 月的札记对了解他改写《群魔》的工作是有意义的。

但就连魔鬼也信上帝，也战战兢兢。”“‘晚了’——公爵说，他逃到乌里去，而后来他自缢而死。”“使沙托夫惊愕但又完全热诚地接受的公爵的主要思想是：问题不在于工业，而在于道德，不在于从经济上而在于从道德上复兴俄罗斯。”“道德与信仰是一回事。”正教使基督教纯真而不受歪曲地保存下来，“它能解决一切问题，道德的和社会的问题。”（“如果认为大家都是耶稣，那么还会有赤贫现象吗？”）因此，“问题的主要实质是：基督教能拯救世界，而且只有它能拯救……还有：基督教只在俄罗斯有，以正教的形式……因此，俄罗斯将依赖正教来拯救和更新世界……如果它信仰上帝的话”。对俄国来说，一个重要的问题是：“成了文明人，即成了欧洲人，还能信上帝吗？”“这就是一切，就是俄国人民生活的全部症结，它今后的全部使命和存在。”

公爵和沙托夫的谈话和争论就是围绕着这样的问题：一种崇高的真正有人性的道德能够基于除基督教之外的其他任何原则，也包括科学的原则在内的原则吗？他们一起得出结论：正教蕴含有解决社会和道德问题的办法。争论的结果也表明：由于自己极端的精神两重性，公爵不信仰上帝。而陀思妥耶夫斯基认为，斯塔夫罗金不信仰上帝使得他完全丧失了任何道德准则，混淆了善与恶；其根由是这位欧化了的“少爷”割断了他与俄国人民的宗教—伦理观念的联系。

从 1870 年 8 月起陀思妥耶夫斯基把力气用在小说第一部的情节展开上，如《别人的罪孽》《瘸腿女人》《聪明绝顶的蛇魔》几章，为了引人入胜，他编了离奇曲折的情节，如：斯捷潘·特罗菲莫维奇订婚不利，公爵同美女—女学生以及沙托夫同美女—女学生之间的纠缠，公爵和瘸腿女人秘密结婚，瓦尔瓦拉·彼得罗芙娜同瘸腿女人在大教堂相遇和相识等。陀思妥耶夫斯基还下功夫描写省城的生活，讽刺行政长官及居民。

1870年11月1日陀思妥耶夫斯基在札记中对斯塔夫罗金又做了一次概括性的评述："尼古拉来了，精神状态可怕而又神秘。两个思想在他身上斗争着：(1) 莉扎——占有她——残酷而又凶狠的思想；(2) 义举，抗拒邪恶，舍己为人的战胜了的思想。他因此才先同沙托夫、后来又同吉洪相会。他要在大家面前忏悔，以瘸腿女人的羞辱来惩罚自己……他不能新生和复活仅仅是因为：他脱离了根基，因此他就不信上帝，不承认人民的德性。举例说，信仰的义举在他心目中是虚伪，有关全人类的仁慈的良心的抽象概念是无根据的。这一切应该展示出来。他突然倒下，虽说已经做了去乌里的安排。"

1870年10月7 (19) 日陀思妥耶夫斯基把《群魔》第一部的开头部分寄给了《俄国导报》，此后在10月到12月间他写小说第一部的后三章。在《聪明绝顶的蛇魔》这一章的情节布局上花了很长时间。他写来并不得手，叙述形式使他为难。1870年12月27日他在札记中写道："主要是特殊的叙述语调，现在一切都得到解决了。"

四

1871年7月1日—9月11日在彼得堡审讯1868—1869年的学潮参加者和杀害大学生伊·伊·伊凡诺夫的"人民惩治会"成员，国内外报刊广泛报道，沙皇当局利用此事诋毁革命青年。陀思妥耶夫斯基在7月8日回国，他所关心的是谋杀的情况，"人民惩治会"的思想和组织原则、宣传材料、凶杀案的参与者，特别是此案的主犯谢·格·涅恰耶夫。

陀思妥耶夫斯基在写《群魔》第二部和第三部的过程中常常参考审讯此案时发表的各种材料。例如，涅恰耶夫利用过尼·普·奥加辽夫的诗篇《大学生》，陀思妥耶夫斯基就对此进行讽刺性模拟，易名为《光明正大的人》，并写进《群魔》第二部第三章《彼得·斯捷潘诺维奇在忙碌中》。又如，审讯中的材料帮助陀思妥耶夫斯基把彼得·韦尔霍文斯基的一些原则表述得更加确切，补充了一些细节。不仅如此，彼得·韦尔霍文斯基这个人物形象也得到了深化：由一个“滑稽可笑的”赫列斯塔科夫式的“吹牛者”变成为凶狠、阴森、恶魔式的人物。他刻薄无耻，甚至使人怀疑他是密探；他雇用奸细，要求小组成员彼此监视以此来加强组织，等等。陀思妥耶夫斯基最感兴趣的是“人民惩治会”的文件《革命者的基本信念》。

秘密组织“人民惩治会”的活动和它的成员——涅恰耶夫、库兹涅佐夫、普雷若夫、尼古拉耶夫——杀害莫斯科彼得罗夫农学院学生伊凡诺夫的罪行，是《群魔》最重要的事实依据之一。“人民惩治会”的纲领、原则和组织结构最明显地体现在涅恰耶夫制订的《革命者的基本信念》里。《革命者的基本信念》中可以毫无疑问地感觉到巴枯宁在各种传单和小册子里阐发的思想。《革命者的基本信念》与巴枯宁的无政府主义思想完全一致，宣称“我们的事业是令人畏惧的、彻底的、全面的、无情的破坏”。“基本信念”声称要在革命者的行列中维护“团结”和“一致”，同时又主张组织结构上的不平等和等级制。“出于革命事业利益”的考虑，革命者在必要的情况下允许使用耶稣会徒的策略，可以不择手段。“革命者应当到处渗透，渗入到下等和中等阶层中去，到商店中去，到教堂中去，到老爷们的邸宅中去，到官场军界中去，到第三厅去，甚至到冬宫中去。”陀思妥耶夫斯基在《群魔》中好像是在体现这个《革命者的基本信念》里的条目，彼得·韦尔霍文斯基等“群魔”的胡作非为好像是这个《革命者的基本信念》的图解。

整个审讯过程有助于陀思妥耶夫斯基确认、补充和阐明许多东西。

《群魔》的第二和第三部有了更鲜明的抨击性，而且抨击的指向有了变化，主要的抨击目标已经不是19世纪40年代的进步代表人物，而是彼得·韦尔霍文斯基及其同谋者，是涅恰耶夫分子的组织原则、理论和策略。陀思妥耶夫斯基的注意力主要集中于把19世纪40年代的西欧及虚无主义流派同60年代初的运动及涅恰耶夫主义作对照。在《群魔》的第一部中陀思妥耶夫斯基以讥讽的笔调描述60年代，多次提及车尔尼雪夫斯基的长篇小说《怎么办?》，如通过维尔金斯基夫妇的关系模拟讽刺《怎么办?》中的纲领性情境，又如：自由主义者斯捷潘·韦尔霍文斯基为了理解虚无主义的精神专门研读《怎么办?》，并且对这部小说的表现形式大发雷霆；再如：一些最新的虚无主义者则认为《怎么办?》中的空想社会主义是童话，是愉快的幻想，是已经过时的东西。陀思妥耶夫斯基在《群魔》中还多次抨击革命民主主义批评家德·伊·皮萨列夫，如：斯捷潘·韦尔霍文斯基觉得皮萨列夫的个子很小、思想渺小，而且认为他像彼得·韦尔霍文斯基。《群魔》中有许多地方是就美学问题对当时的革命民主主义者的某些功利主义文艺观进行讽刺的，如："什么更高超：是皮靴还是莎士比亚或普希金?"屠格涅夫在《群魔》中也遭到了讥嘲或模拟讽刺。早在70年代初的札记中作家就把屠格涅夫直接说成是"虚无主义者"："关于屠格涅夫是虚无主义者的传说，公爵夫人更加头晕目眩了。""大作家会见过省长，但他没有先去公爵夫人家，他的这一举动使公爵夫人躁动不安……后来他总算到公爵夫人家参加晚会。他请求大学生原谅并向后者声明：他一直是个虚无主义者。""大诗人说：'我是虚无主义者。'"这里的"大作家""大诗人"均指屠格涅夫。在小说中把他化名为作家卡尔马济诺夫。这个姓氏源自кармазинный一词，意思是"鲜红色的"，"暗示这位小说家同情赤色分子"。屠格涅夫的一些作品，如《烟》《幽灵》《够了》和《关于〈父与子〉》《特罗普曼的处决》等作品，都遭到了暗示讽刺。如果说，对格拉诺夫斯基，陀思妥耶夫斯基的态度逐渐趋于缓和，那么对屠格涅夫的态度则始终是严峻的、激烈的。

在小说中陀思妥耶夫斯基还愤怒而尖锐地讥讽了 60 年代末流行于西欧和俄国的种种布朗基主义和无政府主义的口号：智力平等、取消遗产继承权（马克思称之为"陈腐的圣西门的垃圾"）、消灭宗教、取消国家，以及当时一些极左派典型的关于未来社会的庸俗观念。这些观念集中地体现在小说中的希加廖夫的理论之中。

希加廖夫的理论是对圣西门主义、傅立叶主义、卡贝主义浓缩的、概括的讽刺模仿。陀思妥耶夫斯基早在他是彼得拉舍夫斯基小组的成员时，就对空想社会主义抱否定的态度。他说过，伊加利亚公社[①]和法朗吉[②]的生活，在他看来比任何苦役都更可怕，更令人厌恶。陀思妥耶夫斯基还以讽刺模仿的手法对各种更早期的乌托邦学说，包括柏拉图和卢梭的学说，做了新的解说，因为这些学说中也含有平均主义的因素和清规戒律。不过，有人认为，作家嘲讽的主要对象并不是傅立叶、卡贝、圣西门，而是巴枯宁、特卡乔夫[③]、蒲鲁东、雅克拉尔[④]、罗什福尔[⑤]等人的思想，以及他们的书籍、文章、传单、宣言、讲话和章程。

希加廖夫的原型主要为瓦·亚·扎伊采夫[⑥]（1842—1882）。在俄文中"扎伊采夫"一词源自"兔子"，因此作家在创作笔记中把希加廖

---

① 法国空想共产主义者卡贝（1788—1856）在其《伊加利亚旅行记》中所描绘的（也是他所设想的）建立于平等、博爱、统一和民主基础上的共产主义理想社会。

② 法国空想社会主义者傅立叶（1772—1837）虚构的理想社会（"和谐制度"）的基层组织。

③ 彼·尼·特卡乔夫（1844—1886），俄国政论家、激进的民粹派思想家。

④ 雅克拉尔（1840—1903），法国的激进派人士，巴黎公社活动家。

⑤ 罗什福尔（1830—1913），法国的激进派人士，巴黎公社活动家。

⑥ 瓦·亚·扎伊采夫（1842—1882），俄国批评家、政论家。

夫称为“长耳朵”，“大耳朵”。扎伊采夫是《俄国言论》杂志的撰稿人，宣扬卡尔·福格特①、路德维希·毕希纳②、莫勒斯霍特的庸俗唯物主义，主张彻底消灭美学，甚至比皮萨列夫更激烈。然而不应把希加廖夫与扎伊采夫等同起来。希加廖夫不完全是扎伊采夫的漫画像。根据陀思妥耶夫斯基的构思，他是特殊的、综合的、“纯粹的”虚无主义理论家的典型，比小说中别的几个典型具有更大的概括性。希加廖夫是脱离现实的偏执狂，绘制蓝图的理论家，虽然在他身上可以依稀看到那些在涅恰耶夫案件中出庭受审的虚无主义理论家 B. ф. 奥尔洛夫、彼·尼·特卡乔夫、Г. 叶尼舍尔洛夫等人的特征。

顺便指出，审讯的材料促使陀思妥耶夫斯基往小说中增加了几个人物——谋杀的同案犯：托尔卡琴科（带有普雷若夫的外貌和性格的特征）；埃尔克利（原型为尼古拉耶夫）。尼古拉耶夫以其“无个性”的特征使作家感兴趣。他的供词和发言特别诚恳直率，毫不隐瞒地讲述了他为什么忠于涅恰耶夫，并和他建立了怎样的关系，为了突出此类只知执行命令的革命者的实质，小说中特别加强了他性格中两重性的对照：一方面他是对母亲满怀柔情的、善良的、忠诚的、腼腆的“可爱的孩子”，一方面又是一个冷酷无情的狂热信徒。

也就是在审讯期间，作者在 1870 年 8 月间又引进了一个新的人物，工程师基里洛夫。这是一个独特的性格。据俄编者说，“基里洛夫”这个姓氏可能来自彼得拉舍夫斯基小组编的《袖珍外国语辞典》出版者

① 卡尔·福格特（1817—1895），德国博物学家，庸俗唯物主义者。
② 路德维希·毕希纳（1824—1899），德国医师，庸俗唯物主义代表人物之一。

Н. С. 基里洛夫。《群魔》中的基里洛夫遵循的是“人神主义”[①]，是一种狂热地渴求信仰与“地下室”哲学而被复杂化的人类学思想——狂热地一定要表现自己的意志，对上帝、宇宙、历史规律吐“舌头”。他决定杀死自己，以此开辟人类生活的新纪元，这新纪元是以“人神”的到来而开始的。在《群魔》第一部第三章第八节中，基里洛夫说：“生活就是痛苦，生活就是恐惧。……如今人之所以热爱生活，是因为喜欢痛苦和恐惧。……如今人们是为了痛苦和恐惧而活着，这完全是个骗局。……将会出现一种新人，幸福而自豪的新人。谁能将生死置之度外，他就会成为新人。谁能战胜痛苦和恐惧，他自己就能成为神。”“任何人只要追求最大的自由，他就应敢于自杀。……谁胆敢自杀，谁就是神。”在《群魔》中，基里洛夫是作为一个独特的虚无主义者而出现的。有人认为，陀思妥耶夫斯基对真正的虚无主义者是表示同情的，在他准备写《群魔》前言时，他就强调这个想法：“在基里洛夫身上体现人民的意念——为了真理而牺牲自己……为真理而牺牲自己的一切——这就是一代人的民族特色，愿上帝保佑他们，给予他们对真理的理解。因为全部问题在于认为什么是真理。”小说就是为此而写的。所以有人认为，对基里洛夫，像对沙托夫一样，陀思妥耶夫斯基是将其看作“理想的俄国人”的。

---

① 人神主义（或人神论），俄文为 антропотеизм，此词在各种俄语辞典（包括苏俄出版的《俄语辞典》）均难查到。请教过希腊文专家王焕生同志，他认为此词源出希腊文，可能由人、神二字构成；因此姑译为“人神主义”。据俄编者说，此词出自彼得拉舍夫斯基小组中激进派尼·斯佩尔涅夫之口。他作为彻底的、不妥协的无神论者，称 антропотеизм（人神主义）为新的宗教，企图以此另一种更完善的信仰来取代以前幼稚的神秘的信仰。他说：“人神主义——同样是宗教，只不过是另一种宗教。它的神化的对象是另一种，是新的对象，但神化的事实本身却不是新的。代替我们现在的神一人，是人一神。变化的只是文字次序的颠倒。难道神一人与人一神之间的差别是那么大吗？”

五

最后，还要概括地介绍俄苏研究者关于小说的“中心人物”斯塔夫罗金这一形象的历史上、文学上的渊源，以及作家写他向主教吉洪忏悔和《谒见吉洪》一章及其发表的经过。

斯塔夫罗金的原型是谁，陀思妥耶夫斯基没有指明俄文“斯塔夫罗金”这个词源自希腊文，其意为“十字架”，作者可能指姓这个姓的人负有崇高的使命。

据认为，在斯塔夫罗金身上反映出彼得拉舍夫斯基小组领导人之一、该组织的左翼人物、共产主义者与无神论者尼·斯佩什涅夫的若干生活经历以及外貌和性格特征：镇静、冷峻、永远不知满足的怀疑精神、俊美、强壮，对所有人都具有不可抗拒的魅力。在小说的最后作者还把他同十二月党人中救国协会和幸福协会的创建人之一米·谢·卢宁相比，后者醉心于冒险，并从中寻找乐趣，青年时代曾无缘无故地与人决斗。但作者也指出两者的异同。从文学传统上来说，斯塔夫罗金这个典型源自拜伦笔下的人物：邪恶、悲观、厌倦人生；也源自与之气息相近的俄国“多余人”典型。在普希金、莱蒙托夫、赫尔岑、屠格涅夫所创造的“多余人”画廊中，很近似斯塔夫罗金的是奥涅金，最最近似的是毕巧林。

斯塔夫罗金不仅在心理素质上酷似毕巧林，而且一些性格特点也彼此相像，天赋过人，才智出众，强烈地意识到人生在世漫无目的；不断寻找能够占据他们整个身心的“重荷”——重大的思想，事业，感情，信仰；但由于精神上的两重性而找不到这种“重荷”；无情的自我分析、惊人的意志力和无畏精神——这些性格特征都是毕巧林和斯塔夫罗金所共有的。

然而，《群魔》的主角比毕巧林更富于哲学和宗教内蕴。陀思妥耶夫斯基在1871年春夏之交的创作笔记中曾这样描述这个人物的性格："公爵懂得，只有宗教狂热（比如，削发为修士，以忏悔来献身信仰）才有可能拯救他，但是因他的道德感情不够，不能使他狂热信仰（部分地由于不信上帝……部分地由于强烈的肉体本能……）。出于折磨他人的癖好他奸淫了小女孩。酷爱受良心谴责……无聊。但主要是不信上帝，对自己的恐惧：比如，由于在别人的痛苦中感到快乐。他去一个圣母修道院谒见赋闲隐居的主教吉洪①时坦率告诉后者，有时他因受良心的谴责而深感痛苦，而有时这些谴责却变成了他的快乐……道德感情缺乏支撑。吉洪也坦率对他说，'缺乏根基。外国教育。您要爱人民，爱他们神圣的信仰。要爱到狂热的程度。'"

在这笔记的基础上陀思妥耶夫斯基补写了"谒见吉洪"这一章。这章的构思经过三个阶段，最初是："公爵向沙托夫忏悔：他奸淫了女孩儿，写下了忏悔书，准备发表它，给沙托夫看，听取建议。之后他仇恨沙托夫，而且为有人杀了沙托夫而感到高兴。他说他希望有人能唾他的脸。"第二次构思的是："向吉洪坦白，说他嘲弄美女很快活。"也讲到了小女孩儿。最后的构思就是写成的小说的一章：书面忏悔，并打算散发忏悔书。

在作者的思想中该章是小说的思想中心和结构中心。它曾作为小说的第二部第九章，与第七、八两章同时寄给《俄国导报》编辑部，并且已经排版，但杂志主编米·尼·卡特科夫从校样中删去了这一章。

---

① 吉洪的原型是吉洪·扎顿斯基，俗家名季莫菲·萨韦利维奇·索科洛夫，曾任沃龙涅什等处主教，1769年后隐居扎顿斯基（意译为顿河左岸）修道院。

陀思妥耶夫斯基竭力想保留住这一章。他想出几个修改的方案，并于 1872 年 3 月末将改写后的“谒见吉洪”寄往《俄国导报》。他认为修改后的第二稿应能发表。他写信给编辑部的尼·阿·柳比莫夫说：“我向您起誓，我不能不保留问题的实质，这是一个意义重大的典型（我确信如此），我们的典型，俄罗斯的典型，一个无所事事的人，却又并不愿意无所事事，因为他失去了与本民族的一切联系，主要是失去了信仰，他因为无聊而道德败坏，但是他的良心没有泯灭，他做出痛苦的紧张的努力以求获得新生，重新开始信奉上帝。由于接近虚无主义者，这现象是严重的。我起誓，这是存在于现实中的现象。这是一个不信我国信徒的信仰而要求完全彻底信仰的人……”

斯塔夫罗金并不信仰上帝，是什么促使他去谒见吉洪并做忏悔呢？为什么他还要公开自己的忏悔呢？故事讲述者认为：这是斯塔夫罗金要以此向社会舆论发出挑战。

陀思妥耶夫斯基的努力并没有取得成功，《谒见吉洪》一章最终仍被编辑部删去。作家在准备出版单行本时，把杂志版的小说文本加以修改并删去前半部分中与斯塔夫罗金忏悔有关的伏笔。《谒见吉洪》这一章直至十月革命后，在 1922 年才首次问世。然而，在作家构思之初，就把这一章作为小说的最重要部分，要彻底理解《群魔》，特别是斯塔夫罗金，这一章仍是关键。因为作者的意图似是以此表现一个失去信仰的人终于重新找到了俄国的基督和俄国的上帝，但这意图在作品中没有得到真正实现。

六

《群魔》最初几章发表之后，在彼得堡各报上出现了几篇审慎的克制的评论。应当认为，这些最初评论的温和和宽容态度是由于小说的倾向性和抨击性在头几章里才初露端倪。1871 年秋，当小说的倾向性完全显露之后，报刊上开始出现长篇的评论。民主派和自由派的批评家对小说的艺术性各有不同的看法，但对于作家对俄国解放运动的理解和评价却一致做出了强烈的反应。陀思妥耶夫斯基对革命运动的攻击不仅遭到运动的直接参加者的反驳，也受到同情反专制制度斗争的人的谴责。

文学批评家德·德·米纳耶夫在《行动》杂志（1871 年，第 11 期）上发表的评论中把《群魔》的作者同“反虚无主义”小说的作者维·彼·柳什尼科夫、尼·谢·列斯科夫、阿·费·皮谢姆斯基等人相提并论，而且对陀思妥耶夫斯基如此明显的不寻常的演变感到大惑不解：“几年之前谁会在《死屋手记》作者的作品与《走投无路》作者的产物之间去寻找什么亲缘关系呢?”米纳耶夫不愿对《群魔》做专门的分析，理由是陀思妥耶夫斯基和列斯科夫①“已经被卡特科夫同化到这样的地步，以致在最近的小说《群魔》和《结仇》中他们已经合成一个连体的怪物……”

1872 年底开始批评更为激化，因为报刊报道说，陀思妥耶夫斯基同意到俄国保守派首脑弗·彼·梅谢尔斯基公爵的《公民周刊》去担任编辑，而且当局批准他担任《公民周刊》编辑，首先因为他写过《群魔》而可以信任。

《火星》杂志的评论员不屑分析这部小说，因为在他看来，这不是一部艺术作品：“《群魔》给人极端沉重的印象，就像参观了疯人院一样……”

---

① 尼·谢·列斯科夫（1831—1895），俄国著名作家，《走投无路》（1864）和《结仇》（1870—1871）都是他的反虚无主义的小说。

一位不署名的评论家在《祖国之子》杂志上谴责陀思妥耶夫斯基诽谤俄国社会。《敖德萨导报》《呼声报》《新闻报》《新时代》等报刊也纷纷载文声讨《群魔》。

作家、政论文学评论家维·彼·布列宁的评论略有不同。他在《圣彼得堡新闻》上多次发表文章评论《群魔》。他激烈批评小说歪曲现实，指责作家蔑视清醒的、严格的事实分析，陶醉于主观感觉之中。但同时他又与米纳耶夫论争，反驳他的专断的评价。布列宁说："陀思妥耶夫斯基先生是伟大的文学天才（可说是仅次于屠格涅夫先生的最伟大的天才），而且不管他写什么，都出于真挚的深刻的信念……"布列宁把《群魔》同尼·谢·列斯科夫、博·米·马尔凯维奇等人的反虚无主义作品区别开来，他指出，省长伦布克这个人物写得很成功，而且，"尽管这位才华过人的作家的作品有病态，《群魔》仍不失为今年的最佳作品"。

保守派的报刊对《群魔》的评论不多，基本上都是肯定的。

民主派报刊对《群魔》的反应当中，最有分量的是彼·尼·特卡乔夫和尼·康·米哈伊洛夫斯基的详尽的评论。

革命家、政论家、批评家特卡乔夫本人曾在涅恰耶夫案件中出庭受审。在一篇专论《群魔》的文章《一群病人》中他尖锐地批评作家观点的演变，批评他脱离了过去的进步信念——40 年代的《穷人》和 60 年代的《死屋手记》。据他看来，在《群魔》里最终暴露了作者创作上的破产；他开始抄袭法院的记录，混淆歪曲事实，却天真地自以为在创作文艺作品。小说中描写的老一代人（斯捷潘·韦尔霍文斯基和瓦尔瓦拉·彼得罗芙娜）没有引起特卡乔夫的多大非议；但就他看来，这只不过是一些老生常谈的典型，"把皮谢姆斯基、冈察洛夫、屠格涅夫等人提供的样式巧妙地拼凑起来罢了"。而且特卡乔夫认为，在这里，陀思妥耶夫斯基做了许多主观的强加于人的注释，做得太过分了，使得他“在表现斯捷潘·韦尔霍文斯基这个人物时，不像是在描绘他的性格，而更像是在做批判性的评价”。但是当特卡乔夫从一般的议论转入到详细分析斯捷潘·韦尔霍文斯基的形象时，他不知不觉地与他自己说的“老生常谈”、毫无新意的论点相矛盾。批评家强调指出的，正是陀思妥耶夫斯基所观察到的40年代人的那些特征。首先是斯捷潘·韦尔霍文斯基的怯懦和畏缩。他说：“我觉得，在此以前，对于那个慢性怯懦恐惧症没有给予足够的注意，这个疾病可说是这些‘作为谴责的化身站在祖国面前的’‘理想主义自由派’最本质的性格特点。同时，这种精神状态，这种在实际存在的和假想的危险面前经常战战兢兢的状态，可以作为说明他们生活和活动的钥匙，而他们的生活和活动永远只不过是‘侧身而卧’和滑稽地‘故作姿态’而已。其次，40年代人的自私是他们的怯懦的必然结果。”

至于陀思妥耶夫斯基在《群魔》中描绘的年轻一代，在特卡乔夫看来，与现实生活中的年轻一代毫无共同之处。他认为小说完全是造谣中伤，是诽谤，是作家的幻想臆造，作家只不过根据谣传和报刊上的报道才知道当代虚无主义者的一些事情；陀思妥耶夫斯基“同我们的大多数小说家一样，一点儿不善于客观观察；陀思妥耶夫斯基先生深入到自己的内心，观察自己心理生活的种种表现，这位地道的俄国小说家就自以为他在研究现实、在创造活生生的人的性格了”。陀思妥耶夫斯基笔下的虚无主义者是一些“人体模型”，他们之间的差别只不过是口中的胡话不同罢了：彼得·韦尔霍文斯基是“依照列斯科夫的虚无主义者形式剪裁出来的”；斯塔夫罗金是作者在《公民周刊》上发表的讽刺散文中详述的一种关于“俄罗斯人”性格的神秘理论的苍白体现；基里洛夫和沙托夫的理论是“作者无稽妄想的亲生骨肉”。

但是，在文章的结尾，特卡乔夫不再做论战性的攻讦，他为基里洛夫的“观念”做了精辟的心理分析：“假如基里洛夫不确信他的自杀将成为他的观念的最好的不可推翻的证明，他是不会杀死他自己的。这样，从他的逻辑观点来看，他必然会从造福于人的思想出发走到自杀的思想；一个合乎理性的有益于发展的思想蜕化为疯狂的荒诞的思想。这里的原因是无可避免的必然性，是他的理性生活得以发展和形成的内在条件和外在条件的总和。”

这样，特卡乔夫的文章的内容并不限于直接批评《群魔》。由陀思妥耶夫斯基的小说引发的议论却是文章中最有意思的部分。他谈到在酷烈的专制氛围禁锢下思想的痛苦，健康的高尚的观念如何在心理上有规律地彻底转变为病态的古怪的观念。特卡乔夫描绘了一代人悲剧的实质，他们不善于斗争，也不相信斗争，因而注定要退化；在当代世界上“人的机体健康发展的机会如此之少”，脑力劳动的无产者要不迷失正确的道路是不容易的，只有“天生精力旺盛的人，只有性格活跃、刚毅的人”才能做到，而不是“40 年代人的后代”，那些人无论就遗传素质、外部环境、所受教育的性质而言都极易滋生心理上的紊乱，“极易接近区别病态和健康的界线的最后边缘”。

民粹派批评家尼·康·米哈伊洛夫斯基在《文学和报刊简评》一文中关于《群魔》的有些思想与特卡乔夫的看法相近：他用“精神病理学的天才”这个词语概括了陀思妥耶夫斯基创作的几乎全部特点；他把小说中的人物分为纯“抨击性的”和小说家自己创造的，等等。但是，米哈伊洛夫斯基却不苟同包括特卡乔夫在内的当时评论家最偏激的论断。例如，他并不把《群魔》与当时的一些反虚无主义小说等量齐观。他同意特卡乔夫的意见，“40 年代理想主义者的典型在我们这里利用得相当经常”，但是他不同意“拼凑”的说法，哪怕“巧妙的拼凑”也不是。

“陀思妥耶夫斯基先生采用了这个典型，但从一些新的方面加以采用，使之具有新意，不落俗套，虽然题材是陈旧的。”

米哈伊洛夫斯基写的文章不仅与特卡乔夫的文章语气不同，对小说中的个别人物评价不同；他对待文艺批评的功能和任务的态度也截然不同，他认为批评必须与人为善，入情入理，尤其当批评涉及一位才华出众的作家的时候：“陀思妥耶夫斯基有充分的权利要求人们也以极大的注意和审慎态度来对待他的思想、他的作品。”影响米哈伊洛夫斯基对《群魔》的态度的原因，是他对陀思妥耶夫斯基这位过去的彼得拉舍夫斯基分子的尊敬和对涅恰耶夫的革命手段的反感。米哈伊洛夫斯基并不是由于陀思妥耶夫斯基讽刺涅恰耶夫分子而责备他，而是责备他改变了视角，做出了毫无根据的以偏概全的概括：“……涅恰耶夫案件在各个方面都如此丑恶，因此不能作为一部多少有概括性的小说的题材。它可能成为一部狭隘肤浅的刑事犯罪小说，或许也可能在现代生活的画卷中占有一个位置，但至多只能作为一个三等的插曲。”据米哈伊洛夫斯基的看法，“涅恰耶夫作风”在现代社会运动中并不典型，它只是“一个可悲的、错误的、罪恶的例外”。正是由于他对涅恰耶夫和涅恰耶夫分子的反感，在70年代围绕《群魔》的论战中唯有米哈伊洛夫斯基指出希加廖夫甚至“在艺术上”也是成功的人物：“可以说，希加廖夫写得不坏，但是第一，他处于最不显眼的地位；其次，他没有充分展示他的思想，而只露出它的一只角，因此他没有被完全否定。”

米哈伊洛夫斯基把小说中的人物分为三类：第一类是木偶式的虚无主义者的形象，体现了“沦落街头的思想”，“只有沙托夫和维尔金斯基的妻子这两位多少像点人的角色是例外。第二类是“在我们的其他小说家的作品里可以找到对应”的角色（他们“同时是陀思妥耶夫斯基先生的独到的创造”），就他看来，这类人物写得最好，“有的甚至精妙绝伦”，“如果说，上面提到的40年代理想主义者斯捷潘·特罗菲莫维奇和朗诵告别之作‘Merci’的俄国著名作家卡尔马济诺夫的绝妙形象有的地方近乎漫画的话，那么伦布克夫妇的形象则完全无可挑剔”。这位民粹派评论家的注意力主要落在陀思妥耶夫斯基心爱的人物上（第三类），他们是偏执狂的理论家，“在俄国文学里为陀思妥耶夫斯基所独有”。（在西欧文学里，米哈伊洛夫斯基认为，巴尔扎克与陀思妥耶夫斯基相似……“当然不是就他们的好恶而言，而只是就怪诞思想的丰富和喜爱描绘特殊心理现象而言。”）在米哈伊洛夫斯基看来，斯塔夫罗金、基里洛夫、沙托夫、彼得·韦尔霍文斯基等人物的苍白无力，矫揉造作，装腔作势，其原因是作者竭力想使他笔下的特殊人物成为社会上流行的思想的体现者，结果是恢宏的构思与狭隘的、相当特殊的心理探索相矛盾：“这些作为特殊心理现象的人本身就很难概括。而由于《群魔》中这些人大多只不过是怪诞思想的化身，因此就更难找到一个观点，能够把所有这些人都融合在被鬼附体的猪群的概念里。”米哈伊洛夫斯基抨击最猛烈的是代表陀思妥耶夫斯基观点的沙托夫理论：“……我不想跟踪探索陀思妥耶夫斯基一沙托夫的全部理论，这简直是不可能的。顺便说说，这个理论包括这样一点：每一个民族应该有自己的上帝，如果上帝为不同的民族所共有，好么，这就是上帝的毁灭、也是民族的毁灭的象征。而这又莫名其妙地与基督教扯在一起，可我一直认为，对基督教的上帝来说，既无所谓希腊人，也无所谓犹太人……”接着在谈到科学、进步、社会改革时，米哈伊洛夫斯基同陀思妥耶夫斯基在《群魔》中表述的“人民真理”的理论进行辩论。在作家看来，这种“人民真理”似乎与社会主义思想相对立，米哈伊洛夫斯基说：“如果您不玩弄‘上帝’这个词语，而是好好了解一下您所辱骂的社会主义，那么您会相信，社会主义至少符合俄罗斯人民真理的某些因素。”

特卡乔夫和米哈伊洛夫斯基的文章最充分地反映了当时俄国民主舆论界（首先是年轻一代）对小说《群魔》的否定性反应。俄国政论家、民粹主义运动的参加者伊·彼·别洛康斯基回忆当年的气氛时，表达了他本人的和许多人对小说的共同印象：“我当时是皮萨列夫的狂热追随者，因此也‘臭骂’普希金这个‘贵族作家’，‘臭骂’列夫·托尔斯泰伯爵，因为他在卡特科夫的《俄国导报》上发表他的作品，也‘臭骂’陀思妥耶夫斯基，因为他还是个‘叛徒’，写了小说《群魔》。”激进的青年们觉得，陀思妥耶夫斯基的新小说是丑陋的漫画，是神秘主义迷狂和心理变态的噩梦。

1873年以后围绕《群魔》的论战明显地冷却下来，评论的语气也改变了。彼得堡大学教授奥·费·米勒就认为陀思妥耶夫斯基在《群魔》里“彻底迷失了自己的道路”，因为作家不是“用自己特有的观点”去观察俄国现实，而是受到一个特殊的文学圈子的影响。米勒第一个指出，《罪与罚》主角拉·斯科尔尼科夫在服苦役时所做的梦中已经有了《群魔》的幼芽，小说归根结底只是重复了《罪与罚》尾声中表达的思想，不过形式稍为不同而已。米勒对小说中缺乏陀思妥耶夫斯基特有的对“被侮辱和被损害的”的同情深表惋惜。但是他认为，从整体上说，《群魔》的艺术性要高于《白痴》。

年轻的评论家和小说家弗谢沃洛德·索洛维约夫（著名哲学家弗拉基米尔·索洛维约夫的哥哥），在一篇主要分析《少年》的文章里，对《群魔》提出不同于众的评价。他怀疑偏激的评论界做出的论断的公正性，他寄希望于将来，当偏激的情绪平静之后，可以做较为客观的判断。那时，“人处于我们的氛围之外，离开我们的时代有一定的距离，他的平静的目光会看到现代各种现象的结局，它们的结果”。在当前，索洛维约夫表达了他的同情：“……我们觉得，的确有很多人对《群魔》

困惑不解，尽管如此，《群魔》仍是当代文学中最重大的现象之一。小说中有很多不清楚的、紊乱的东西，如我们已经指出，它像一场噩梦；但是所有这些缺点都是作者自己肩负起的任务的本质所产生的。”文章的署名为 Sine ira（拉丁文，意为“平心静气”）。

1877 年屠格涅夫的小说《处女地》发表以后，文学评论界又记起了《群魔》。屠格涅夫在小说中表现年轻的革命一代，像陀思妥耶夫斯基一样部分地利用了涅恰耶夫案件。在民粹派报刊对《处女地》的评论中常常拿它同《群魔》相比。例如，彼·尼·特卡乔夫认为，屠格涅夫的小说是表现革命青年的有倾向性的讽刺画，同陀思妥耶夫斯基的抨击性小说一样不公正。但是大部分民粹派评论家不同意特卡乔夫的看法。民意党人 C. H. 克里文科说，他从来不把《处女地》与《群魔》同等看待。“那里（指《群魔》。——译者）我看到的是狠毒，首先是而且主要是狠毒，而这里我看到的是一种使人平和的东西，一种出于不同源泉的东西：有时是误解和对青年认识不够（而不是恶意），有时是悲哀和懊丧（而不是偏执和愤恨）……”

同时代作家对《群魔》的评论为数不多。最值得注意的是屠格涅夫的反应。屠格涅夫在小说《烟》（1867）中通过主人公波图金之口显示出对西欧的赞赏。在他的《文学与生活回忆录》（1869）中，他的西欧派纲领得到理论上的论证，在《关于〈父与子〉》一文里屠格涅夫还写道：“……我的许多读者一定会感到惊奇，如果我告诉他们：除了巴扎罗夫的艺术观点之外，我几乎赞成他的所有信念。”接着他又引用“一位机敏的太太”的话，这位太太称他为“虚无主义者”，他说：“我不想反驳，也许这位太太真的说得对。”在这里，屠格涅夫自己承认是虚无主义者。陀思妥耶夫斯基本来就因屠格涅夫是西欧派而对他不满，加上他自称是虚无主义者更深深反感，以致把他写入《群魔》，作为作家卡尔马济诺夫的原型。屠格涅夫无疑被《群魔》刺痛了。1872 年 12 月给友人 M. A. 米柳季娜的信中他谈到陀思妥耶夫斯基行为不体面不道德的方面："陀（思妥耶夫斯基）竟然做出比讽刺模仿《幽灵》更坏的事；在那本《群魔》里，他用卡尔马济诺夫这个名字来表现我，把我写成暗中同情涅恰耶夫一伙的人。不过奇怪的是，他为了讽刺模仿竟选中了我发表在他出版的……杂志《时世》上唯一的一篇小说（指《幽灵》。——译者），由于这篇小说，当时他曾经给我写过好几封感谢和赞扬的信！……他无疑具有才能，使我感到遗憾的是，他把自己的才能用于满足这种不良的感情上；看来他很不珍惜它，他竟会堕落到抨击的地步。"在与 Г. А. 洛帕京的谈话中，屠格涅夫从更宽广的文学和美学视角来说明他对《群魔》的看法："在小说里写一些大家熟悉的人，以自己的幻想臆造出来的东西强加在他们身上，甚至还歪曲他们，这意味着以主观的臆造来替代历史，而且不让被描写的人有防御攻击的可能。主要由于后一种情况，所以我认为这种做法是艺术家所不可取的。"

列·托尔斯泰一般不赞成陀思妥耶夫斯基的作品的抨击性倾向。在 1910 年 4 月他同 B. ф. 布尔加科夫说："陀思妥耶夫斯基对革命家的攻击是不好的，他不知怎的是从外表指摘他们，而不是深入他们的心境。"不过，1894 年 4 月 Г. А. 鲁萨诺夫听到过他的另一种意见："托尔斯泰谈起陀思妥耶夫斯基，并称赞他的长篇小说《群魔》。在小说所写的人物当中他特别谈到沙托夫和斯捷潘·特罗菲莫维奇·韦尔霍文斯基。尤其喜爱斯捷潘·特罗菲莫维奇。"A. B. 戈尔顿威泽记录了托尔斯泰另一次评论《群魔》的话："瞧他的几个人物，不管您怎么说，他们是颓废派的，但是这一切意义多么重大！……陀思妥耶夫斯基寻求信仰，而当他描写绝不信上帝的人时，也描写了他自己的不信上帝。"

陀思妥耶夫斯基对围绕小说刮起的批评风暴没有无动于衷。在评论界中占主导地位的否定反应和青年一代的反对立场，使他感到委屈，也使他激动。作家准备以后记的形式专门答复批评。草拟好的后记提要留存至今，其中陀思妥耶夫斯基勾勒了乌七八糟的当代俄国现实，写到评论界和文学界的仓促定论和普遍紊乱。对于说他抨击诽谤青年一代的指摘，他进行反驳，提出《群魔》中"理想的"纯正虚无主义者——基里洛夫和维尔金斯基。文章曾拟有一个论战性的题目：《关于谁是正常人谁是疯子的问题。答批评者。小说〈群魔〉后记》。然而，专门的反击文章他至终没有写成，因为他认为"后记"已经为时过晚，因此他在小说《少年》里加上后记，在《卡拉马佐夫兄弟》里加上了前言。这里他阐述了他的创作目的和美学信念，他预见到的评论界会对他进行的攻讦。同时答复了对《白痴》和《群魔》的批评。1873 年的他只限于在《作家日记》中"借题发挥"，进行论战，尖刻地嘲笑那些宣称他和《群魔》中的人物为疯子的批评家。他在《作家日记》中的讽刺小品《当代的谎言之一》里谈到自己在涅恰耶夫案件的基础上写作这部小说的原因时说："罪恶的根源就在于此；观念的代代相传和继承，全民族世世代代的对自身独立思想的抑制，西欧人高人一等的观念，而同时必然不尊重自己，因为自己是俄国人!"但是在文章中谈的主要不是格拉诺夫斯基和别林斯基这两位他所认为的现代虚无主义者的父辈，而是回忆"很久以前的"彼得拉舍夫斯基案件中的作者自己，就是说，从某种意义上说他是社会主义运动的参加者和当代涅恰耶夫分子的先行者。"我大概永远不会成为涅恰耶夫，但是，我不能保证我也许不可能成为涅恰耶夫分子……在我年轻的时候……我自己是老'涅恰耶夫分子'……"《俄罗斯世界》上的一位批评家断言，"涅恰耶夫只能在无所事事、智力不高的年轻人当中，而绝不能在学生当中找到自己的信徒"。陀思妥耶夫斯基予以反驳，说这种意见是轻率的，不公正的，他作为老彼得拉舍夫斯基分子坚决予以否定："……为什么您认为，在那火红的时代，置身于各种扣人心弦的学说中间，连涅恰耶夫的谋杀方式，即使不能使所有人止步不前，至少也会使我们中的有些人望而却步呢？……我们彼得拉舍夫斯基分子站在行刑台上，听人宣读我们的判决书而毫无悔改之意……使我们遭受刑罚的那个事业，那些支配我们心灵的思想、观念，在我们看来，不仅不需要后悔，而且是一种使人净化的东西，是殉道精神，因为它，我们的许多事情会得到宽恕！"作家的这番自白，对于正确理解《群魔》的创作过程和小说的含义具有一定的意义。陀思妥耶夫斯基对40年代的回忆，这位过去的傅立叶主义者和密谋分子的忏悔，在小说中可以明显地觉察到：正是因为他曾是彼得拉舍夫斯基成员，他懂得也感觉到，当代高尚的热血青年，他们因追求崇高的理想从而对现实不满，很容易成为涅恰耶夫分子。陀思妥耶夫斯基选择反动的《俄罗斯世界》撰稿人的文章作为目标直接进行论战，是因为此人力图证明，俄国的社会是健全的，革命思想在俄国没有肥沃的土壤。从广义上来说，作家的回答也是针对尼·康·米哈伊洛夫斯基的，后者的几篇文章热情诚挚，给陀思妥耶夫斯基留下了良好的印象。

陀思妥耶夫斯基认为，否认和不理解涅恰耶夫作风这个事实，不愿意把它同整体联系起来考察，以致导致肤浅的轻慢的看法。作家不想否认小说的主题思想，恰恰相反，他更突出更直截了当地描述它。他在《当代的谎言之一》里说，据他看来，无论是人的品格的高尚还是目标的高尚，都不能为涅恰耶夫分子和走他们的道路的人开脱。

对陀思妥耶夫斯基生前的评论界来说，要理解小说的许多方面是有困难的。因为在那个时代的条件下，评价《群魔》的主要标准仍是那个问题：在多大程度上作者正确地（或者歪曲地）描绘了与他同时代的解放运动参加者，以及解放运动在俄国发展中的作用。陀思妥耶夫斯基的同时代人谁也不能回避这个问题。到了 20 世纪初，评论界的情况复杂化了。一方面产生了社会反动的倾向，有人试图利用小说中的抨击性内容来反对新阶段的俄国革命运动，声言它是小说中描写和谴责的“魔怪”的直接产物。另一方面，俄国的象征派和颓废派把小说中的主要人物认作自己的先行者，乐意利用他们的哲学对话和辩论中的一些题目来形成自己的哲学和伦理概念。这样就产生了前提条件，导致当代文学界和社会思想界对小说的许许多多互相抵触的阐释，他们都试图把小说的内容同 20 世纪的历史现实联系起来，同现实中形形色色的驳杂的政治、社会、思想、哲学倾向联系起来。

七

1886 年有了《群魔》的最初译本：法文的、丹麦文的和荷兰文的。1888 年出版了德文译本（Г. 普奇[①]）。目前长篇小说《群魔》几乎已经被译成欧洲所有的语言。《谒见吉洪》这一章在公开发表（1922 年）后也被译出，题名为“斯塔夫罗金的忏悔”。之后这曾遭删除的一章就一直被收入《群魔》的一些主要版本，而且它对现代西方重新理解这部小说的思想问题总汇起了大作用，此时在西方它已经不再首先被当作对民粹运动的诋毁书来接受，而在此前有人是这么认为的，如：法国的 K. 康利耶尔（1875）和德·沃盖（1886），德国的 A. 赖因霍尔特（1886）和 H. 霍夫曼（1899），捷克的托·马萨里克（1892）和英国的贝林克（M. Беринг，1910）。

自 19 世纪 80 年代末起，《群魔》就已经显示出其对西方文学的影

① 此处及下文，括号中人名姓氏的外文，均为俄文。

响（布尔热、夏尔·路易·菲利浦等）。

1912年1月29日法国作家纪德在日记中记下了《群魔》留给他的印象："……我重新读完了《群魔》。震撼人心的影响。我更深刻地理解到这本书的隐秘意义，我读过另一些作品所得的印象使这本作品明晰起来。一些细节以及它们的总和使我欣喜若狂，一些对话的特性使我惊愕万分，这些对话如此有把握地并且本乎经验地直观地把我们从情节引向思想。我一整天什么东西都不能写……"至1922年纪德又说："……一本奇异的书，我认为它是伟大小说家的一部最有力最卓越的作品。"

加尔尼里·奥尔·托拉尼（A. Гуарниери—ОртоЛани）认为，在意大利文学中，在L. 卡普安纳（1839—1913）的短篇小说《过路人》和《自杀》（《过路人》集，1912年）以及阿·奥利亚尼（1852—1909）的长篇小说《仇敌》（1894）中，《群魔》的影响显著。

《群魔》中涉及的各种思想问题对法国作家卡缪的影响是重大的，虽说是被片面接受的。卡缪在《西绪福斯神话》中论证了他的有关存在主义的一种人道主义的说法，他所依据的就是《群魔》中人物基里洛夫的哲学。卡缪还是把《群魔》改编为法文剧本的作者。他把"斯塔夫罗金的忏悔"写入剧本的戏文中，而且引进了故事讲述者这个人物。《群魔》里的各种道德问题是这个剧本的中心："……《群魔》终于上了舞台。为了把它搬上舞台，进行了多年的顽强劳动。不过，我能够觉察到这个剧本与伟大的长篇小说的一切不同之处。我只是努力考察书中的深层运动，并随之使它从讽刺喜剧上升为正剧，而后又成为悲剧〈……〉在这个可怕的世界，忙乱空虚而又充满丑事和暴力的世界里，我们尽力不丢失那条同情和仁慈的线索，正是它使得陀思妥耶夫斯基的世界成了为我们每个人所亲近的世界。"

德国作家托马斯·曼在《陀思妥耶夫斯基——但要有分寸》一文中

所表述的思想对于评价《群魔》至为重要："在陀思妥耶夫斯基的作品里，对别人心灵做近似临床的研究并加以洞察，这种客观态度，——不过是一种外观，实际上他的创作毋宁说是一种心理抒情诗……是忏悔，是使血液凝固的自白，是无情地披露自己良心的罪恶底蕴。"托马斯·曼评论说：斯塔夫罗金是一个"冷酷的和藐视他人的"超人，他"也许属于世界文学中最令人恐怖而又吸引人的形象之列"。"《忏悔》——是极其有趣的文学片段，它引人入胜，即使它以其果敢大胆超越了陀思妥耶夫斯基作品的通常分寸。"

在德国作家安娜·西格斯的长篇小说《死者青春常在》中，在揭露德国反动势力和法西斯主义方面，明显是利用《群魔》中涉及的各个问题为出发点的。

正如在19世纪后期和20世纪初的俄国一样，《群魔》在西方20世纪也成了残酷政治斗争的题目。1917年十月革命以后，一些反动的批评家和政论家蓄意竭力（直到今日仍在竭力）利用《群魔》来同社会主义斗争。在产生这种解读方式一事上，俄国作家德·谢·梅列日科夫斯基以及其他一些侨居国外的俄国作家和批评家的思想影响起了很大作用。国外广泛流传的对《群魔》的错误的片面解读，长期妨碍了人们正确理解这部复杂矛盾的长篇小说以及它在哲学-伦理学和心理学各种问题上的诸多方面，然而这些问题对当代仍然具有意义。

冯昭玙　朱逸森

编者按：本书题解最初由冯昭玙先生翻译和撰写，但他根据的是《费·陀思妥耶夫斯基文集》（十五卷本），较为简略。后来，由朱逸森先生根据《费·陀思妥耶夫斯基全集》（三十卷本）进行了增补，陈燊先生对所有题解作了统稿和串连。特此说明并致谢！